宝马车系原厂设备使用方法和技巧

裴训　主编

辽宁科学技术出版社
沈阳

图书在版编目（CIP）数据

宝马车系原厂设备使用方法和技巧 / 裴训主编 . —
沈阳：辽宁科学技术出版社，2020.10

ISBN 978-7-5591-1766-3

Ⅰ . ①宝… Ⅱ . ①裴… Ⅲ . ①汽车—车辆修理②汽车
—故障诊断 Ⅳ . ① U472.4

中国版本图书馆 CIP 数据核字（2020）第 178335 号

出版发行：辽宁科学技术出版社
（地址：沈阳市和平区十一纬路 25 号 邮编：110003）
印 刷 者：辽宁新华印务有限公司
幅面尺寸：210mm × 285mm
印　　张：23
字　　数：400 千字
出版时间：2020 年 10 月第 1 版
印刷时间：2020 年 10 月第 1 次印刷
责任编辑：高　鹏
封面设计：熊猫设计室
版式设计：鼎籍文化创意
责任校对：栗　勇

书　　号：ISBN 978-7-5591-1766-3
定　　价：150.00 元

联系电话：024-23284373
邮购热线：024-23284626
E-mail:atauto@vip.sina.com

前言

本书是一本工具书，主要对宝马车辆诊断维修系统通过实例进行讲解说明。分为如下 12 个章节：ISTA 系统功能介绍及基本操作，ISTA 系统车辆信息，ISTA 系统车辆处理，ISTA 系统服务功能，ISTA 系统诊断文件的基本定义，ISTA 系统标准诊断，ISTA 系统调用控制单元功能，BMW 常见发动机数据流，BMW 总线信号及故障模拟，ISTA 系统故障码存储器列表信息说明，ISTA 系统故障码计数方式、频率计数器和复原计数器，ISTA 系统编程。

与以往的汽车类图书不同，本书理论讲解部分不多，更多地从实际操作的角度详细地讲解了宝马车辆诊断维修系统的功能和操作，其内容通过系统的实际操作截图进行例证，比较全面，通俗易懂，更加贴近实操。对于初学者，可以轻松上手，学习系统操作使用，查询宝马车型车辆信息及维修步骤；对于有一定工作经验的维修技师，则可以参考相关的标准诊断内容、发动机数据流内容、总线信号和故障模拟内容，借助系统的检测计划解决诊断类型的故障。

本书由裴训主编，参加编写的人员有高培洲、高培江、王真清、高书华、高培合、乔付英、李桂荣、梁维波、孙宝明、张丽、梁楠。由于技术的不断更新及系统的升级，加之作者能力所限，本书难免有所不足，恳请广大各位读者谅解和指正。

谢谢！

目录

第一章　ISTA 系统功能介绍及基本操作

第一节　ISTA 概述

本书介绍了维修车间系统 ISTA 的操作、显示屏幕页和功能，主要面向修理厂范围内的售后维修人员。

一、图标的含义

▲ 此图标代表“提示”和“警告”。它代表特别重要的文本段落，以避免在使用 ISTA 的过程中出现意外的结果以及提醒注意某些可能导致人员伤害或财产损失的行为动作。

i “信息”图标表示参考其他文件。

二、概览

1. 维修车间系统 ISTA（综合业务技术应用程序）

ISTA 是全世界经销商机构中使用的 BMW Group 车辆诊断和编程应用。

（1）诊断。

车辆身份识别，以便进行特殊的车辆处理。

信息检索，以便修理和保养；

引导型故障查询；

软件修复。

（2）编程。

软件更新；

更换控制单元；

加装 / 改装。

（3）接口。

IMIB（智能测量系统接口盒）。IMIB 是一台性能强大的测量仪。它包含多个测量装置，可以作为示波器或数字式万用表使用。IMIB 包含可控制的电流和电压源，用于输出电压和信号。

它可以在不连接 ISTA 的情况下作为 Standalone 测量仪使用或与 ISTA 组合应用。连接方式有局域网或无线局域网。

与 ISTA 组合使用时，IMIB 可以两种方式运行：

独立式测量系统；

嵌入测试步骤中，作为引导性故障查询。

借助独立式测量系统，可以在与 IMIB 建立连接后于对应的输入窗口中执行手动调整，以影响当前测量结果的显示。在引导性测量系统中，测量系统可通过测试模块中的程序指令自动调整。结果会显示在特定的屏幕页中，并由程序进行分析。

ICOM（Integrated Communication Optical Module）。ICOM 是一台通信设备（VCI，Vehicle Communication Interface），提供与车辆连接的诊断接口。它被连接在车辆上，之后可通过连接管理器与 ISTA 相连。由此，ISTA 便可与车辆通信，例如可以进行自动车辆身份识别或执行测试步骤。

2. ISTA 与其他系统之间通过 IPS 交换数据

IPS（ISPI 处理服务）是一项 Windows 服务，可提供用于 ISPI Next 应用程序 AIR、ISTA、ISPA Next 和 ISPA Mobile 的接口，以便能够跨设备、跨应用地访问共享数据。这项服务可以保证应用程序之间能够顺利进行数据交换。如果在工作站点的内部网络中未激活此项服务，则数据的使用将受到限制，且受限程序视应用程序的不同而不同。每个数据存储始终只能有一项服务激活。

3. 品牌区分

BMW、BMWi、BMW Motorrad、MINI 和 Rolls-Royce 的用户界面都相同。为了区分品牌，根据各自代理商的权限使用不同的颜色标记激活的对象。表 1-1-1 中列出了与品牌相对应的颜色分配。

表1-1-1

品牌	颜色
BMW Group 多品牌代理商	绿松石色
BMW / BMWi / BMW Motorrad	蓝色
MINI	橘黄色
Rolls-Royce	黄褐色

4. 应用程序的一般操作

屏幕上的图形显示被称为“屏幕”。其中包含有可用于控制维修车间系统 ISTA 的信息和控制功能。屏幕通常具有相同的结构。如图 1-1-1 所示，它们被划分为如下区域：过程栏、工具条、页眉、导航区、工作范围、提示行、操作行。

（1）过程栏。仅当过程激活时才会启用过程栏 。该栏的所有功能仅对当前过程有效。

（2）工具条。所有屏幕中都包含图标栏。可以通过各个图标调用功能。

（3）页眉。在页眉中会显示所识别到的车辆识别号和基本特征。只有在通过输入和读取车辆识别号而识别到车辆时，才会显示车辆识别号。

（4）导航区。可通过下列方式进入修理厂系统的各项功能。主菜单（第一行）、子菜单（第二行）和选项卡。各选中的选项卡会以品牌颜色标记。

（5）工作范围。此处可找到其他选项或信息。通过一个向上或向下的白色箭头图标可识别用于选择清单排序的栏。

（6）提示行。工作区下方也可能有一个包含附加说明的提示行。

（7）操作行。此处根据工作区显示各种按钮。

（8）文本输入方法（屏幕键盘）。在某些屏幕页中可能需要输入文本或图标。这通常可以通过键盘进行。点击“键盘”按钮可以显示屏幕键盘。在屏幕键盘上，只有在相应功能步骤中可以进行有效输入的

图1–1–1

那些按钮是激活的。不允许的字符在屏幕键盘上无法选择。第二次点击按钮“键盘”重新关闭屏幕键盘，如图 1–1–2 所示。

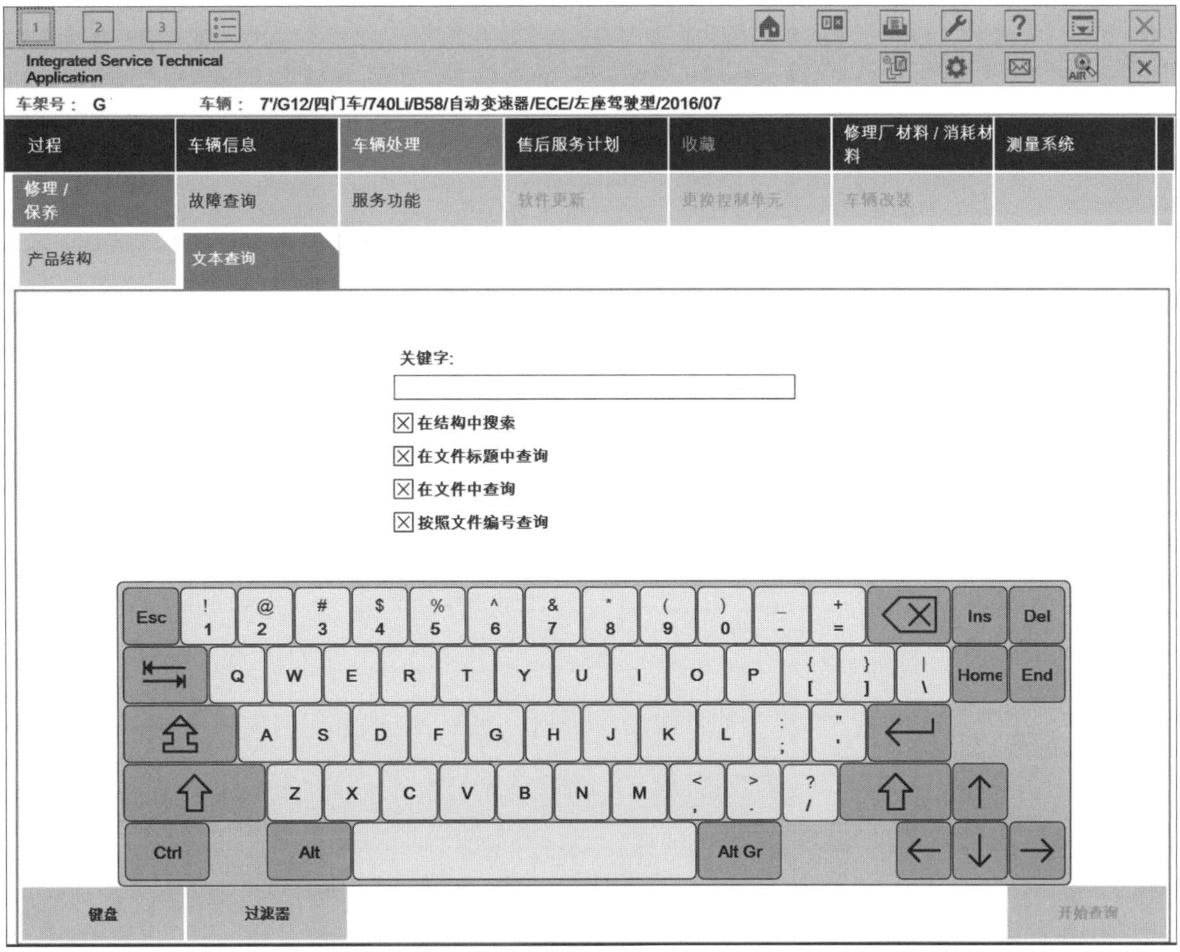

图1–1–2

第二节　操作

一、启动应用

启动 ISTA 应用的方法。

双击 Windows 桌面上的 ISTA 图标 ISTA 。

在 Windows 主菜单中“启动 – 所有程序 – BMW Group ISPI Next – BMW Group ISTA”下选择 ISTA 快捷方式。

调用 ISTA 车间系统时，首先出现起始屏，启动时还显示一个带新信息的起始屏，如图 1–2–1 所示。起始屏的工作范围包含一个带新信息的多栏位列表。栏目含义如下：

新信息：显示全部现有新信息的标题，可以查看版本和新内容的提示。

日期：显示新信息最后一次修改的日期。打开起始屏时新信息首先按照日期进行排序；最新的条目排在下部。为了缩短列表，可以隐藏较早的新信息。如果自上次调用以来日期已更改，则此外显示一条“ISTA 使用提示”。在阅读此提示后，请点击“关闭”按钮关闭提示窗口。

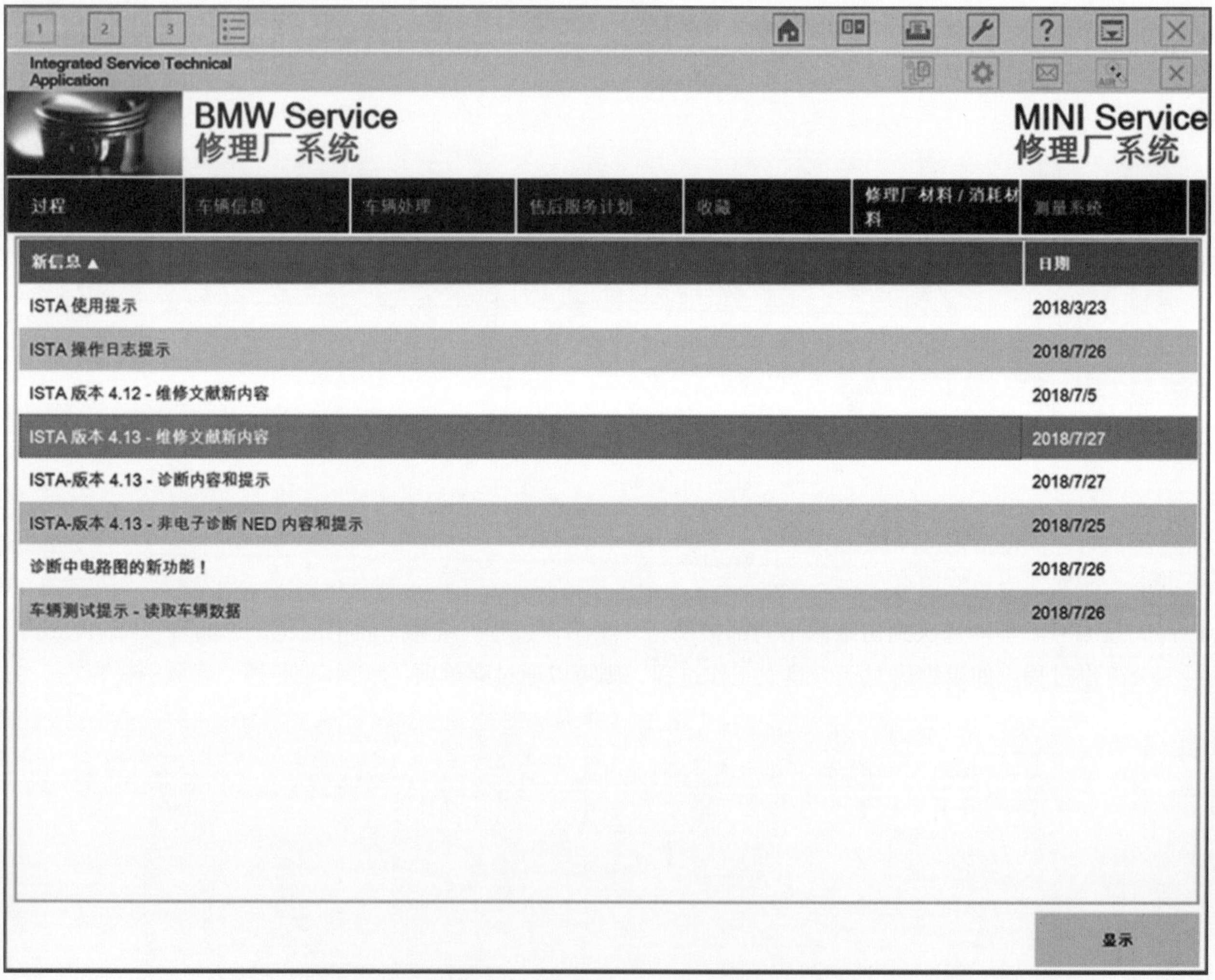

Integrated Service Technical Application

BMW Service 修理厂系统　　MINI Service 修理厂系统

过程 | 车辆信息 | 车辆处理 | 售后服务计划 | 收藏 | 修理厂材料 / 消耗材料 | 测量系统

新信息 ▲	日期
ISTA 使用提示	2018/3/23
ISTA 操作日志提示	2018/7/26
ISTA 版本 4.12 - 维修文献新内容	2018/7/5
ISTA 版本 4.13 - 维修文献新内容	2018/7/27
ISTA-版本 4.13 - 诊断内容和提示	2018/7/27
ISTA-版本 4.13 - 非电子诊断 NED 内容和提示	2018/7/25
诊断中电路图的新功能！	2018/7/26
车辆测试提示 - 读取车辆数据	2018/7/26

显示

图1–2–1

启动时还显示一个带“ISTA 使用提示”的窗口，如图 1–2–2 所示。

图1-2-2

二、识别车辆

ISTA 提供了通过 4 种不同的登录方式进行车辆识别。只要在识别过程中进行了信息检索或车辆测试，就会建立一个过程，以便明确配置诊断进程。车辆选择为了能够在一个车辆上进行操作或查询一个车辆的信息，必须首先启动一个过程。可从起始屏启动一个识别过程，启动一个车辆的识别过程：选择菜单"过程"，第一步是车辆选择，如图 1-2-3 和表 1-2-1 所示。

通常情况下由接车服务处在 ISTA 中建立一个工作过程，该工作过程至少包含车辆数据，例如基本特性和底盘编号。车辆每次到访维修车间都被视为一个工作过程。维修车间中的每个诊断步骤都自动分配给相关工作过程。如果维修时还未建立工作过程，则可以通过菜单项"车辆识别号""读取车辆数据"或"基本特性"识别该车辆。在这些情况下综合服务技术应用会建立一个新工作过程，并将以下所有诊断步骤分配给该工作过程。

表1-2-1

索引	说明	功能
1	新	维修时还未建立工作过程
2	车辆识别号	通过底盘号来识别车辆
3	读取车辆数据	读取车辆数据来识别车辆
4	基本特性	通过基本特性来识别车辆

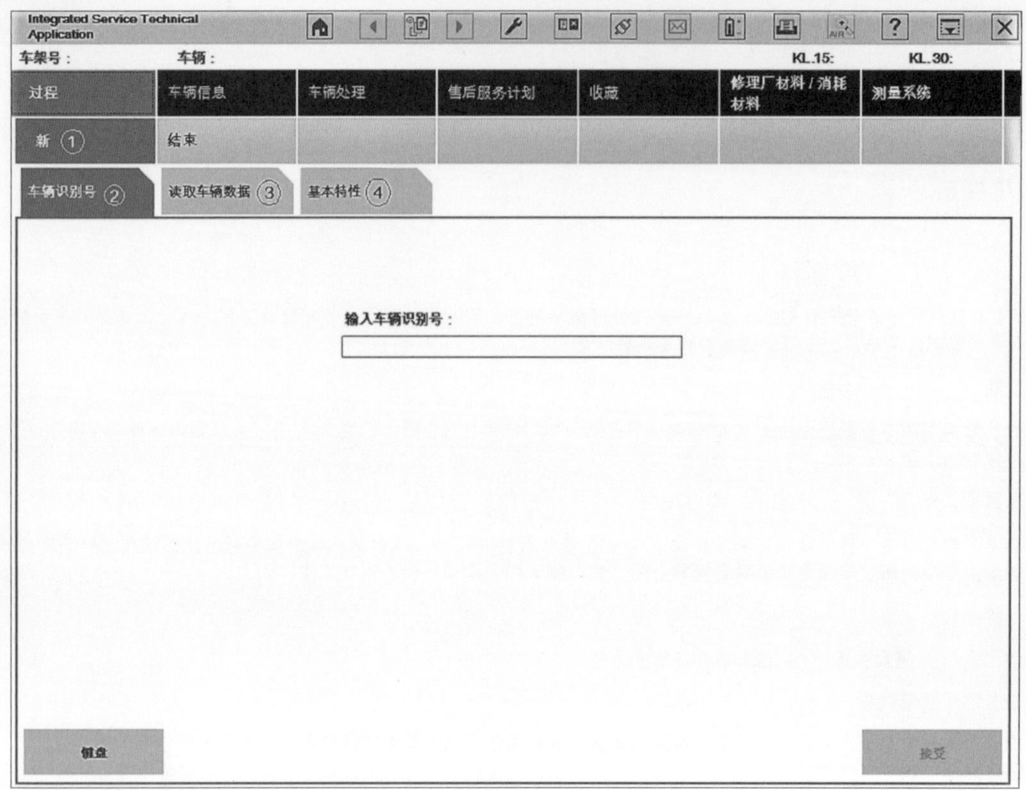

图1-2-3

1. 通过输入车辆识别号（底盘号）识别

如果选择选项卡“底盘号码”，则可以通过输入底盘号码识别车辆。在输入底盘号码时只需输入最后7个字符，就可以显示屏幕键盘，以便进行输入，如图 1-2-4 所示。

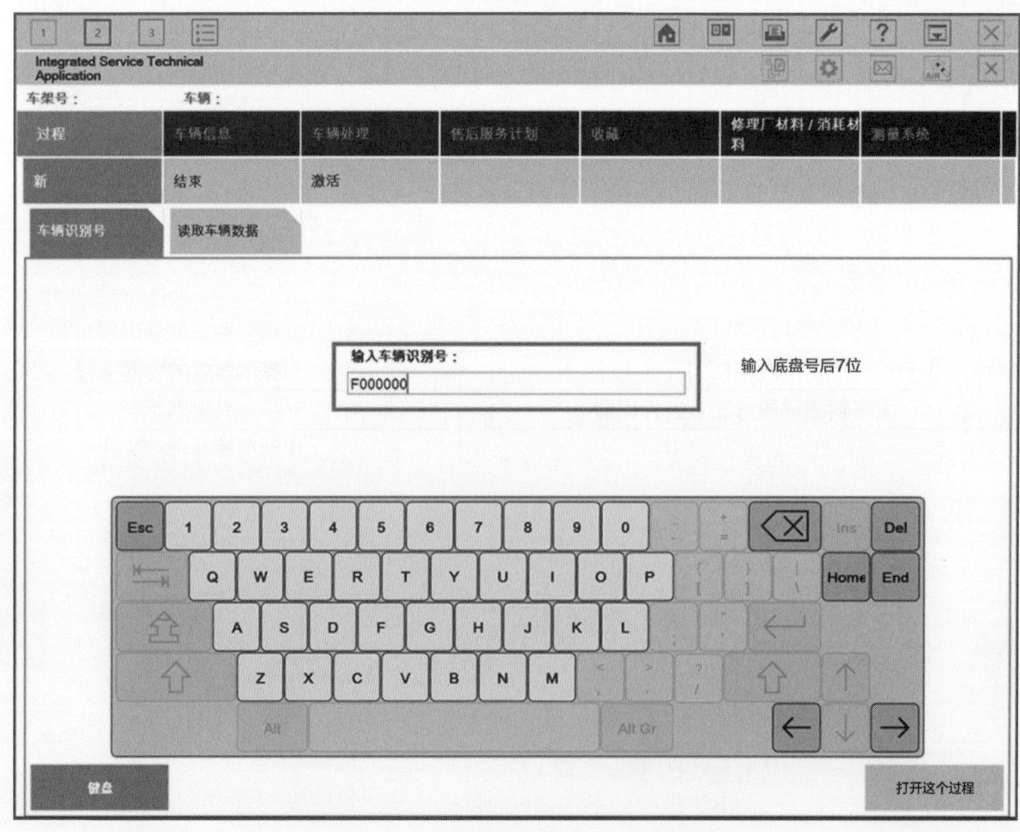

图1-2-4

2. 通过读取车辆数据识别

最可靠的车辆识别方法，即通过从所连接的车辆中读取车辆数据来识别车辆，如图 1-2-5 和表 1-2-2 所示。

图1-2-5

表1-2-2

索引	说明	功能
1	读取车辆数据	读取车辆数据来识别车辆
2	内容栏	提示读取的前提条件
3	无车辆测试的情况下进行识别	只识别车辆
4	完整识别	识别车辆并进行快速测试

通过读取车辆数据识别车辆并自动建立一个过程：

点击导航区的主菜单选项“过程”；

选择选项卡“新”；

选择选项卡“读取车辆数据”并执行规定指令；

点击按钮“完整识别”。

打开连接管理器。在连接管理器的工作区内记录了修理厂的 ISTA 通信设备（ICOM）。选择 ICOM，如图 1-2-6 和表 1-2-3 所示。

确认哪一个 ICOM 已连接在要识别的车辆上。在某些车型系列中，“底盘号码”栏中显示所连接车辆的底盘号码。

选择连接管理器中相应的行，并点击按钮“建立连接”。

图1–2–6

表1–2–3

索引	说明	功能
1	名称	硬件名称
2	型号	硬件类别
3	车辆识别号	F 系列显示底盘号码
4	连接方式	显示网络地址和连接网络类型
5	KL.15	点火开关状态
6	状态	连接状态
7	取消	取消连接
8	配置车辆接口	配置网络状态
9	断开连接	断开硬件连接
10	建立连接	连接硬件

选择并点击按钮“建立连接”后，即建立与车辆的连接。修理厂进行车辆识别。为此从车辆中读取底盘号码和其他数据。识别过程通过时间进度条显示。在连接管理器中可以找到所有可供使用的 ICOM。除这些未占用的车辆访问接口外，还显示所有未占用的综合测量接口盒 IMIB，这些 IMIB 稍后会用于测量。为了能够在连接管理器中显示某一 ICOM 或 IMIB，该设备必须已进行过初始化且可在维修车间网络内应用。初始化时确定设备名称。

3. 通过基本特征识别

自 ISTA 版本 4.11 起，便无法再通过基本特征进行车辆身份识别。

4. 通过过程列表识别

工作过程列表中显示已结束的工作过程，但是在一段时间（目前是 2 周）内可在 ISTA 中对其进行操作。可以通过“过滤过程列表”按钮进入后输入车辆属性或过程日期进行筛选这些已经结束的工作过程。

在一个综合服务信息显示屏上无法同时执行两个工作过程。必须中断或结束上一个工作过程后才能处理下一个工作过程。通过符号栏可以进行综合服务技术应用设置，例如经销商数据，选择语言或品牌。此外，还能通过符号栏手动调出连接管理器。通常情况下会按以下方式自动调出连接管理器。通过符号栏还能调出有关当前显示页面的“帮助”信息。诊断期间无法在在线和离线模式之间切换。处于离线模式 24h 后，符号栏内的“在线 / 离线模式切换”符号变为红色以示警告。为了确保能够更新数据，建议将 ISTA 设为在线模式。出现警告信息后，继续在离线模式下操作 ISID 的时间不超过 7d，这段时间过后就会停用 ISTA。当从起始屏中选择菜单“过程”，然后再选择“结束”时，过程列表自动显示，如图 1-2-7 和表 1-2-4 所示。

图1-2-7

表1-2-4

索引	说明	功能
1	过程	启动识别过程
2	结束	调用已结束的工作过程
3	过程列表	显示已结束的工作过程
4	设置	ISTA 基本设定（如语言）
5	设备管理器	建立到车辆或测量系统适配器
6	帮助	ISTA 当前显示页面帮助信息
7	过滤过程列表	显示已结束的工作过程
8	连接模式	显示当前的模式（在线 / 离线）

可以以概述形式显示和编辑所有激活的过程。过程列表根据过滤器设置和过去的时间段显示一个以前在这个设备上编辑过的所有过程的表格。表格各栏含义如下：

基本特性：显示与过程一起存储的基本特性。根据产品类型会在列表的栏中显示不同的特征。

底盘号码：显示从车辆中读取的底盘号码。读取底盘号码是车辆身份识别的一部分。

日期 / 时间：显示创建过程时的日期和时间。

状态：显示车辆描述模块记录传输给 BMW AG 的状态。自 ISTA 版本 4.11 起过程列表状态通过颜色表示，如图 1-2-8 所示。

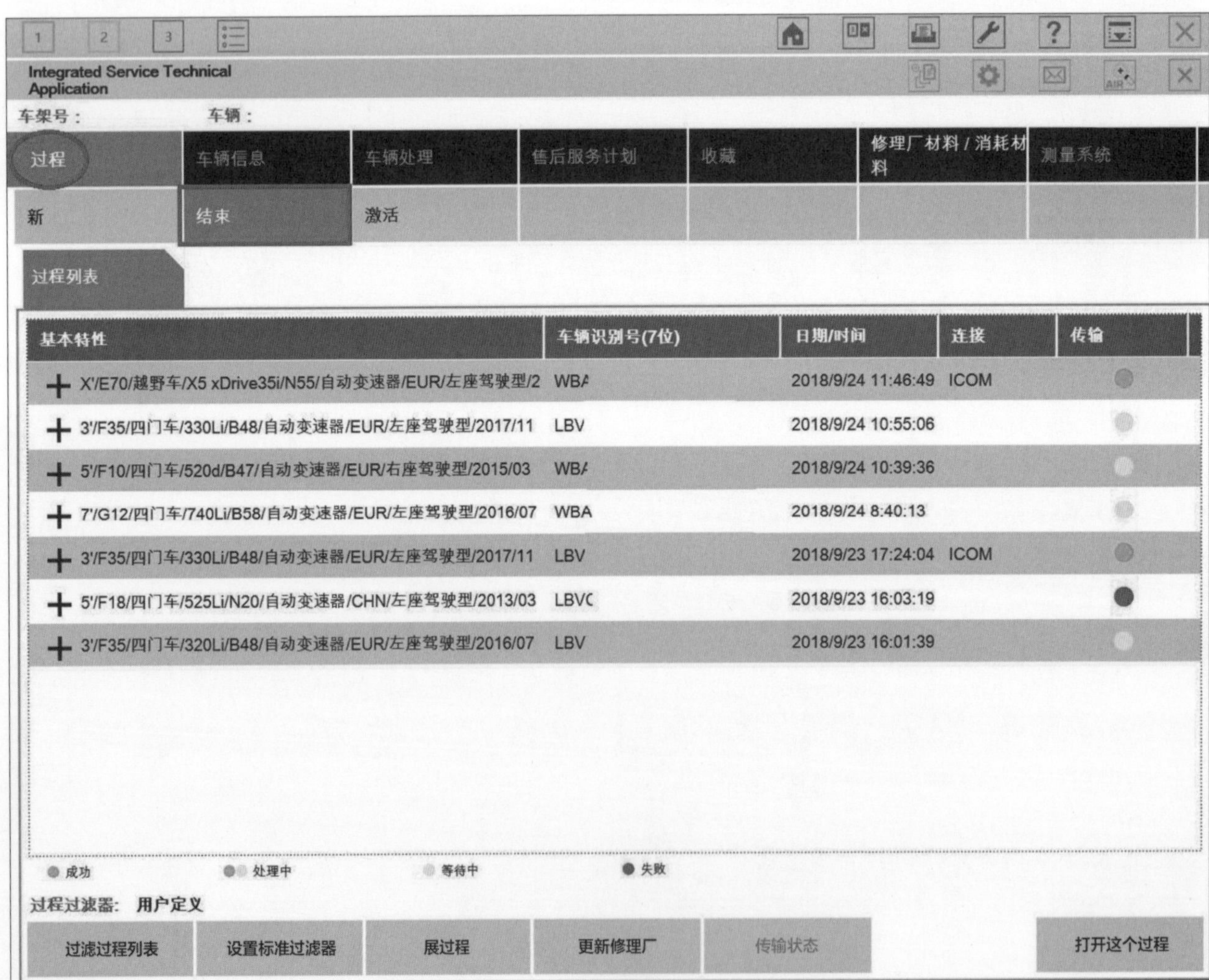

图1-2-8

默认情况下表格按“日期 / 时间”栏排序。

操作行中的按钮功能如下：

过滤过程列表：可在“输入过滤器标准”栏中输入基本特性、底盘号码或日期。可以显示屏幕键盘以便进行输入，如果想要输入多个基本特征，则使用空格将其隔开。

设置标准过滤器：这个按钮将过滤器复位为默认设置：显示所有当前的过程。

接受：打开所选的过程。该过程位于选项卡“过程细节”内。

三、车辆识别菜单实例说明

1. 3 个子菜单

在菜单“过程”下有 3 个子菜单（新、结束和激活）对车辆进行识别，如图 1–2–9 所示。

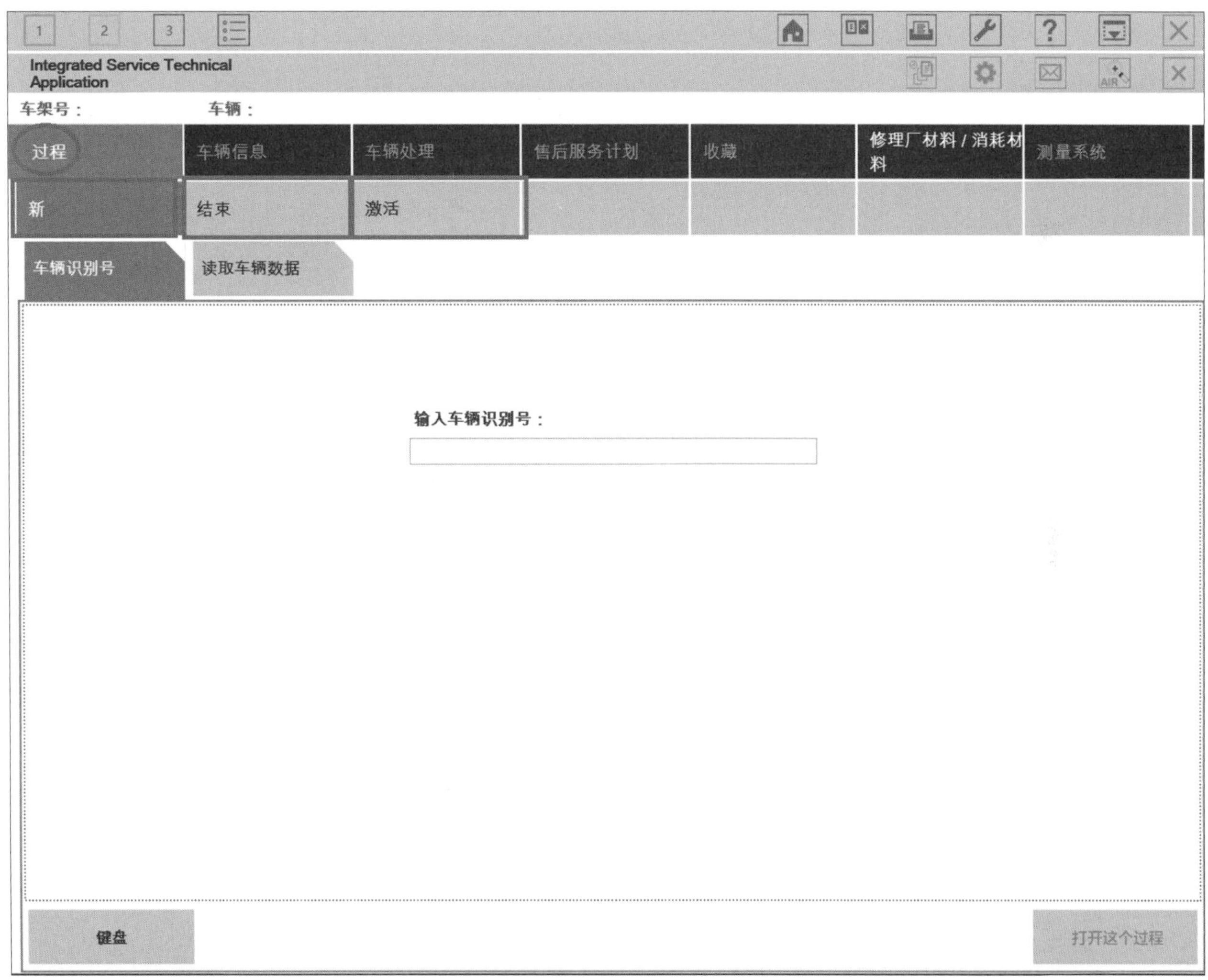

图1–2–9

（1）菜单“新”。有两个子菜单（车辆识别号和读取车辆数据），可对车辆进行识别，如图 1–2–10 所示。

（2）菜单“结束”。即过程列表，之前通过各种方式识别过的车辆信息列表，如图 1–2–11 所示。

Integrated Service Technical Application
车架号：
车辆：
过程
车辆信息
车辆处理
售后服务计划
收藏
修理厂材料 / 消耗材料
测量系统
新
结束
激活
车辆识别号
读取车辆数据
输入车辆识别号：
键盘
打开这个过程

图1-2-10

Integrated Service Technical Application
车架号：
车辆：
过程
车辆信息
车辆处理
售后服务计划
收藏
修理厂材料 / 消耗材料
测量系统
新
结束
激活
过程列表
基本特性
车辆识别号(7位)
日期/时间
连接
传输
X'/E70/越野车/X5 xDrive35i/N55/自动变速器/EUR/左座驾驶型/2 WBA 2018/9/24 11:46:49 ICOM
3'/F35/四门车/330Li/B48/自动变速器/EUR/左座驾驶型/2017/11 LBV 2018/9/24 10:55:06
5'/F10/四门车/520d/B47/自动变速器/EUR/右座驾驶型/2015/03 WBA 2018/9/24 10:39:36
7'/G12/四门车/740Li/B58/自动变速器/EUR/左座驾驶型/2016/07 WBA 2018/9/24 8:40:13
3'/F35/四门车/330Li/B48/自动变速器/EUR/左座驾驶型/2017/11 LBV 2018/9/23 17:24:04 ICOM
5'/F18/四门车/525Li/N20/自动变速器/CHN/左座驾驶型/2013/03 LBVC 2018/9/23 16:03:19
3'/F35/四门车/320Li/B48/自动变速器/EUR/左座驾驶型/2016/07 LBV 2018/9/23 16:01:39
成功
处理中
等待中
失败
过程过滤器：用户定义
过滤过程列表
设置标准过滤器
展过程
更新修理厂
传输状态
打开这个过程

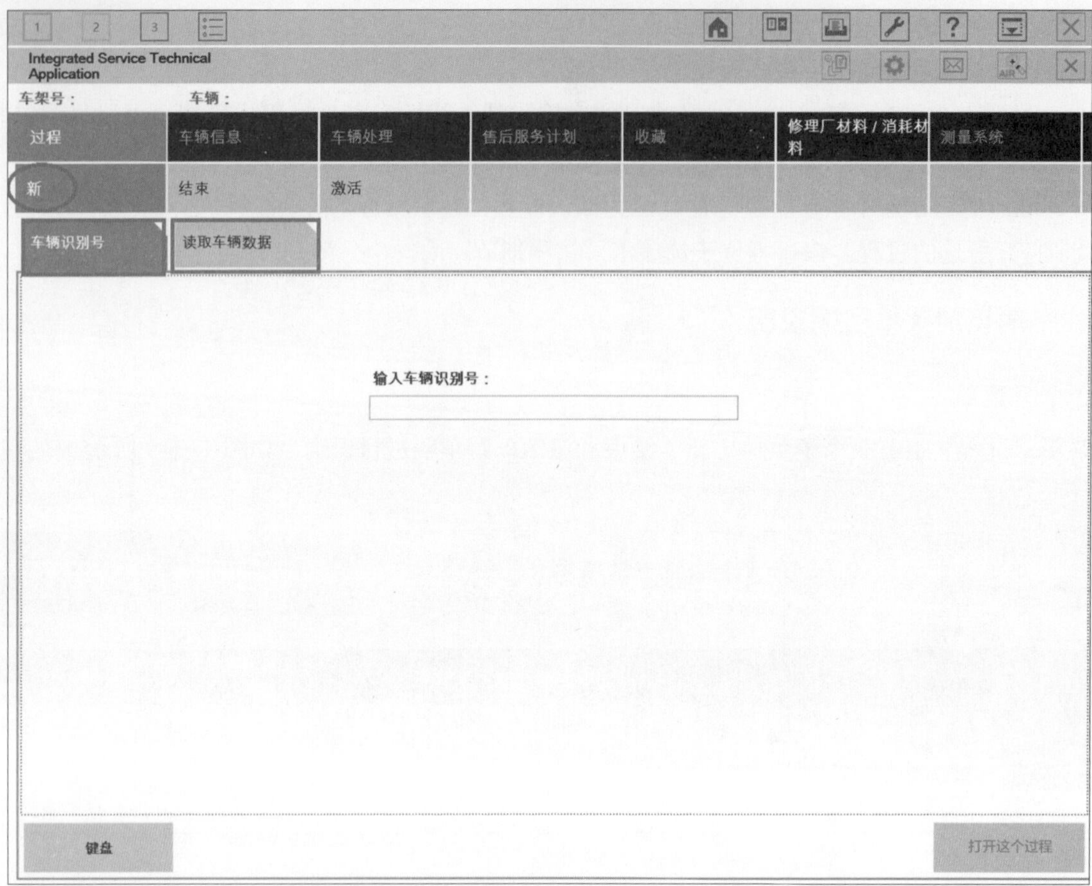

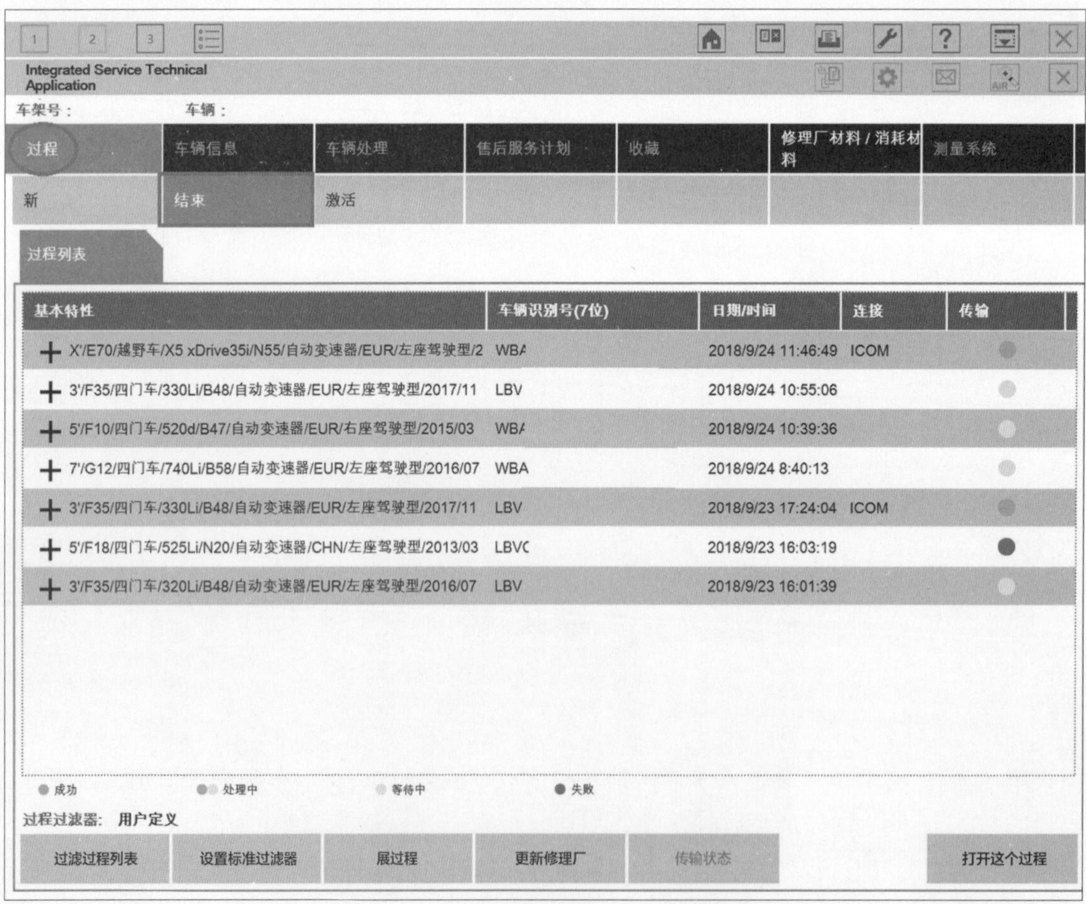

图1-2-11

（3）菜单“激活”。在“激活”菜单下，可以显示之前通过 ICOM 连接的车辆信息列表，可以重新激活连接识别车辆，前提是 ICOM 和车辆保持连接状态，如图 1-2-12 所示。

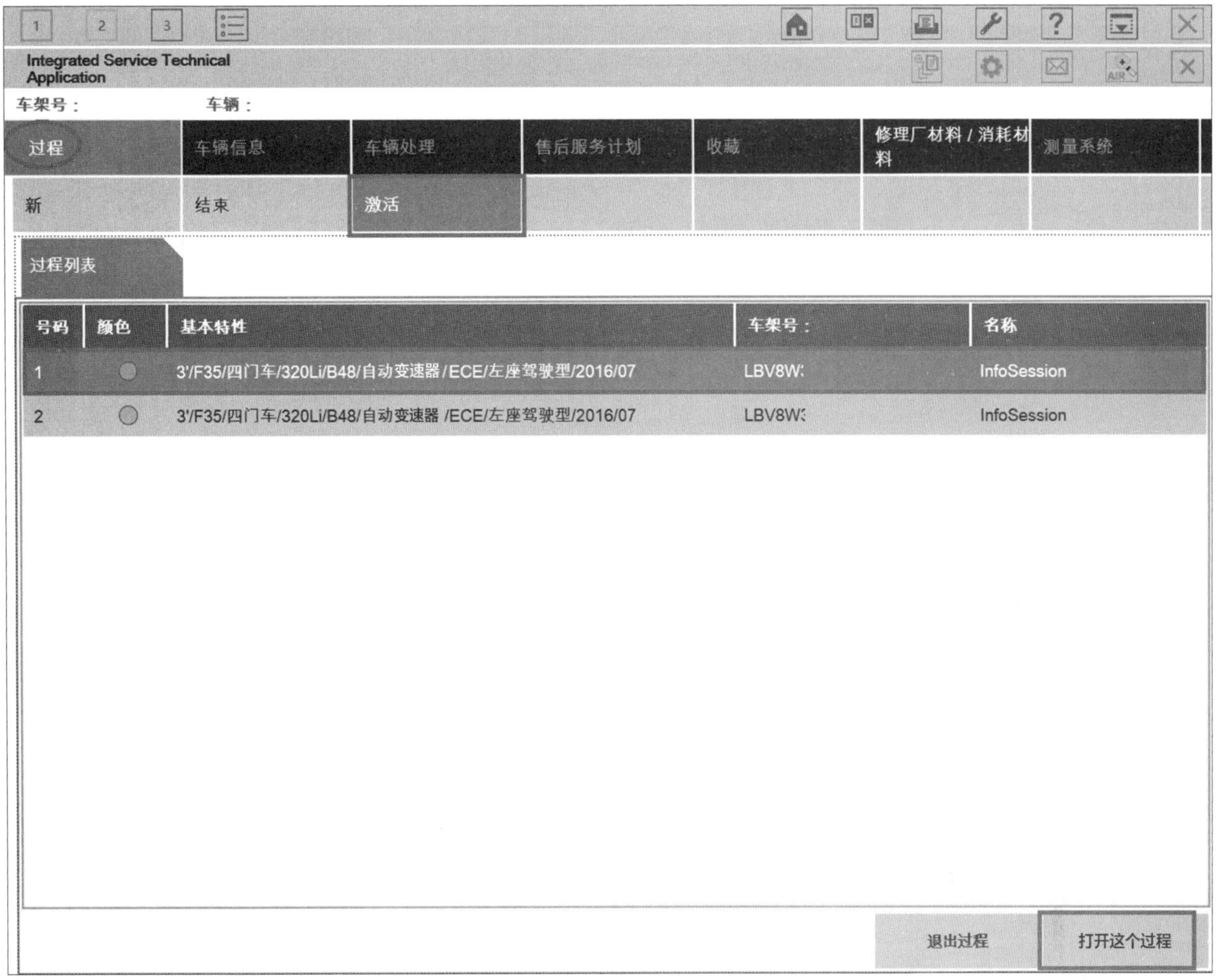

Integrated Service Technical Application

车架号：　车辆：

过程　车辆信息　车辆处理　售后服务计划　收藏　修理厂材料 / 消耗材料　测量系统

新　结束　激活

过程列表

号码	颜色	基本特性	车架号：	名称
1		3'/F35/四门车/320Li/B48/自动变速器/ECE/左座驾驶型/2016/07	LBV8W:	InfoSession
2		3'/F35/四门车/320Li/B48/自动变速器/ECE/左座驾驶型/2016/07	LBV8W:	InfoSession

退出过程　打开这个过程

图1-2-12

2. 同时编辑多个过程

ISTA 支持处理多达 3 个完全并行的诊断与编程过程。过程栏中包含了所有与过程相关的功能，如图 1-2-13 所示。

图1-2-13

（1）过程细节。只需将鼠标指针置于某一过程上便可显示其细节，如图 1-2-14 所示。如果没有连接 ICOM，则会显示“InfoSession”而非 ICOM-ID。根据 OperationID 可在所用计算机的同名目录中找到过程的所有文件。

（2）颜色和状态。打开过程可与编号无关。为便于区分，会相应地以另一种颜色标识激活的过程，如图 1-2-15 所示。

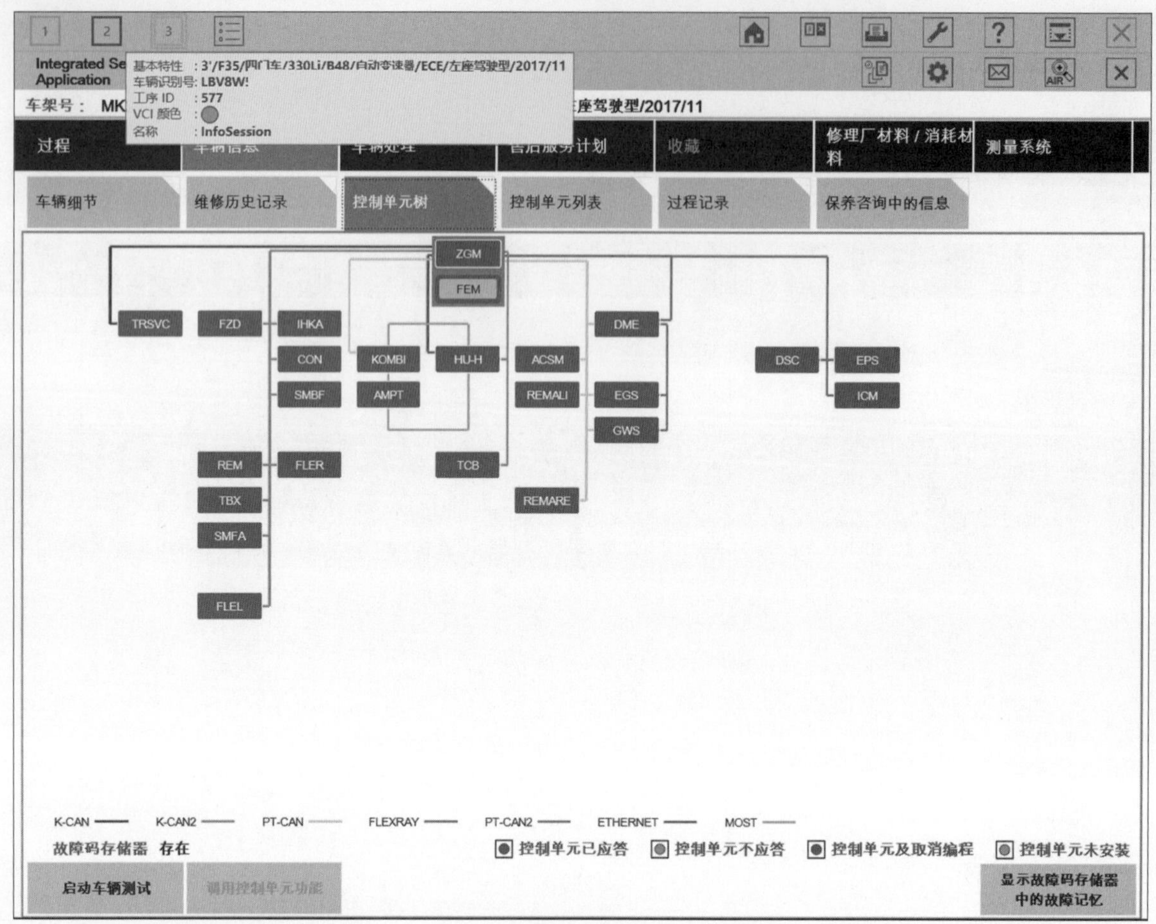

图1-2-14

图标	颜色	含义
1	灰色	过程未激活
1	白色	过程已启动
1 1 1 1 1 1	其他	每个过程的颜色与所使用的 ICOM 的颜色相同。如果两个或多个 ICOM 具有同一颜色，则 ISTA 会生成另一个随机颜色 首选颜色可通过 ICOM 配置进行选择

图1-2-15

同样也会显示可能的过程状态，如图 1–2–16 所示。

图标	状态	含义
1	无动画	过程激活且空闲
2	循环动画	过程已激活并正在处理中。例如，当前会执行一个测试模块或编程
3	慢闪	需要交互式操作，例如警告信息

图1–2–16

四、测试车辆

如果通过“读取车辆数据”和“完整车辆识别”调用了车辆身份识别，则在完成车辆识别后会自动启动车辆测试，然后进行 FASTA 数据检测。车辆测试期间会在“控制单元树”选项卡中显示控制单元树，在此可以观察控制单元安装情况的测定过程，如图 1–2–17 和表 1–2–5 所示。如果没有控制单元树，则会自动在“控制单元列表”选项卡中显示控制单元列表，如图 1–2–18 所示。

控制单元树包含所有在已识别车辆中安装的控制单元，并显示控制单元与相应总线系统的配置关系。将依次识别控制单元并读取其故障码存储器的故障记忆。之后颜色将转换为已识别状态的显示。控制单元树下方会显示一个图例。在该选项卡中，可以根据需要再次启动车辆测试或调用所选控制单元的控制单元功能。通过“显示故障存储器中的故障记忆”按钮可以显示故障记录存储器记录，如图 1–2–19 所示。

表1–2–5

索引	说明	功能
1	车辆信息	显示车辆的信息
2	控制单元树	显示车辆上的模块
3	控制单元列表	显示模块名称和缩写
4	内容栏	显示当前车辆及测试状态
5	K–CAN	显示车辆使用的总线
6	故障码存储器	显示车辆有无故障码
7	调用控制单元功能	单个模块功能控制或读取数据
8	控制单元已应答	解释模块的测试状态
9	显示故障码存储器中的故障记忆	读取车辆存在的所有故障码

Integrated Service Technical Application
车架号： MB
车辆： 3'/F35/四门车/328Li/N20/自动变速器/CHN/左座驾驶型/2013/11
KL 15: 11.8 V
KL 30: 11.8 V
过程
车辆信息 ①
车辆处理
售后服务计划
收藏
修理厂材料 / 消耗材料
测量系统
车辆细节
维修历史记录
控制单元树 ②
控制单元列表 ③
过程记录
ZGM
FEM
IHKA
DME
TRSVC
FZD
HU-H
KOMBI
EGS
EPS
ACSM
GWS
DSC
执行后台进程
车辆运行数据和保养数据细节(ACSM4)
④
TCB
TEX
CON
SMFA
SMBF
ICM
REM
⑤ K-CAN2
K-CAN
MOST
PT-CAN
FLEXRAY
PT-CAN2
故障码存储器 存在 ⑥
⑧ 控制单元已应答
控制单元不应答
控制单元状态未知
启动车辆测试
调用控制单元功能 ⑦
显示故障码存储器中的故障记忆
⑨

图1-2-17

Integrated Service Technical Application
车架号： L
车辆： X'/E70/越野车/X5 xDrive35i/N55/自动变速器/ECE/左座驾驶型/2012/07
KL 15: 11.6 V
KL 30: 11.6 V
过程
车辆信息
车辆处理
售后服务计划
收藏
修理厂材料 / 消耗材料
测量系统
车辆细节
维修历史记录
控制单元树
控制单元列表
过程记录
保养咨询中的信息
状态
缩写
控制单元名称
ACSM 碰撞安全模块
AL 主动转向系统
CA 无钥匙便捷上车及启动系统
CAS 便捷进入及启动系统
CBX-MEDIA Combox 多媒体
CIC 汽车信息计算机
CIC-GW 收音机网关
CID 中央信息显示器
CON 控制器
DME 数字式发动机电子伺控系统
DSC 动态稳定控制系统EHB3
EGS 电子变速器控制系统
EHC 1 轴空气悬架
故障码存储器 存在
控制单元已应答
控制单元不应答
控制单元及取消编程
控制单元未安装
启动车辆测试
调用控制单元功能
显示故障码存储器中的故障记忆

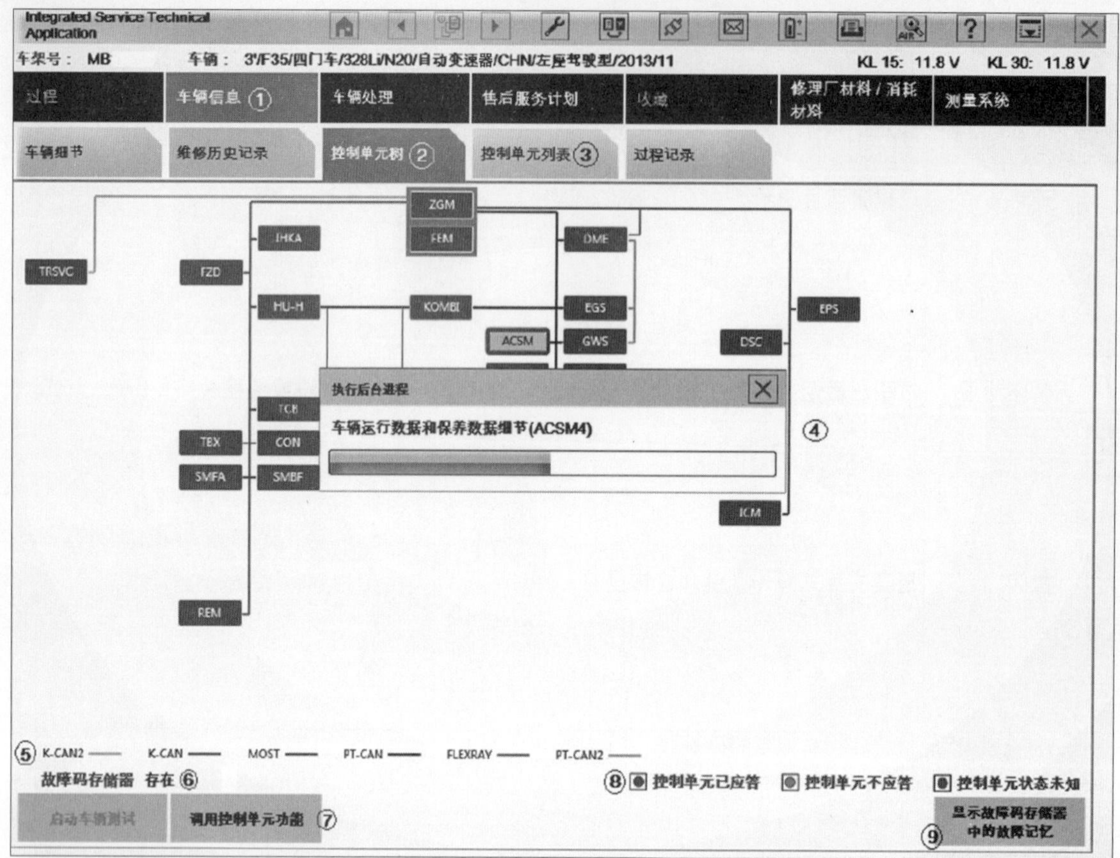

图1-2-18

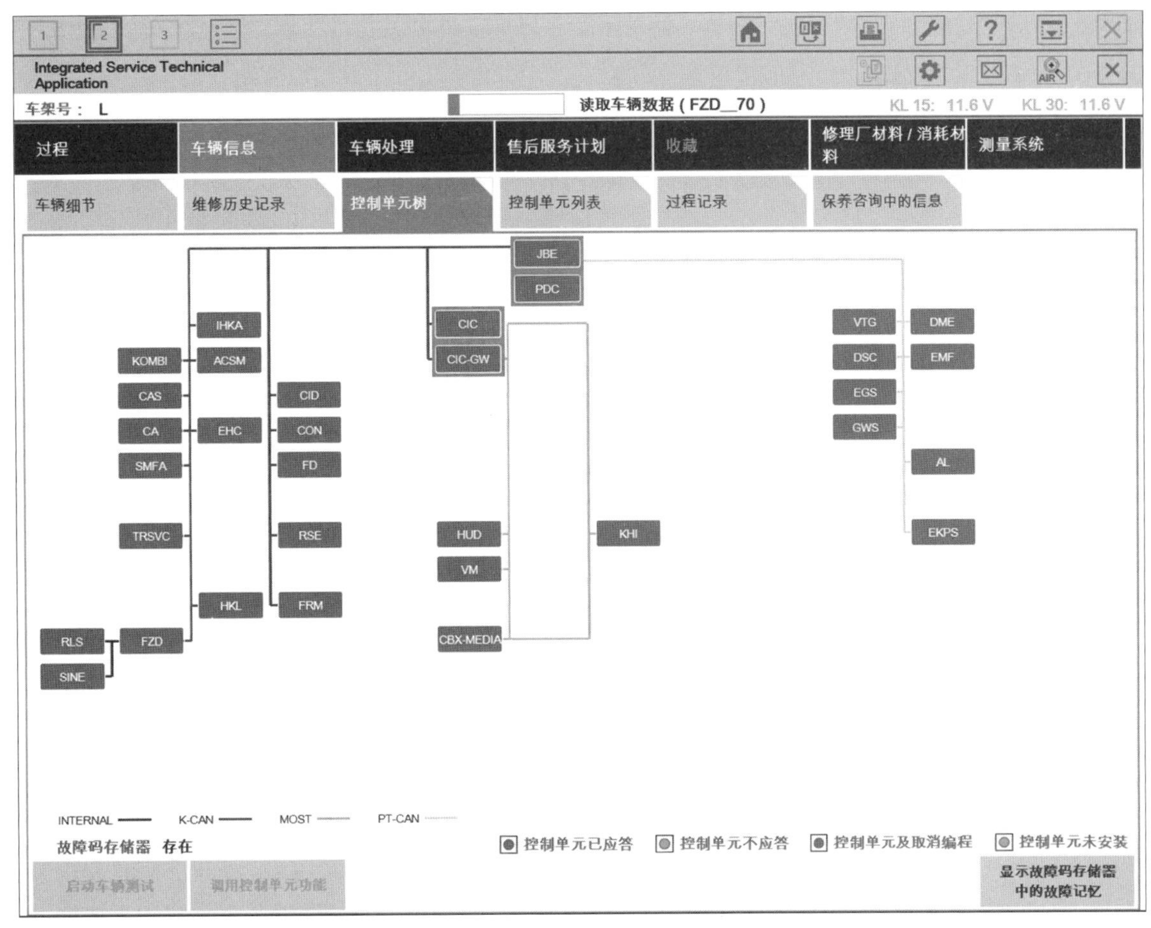

图1-2-19

在此处可以观察控制单元安装情况的测定过程，如果没有可用的控制单元树，则自动显示界面“控制单元列表”。

控制单元树中包含所识别车辆中安装的所有控制单元以及控制单元与各总线系统的分配关系。在车辆测试执行过程中，可以在屏幕上观察进程，将依次识别控制单元并读取其故障码存储器的故障记忆。之后颜色将转换为已识别状态的显示。在控制单元树状图中显示各控制单元及其状态：

绿色：控制单元通信正常。

黄色：控制单元未注册或无通信。

灰色：控制单元未在此车型安装。

五、显示故障码存储器中的故障记忆

在车辆测试后，可通过点击“显示故障码存储器中的故障记忆”按钮切换至“故障码存储器”屏幕。此处列出了所读取的故障码及相应说明。

在需要时可以从屏幕中重新启动车辆测试或调用控制单元功能，以读取测量值或激活作动器。

为了进入检测计划，必须首先显示故障码存储器。

显示故障码存储器：

等待，直至车辆测试结束。

点击按钮“显示故障码存储器中的故障记忆”。

显示故障码存储器中的故障记忆，完成车辆测试之后，通过在“控制单元树”界面中点击按钮“显示故障码存储器中的故障记忆”进入“故障码存储器”界面。此处列出了所读取的故障码以及相应说明，如图 1–2–20、表 1–2–6 及图 1–2–21 所示。

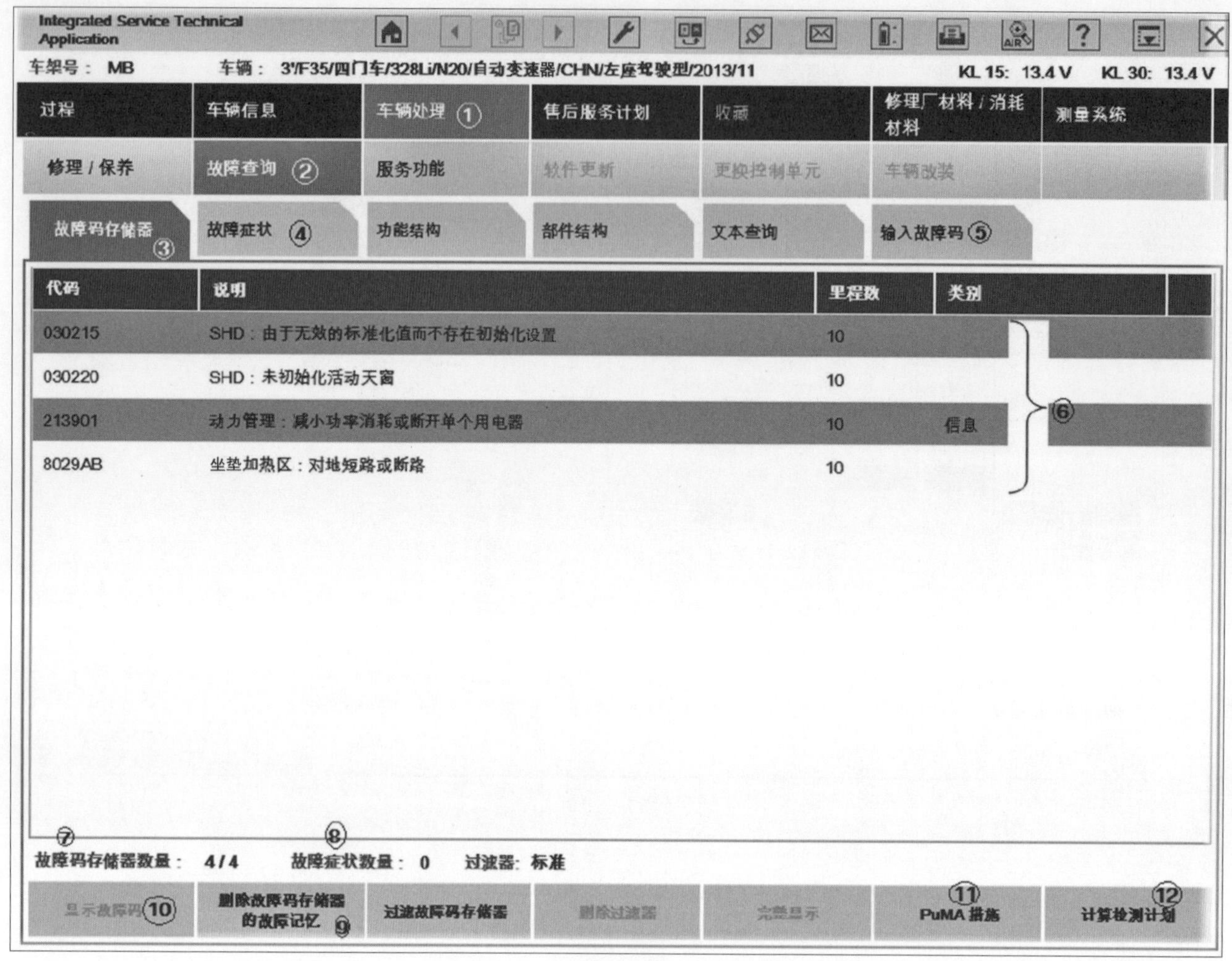

图1–2–20

表1–2–6

索引	说明	功能
1	车辆处理	对车辆进行处理时的功能
2	故障查询	查找故障信息和电路图等
3	故障码存储器	存储车辆具体故障码和内容
4	故障症状	添加引导型故障症状
5	输入故障码	添加故障码
6	内容栏	显示车辆具体故障码和内容
7	故障码存储器数量	显示车辆故障码总数
8	故障症状数量	显示车辆故障症状数量
9	删除故障码存储器中的故障记忆	删除车辆存在的所有故障码
10	显示故障码	显示故障码具体信息
11	PuMA 措施	超链接和故障码有关的 PuMA 措施
12	计算检测计划	生成和故障码有关的检测计划

图1-2-21

第三节 检测计划

如果选择一条故障码存储器记录，就会显示细节信息，例如控制单元名称、故障码存储器位置和其他故障信息。如果故障码存储器记录与待诊断的故障无关，也可以选择故障症状或故障码。退出引导型故障查询时执行功能“删除故障码存储器的故障记忆”。如果下一步工作是计算出检测计划，则不允许执行该功能。

根据现有故障码存储器记录以及按需选择的故障症状或故障码，可通过相应按钮计算出检测计划。

一、计算检测计划

点击“计算检测计划”按钮或者“显示”按钮（ISTA4.11 版本之后）。

二、编辑检测计划

计算出检测计划后为工作流程分组并按优先顺序列出。序号最小的工作流程最有可能诊断出故障，应首先完成该工作流程。如果未显示工作流程，则可通过“筛选”按钮设置显示。

检测计划列出怀疑是故障原因的部件和功能。针对部件和功能显示匹配的文件和程序在栏位“类型”中以“ABL”标记缩写形式标出。程序确定故障并给出关于排除的提示。状态栏中给出了工作流程的进行状态：

白色：未调用。

绿色：已进行。

黄色：已最小化。

黑色：已中断。

启动一个程序：

从检测计划中选择所需的程序；

点击按钮“显示”。

如图 1–3–1、表 1–3–1 及图 1–3–2 所示。

图1–3–1

表1–3–1

索引	说明	功能
1	售后服务计划	可能存在的当前查询结果清单和当前检测计划
2	检测计划	列出怀疑是故障原因的部件和功能
3	工作流程分组	显示匹配的文件
4	可选工作流程	显示匹配的程序
5	状态	显示匹配的程序是否使用
6	优先级	按最可能的故障原因优先顺序列出
7	具体状态解释	解释不同颜色代表的状态
8	显示	进入具体的检测计划
9	过滤器	按条件筛选检测计划
10	返回	返回

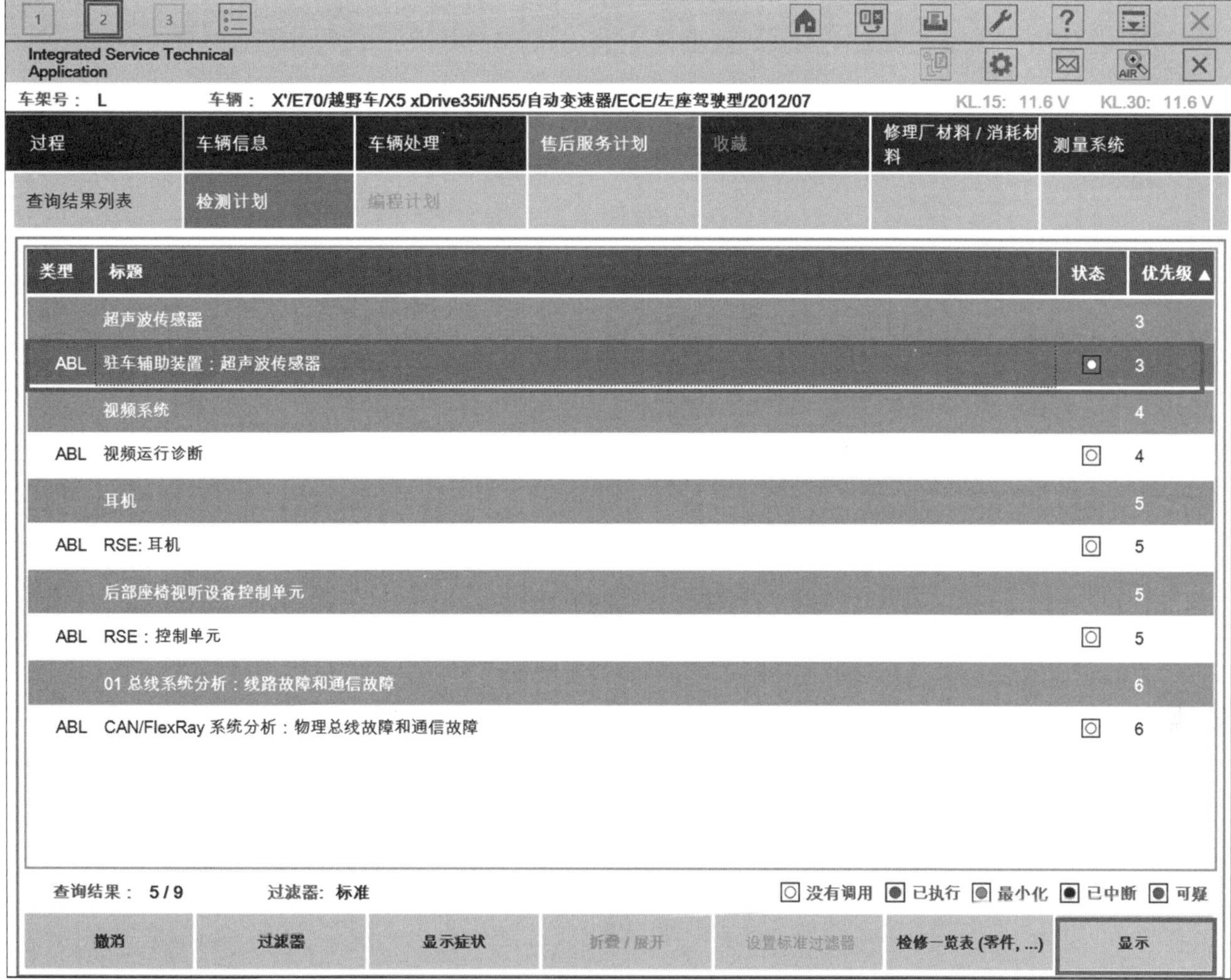

图1-3-2

i 检测计划中的优先级不能强制规定过程的调用。优先级表示建议的执行顺序。

步骤主要用于故障原因的查找。此外，还可通过程序执行服务功能。在程序内部可以显示信息，以及读取或输入测量值。此外，在程序中还可通过选择屏进行查询。执行一个程序后，如有必要会将附加信息收录在检测计划中，这对于其他故障查询或故障清除是必要的。可在检测计划中选择或启动其他的程序。执行检测计划过程故障码解释如图 1–3–3、表 1–3–2 及图 1–3–4 所示。工作流程可以通过上图所示符号最小化或结束。所选工作流程故障码存储器的详细读取内容在右侧窗口内“匹配列表”下显示。

表1–3–2

索引	说明	功能
1	步骤	提示如何执行检测计划
2	内容	检测计划的具体步骤操作
3	说明	对当前故障码的描述
4	细节	解释当前故障码生成的细节
5	系统环境	解释当前故障码生成的环境条件
6	最小化	最小化当前检测计划（从历史记录恢复）
7	继续	执行下一步

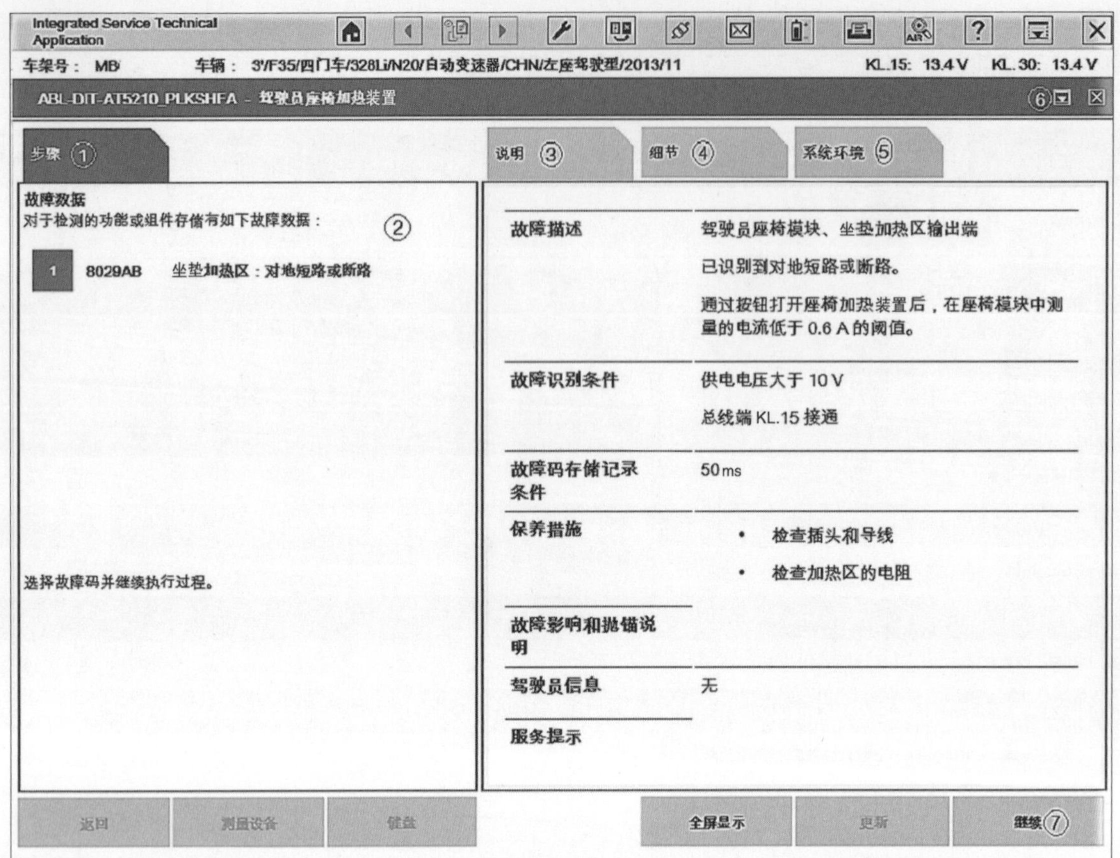
Integrated Service Technical Application
车架号： MB
车辆： 3'/F35/四门车/328Li/N20/自动变速器/CHN/左座驾驶型/2013/11
KL.15: 13.4 V KL.30: 13.4 V
ABL-DIT-AT5210_PLKSHFA - 驾驶员座椅加热装置
⑥
步骤 ①
说明 ③
细节 ④
系统环境 ⑤
故障数据
对于检测的功能或组件存储有如下故障数据：
②
1 8029AB 坐垫加热区：对地短路或断路
选择故障码并继续执行过程。
故障描述
驾驶员座椅模块、坐垫加热区输出端
已识别到对地短路或断路。
通过按钮打开座椅加热装置后，在座椅模块中测量的电流低于 0.6 A 的阈值。
故障识别条件
供电电压大于 10 V
总线端 KL.15 接通
故障码存储记录条件
50 ms
保养措施
• 检查插头和导线
• 检查加热区的电阻
故障影响和抛锚说明
驾驶员信息
无
服务提示
返回
测量设备
键盘
全屏显示
更新
继续⑦

图1-3-3

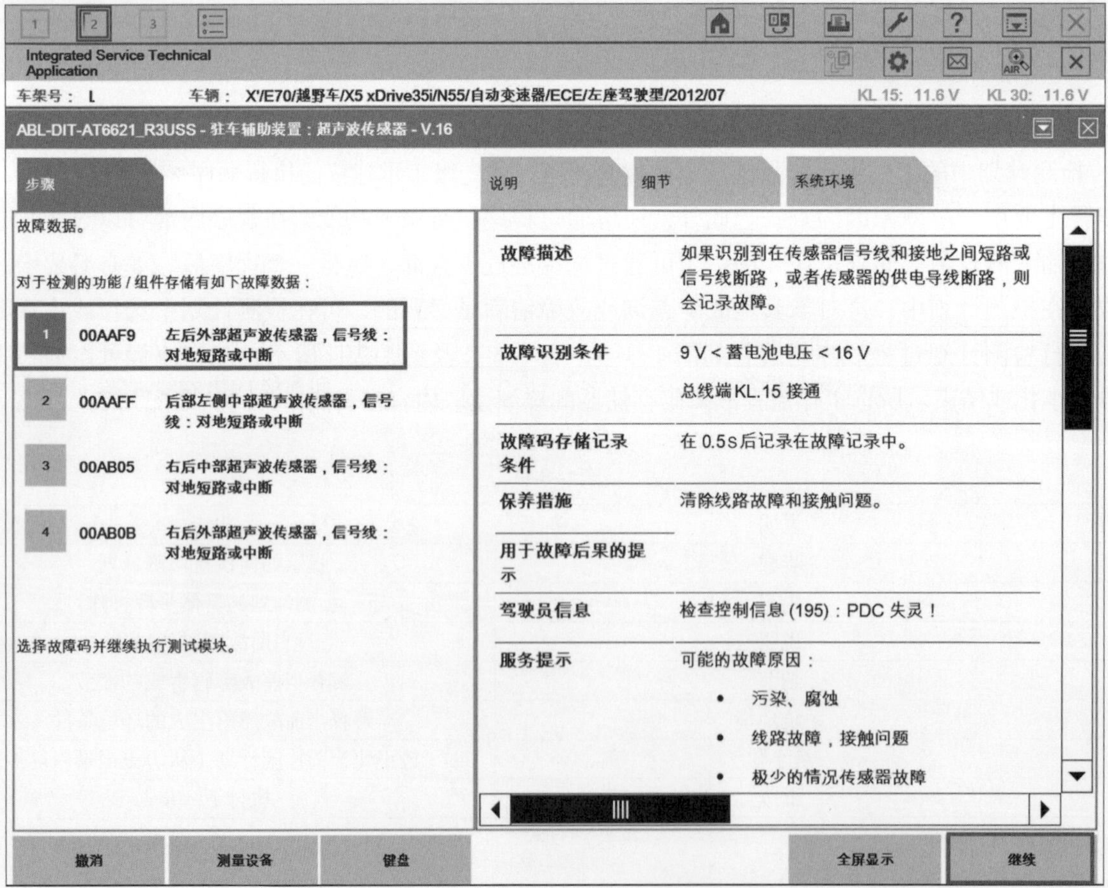
Integrated Service Technical Application
车架号： L
车辆： X'/E70/越野车/X5 xDrive35i/N55/自动变速器/ECE/左座驾驶型/2012/07
KL.15: 11.6 V KL.30: 11.6 V
ABL-DIT-AT6621_R3USS - 驻车辅助装置：超声波传感器 - V.16
步骤
说明
细节
系统环境
故障数据。
对于检测的功能 / 组件存储有如下故障数据：
1 00AAF9 左后外部超声波传感器，信号线：对地短路或中断
2 00AAFF 后部左侧中部超声波传感器，信号线：对地短路或中断
3 00AB05 右后中部超声波传感器，信号线：对地短路或中断
4 00AB0B 右后外部超声波传感器，信号线：对地短路或中断
选择故障码并继续执行测试模块。
故障描述
如果识别到在传感器信号线和接地之间短路或信号线断路，或者传感器的供电导线断路，则会记录故障。
故障识别条件
9 V < 蓄电池电压 < 16 V
总线端 KL.15 接通
故障码存储记录条件
在 0.5s 后记录在故障记录中。
保养措施
清除线路故障和接触问题。
用于故障后果的提示
驾驶员信息
检查控制信息 (195)：PDC 失灵！
服务提示
可能的故障原因：
• 污染、腐蚀
• 线路故障，接触问题
• 极少的情况传感器故障
撤消
测量设备
键盘
全屏显示
继续

图1-3-4

即使是在处理工作流程期间也可随时调出测量仪器。在“步骤”处给出文本说明和处理要求。屏幕右侧显示出涉及的部件和功能具体描述，如图 1–3–5 和表 1–3–3 所示。

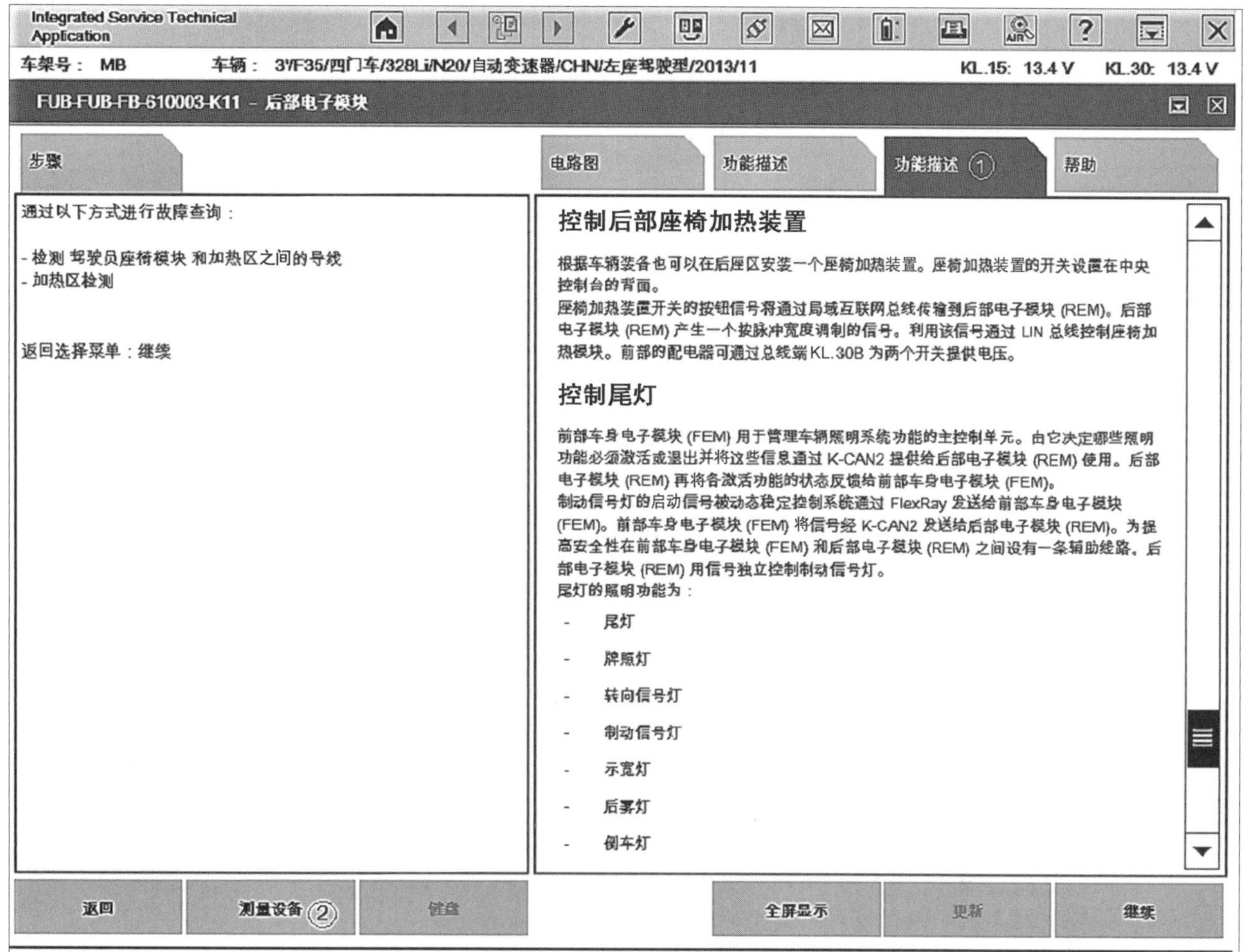

图1–3–5

表1–3–3

索引	说明	功能
1	功能描述	检测计划涉及的部件和功能具体描述
2	测量设备	可连接 IMIB 在线测量

显示屏右侧可显示电路图、安装位置、插头视图或线脚布置。电路图还提供其他功能，例如热点和多种显示方式，如图 1–3–6、表 1–3–4 及图 1–3–7 所示。

表1–3–4

索引	说明	功能
1	电路图	检测计划涉及的电路图描述
2	放大	放大电路图
3	缩小	缩小电路图

Integrated Service Technical Application
车架号： MB
车辆： 3'/F35/四门车/328Li/N20/自动变速器/CHN/左座驾驶型/2013/11
KL.15: 13.4 V
KL.30: 13.4 V
SSP-SSP-SP0000054419 - 驾驶员座椅加热装置
步骤
电路图 ①
功能描述
功能描述
帮助
通过以下方式进行故障查询：
- 检测 驾驶员座椅模块 和加热区之间的导线
- 加热区检测
返回选择菜单：继续
文件
放大 ②
缩小 ③
全屏显示
继续

图1-3-6

Integrated Service Technical Application
车架号： L
车辆： X'/E70/越野车/X5 xDrive35i/N55/自动变速器/ECE/左座驾驶型/2012/07
KL.15: 11.6 V
KL.30: 11.6 V
ABL-DIT-AT6621_R3USS - 驻车辅助装置：超声波传感器 - V.16
步骤
电路图
功能描述
选择：
1 检查传感器/导线
80 故障数据显示
90 退出测试模块
撤消
测量设备
键盘
全屏显示
继续

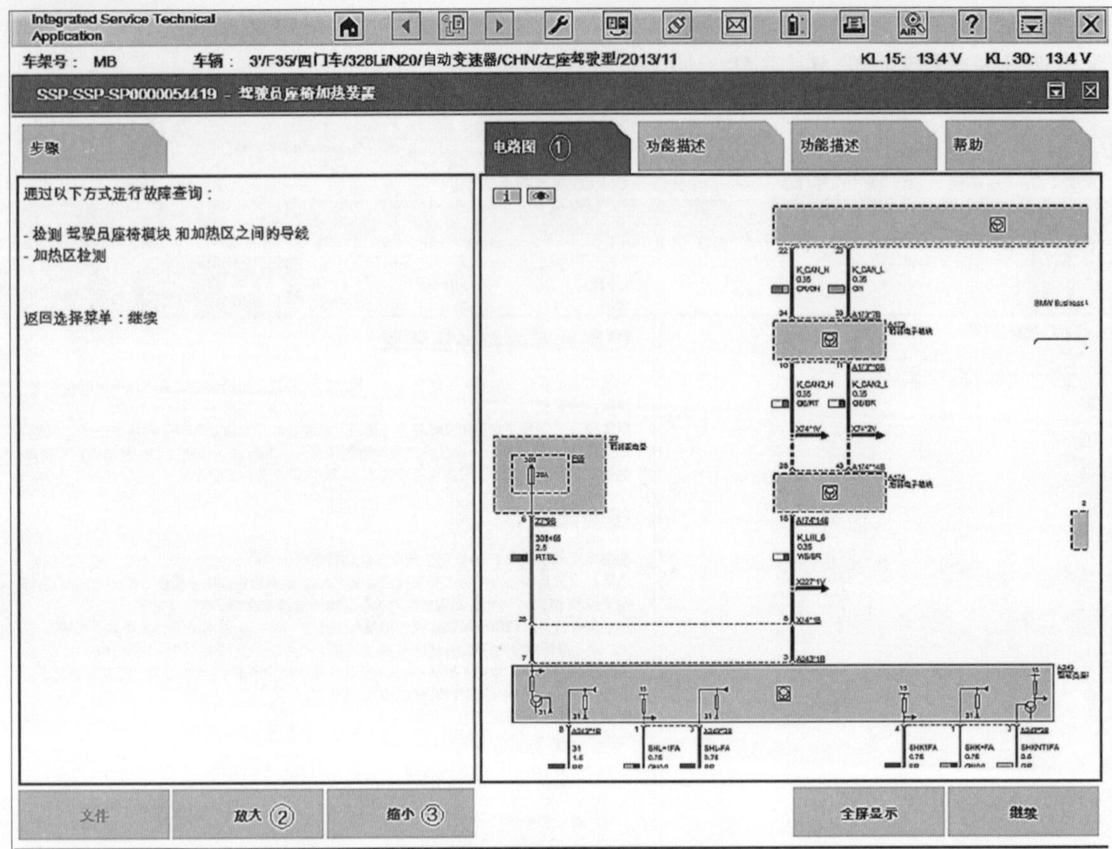

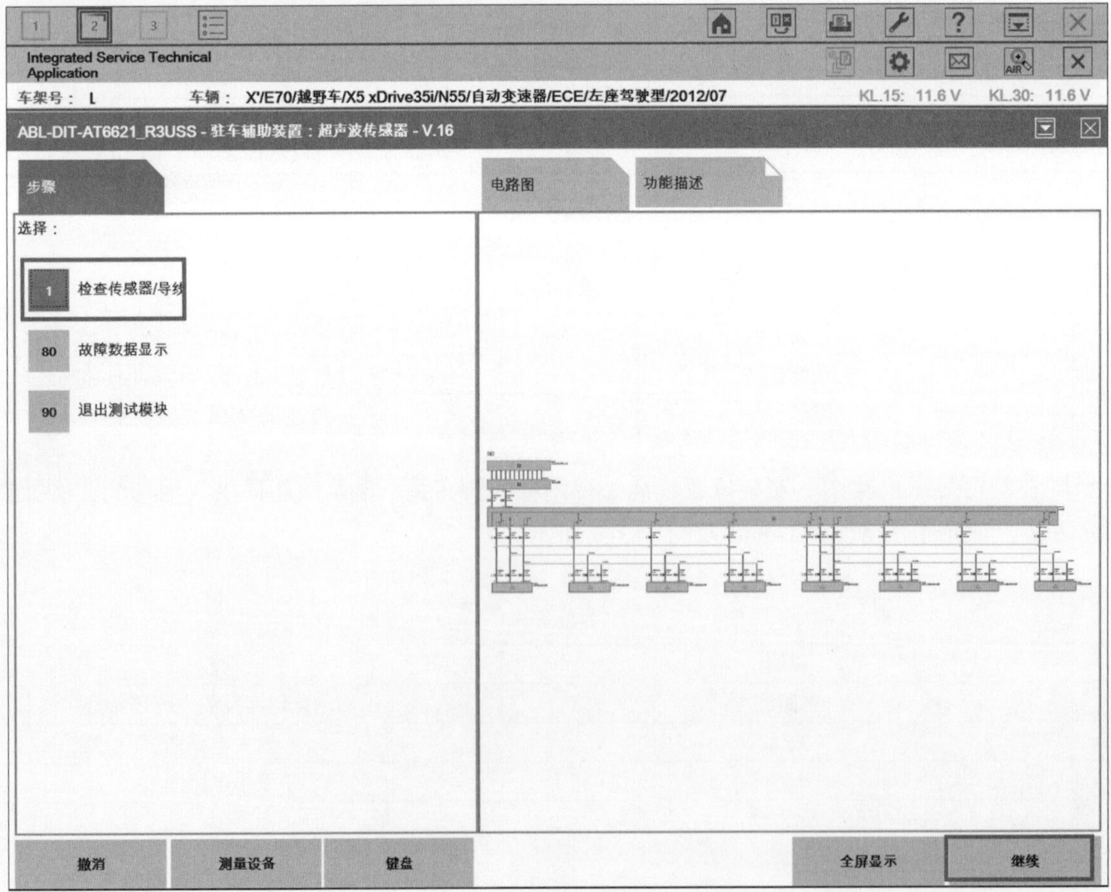

图1-3-7

执行检测计划最后一步，需要截屏打印诊断代码，该代码用于结算、记录以及统计评估，如图 1–3–8 和图 1–3–9 所示。

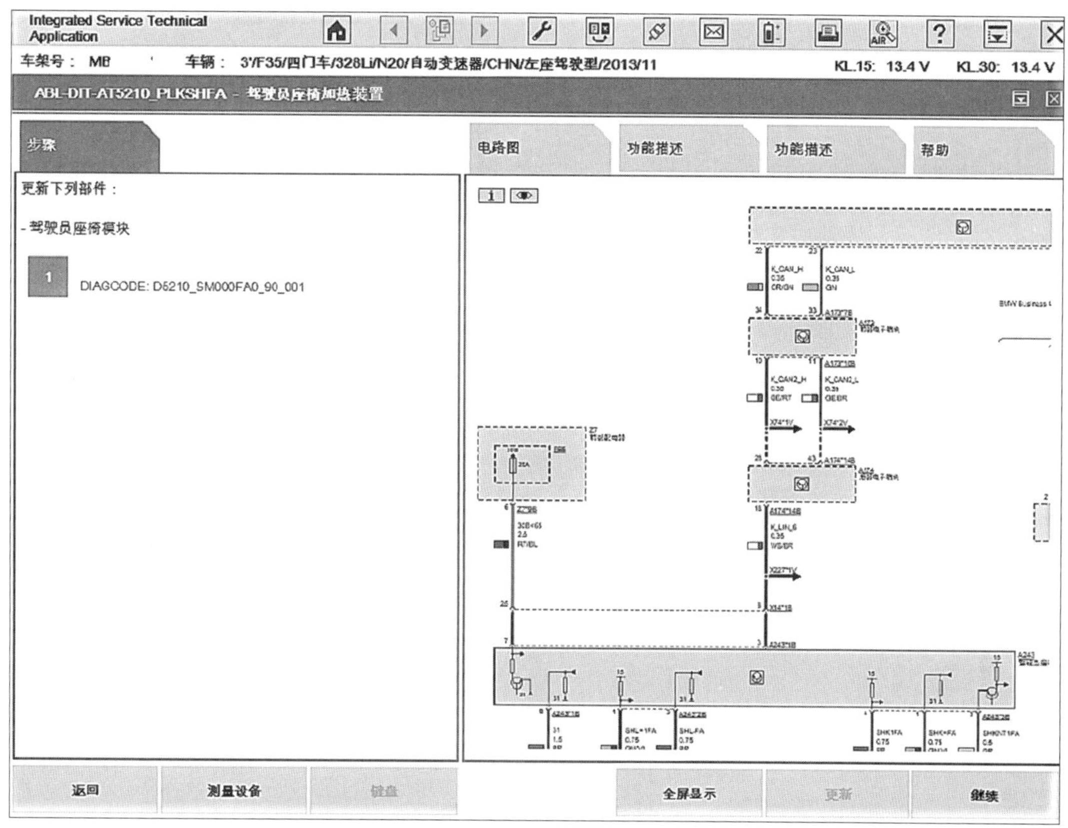

图1–3–8

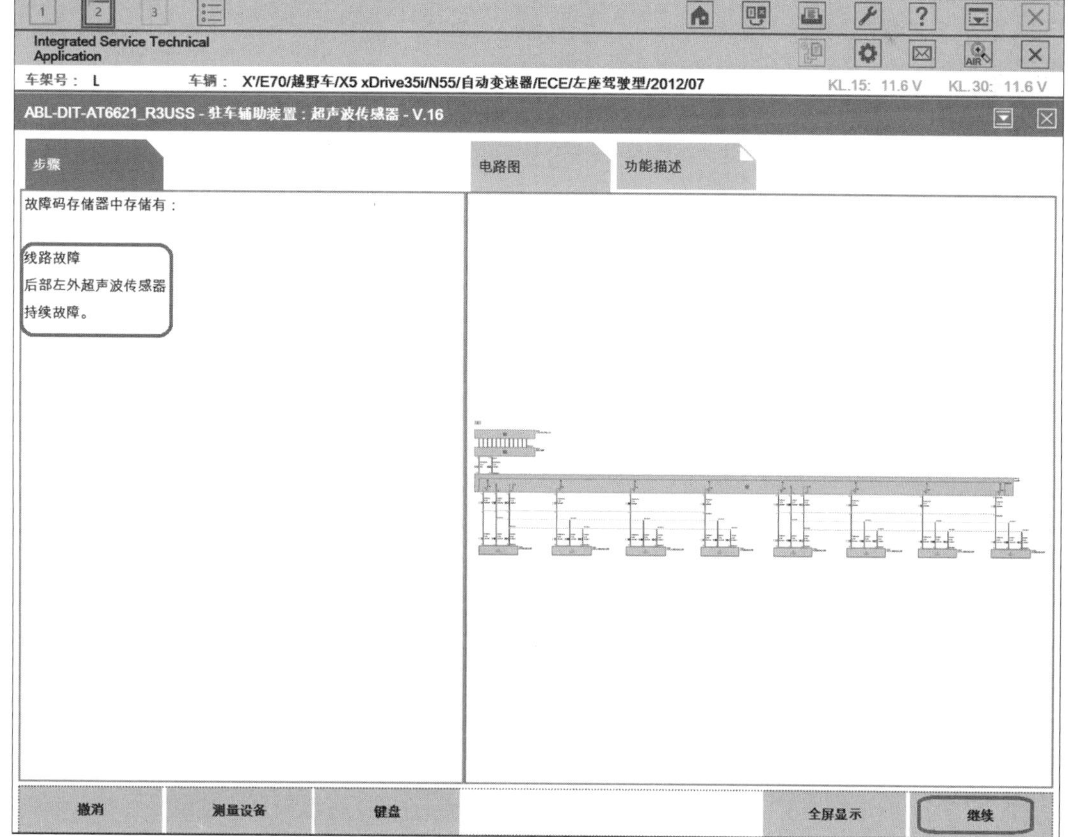

图1–3–9

完成检测计划后，应当执行“删除故障码存储器”功能，如图 1-3-10 所示。

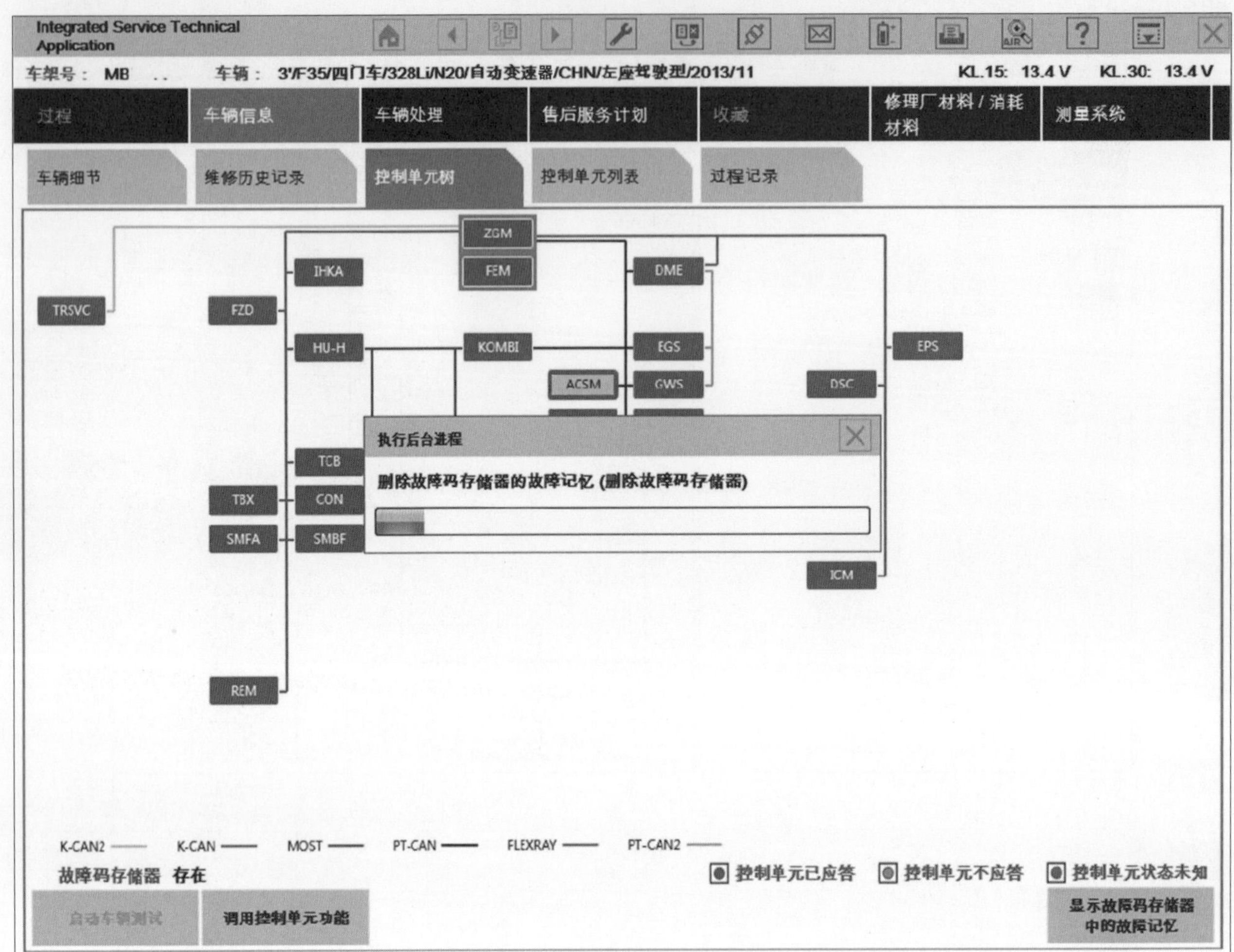

图1-3-10

第二章 ISTA 系统车辆信息

一、车辆信息概述

在 ISTA 系统的“车辆信息”主菜单下一共有 6 个子菜单，包含：车辆细节、维修历史记录、控制单元树、控制单元列表、过程记录、保养咨询中的信息，如图 2–1 所示。在 6 个子菜单下均可以选择“启动车辆测试”进行整车的诊断测试和选择信息查询直接进入“车辆处理”功能，进行车辆相关信息的详细查询。

图2–1

二、车辆信息子功能概述

1. 车辆细节

在车辆细节菜单下可以显示车辆的细节信息，如图 2–2 所示，显示的具体信息如下。

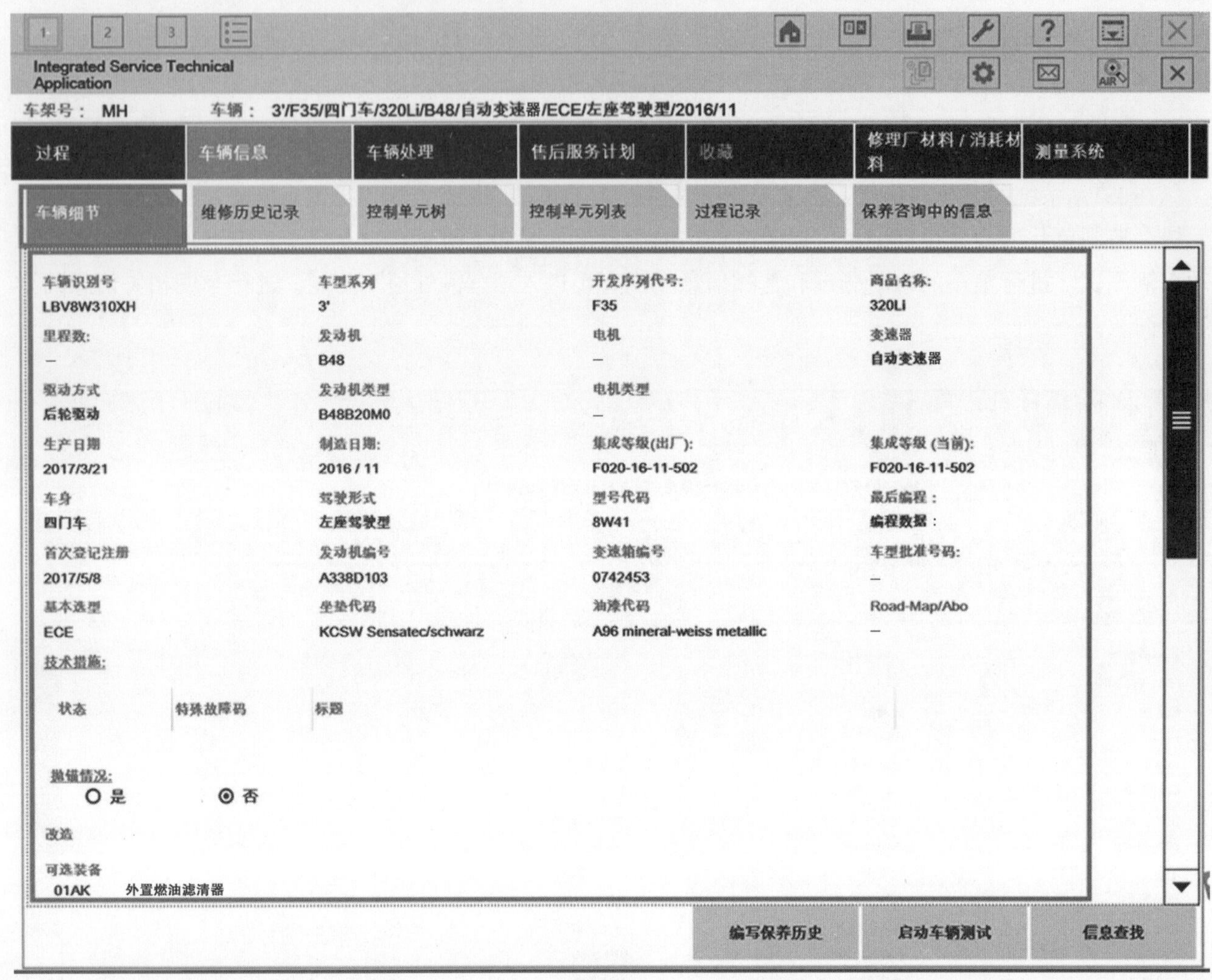

图2–2

车辆识别号，即 17 位 VIN 码，本书介绍中出于需要后 7 位已经删除掉。

车型系列：3 系。

开发序列代号：F35，即厂家车型研发车型代码，如上一代 3 系为 E90。

商品名称：320Li，在商品名称中带“L”的为加长轴距车型，320i 则为标准轴距车型。

里程数：可以直接显示车辆当前公里数，本图中没有直接连接车辆而是通过底盘号识别车辆，因此此处公里数无显示。

发动机：B48。

电机：本车型不涉及。

变速器：自动变速器。

驱动方式：后轮驱动。

发动机类型：B48B20M0，发动机类型信息如图 2–3 所示。

位置	含义	索引	说明
1	发动机开发商	N，B W	BMW 集团发动机 外购发动机
2	发动机类型	3 4 5	3 缸直列发动机 4 缸直列发动机 6 缸直列发动机
3	标准型发动机方案更改	7 8	带涡轮增压的柴油直接喷射系统 带涡轮增压 Valvetronic 直接喷射 TVDI 的汽油发动机
4	工作方式或燃油和安装位置	A B C D K	横向安装汽油发动机 纵向安装汽油发动机 横向安装柴油发动机 纵向安装柴油发动机 后置横向安装汽油发动机
5＋6	排量（1/10 L）	12 15 16 20 30	1.2 L 排量 1.5 L 排量 1.6 L 排量 2.0 L 排量 3.0 L 排量
7	功率等级	K U M O T S	最小 较低 中等 较高 顶级 超级
8	与授权发布相关的改款	0 1 2	全新开发 第一次改款 第二次改款

图2–3

驱动类型：本车型不涉及。

生产日期：2017/3/21。

制造日期：2016/11。

集成等级（出厂）：F020–16–11–502。集成等级即车辆的软件版本等级，也可以简单地理解为车辆控制单元的编程软件版本。

集成等级（当前）：F020–16–11–502。在车辆的使用中，因为维修或者升级需要，有时需要对车辆的集成等级升级，因此存在当前的集成等级高出车辆出厂的集成等级的情况。

车身：四车门。

驾驶形式：左座驾驶型。

型号代码：8W41。

最后编程：编程数据。

首次登记注册：2017/5/8。

发动机编号：A338D103。

坐垫代码：KCSW Sensatec/schwarz。座椅坐垫的类型和颜色。

油漆代码：A96mimeral-weiss metallic。车身颜色的油漆代码。

Road-MapAbo：车辆的地图版本型号，本车没有安装地图，因此没有显示。

技术措施：可以显示适合车辆的技术升级和召回信息。

抛锚情况：否。可以显示车辆是否抛锚。

可选装备：01AK 外置燃油滤清器。01AK 为车辆的配置代码。

2. 维修历史记录

在车辆的维修历史菜单下可以简要显示车辆在授权经销商进行过的车辆保养维修情况，可以显示车辆的保养维修日期、保养维修时的公里数、经销商的代码、维修订单类型，如图 2-4 所示。前提是车辆在授权经销商处进行过维修保养，并按照要求上传保养维修记录。本车没有按照要求上传保养维修记录，因此没有任何显示。

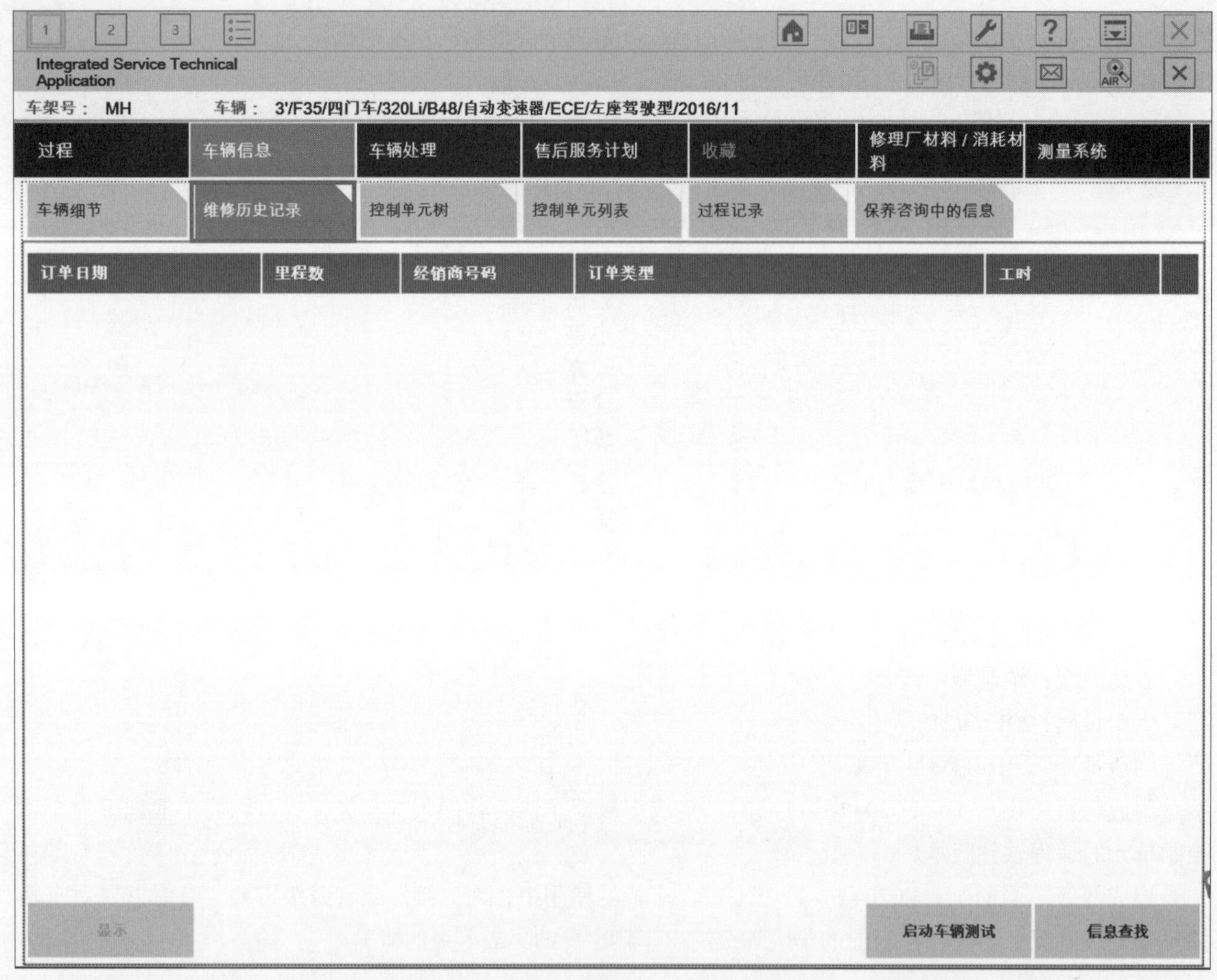

图2-4

3. 控制单元树

车辆连接诊断时车辆控制单元树状图，如图 2-5 所示。在此树状图中可以显示诊断时控制单元英文简写、控制单元通信状态及安装情况、车辆总线图标识。诊断完毕后可以显示故障存储器中存储的故障码数量。在控制单元树诊断完毕后可以通过选择控制单元的图标控制单元基本信息读取，进行控制单元的数据流读取、故障码清除、单独诊断、部件控制等功能操作。

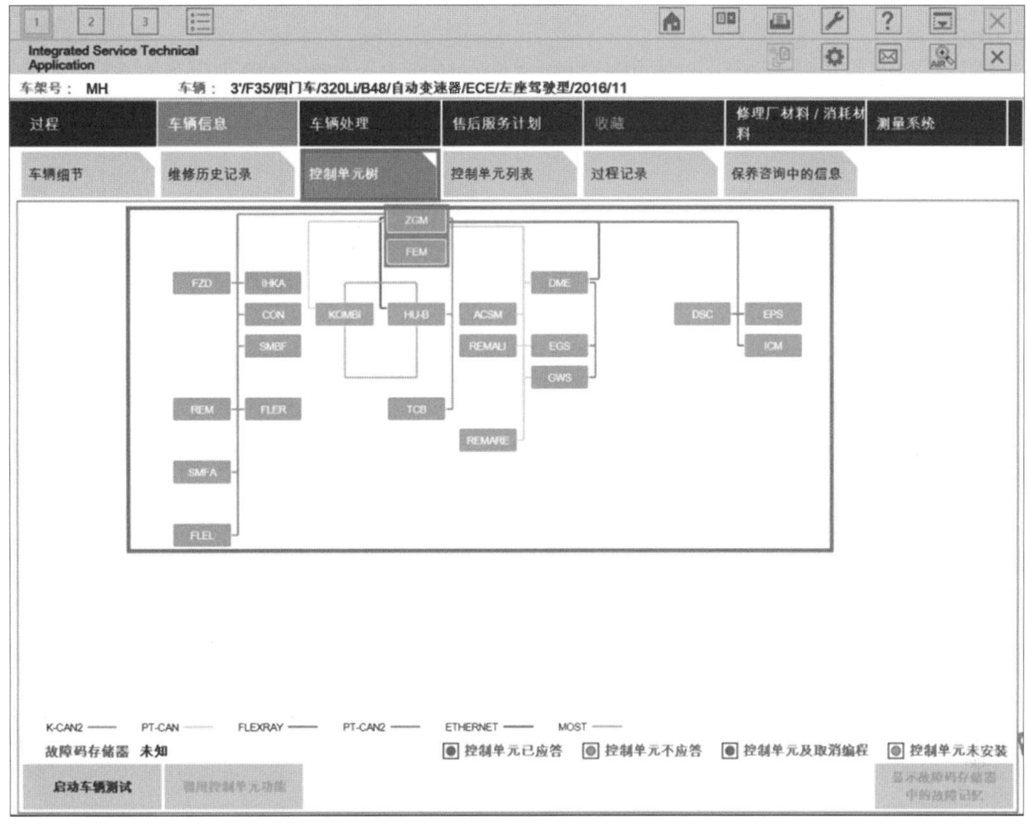

图2–5

4. 控制单元列表

车辆连接诊断时控制单元列表，如图 2–6 所示。在控制单元列表中可以显示控制单元名称。

图2–6

5. 过程记录

在过程记录菜单下可以详细显示经销商详细信息、车辆信息、诊断过程记录，如图 2–7 所示。

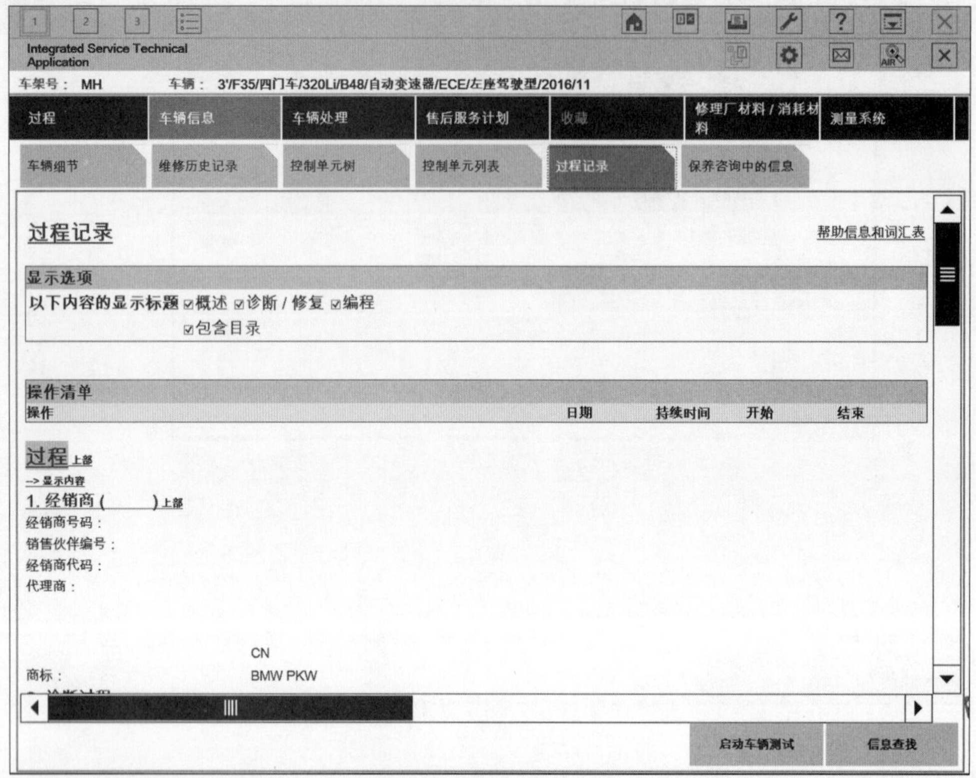

图2–7

6. 保养咨询中的信息

在保养咨询菜单下可以显示来自服务咨询的车辆保养信息提示，如图 2–8 所示。

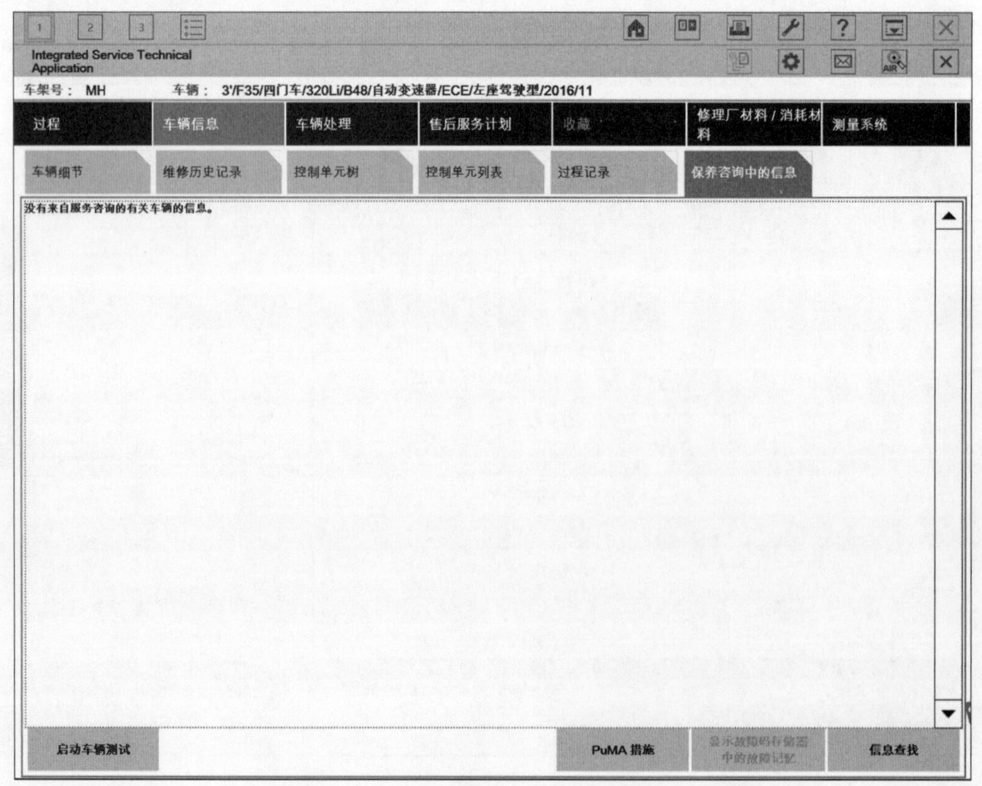

图2–8

第三章　ISTA 系统车辆处理

第一节　菜单概览

在菜单“车辆处理”中有大量用于信息查找和诊断的选项供选择，直接的子菜单有 3 个，前提是已经进行了车辆身份识别。

（1）修理 / 保养。

（2）故障查询。

（3）服务功能。

如图 3–1–1 所示。

图3–1–1

第二节　修理 / 保养

在菜单“修理 / 保养”中可以通过两种方式进行查询：产品结构和文本查询，如图 3–2–1 所示。

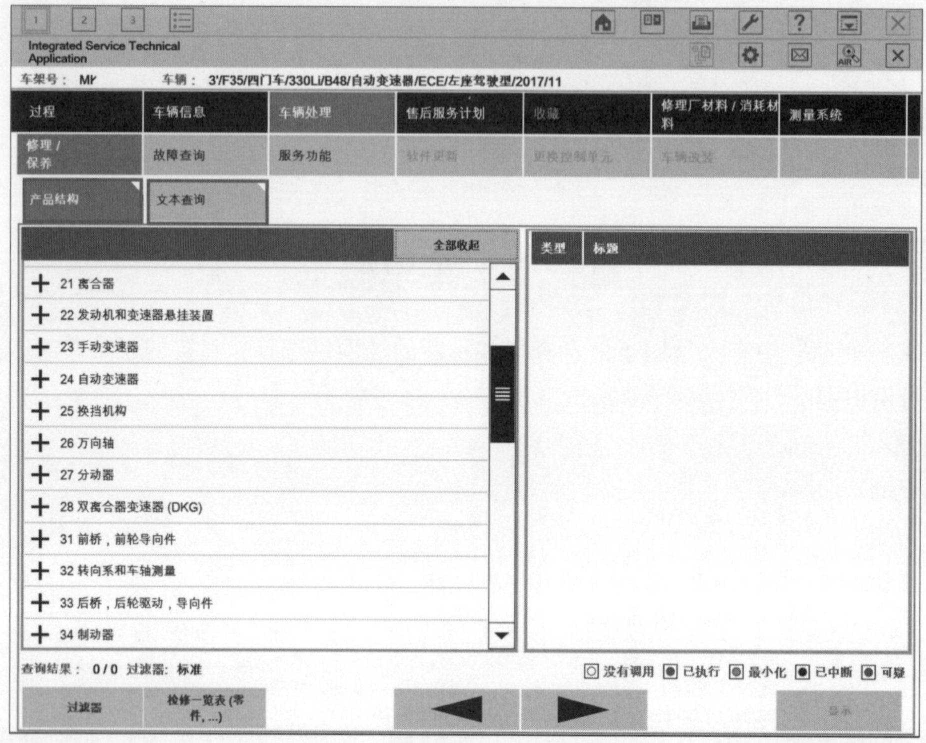

图3–2–1

一、产品结构

在产品结构中可以查询总成分组的信息，在左侧栏中选择产品组。产品组的内容将在右侧栏中显示出来，如图 3–2–2 所示，右侧栏中是需要查询的信息文件名，文件名分文件类型和标题。

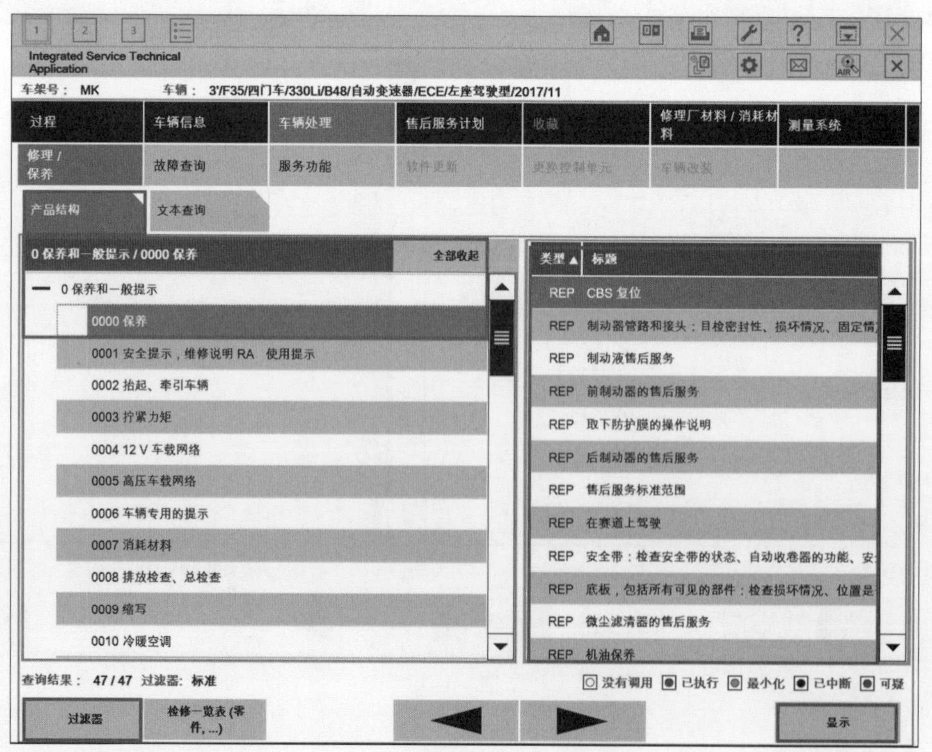

图3–2–2

选择左下角的过滤器按钮，可以选择要查询的信息类型。如果未更改过滤器设置，则显示“标准设定”，如图 3–2–3 所示。可以调出屏幕“过滤器设置”，在其中可将查询限定在某一时间段或信息类型内，例如限定为电路图或维修说明。

图3-2-3

在右侧栏中选择需要查询的内容，点选右下角的显示“显示”，则显示需要查询的详细内容，如图 3–2–4 所示。

图3-2-4

在 ISTA“修理 / 保养”菜单下可以查询车辆相关的信息如下：

维修说明（REP）；

拧紧力矩（AZD）；

修理和保养提示（REH）；

专用工具（SWS）；

消耗材料（SBS）；

维修技术信息（SIT）；

故障清除（FEB）；

车辆技术诊断（FTD）；

概览（COM）。

接下来以实例信息查询进行说明，通过产品结构的方式进行查询。

二、例1：查询B48发动机的机油保养的维修说明

通过此信息查询可以详细地查询到机油保养的操作提示、维修步骤、机油的加注量、机油的型号说明、机油保养的复位说明文件、拆卸部件的要求及拧紧力矩说明文件等重要维修信息。在信息查询的过程中，文件中蓝颜色字体的表示有说明的文件。查询 B48 发动机的机油保养的详细步骤如下所示。

识别车辆，进入 ISTA 系统的“修理 / 保养”菜单，在左侧栏中选择分组信息，在右侧栏选择“REP 机油保养”，如图 3-2-5 所示。

图3-2-5

机油保养说明，如图 3-2-6 所示。

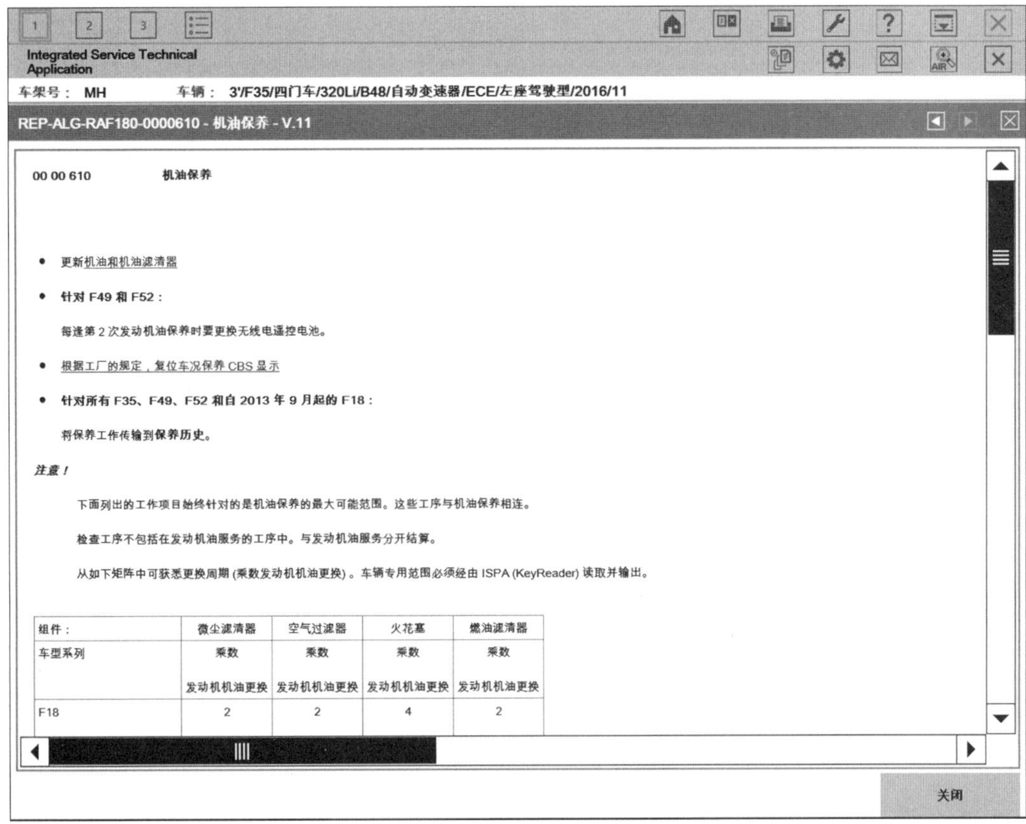

图3-2-6

选择图 3-2-6 中“根据工厂规定，复位车况保养 CBS”，可以查询显示详细的车况保养 CBS 复位操作过程文件，如图 3-2-7~ 图 3-2-10 所示。

图3-2-7

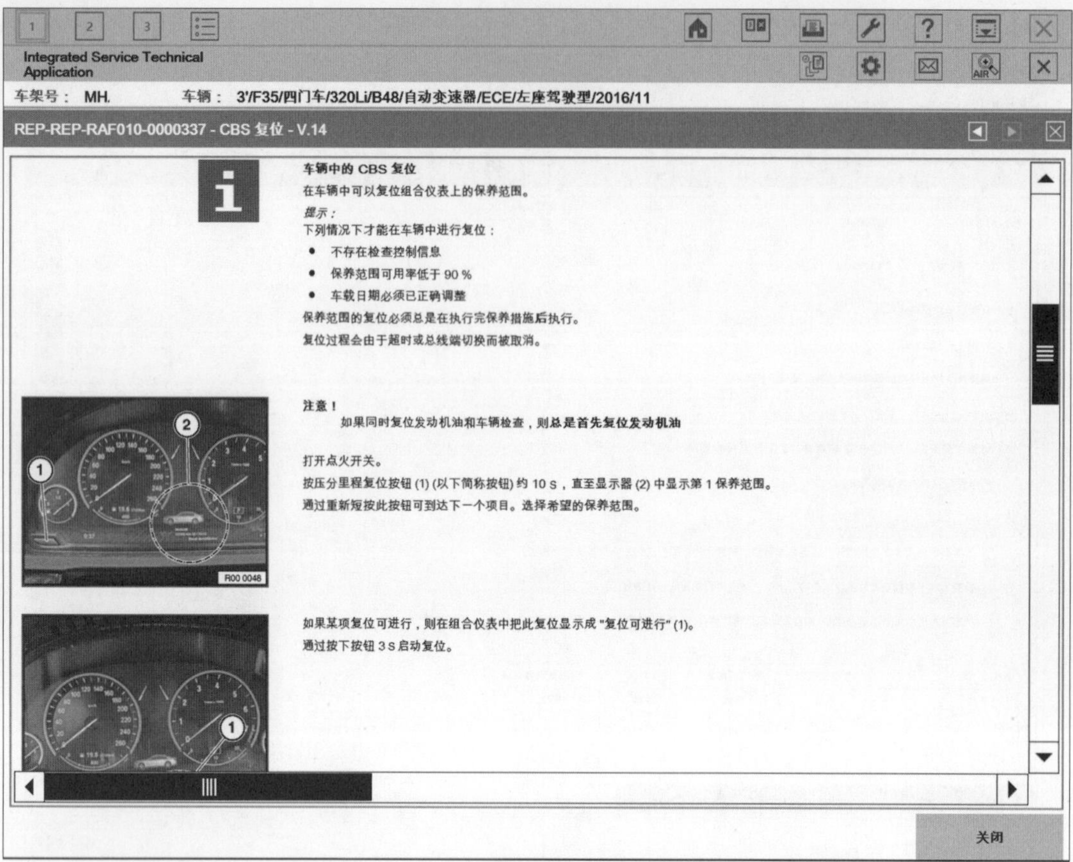
Integrated Service Technical Application
车架号： MH
车辆： 3'/F35/四门车/320Li/B48/自动变速器/ECE/左座驾驶型/2016/11
REP-REP-RAF010-0000337 - CBS 复位 - V.14
车辆中的 CBS 复位
在车辆中可以复位组合仪表上的保养范围。
提示：
下列情况下才能在车辆中进行复位：
不存在检查控制信息
保养范围可用率低于 90 %
车载日期必须已正确调整
保养范围的复位必须总是在执行完保养措施后执行。
复位过程会由于超时或总线端切换而被取消。
注意！
如果同时复位发动机油和车辆检查，则总是首先复位发动机油
打开点火开关。
按压分里程复位按钮 (1) (以下简称按钮) 约 10 s，直至显示器 (2) 中显示第 1 保养范围。
通过重新短按此按钮可到达下一个项目。选择希望的保养范围。
R00 0046
如果某项复位可进行，则在组合仪表中把此复位显示成 "复位可进行" (1)。
通过按下按钮 3 s 启动复位。
关闭

图3-2-8

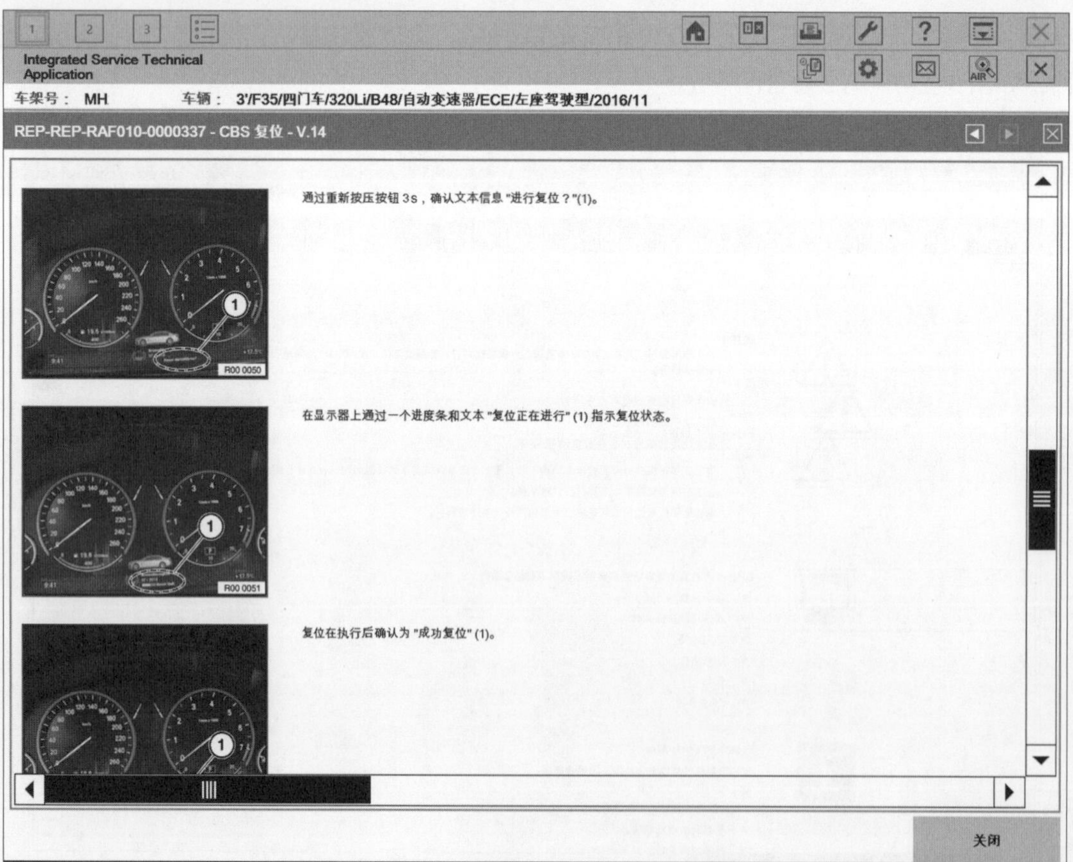
Integrated Service Technical Application
车架号： MH
车辆： 3'/F35/四门车/320Li/B48/自动变速器/ECE/左座驾驶型/2016/11
REP-REP-RAF010-0000337 - CBS 复位 - V.14
通过重新按压按钮 3 s，确认文本信息 "进行复位？"(1)。
R00 0050
在显示器上通过一个进度条和文本 "复位正在进行" (1) 指示复位状态。
R00 0051
复位在执行后确认为 "成功复位" (1)。
关闭

图3-2-9

图3-2-10

机油保养的详细的维修说明如图 3-2-11~ 图 3-2-13 所示。

图3-2-11

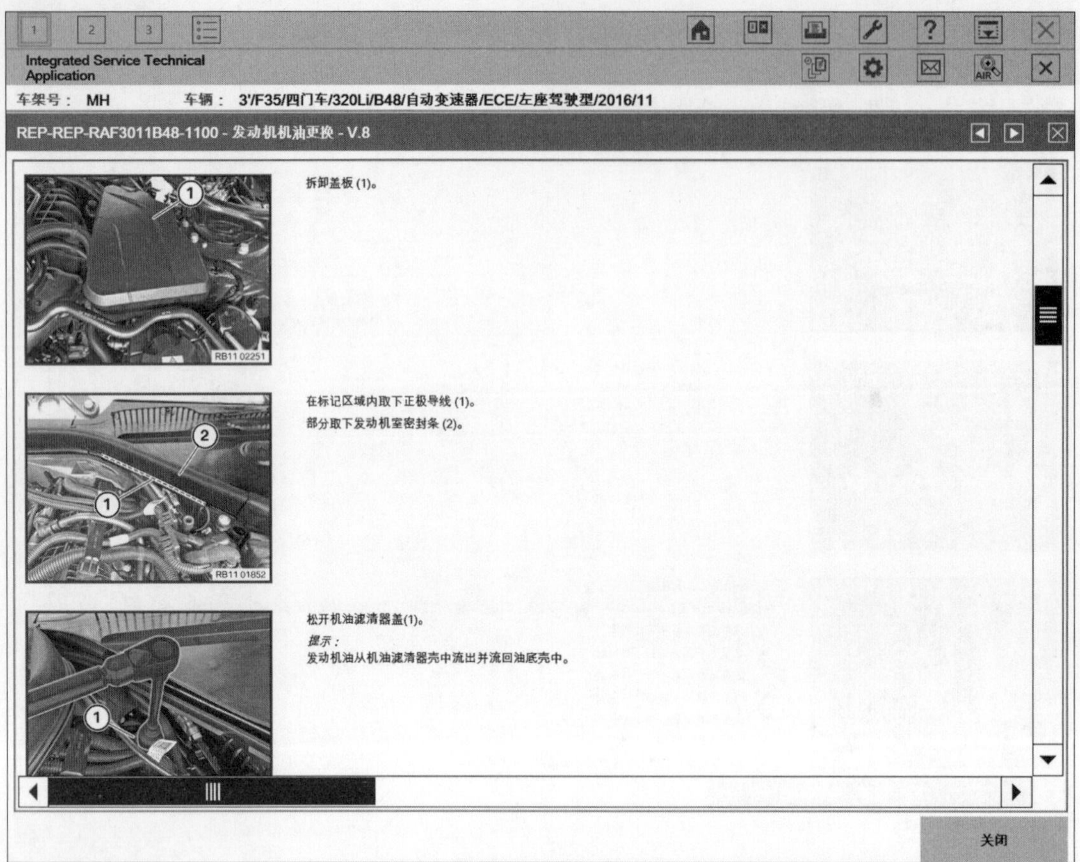

Integrated Service Technical Application
车架号： MH
车辆： 3'/F35/四门车/320Li/B48/自动变速器/ECE/左座驾驶型/2016/11
REP-REP-RAF3011B48-1100 - 发动机机油更换 - V.8
拆卸盖板 (1)。
RB11 02251
在标记区域内取下正极导线 (1)。
部分取下发动机室密封条 (2)。
RB11 01852
松开机油滤清器盖(1)。
提示：
发动机油从机油滤清器壳中流出并流回油底壳中。
关闭

图3-2-12

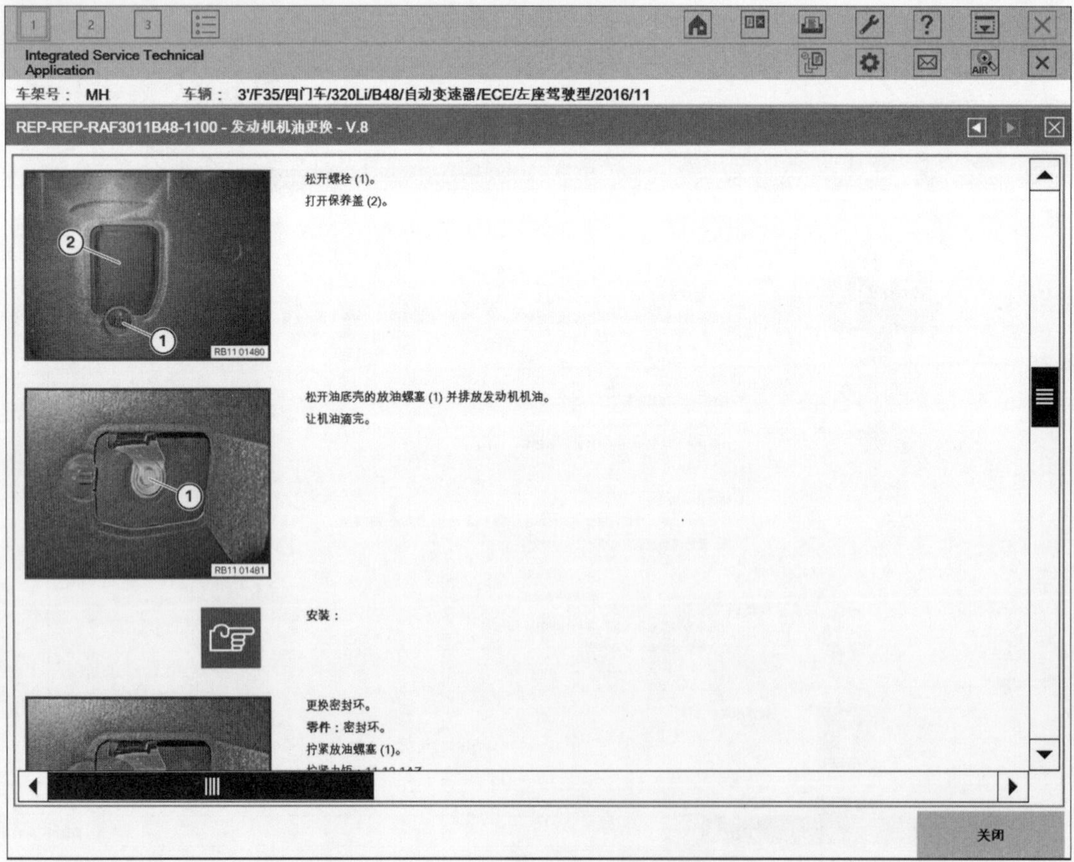

Integrated Service Technical Application
车架号： MH
车辆： 3'/F35/四门车/320Li/B48/自动变速器/ECE/左座驾驶型/2016/11
REP-REP-RAF3011B48-1100 - 发动机机油更换 - V.8
松开螺栓 (1)。
打开保养盖 (2)。
RB11 01480
松开油底壳的放油螺塞 (1) 并排放发动机机油。
让机油滴完。
RB11 01481
安装：
更换密封环。
零件：密封环。
拧紧放油螺塞 (1)。
关闭

图3-2-13

选择如图 3-2-14 中“拧紧力矩：11131AZ”可查询放油螺栓塞的规定拧紧力矩说明文件，如图 3-2-15 所示。

图3-2-14

11 13 油底壳

	型号	螺纹	拧紧力矩	尺寸
1AZ　放油螺塞	B46M0/O0 / B48M0/O0	M12 x 1.5	更换密封环。	25 N·m
2AZ　将油底壳安装到曲轴箱上	B46M0/O0 / B48M0/O0	M8x30 M8x110		24 N·m
3AZ　油位传感器安装到油底壳上	B46M0/O0 / B48M0/O0	M6		8,5N·m

图3-2-15

选择如图 3-2-16 中“拧紧力矩：11421AZ”，可以查询显示机油拧紧力矩说明文件，如图 3-2-17 所示。

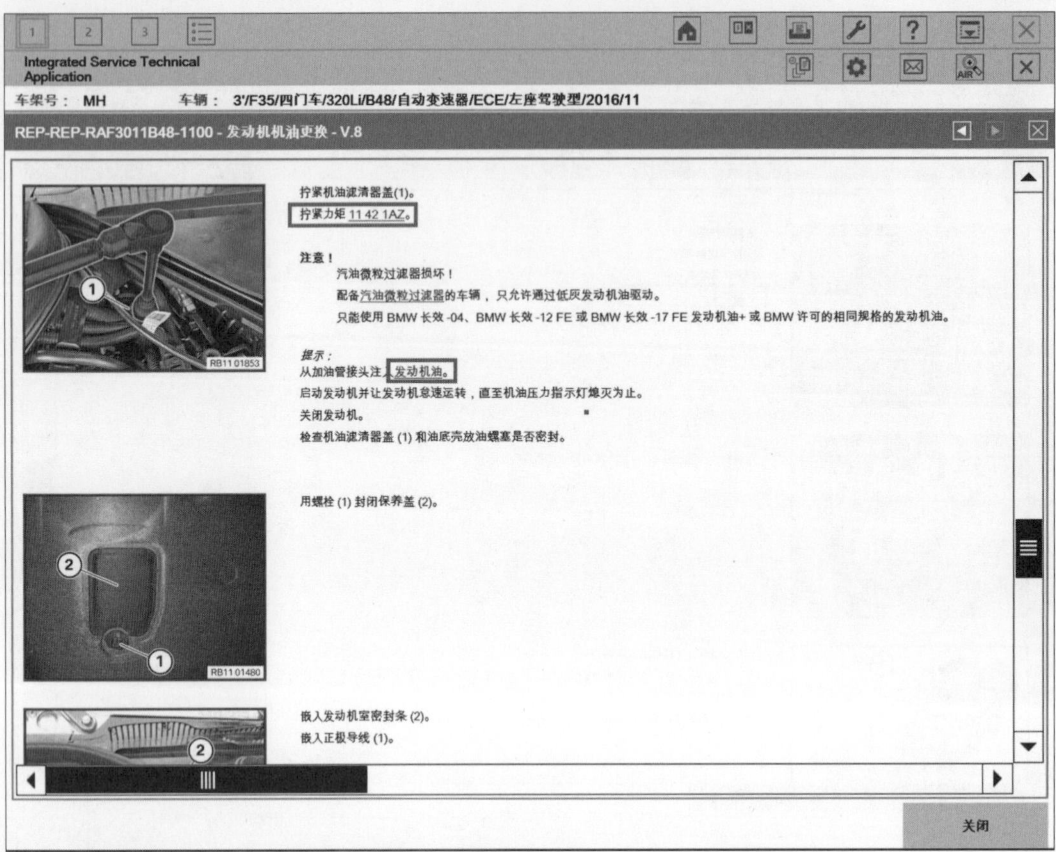

图3-2-16

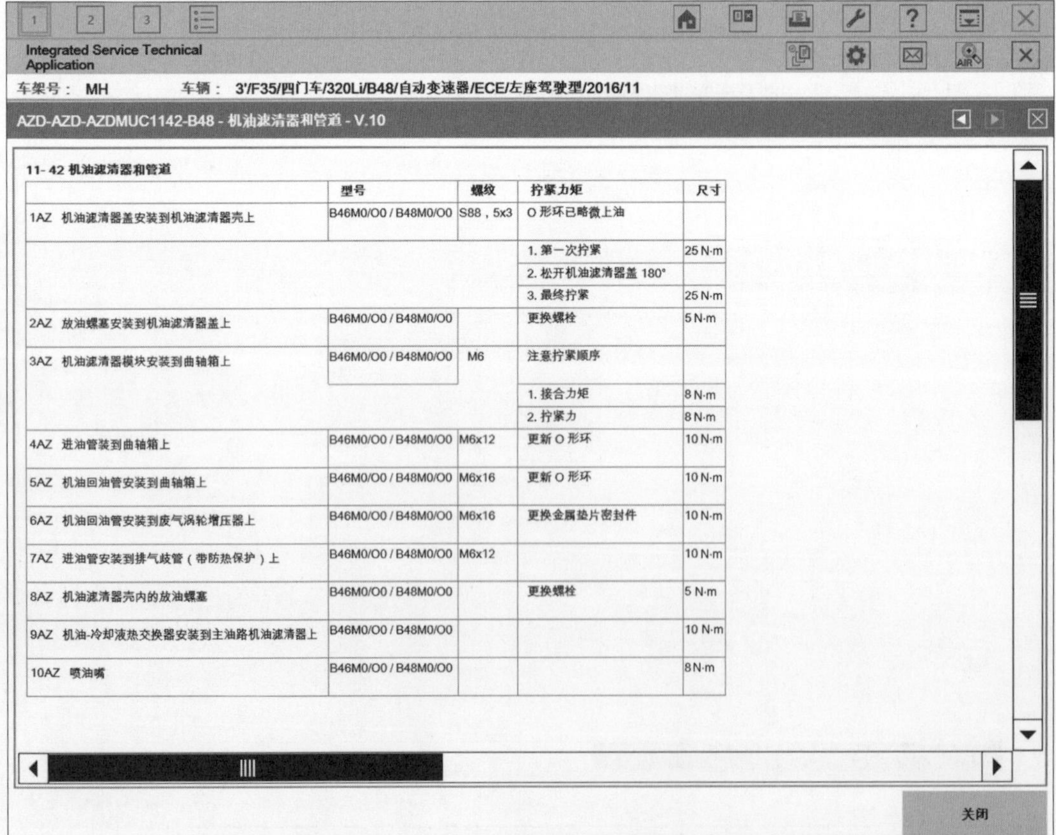

11- 42 机油滤清器和管道

	型号	螺纹	拧紧力矩	尺寸
1AZ 机油滤清器盖安装到机油滤清器壳上	B46M0/O0 / B48M0/O0	S88，5x3	O 形环已略微上油	
			1. 第一次拧紧	25 N·m
			2. 松开机油滤清器盖 180°	
			3. 最终拧紧	25 N·m
2AZ 放油螺塞安装到机油滤清器盖上	B46M0/O0 / B48M0/O0		更换螺栓	5 N·m
3AZ 机油滤清器模块安装到曲轴箱上	B46M0/O0 / B48M0/O0	M6	注意拧紧顺序	
			1. 接合力矩	8 N·m
			2. 拧紧力	8 N·m
4AZ 进油管装到曲轴箱上	B46M0/O0 / B48M0/O0	M6x12	更新 O 形环	10 N·m
5AZ 机油回油管安装到曲轴箱上	B46M0/O0 / B48M0/O0	M6x16	更新 O 形环	10 N·m
6AZ 机油回油管安装到废气涡轮增压器上	B46M0/O0 / B48M0/O0	M6x16	更换金属垫片密封件	10 N·m
7AZ 进油管安装到排气歧管（带防热保护）上	B46M0/O0 / B48M0/O0	M6x12		10 N·m
8AZ 机油滤清器壳内的放油螺塞	B46M0/O0 / B48M0/O0		更换螺栓	5 N·m
9AZ 机油-冷却液热交换器安装到主油路机油滤清器上	B46M0/O0 / B48M0/O0			10 N·m
10AZ 喷油嘴	B46M0/O0 / B48M0/O0			8 N·m

图3-2-17

选择如图 3–2–16 中的“发动机油”，可以查询显示发动机机油类型和发动机加油量，如图 3–2–18 所示。

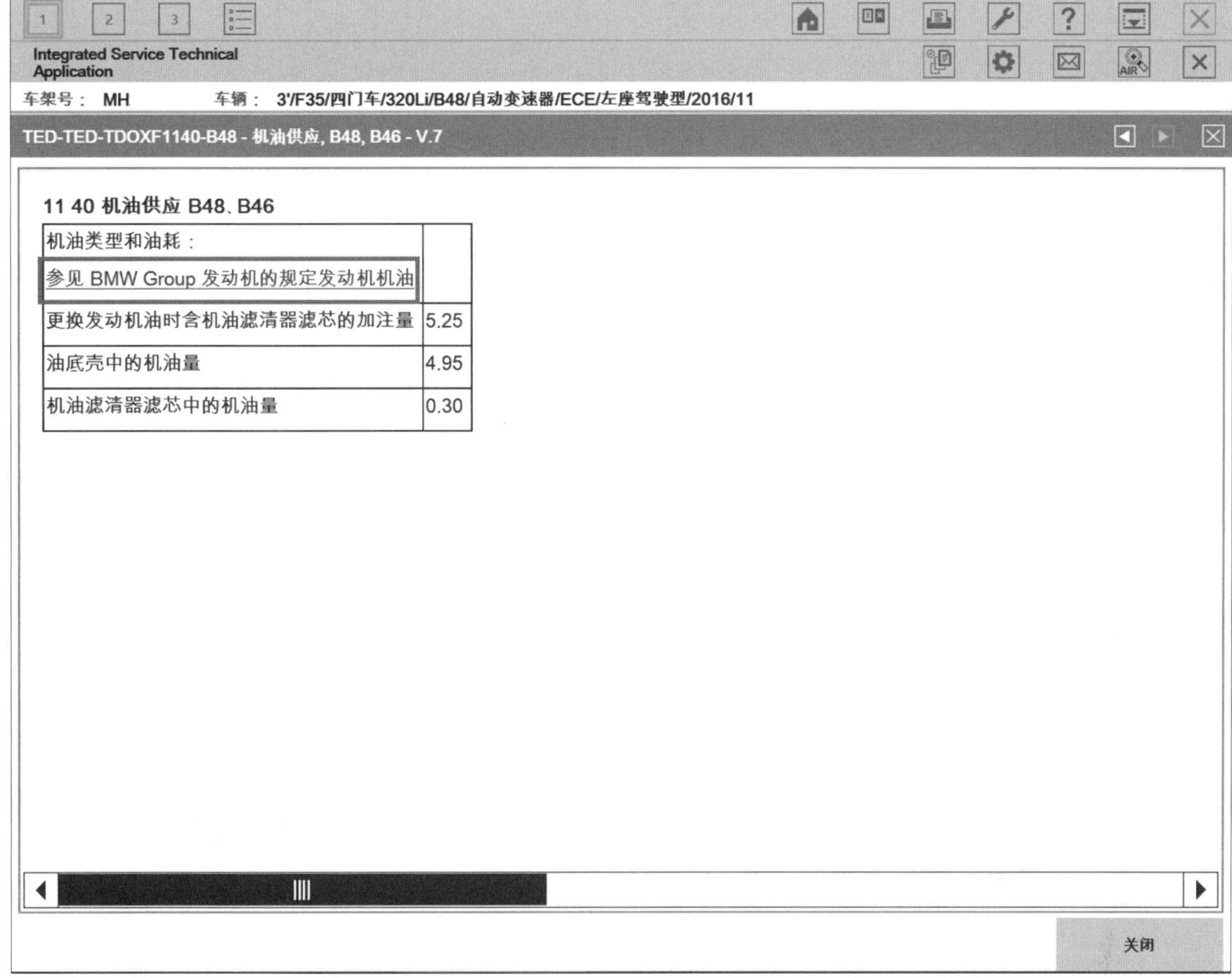

图3–2–18

选择如图 3–2–18 中的“参见 BMW Group 发动机的规定发动机机油”，可以查询“3.0 在技术上合适的 BMW Group 发动机的发动机机油”文件，如下，表中附件文件的子文件将不再进一步展开说明，需要了解的在 ISTA 系统中查询学习。

针对相应发动机建议使用用颜色标记的发动机机油。

技术上适用于汽油发动机的发动机机油如表 3–2–1 所示。

提示：具有高黏度的黏度等级可能会增加燃油消耗。

表3–2–1

发动机	BMW Longlife–01 参见附件 4	BMW Longlife–01 FE 参见附件 5	BMW Longlife–04 参见附件 6	BMW Longlife–12 FE 参见附件 7	BMW Longlife–14 FE+ 参见附件 8	BMW Longlife–17 FE+ 参见附件 9	汽车工程师学会 10W–60 参见附件 10
2 缸发动机							
W20（I01）	X	X	X(1)				

续表

发动机	BMW Longlife-01 参见附件 4	BMW Longlife-01 FE 参见附件 5	BMW Longlife-04 参见附件 6	BMW Longlife-12 FE 参见附件 7	BMW Longlife-14 FE+ 参见附件 8	BMW Longlife-17 FE+ 参见附件 9	汽车工程师学会 10W-60 参见附件 10
3 缸发动机							
B32	X	X					
B36	X	X	X[1]	X[1]	X	X	
B38 无汽油微粒过滤器[4]	X	X	X[1]	X[1]	X	X	
B38 带汽油微粒过滤器[4]			X	X		X	
4 缸发动机							
B42	X	X					
B46	X	X	X[1]	X[1]	X	X	
B48 无汽油微粒过滤器[4]	X	X	X[1]	X[1]	X	X	
B48 带汽油微粒过滤器[4]			X	X		X	
N12	X	X	X[1]	X[1]			
N13	X	X	X[1]	X[1]			
N14	X	X	X[1]	X[1]			
N16	X	X	X[1]	X[1]			
N18	X	X	X[1]	X[1]			
N20	X	X	X[1]	X[1]	X	X	
N26	X	X	X[1]	X[1]	X	X	
N40	X	X	X[1]	X[1]			
N42	X	X	X[1]	X[1]			
N43	X	X	X[1]	X[1]			
N45	X	X	X[1]	X[1]			
N46	X	X	X[1]	X[1]			
M43TU	X		X[1]				
M43/CNG			X[1]				
W10	X		X[1]				
W11	X		X[1]				
6 缸发动机							
B58 无汽油微粒过滤器[4]	X	X	X[1]	X[1]	X	X	
B58 带汽油微粒过滤器[4]			X	X		X	
N51	X	X	X[1]	X[1]			
N52	X	X	X[1]	X[1]			
N53	X	X	X[1]	X[1]			

续表

发动机	BMW Longlife-01 参见附件 4	BMW Longlife-01 FE 参见附件 5	BMW Longlife-04 参见附件 6	BMW Longlife-12 FE 参见附件 7	BMW Longlife-14 FE+ 参见附件 8	BMW Longlife-17 FE+ 参见附件 9	汽车工程师学会 10W-60 参见附件 10
N54	X	X	X[1]	X[1]			
N55	X	X	X[1]	X[1]			
N56	X	X	X[1]	X[1]			
M52	X		X[1]				
M54	X		X[1]				
M56	X		X[1]				
S54							X
S55 无汽油微粒过滤器[4]	X	X	X[1]	X[1]			
S55 带汽油微粒过滤器[4]			X	X			
8 缸发动机							
N62	X	X	X[1]	X[1]			
N63 无汽油微粒过滤器[4]	X	X	X[1]	X[1]			
N63 带汽油微粒过滤器[4]			X	X			
M62LEV	X		X[1]				
S62							X
S63 无汽油微粒过滤器[4]	X	X	X[1]	X[1]			
S63 带汽油微粒过滤器[4]			X	X			
S65							X
10 缸发动机							
S85							X
12 缸发动机							
N73	X	X	X[1]	X[1]			
N74 无汽油微粒过滤器[4]	X	X	X[1]	X[1]			
N74 带汽油微粒过滤器[4]			X	X			
M73	X		X[1]				
其他发动机							
其他 AT 发动机[2]	X		X				
其他 M 发动机[3]	X		X				X

注:（1）只允许在欧洲地区（欧盟国家以及瑞士、挪威和列支敦士登）将 BMW Longlife-04 和 BMW Longlife-12 机油用于汽油发动机。在该地区之外由于燃油质量经常出问题，所以不允许使用。

（2）“其他”发动机油包括所有上表中未列出的公司的发动机 / 车型，如 M10、M20、M30、M40、M42、M43、M44、M50、M52、M60、M62、M70、M73 等。

（3）“其他”包括了所有在上述表格中未提及的赛车发动机 / 赛车车型，例如 S14、S38、S50、S50U、S52、S70 等。

（4）可以通过汽油微粒过滤器上安装的真空软管以及实际工况排放废气标准选装配置 SA1DEA 识别带汽油发动机和汽油微粒过滤器的车辆。

技术上适用于柴油发动机的发动机机油如表 3-2-2 所示。

表3-2-2

发动机	BMW Longlife-01 参见附件 4	BMW Longlife-04 参见附件 6	BMW Longlife-12 FE 参见附件 7	汽车工程师学会 10W-60 参见附件 10
3 缸发动机				
B37C15K0		X	X	
B37C15U0		X	X	
B37D15K0		X	X	
B37D15U0		X	X	
B37C15K1		X	X	
B37C15U1		X	X	
4 缸发动机				
B47C20U0		X	X	
B47C20O0		X	X	
B47C20T0		X		
B47D20K0		X	X	
B47D20U0		X	X	
B47D20O0		X	X	
B47D20T0		X		
B47C20U1			X	
B47C20O1			X	
B47D20U1			X	
B47D20O1			X	
N47 uL；N47 oL		X		
N47 S (5)				X
N47 S (5) （自 2008 年 9 月起）		X		
N47C16K1		X	X (6)	
N47C16U1		X	X (6)	
N47C20K1		X	X (6)	

续表

发动机	BMW Longlife-01 参见附件 4	BMW Longlife-04 参见附件 6	BMW Longlife-12 FE 参见附件 7	汽车工程师学会 10W-60 参见附件 10
N47C20U1		X	X(6)	
N47D16U1		X	X(6)	
N47D16K1		X	X(6)	
N47D20K1		X	X(6)	
N47D20U1		X	X(6)	
N47D20O1		X	X(6)	
N47D20O1 美国		X	X(6)	
N47D20T1		X		
M41	X	X		
M47，M47TU(5)	X	X		
M47TU(5) （自 2003 年 3 月起）	X	X		
M47TU2(1)、(5)	X(3)	X		
W16D16		X		
W17D14	X	X		
6 缸发动机				
B57D30O0		X	X	
B57D30T0		X		
B57D30S0		X		
N57		X		
N57N		X		
N57X		X		
N57D30O1		X	X(7)	
N57D30O1 美国		X	X(6)	
N57D30T1		X		
N57D30S1		X		
M21	X	X		
M51	X	X		
M57	X	X		
M57TU(5) （自 2002 年 9 月起）	X	X		
M57TU(5)（E60、E61 自 2004 年 3 月起）	X(2)	X		
M57Top(5)（自 2004 年 9 月起）		X		
M57TU2(5)（自 2005 年 3 月起）	X(4)	X		

续表

发动机	BMW Longlife-01 参见附件 4	BMW Longlife-04 参见附件 6	BMW Longlife-12 FE 参见附件 7	汽车工程师学会 10W-60 参见附件 10
M57TU2Top(5)（自 2006 年 9 月起）		X		
8 缸发动机				
M67（E38）	X	X		
M67（E65）	X	X		
M67TU（自 2005 年 3 月起）	X(4)	X		

注:（1）对于车外温度经常低于 -20 ℃ 的国家，我们建议使用 0W 代替 5W 产品。

（2）为了提高柴油微粒过滤器的使用寿命，建议从有供应起使用 Longlife- 04 机油。

（3）可以用于不带柴油微粒过滤器的车辆。

（4）建议用于不带柴油微粒过滤器的车辆和非欧盟国家。

（5）TU2 = T2 / TOP = S。

（6）自 2014 年款起有效。

（7）自 2013 年款起有效。

还原拆卸部件，检查机油量，如图 3-2-19 所示。

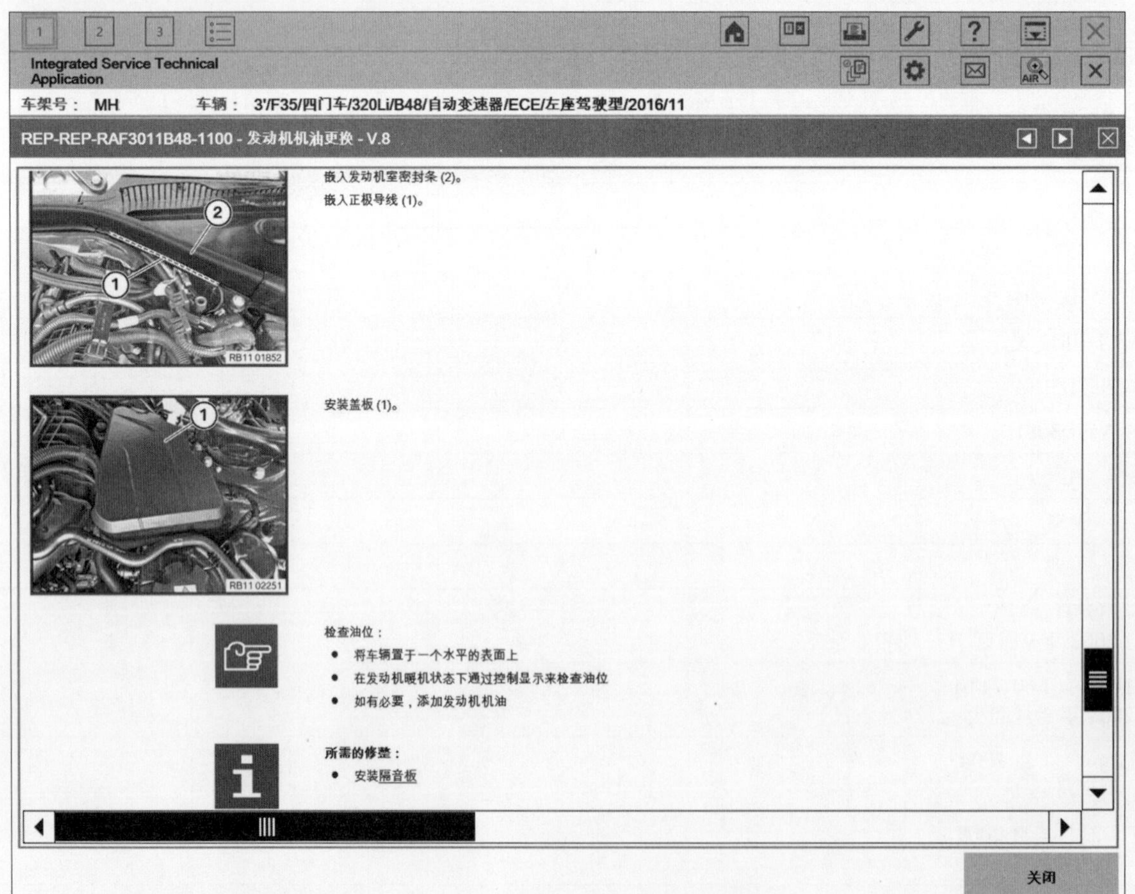

图3-2-19

三、通过文本查询方式查询B48机油保养文件

选择文本查询，在文本框里输入需要查询内容的关键字或者文件号，如图 3-2-20 所示。

图3-2-20

选择“REP- 机油保养”文件，如图 3-2-21 所示。按照步骤查询的同样方法可以查询到机油保养详细的维修说明，具体查询的内容和通过产品结构查询的信息一致，只是查询的方式不一样。

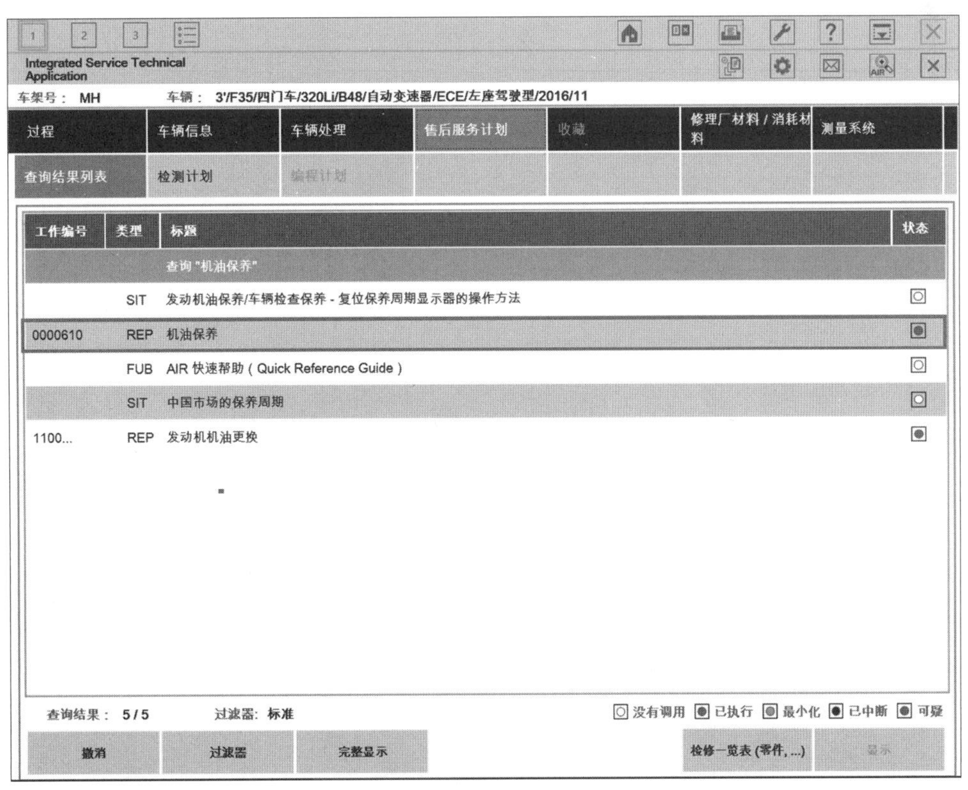

图3-2-21

四、例2：拆卸和安装/替换进气调整装置（B48B）的维修说明

通过此信息查询可以详细地查询到拆卸和安装 / 替换进气调整装置（B48B）的操作提示、维修步骤、专用工具、说明文件、拆卸部件的要求及拧紧力矩说明文件等重要维修信息。在信息查询的过程中，文件中蓝颜色字体表示有下一步说明的文件。查询拆卸和安装 / 替换进气调整装置（B48B）的详细步骤如下所示。

识别车辆，进入 ISTA 系统的“修理 / 保养”菜单，在左侧栏中根据需要查询的内容类别逐级选择，如图 3-2-22~ 图 3-2-24 所示。

图3-2-22

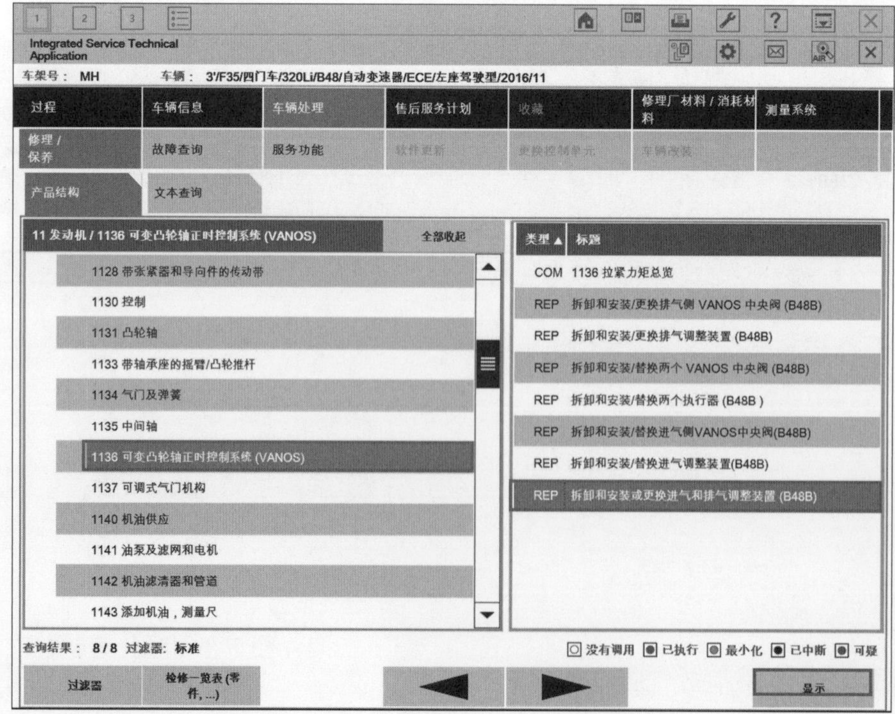

图3-2-23

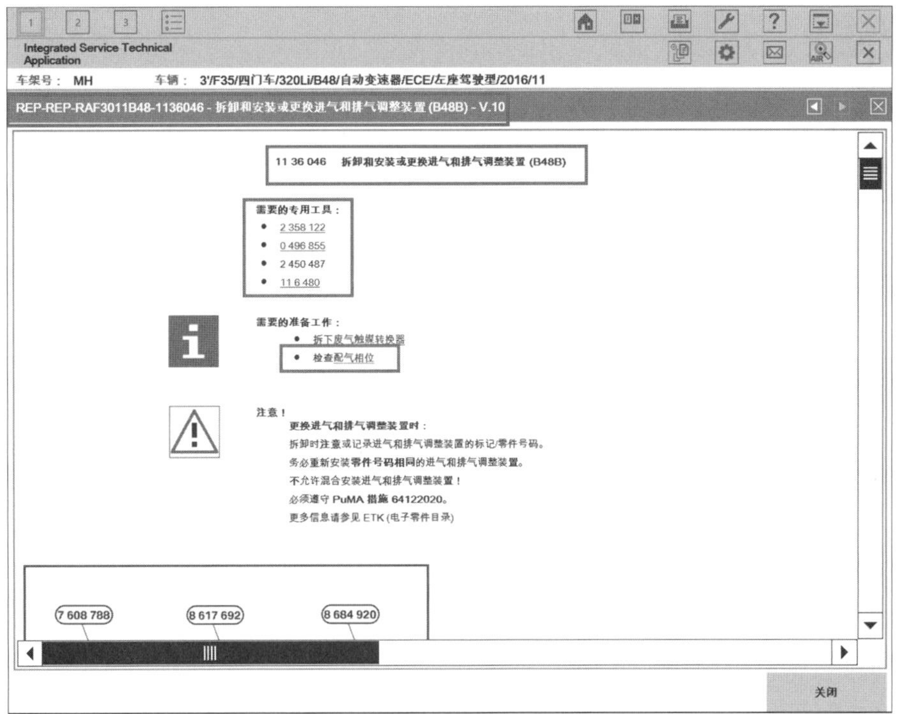

图3-2-24

在 REP 拆卸和安装或更换进气和排气调整装置（VANOS）文件中选择需要的专用工具，如图 3-2-24 所示，可以查询到拆卸和安装或更换进气和排气调整装置（VANOS）所需要的专用工具：

2358122；

0496855；

2450487；

1164803。

通过此子菜单信息可以查询到拆卸和安装或更换进气和排气调整装置（VANOS）所需要的专用工具的名称、图形、编号、注释存放位置、售后服务编号信息，如图 3-2-25~ 图 3-2-27 所示。

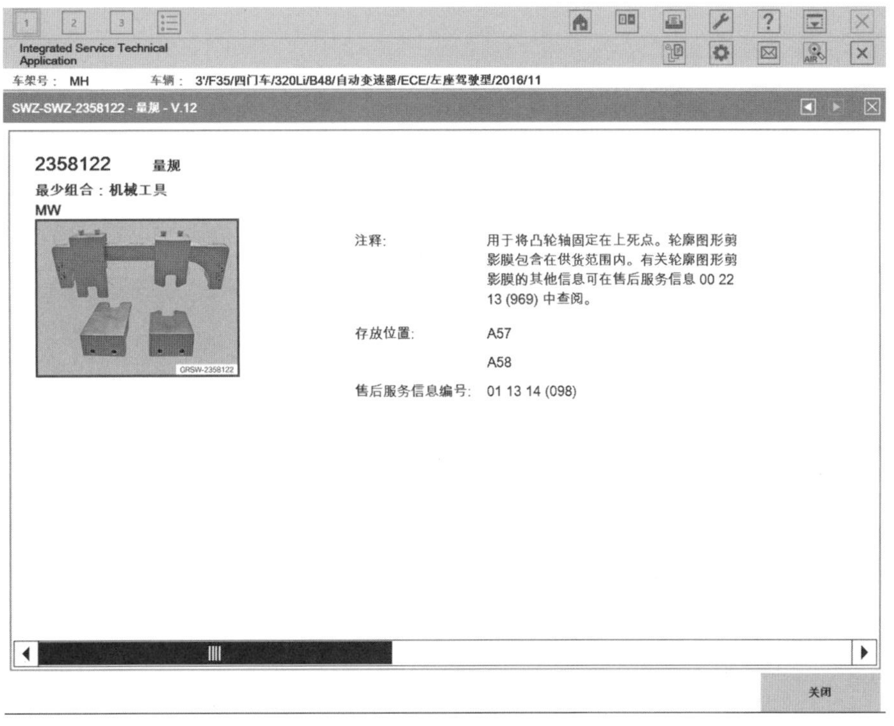

图3-2-25

Integrated Service Technical Application
车架号： MH 车辆： 3'/F35/四门车/320Li/B48/自动变速器/ECE/左座驾驶型/2016/11
SWZ-SWZ-0496855 - 插入转换棘轮 - V.7
0496855 插入转换棘轮
最少组合：机械工具
MW
GRSW-0496855
注释: 带链轮的插入转换棘轮 - 用于拆卸和安装可调式凸轮轴控制装置 VANOS - SW22。（仅在纵向安装时）。轮廓图像阴影膜包含在供货范围中。有关轮廓图像阴影膜的其他信息请参见售后服务信息 00 22 13 (969)。
存放位置: A55
B55
售后服务信息编号: 01 34 15 (306)
关闭

图3-2-26

Integrated Service Technical Application
车架号： MH 车辆： 3'/F35/四门车/320Li/B48/自动变速器/ECE/左座驾驶型/2016/11
SWZ-SWZ-0493380 - 连接件 - V.18
0493380 连接件
116480
最少组合：机械工具
MW
W11 6 480
注释: 用于调整配气相位时通过曲轴轴套 (减震器) 转动发动机
存放位置: B2
售后服务信息编号: 01 11 98 (338)
关闭

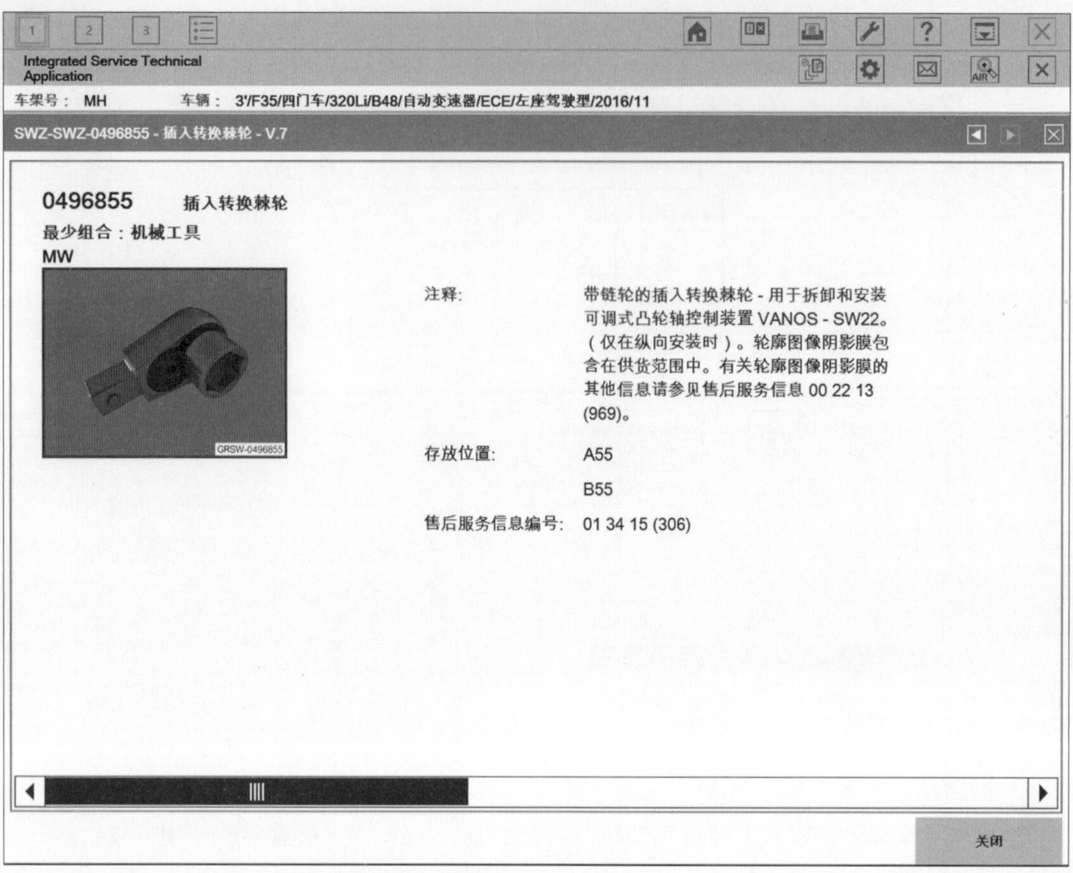

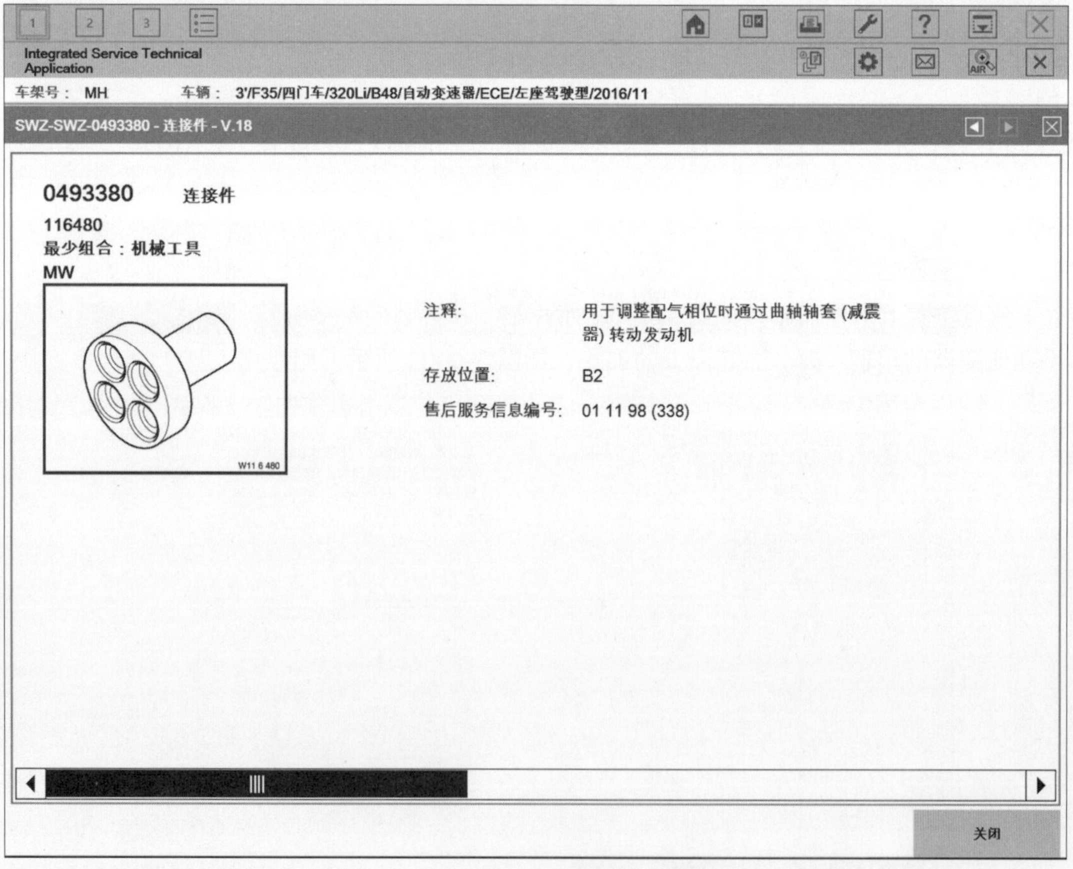

图3-2-27

在 REP 拆卸和安装或更换进气和排气调整装置（VANOS）文件中选择需要准备的工作中“检查配气相位”，如图 3-2-24 所示，可以显示检查配气相位的详细维修说明文件。检查配气相位的详细维修说明如下。

11 31 005 检查凸轮轴的配气相位（B48B）。

需要的专用工具：11 6 480、2 365 488、2 288 380、2 358 122。

注意：发动机有损坏危险。必须严格遵守检查和调整配气相位提示。

需要的准备工作：拆下气缸盖罩，拆下火花塞，拆下前部机组防护板，拆下前部隔音板。

对于自动变速器的车型还要拆下启动机。

利用螺丝起子从减震器上松开盖板，如图 3-2-28 所示。

用专用工具 11 6 480 将发动机旋转到气缸 1 点火上死点位置，如图 3-2-29 所示。

注意：不要让发动机反向旋转。

1-盖板

图3-2-28

图3-2-29

装有自动变速器的车辆：定位安放专用工具 2 365 488 并用螺栓固定。使用专用工具 2 288 380 在气缸 1 点火上死点位置上卡住曲轴，如图 3-2-30 所示。

带手动变速器的车辆：拆下油底壳上的饰盖，如图 3-2-31 所示。用专用工具 11 6 480 在中心螺栓处旋转发动机。使用专用工具 2 288 380 在气缸 1 点火上死点位置上卡住曲轴。对于带手动变速器的车辆，务必遵守配气相位检查和调整的相关提示。

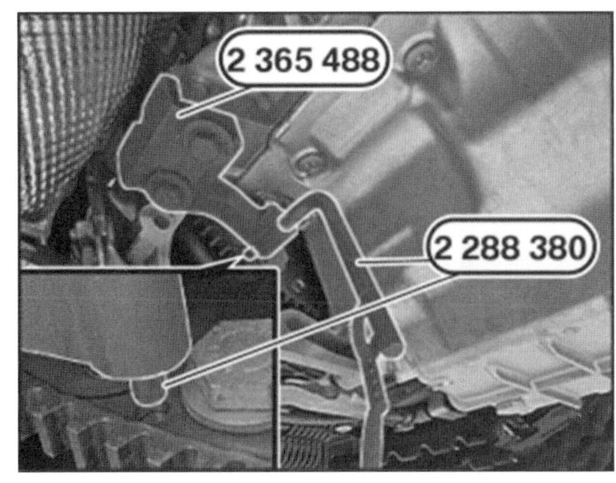

图3-2-30

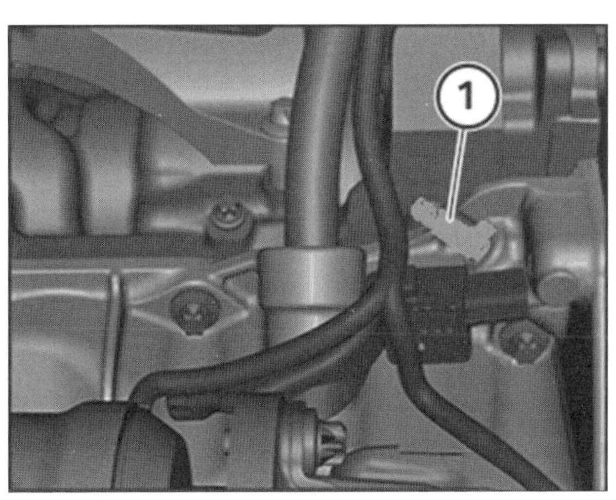

1-饰盖

图3-2-31

进气和排气凸轮轴上的标记可以从上方读取，如图 3-2-32 所示。

注意：当凸轮轴扭转 180° 时，也可以安装专用工具。

进气和排气凸轮轴上的 3 个平台中间的必须朝上，如图 3-2-33 所示。

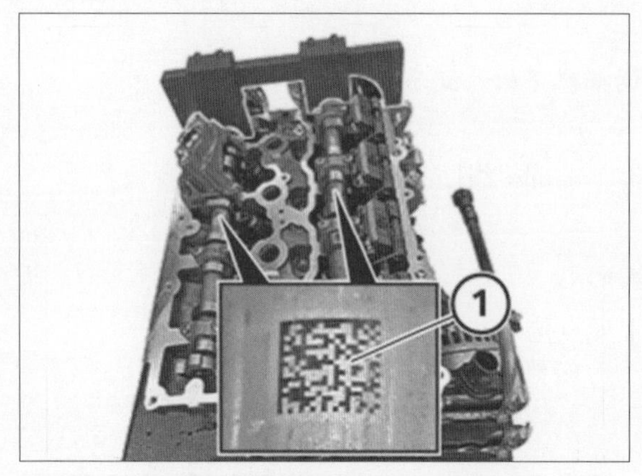

1-标记

图3-2-32

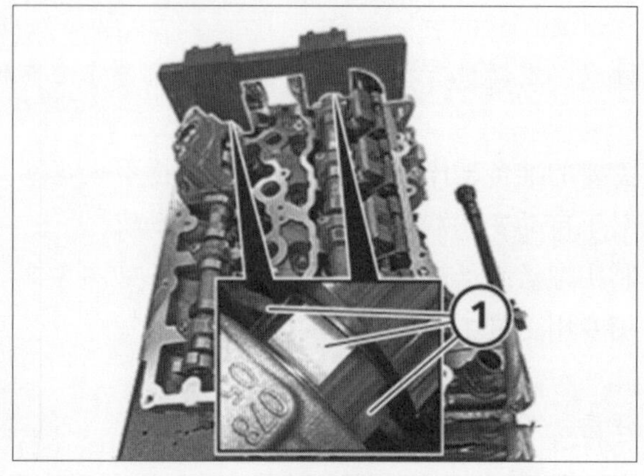

1-3个平台

图3-2-33

第 1 排气凸轮轴的凸轮向右倾斜并指向内部，如图 3-2-34 所示。
第 1 进气凸轮轴的凸轮向左倾斜，如图 3-2-35 所示。

图3-2-34

图3-2-35

提示：专用工具 2 358 122 由多个部件构成，如图 3-2-36 所示。

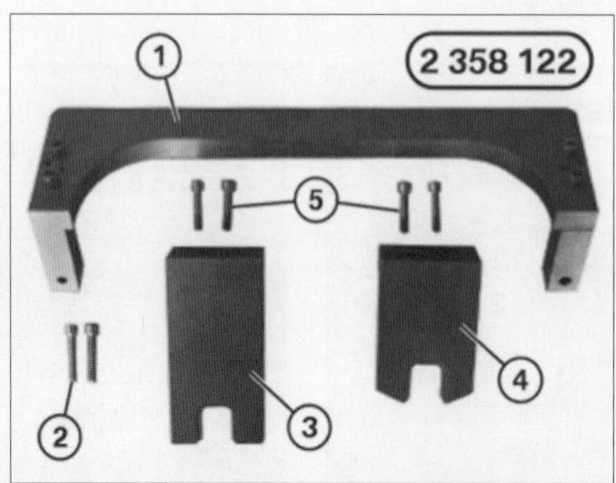

1—底架　2— 气缸盖上的底架螺栓　3—固定排气凸轮轴的量规　4—固定进气凸轮轴的量规　5—底架上的量规螺栓

图3-2-36

将底架（图 3-2-37 中 1）用螺栓（图 3-2-37 中 2）固定在气缸盖上。

量规（图 3-2-37 中 3）利用凹口定位在排气凸轮轴的双平面段上。

量规（图 3-2-37 中 3）利用螺栓（图 3-2-37 中 5）固定在底架上。

量规（图 3-2-37 中 4）利用凹口定位在进气凸轮轴的双平面段上。

量规（图 3-2-37 中 4）利用螺栓（图 3-2-37 中 5）固定在底架上。

图3-2-37

如有必要，调整配气相位。

所需的修整：

拆下所有专用工具；

安装火花塞；

安装气缸盖罩；

安装前部机组防护板；

安装前部隔音板。

对于自动变速器的车型还要安装启动机。

拆卸和安装或更换进气和排气调整装置（VANOS）完整的维修说明文件如下。

11 36 046 拆卸和安装或更换进气和排气调整装置（B48B）。

需要的专用工具：2 358 122、0 496 855、2 450 487、11 6 480。

需要的准备工作：拆下废气触媒转换器，检查配气相位。

更换进气和排气调整装置时：拆卸时注意或记录进气和排气调整装置的标记 / 零件号码。

务必重新安装零件号码相同的进气和排气调整装置。

不允许混合安装进气和排气调整装置。

必须遵守 PuMA 措施 64122020。

更多信息请参见 ETK（电子零件目录）。

进气调整装置概览图：如图 3-2-38 所示。7 608 788 进气调整装置，8 617 692 进气调整装置，8 684 920 进气调整装置。

排气调整装置概览图，如图 3-2-39 所示。7 608 789 排气调整装置，8 617 693 排气调整装置，8 684 921 排气调整装置。

图3-2-38

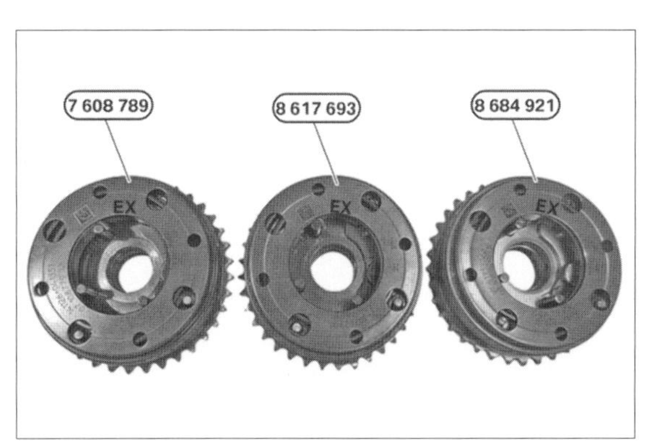

图3-2-39

拆卸过程如下。

注意：VANOS 中央阀仅在已安装专用工具 2 358 122 时松开，如图 3-2-40 所示。有关正确安装的操作请参见维修手册检查配气相位。

拆下链条张紧器，如图 3-2-41 所示。

1—VANOS中央阀

图3-2-40

1—链条张紧器

图3-2-41

规格 1。为了松开中央阀门使用专用工具 0 496 855 中的可逆式刺轮扳手头及专用工具 2 450 487，如图 3-2-42 所示。

规格 2。为了松开中央阀门使用专用工具 0 496 855，如图 3-2-43 所示。

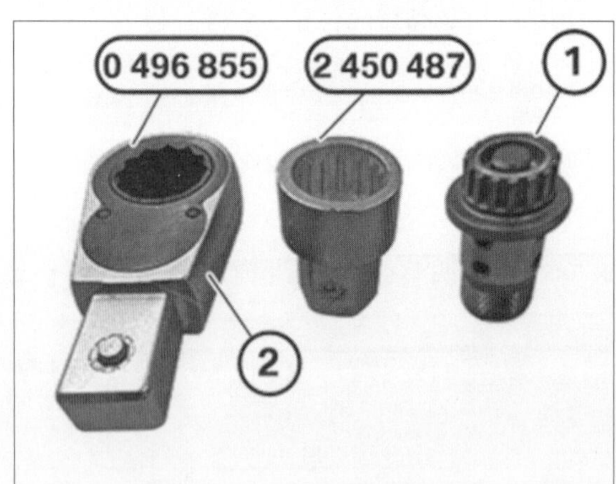

1—中央阀门　2—可逆式刺轮扳手头

图3-2-42

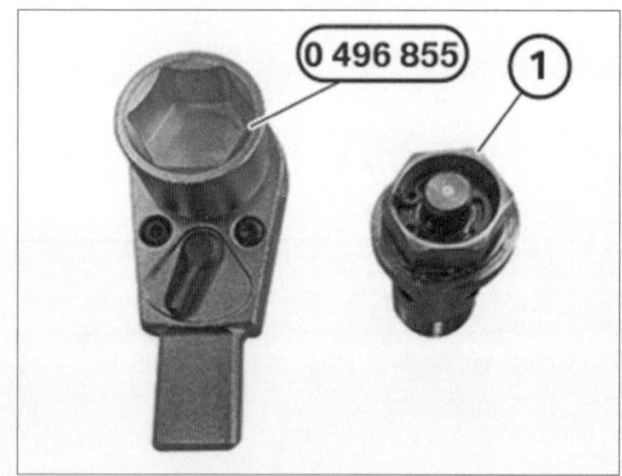

1—中央阀门

图3-2-43

将排气调整装置的 VANOS 中央阀用专用工具 0 496 855 松开，如图 3-2-44 所示。

将进气调整装置的 VANOS 中央阀用专用工具 0 496 855 松开，如图 3-2-45 所示。

拆下进气侧的 VANOS 中央阀，如图 3-2-46 所示。

将进气调整装置从进气凸轮轴上拆下。将进气调整装置倾斜向下抽出，如图 3-2-47 所示。

拆下排气侧的 VANOS 中央阀，如图 3-2-48 所示。

将排气调整装置从排气凸轮轴上拆下。将排气调整装置倾斜向下抽出，如图 3-2-49 所示。

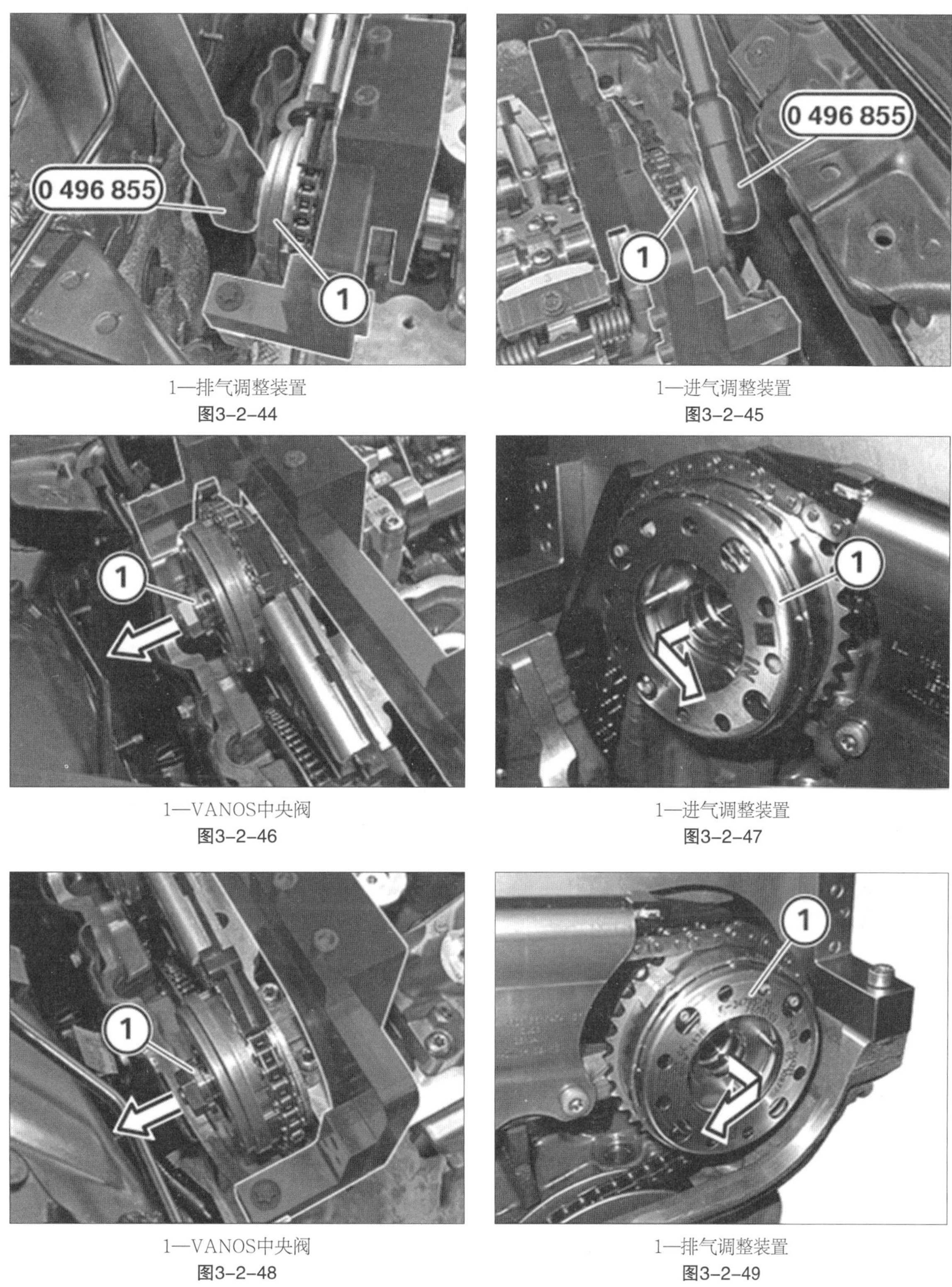

1—排气调整装置

图3-2-44

1—进气调整装置

图3-2-45

1—VANOS中央阀

图3-2-46

1—进气调整装置

图3-2-47

1—VANOS中央阀

图3-2-48

1—排气调整装置

图3-2-49

安装过程如下。

注意：进气和排气调整装置有混淆危险。小心发动机损坏。

进气和排气调整装置是不同的。排气凸轮轴的排气调整装置标有 EX。针对进气凸轮轴，进气调整装置标有 IN，如图 3-2-50 所示。

将进气调整装置插入正时链，并定位在进气凸轮轴上，如图 3-2-51 所示。

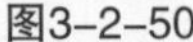

图3-2-50

1—进气调整装置　2—正时链　3—进气凸轮轴

图3-2-51

拧紧进气侧的 VANOS 中央阀，如图 3-2-52 所示。

将排气调整装置插入正时链，并定位在排气凸轮轴上，如图 3-2-53 所示。

1—VANOS 中央阀

图3-2-52

1—排气调整装置　2—正时链　3—排气凸轮轴

图3-2-53

拧紧排气侧的 VANOS 中央阀，如图 3-2-54 所示。

安装新的链条张紧器。零件：链条张紧器。拧紧链条张紧器，如图 3-2-55 所示。拧紧力矩见 11 31 1AZ。

1—VANOS中央阀

图3-2-54

1—链条张紧器

图3-2-55

将进气调整装置的 VANOS 中央阀用专用工具 0 496 855 拧紧，如图 3-2-56 所示。拧紧力矩见 11 36 1AZ。

将排气调整装置的 VANOS 中央阀用专用工具 0 496 855 拧紧，如图 3-5-57 所示。拧紧力矩见 11 36 1AZ。

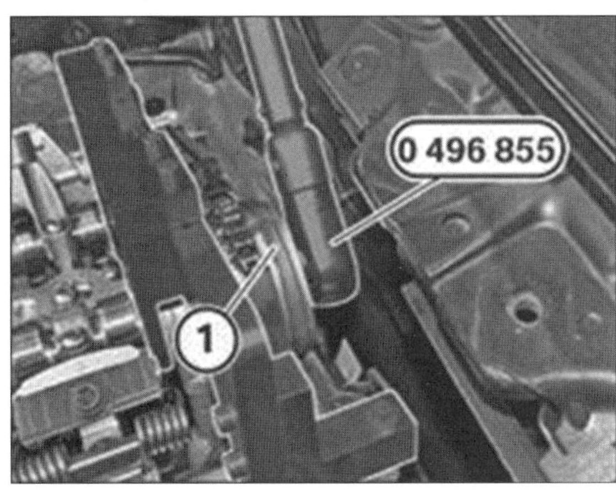

1—进气调整装置

图3-2-56

1—排气调整装置

图3-2-57

去除所有专用工具。用专用工具 11 6 480 沿发动机旋转方向将发动机转动 2 次，如图 3-2-58 所示。

注意：不要让发动机反向旋转。

图3-2-58

所需的修整：检查配气相位，安装废气触媒转换器。

更换进气和排气调整装置时，必要时须就集成等级进行设码和编程。

连接诊断系统并遵守诊断说明。

服务功能。

驱动装置。

发动机电子系统。

复位 VANOS 调校值。

必要时就集成等级进行设码和编程。

五、例3：冷却系统（B48）

通过此信息查询可以详细的查询到冷却系统（B48）的操作提示、维修步骤、说明文件、拆卸部件的要求及冷却液相关的说明文件等重要维修信息。在信息查询的过程中，文件中蓝颜色字体的表示有下一步说明的文件。查询冷却系统（B48）的详细步骤如下所示。

识别车辆，进入 ISTA 系统的“修理 / 保养”菜单，通过文本查询的方式进行查询。在文本查询菜单下输入关键字“冷却系统”进行查询，如图 3-2-59 所示。

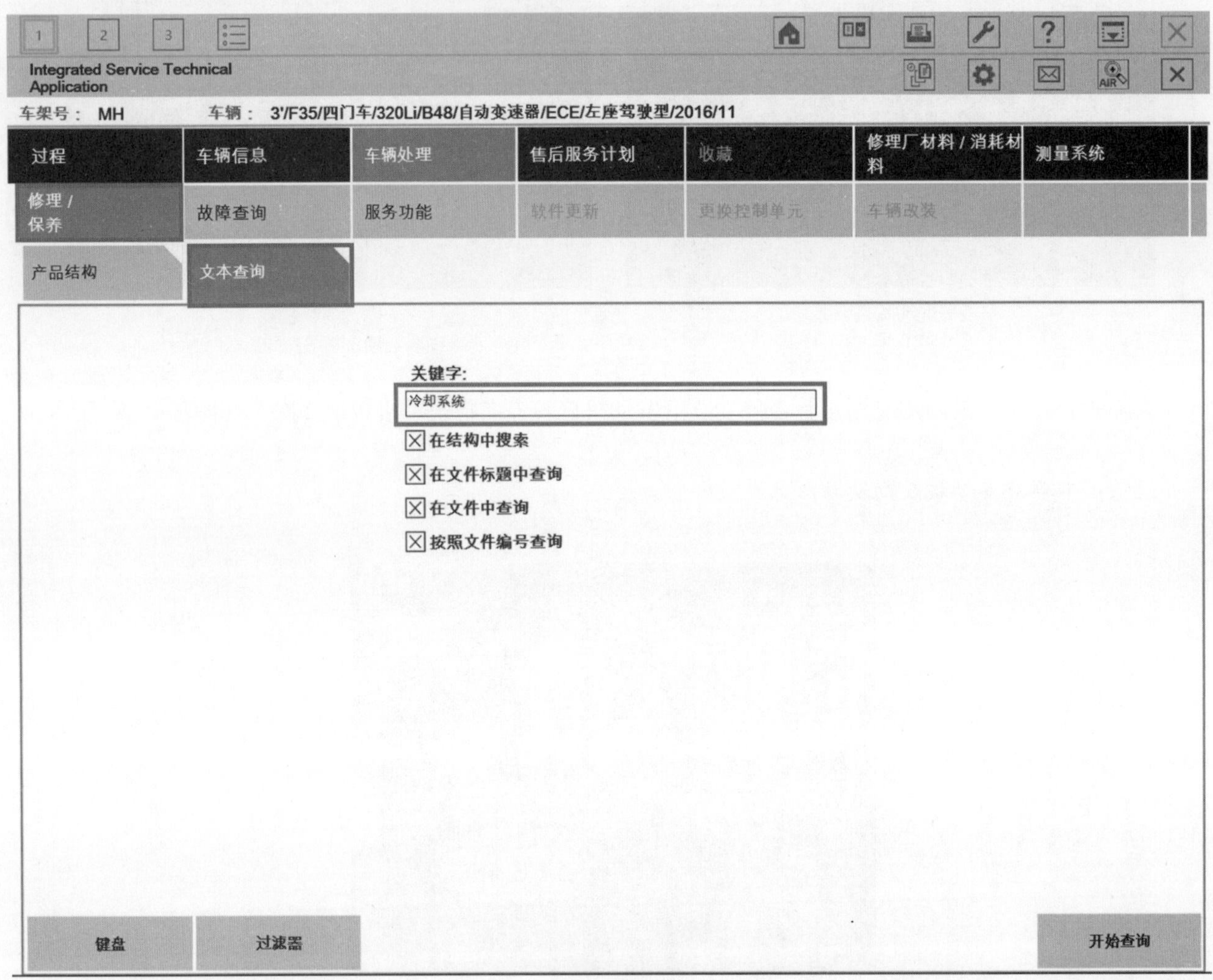

图3-2-59

通过文本查询的方式输入关键字“冷却系统”查询到的和冷却系统相关的信息，一共 26 条信息，包括和冷却系统相关的 REH 维修提示、REP 维修说明、SBS 消耗材料、TED 技术数据等各种类型的信息，接下来逐一举例说明。

（1）SBS 2.0 更换周期、冷却液更换和检查、废弃物处理、冷却系统清洗，如图 3-2-60 所示。

图3-2-60

查询到的“SBS 2.0 更换周期、冷却液更换和检查、废弃物处理、冷却系统清洗”的具体信息如下。

维修信息 17 01 96（140）的附件 2，版本 2005/12。

2.0 更换周期、冷却液更换和检查、废弃物处理、冷却系统清洗。

更换周期、冷却液更换和检查。

在保养检查 I 和 II 范围内定期检查冷却液成分。由于防腐蚀功能会逐渐减弱，因此，必须遵守为期 4 年的更换周期（M-Power 车辆：3 年）。进入冬季之前，必须检查冷却液的防冻剂含量。加注冷却液之后，必须检查成分。设置和检查浓度时，需要液体比重计（防冻检测仪）。允许使用的液体可彼此混合。

随着技术的持续进步，下面列出的车辆不再需要更换冷却液：从生产日期 2003 年 9 月起的全部 CBS 车辆（包含 M 车辆）。

配有保养周期显示器的车辆：从生产日期 2003 年 3 月起的全部配有保养周期显示器的车辆（包含 M 车辆）。

E85 自投入市场起。

从生产日期 2003 年 9 月起，所有配有保养周期显示器的柴油发动机车辆；RR4、RR5、RR6 以及所有其他在售车型。

废弃物处理。处理冷却液废弃物时，注意防腐防冻剂制造商的安全数据册和各个国家的法律规定。

（2）SWS 发动机冷却系统真空加注装置“KVB 01 BMW”，如图 3-2-61 所示。

Integrated Service Technical Application

车架号： MH　车辆： 3'/F35/四门车/320Li/B48/自动变速器/ECE/左座驾驶型/2016/11

过程 | 车辆信息 | 车辆处理 | 售后服务计划 | 收藏 | 修理厂材料／消耗材料 | 测量系统

查询结果列表 | 检测计划 | 编程计划

工作编号	类型	标题	状态
		查询 "冷却系统"	
	SBS	2.0 更换周期、冷却液更换和检查、废弃物处理、冷却系统清洗	◙
	SWS	发动机冷却系统真空加注装置 "KVB 01 BMW"	◻
	SWS	发动机冷却系统真空加注装置 "KVB 01 BMW" BMW	◻
	SWS	冷却液收集盆(发动机冷却系统) BMW、Rolls-Royce、MINI	◻
	SWS	发动机冷却系统检测装置所有车型系列	◻
1700...	REP	冷却系统的工作提示	◻
	SSP	发动机冷却系统	◙
1700039	REP	给高温冷却系统排气 (B48)	◻
1700039	REP	用真空加注机对高温冷却系统进行排气和加注 (B48)	◙
1700040	REP	对低温冷却系统进行排气 (B48)	◙
1700040	REP	用真空加注机对低温冷却系统进行排气和加注 (B48)	◙
	TED	冷却液，冷却系统检测, BMW	◙

查询结果： 26 / 26　过滤器： 用户定义　没有调用　已执行　最小化　已中断　可疑

撤消 | 过滤器 | 完整显示 | 检修一览表 (零件, ...) | 显示

图3-2-61

查询到的和冷却系统相关的专用工具信息具体如下。

维修信息 SI 08 15 08（481）的附件 1 Ch。

发动机冷却系统真空加注装置“KVB 01 BMW”如图 3-2-62 所示。用于固定装置杆的箱子（未画出），带有标牌，不含 20 L 储液罐。

操作说明（未画出），防水过塑，所有语言通用。

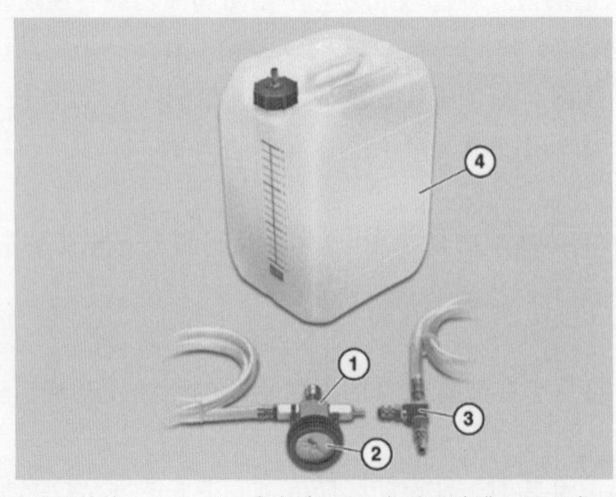

1—分配器及闭塞栓（2 件），快速接头及软管 1.5 m　2—真空计　3—文丘里喷嘴，用于在 1.5 m 软管内产生真空　4—带有刻度的 20 L储液罐，以及带有连接套管的竖管

图3-2-62

订购号码：81 39 2 152 473。

功能：用于快速而安全地对发动机冷却系统进行加注。

技术数据如表 3–2–3 所示。

表3–2–3

技术数据	
加注量（储液罐）	20 L
通过压缩空气产生真空	600~1000kPa
空气消耗量	125 L/min
重量	4 kg

（3）REP 用真空加注机对低温冷却系统进行排气和加注（B48），如图 3–2–63 所示。

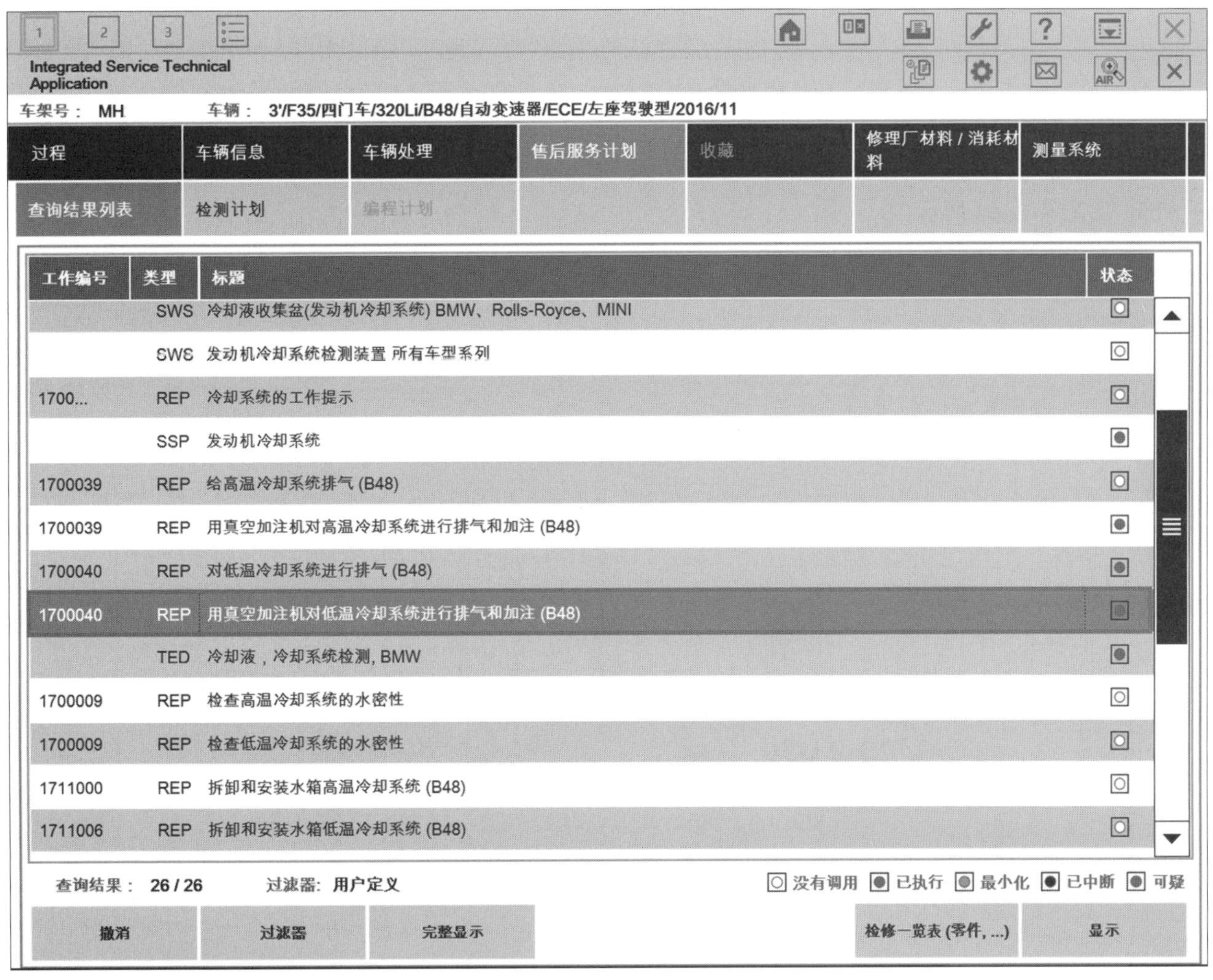

图3–2–63

查询到的用真空加注机对低温冷却系统进行排气和加注（B48）维修说明信息具体如下。

17 00 040 用真空加注机对低温冷却系统进行排气和加注（B48）。

需要的专用工具：00 2 030 和 17 0 100，如表 3–2–4 所示。

表3-2-4

型号	发动机	17 0 100 中的 Y 形适配接口
F20、F21、F22、F23、F30、F31、F32、F33、F34、F35、F3	B46/B48	17 0 109

注意：此款发动机不允许不用真空加注设备进行加注（均衡加注）。不按规定有发动机损坏危险。

注意：冷却液长效加注：用过的冷却液原则上不能重复使用。在更换和拆卸依赖冷却液的防腐作用的部件时，必须更新冷却液。因此，必须将冷却系统排空并重新加注冷却液。进行其他需要排放部分冷却液的拆卸操作时，可用新冷却液补充排出量。

订购说明：修理厂设备；修理厂设备目录；真空加注设备编号 81 39 2 152 473；收集盆号码 81 49 2 152 347；适配接口：17 0 100。

注意：地板上的冷却液会引起打滑危险。

用收集盆（1）收集并妥善处理排出的冷却液，如有必要，同时使用专用工具 00 2 030（通用液压举升机），如图 3-2-64 所示。

回收：遵守当地的废弃物处理规定。

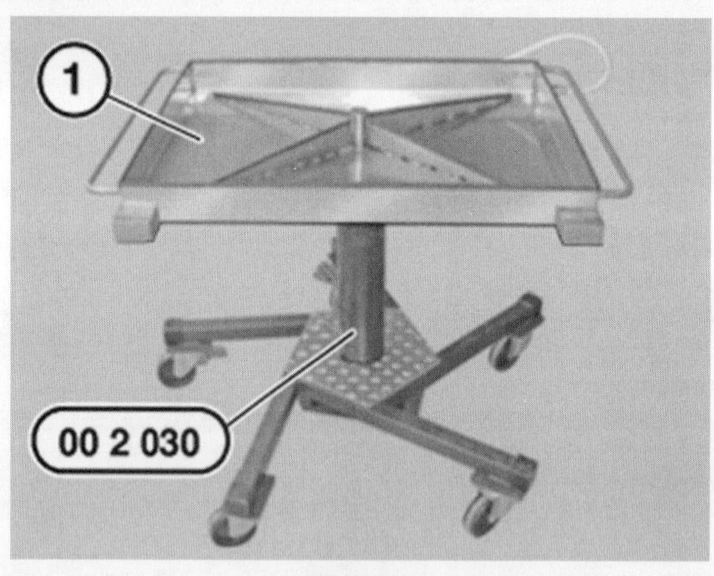

图3-2-64

注意：在用真空加注机加注低温冷却系统前，必须检查所有冷却液软管。必要时更新损坏的和穿孔的冷却液软管，如图 3-2-65 所示。

前提条件。冷却系统热膨胀平衡罐必须是空的。真空加注设备的容器中必须有足够的预混合冷却液，比车辆加注量多 1 ~ 2L。只能使用规定的冷却液，注意混合比，注意加注量。将真空加注设备容器定位在与冷却液膨胀罐相同的高度上。存在带 600kPa 压力压缩空气接口。将汽车暖风装置调到最高温度。

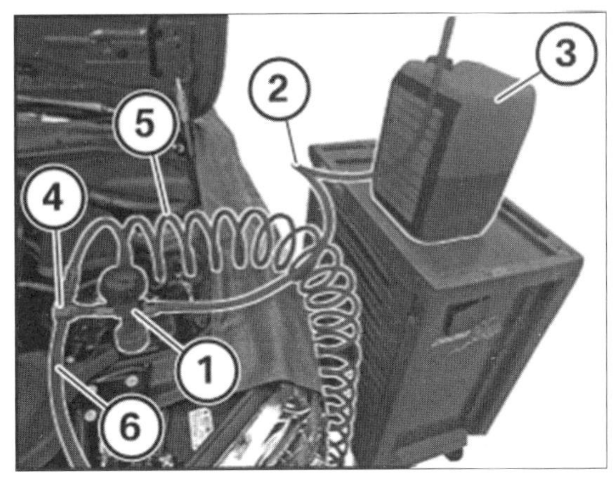

1—带真空计和单向阀的真空加注设备 2—加注软管 3—带冷却液的容器 4—文丘里喷嘴 5—压缩空气接口（最大600kPa） 6—排气软管（将排气软管引入一个容器中）

图3-2-65

根据表格选择适配接口并连接到冷却液蒸发器上。将真空加注设备连接到适配接口的接头上，如图3-2-66 所示。

真空加注装置的单向阀 A 和 B 必须封闭。连接储液罐，如图 3-2-67 所示。

将文丘里喷嘴连接到真空加注设备上。连接储液罐，如图 3-2-68 所示。

连接压缩空气。适配接口的接头连接储液罐，如图 3-2-69 所示。

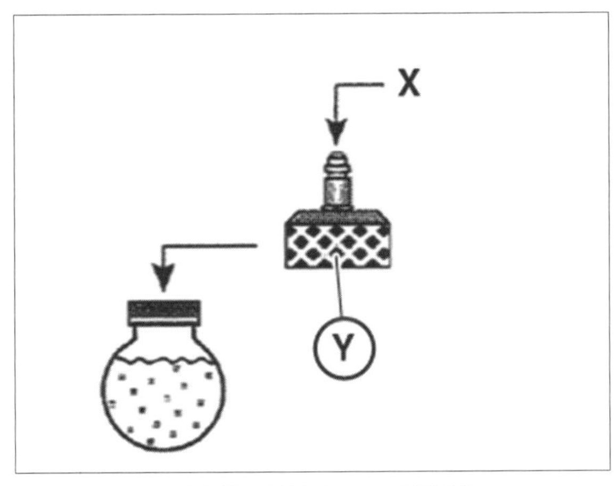

X—适配接口的接头 Y—适配接口

图3-2-66

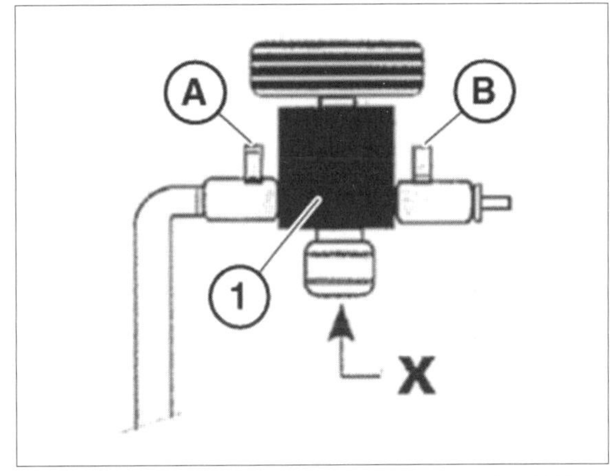

1—真空加注装置 A、B—单向阀 X—适配接口的接头

图3-2-67

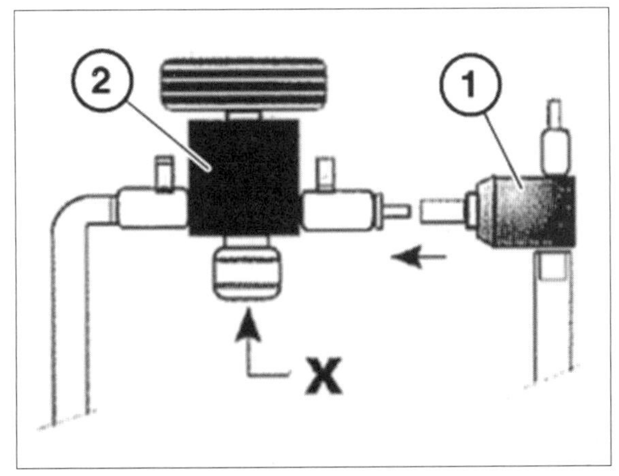

1—文丘里喷嘴 2—真空加注设备 X—适配接口的接头

图3-2-68

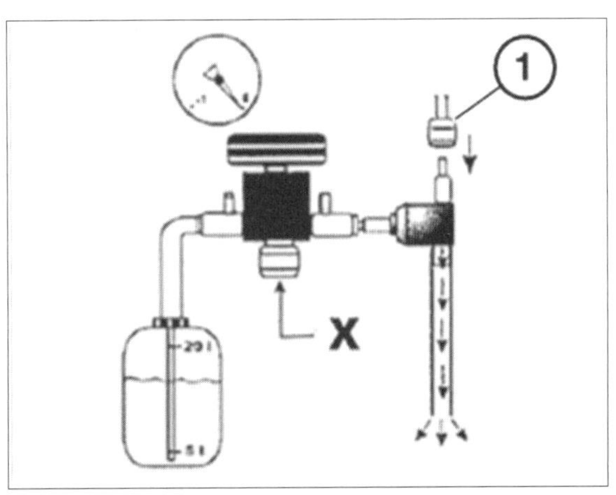

1—压缩空气 X—适配接口的接头

图3-2-69

打开单向阀。文丘里喷嘴将产生流动噪声，如图 3–2–70 所示。

然后打开单向阀，直到轮胎充气软管不能再进气为止。重新关闭单向阀。这样加注软管就完成排气了，如图 3–2–71 所示。

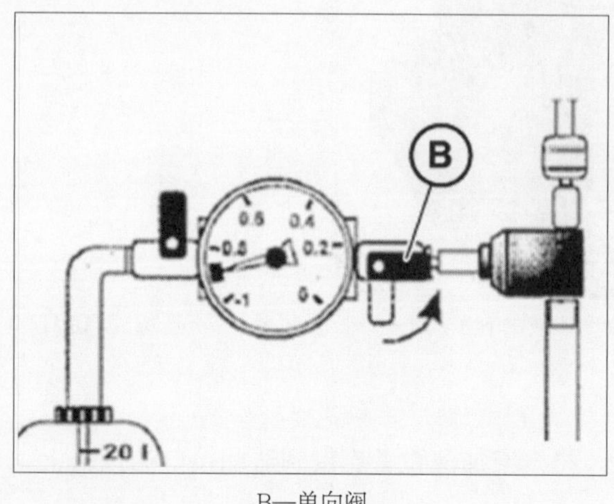

B—单向阀

图3–2–70

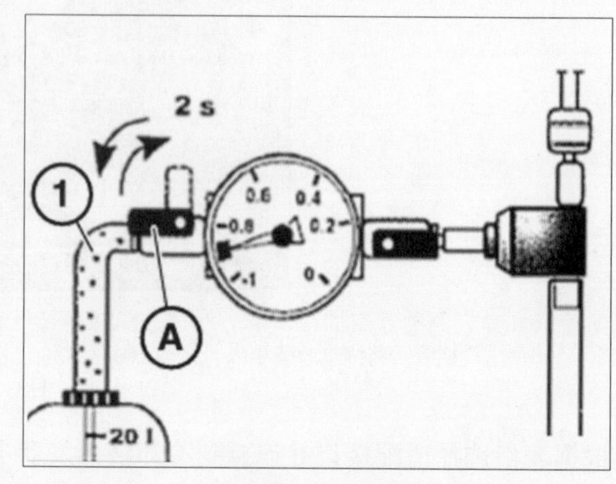

1—软管　A—单向阀

图3–2–71

单向阀继续保持打开。在冷却液循环中产生约 2 min 真空。当真空处于 –95 ~ 70kPa 时便达到最终真空（真空计中的绿色刻度）。

提示：在建立真空时，冷却液软管将缩成一团。然后重新关闭单向阀，如图 3–2–72 所示。

两个单向阀必须关闭，然后关闭文丘里喷嘴，如图 3–2–73 所示。

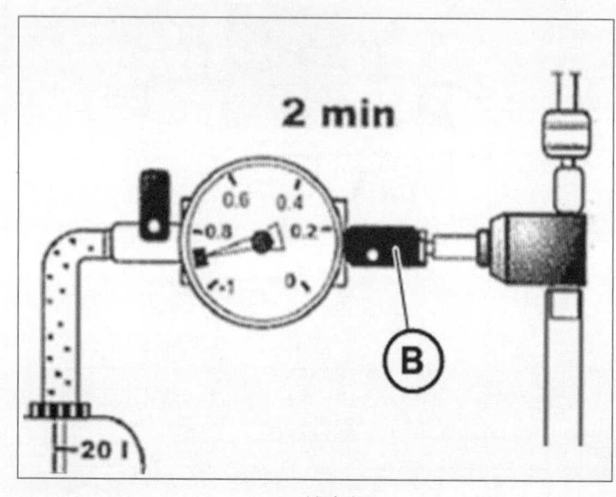

B—单向阀

图3–2–72

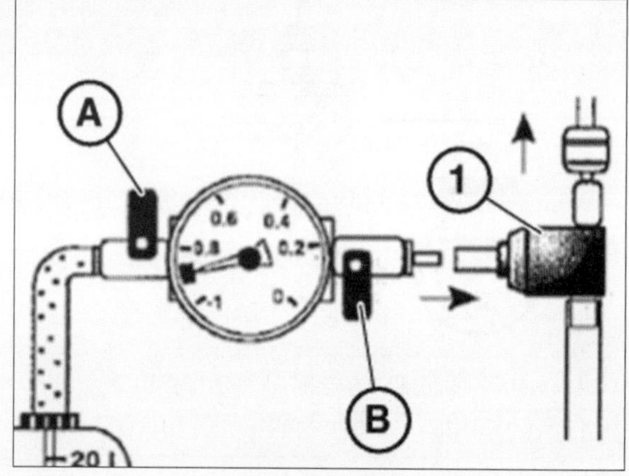

1—文丘里喷嘴　A、B—单向阀

图3–2–73

冷却系统必须保持真空 30 s。如果真空计中的指针下降，则说明冷却系统中有泄漏。如果真空保持恒定，便可以继续进行加注了。如果出现泄漏，就应检查冷却系统的密封性，如图 3–2–74 所示。

注意：真空加注设备的容器中必须有足够的预混合冷却液，比车辆加注量多 1~2L。将真空加注设备容器定位在与冷却液膨胀罐相同的高度上。单向阀 B 在加注过程期间保持关闭。加注冷却系统时，应打开连接真空加注设备容器的单向阀 A，如图 3–2–75 所示。

现在加注冷却液。如果真空计的指针指向 0，或不再下降，便说明加注过程结束了。如有必要，排出剩余的真空。为此打开单向阀 B，如图 3–2–76 所示。

将真空加注设备连同适配接口一起，从储液罐上拆下。

补充冷却液至最高液位。关闭冷却液蒸发器，如图 3-2-77 所示。

在用真空加注设备加注冷却系统之后，还必须执行额外的排气过程：F31，B48。

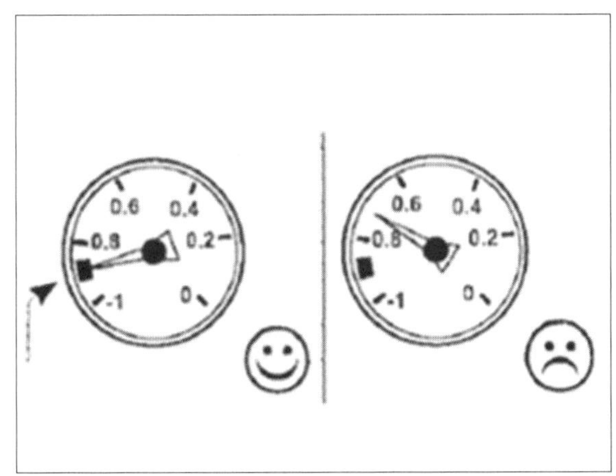

图3-2-74

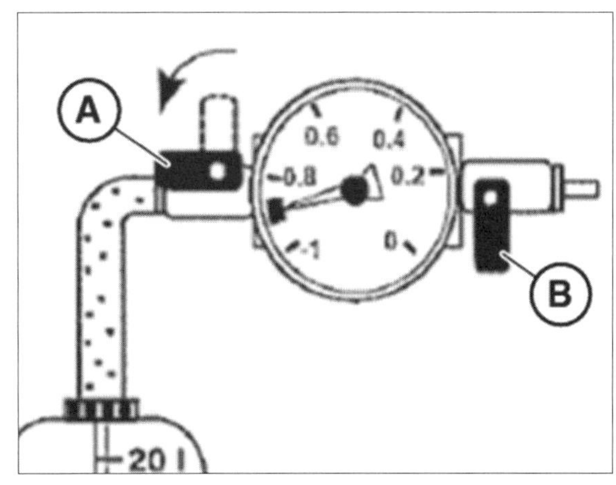

A、B—单向阀

图3-2-75

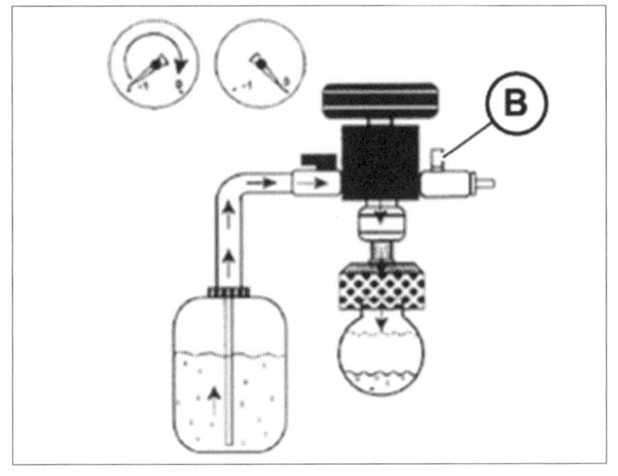

B—单向阀

图3-2-76

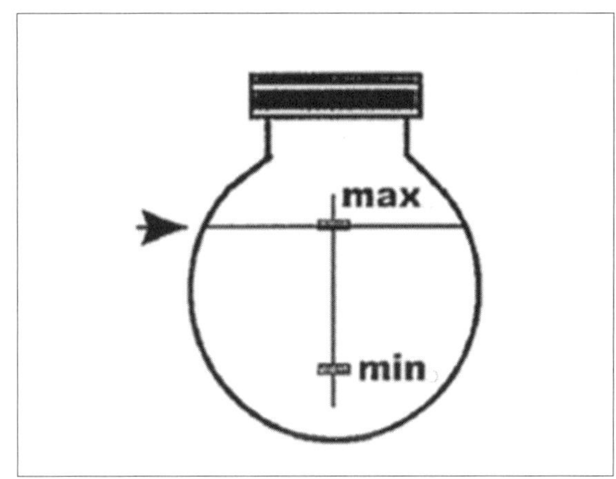

图3-2-77

（4）TED 冷却液、冷却系统检测，BMW，如图 3-2-78 所示。

查询到的冷却液，冷却系统检测，BMW 技术数据信息具体如下。

17 00 冷却液，冷却系统检测如表 3-2-5 所示。

表3-2-5

车型系列	F20、F21、F22、F23、F30、F31、F32、F33、F34、F35、F36、B46、B48
手动变速器车辆的高温冷却液量（欧洲）	7.8 L
手动变速器车辆的高温冷却液量（热带国家）	8.5 L
带自动变速器车辆的高温冷却液量（–S823A）	8.1 L
带自动变速器车辆的高温冷却液量（+S823A）	9.3 L
低温冷却液量	3.6 L
需要维修已断开的冷却液软管时冷却液的重新填充数量。注意混合比和液位	2.0 L
冷却系统检测压力（过压）	150kPa

图3-2-78

17 11 冷却器及固定装置如表 3-2-6 所示。

表3-2-6

冷却系统封盖		
相对于环境压力产生过压时，过压阀打开	bar	$1.4^{+0.1}_{-0.1}$
最迟当相对环境压力产生真空时，必须打开真空阀	bar	0.1
冷却系统检测压力（过压）	bar	1.5

注：1bar ＝ 100kPa。

（5）REH 给冷却系统排气，如图 3-2-79 所示。

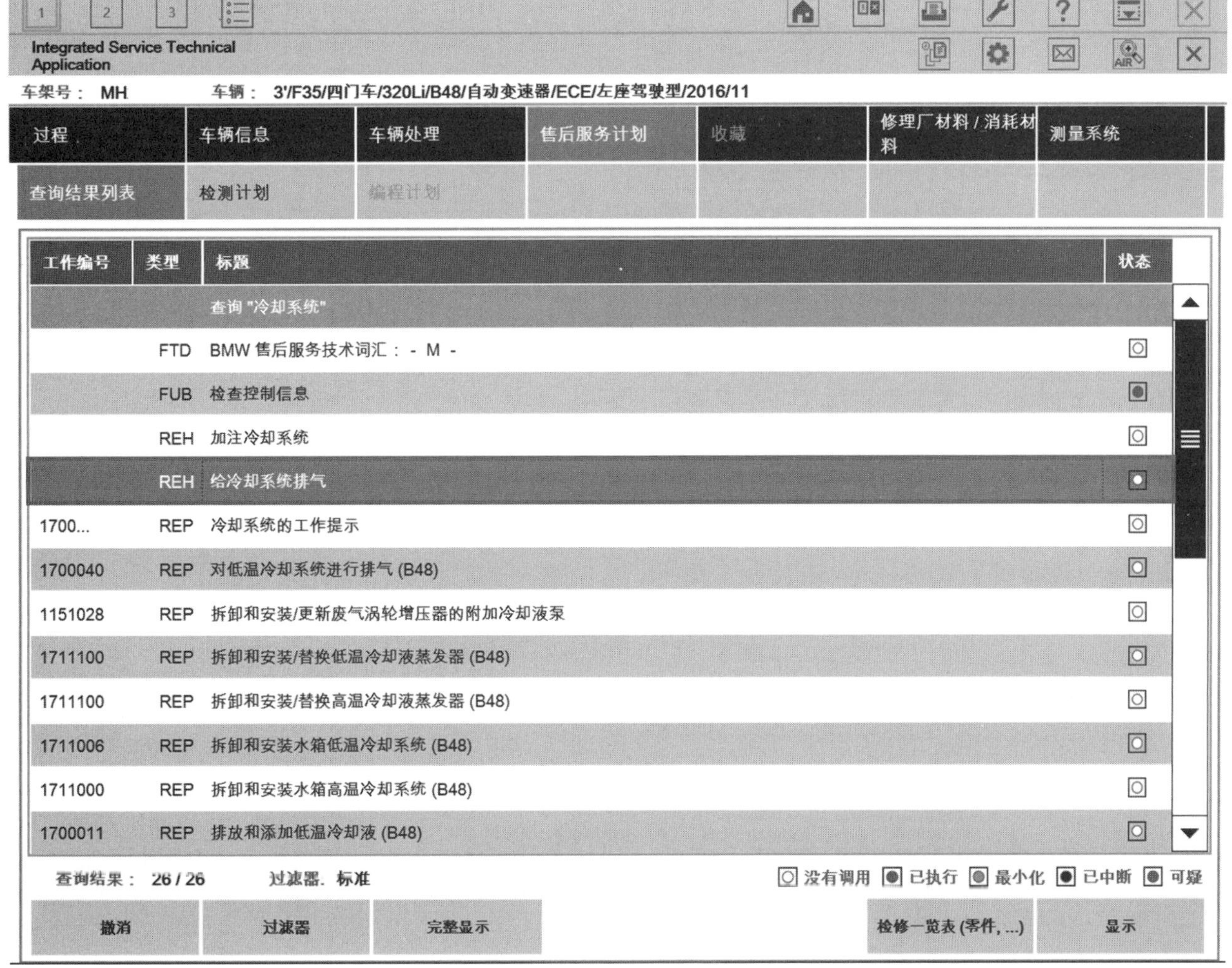

图3-2-79

查询到的给冷却系统排气提示信息具体如下。

17 00 040 对低温冷却系统进行排气（B48）。

注意：冷却液长效加注：用过的冷却液原则上不能重复使用。在更换和拆卸依赖冷却液的防腐作用的部件时，必须更新冷却液。因此，必须将冷却系统排空并重新加注冷却液。进行其他需要排放部分冷却液的拆卸操作时，可用新冷却液补充排出量。注意冷却系统上维修工作的提示。

注意：在更换冷却系统的部件或重新加注冷却系统后，必须执行下列排气过程。在没有真空加注设备的情况下进行加注（油壶加注）不准用于该发动机。如果不遵守，就会造成发动机损坏的危险。必须遵守加注规定。加注程序的步骤彻底完成前，不允许车辆运行，否则可能造成功能限制（降级）或过热。

需要的准备工作：用真空加注机加注低温冷却系统。

给冷却系统排气：拆下低温冷却液膨胀罐上的真空加注机；将低温冷却液膨胀罐内的冷却液液位调整到最大；关闭低温冷却液膨胀罐上的密封盖；连接蓄电池充电器。

启动冷却系统排气程序：

① 打开点火开关。

② 拉紧驻车制动器。

③ 打开近光灯和闪烁报警灯。

④ 检查驾驶体验开关是否未处于 ECO-PRO 位置。

⑤ 把暖风装置调到最大温度，把风扇回调到最小挡。

⑥ 压下加速踏板至极限位置 10 s。

⑦ 启动冷却系统排气程序。

⑧ 11 min 后冷却系统排气程序自动停止。

⑨ 将低温冷却液膨胀罐内的液位调整到最大。

⑩ 关闭密封盖。

第三节　故障查询

在故障查询菜单下有 7 个子菜单，包括故障码存储器、故障症状、功能结构、部件结构、NED、文本查询、输入 SAE 故障码，如图 3-3-1 所示。可以根据实际维修需要进行相应的信息查询。

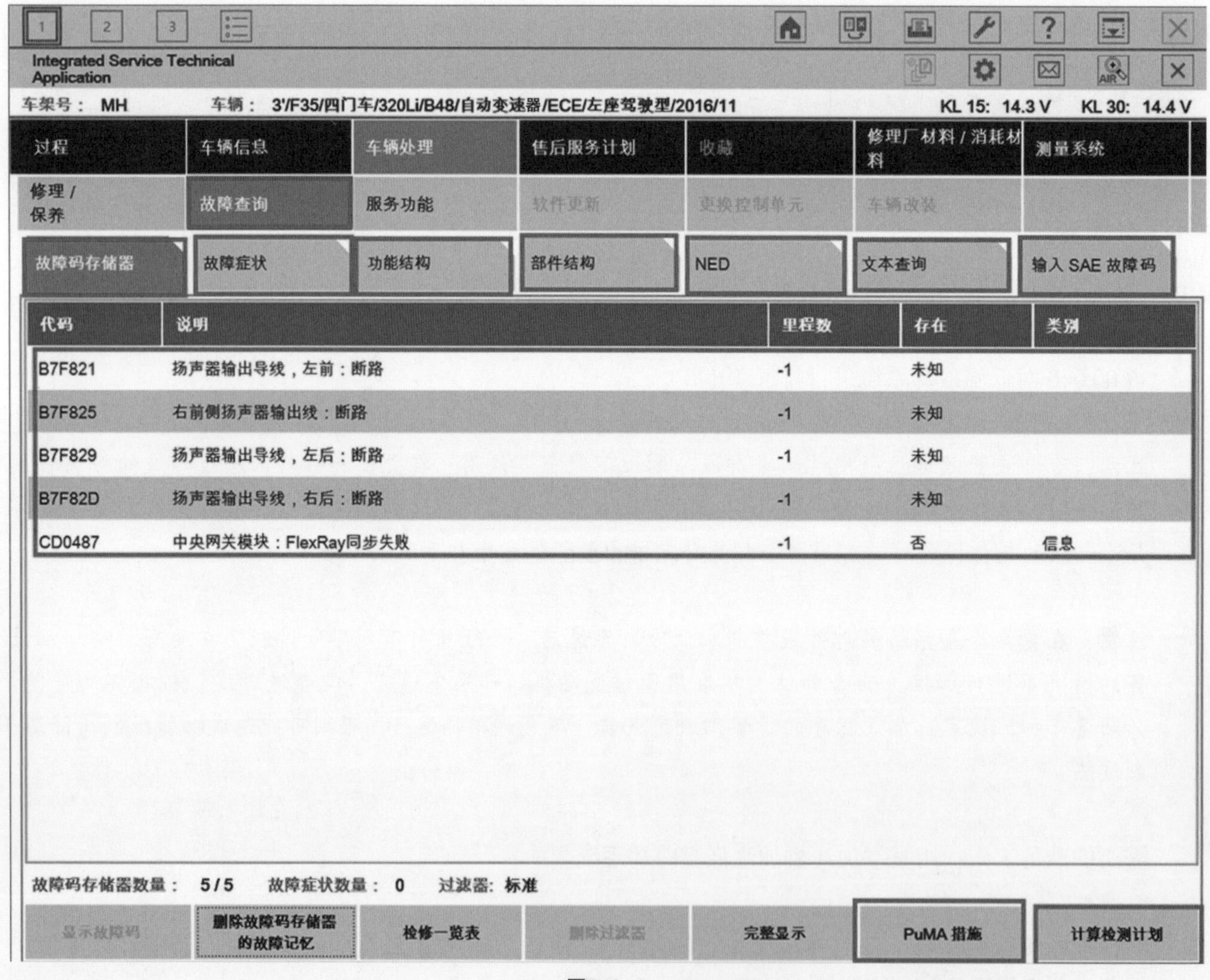

图3-3-1

1. 故障码存储器

在故障码存储器菜单下，可以显示车辆故障存储器中存储有故障内容，包括故障码、故障码的说明、产生故障的里程数、故障的类型（当前故障或者偶然故障）等信息。最下列菜单可以进行删除故障码存储器的故障记忆操作。关联故障码，根据 PuMA 措施的指导进行维修。也可以直接生成专家模式，即检测计划，可以根据检测计划的维修提示逐步分析排查，找到故障点。上述的功能必须要求 ISTA 系统和车辆连接到 BMW 车间诊断网络中，并进行识别连接，如图 3–3–2 所示。

图3–3–2

2. 故障症状

在故障症状菜单下，可以通过输入部件的故障症状和功能的故障症状进行相应的故障查询，关联 PuMA 措施（厂家技术通讯），根据 PuMA 措施的指导进行维修。也可以直接生成专家模式，即检测计划，可以根据检测计划的维修提示逐步分析排查，找到故障点。上述的功能必须要求 ISTA 系统和车辆连接到 BMW 车间诊断网络中，并进行识别连接。

例1：部件故障症状。

查询凸轮轴部件的故障，可以在搜索栏通过搜索关键词查询故障部件。也可以直接通过部件故障菜单逐级选择，找到需要查询的故障部件，选择计算检测计划，系统自动生成和凸轮轴相关的检测计划。

选择查询故障部件凸轮轴，如图 3-3-3 所示。

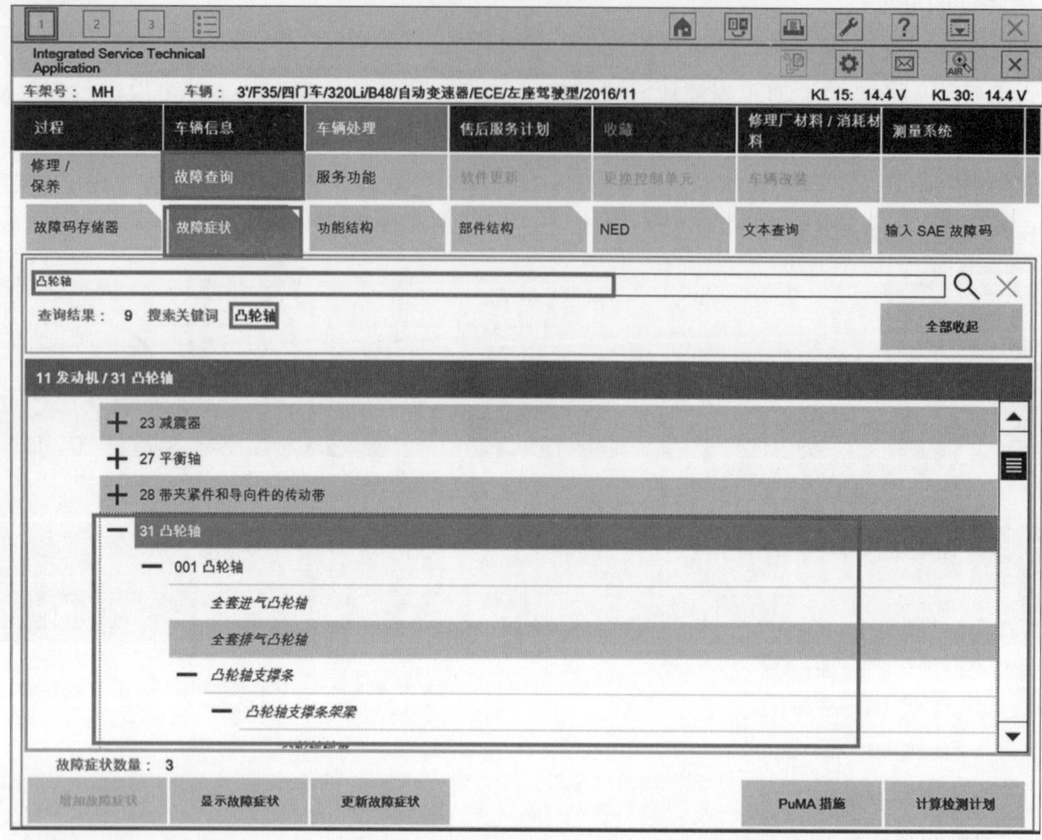

图3-3-3

ISTA 系统生成和凸轮轴相关的检测计划，选择和故障症状相关的 ABL 文件，如图 3-3-4 所示。

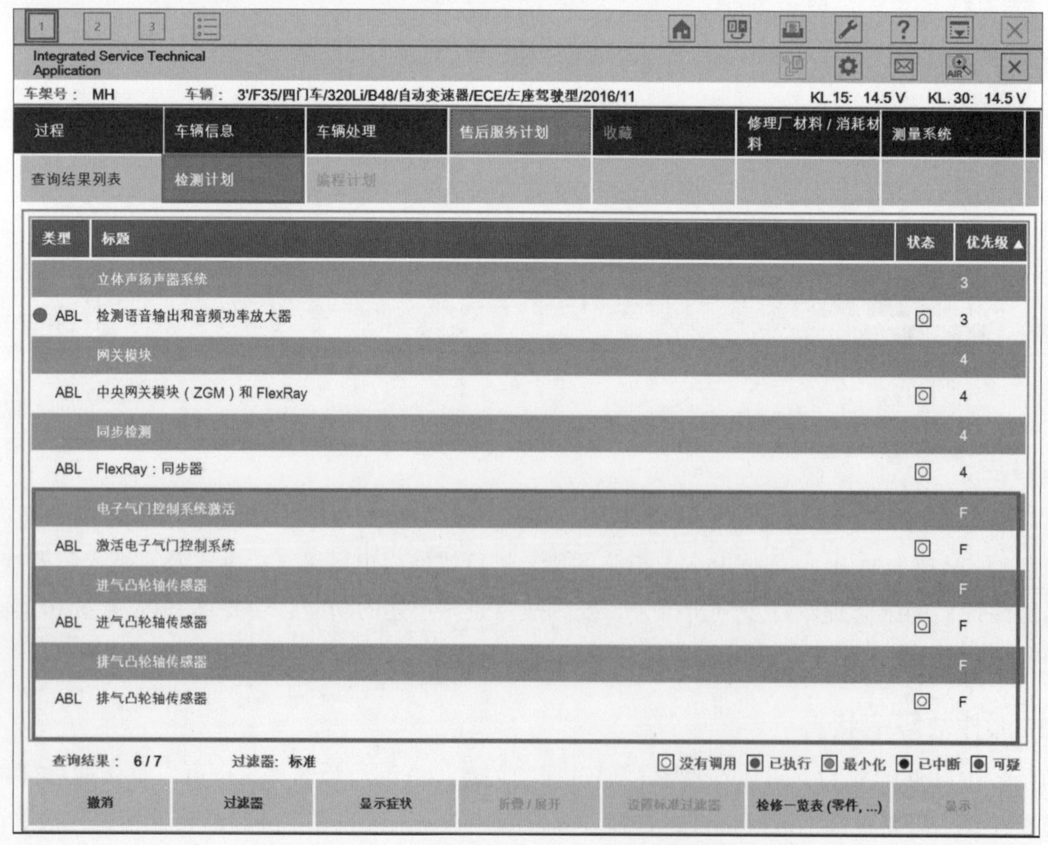

图3-3-4

根据生产的检测计划，对部件进行逐步分析检查，直至找到故障点，如图 3–3–5 所示。

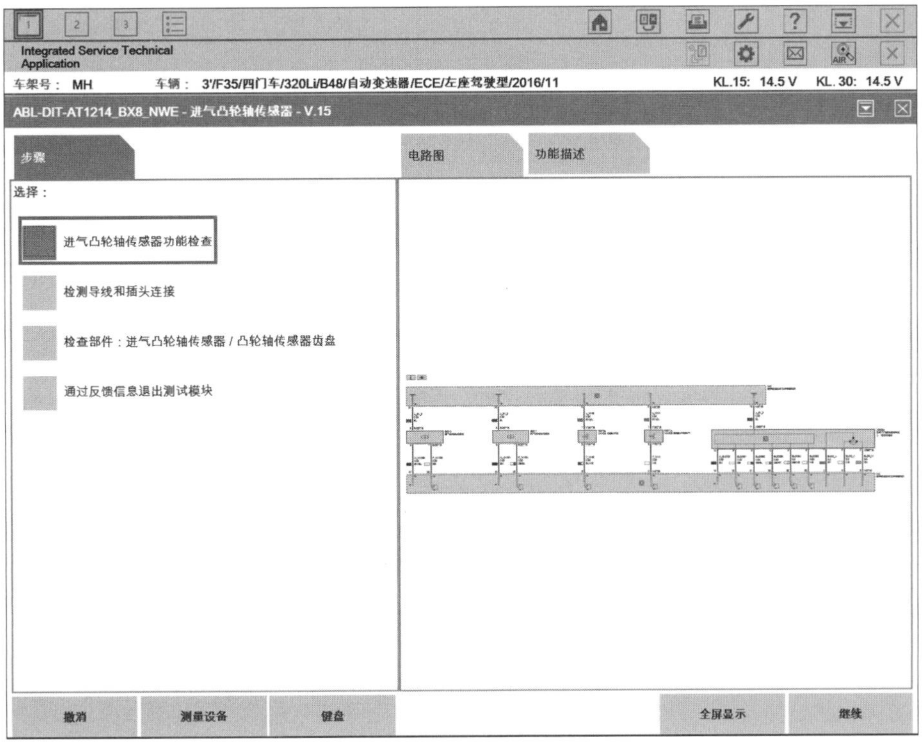

Integrated Service Technical Application
车架号： MH
车辆： 3'/F35/四门车/320Li/B48/自动变速器/ECE/左座驾驶型/2016/11
KL.15: 14.5 V
KL. 30: 14.5 V
ABL-DIT-AT1214_BX8_NWE - 进气凸轮轴传感器 - V.15
步骤
电路图
功能描述
选择：
进气凸轮轴传感器功能检查
检测导线和插头连接
检查部件：进气凸轮轴传感器 / 凸轮轴传感器齿盘
通过反馈信息退出测试模块
撤消
测量设备
键盘
全屏显示
继续

图3–3–5

例2：功能的故障症状。

查询车窗打开或者关闭的故障，可以在搜索栏通过搜索关键词“打开或者关闭”关键词进行查询。也可以直接通过功能故障症状菜单逐级选择，找到需要查询的故障部件，选择计算检测计划，系统自动生成车窗打开或者关闭的检测计划。

通过输入关键词“打开”查询和车窗打开或者关闭的故障症状，如图 3–3–6 所示。

Integrated Service Technical Application
车架号： MH
车辆： 3'/F35/四门车/320Li/B48/自动变速器/ECE/左座驾驶型/2016/11
过程
车辆信息
车辆处理
售后服务计划
收藏
修理厂材料 / 消耗材料
测量系统
修理 / 保养
故障查询
服务功能
故障症状
功能结构
部件结构
NED
文本查询
输入 SAE 故障码
打开
查询结果： 105 搜索关键词 打开
全部收起
车身装备 / 操作侧窗 / 侧窗便捷开启 / 便捷关闭功能
车身装备
操作侧窗
侧窗便捷开启 / 便捷关闭功能
打开、关闭：不可用 / 不完全
打开：不可用
功能异常
关闭：不可用
失灵
侧窗打开 / 关闭
故障症状数量： 0
更新故障症状
PuMA 措施

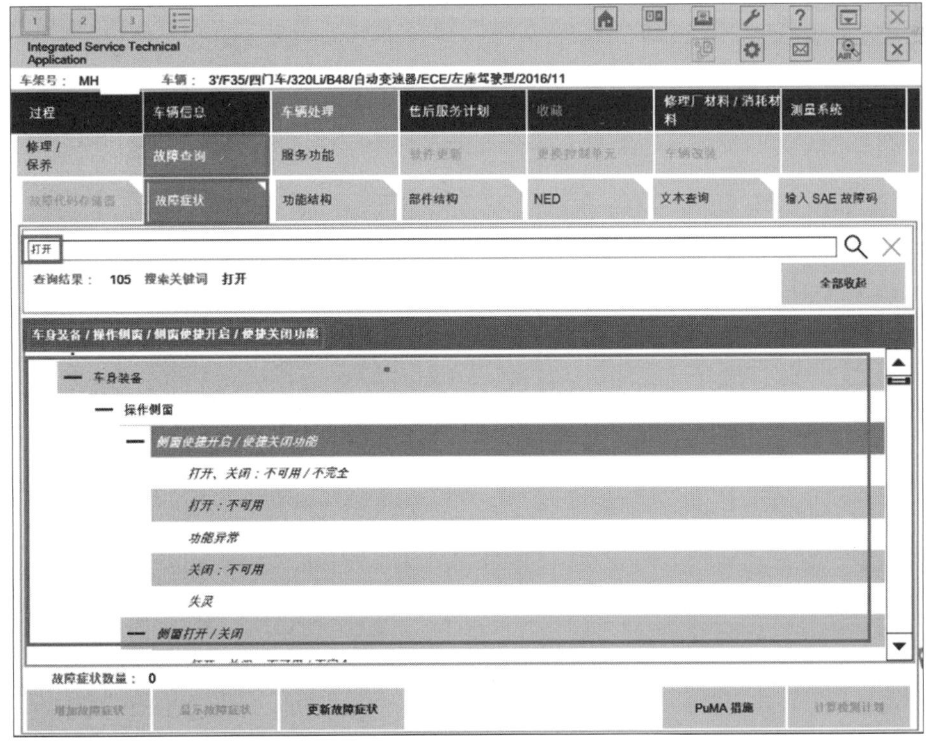

图3–3–6

ISTA 系统生成和车窗打开或者关闭相关的检测计划，可以根据实际的故障症状选择相关的检测计划，如图 3-3-7 所示。

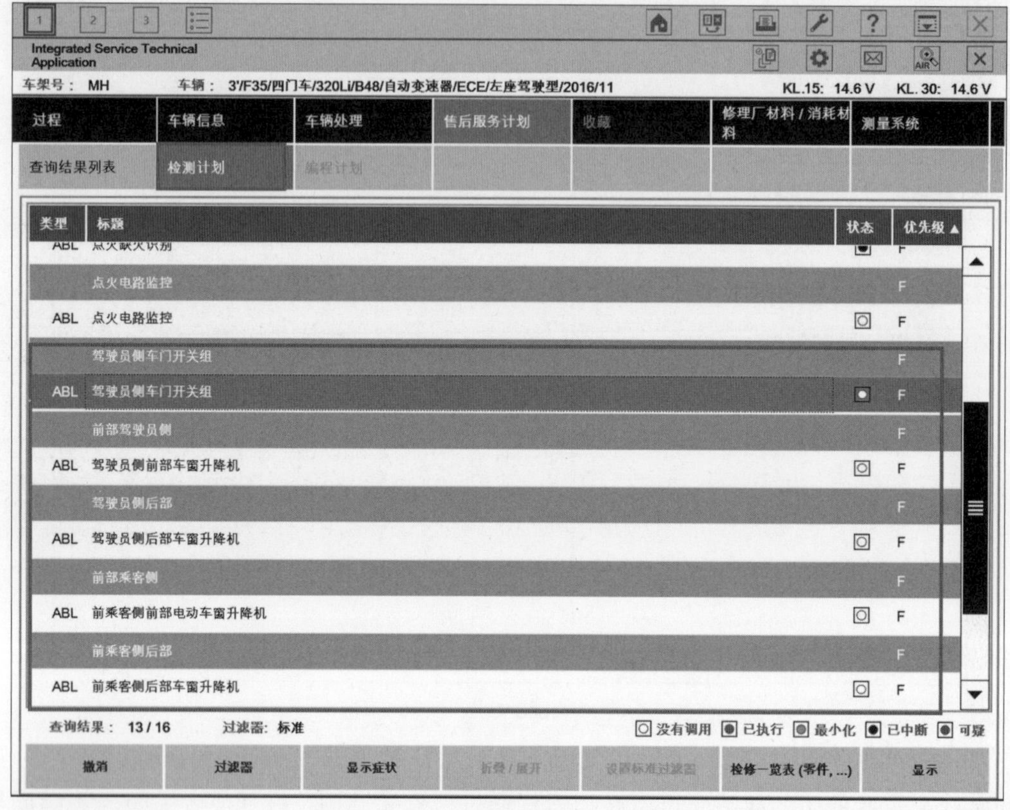

图3-3-7

根据检测计划的提示，选择查询目标，执行检测步骤，如图 3-3-8 所示。

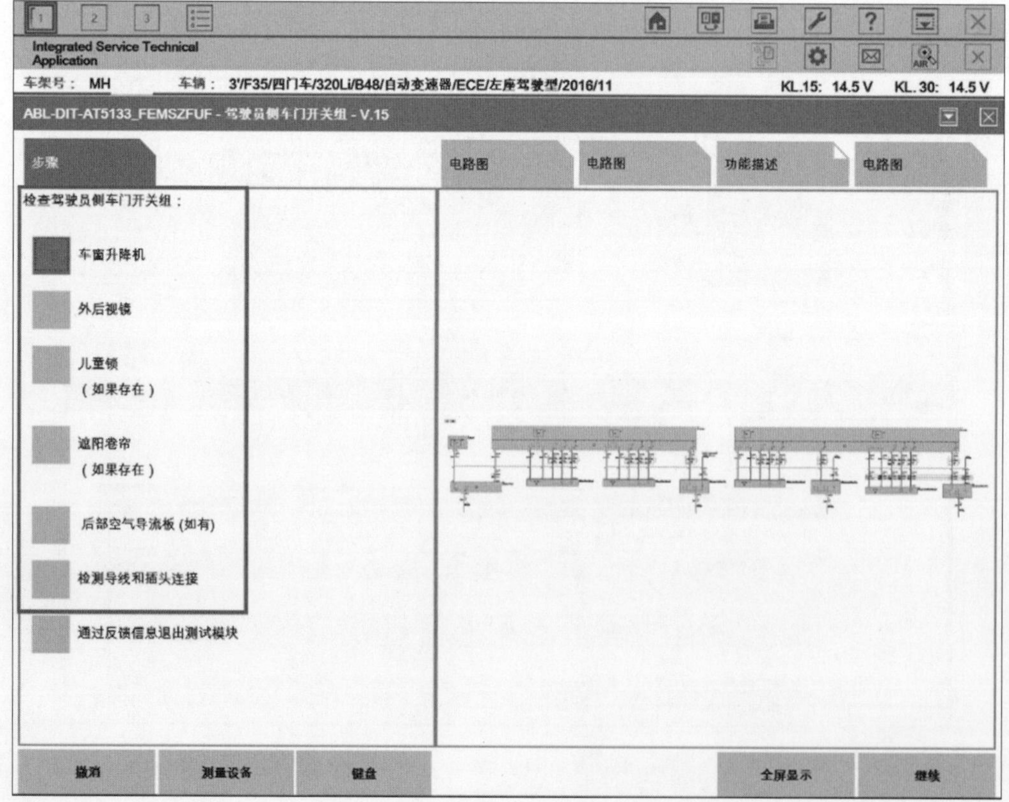

图3-3-8

检测计划过程中的部件控制状态数据流检查，如图 3-3-9 所示。

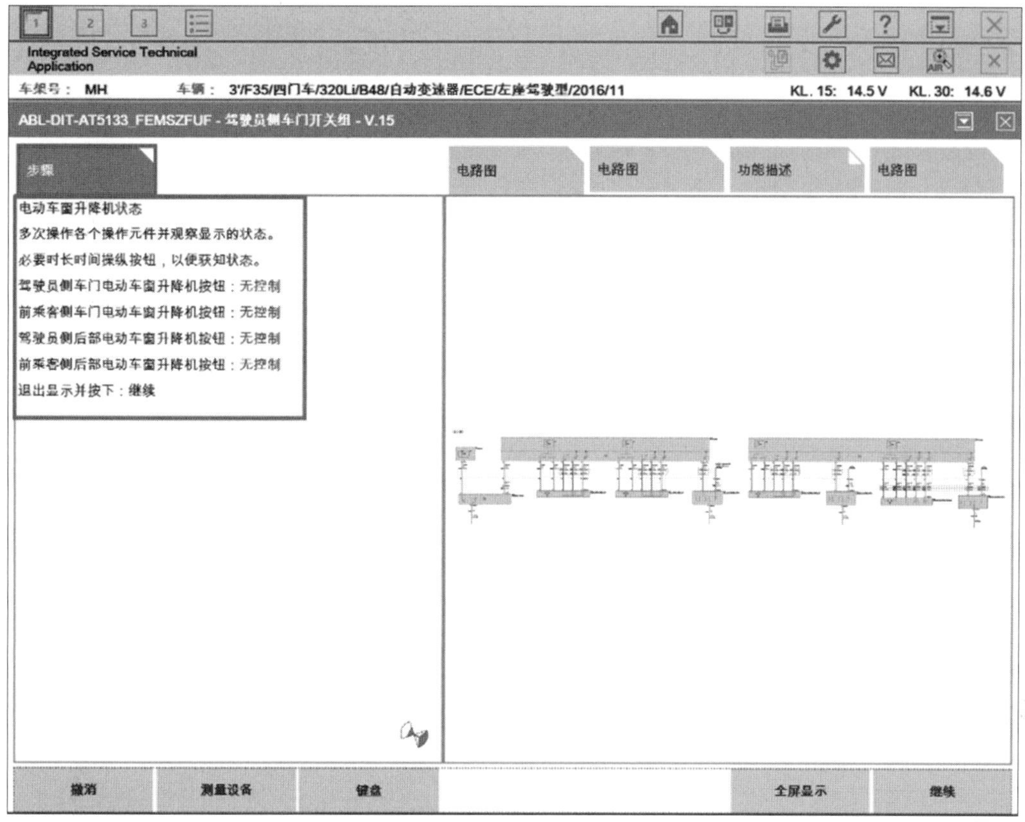

图3–3–9

根据检测部件的数据流观察分析，确定部件的控制状态是否正常，如图 3-3-10 所示。

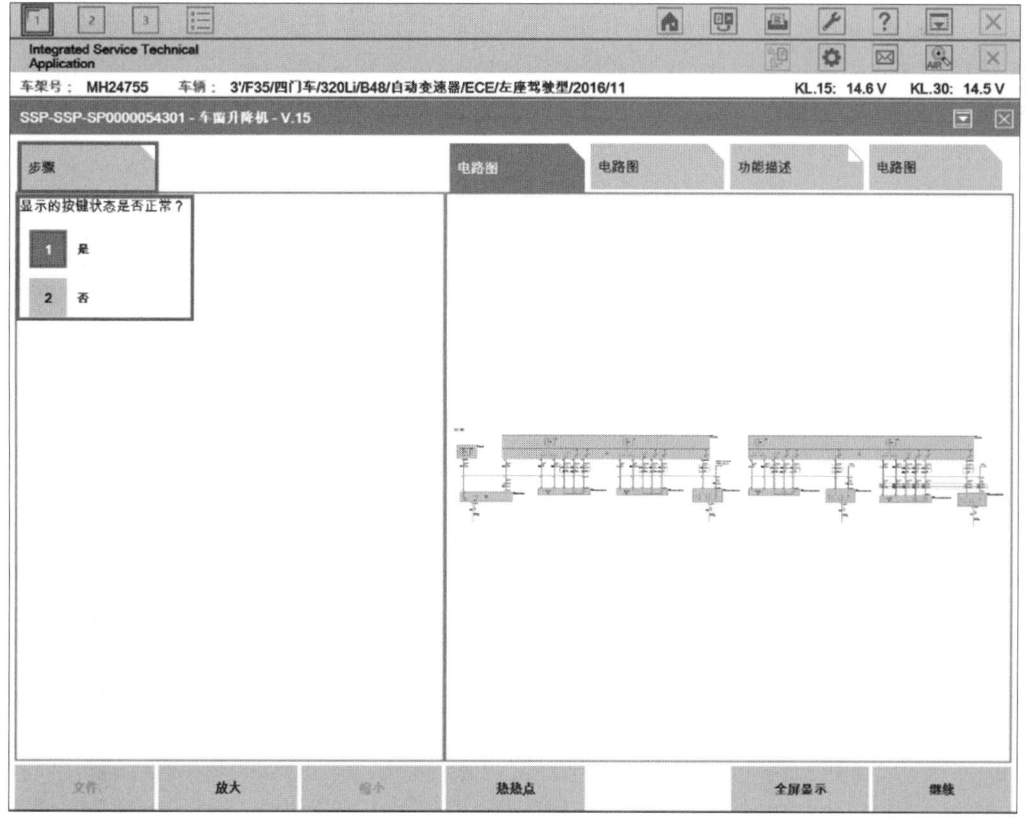

图3–3–10

根据上述检测计划的检测反馈，判断确定具体故障点，如图 3-3-11 所示。

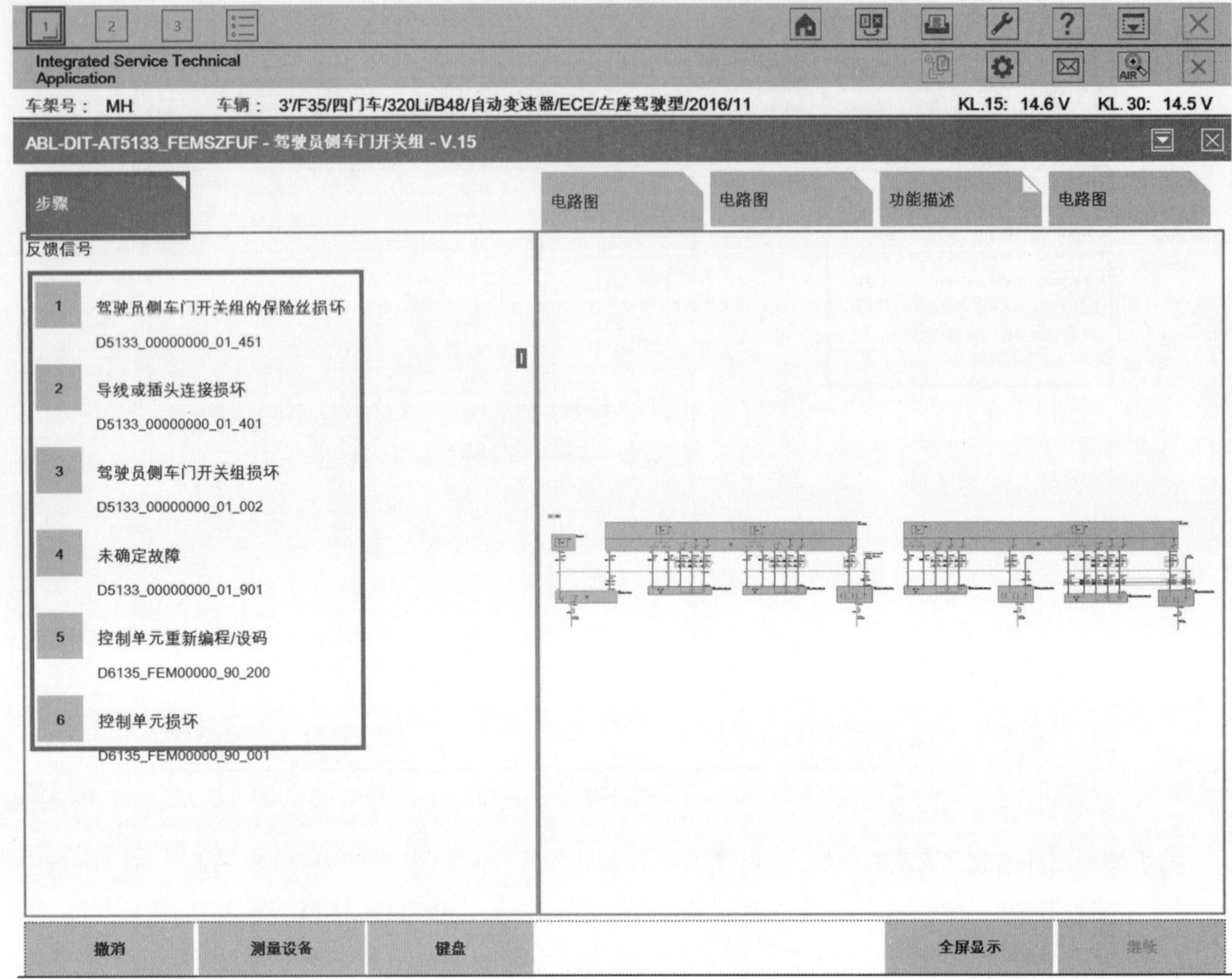

图3-3-11

第四节　功能结构

在功能结构菜单中，可以通过选择功能组或者功能在多个层次上查找信息。不需要连接车辆，只需要通过车辆底盘号进行车辆识别即可以进行相关的信息查询。在功能结构的第一级主菜单下分 5 个部分，分别是驱动装置、底盘、车身、驾驶员辅助系统、方框图。通过逐级选择可以查询到车辆上具体每个部件的功能描述、电气部件的安装位置等重要信息。此操作和产品结构的操作相似，接下来举例说明。

例：发动机系统的供气。

功能结构的 5 个子菜单如图 3-4-1 所示。

按照供气系统所在的组别初级分解查询，如图 3-4-2 所示。

右侧栏为供气系统的相关文件，包括 FUB 供气系统的功能说明，SSP 供气系统的相关电路图，这一组别里面还有关于涡轮增压器系统的拆卸和安装 / 更新废气门的伺服电机的 REP 维修说明文件。

一、举例说明供气的功能说明文件。

在说明文件中有部件的概述，提示、部件的简短说明如下。

Integrated Service Technical Application
车架号： MH
车辆： 3'/F35/四门车/320Li/B48/自动变速器/ECE/左座驾驶型/2016/11
过程
车辆信息
车辆处理
售后服务计划
收藏
修理厂材料 / 消耗材料
测量系统
修理 / 保养
故障查询
服务功能
软件更新
更换控制单元
车辆改装
故障码存储器
故障症状
功能结构
部件结构
NED
文本查询
输入 SAE 故障码
驱动装置
全部收起
驱动装置
底盘
车身
驾驶员辅助系统
方框图
类型
标题
ABL 集成供电模块
FUB 8 挡位自动变速器 8HP
FUB CAN 总线信号检测
FUB LIN 总线
FUB LIN 总线上的诊断
FUB 以废气触媒转换器上一个损坏的载体为例
FUB 低温冷却液循环回路的冷却液泵
FUB 低温冷却液循环回路的冷却液泵
FUB 供气
FUB 冷却液循环
FUB 冷却液泵转换阀
FUB 冷却液液位传感器
查询结果： 193 / 193 过滤器： 标准
没有调用
已执行
最小化
已中断
可疑
过滤器
检修一览表 (零件, ...)
应用至检测计划
显示

图3–4–1

Integrated Service Technical Application
车架号： MH
车辆： 3'/F35/四门车/320Li/B48/自动变速器/ECE/左座驾驶型/2016/11
过程
车辆信息
车辆处理
售后服务计划
收藏
修理厂材料 / 消耗材料
测量系统
修理 / 保养
故障查询
服务功能
软件更新
更换控制单元
车辆改装
故障码存储器
故障症状
功能结构
部件结构
NED
文本查询
输入 SAE 故障码
驱动装置 / 发动机电子系统 / 供气
全部收起
发动机电子系统
[!] 当前故障症状
爆震控制系统
车载网络电源
怠速
点火开关
点火缺火识别
发动机冷却
发动机油
供气
控制单元
排气系统
类型
标题
ABL 增压压力调节装置
ABL 增压空气温度-进气管压力传感器
ABL 废气门
ABL 热膜式空气质量计
ABL 电动节气门调节器
ABL 进气温度传感器
FUB 供气
FUB 发动机部件的高性能插头连接
FUB 进气系统
REP 拆卸和安装/更新废气门的电动伺服电机
SSP 供气
查询结果： 12 / 12 过滤器： 标准
没有调用
已执行
最小化
已中断
可疑
过滤器
检修一览表 (零件, ...)
应用至检测计划
显示

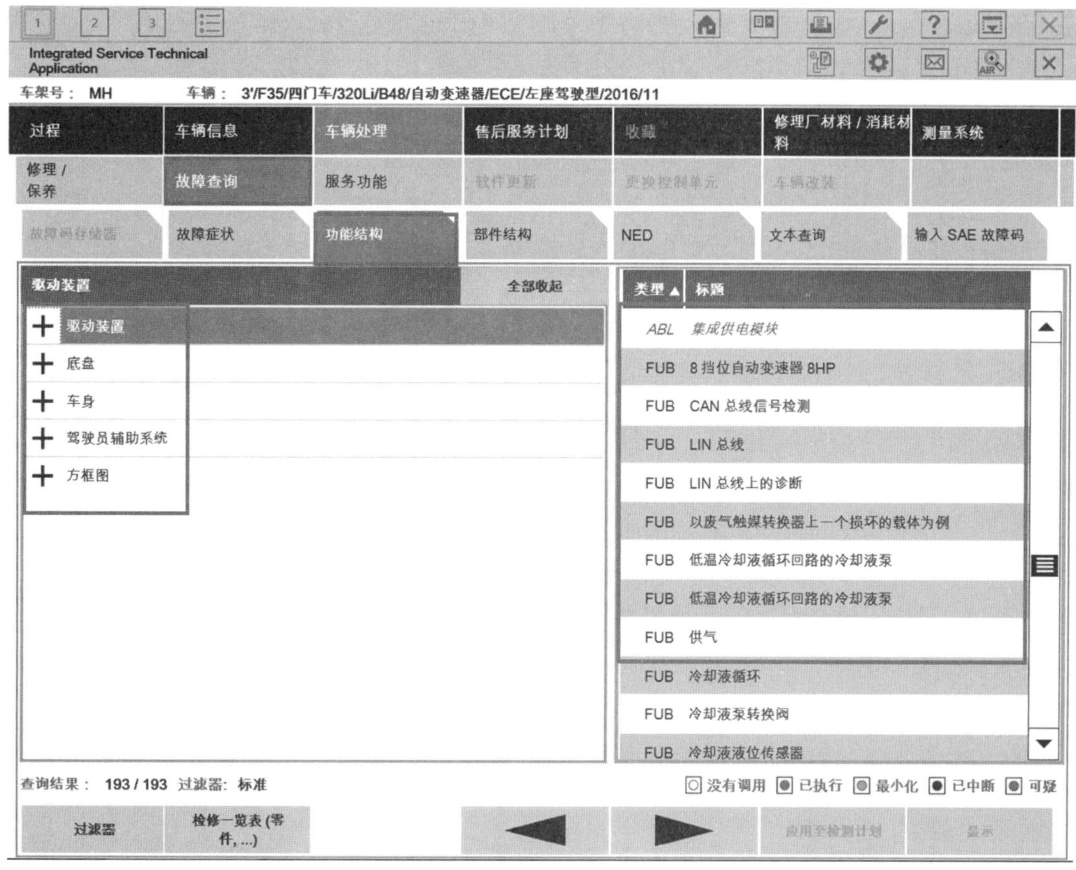

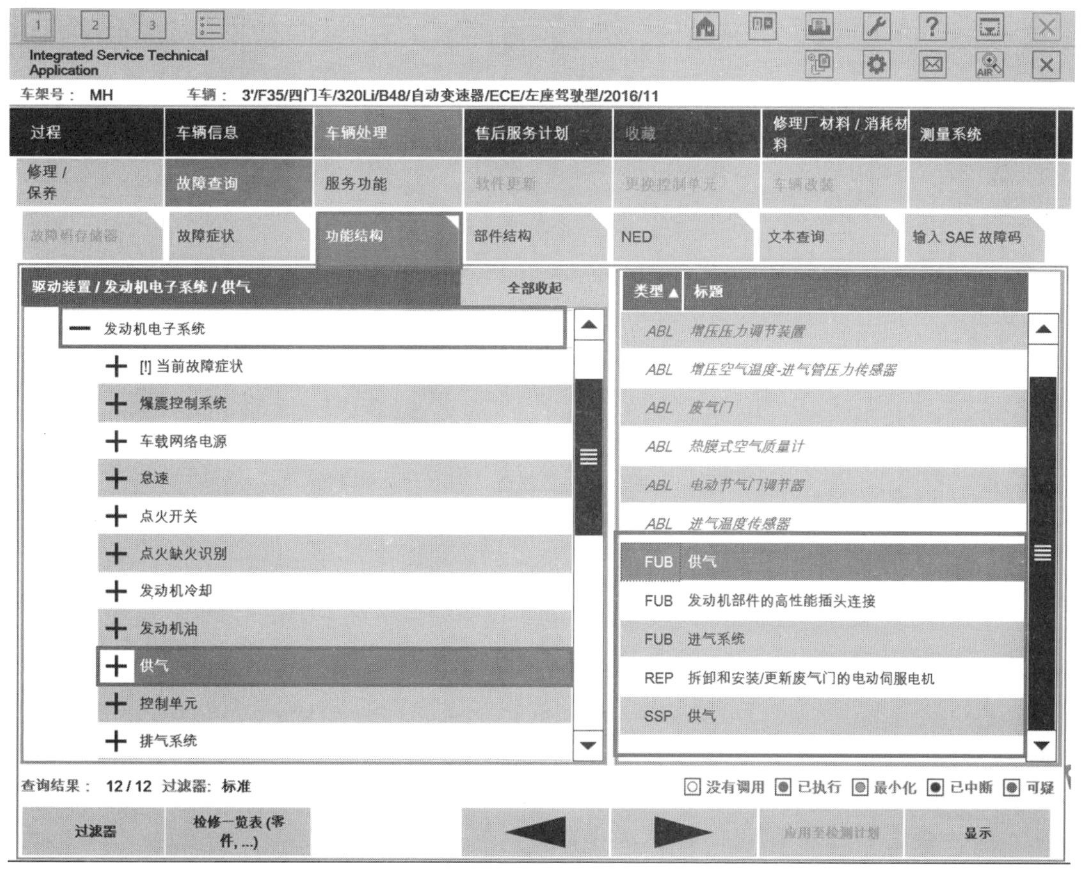

图3–4–2

供气。该发动机是一款采用复式增压技术的 TwinPower Turbo 发动机。在其上使用 1 个由 2 个排气道（复式增压）驱动的双涡流废气涡轮增压器。

4 缸发动机和 6 缸发动机可支配一个带钢结构集成涡轮外壳的铸铁弯管。

3 缸发动机可支配一个带铝结构集成涡轮外壳的水冷铸铁弯管。

提示：提供结构不同的进气系统。视机动化装置而定，配套传感器必须跟随确定的名称，以便与故障记录匹配。传感器的测量方法也要确定名称。

部件简短描述。

进气温度 - 增压压力传感器（如果存在）。进气温度 / 增压压力传感器固定在增压空气管上。

这个组合传感器向数字式发动机电子伺控系统（DME）提供下列信息：增压空气温度；增压压力。

增压压力传感器用于增压压力调节。此外，数字式发动机电子伺控系统（DME）利用进气管压力传感器信号校正节气门位置。

进气温度传感器。进行温度记录时，使用的是与温度有关的电阻器。该电路包括一个分压器，可对其测量与温度有关的电阻值。通过一条传感器特有的特性线计算出温度。在进气温度传感器中安装有一个热导体（NTC），其电阻值随温度的上升而下降。此电阻值根据温度在 167 kΩ 至 150 Ω 的范围内变化，对应于 -40℃至 130℃的温度。

增压压力传感器。使用应变仪探测增压压力。施加压力时，传感器中装有应变仪的膜片会发生变形。应变仪的电阻变化将通过一个测量电桥，以电子方式进行记录并分析。然后，电压测量结果将作为实际值输入到增压压力调节装置中，如图 3-4-3 所示。

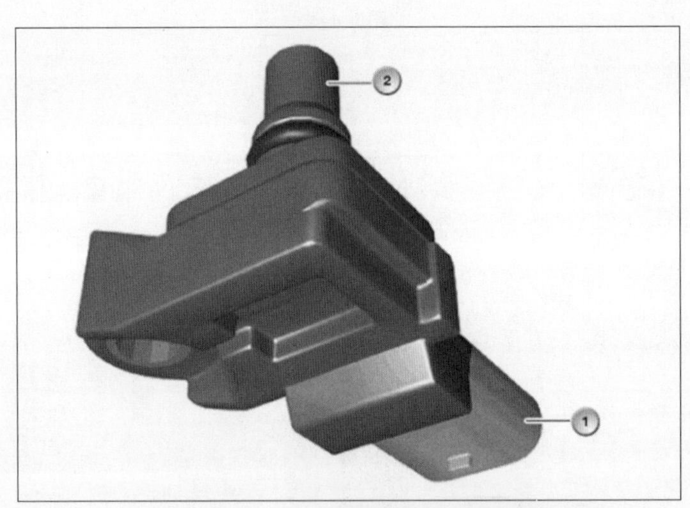

1—4 芯插头连接　2—进气温度 / 增压压力传感器

图3-4-3

增压压力信息通过一条信号线传送到数字式发动机电子伺控系统（DME）。增压压力的有效信号根据压力变化而波动。测量范围 0.5~4.5 V，对应于 20~250kPa 的增压压力。

进气管压力传感器（如果存在）。进气压力传感器用螺栓拧紧在进气集气箱上。该组合式传感器向发动机控制系统传送节气门后的进气压力。

进气压力用作负荷信号的替代值。压力传感器元件和一个用于信号放大和温度补偿的传感器电子装置集成在一个硅芯片上。测得的压力作用在硅膜片的工作面上。要产生绝对压力测量，在膜片背面包含一个基准真空。然后，所测得的电压将作为实际值输入到增压压力调节装置中，如图 3-4-4 所示。

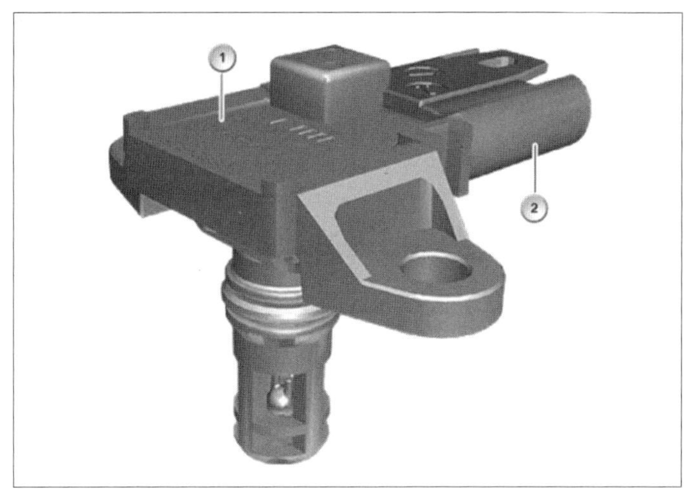

1—进气管压力传感器 2—4芯插头连接传感器

图3-4-4

电动节气门调节器。电动节气门调节器固定在进气集气箱上，并调节节气门。节气门调节可影响发动机的供气。数字式发动机电子伺控系统（DME）根据下列信息计算出节气门位置：加速踏板位置，其他控制单元的扭矩要求。电动节气门调节器由数字式发动机电子伺控系统（DME）电动打开或关闭。节气门开启角度由电动节气门调节器中的 2 个霍耳传感器监控。

一个伺服电机带动节气门移动。通过一个频率 1000 Hz 的按脉冲宽度调制的信号控制这个伺服电机，如图 3-4-5 所示。

1—电动节气门调节器 2—6芯插头连接

图3-4-5

节气门具有 0° ~90° 的机械调节范围。最大只可移动到 81° （对应于节气门 100% 打开）。

在不通电状态下，节气门由 2 个节气门复位弹簧保持在约 5.2° 的紧急空气点。这两个复位弹簧也用于发生故障时（控制已停用）将节气门复位到该位置。

数字式发动机电子伺控系统（DME）借助测得的实际位置将要求的节气门开度标准值转换成一个信号。

带电气减压装置阀门的废气涡轮增压器。通过电气减压装置阀门将直流电机的旋转经由螺纹杆上的心轴转换成轴向运动。提升运动影响通过杆操纵减压装置阀门的螺纹杆。通过打开和关闭减压装置阀门调节涡轮机上的废气质量流量。

减压装置阀门可以占用关闭和完全打开之间的所有位置。电气减压装置阀门可以在机械极限位置之间，0 ~ 20.5mm（最小保证的调整范围）范围内的所有位置上无级启动。一个完整的关闭过程在最大 350ms 的范围内结束，无负荷的打开过程必须在最大 500 ms 的范围内结束。

控制通过 12 V 的 PWM 信号，按 –100 %~100 %（频率 1 kHz）的脉冲负载参数执行。

电机位置传感器探测电机的位置。电机位置传感器将电气减压装置阀门的位置反馈至发动机控制。该电机位置传感器由发动机控制提供 5 V 的电压。

当信号失效或电压降低时将完全打开电气减压装置阀门。

提示：通过应用电气减压装置阀门可满足 SULEV 排放标准。

4 缸汽油发动机 B48（B58 与 6 缸类似）如图 3–4–6 所示。

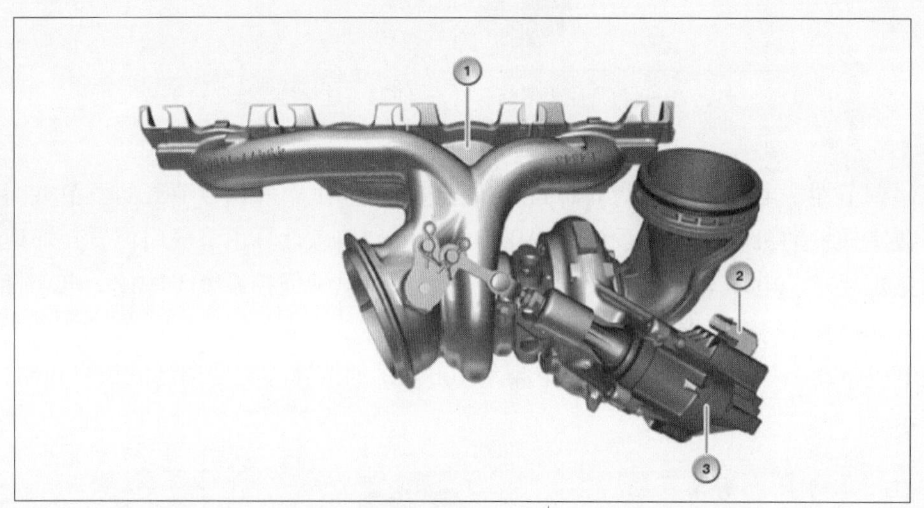

1—带钢结构集成涡轮外壳的铸铁弯管　2—5芯插头连接　3—电气减压装置阀门

图3–4–6

3 缸汽油发动机 B3 如图 3–4–7 所示。

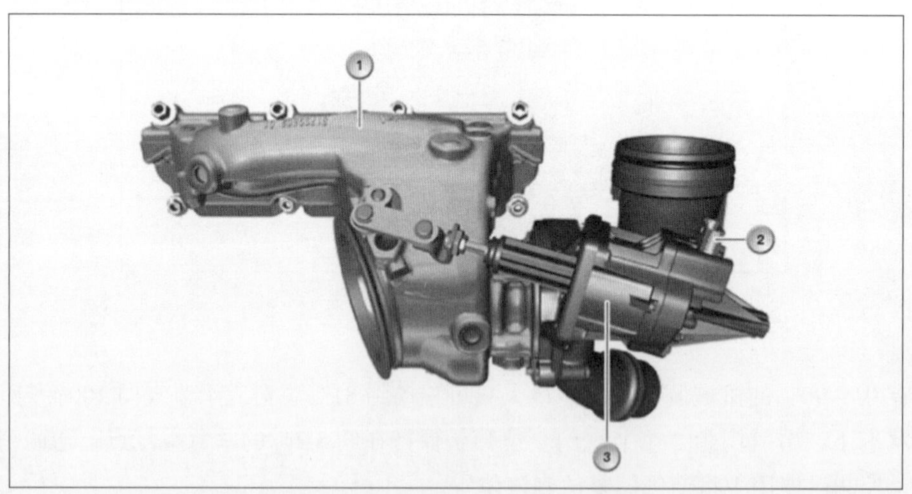

1—带铝结构集成涡轮外壳的水冷铸铁弯管　2—5 芯插头连接　3—电气减压装置阀门

图3–4–7

系统功能。

曲轴箱通风装置。曲轴箱通风设计为两个阶段。也就是说，将会根据负载情况通过不同的通道传导活塞环泄漏气体。

进气运转。在进气运转中，活塞环泄漏气体被引入进气门前方的进气道中。

增压运转。由于在增压运转时进气管内的超压很大，所以不能在进气门之前将活塞环泄漏气体引入进气道。因此，在这种运行状态下，纯空气管道中会引入活塞环泄漏气体。增压运转如图 3-4-8 所示。

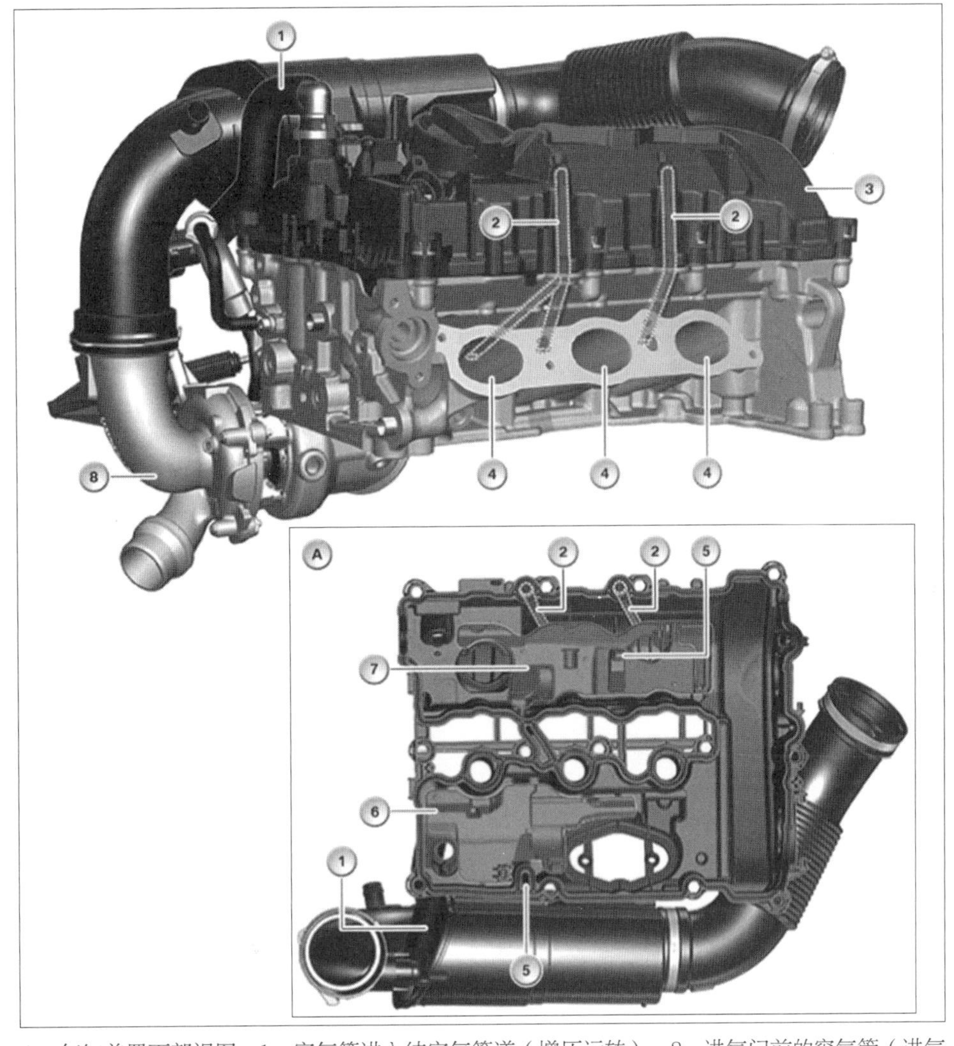

A—气缸盖罩下部视图　1—窜气管进入纯空气管道（增压运转）　2—进气门前的窜气管（进气运转）　3—气缸盖罩中　4—进气道　5—机油回流口　6—油分离器（增压运转）　7—油分离器（进气运转）　8—废气涡轮增压器

图3-4-8

曲轴箱通风的任务。

空气质量计算。不再直接用热膜式空气质量计测量吸入的空气质量，而是由数字式发动机电子伺控系统（DME）计算。为进行该计算，在数字式发动机电子伺控系统（DME）中编程设定了一个相应的模型。进行该计算时使用下列信号：

VANOS 位置（负荷检测）；

节气门位置；

进气温度（空气密度修正）；

发动机转速（气缸进气）；

进气管压力（节气时的修正）；

环境压力（通过高度修正的空气密度）。

用下列参数修正这样计算出的空气质量：

氧传感器信号（空燃比）；

喷射时间（燃油量）。

如有必要会修正计算出的空气质量。在氧传感器失灵时，会在数字式发动机电子伺控系统（DME）的故障码存储器中记录一个故障（空气质量验证）。在这种情况下取消空气质量校准。

二、举例说明供气的电路图文件

在电路文件中通过逐级分解查询，可以供气系统部件电路图，在电路图中点选部件，可以详细地查询到部件的线脚布置、部件的安装位置。

选择 SSP 供气文件，如图 3-4-9 所示。

图3-4-9

点选供气系统电路图中的部件可以查询数字式发动机电子伺服系统的线脚布置，如图 3-4-10 所示。

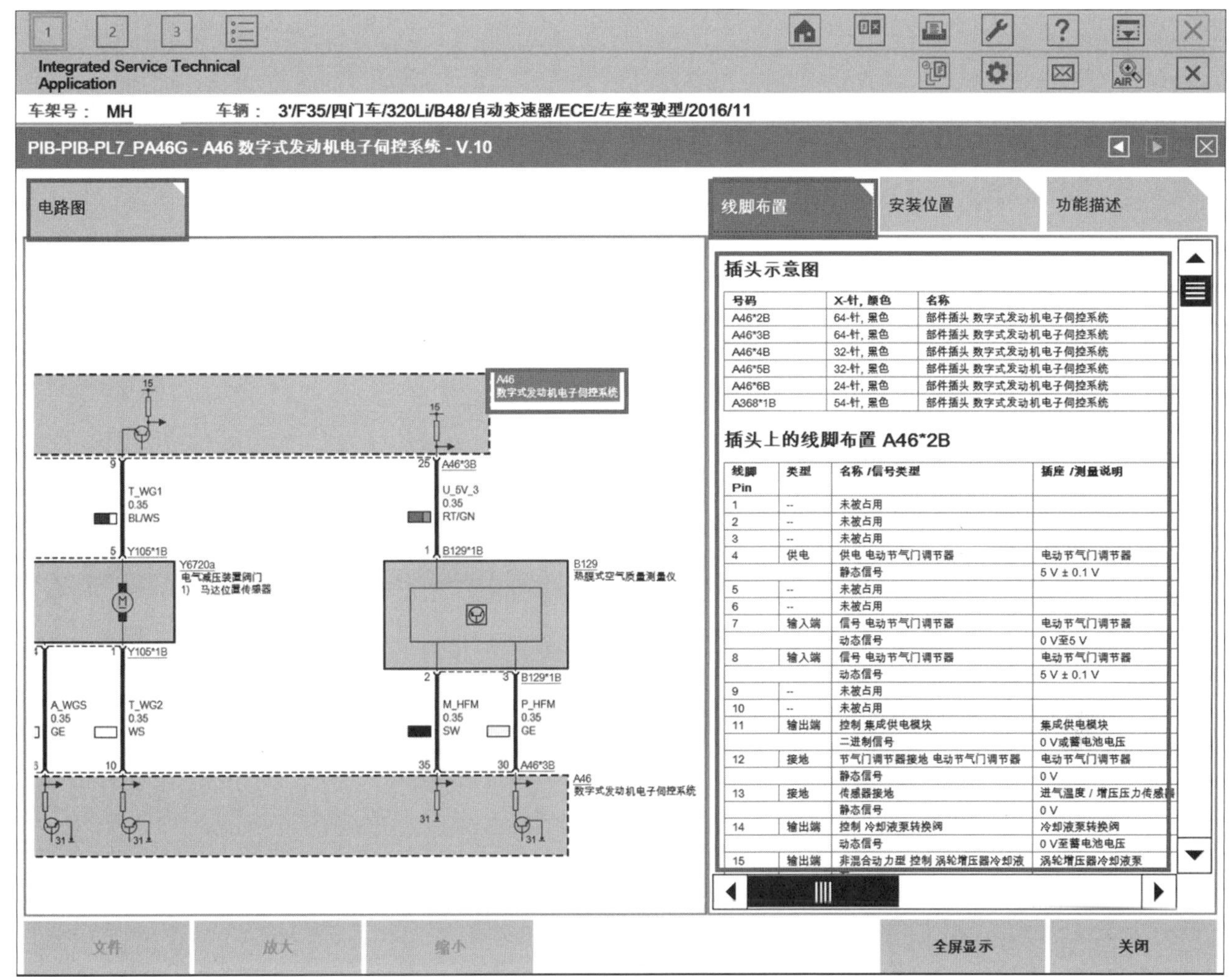

图3–4–10

点选供气系统电路图中的部件可以查询数字式发动机电子伺服系统的安装位置，如图 3–4–11 所示。

在电路图中点选部件，还可以查询具体的部件的功能说明，在此说明中有部件概述、提示、部件的功能描述、部件的内部结构及连接、部件信号曲线及标准值、部件的诊断提示和一般提示。对分析部件的故障有很大的帮助，如图 3–4–12 所示，为点选部件后关于热膜式空气质量计详细的功能描述文件。

在热膜式空气质量计中将通过从加热元件至气流的导热散去供暖传感器元件更多的热量。流经的空气质量越大，散去的热量就越多。由围绕供暖区对称安装的 2 个温度传感器获取的所产生的温度差是衡量流经空气质量的标准。电子换挡分析这些测量值并实现对包含流动方向在内的流经空气量的准确获取。传感器元件只能获取整个气流的流束。通过发动机控制设备中保存的特性线执行对整个气流的流束的推测特性线取决于进气管道的几何尺寸。因此，在不同的车型中可以保存不同的特性线。热膜式空气质量计提供一个以频率设码的输出信号。此时相对应的是一个低空气质量的低频率和一个高空气质量的高频率。设计热膜式空气质量计的特性线范围和动态性，确保能识别到回流（吸管中的动态波动）并处理数量以及流动方向。通过发动机控制设备中保存的特性线将周期信号换算成空气质量。

功能描述。热膜式空气质量计有一个分为两部分的导流件。利用洁净空气的离心力分离水和颗粒。在一个导流件中，待测量的洁净气流传送到测量元件；在另一个导流件中导出水和颗粒。吸入的空气质量不再直接通过热膜式空气质量计进行测量，而是由发动机控制设备进行计算。用下列参数修正这样计

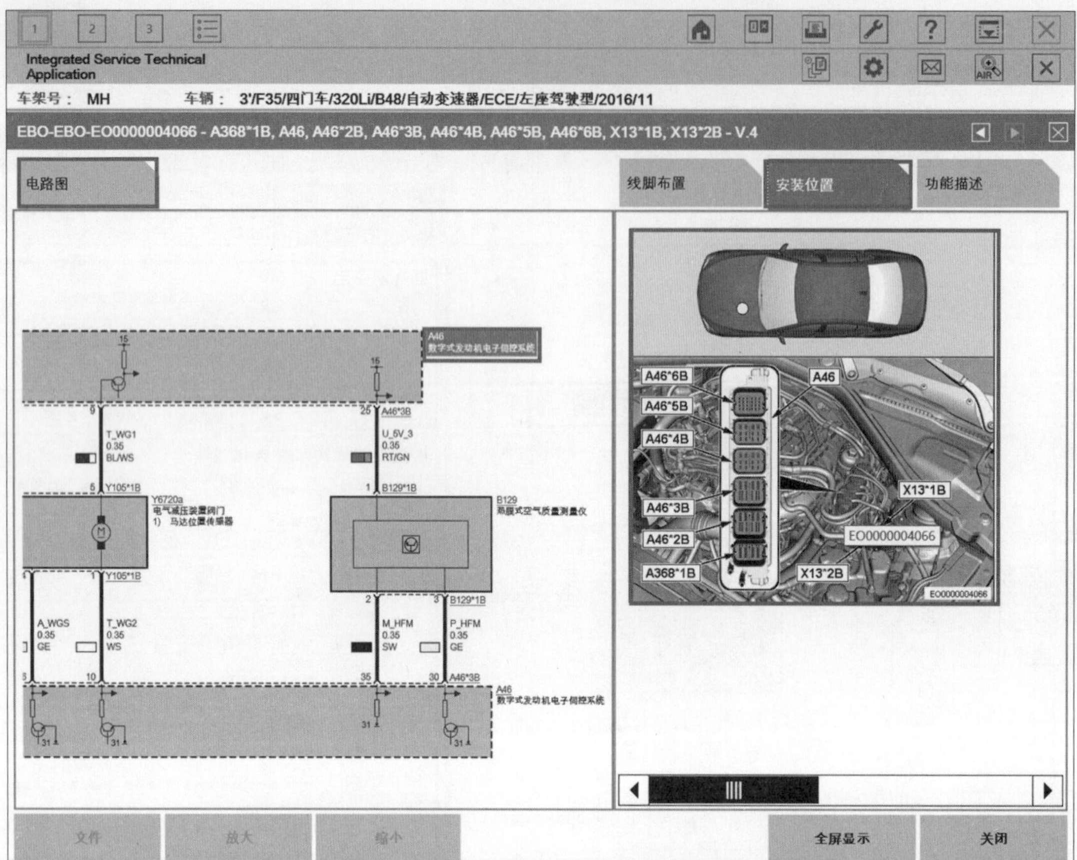

1 2 3
Integrated Service Technical Application
车架号： MH 车辆： 3'/F35/四门车/320Li/B48/自动变速器/ECE/左座驾驶型/2016/11
EBO-EBO-EO0000004066 - A368*1B, A46, A46*2B, A46*3B, A46*4B, A46*5B, A46*6B, X13*1B, X13*2B - V.4
电路图
线脚布置
安装位置
功能描述
A46
数字式发动机电子伺控系统
T_WG1
0.35
BL/WS
U_5V_3
0.35
RT/GN
Y105*1B
B129*1B
Y6720a
电气减压装置阀门
1) 马达位置传感器
B129
热膜式空气质量测量仪
A_WGS
0.35
GE
T_WG2
0.35
WS
M_HFM
0.35
SW
P_HFM
0.35
GE
A46*3B
A46*6B
A46*5B
A46*4B
A46*3B
A46*2B
A368*1B
X13*1B
X13*2B
EO0000004066
全屏显示
关闭

图3-4-11

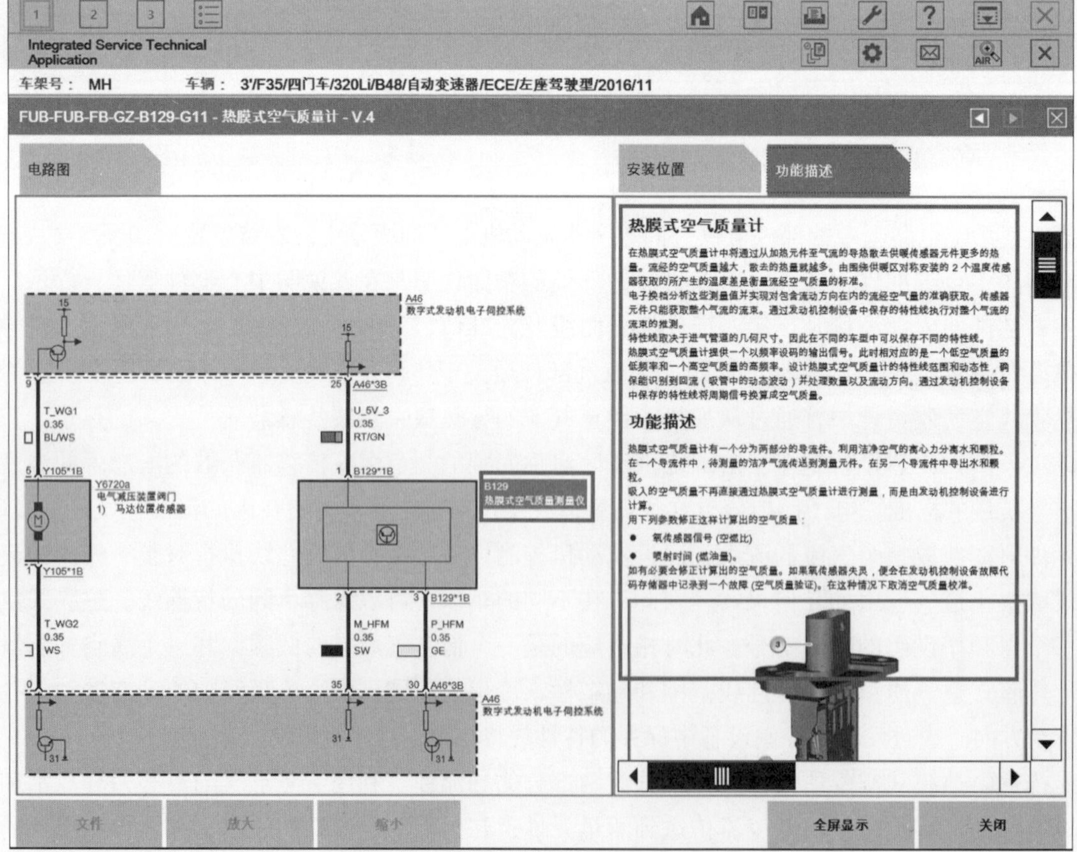

1 2 3
Integrated Service Technical Application
车架号： MH 车辆： 3'/F35/四门车/320Li/B48/自动变速器/ECE/左座驾驶型/2016/11
FUB-FUB-FB-GZ-B129-G11 - 热膜式空气质量计 - V.4
电路图
安装位置
功能描述
A46
数字式发动机电子伺控系统
T_WG1
0.35
BL/WS
U_5V_3
0.35
RT/GN
Y105*1B
B129*1B
Y6720a
电气减压装置阀门
1) 马达位置传感器
B129
热膜式空气质量测量仪
T_WG2
0.35
WS
M_HFM
0.35
SW
P_HFM
0.35
GE
A46*3B
热膜式空气质量计
在热膜式空气质量计中将通过从加热元件至气流的导热散去供暖传感器元件更多的热量。流经的空气质量越大，散去的热量就越多。由围绕供暖区对称安装的 2 个温度传感器获取的所产生的温度差是衡量流经空气质量的标准。
电子换档分析这些测量值并实现对包含流动方向在内的流经空气量的准确获取。传感器元件只能获取整个气流的流束。通过发动机控制设备中保存的特性线执行对整个气流的流束的推测。
特性线取决于进气管道的几何尺寸。因此在不同的车型中可以保存不同的特性线。
热膜式空气质量计提供一个以频率设码的输出信号。此时相对应的是一个低空气质量的低频率和一个高空气质量的高频率。设计热膜式空气质量计的特性线范围和动态性，确保能识别到回流（吸管中的动态波动）并处理数量以及流动方向。通过发动机控制设备中保存的特性线将周期信号换算成空气质量。
功能描述
热膜式空气质量计有一个分为两部分的导流件。利用洁净空气的离心力分离水和颗粒。在一个导流件中，待测量的洁净气流传送到测量元件。在另一个导流件中导出水和颗粒。
吸入的空气质量不再直接通过热膜式空气质量计进行测量，而是由发动机控制设备进行计算。
用下列参数修正这样计算出的空气质量：
● 氧传感器信号 (空燃比)
● 喷射时间 (燃油量)。
如有必要会修正计算出的空气质量。如果氧传感器失灵，便会在发动机控制设备故障代码存储器中记录到一个故障 (空气质量验证)。在这种情况下取消空气质量校准。
3
全屏显示
关闭

图3-4-12

算出的空气质量：氧传感器信号（空燃比）、喷射时间（燃油量）。

如有必要会修正计算出的空气质量。如果氧传感器失灵，便会在发动机控制设备故障码存储器中记录到一个故障（空气质量验证）。在这种情况下取消空气质量校准。

热膜式空气质量计如图 3-4-13 所示。

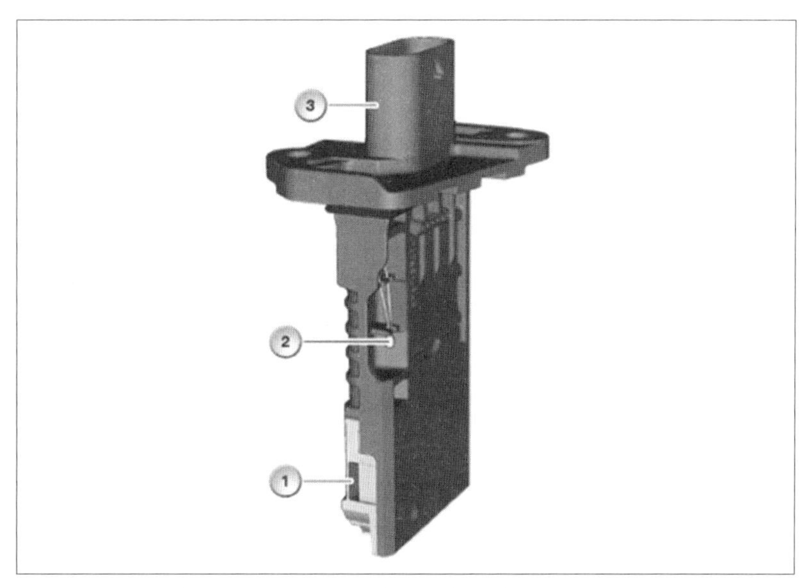

1—热膜式空气质量计 2—进气温度传感器 3—4芯插头连接

图3-4-13

结构及内部连接。热膜式空气质量计的最新一代产品借助 SENT 信号将传感器信号发送至控制单元。SENT 接口为双向。

进气温度传感器依旧存在。在 SENT 信号中一起传输其传感器信号。

SENT 信号是什么？发送信号已由美国汽车制造商指定。它的特点在于其简单性，且在非屏蔽三线连接上工作，通过传感器还接收其供电电压。借助发送信号采用数字传送方式，并且比较抗干扰信号。原因在于，信息内容仅存在于下降信号边界（单边）中，其中两个下降脉冲边沿之间的时间包含半位元的信息。半位元的传输值与两个下降脉冲边沿之间的持续时间成正比。

热膜式空气质量计如图 3-4-14 所示，线脚布置如表 3-4-1 所示。

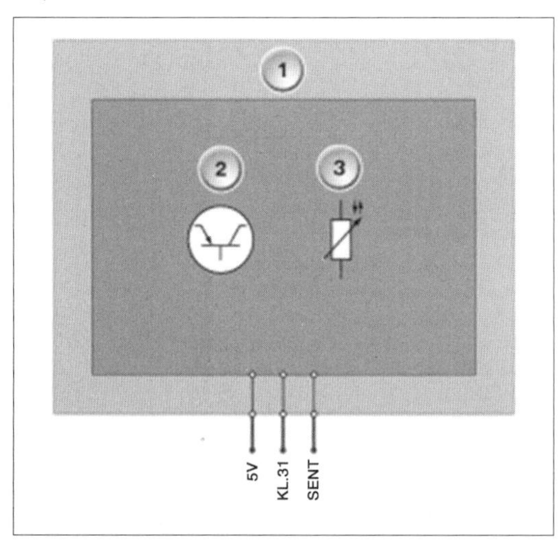

1—热膜式空气质量计 2—电子分析装置 3—进气温度传感器

图3-4-14

表3-4-1

线脚	说明
5 V	供电 5 V
总线端 KL. 31	接地
SENT	SENT 信号
一个线脚 Pin 未使用	

信号曲线及标准值。热膜式空气质量计具有一个以频率设码的输出信号。传感器的设计可以识别出回流（进气管内的动态脉动），并可以在数值和流动方向上进行处理。

空气质量的信号品质取决于温度。要准确确定空气质量，需要有高精度。因此，发动机控制单元所接收到的空气质量信号必须通过外部进气温度传感器信号进行修正。

热膜式空气质量计特性线如图 3-4-15 所示。

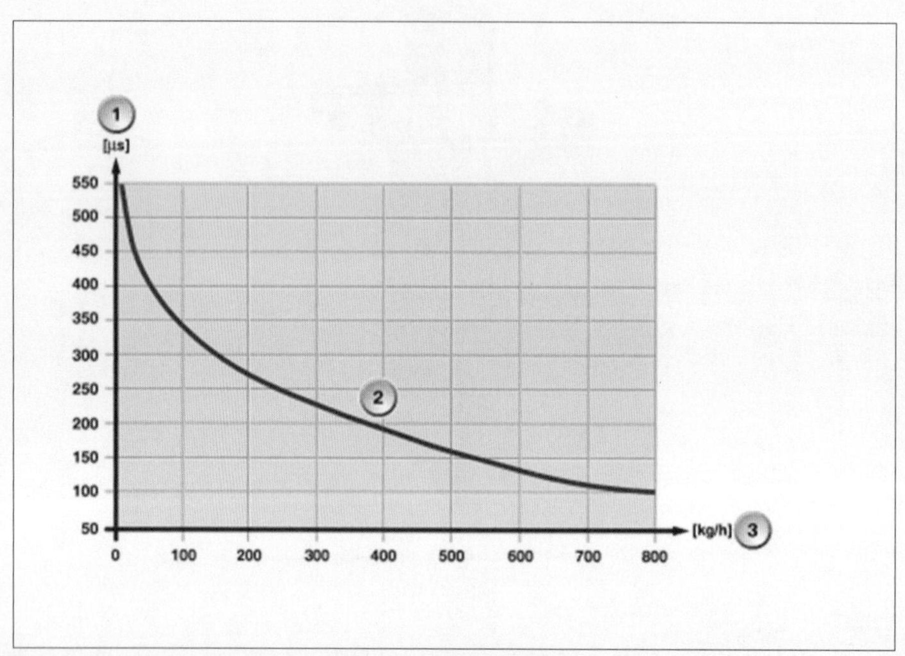

1—周期　2—热膜式空气质量计特性线　3—空气质量

图3-4-15

感测进气温度时需要使用独立进气温度传感器（NTC）的测量信号。进气温度传感器特性曲线如图 3-4-16 所示。

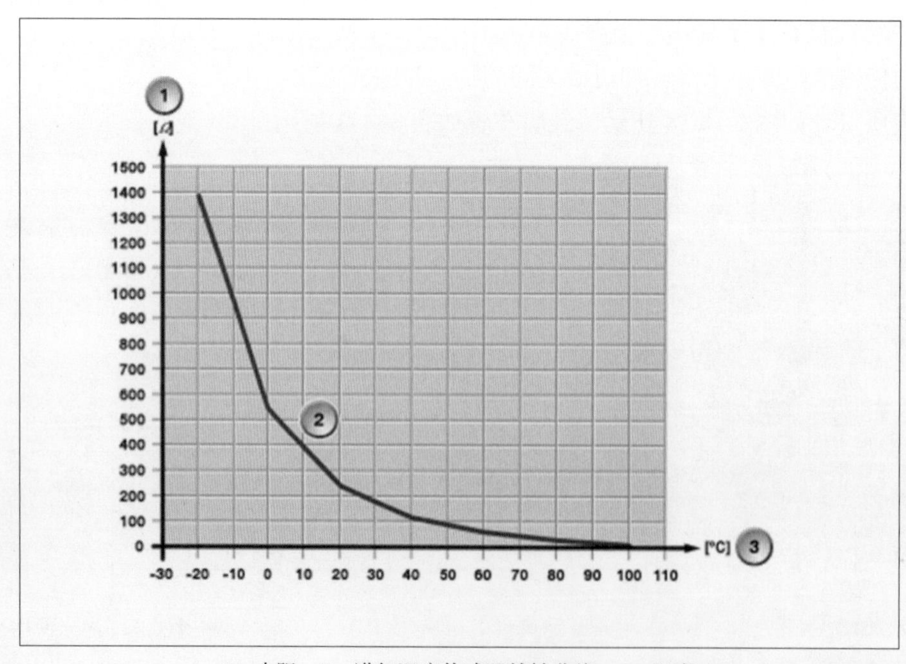

1—电阻　2—进气温度传感器特性曲线　3—温度

图3-4-16

注意热膜式空气质量计的以下标准值，如表 3-4-2 所示。

表3-4-2

参数	值
供电电压	5V
最大电流消耗	0.02A
温度范围	-40~140℃

诊断提示。

部件失灵。在热膜式空气质量计失效时，预计将出现以下情况：在发动机控制单元中记录故障码，以替代值紧急运行。

一般提示。热膜式空气质量计具有自诊断功能，可识别出内部传感器故障。此外将检查空气质量的数字式输出信号的电子形式，并检测数值范围是否有误。如果热膜式空气质量计识别到内部故障，则空气质量信号将持续置于低挡。

第五节　部件结构

在部件结构的菜单下，可以查询到某个电气部件的相关文件。此操作和产品结构的操作相似。包括 3 个子菜单：插头、齿轮以及焊接连接件，零件，信号未定义，如图 3-5-1 所示。

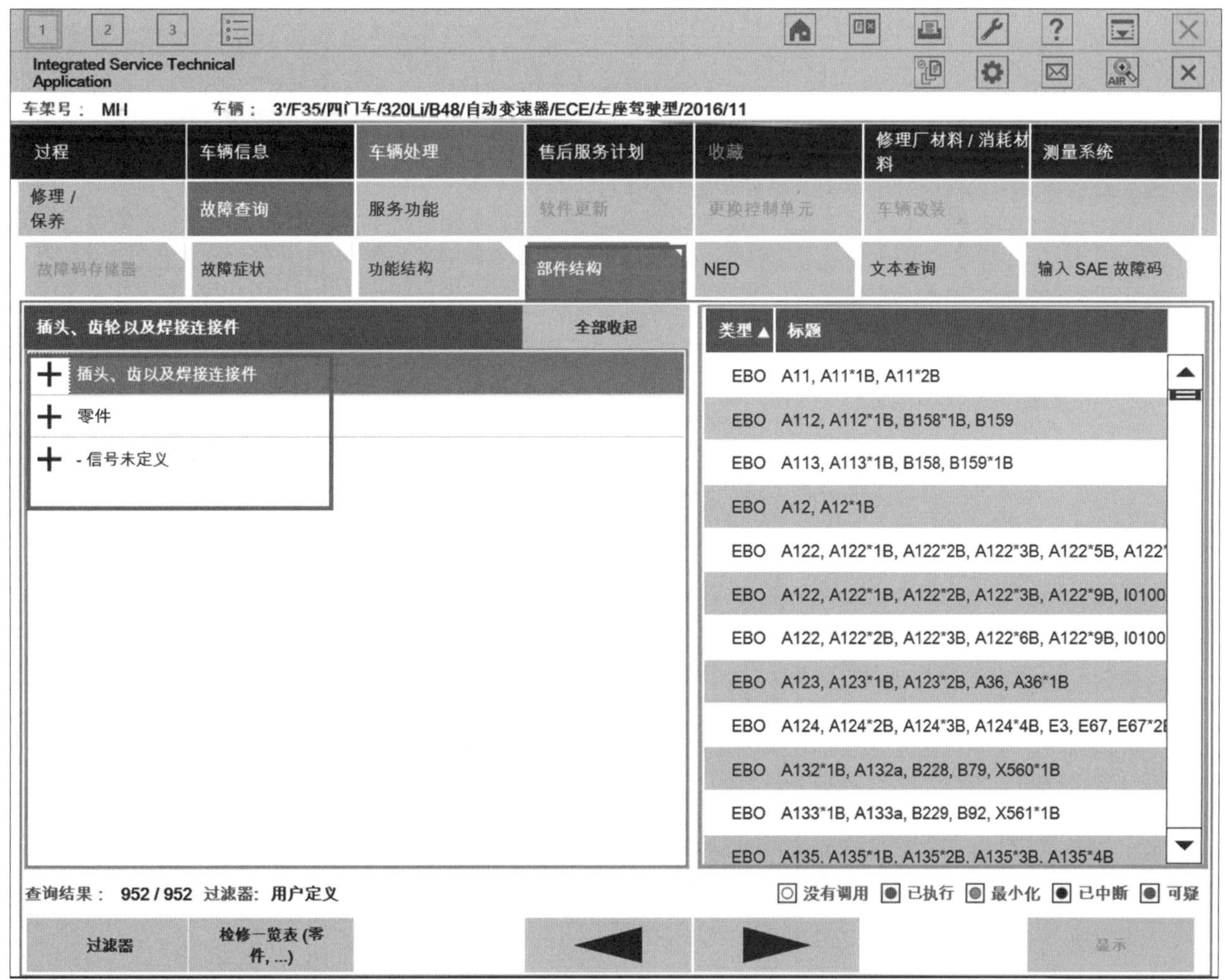

图3-5-1

一、插头、齿轮及焊接连接件

通过连接器代码查询相关联的电路图。

选择连接器代码自 X2 开头的代码查询相关电气文件，如图 3-5-2 所示。

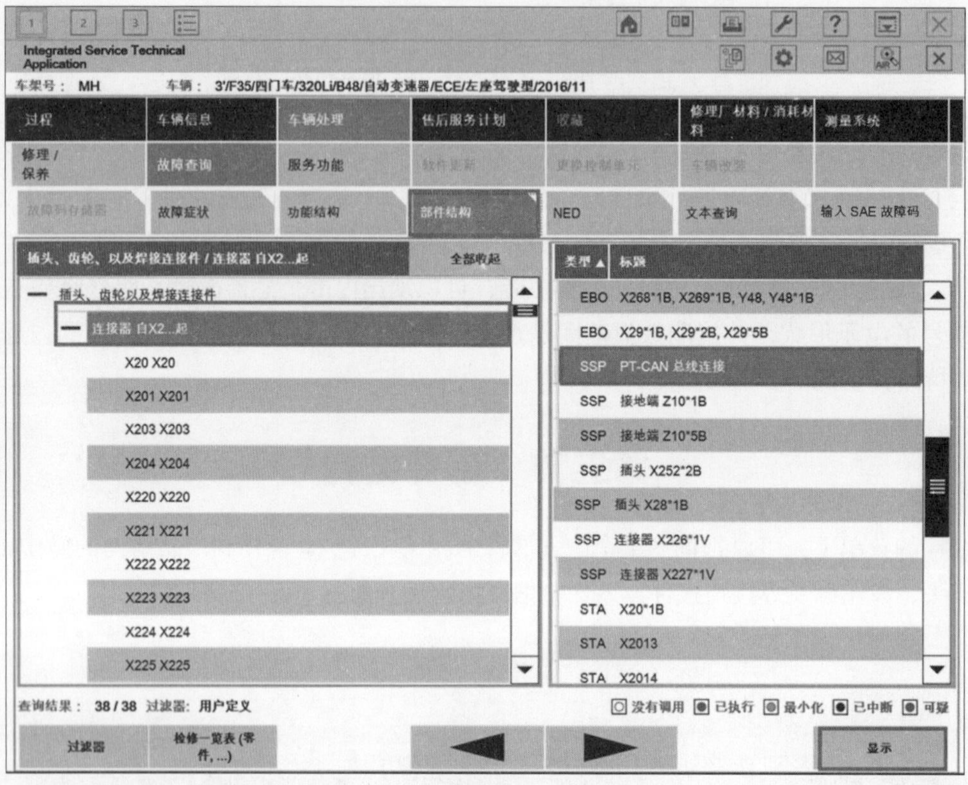

图3-5-2

查询到连接器代码 X204*2V 关联的电路图，如图 3-5-3 所示。

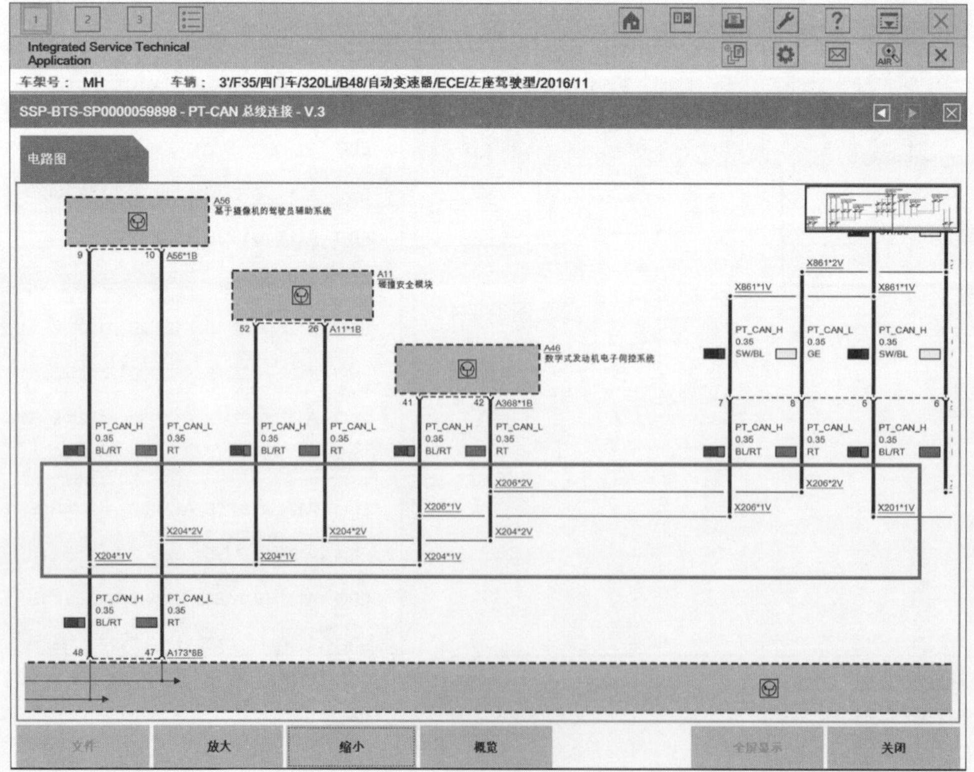

图3-5-3

二、零件

车辆的电气部件在系统中通过大写字母加上阿拉伯数字表示，如 A46 表示 DME、A42 表示主机、A21 表示车顶功能中心。如通过选择零件菜单下选择带 A 的部件，继续选择 A21 车顶功能中心，可以查询到车顶功能中心相关的文件，FUB 文件，功能说明；EBO 文件，车顶功能中心安装位置；PIB 文件，线脚布置；SSP 文件，电路图。

在零件菜单下选择带 A 的部件，查询到关联的文件，如图 3-5-4 所示。

图3-5-4

三、信号

电气部件的电路图中，每一根导线都有信号名，ISTA 系统目前显示未定义，因此，无法通过此功能进行相关文件的查询。

第六节　NED（非电子诊断）

ISTA 系统中故障查询中 NED 有 5 个部分，包括驱动装置、底盘、车身、故障类型、其他影响。

在车辆中有些故障不涉及电子诊断，如部分机械部件的密封、功能异常、噪声、客户视觉方面的投诉等。选择需要查询的文件按照检查步骤的指导逐步排查，最终找到故障点。

NED 可以查询到的关于车辆驱动装置和底盘方面的维修检查信息，如图 3–6–1 所示。

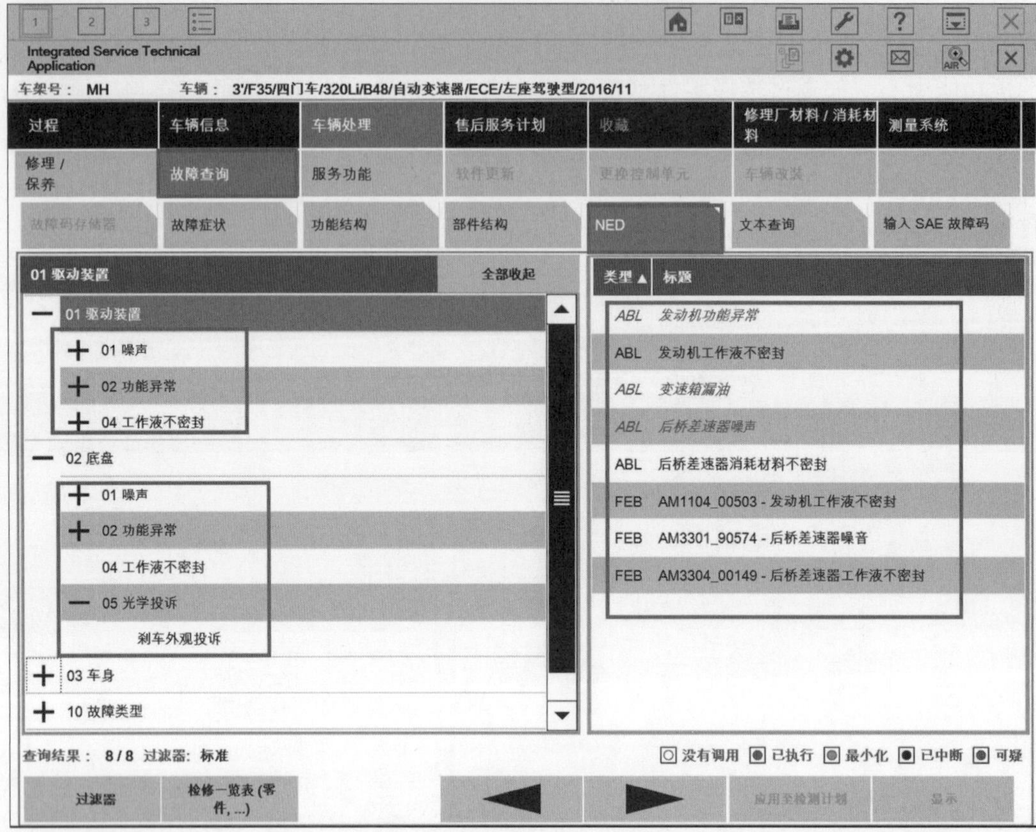

图3–6–1

NED 可以查询到的关于车辆车身和故障类型方面的维修检查信息，如图 3–6–2 所示。

图3–6–2

NED 可以查询到的关于车辆其他影响方面的维修检查信息，如图 3–6–3 所示。

图3–6–3

第七节　文本查询

进行文本查询的前提条件是首先要进行车辆身份的识别，在查询栏里面输入需要查询对象的关键字即可进行相关信息的查询，如图 3–7–1 所示。前面已经涉及文本查询的举例说明，这里不再赘述。

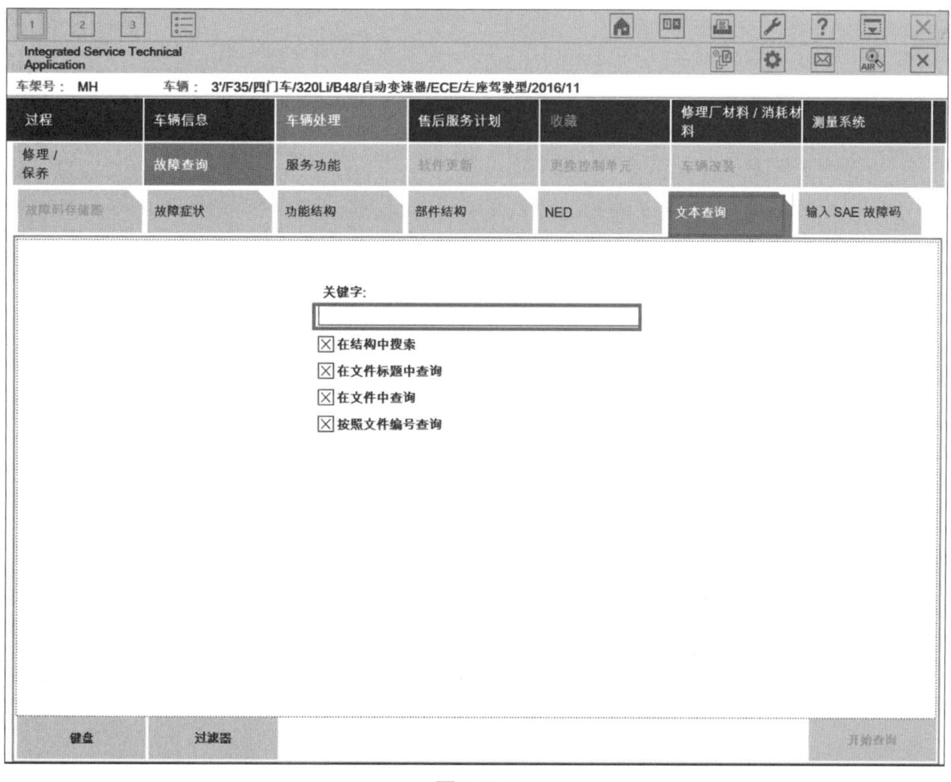

图3–7–1

第八节　输入 SAE 故障码

一、手工输入

在选项卡“输入故障码”中输入以手工输入故障码或 P 代码。然后确定键盘回车键即可查询故障码的文本说明，如图 3–8–1 所示。

图3–8–1

二、查询故障码的详细信息

选择确定一个故障码，在下列菜单选择显示故障码，可以显示出故障码的详细信息，包括故障码说明、故障码的细节、故障系统环境，如图 3–8–2 所示。

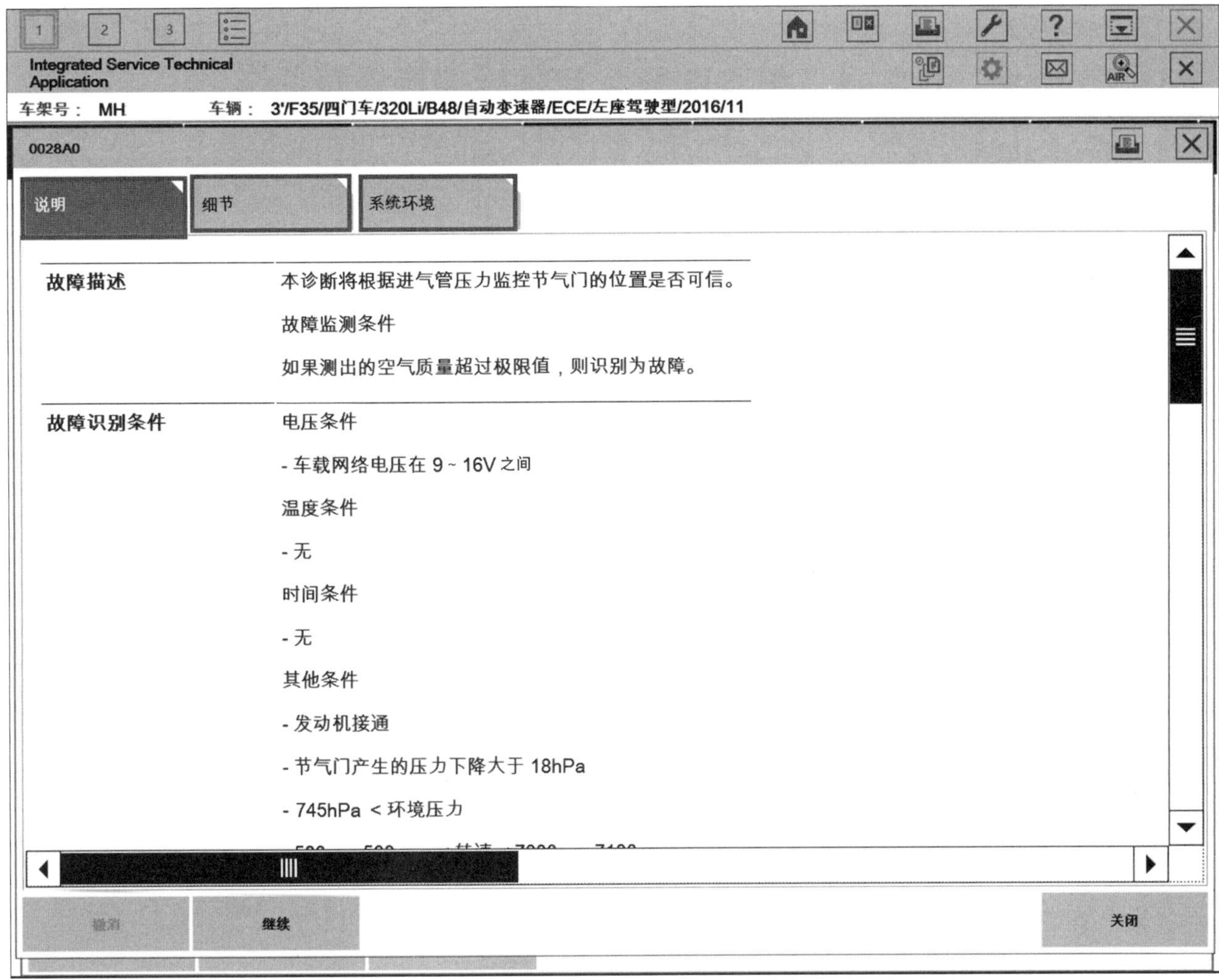

图3-8-2

（1）故障码的说明文件如表 3-8-1 所示。

表3-8-1

故障描述	本诊断将根据进气管压力监控节气门的位置是否可信 故障监测条件 如果测出的空气质量超过极限值，则识别为故障
故障识别条件	电压条件：车载网络电压在 9~16V 之间 温度条件：无 时间条件：无 其他条件：发动机接通； 节气门产生的压力下降大于 ××× 745 hPa < 环境压力 ××× < 转速 < ××× ×××< 转速动态性（转速窗口） ××× < 负载动力（负载范围） 总线端状态：无
故障码存储记录条件	立刻记录故障

续表

保养措施	检查进气系统和曲轴箱的密封性 检查节气门（污物、油积炭、结冰） 检查 DME 和进气压力传感器之间的电线束 检查电动节气门调节器和 DME 之间的电线束 更新进气压力传感器 更新节气门
用于故障后果的提示	无
驾驶员信息	排放警示灯
服务提示	无

（2）故障码的细节，如图 3-8-3 所示。由于故障码是假设的，本车并没实际发生，因此，故障码细节中没有具体的数据。

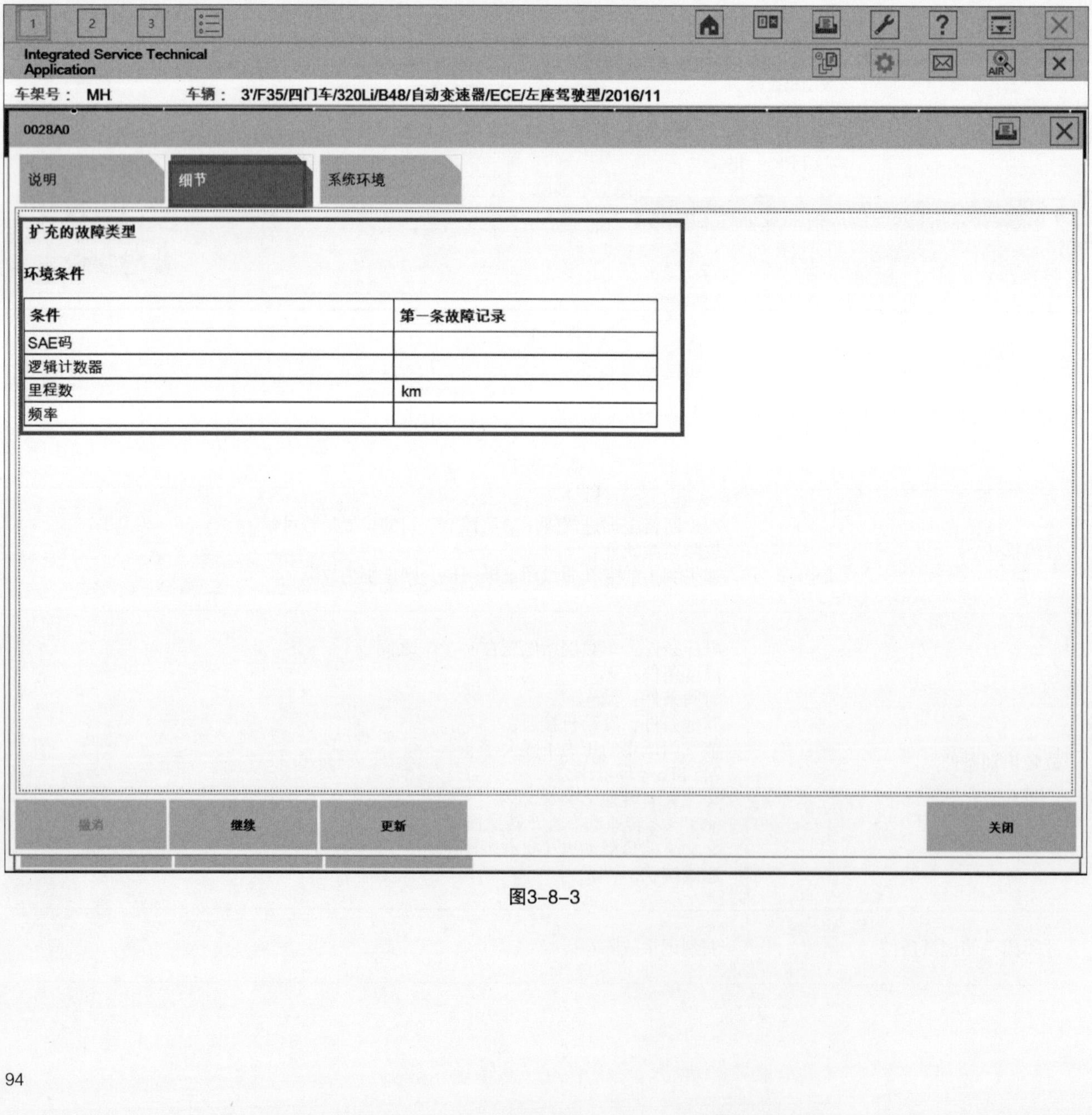

Integrated Service Technical Application

车架号： MH　　车辆： 3'/F35/四门车/320Li/B48/自动变速器/ECE/左座驾驶型/2016/11

0028A0

说明　细节　系统环境

扩充的故障类型

环境条件

条件	第一条故障记录
SAE码	
逻辑计数器	
里程数	km
频率	

撤消　继续　更新　关闭

图3-8-3

（3）故障码细节环境，如图 3–8–4 所示。由于故障码是假设的，本车并没实际发生，因此，故障码细节中没有具体的数据。

图3–8–4

第四章　ISTA 系统服务功能

与以前相比，ISTA 中加入了更多的服务功能选项，可选择的系统包括：

驱动装置；

底盘；

车身；

保养和移交检查；

车辆信息。

执行服务功能在对车辆进行维修的过程中具有极其重要的意义，其作用体现在以下几个方面：

（1）对系统或元件进行初始化设置；

（2）执行各种匹配；

（3）记录系统的配置信息；

（4）执行车辆诊断分析；

（5）为车辆维修而执行某些操作；

（6）部件试运行；

（7）复位、删除调校值；

（8）执行 CBS 复位；

（9）示教、检查或调整车辆功能。

第一节　对系统或元件进行初始化设置

车窗升降机初始化设置。

活动天窗初始化设置。

ZGM：初始化设置 FlexRay。

晴雨传感器初始化。

后行李箱盖自动操作装置初始化设置。如：在给脚步空间模块（FRM）进行设码 / 编程后，必须重新对前部车窗升降机进行初始化设置，在接线盒电子装置（JBE）设码 / 编程后，必须对后车窗升降机进行初始化设置，在进行车窗升降机的初始化设置过程中，控制单元学习两个参数：

上部极限位置（车窗升降机标准化设置）；

打开和关闭的电流特性曲线（特性曲线学习）。

通常情况下，车窗升降机的初始化设置可以通过各个车门上的操作开关或通过驾驶员侧车门上的车窗升降机开关组进行。

删除初始化设置。删除初始化设置并接着重新进行初始化设置，可以排除车窗升降机自动运行 (开窗付费运行) 中偶尔出现的错误关闭。

将相应车门的车窗完全打开，将操作开关完全按到底（自动运行开关位置）超过 15s 并保持按住少于 20s。当自动运行不能再用于车窗关闭功能时，说明已成功删除初始化设置。执行初始化设置，重新初始化设置可按如下方式进行手动进行：

通过拉动开关完全关闭车窗，从而达到上部极限位置；

在这个过程中，要一直拉紧开关；

在达到上极限位置后，车窗升降机初始化设置便完成了；

当车窗能够在自动运行中无故障打开和关闭，说明初始化设置已成功。

接下来以实例说明各种初始化的操作过程。

例1：对活动天窗初始化。

活动天窗或全景车顶可以两种方式初始化：

通过车辆内开关；

通过服务功能“标准化活动天窗”或“初始化设置活动天窗”。

前提条件：应注意以下各点，以令标准化顺利进行：

车外温度介于 5 ~ 40 ℃ 之间；

识别传感器在车厢内部；

车前盖、后行李箱盖和车门已关闭；

存在足够的蓄电池电压，如有必要，连接充电器（美规车辆：发动机运转）；

总线端 KL.“R”或总线端 KL.“15”已接通。

在标准化过程中，防夹功能未激活。因此，开始标准化前必须注意，活动天窗区域内没有人员逗留或外厂产品存在。

通过开关标准化，通过开关标准化按如下方式进行：

朝“升高”方向操纵开关并在整个过程中按住；

达到升高极限位置后继续按住开关。20~30s 后开始标准化；

活动饰板打开（全景车顶）。活动天窗升高、降下，接着打开、关闭。活动饰板（全景车顶）关闭；

当活动天窗和活动饰板（全景车顶）完全关闭时，标准化结束。

用服务功能标准化在开始标准化后，活动天窗 / 全景车顶将自动运行到所有位置：

打开活动饰板（全景车顶）；

升起和降下活动天窗；

打开和关闭活动天窗 ；

关闭活动饰板（全景车顶）。

通过 ISTA 服务功能对活动天窗进行初始化。

在 ISTA 服务功能菜单下选择“ABL 活动天窗进行初始化设置”，并按照 ABL 过程提示逐步执行活动天窗初始化过程，如图 4–1–1~ 图 4–1–4 所示。

选择“ABL 活动天窗进行初始化设置”文件，如图 4–1–1 所示。

执行活动天窗初始化过程，如图 4–1–2 所示。

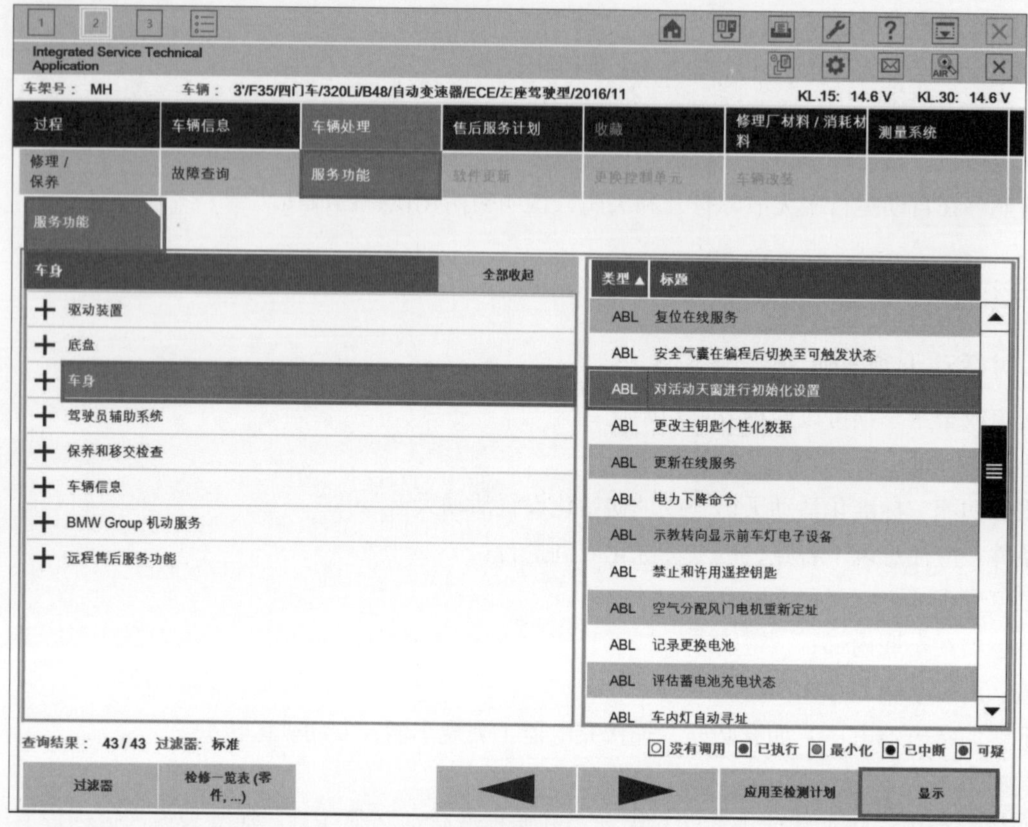

图4–1–1

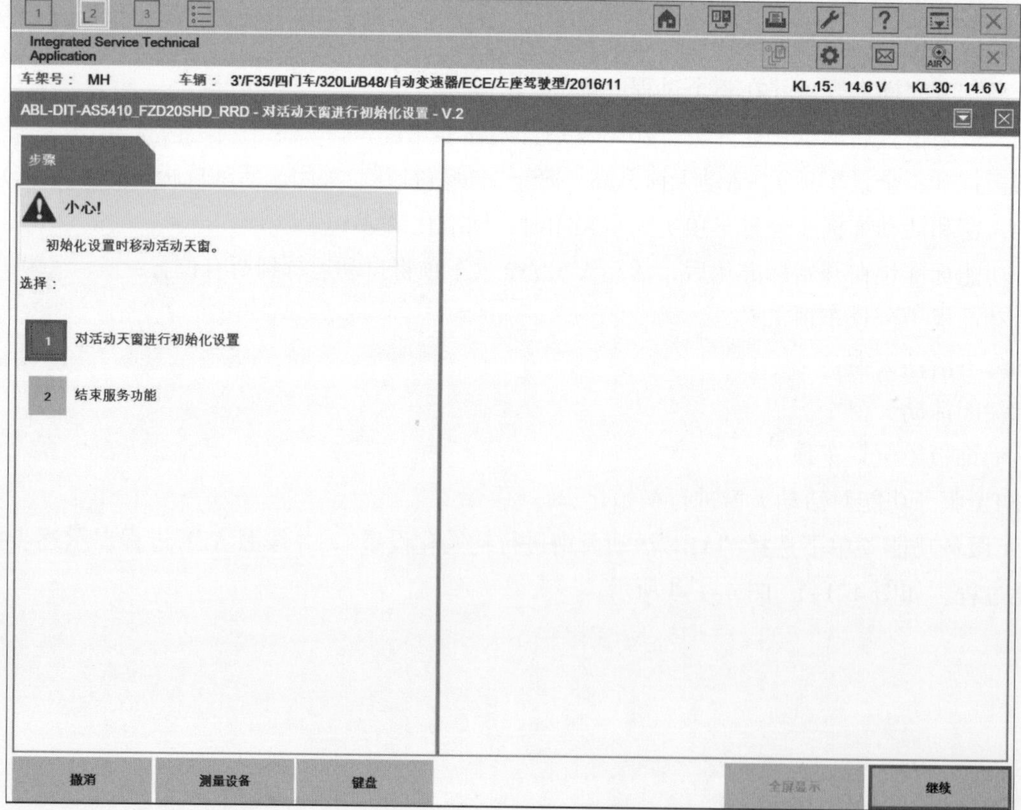

图4–1–2

初始化过程启动及过提示，如图 4–1–3 所示。

活动天窗初始化完成提示，如图 4–1–4 所示。

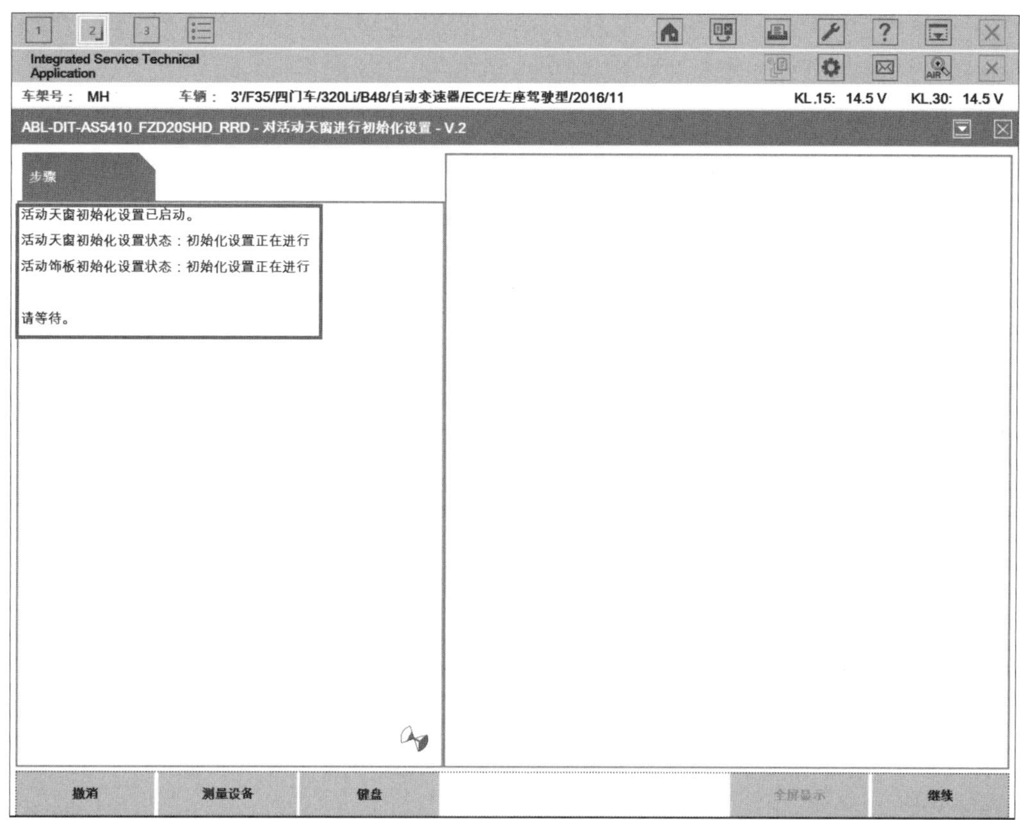

图4–1–3

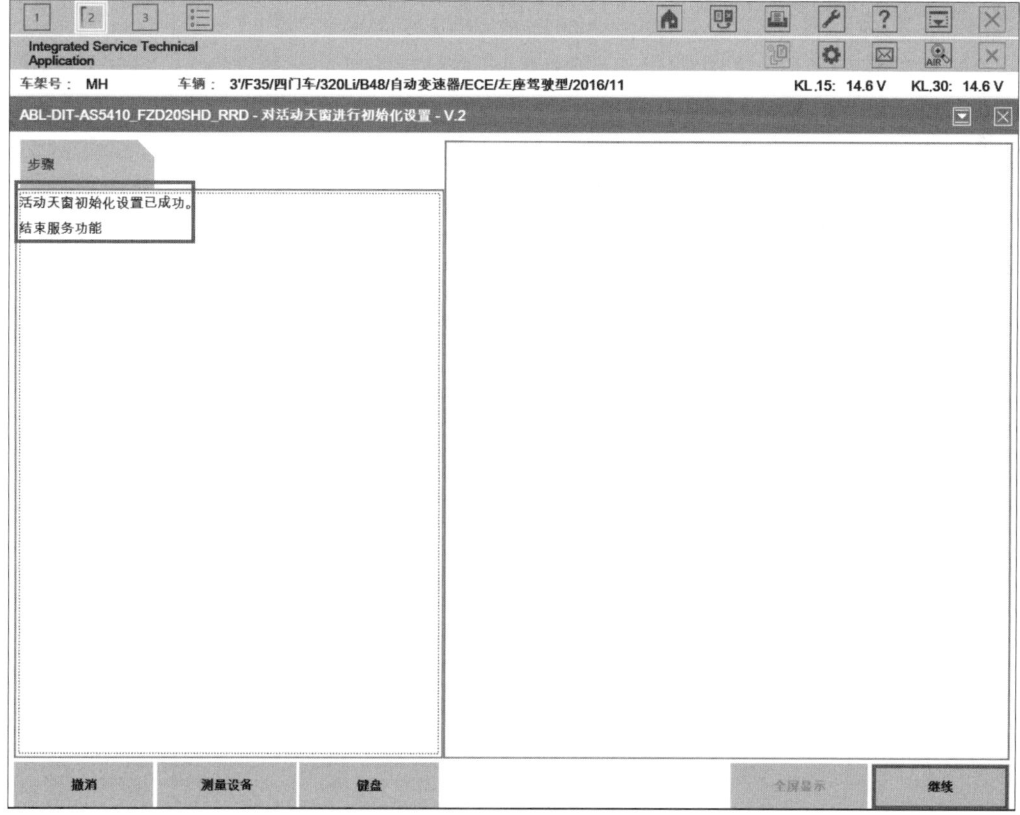

图4–1–4

例2：对车窗进行初始化设置（驾驶员侧车门）。

车窗升降机初始化设置。在前部车身电子模块 (FEM) 设码或编程后，必须重新初始化前部车窗升降机。在车尾电子模块 (REM) 设码或编程后，必须重新初始化后部车窗升降机。

车窗升降机初始化设置。在初始化车窗升降机时，控制单元将学习 2 个参数：

上部极限位置 (车窗升降机标准化设置)；

开启和关闭时的电流消耗 (学习特性线)。

前提条件。为了能够无故障地进行初始化设置，必须满足下列前提条件：

车辆停止；

具有足够的蓄电池电压，必要时连接充电器；

总线端 KL. 15 接通；

所有车门都已关闭。

初始化设置可通过各车门中的操作开关或通过驾驶员侧车门开关组进行。

删除初始化设置。通过删除初始化设置和随后重新初始化设置，可排除自动运行中偶尔出现的错误关闭。

执行。将相应车门的车窗完全打开，将操作开关完全按到底（自动运行开关位置）超过 15 s 并保持按住少于 20 s。

当自动运行不能再用于车窗关闭功能时，说明已成功删除了初始化设置。

执行初始化设置。重新初始化设置可按如下方式进行：

通过拉动开关完全关闭车窗，从而达到上部极限位置；

该过程期间必须一直拉住开关；

达到上部极限位置时，即完成了电动车窗升降机的初始化设置。

如果自动运行中的车窗可无故障地开启和关闭，则说明初始化设置成功。

通过 ISTA 服务功能对车窗进行初始化。在 ISTA 服务功能菜单下选择“ABL 车窗升降机进行初始化设置”文件，并按照 ABL 过程提示逐步执行车窗升降机初始化过程，如图 4–1–5~ 图 4–1–11 所示。

选择“ABL 车窗升降机设置”文件，如图 4–1–5 所示。

图4–1–5

车窗初始化过程：初始化设置状态提示，如图 4–1–6 所示。

初始化车窗选择，如图 4–1–7 所示。

图4–1–6

图4–1–7

确认驾驶员侧车门初始化设置开始，如图 4-1-8 所示。

驾驶员侧面初始化设置过程，如图 4-1-9 所示。

图4-1-8

图4-1-9

条件不满足（车门没有关闭），驾驶员侧车门初始化设置失败，如图 4–1–10 所示。

条件满足，驾驶员侧车门初始化设置完成，如图 4–1–11 所示。

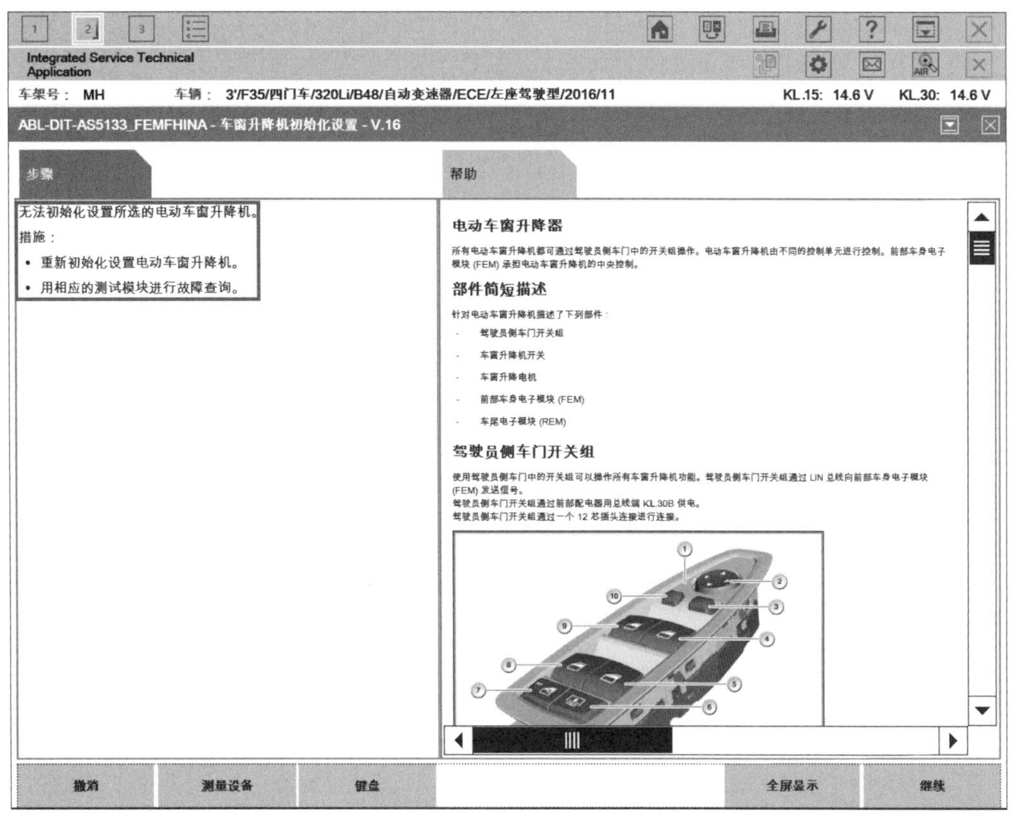

图4–1–10

图4–1–11

例3：ZGM：初始化设置FlexRay。

在 ISTA 服务功能菜单下选择“ABL ZGM：初始化设置 FlexRay”文件，并按照 ABL 过程提示逐步执行 FlexRay 初始化设置过程，如图 4-1-12~ 图 4-1-15 所示。

选择“ABL ZGM：初始化设置 FlexRay”文件，如图 4-1-12 所示。

FlexRay 初始化设置执行的条件，如图 4-1-13 所示。

图4-1-12

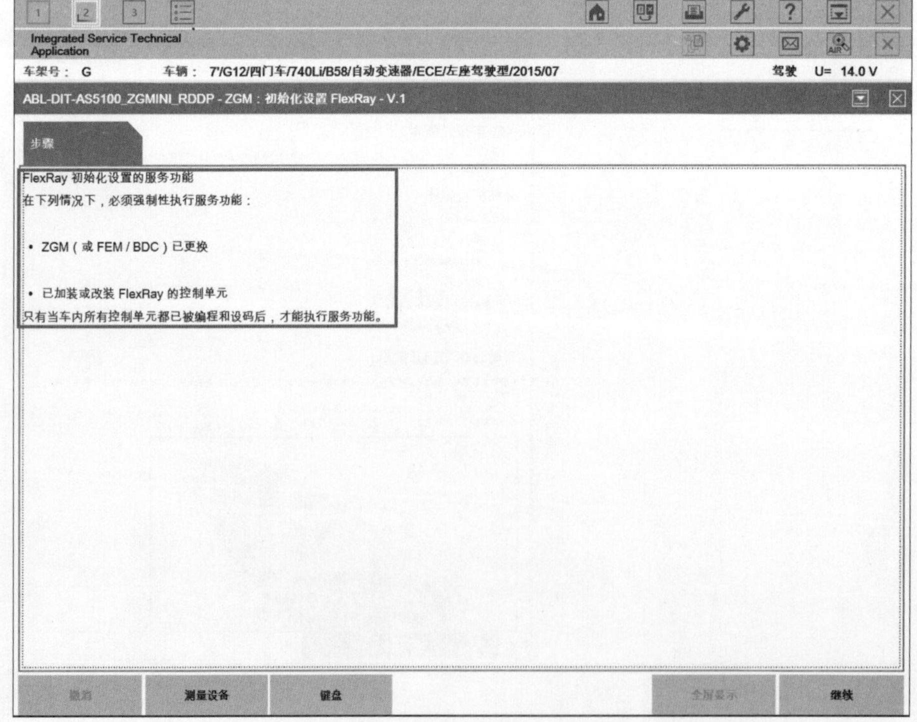

图4-1-13

FlexRay 初始化设置说明，如图 4-1-14 所示。

FlexRay 初始化设置完成提示，如图 4-1-15 所示。

图4-1-14

图4-1-15

例4：晴雨传感器初始化。

在 ISTA 服务功能菜单下选择“ABL 晴雨传感器初始化”文件，并按照 ABL 过程提示逐步执行晴雨传感器初始化过程，如图 4-1-16~ 图 4-1-20 所示。

选择“ABL 晴雨传感器设置”文件，如图 4-1-16 所示。

晴雨传感器初始化设置的作用，如图 4-1-17 所示。

图4-1-16

图4-1-17

晴雨传感器初始化的前提条件，如图 4–1–18 所示。

晴雨传感器初始化设置启动，如图 4–1–19 所示。

图4–1–18

图4–1–19

晴雨传感器完成及诊断代码提示，如图 4–1–20 所示。

图4–1–20

例5：后行李箱盖自动操作装置初始化设置。

在 ISTA 服务功能菜单下选择“ABL 后行李箱盖自动操作装置初始化设置”文件，并按照 ABL 过程提示逐步执行后行李箱盖自动操作装置初始化设置过程，如图 4–1–21~ 图 4–1–27 所示。

选择“ABL 后行李箱盖自动操作装置初始化设置”文件，如图 4–1–21 所示。

图4–1–21

后行李箱盖自动举升装置初始化重要信息提示，如图 4–1–22 所示。

后行李箱盖自动举升装置初始化的条件，如图 4–1–23 所示。

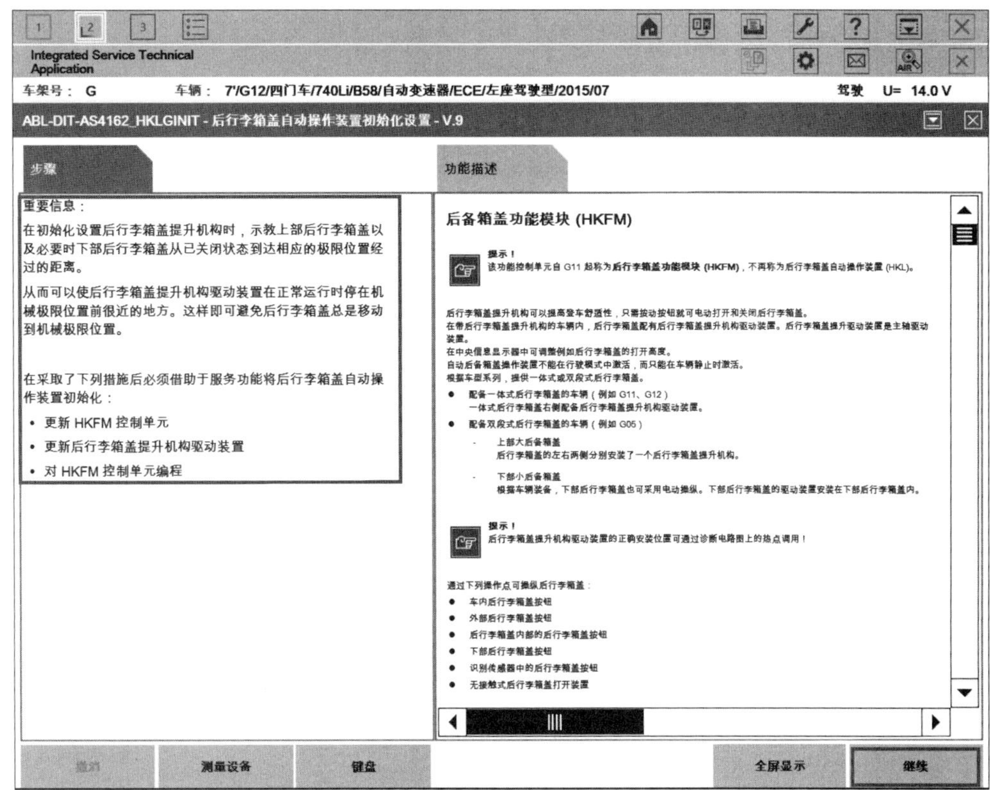

图4–1–22

图4–1–23

后行李箱盖自动举升装置初始化失败后，控制单元 HKM 复位后重新执行过程，如图 4-1-24 所示。根据服务功能提示开启和关闭后行李箱盖自动举升装置，如图 4-1-25 所示。

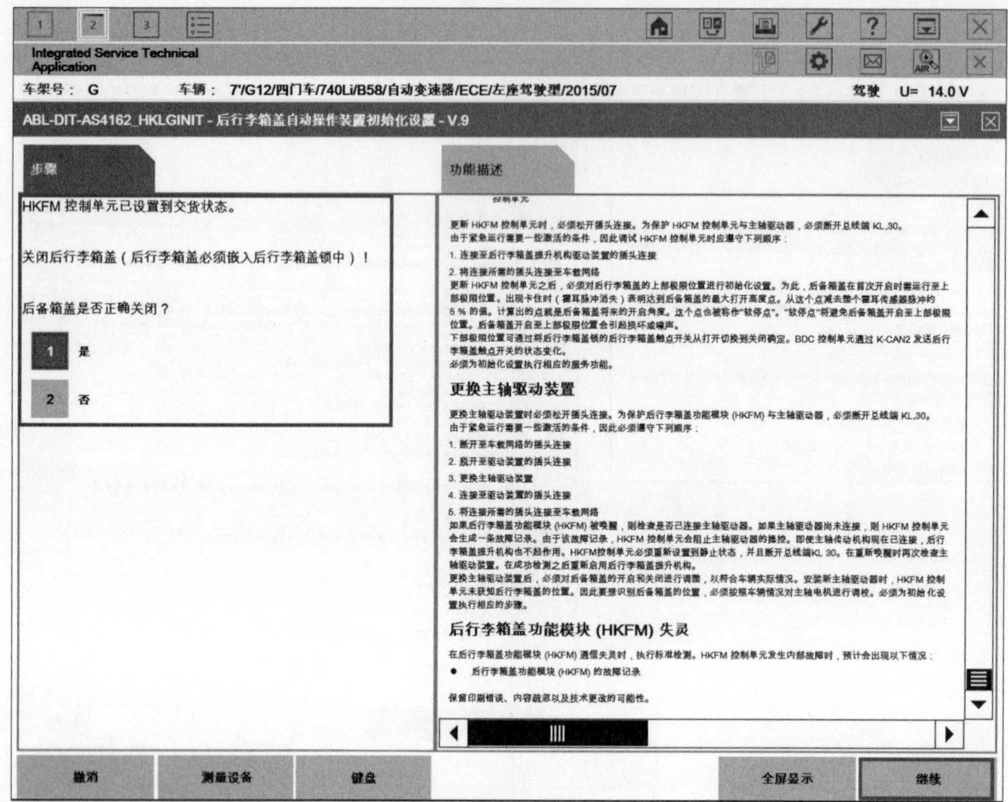

图4-1-24

图4-1-25

后行李箱盖自动举升装置初始化设置过程，如图 4-1-26 所示。

后行李箱盖自动举升装置初始化设置完成和诊断代码提示，如图 4-1-27 所示。

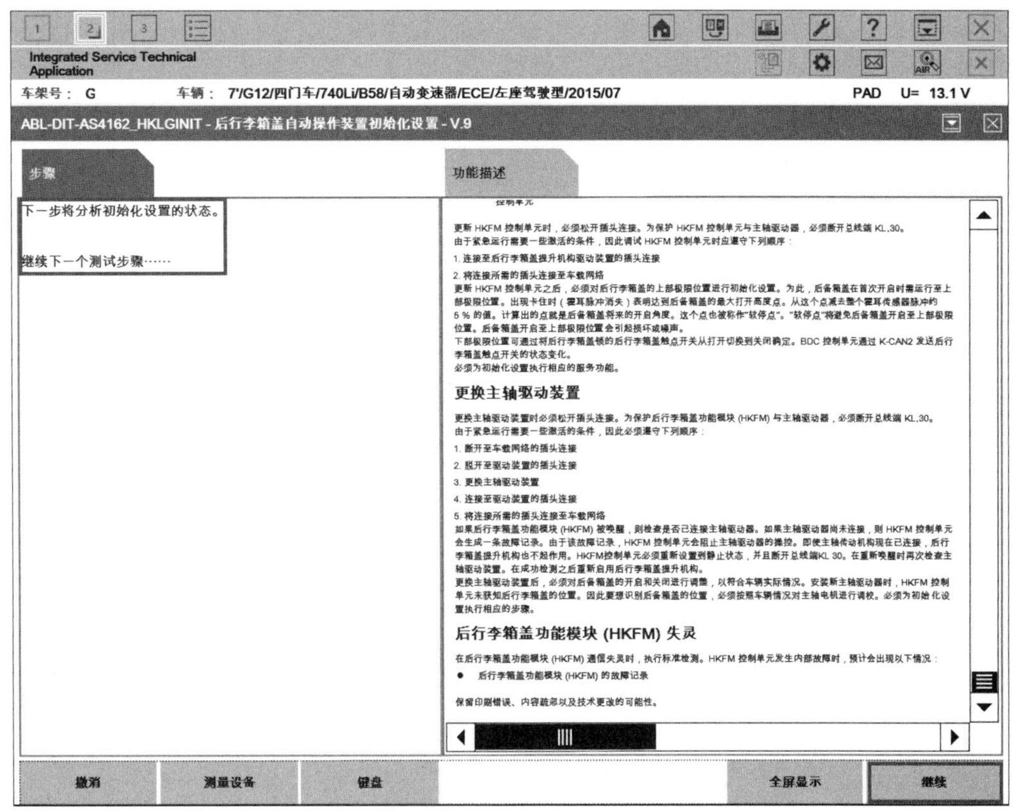

图4-1-26

图4-1-27

第二节　执行各种匹配

怠速匹配；

燃油表匹配；

高度匹配；

转向角传感器匹配。

接下来以实例说明各种匹配的操作过程。

例1：怠速匹配。

怠速匹配。

由 DME 规定怠速转速；

在特定的运行状态中（例如暖机过程），DME 可提升怠速转速；

采用该服务功能，可持续提升特定运行状态的怠速转速；

DME 可暂时改变通过服务功能基于运行状态（车辆蓄电池的低充电状态）编程的怠速转速。

设置区。怠速转速仅可在特定限值内调整。限值取决于发动机类型与 DME 的软件版本。调整的输入应约至十位。例如：调整值不可为 755r/min，应换而输入 750 r/min 或 760 r/min。

可调整的运行状态：

运行状态的基本状态不会因附加用电器、暖机过程等状态或故障记录而受到影响；

行驶挡打开；

冷暖空调打开；

冷暖空调和行驶挡打开；

车辆蓄电池的低充电状态。

提示：如果需要统一的怠速转速，则应针对所有状态编程同样的怠速转速。

在 ISTA 服务功能菜单下选择“ABL 怠速转速匹配”文件，并按照 ABL 过程提示逐步执行怠速转速匹配过程，如图 4–2–1~ 图 4–2–8 所示。

选择“ABL 怠速转速匹配”文件，如图 4–2–1 所示。

怠速调整的几种状态，如图 4–2–2 所示。

怠速调整的条件，如图 4–2–3 所示。

选择怠速调整的对象，如图 4–2–4 所示。

Integrated Service Technical Application
车架号： MH
车辆： 3'/F35/四门车/320Li/B48/自动变速器/ECE/左座驾驶型/2016/11
KL.15: 12.4 V
KL.30: 12.5 V
过程
车辆信息
车辆处理
售后服务计划
收藏
修理厂材料 / 消耗材料
测量系统
修理 / 保养
故障查询
服务功能
软件更新
更换控制单元
车辆改装
服务功能
电机
驱动装置
全部收起
驱动装置
底盘
车身
驾驶员辅助系统
保养和移交检查
车辆信息
BMW Group 机动服务
远程售后服务功能
类型
标题
ABL 发动机机油量
ABL 变速器控制系统：复位自适应功能
ABL 变速器控制系统：显示和复位调校值
ABL 变速器控制系统：机油匹配
ABL 变速器控制系统：静态自适应
ABL 喷油嘴油量匹配
ABL 复位调校值
ABL 复位启动机锁止
ABL 废气门调节器：示教极限位置/调整废气阀门杆
ABL 怠速转速匹配
ABL 打开和关闭散热器百叶窗
ABL 检查信号齿轮匹配
查询结果： 43 / 43 过滤器: 标准
没有调用
已执行
最小化
已中断
可疑
过滤器
检修一览表 (零件, ...)
应用至检测计划
显示

图4–2–1

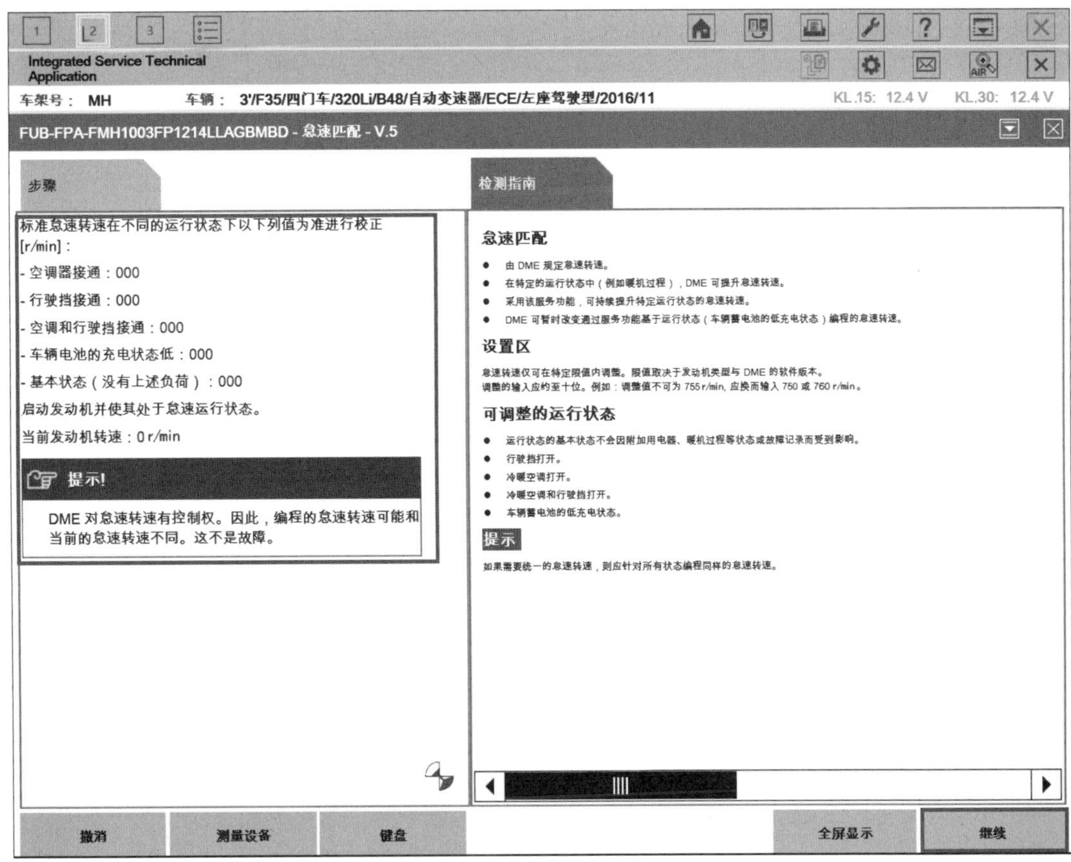
Integrated Service Technical Application
车架号： MH
车辆： 3'/F35/四门车/320Li/B48/自动变速器/ECE/左座驾驶型/2016/11
KL.15: 12.4 V
KL.30: 12.4 V
FUB-FPA-FMH1003FP1214LLAGBMBD - 怠速匹配 - V.5
步骤
标准怠速转速在不同的运行状态下以下列值为准进行校正 [r/min]：
- 空调器接通：000
- 行驶挡接通：000
- 空调和行驶挡接通：000
- 车辆电池的充电状态低：000
- 基本状态（没有上述负荷）：000
启动发动机并使其处于怠速运行状态。
当前发动机转速：0 r/min
提示!
DME 对怠速转速有控制权。因此，编程的怠速转速可能和当前的怠速转速不同。这不是故障。
检测指南
怠速匹配
由 DME 规定怠速转速。
在特定的运行状态中（例如暖机过程），DME 可提升怠速转速。
采用该服务功能，可持续提升特定运行状态的怠速转速。
DME 可暂时改变通过服务功能基于运行状态（车辆蓄电池的低充电状态）编程的怠速转速。
设置区
怠速转速仅可在特定限值内调整。限值取决于发动机类型与 DME 的软件版本。
调整的输入应约至十位。例如：调整值不可为 755 r/min, 应换而输入 750 或 760 r/min。
可调整的运行状态
运行状态的基本状态不会因附加用电器、暖机过程等状态或故障记录而受到影响。
行驶挡打开。
冷暖空调打开。
冷暖空调和行驶挡打开。
车辆蓄电池的低充电状态。
提示
如果需要统一的怠速转速，则应针对所有状态编程同样的怠速转速。
撤消
测量设备
键盘
全屏显示
继续

图4–2–2

Integrated Service Technical Application
车架号： MH 车辆： 3'/F35/四门车/320Li/B48/自动变速器/ECE/左座驾驶型/2016/11 KL.15: 14.0 V KL.30: 14.0 V
ABL-DIT-AS1214_BX8_LLAG - 怠速转速匹配 - V.18
步骤
检测指南
是否应更改设定的值？
应该对这些值进行调整。
稍后可以对值进行存储。
不应当改变这些值。
结束服务功能
怠速转速的调节条件：
• 冷却液温度高于 80 °C
• 发动机怠速运转
• 冷却液温度传感器上无故障
怠速匹配
设置区
可调整的运行状态
提示
撤消
测量设备
键盘
全屏显示
继续

图4-2-3

Integrated Service Technical Application
车架号： MH 车辆： 3'/F35/四门车/320Li/B48/自动变速器/ECE/左座驾驶型/2016/11 KL.15: 14.1 V KL.30: 14.1 V
ABL-DIT-AS1214_BX8_LLAG - 怠速转速匹配 - V.18
步骤
检测指南
应调整哪个怠速转速提高值？[r/min]
空调器接通：000
行驶挡接通：000
空调和行驶挡打开：000
车辆电池的充电状态低：000
基本状态（没有上述负荷）：000
测试当前值
退出持久调整（编程）和服务功能。
退出服务功能，未持久调整。
怠速匹配
设置区
可调整的运行状态
提示
撤消
测量设备
键盘
全屏显示
继续

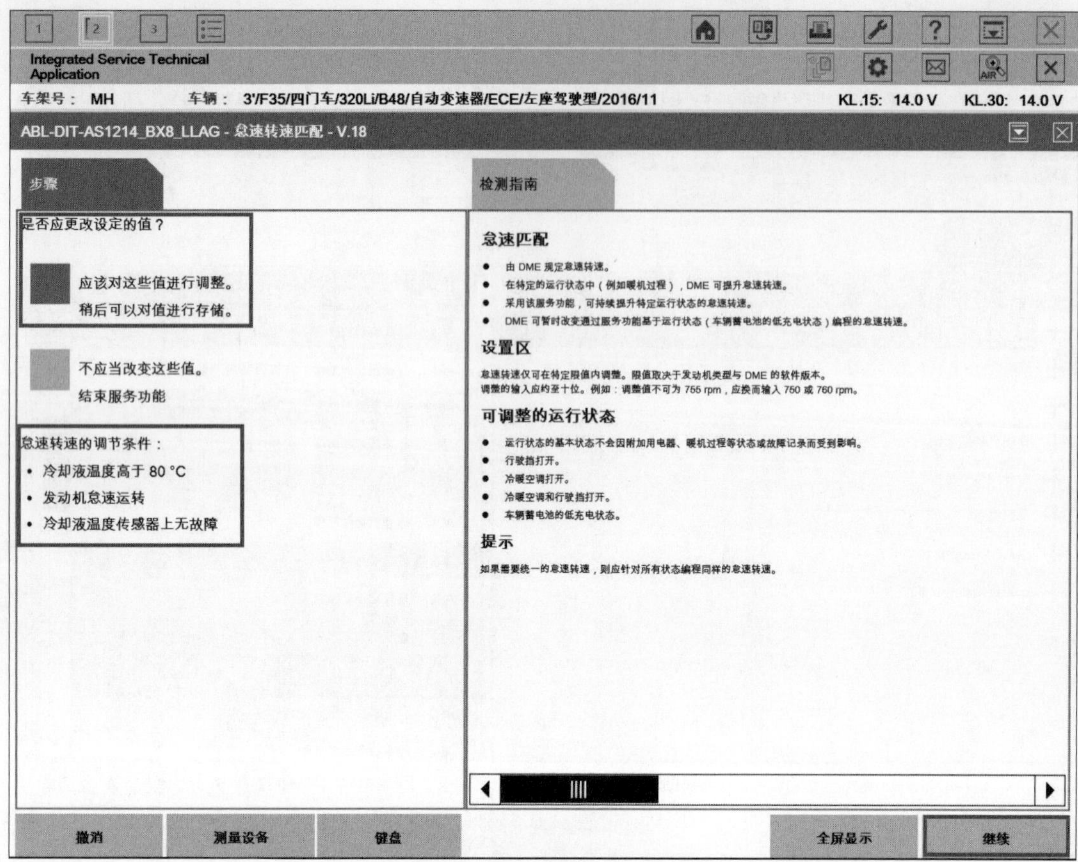

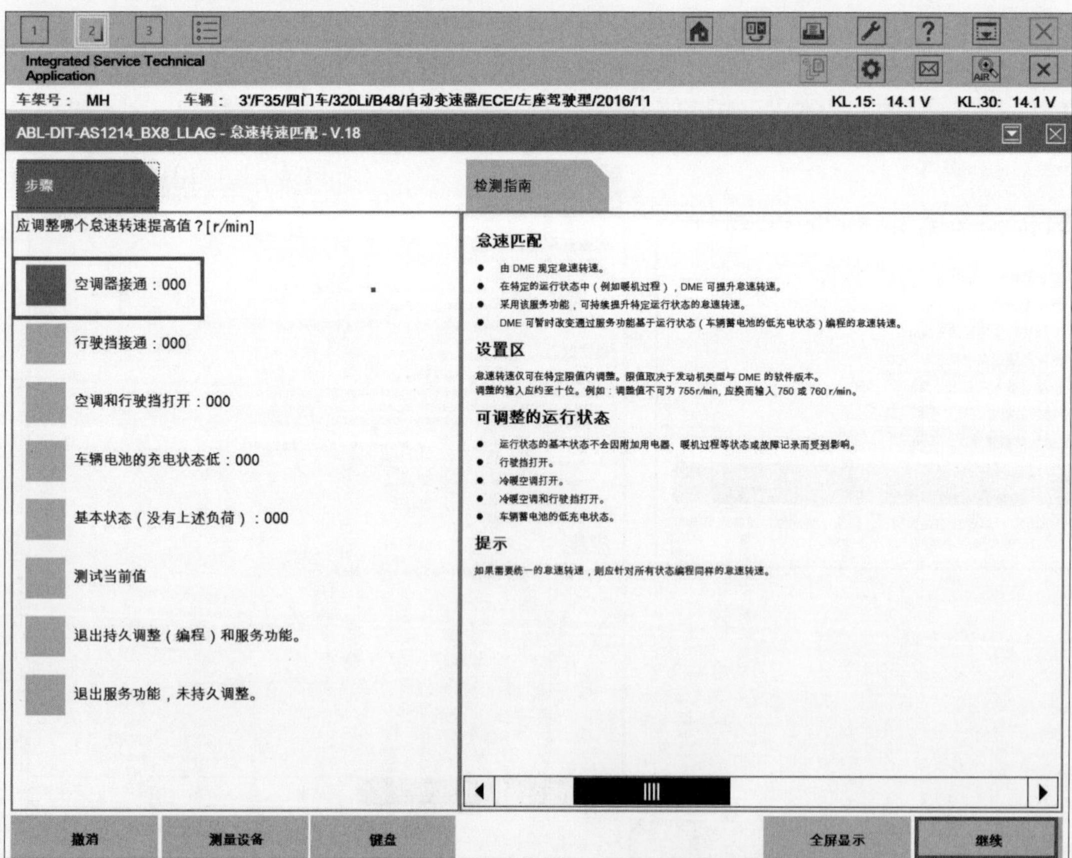

图4-2-4

输入怠速调整的范围，如图 4-2-5 所示。

确认保存怠速调整的结果，如图 4-2-6 所示。

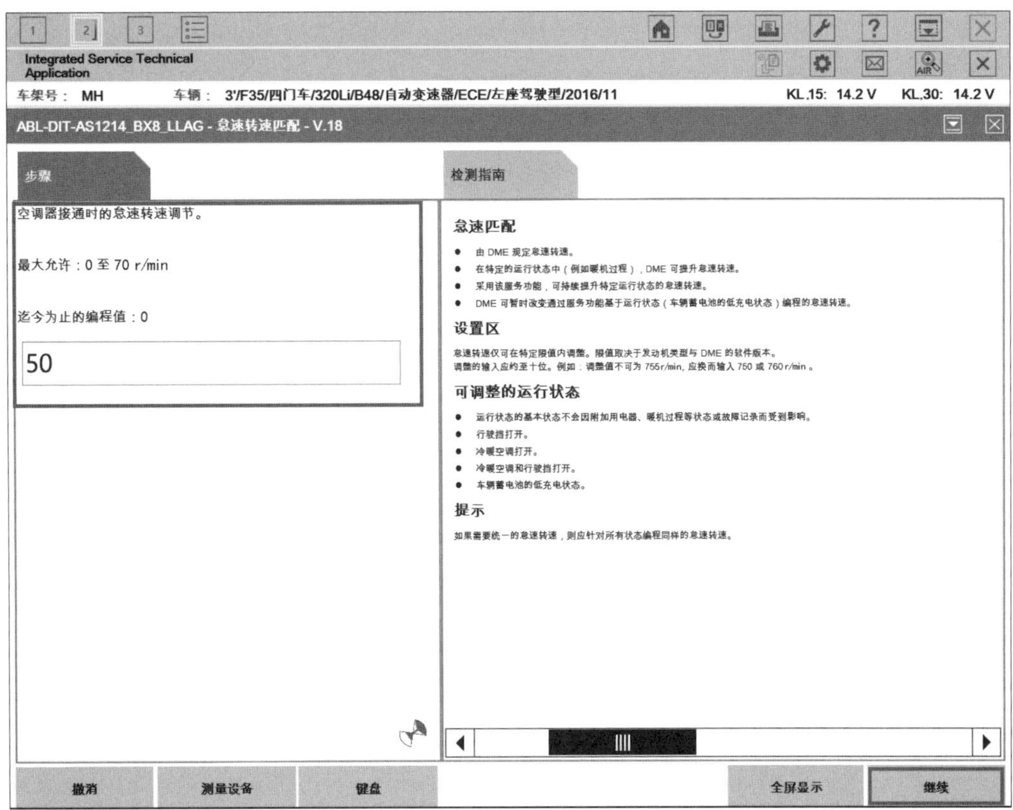

图4-2-5

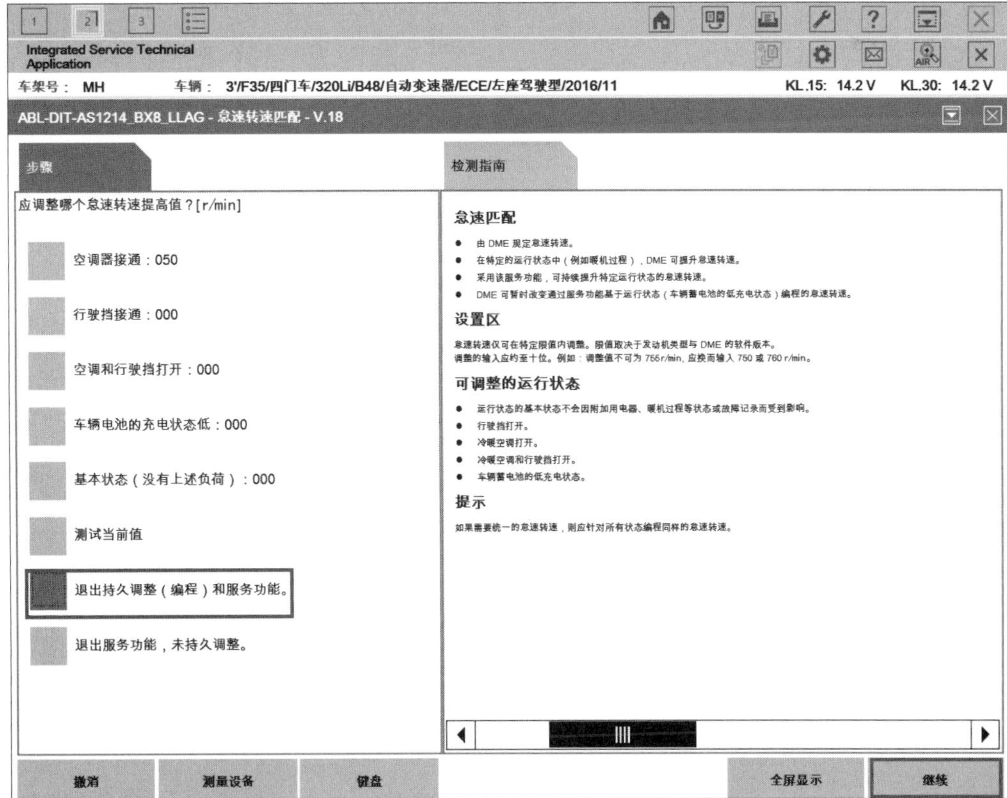

图4-2-6

根据服务功能提示保存怠速调整结果，如图 4–2–7 所示。

怠速调整完成，退出服务功能，如图 4–2–8 所示。

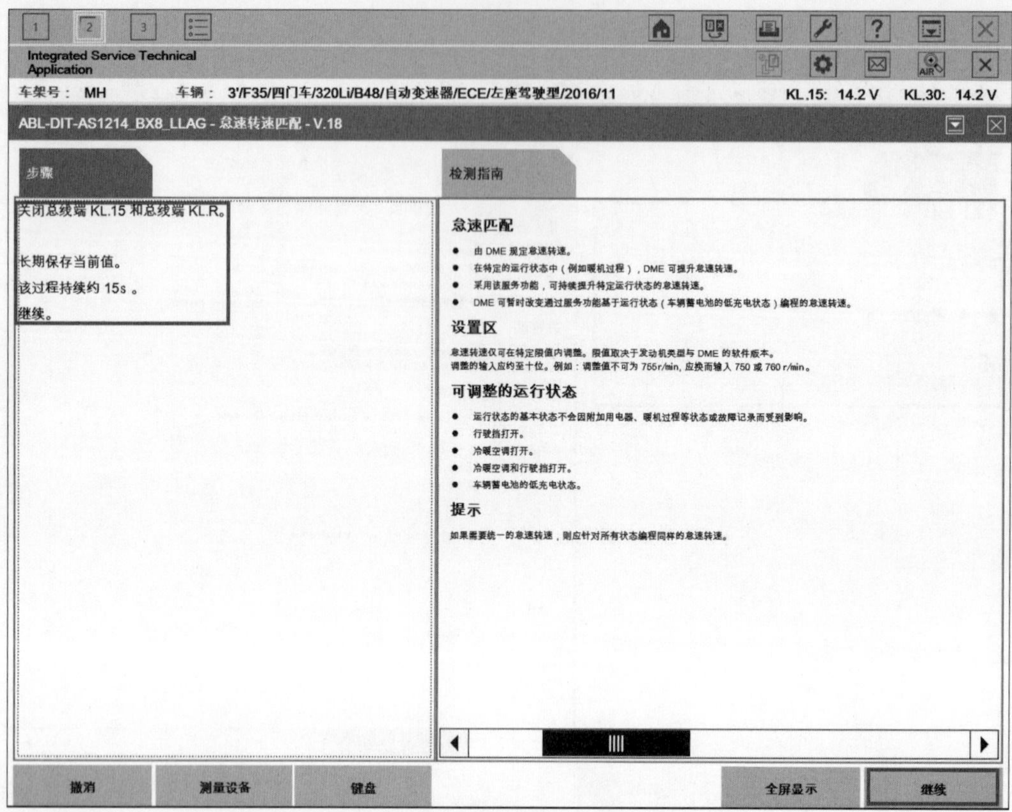

图4–2–7

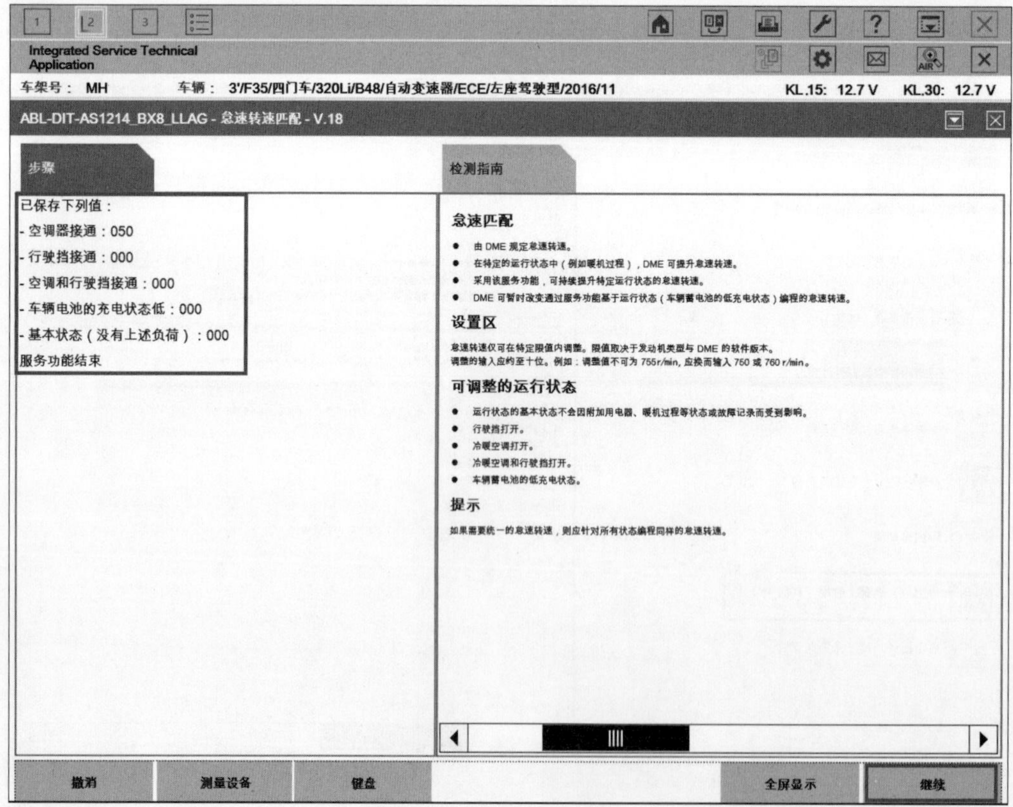

图4–2–8

例2：燃油表（油耗显示）的匹配。

DME 控制单元计算目前消耗的燃油量并将得出的数值传送至旅程电脑。在旅程电脑上显示以 L/100 km 为单位的消耗值，并显示平均油耗。

匹配功能。油耗信号从 DME 控制单元传送至旅程电脑之前被乘以一个校正系数。校正系数在工厂设置为 1.0，在一定限度内可通过“耗油量计算匹配”进行调节。由此可将车载电脑显示的耗油量做上下幅度的校正。

应用。注意：进行匹配之前一定要确定，DME 控制单元中无故障或没有对发动机运行情况的其他投诉。

如果客户确定下列数值有偏差并就此指出时，可进行匹配：

由车载电脑计算得出的耗油量；

通过加油确定的耗油量。

进行匹配时，这两个数值必须输入在相应的位置。通过匹配自动计算得出正确的校正系数并传送至 DME 控制单元。

校正系数最大可有 12 % 的增减幅度。如果新得出的校正系数不在这一限度之内，则会询问，是否将其调节至最大允许值或根本不进行调整。

耗油量的确定。为达到匹配的预期效果，需要正确地确定耗油量。推荐执行下列工作步骤：

将车辆加满油（与油箱边缘齐平）；

车载电脑：重新计算耗油量；

车辆行驶超过数百公里（如有必要，需数次加油）；

将车辆加满油（与油箱边缘齐平）；

计算实际耗油量。

注意：不同行车特点的行驶模式会影响匹配的准确度，并因此影响油耗显示。

在 ISTA 服务功能菜单下选择“ABL 油耗表匹配”文件，并按照 ABL 过程提示逐步执行油耗表匹配过程，如图 4-2-9~ 图 4-2-17 所示。

选择“ABL 油耗表匹配”文件，如图 4-2-9 所示。

图4-2-9

油耗匹配的前提条件，如图 4-2-10 所示。

计算油耗匹配值，如图 4-2-11 所示。

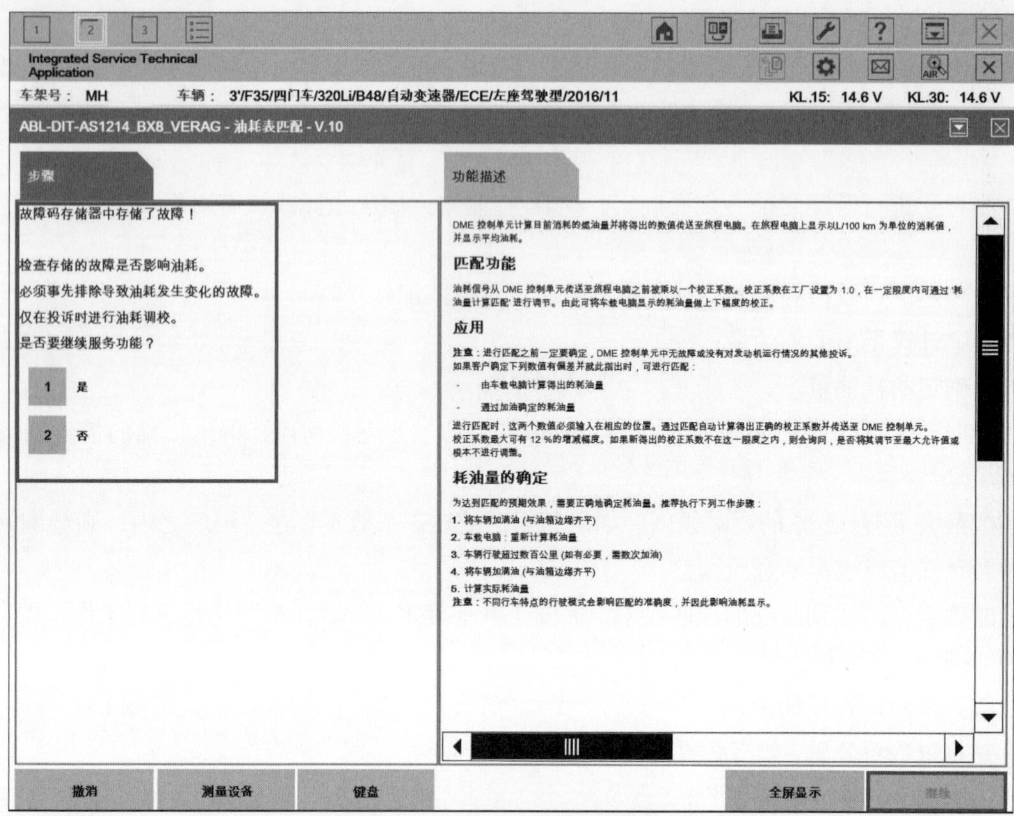

图4-2-10

图4-2-11

计算油耗的前提条件，如图 4-2-12 所示。

输入本车车载电脑计算的燃油消耗值，调取车辆车载电脑显示的燃油消耗值为 8L/100km，所以输入无效，如图 4-2-13 所示。

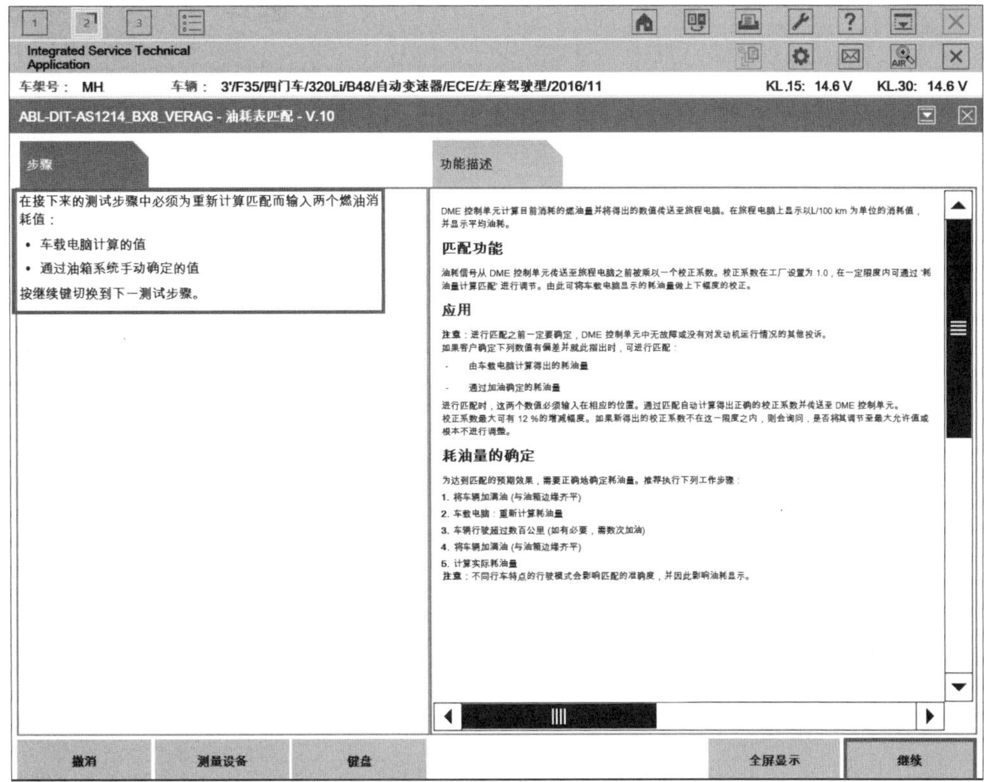

图4-2-12

图4-2-13

根据车辆车载电脑计算的燃油消耗值，重新输入 8L/100km，如图 4-2-14 所示。

选择匹配值（中性 0%），如图 4-2-15 所示。

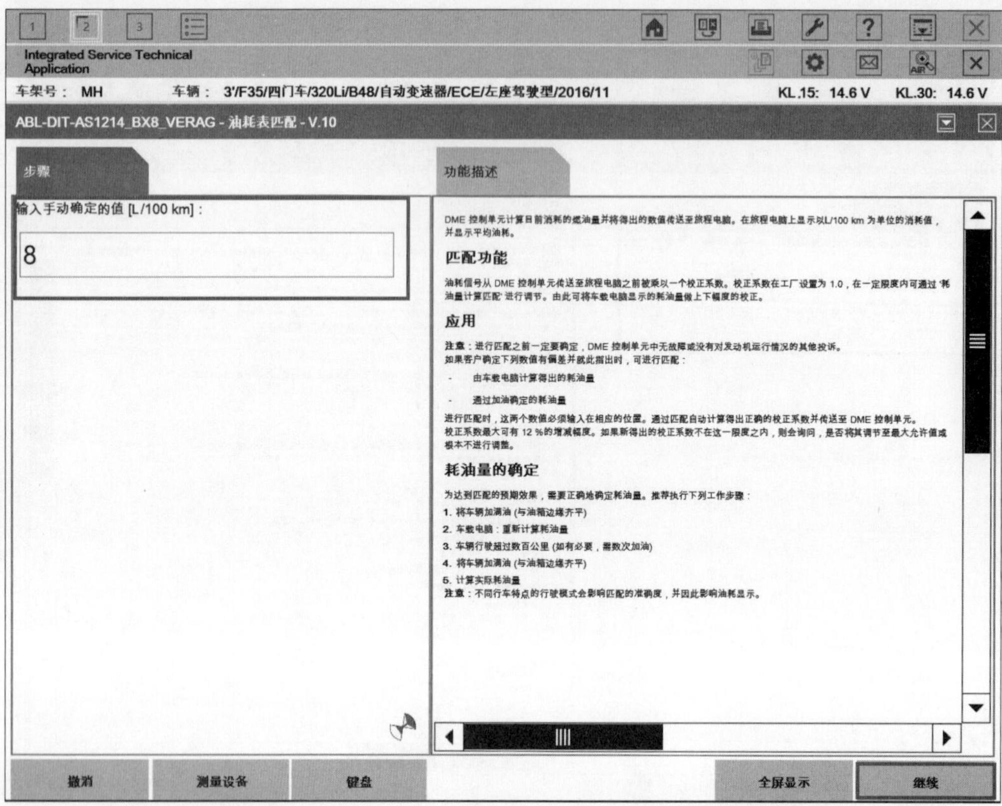

图4-2-14

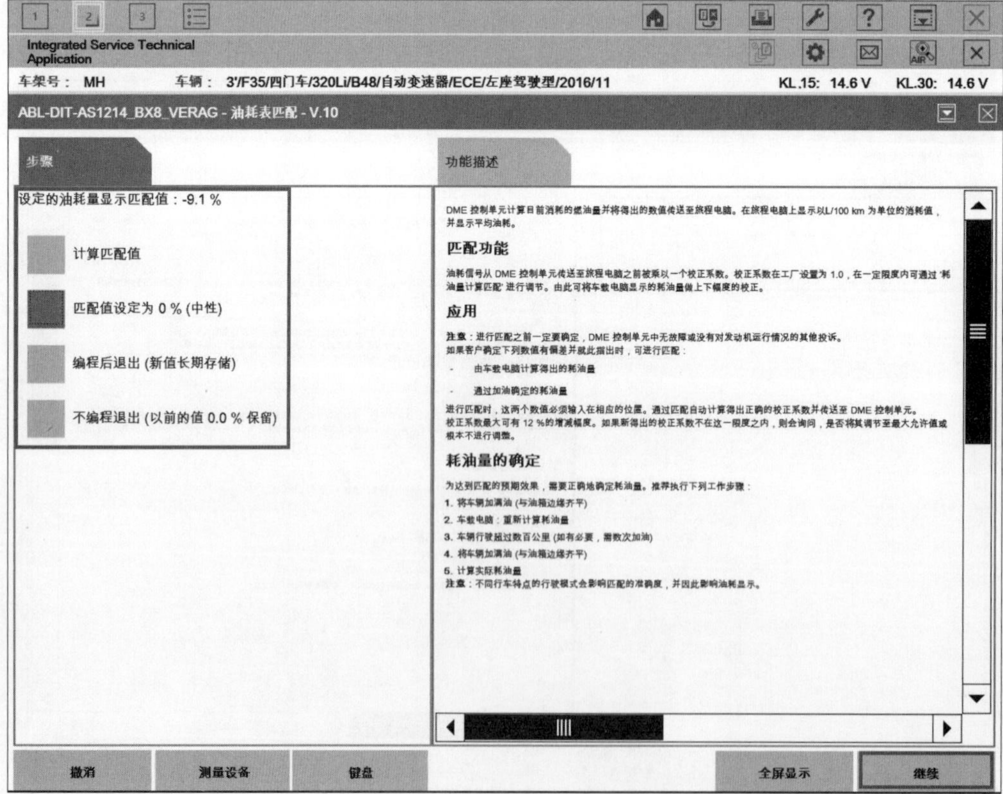

图4-2-15

存储油耗匹配的值，如图 4-2-16 所示。

新的油耗匹配值存储完成，退出服务功能，如图 4-2-17 所示。

图4-2-16

图4-2-17

例3：DSC：动态行驶传感器匹配。

在 ISTA 服务功能菜单下选择“ABL 动态行驶传感匹配”文件，并按照 ABL 过程提示逐步执行 DSC 动态行驶传感器匹配过程，如图 4–2–18~ 图 4–2–25 所示。

选择“ABL DSC: 动态行驶传感器匹配”文件，如图 4–2–18 所示。

动态行驶传感器匹配的提示，如图 4–2–19 所示。

图4–2–18

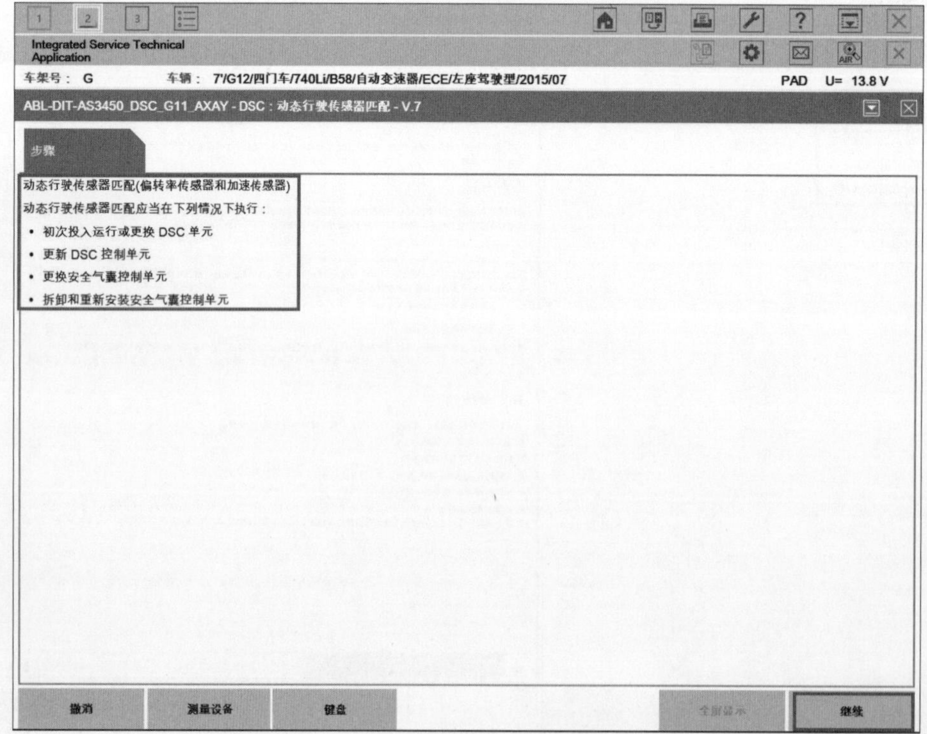

图4–2–19

动态行驶传感器按照要求，如图 4–2–20 所示。

动态行驶传感器匹配过程停放要求，如图 4–2–21 所示。

图4–2–20

图4–2–21

动态行驶传感器匹配的其他前提条件，如图 4-2-22 所示。

动态行驶传感器匹配总线端的要求，如图 4-2-23 所示。

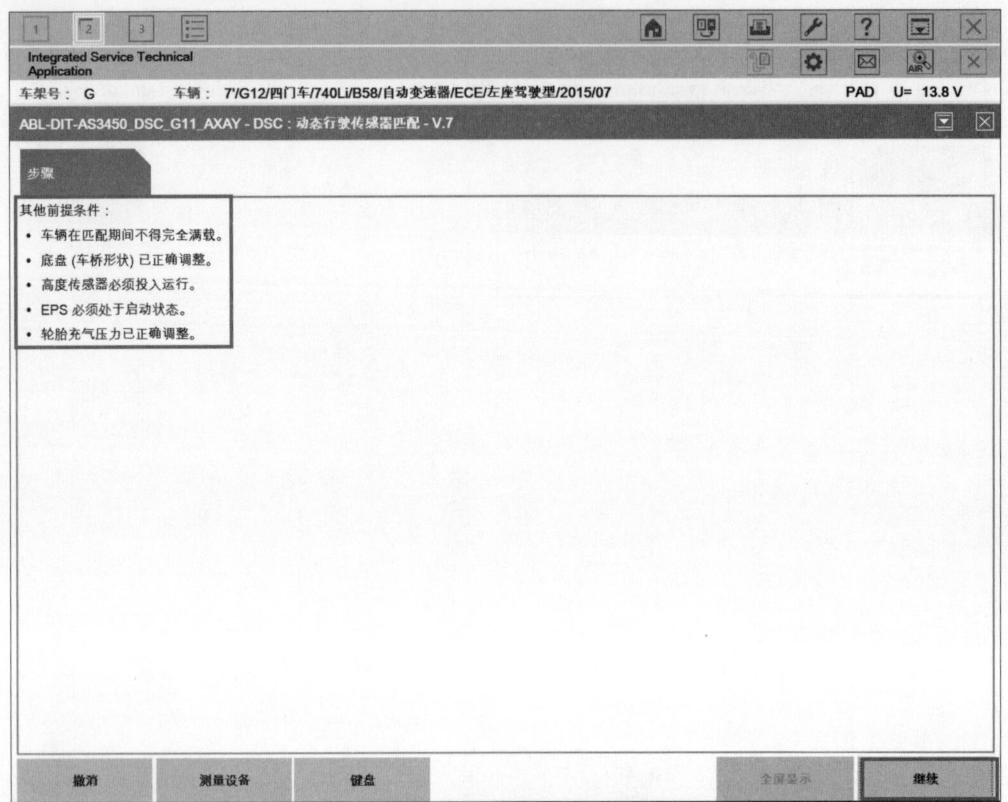

图4-2-22

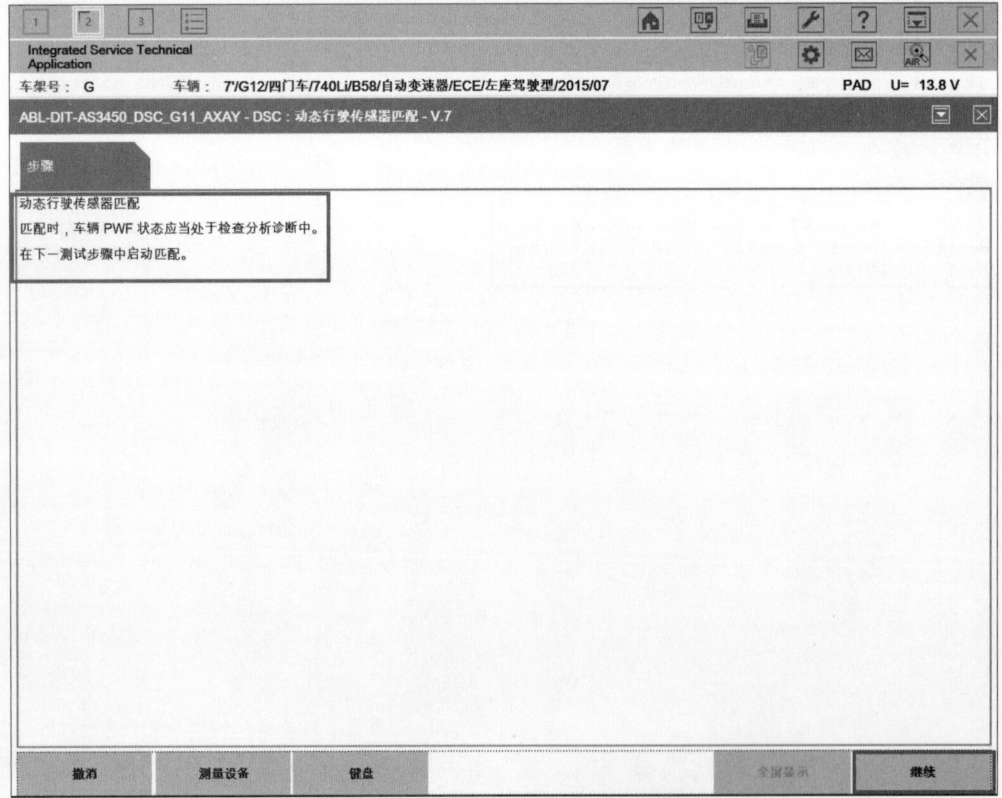

图4-2-23

动态行驶传感器匹配过程，如图 4–2–24 所示。

动态行驶传感匹配完成，退出服务功能，如图 4–2–25 所示。

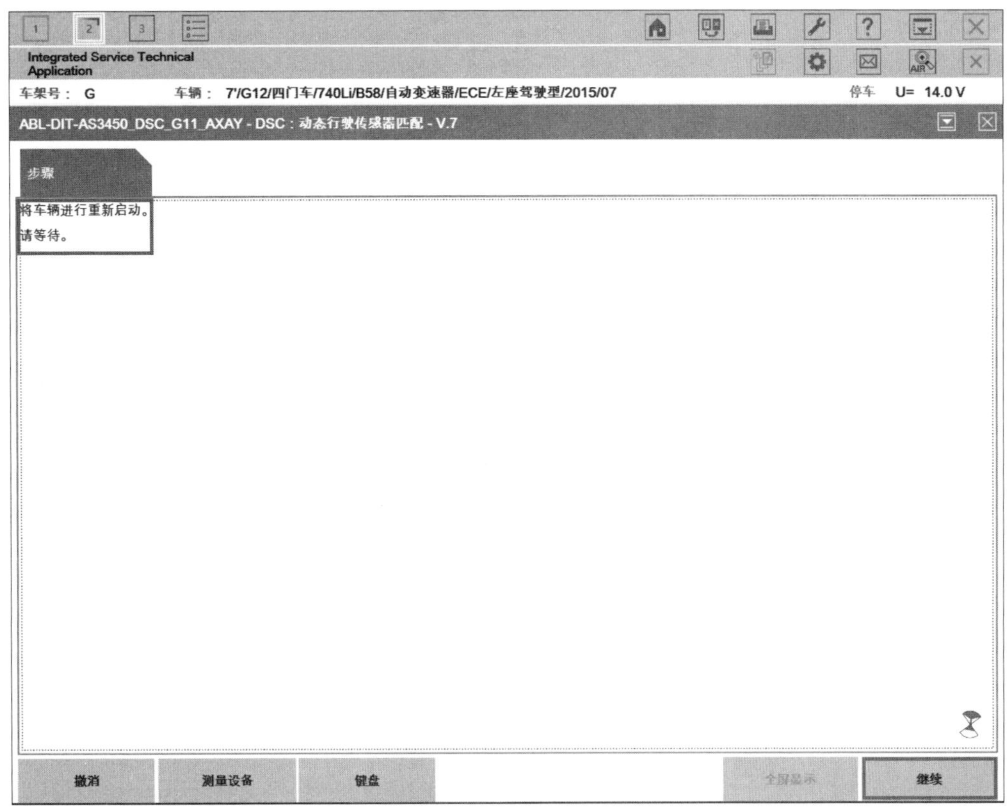

图4–2–24

图4–2–25

例4：DSC控制单元匹配。

在 ISTA 服务功能菜单下选择“ABL DSC 控制单元匹配”文件，并按照 ABL 过程提示逐步执行 DSC 控制单元匹配过程，如图 4–2–26~ 图 4–2–36 所示。

选择“ABL DSC 控制单元匹配”文件，如图 4–2–26 所示。

DSC 控制单元匹配执行的原因，如图 4–2–27 所示。

图4–2–26

图4–2–27

DSC 控制单元匹配前的测试选择，如图 4-2-28 所示。

DSC 控制单元匹配前控制单元故障存储器故障删除，如图 4-2-29 所示。

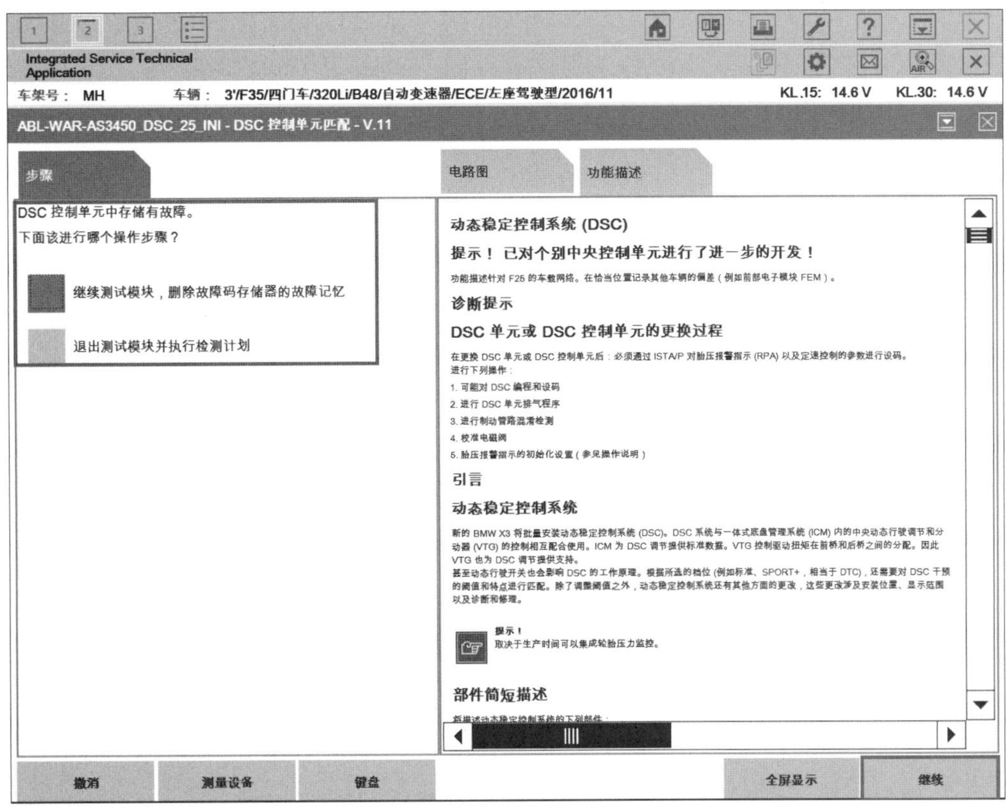

图4-2-28

图4-2-29

DSC 控制单元匹配前故障删除评估，如图 4-2-30 所示。

由于没有存储相关故障，服务功能失败，如图 4-2-31 所示。

图4-2-30

图4-2-31

继续执行 DSC 匹配的服务功能，如图 4-2-32 所示。

DSC 控制单元匹配执行过程，如图 4-2-33 所示。

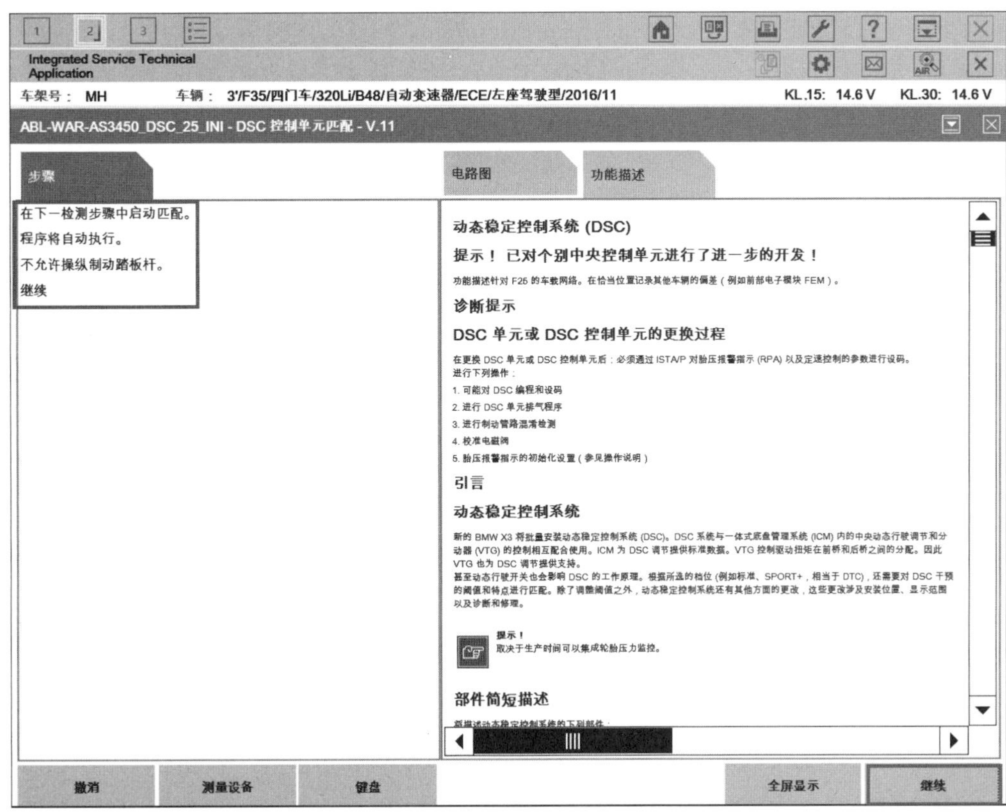

图4-2-32

图4-2-33

DSC 控制单元执行过程中总线端自动切换，如图 4–2–34 所示。

DSC 控制单元匹配过程中第二次进行故障诊断评估，如图 4–2–35 所示。

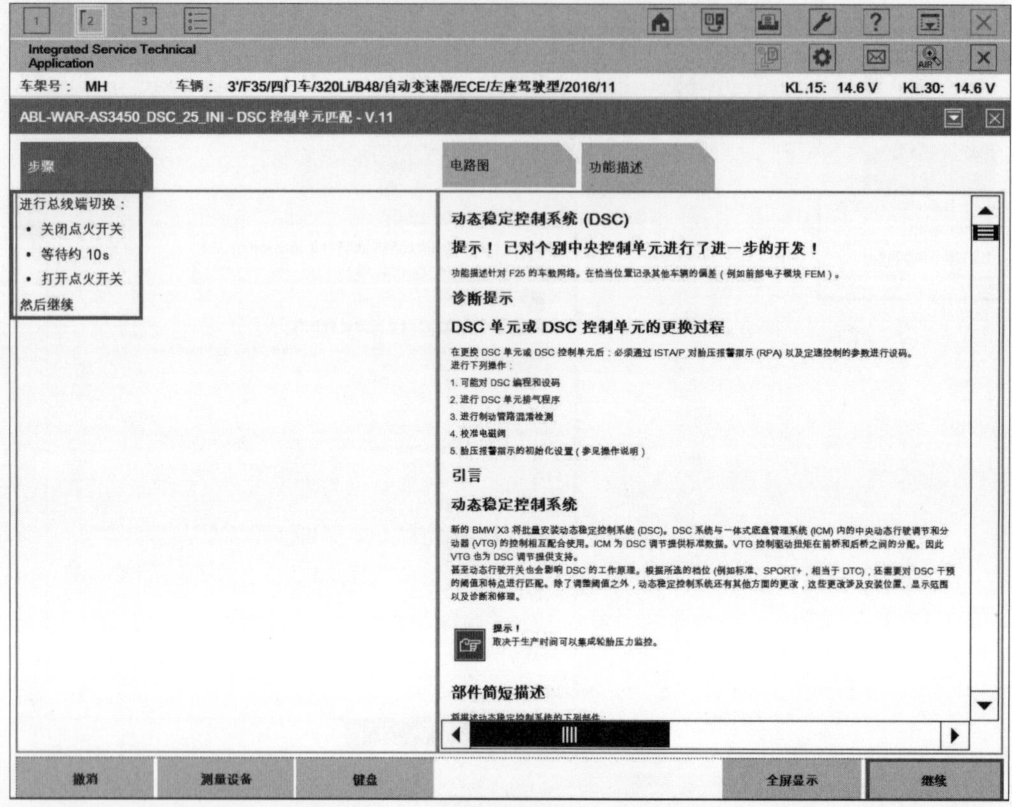

图4–2–34

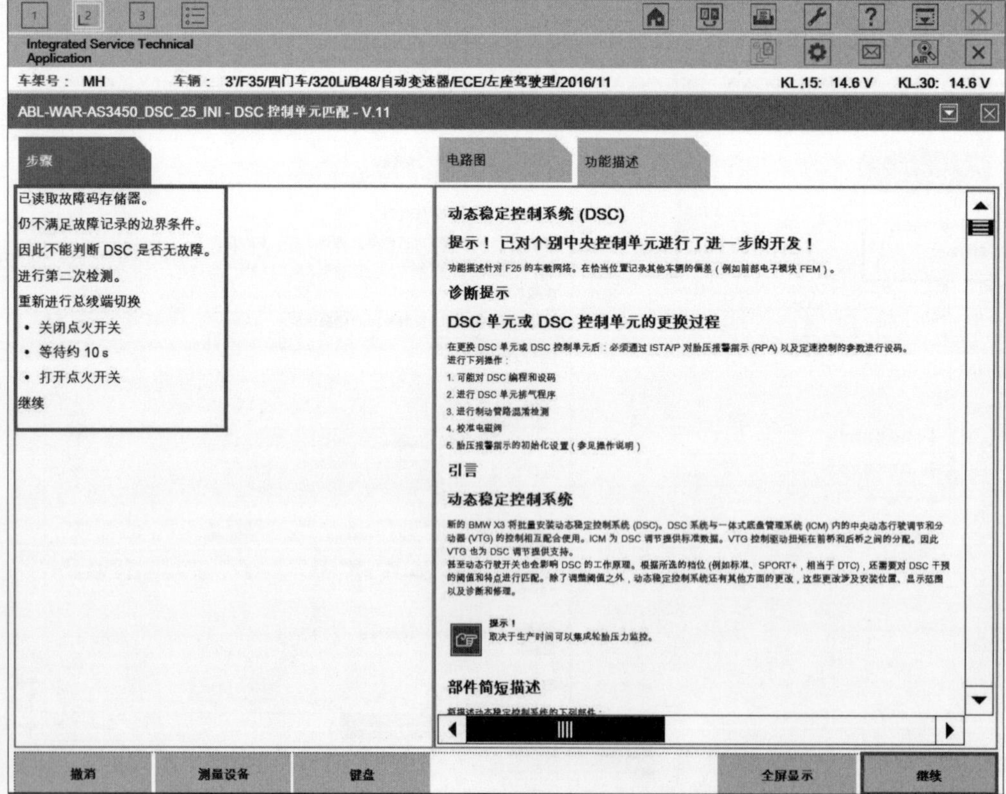

图4–2–35

DSC 控制单元匹配结束及后续工作提示，如图 4-2-36 所示。

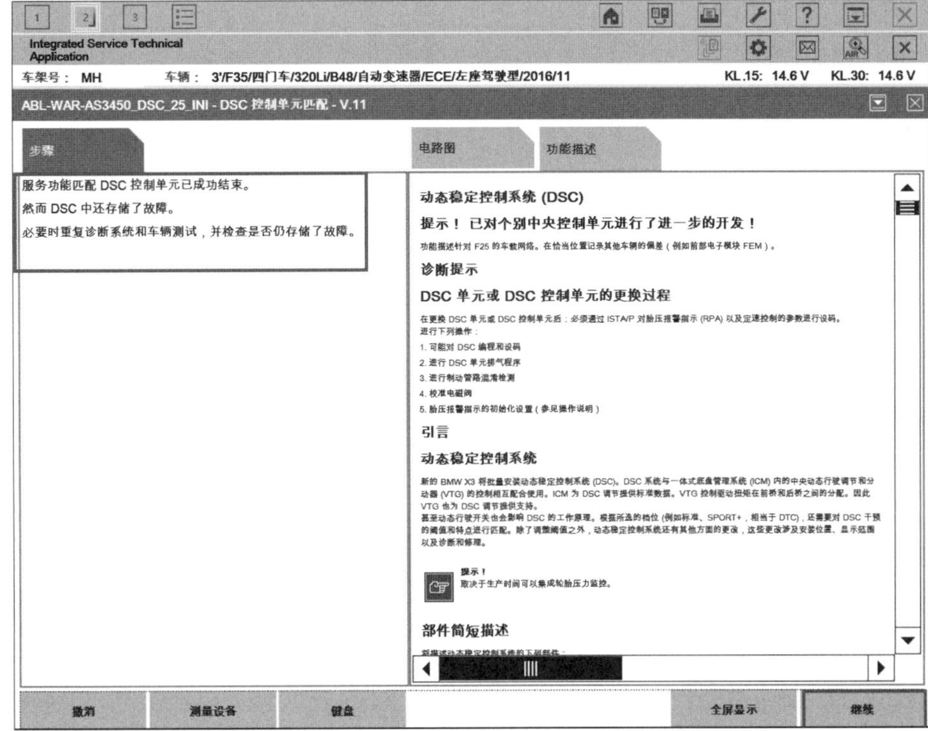

图4-2-36

例5：变速器控制系统：机油匹配。

在 ISTA 服务功能菜单下选择“ABL 变速器控制系统：机油匹配”文件，并按照 ABL 过程提示逐步执行自动变速控制系统：机油匹配过程，如图 4-2-37~ 图 4-2-45 所示。

选择“ABL 变速器控制系统：机油匹配”文件，如图 4-2-37 所示。

图4-2-37

自动变速器油位调校满足条件，如图 4-2-38 所示。

自动变速器油位调校的原因，如图 4-2-39 所示。

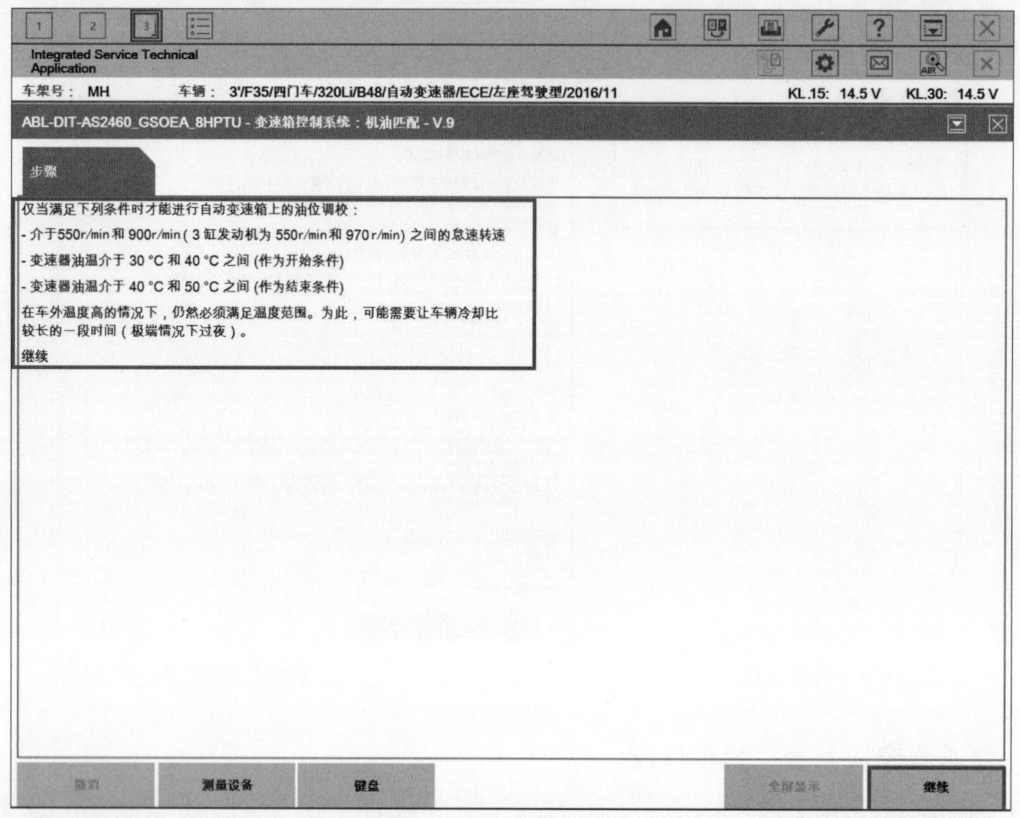

图4-2-38

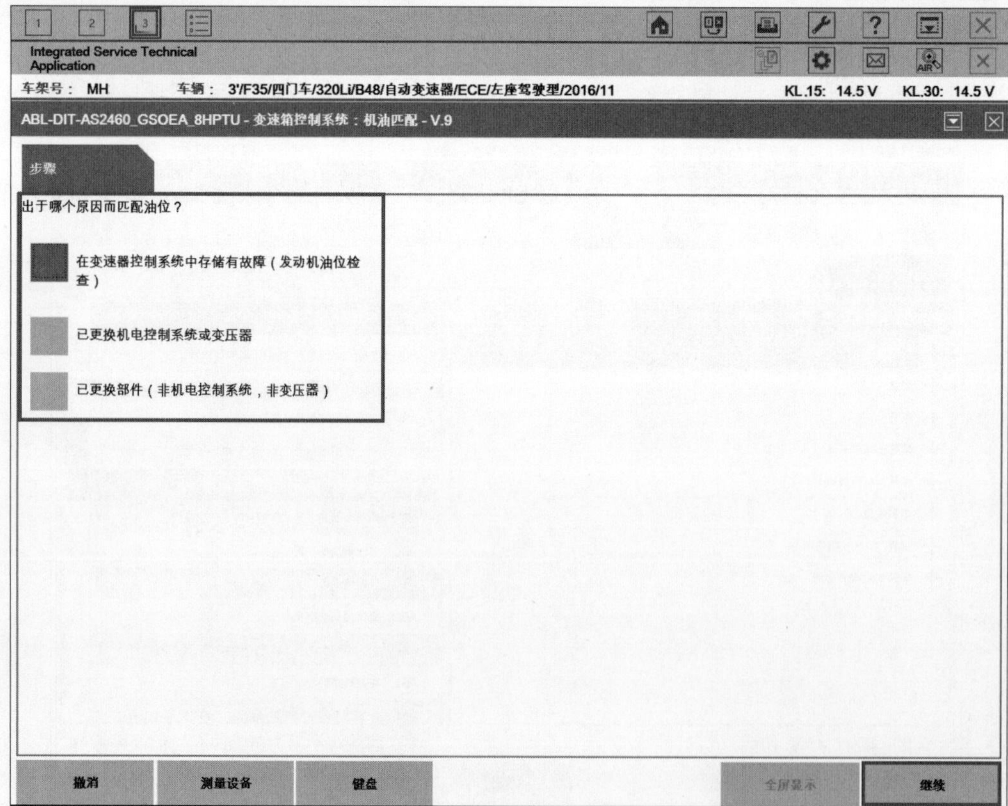

图4-2-39

自动变速器油位调校车辆满足条件，如图 4-2-40 所示。

自动变速器油位调校车辆满足条件，如图 4-2-41 所示。

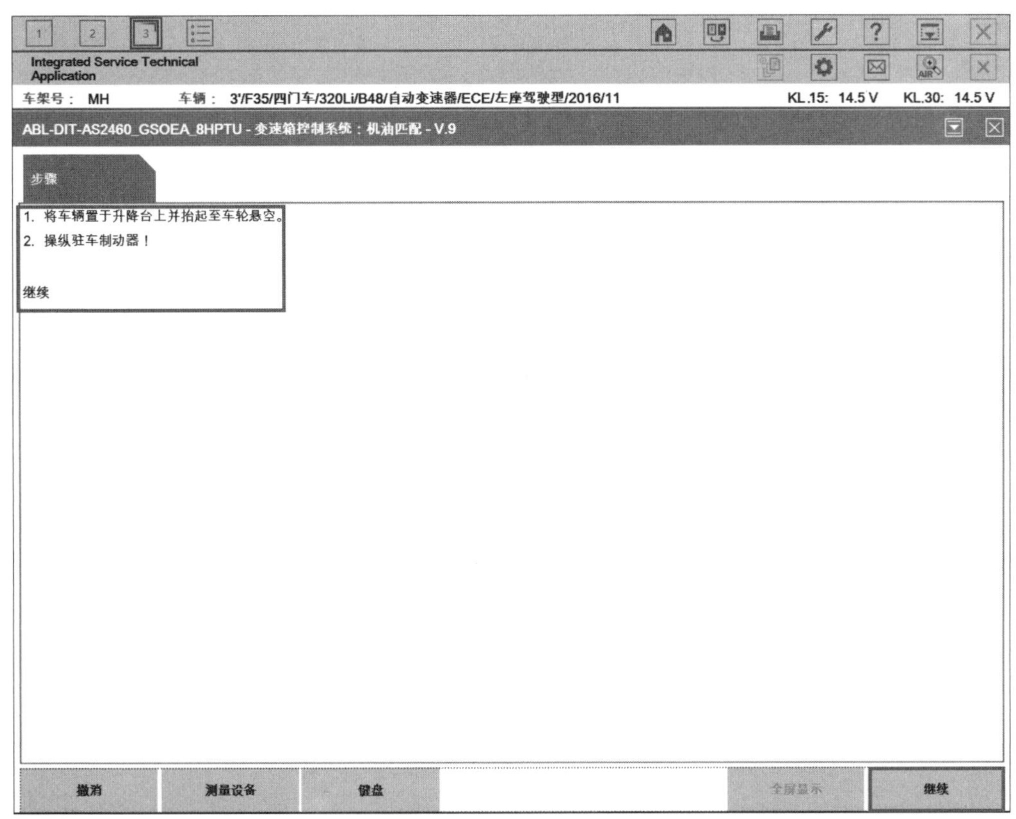

图4-2-40

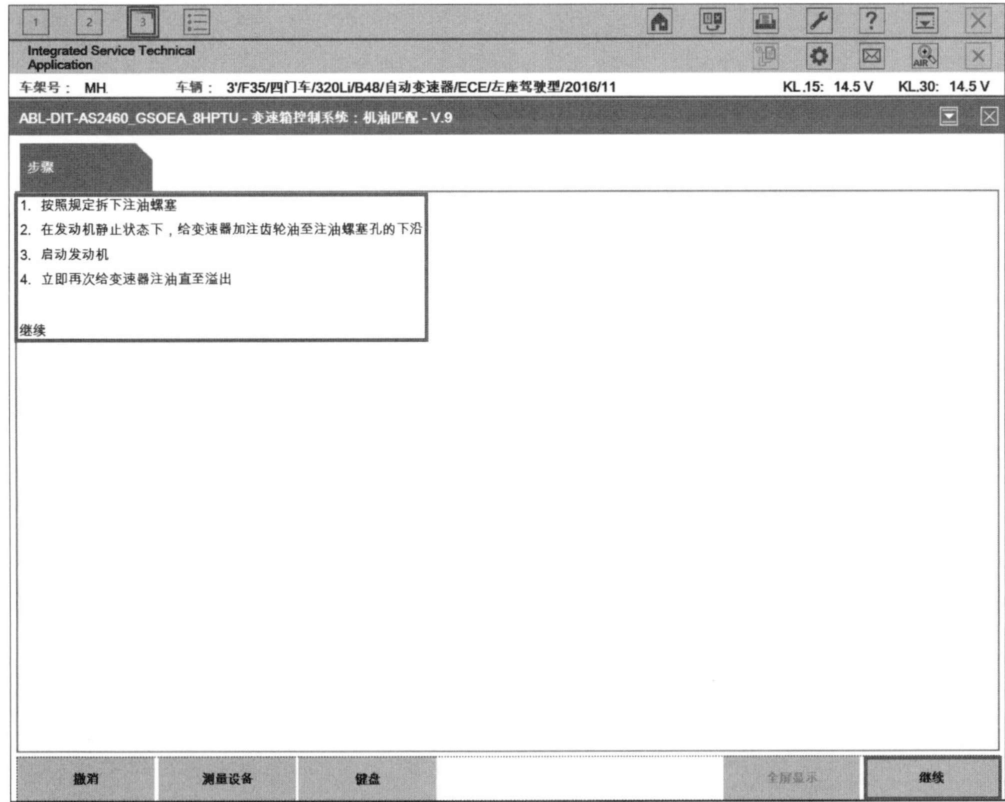

图4-2-41

自动变速器调校开始时的油温要求，如图 4-2-42 所示。

自动变速器油位调校结束时的油温要求，如图 4-2-43 所示。

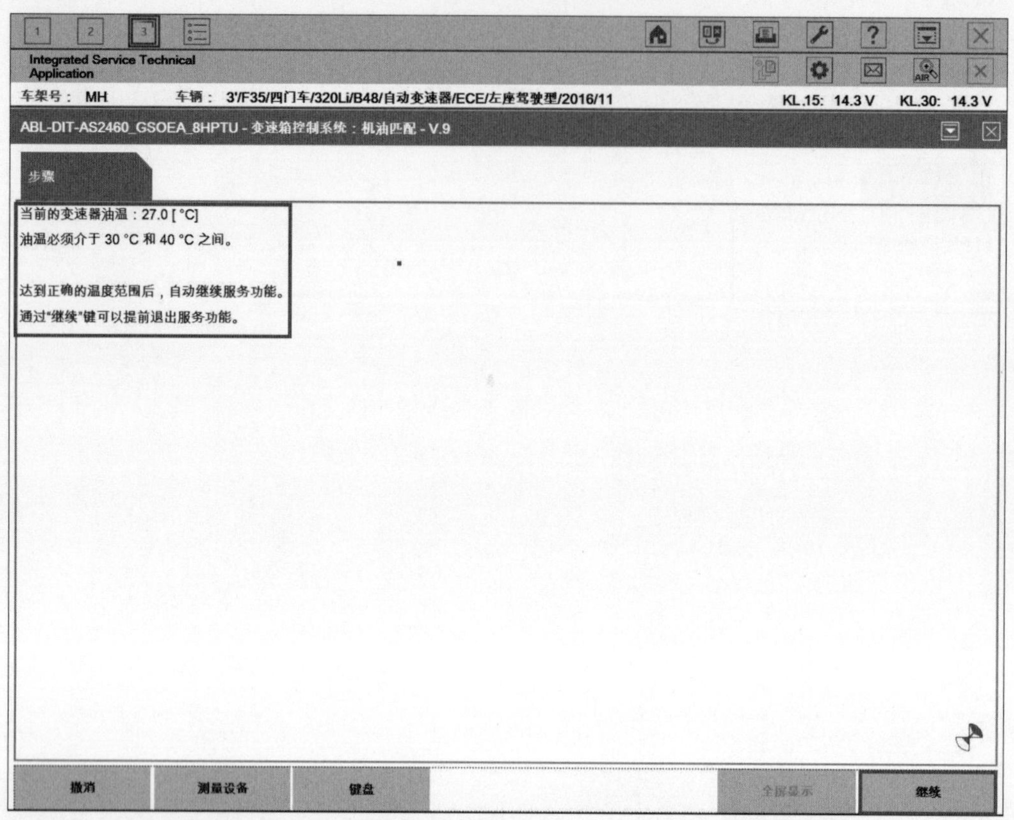

图4-2-42

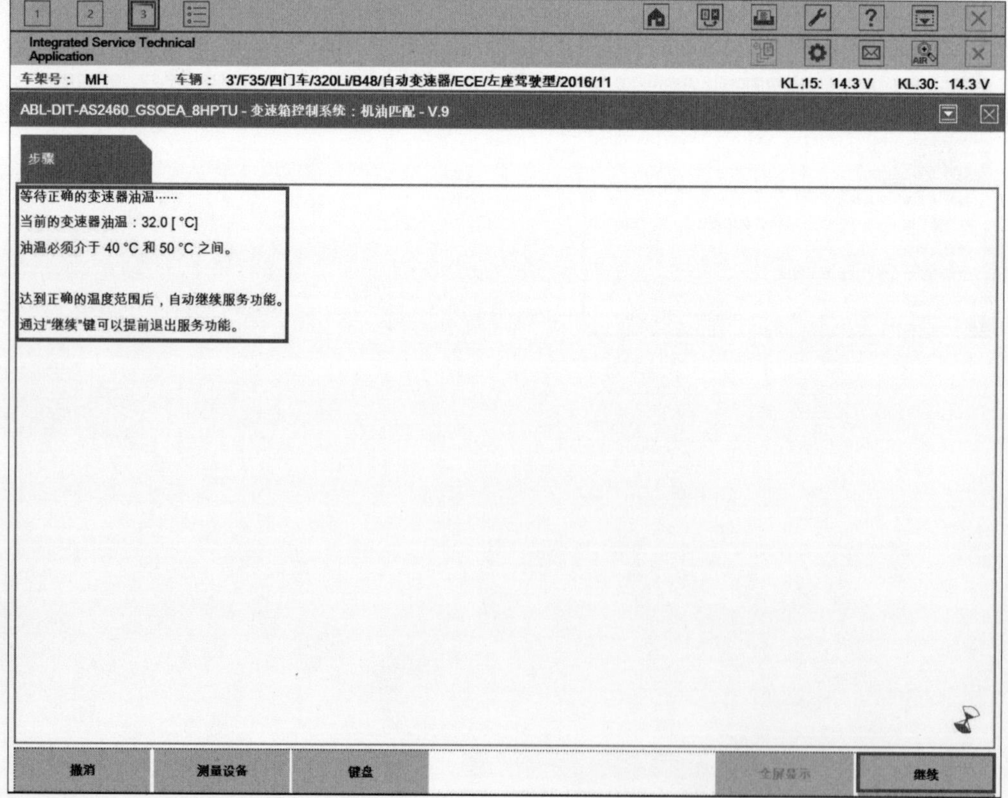

图4-2-43

自动变速器油位检查，如图 4-2-44 所示。

自动变速器油位调校结束退出服务功能，如图 4-2-45 所示。

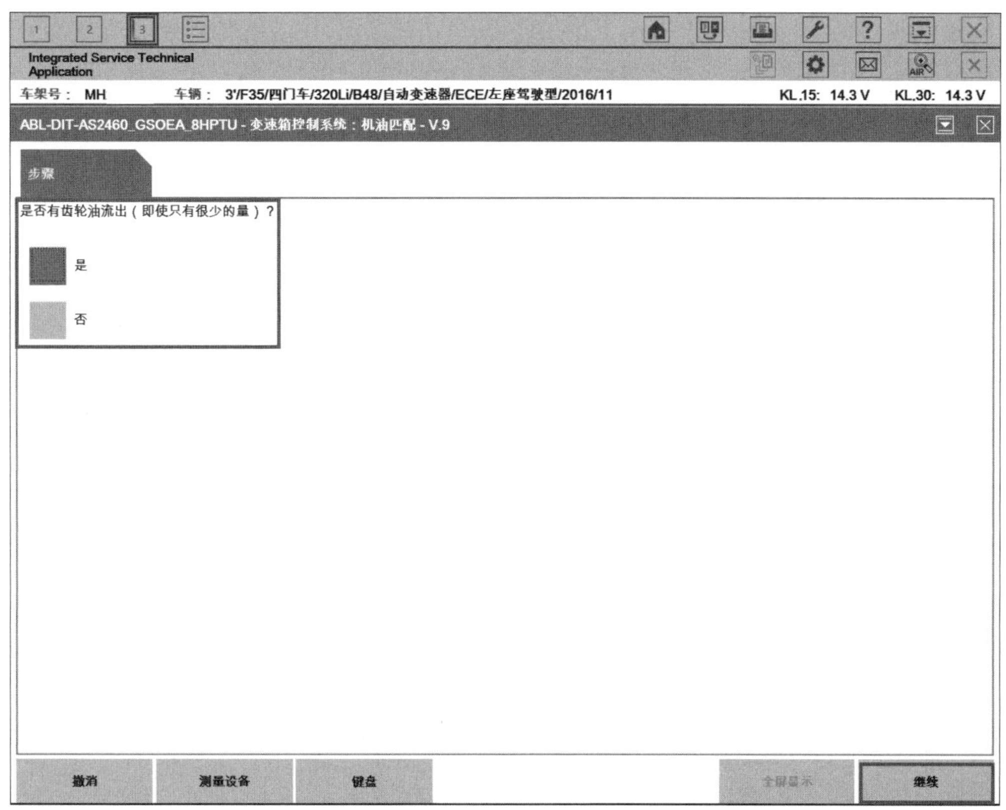

图4-2-44

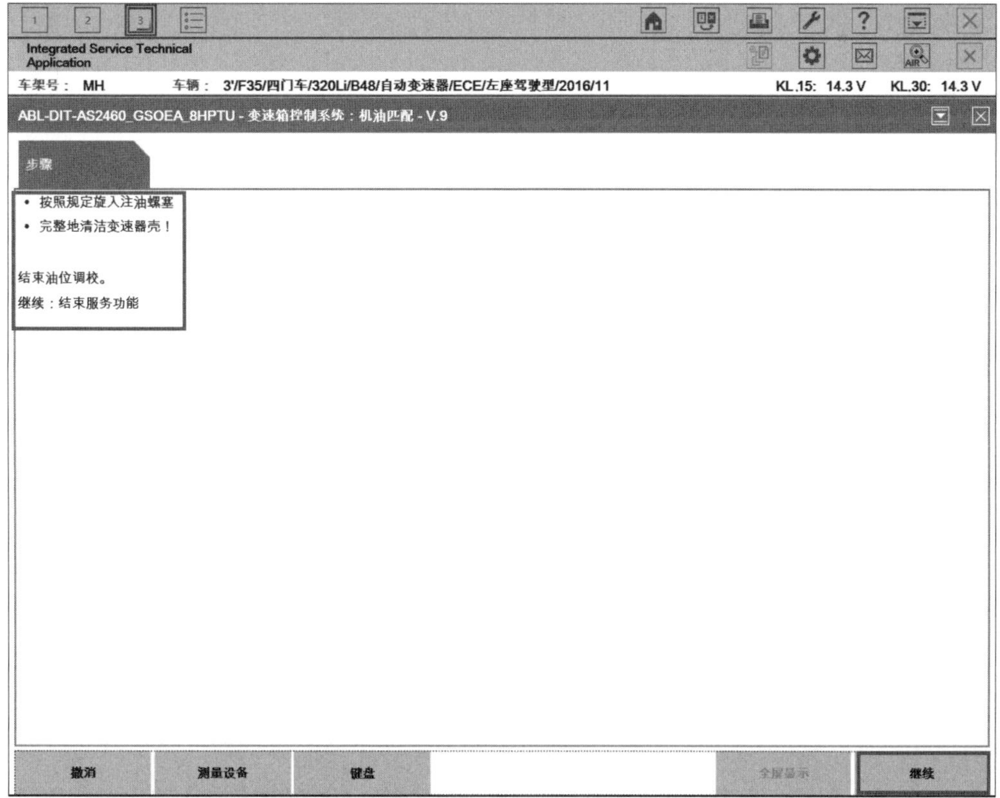

图4-2-45

第三节　记录系统的配置信息

座椅标准化；

记录蓄电池更换；

存储 MOST 标准配置。

接下来以实例说明各种服务功能中记录系统配置信息的操作过程。

例1：座椅标准化。

座椅标准化包括：

为了确定基于车辆环境的座椅位置，示教机械极限位置（标准化）；

对限力器的不灵活性进行调整（调校）。

提示：当客户方面正常操作时，下列原因可能导致座椅标准化损失：

在超出规定数量的座椅调整后将删除座椅标准化，并且必须重新执行；

座椅调整驱动装置中的霍耳传感器故障（通过座椅模块进行故障识别）；

座椅位置损失（例如蓄电池低电量时的座椅调整或座椅调整期间蓄电池断开）。

客户在正常操作座椅时无法删除座椅标准化。

在座椅标准化过程中，无防夹功能激活；

供电必须稳定。否则可能导致所有座椅标准化的删除。在正常操作座椅而蓄电池电量弱时，也可能发生这种情况；

已更新控制单元时或存在相应的故障记录时，必须进行标准化。

标准化。在两个机械极限位置上均能进行标准化。根据功能的不同，必要的标准化可能有所区别。可通过诊断任务或通过手动座椅调整（如有可能）进行座椅标准化。对于后部座椅，可通过复位按钮进行下列调整的标准化：

座椅纵向调整；

座椅倾斜度调整；

靠背倾斜度调整；

头枕调整；

头枕高度调整。

例如座椅标准化为下列功能所需：

座椅纵向调整位置（男士或女士）发送至碰撞安全模块 (ACSM)；

座椅位置传输至碰撞数据存储器（美规车辆中的强制要求）；

个人设置；

特性线。

发送座椅纵向调整位置。座椅纵向调整的标准化与安全性相关。为了将座椅位置传输至 ACSM 控制单元，分析座椅与前部机械极限位置之间的距离。如果座椅纵向调整的当前位置在可设码数值之前或在该数值上，座椅模块识别一个前部区域中的位置。

如果座椅纵向调整的当前位置在可设码数值之后，座椅模块识别一个后部区域中的位置。成功标准化后，调整装置的计数器设为 0。例如调整 2800 次后，产生一条要求进行标准化的检查控制信息。例如调整 3000 次后，取消标准化。此时，在座椅模块和碰撞安全模块 (ACSM) 中各生成一条故障记录。

调校。进行调校时，在综合特性曲线中记录整个前向和后向调整位移上的座椅调整机械阻力。这样，能够在座椅调整时识别障碍并取消调整。对于未经调校的座椅，切断阈值高出 50%。

执行座椅标准化。可按如下方式手动执行标准化：

服务功能 > 车身 > 座椅 > 座椅调整装置标准化。

通过诊断进行标准化。在售后服务中，通常必须通过诊断执行标准化，因为此时应根据装备的不同进行座椅必需参数的标准化和调校。

座椅标准化前提条件：

标准化必须在已安装的座椅上进行；

调整过程不能受外部干扰 (例如被人撞击或有人坐在座椅上)；

防护膜或保护纸板不得阻碍或歪曲标准化过程；

车载网络中不允许有干扰 (例如车辆启动)；

在标准化过程中，不允许进行任何其他调整。

通过 ISTA 服务功能对座椅进行标准化。在 ISTA 服务功能菜单下选择“ABL 驾驶员座椅标准化设置”文件，并按照 ABL 过程提示逐步执行驾驶员座椅标准化过程，如图 4-3-1~ 图 4-3-7 所示。

选择“ABL 驾驶员座椅标准化”文件，如图 4-3-1 所示。

图4-3-1

启动驾驶员座椅标准化，如图 4-3-2 所示。

驾驶员座椅标准化确认，如图 4-3-3 所示。

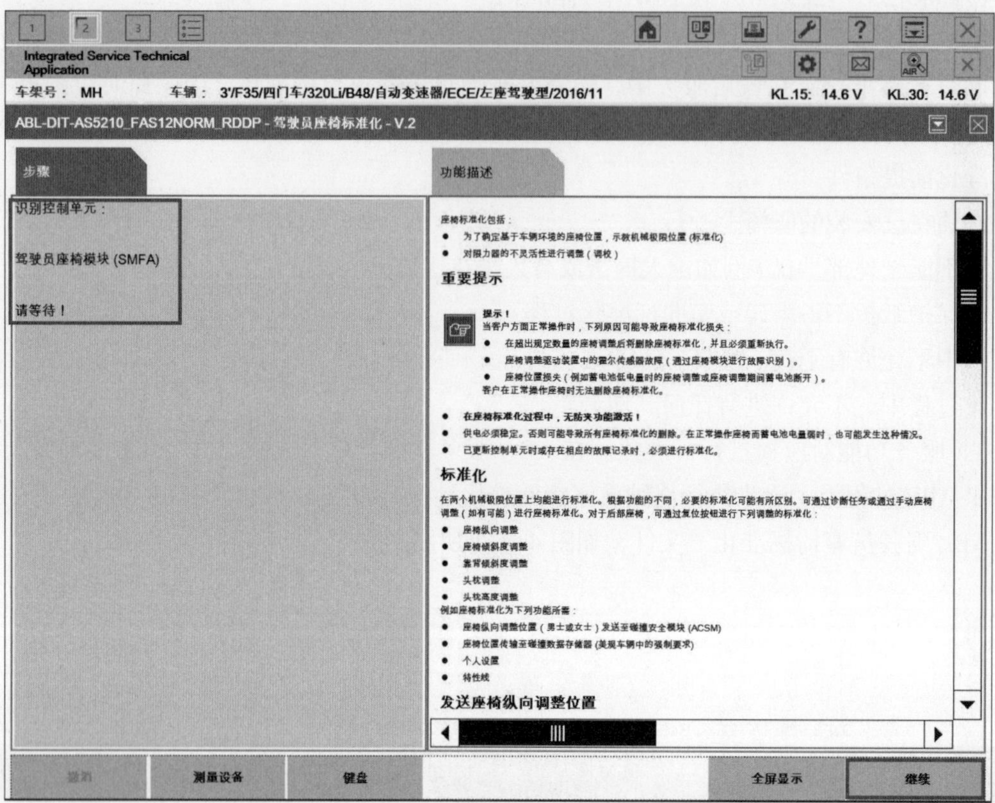

图4-3-2

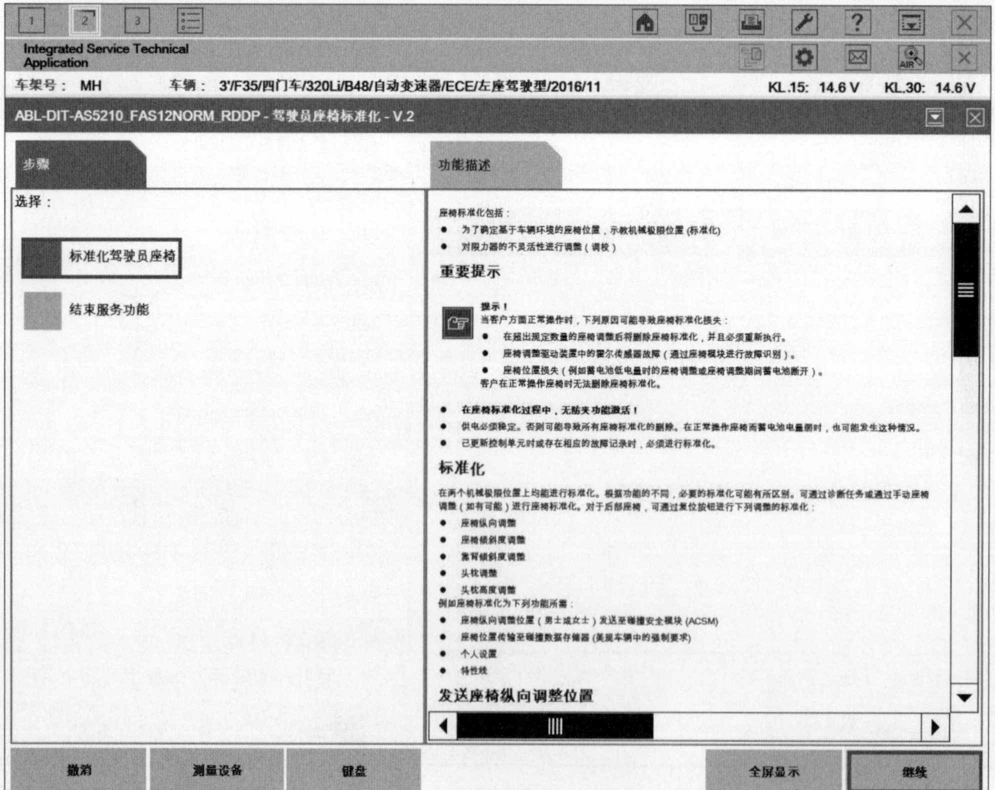

图4-3-3

驾驶员座椅标准化要求车辆满足条件提示，如图 4-3-4 所示。

座椅标准化注意细节，如图 4-3-5 所示。

图4-3-4

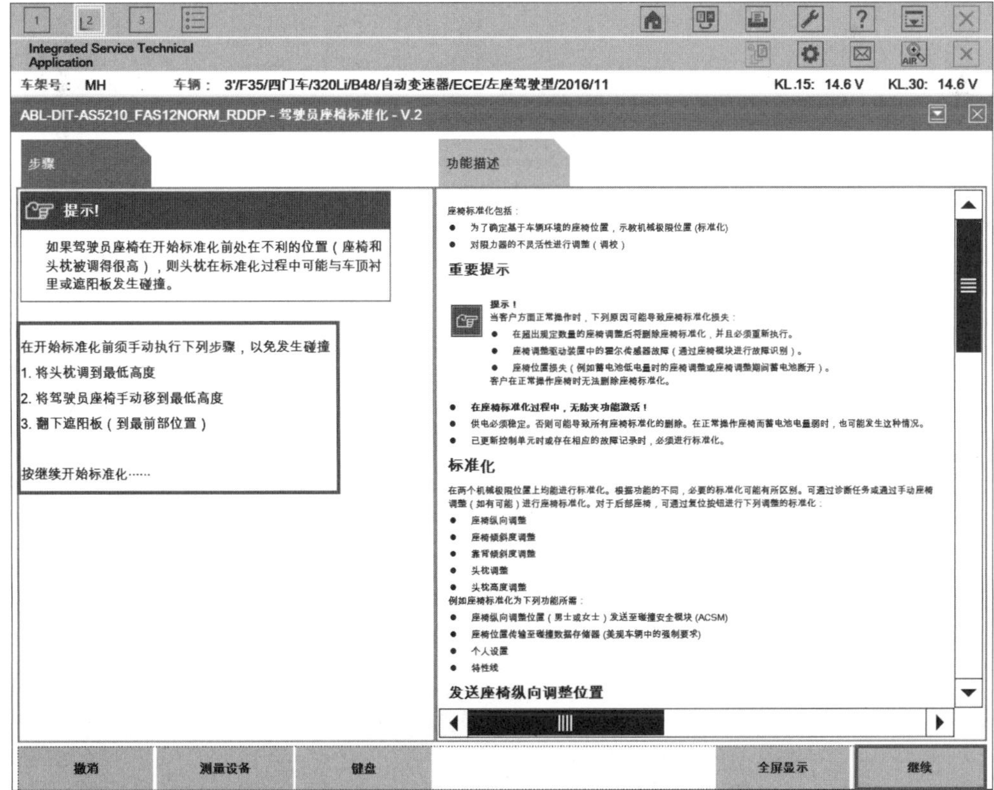

图4-3-5

驾驶员座椅标准化执行过程，如图 4–3–6 所示。

驾驶员座椅标准化完成提示及显示的诊断代码，如图 4–3–7 所示。

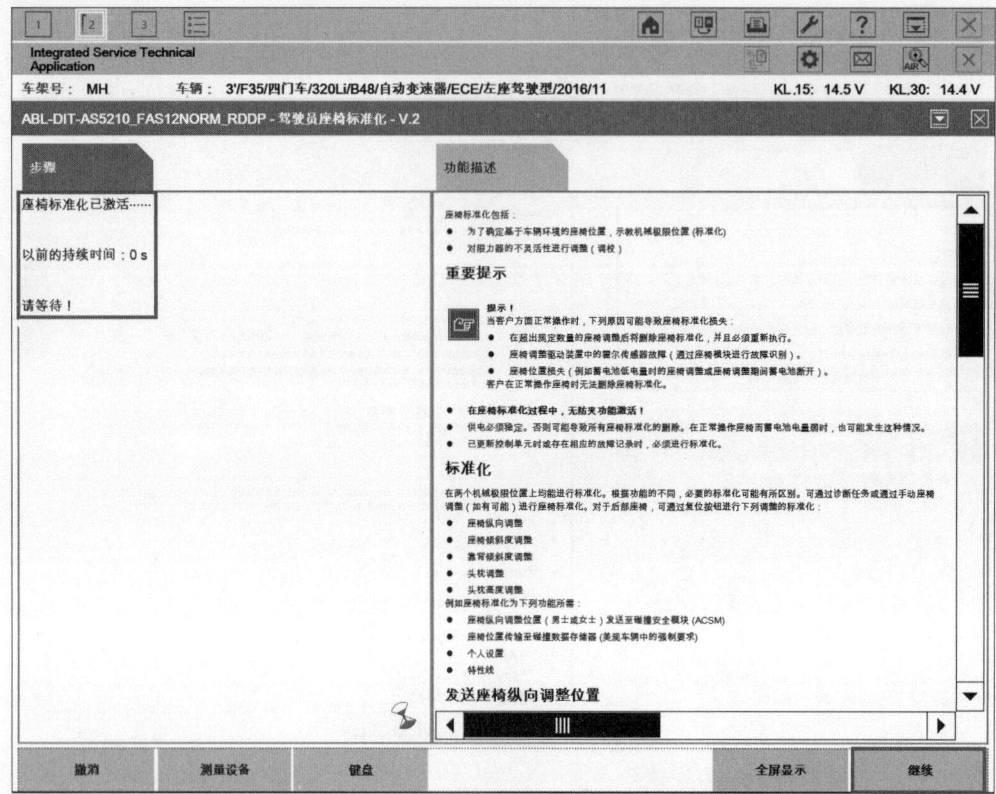

图4–3–6

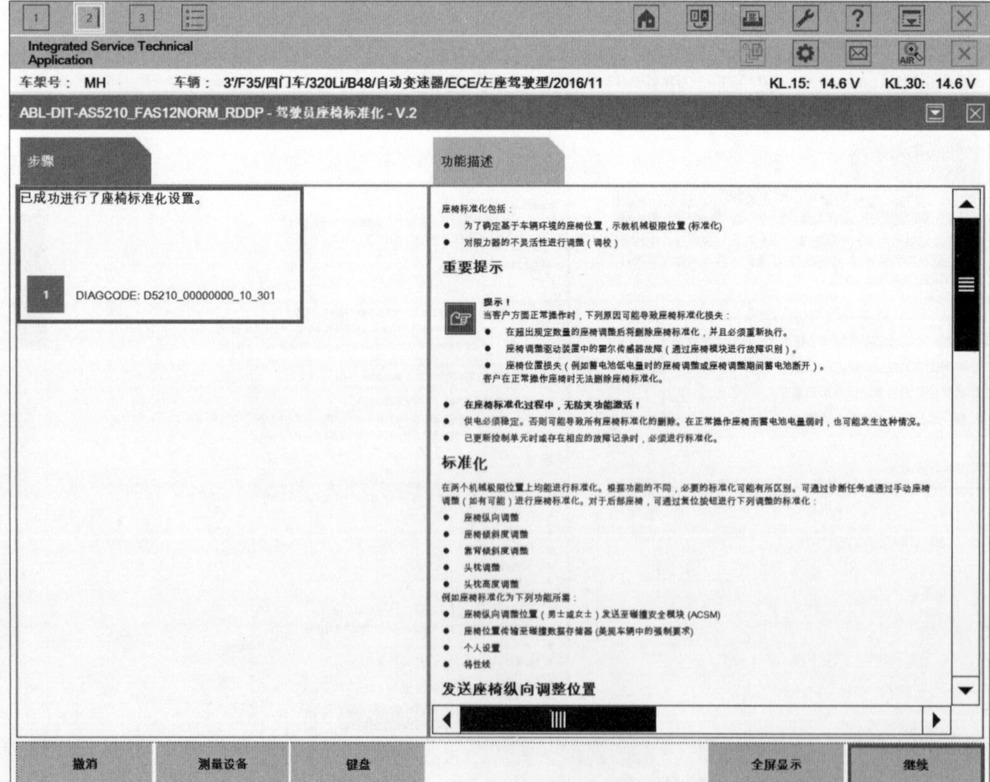

图4–3–7

例2：记录更换蓄电池。

在安装一块新蓄电池后应执行服务功能记录蓄电池更换。为了通知动力管理系统已在车辆中安装了一块新的车辆电池，必须记录下更换电池这一操作。未记录更换电池时，动力管理系统不能正常工作。由此可能导致显示检查控制信息和功能限制，例如单个用电器减少或关闭。

在 ISTA 服务功能菜单下选择“ABL 记录更换蓄电池”文件，并按照 ABL 过程提示逐步执行记录更换蓄电池过程，如图 4–3–8~ 图 4–3–15 所示。

选择“ABL 记录更换蓄电池”文件，如图 4–3–8 所示。

选择显示最后两次更换蓄电池的公里数，如图 4–3–9 所示。

Integrated Service Technical Application
车架号： MH
车辆： 3'/F35/四门车/320Li/B48/自动变速器/ECE/左座驾驶型/2016/11
KL.15: 14.6 V
KL.30: 14.6 V
过程
车辆信息
车辆处理
售后服务计划
收藏
修理厂材料 / 消耗材料
测量系统
修理 / 保养
故障查询
服务功能
服务功能
车身
全部收起
驱动装置
底盘
车身
驾驶员辅助系统
保养和移交检查
车辆信息
BMW Group 机动服务
远程售后服务功能
类型
标题
ABL 禁止和许用遥控钥匙
ABL 空气分配风门电机重新定址
ABL 记录更换电池
ABL 评估蓄电池充电状态
ABL 车内灯自动寻址
ABL 车窗升降机初始化设置
ABL 雨水传感器初始化设置
ABL 风门电机校准运行
ABL 驾驶员座椅标准化
ABL 驾驶员座椅模块 (SMFA) 供电源
ABL 高度传感器：试运行
FUB MOST 总线
查询结果： 40 / 40 过滤器：标准
没有调用
已执行
最小化
已中断
可疑
过滤器
应用至检测计划
显示

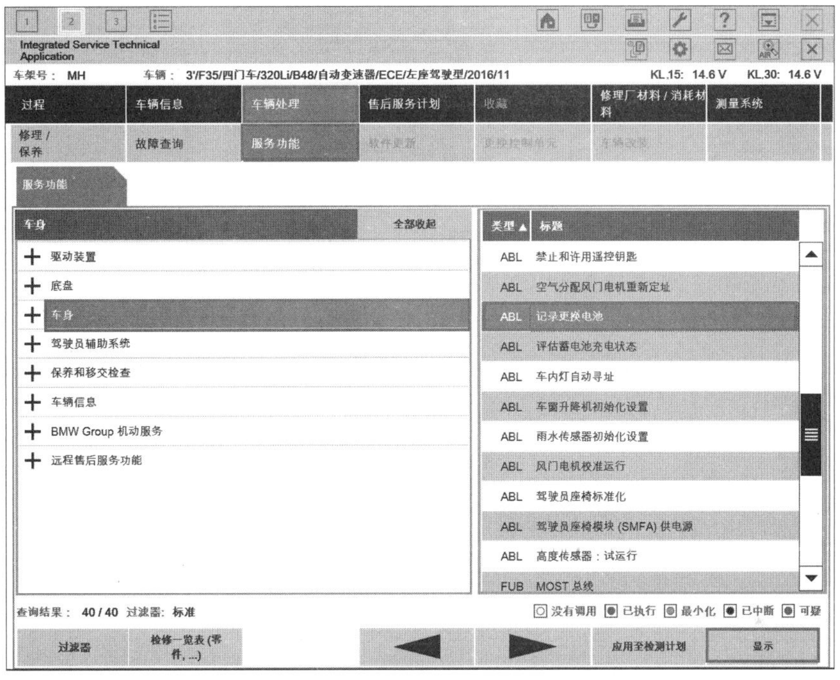

图4–3–8

Integrated Service Technical Application
车架号： MH
车辆： 3'/F35/四门车/320Li/B48/自动变速器/ECE/左座驾驶型/2016/11
KL.15: 14.6 V
KL.30: 14.6 V
ABL-WAR-AS6120_WECHSEL - 记录更换电池 - V.30
步骤
功能描述
选择：
显示倒数第一次和倒数第二次更换电池时的里程数
记录更换电池
结束服务功能
提示！
最后一次更换电池的历史记录将在编程后被删除。
诊断提示
撤消
测量设备
键盘
全屏显示
继续

图4–3–9

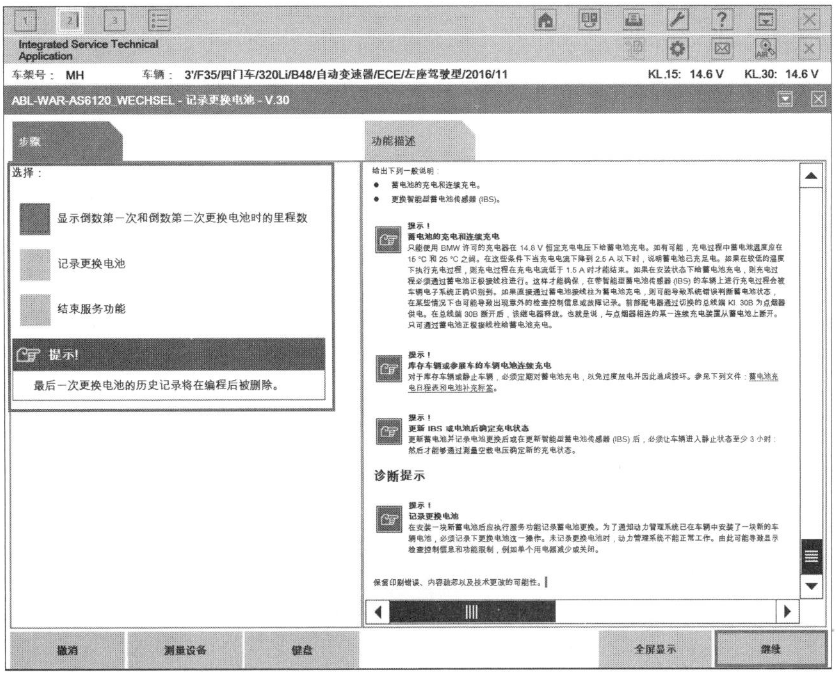

记录更换蓄电池的提示，如图 4-3-10 所示。

显示最后两次更换蓄电池的公里数，如图 4-3-11 所示。

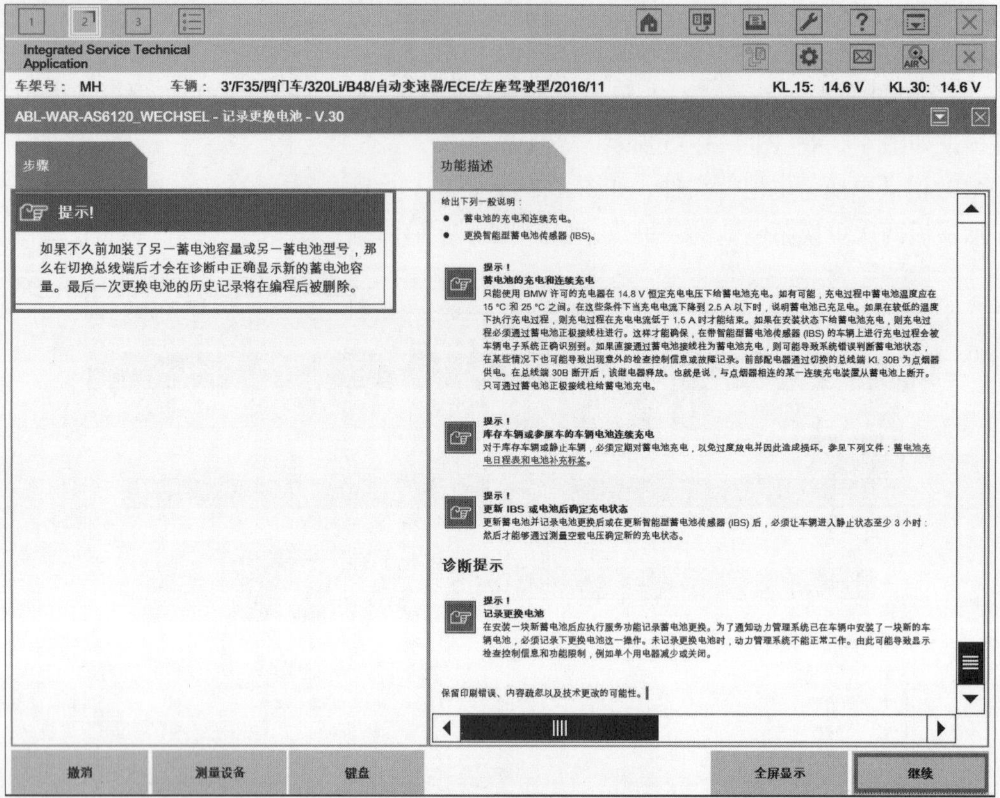

图4-3-10

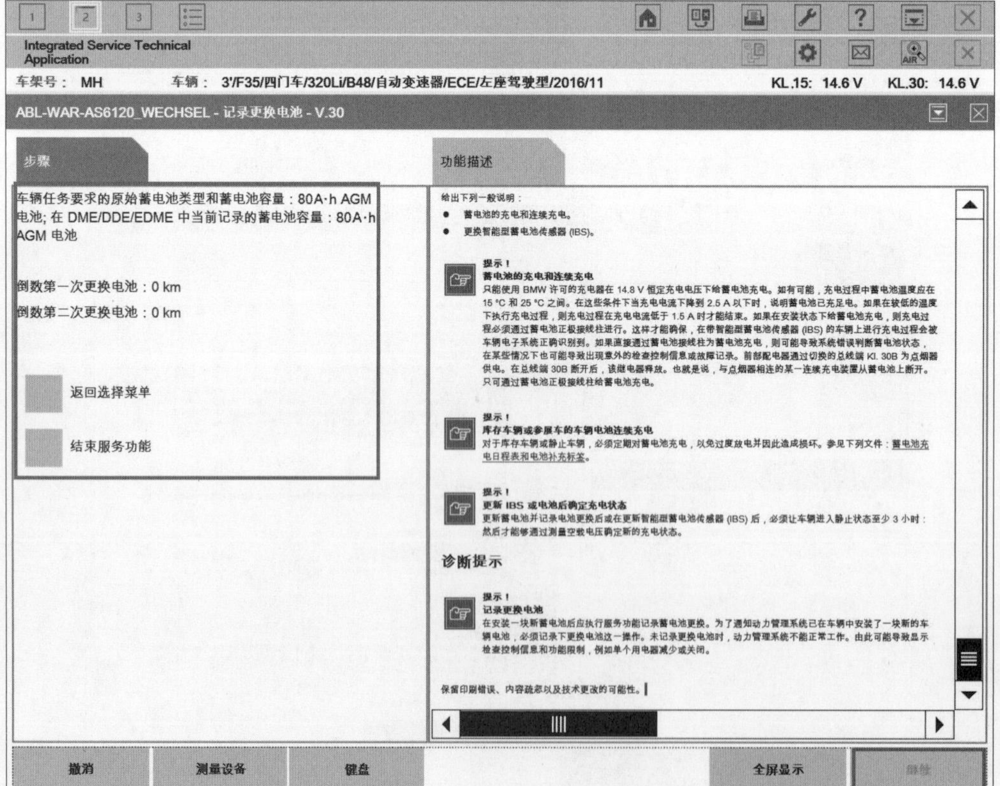

图4-3-11

执行记录更换蓄电池过程，按照提示操作车辆，选择更换蓄电池的容量，如图 4–3–12 所示。确认新更换的蓄电池为原装蓄电池，如图 4–3–13 所示。

图4–3–12

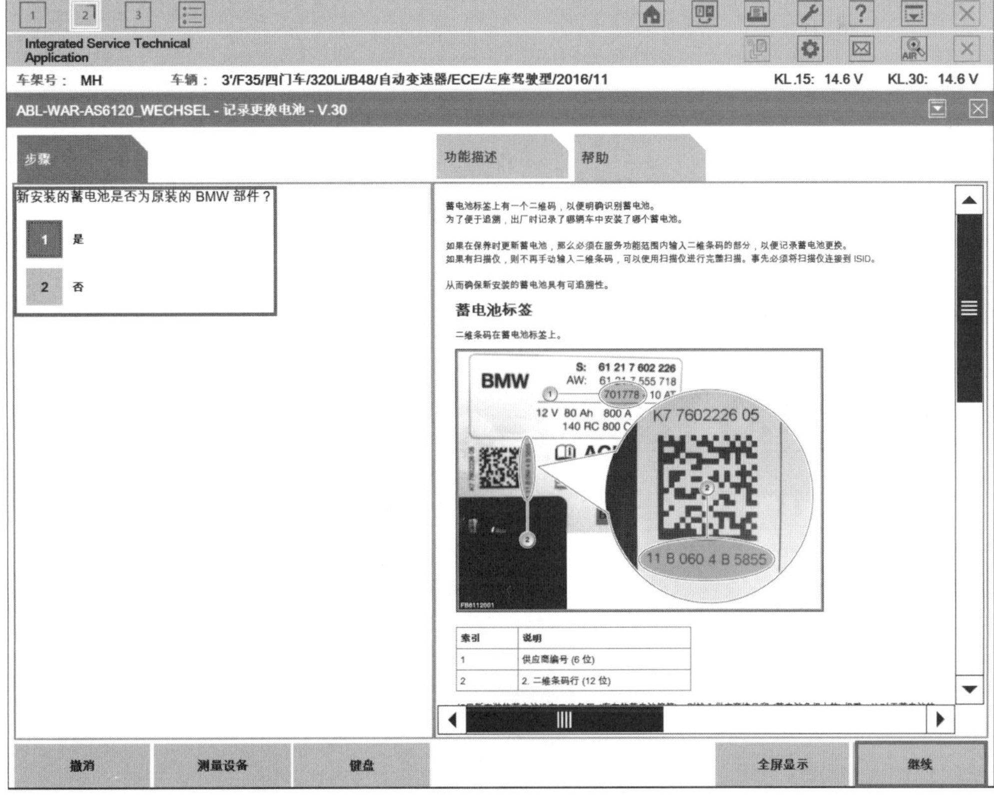

图4–3–13

确认更换新蓄电池上的二维码，如图 4-3-14 所示。

手动输入新蓄电池上面的二维码编码（12 位），如图 4-3-15 所示。

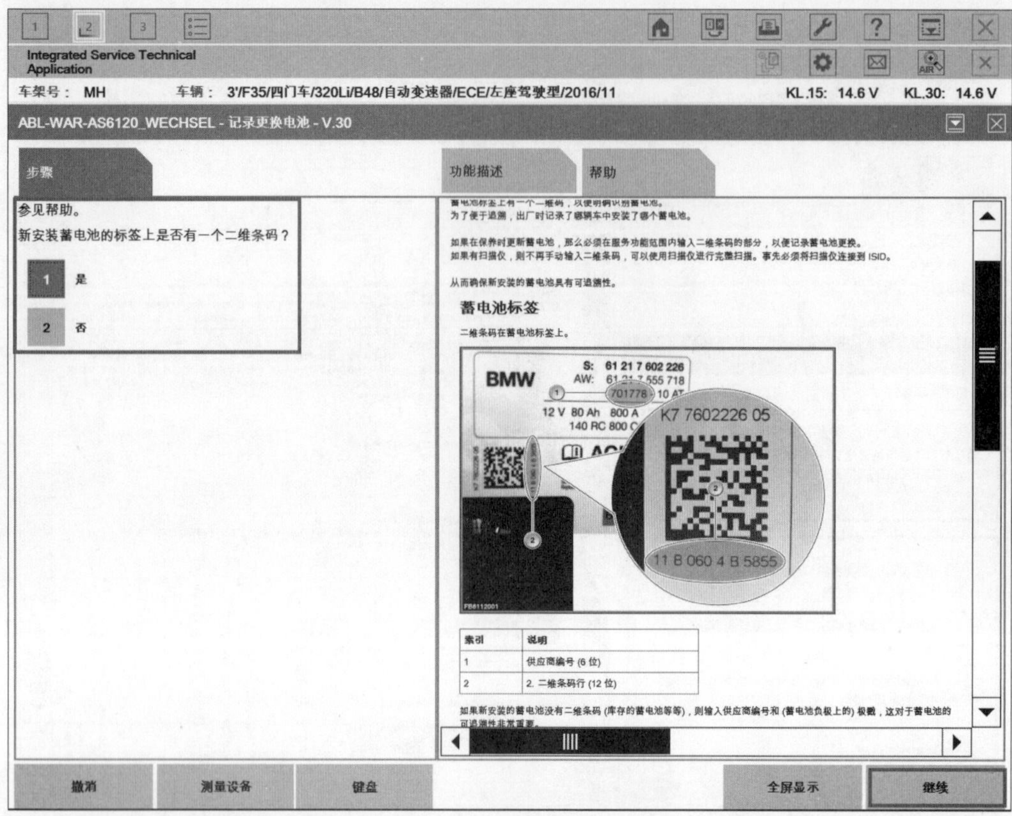

图4-3-14

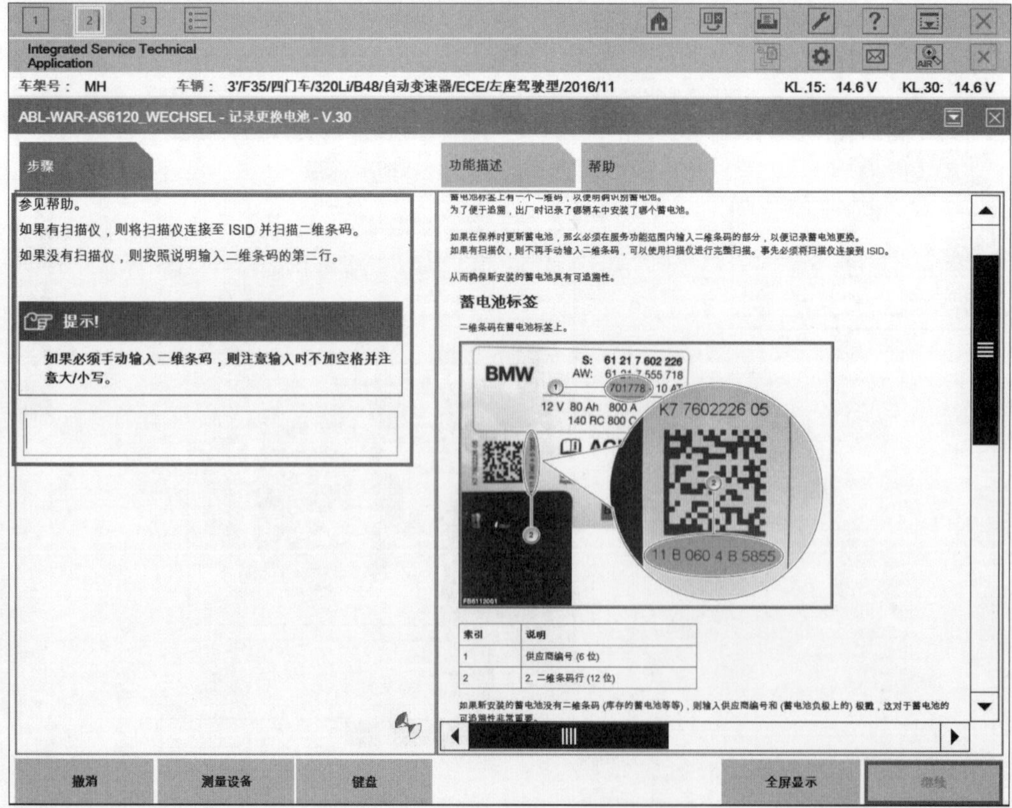

图4-3-15

例3：MOST：存储标准配置。

MOST 环形结构的标准配置 (所安装控制单元按其在 MOST 环形结构中的顺序排列) 保存在主机中。如果加装一个控制单元或更新主机，则必须重新存储标准配置。标准配置通过编程进行 (ISTA/P)。在环形结构断裂时，可以通过标准配置发现哪些控制单元之间有断路。

始终安装的 MOST 控制单元：

KOMBI：组合仪表 (仅限高级型，标准型没有 MOST)；

HU–H、HU–B、CIC、CHAMP：主机。

根据特殊装备而安装的 MOST 控制单元：

DVD 机：DVD 机；

CBX–MEDIA 和 CBX–ECALL：Combox 多媒体和 Combox 紧急呼叫；

VM：视频模块；

AMPT：顶级高保真放大器。

箭头显示 MOST 环形结构内光线的方向，如图 4–3–16 所示。

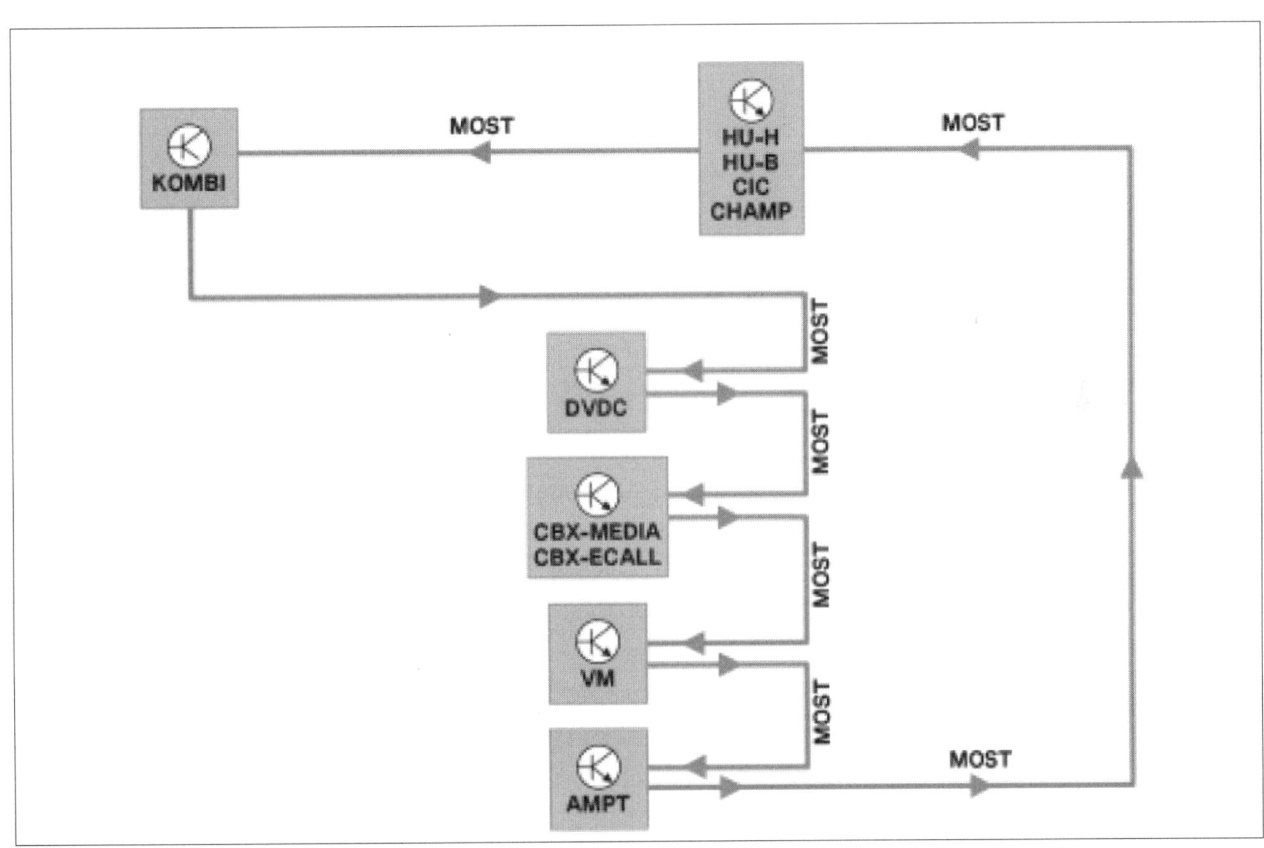

图4–3–16

在 ISTA 服务功能菜单下选择“ABL MOST：存储标准配置”文件，并按照 ABL 过程提示逐步执行 MOST：存储标准配置过程，如图 4–3–17~ 图 4–3–21 所示。

选择“MOST: 存储标准配置”文件，如图 4-3-17 所示。

MOST: 存储标准配置的作用，如图 4-3-18 所示。

图4-3-17

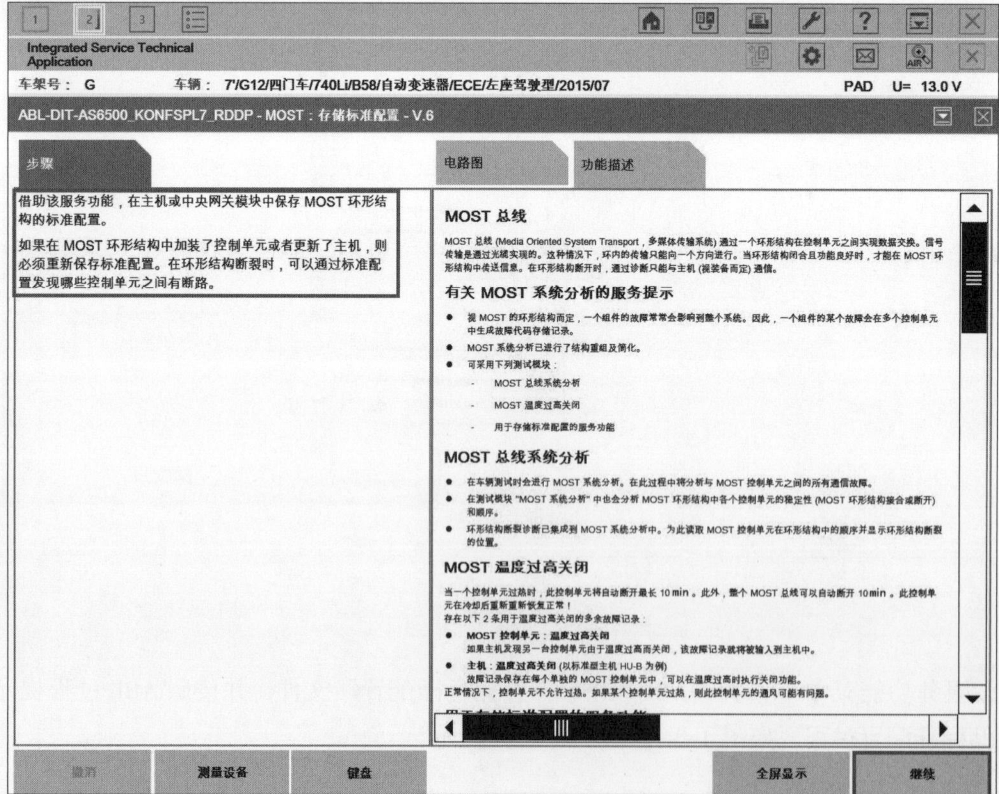

图4-3-18

选择保存 MOST 标准配置，如图 4-3-19 所示。

MOST：存储标准配置过程，如图 4-3-20 所示。

图4-3-19

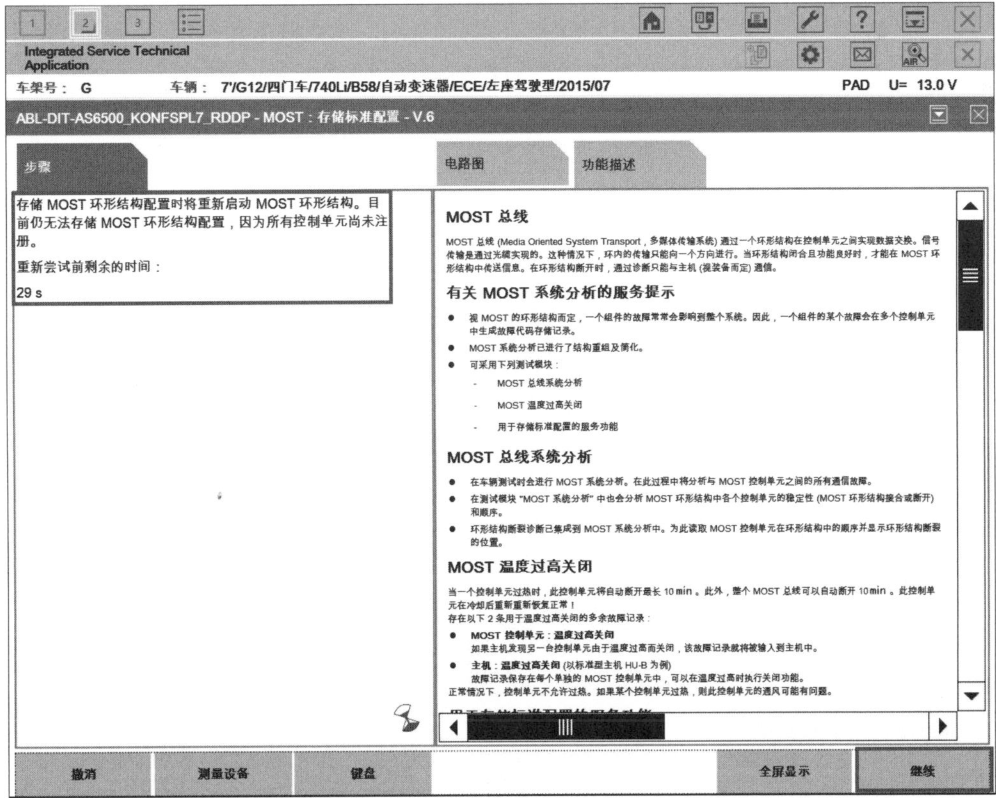

图4-3-20

MOST 存储标准配置完成，如图 4–3–21 所示。

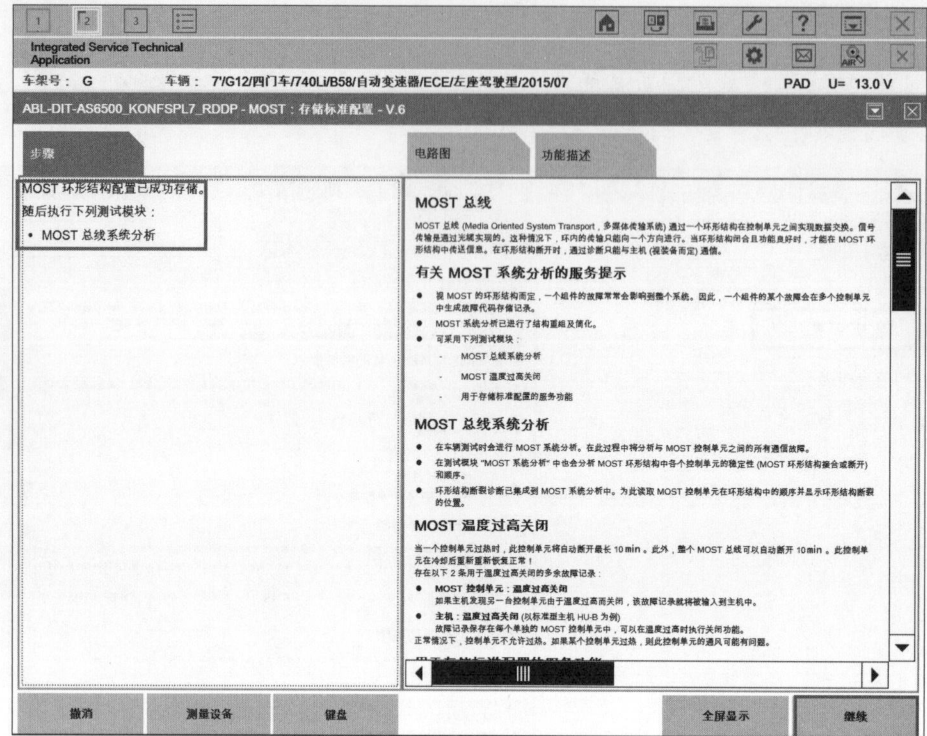

图4–3–21

例4：电动转向柱标准化。

在 ISTA 服务功能菜单下选择“ABL 电动转向柱标准化”文件，并按照 ABL 过程提示逐步执行电动转向柱标准化过程，如图 4–3–22~4–3–28 所示。

选择“ABL 电动转向柱调整装置标准化”文件，如图 4–3–22 所示。

图4–3–22

电动转向柱调整装置标准化，如图 4-3-23 所示。

电动转向柱调整装置标准化要求总线端状态，如图 4-3-24 所示。

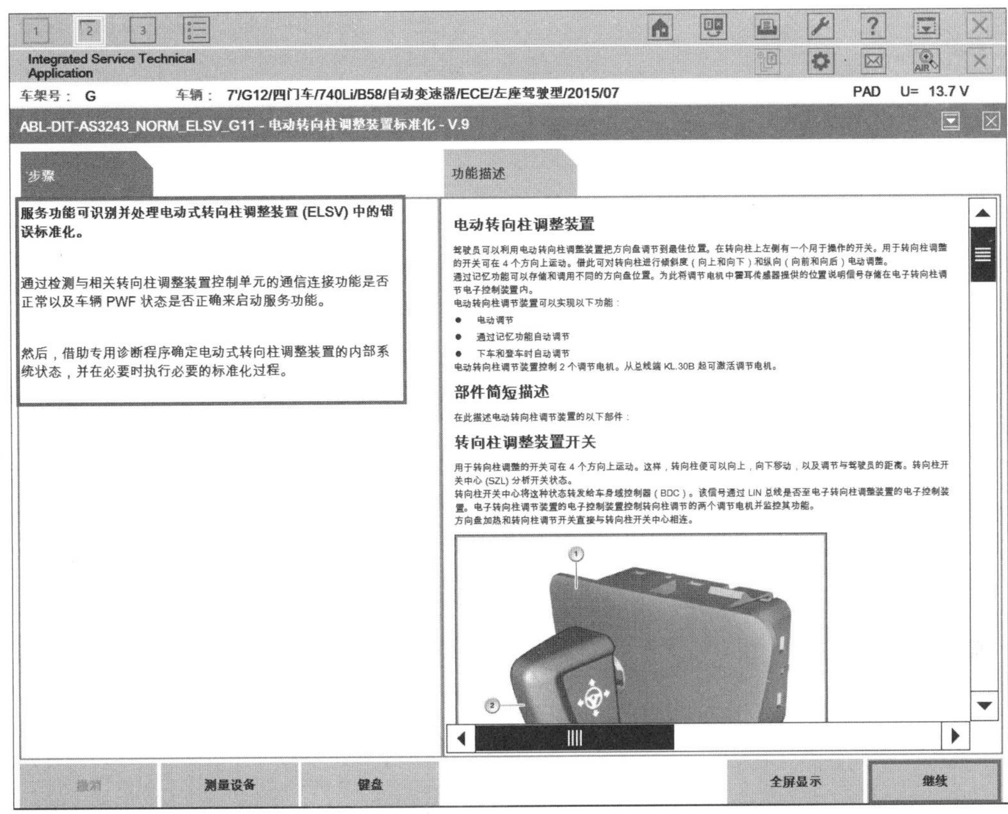

图4-3-23

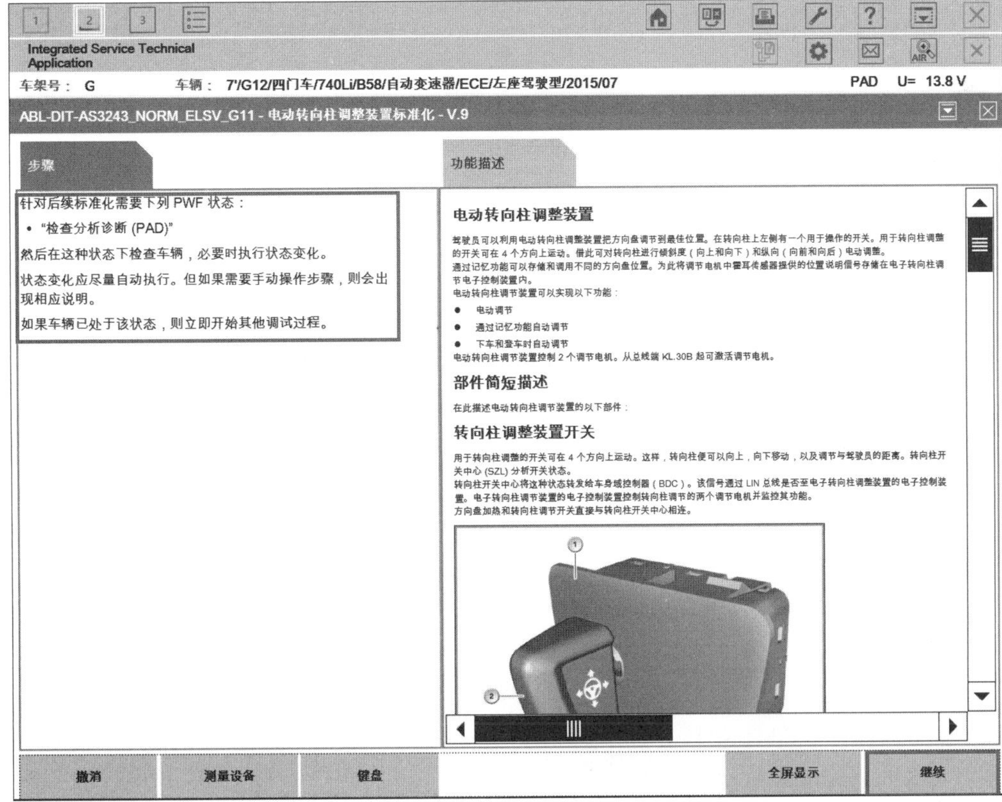

图4-3-24

电动转向柱调整装置标准化选择确认，如图 4-3-25 所示。

电动转向柱调整装置标准化开始提示，如图 4-3-26 所示。

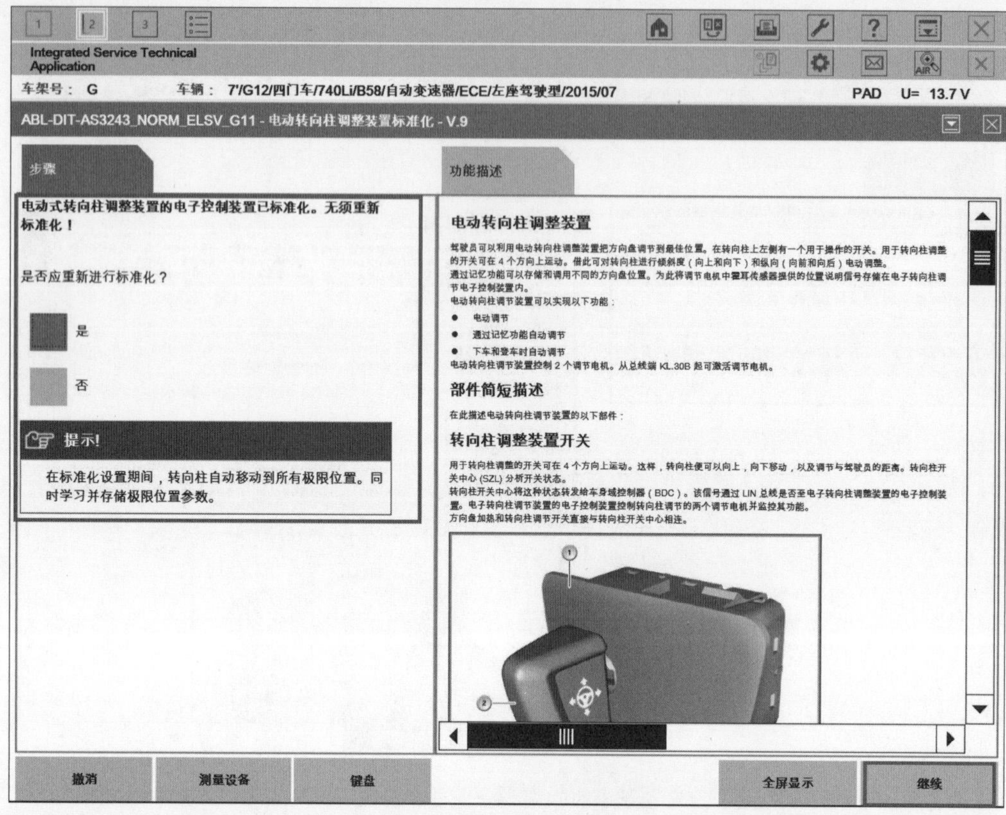

图4-3-25

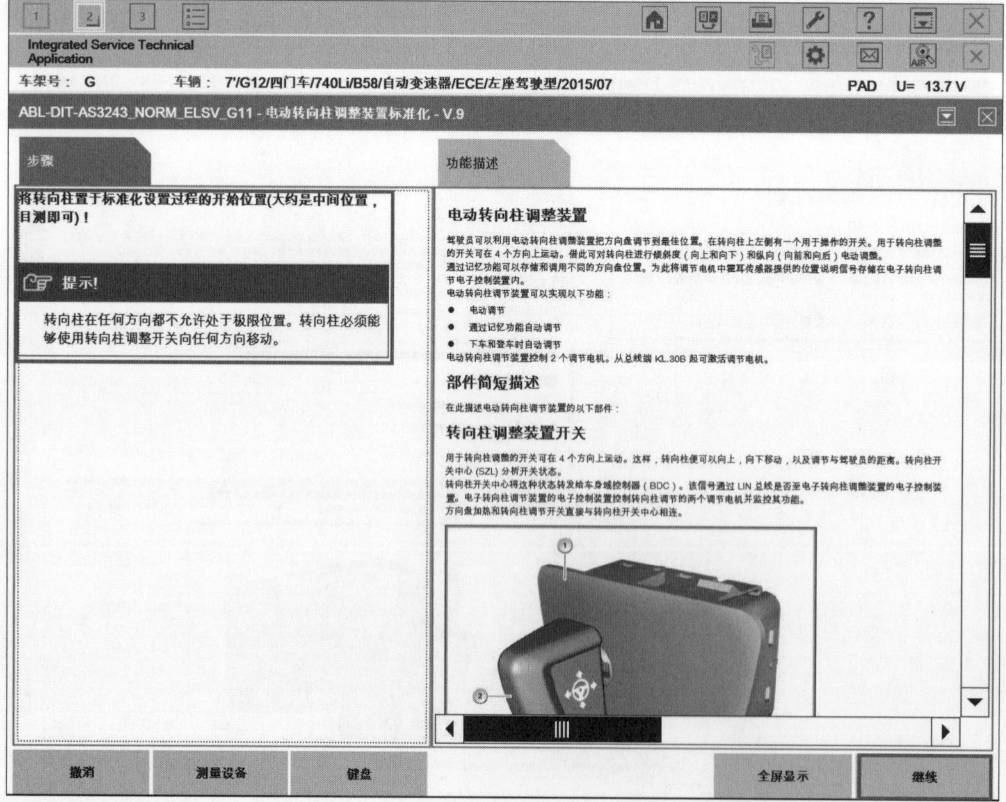

图4-3-26

电动转向柱调整装置标准化安全提示，如图 4-3-27 所示。

电动转向柱调整装置标准化完成，如图 4-3-28 所示。

图4-3-27

图4-3-28

第四节 执行车辆诊断分析

MSA 系统检查；

分析休眠电流监控；

专家模式；

读取车辆控制信息。

接下来以实例说明各种服务功能中执行车辆诊断分析的操作过程。

例1：MSA系统检查。

在高级动力管理（APM）里算出的蓄电池状态，是发动机启动 / 停止自动装置（MSA）的根本影响因素。动力管理监控下列测量参数：蓄电池充电状态、蓄电池温度、发动机启动时的电压扰动、接通的用电器的电流消耗。

妨碍关闭信号源。MSA 功能只能在某些前提条件下使用。当环境因素或者车辆条件要求时，会阻碍 MSA 停止。从动力管理角度看，可能有以下停机抑制因素。

充电状态不可信。可能有下列原因：

没有识别出 AGM 电池（在便捷进入及启动系统中设码）。在具有 MSA(特种装备 SA 1CC) 的车辆上必须安装 AGM 电池并进入车辆任务中；

智能型蓄电池传感器 (IBS) 被从供电电压上或从蓄电池负极上脱开。充电状态无法确定；

IBS 有故障（例如与发动机电子间的通信故障）；

存在持续的休眠电流故障并阻碍用于确定蓄电池充电状态的休眠电压测量。查询休眠电流故障的故障源；

车辆持续处于运行模式下并没有足够长的休眠阶段来确定蓄电池充电状态的休眠电压测量。使车辆休眠并处于静止状态下至少 1h ；

额外的用电器直接连接在蓄电池上，导致通过 IBS 确定蓄电池充电状态时出现故障；

发动机电子系统的供电中断。

充电状态过低。蓄电池充电状态与 MSA 必需的最低充电状态不符。通过充电器或在长途旅行以后对蓄电池补充充电。可能要执行下列检测过程找出原因：电源诊断。

蓄电池温度过高 (高于 54 ℃) 或者过低 (在充电状态正常时低于 3 ℃)。充电状态无法准确地确定。如果蓄电池温度超出 54 ℃ 的阈值，则在温度为 44℃时才重新取消停机抑制因素。

上次 MSA 发动机启动时电压扰动过大。动力管理不间断监控车载网络电压，尤其在发动机启动时。上次 MSA 发动机启动时电压未超过极限值。蓄电池很可能充电不当。

打开的用电器耗电过高。接通的用电器需要太多电流：如果没有许可 MSA 停止，发电机就能够支持蓄电池。断开大型用电器（比如后窗加热装置、座椅加热装置或者风扇），会再次允许 MSA 停止。

发电机故障。当发电机出现电气或者机械故障，或者温度过高时，就会设置停机抑制因素。可能发电机蓄电池不正确充电。

在动力管理的数据里会保存当前停机抑制因素。

接通请求。通过 MSA 全自动接通发动机也可以在驾驶员未做出任何动作时发生。一些车辆条件（接通请求）要求在驾驶员未干预时立即进行 MSA 发动机启动。从动力管理角度来看，可能有下列接通请求：

蓄电池充电状态在 MSA 停止期间低于需要用于 MSA 功能的充电状态；

由于 MSA 停止，车载网络电压达到阈值，电量用光，发动机启动时发生断电。

发动机按接通要求自动接通，以提高充电平衡（接通发电机）。在动力管理的数据里会保存当前接通要求。

在 ISTA 服务功能菜单下选择“ABL MSA ：系统检查”文件，并按照 ABL 过程提示逐步执行 MSA 系统检查过程，如图 4-4-1~ 图 4-4-5 所示。

在服务功能菜单下选择“MSA: 系统检查”文件，如图 4-4-1 所示。

MSA 系统检查的作用，如图 4-4-2 所示。

图4-4-1

图4-4-2

MSA 系统检查结果显示最近 25 次车辆没有自动启停的 4 个原因及当时的行驶公里数，如图 4-4-3 所示。

MSA 系统检查结果显示最近 25 次车辆没有自动启停的 4 个原因及当时的行驶公里数，如图 4-4-4 所示。

图4-4-3

图4-4-4

通过 MSA 系统检查分析找到 MSA 自动启停的原因，退出检测计划，如图 4-4-5 所示。

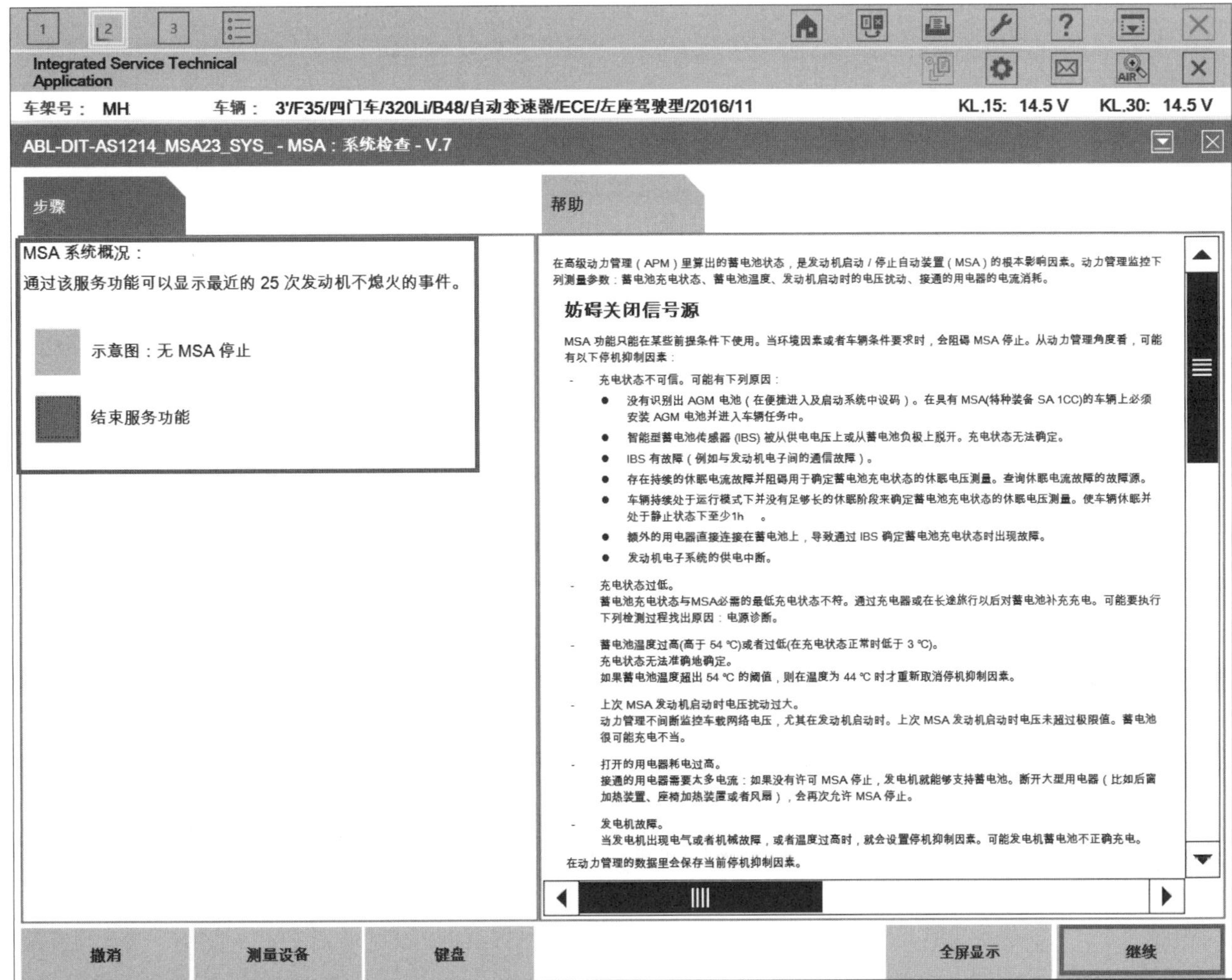

图4-4-5

例2：分析休眠电流监控。

在休眠电流监控时，将区分以下两种情况：

没有停车时用电器运行的静止状态；

有注册停车有用电器情况下的静止状态。

IBS 在总线端 30B 关闭 30min 后，启动休眠电流监控。

没有停车时用电器运行的静止状态。启动休眠电流监控以后，IBS 开始测量休眠电流。如果超过 80mA 的阈值，IBS 记录休眠电流故障。

如果由此所产生的蓄电池放电量大于 1A・h，便会在休眠电流故障仍然存在的情况下。依次执行以下措施：

复位总线端 30F：IBS 报告一个休眠电流故障并要求复位总线端 KL.30F；

关闭总线端 30F：如果在总线端 KL.30F 复位，并重新达到静止状态后，休眠电流故障仍然存在，IBS 便会通过唤醒导线向 JBE 请求关闭总线端 KL.30F。

动力管理将在 DME/DDE/EDME 中保存相应的故障码存储记录，并在重新接通总线端 KL.15 后，显示以下检查控制信息：蓄电池放电电流升高。

最近 24 次静态电流监控的结果 (静态电流值的数值范围和采取的措施) 被存储到发动机电子系统中：

休眠电流值：

0~80mA（静止状态下的正常休眠电流）；

80~200mA ；

200~1000mA ；

超过 1000mA。

请求采取的措施：

无措施（无休眠电流故障或所产生的卸载小于 1A・h）；

复位总线端 30F ；

关闭总线端 30F ；

无措施，但是在关闭总线端 30F 后重新出现休眠电流故障。

有注册停车有用电器情况下的静止状态。停车用电器就是在车辆处于静止状态时也能够激活并因此可能使静态电流消耗超出标准范围的用电器：

远程信息处理控制单元 (TCU)、Combox 或远程信息处理通信盒 (TCB) ：激活的电讯功能、激活的远程信息处理服务功能、激活的紧急呼叫功能；

自动恒温空调 (IHKA) ：停车通风功能、停车预热功能或余热功能、车内温度传感器风扇滞后运行；

主机：收音机；

总线端控制：灯光控制功能（例如停车灯 / 停车警示灯）。灯光控制功能是规定的用电器。

如果用电器将在静止状态下执行一项功能，且所需的休眠电流消耗大于标准值，则所有这类停车用电器都必须在电源管理系统中进行注册。需要避免休眠电流监控中的故障报告。在该功能的最后部分，必须进行注销。如果至少有一个停车时用电器进行了注册，便将不进行休眠电流监控。这时，IBS 将在静止状态仅监控蓄电池充电状态。电源管理根据蓄电池充电状态执行下列措施。

达到上启动能力极限：需要关闭除灯光控制功能之外的所有标准用电器（安全性）。同样地，如果电源管理 KL. 30B 仍处于激活状态，那么也需要将其关闭。

达到下启动能力极限：如果没有任何灯光控制功能处于激活状态，电源管理便会要求总线端 30F 关闭。当停车灯或停车警示灯激活时，总线端 30F 便不会关闭。这时，停车灯或停车警示灯将在经过了 12h 的时间段滞后，在“总线端 R 关闭”后关闭。如果警示闪烁灯功能处于激活状态，总线端 30F 和警示闪烁灯功能便不会关闭。

发生静态电流增大问题时，首先检查是否在总线端 KL.30 上、总线端 KL.30F 上或直接在蓄电池上另外连接了加装用电器 (例如免提电话、导航装置、用于在行车过程中开通电视功能的装置、冷藏箱、防啮咬装置)。如有必要，向客户询问是否加装过这些部件。进行外部静态电流测量，通过限定分电器并逐步拔下保险丝或拔下相应的控制单元来识别可能的故障源 (总线端 KL.30 上或总线端 KL.30F 上连接的控制单元)。

ISTA 服务功能“分析休眠电流监控”利用该服务功能，可读取最近 24 次休眠电流监控的结果，如图 4-4-6~ 图 4-4-9 所示。

在服务功能里选择“ABL 分析休眠电流监控”文件，如图 4–4–6 所示。

通过服务功能分析休眠电流监控显示，如图 4–4–7 所示。

图4–4–6

图4–4–7

在最近 24h 休眠电流监控的范围之内，测得休眠电流正常 22 次，休眠电流 2 次大于 80mA，最后可以选择复位休眠电流监控循环。

复位休眠电流监控选择确认，如图 4-4-8 所示。

休眠电流监控结果删除，退出服务功能，如图 4-4-9 所示。

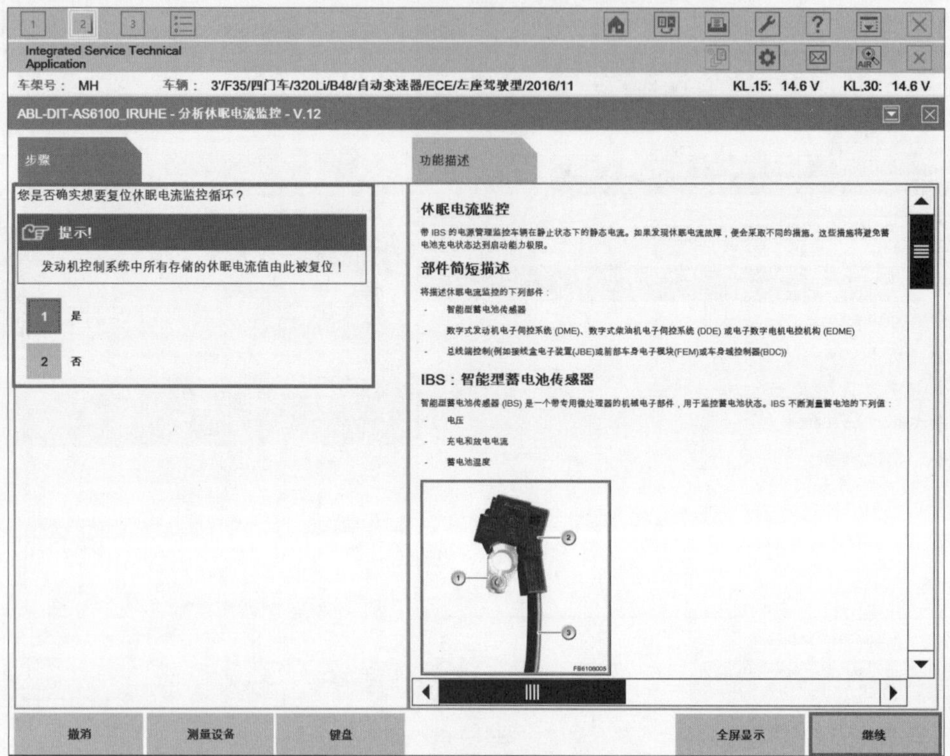

图4-4-8

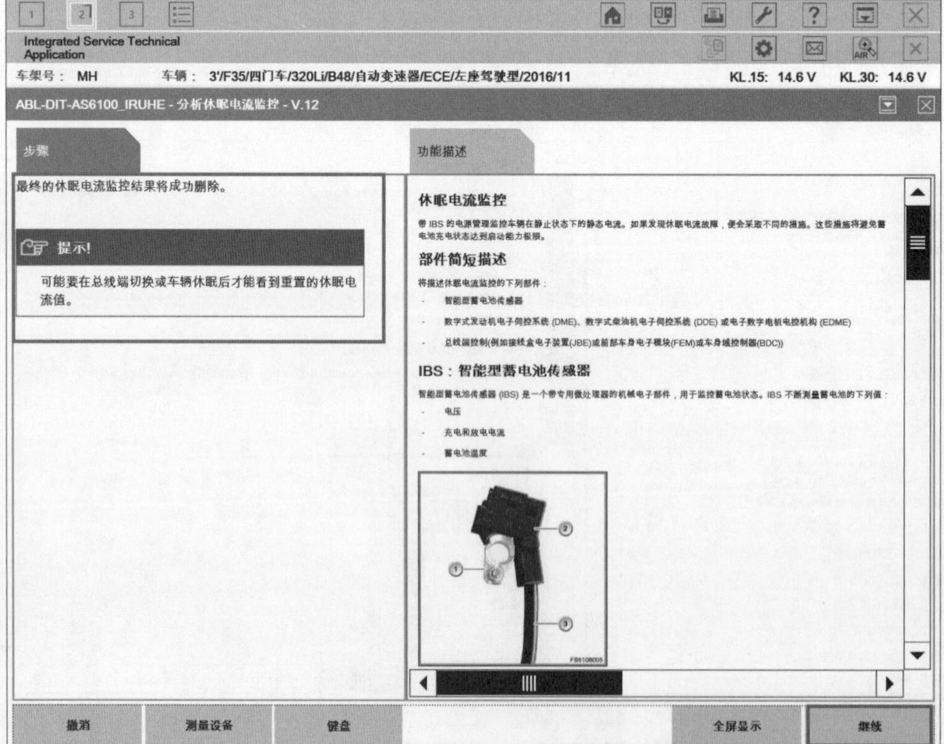

图4-4-9

例3：专家模式。

该测试模块中的功能可以从发动机控制单元中读取测量值，并且加以图形化显示。对于不同的功能或者应用案例，可以读取预设的测量值组合。对于测量值的判读，将会为最重要的测量值显示描述。测量将会在不同的时间过后自动退出。但测量同样也可以通过按钮“继续”退出。高级模式可以被用于不同的目的，例如：

诊断：确定故障原因；

评价动态测量值；

验证执行的维修措施。

在 ISTA 服务功能菜单下选择“ABL 专家模式”文件，并按照 ABL 过程提示逐步执行专家模式过程，如图 4–4–10~ 图 4–4–23 所示。在专家模式下可以测量发动机的运转平稳性、点火火花持续时间、车辆启动、氧传感器信号等数据。

服务功能里选择“ABL 专家模式”文件，如图 4–4–10 所示。

图4–4–10

选择“测量值：运转平稳性控制”，如图 4-4-11 所示。

选择驱动运转平稳性的状态（怠速或者其他转速下），如图 4-4-12 所示。

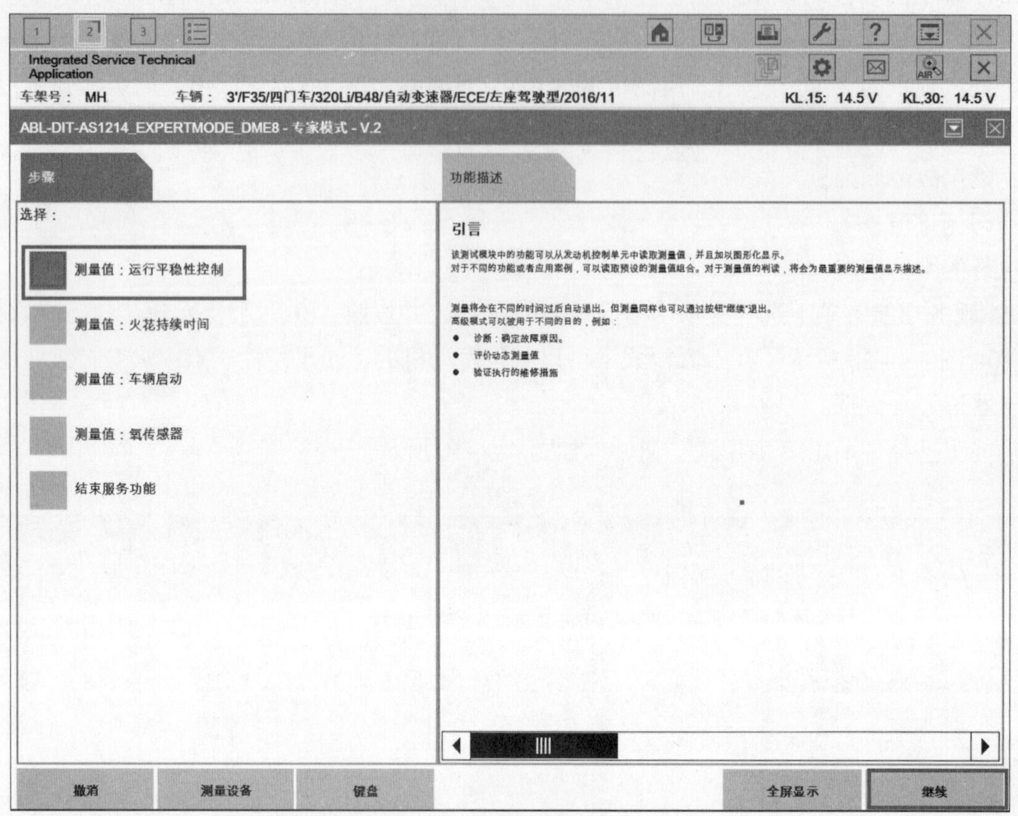

图4-4-11

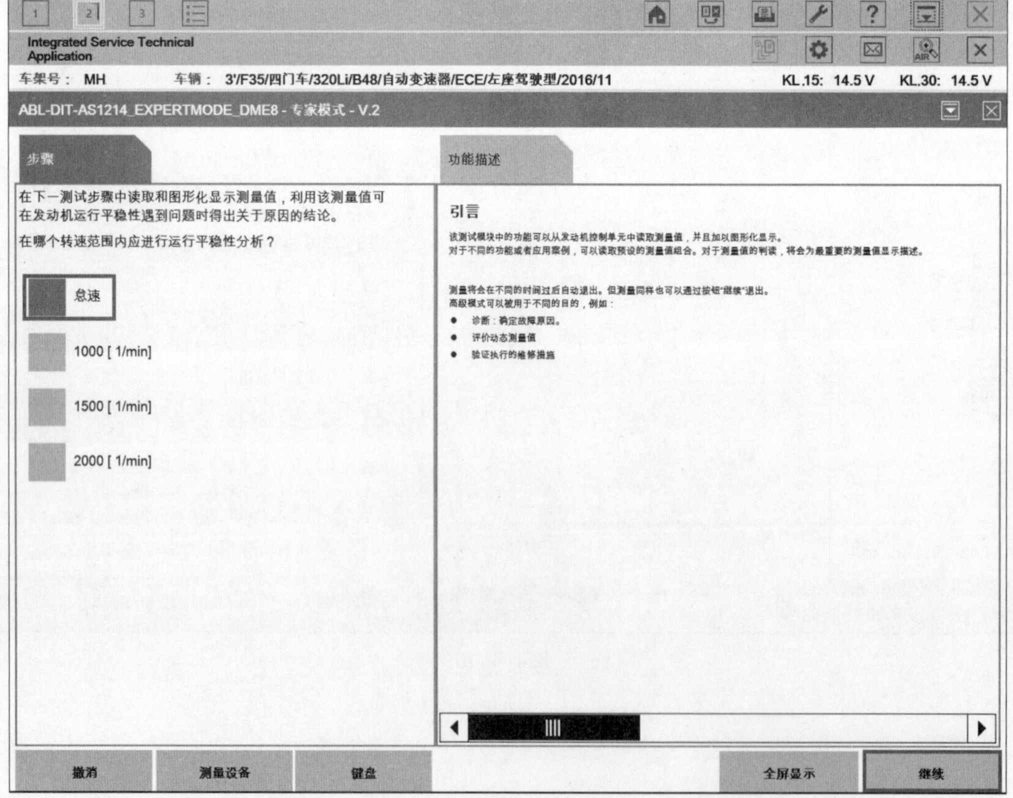

图4-4-12

怠速状态下各个气缸的运转平稳性测量值，如图 4-4-13 所示。

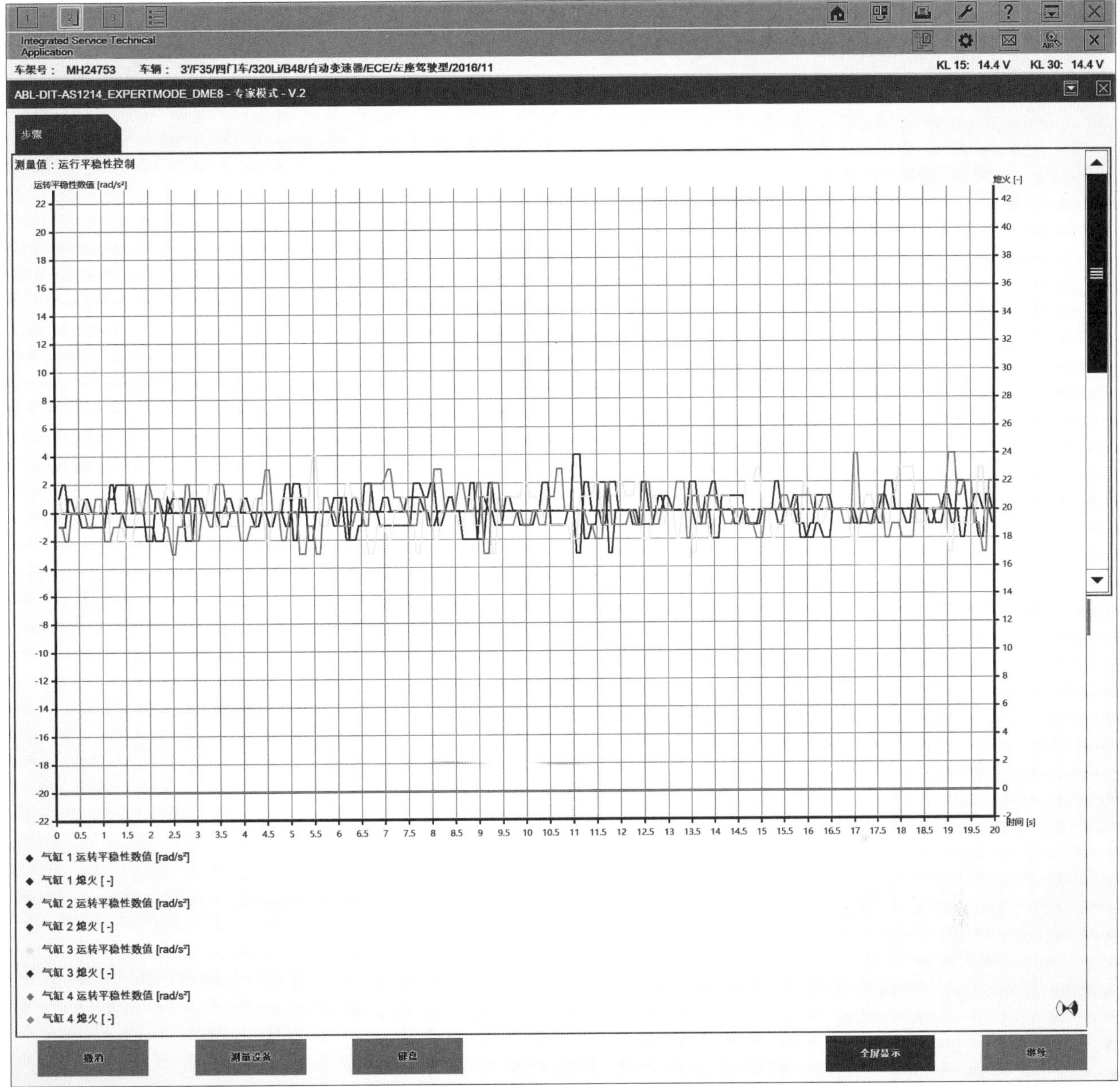

图4-4-13

显示的测量值的描述，如表 4-4-1 所示。

表4-4-1

测量值	说明
熄火（-）	每个气缸的当前熄火次数
运转平稳性数值（rad/s^2）	每个气缸的当前运转平稳性数值

专家模式测量火花持续时间，如图 4-4-14 所示。

选择测量火花持续时间发动机的状态（怠速或者其他转速），如图 4-4-15 所示。

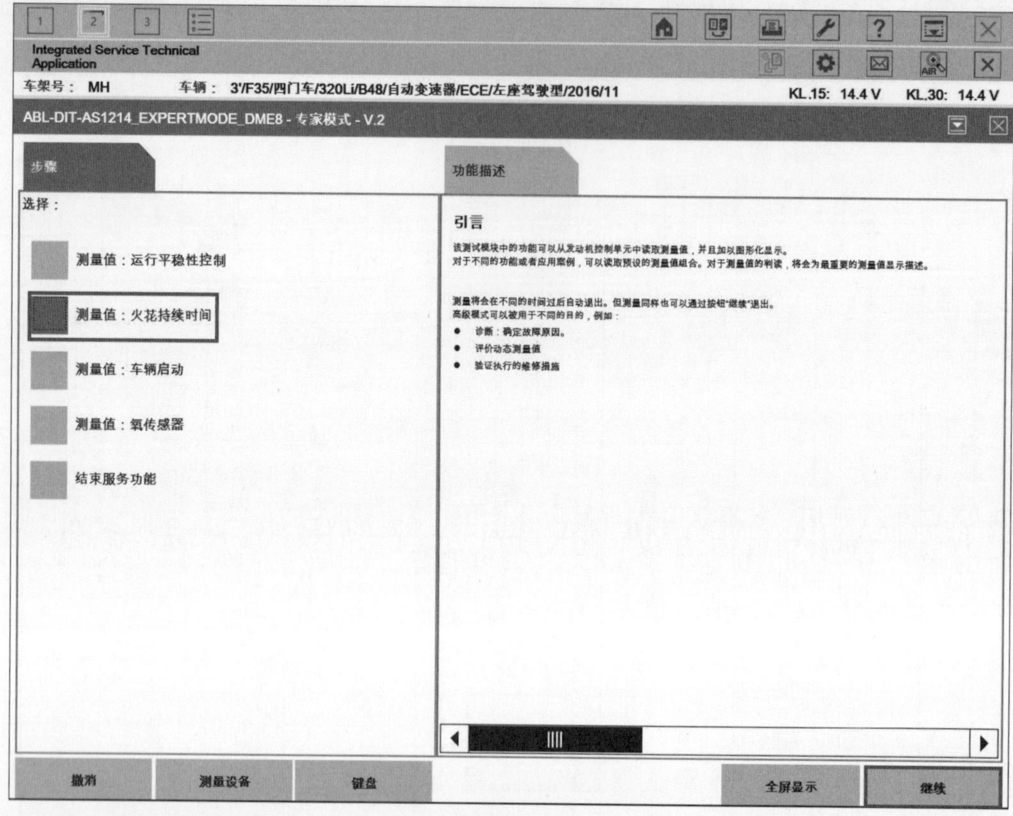

图4-4-14

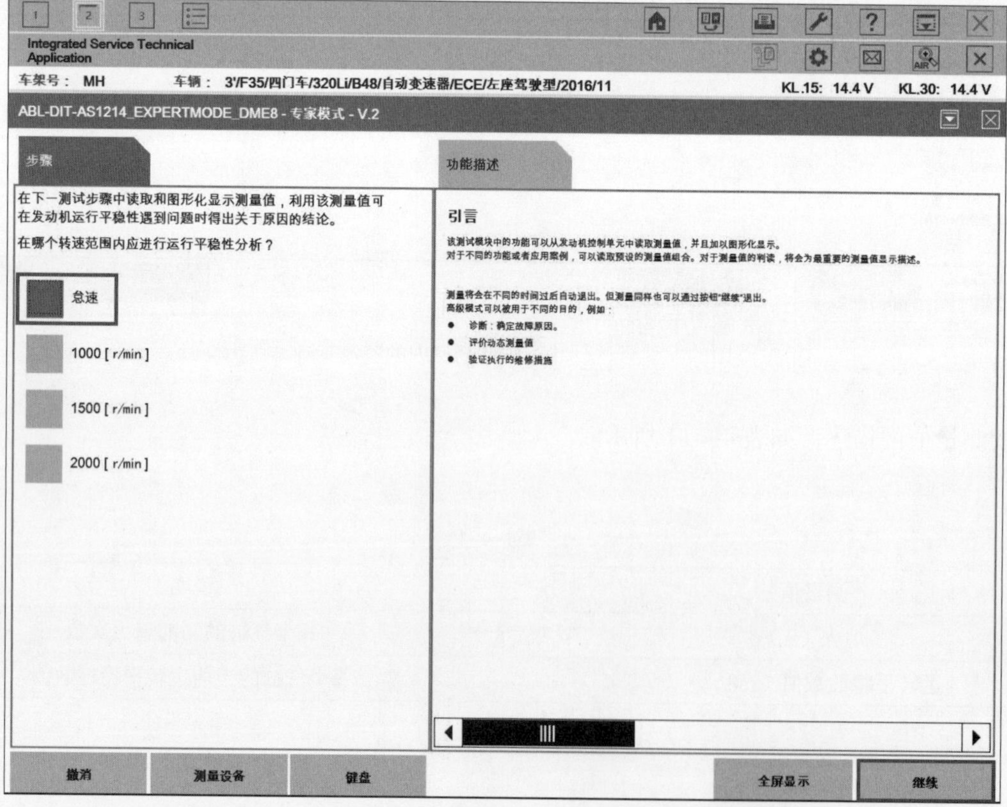

图4-4-15

怠速状态下火花持续时间，如图 4-4-16 所示。

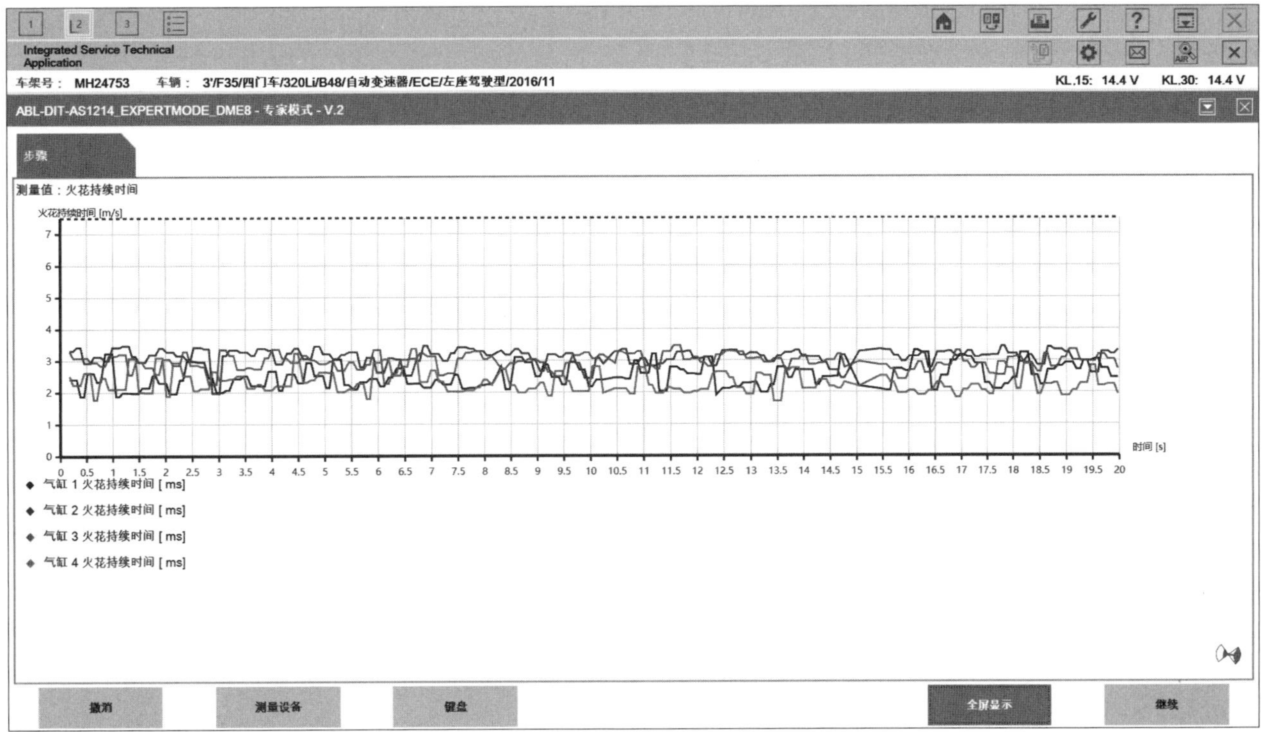

图4-4-16

显示的测量值的描述，如表 4-4-2 所示。

表4-4-2

测量值	说明
火花持续时间（ms）	点火火花的当前火花持续时间 点火火花的火花持续时间取决于一些系统性影响 1. 下列组件产生影响 点火线圈、火花塞之间的导线参数 点火线圈 火花塞 车辆蓄电池 2. 不同的发动机运行状态中燃烧室内的气流运动与压力波动 3. 点火时刻的燃烧室压力。如果点火时燃烧室压力较高且由此产生的火花能量需求较高，则火花持续时间相应减少 4. 点火线圈的温度影响 无故障发动机的火花持续时间的典型值：1~3.5ms

专家模式测量选择测量氧传感器，如图 4–4–17 所示。

测量氧传感器数据车辆状态选择（怠速或者其他转速），如图 4–4–18 所示。

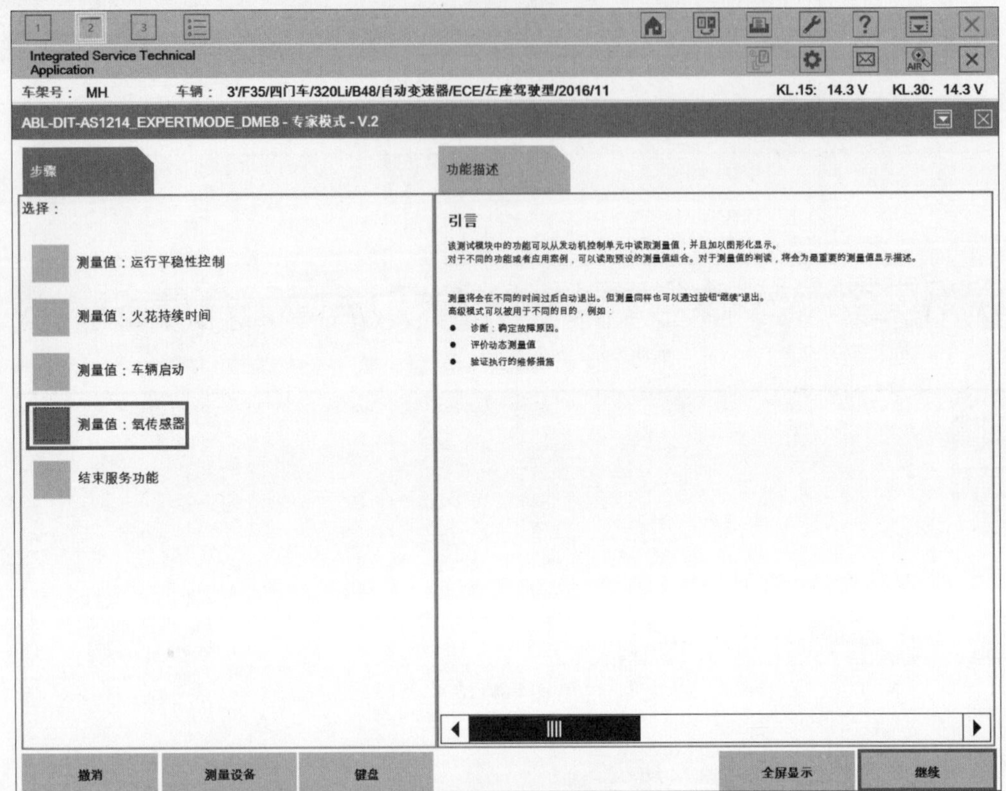

图4–4–17

图4–4–18

怠速状态下测量氧传感器信号电压，如图 4-4-19 所示。

发动机转速 1000r/min 转时的氧传感信号电压，如图 4-4-20 所示。

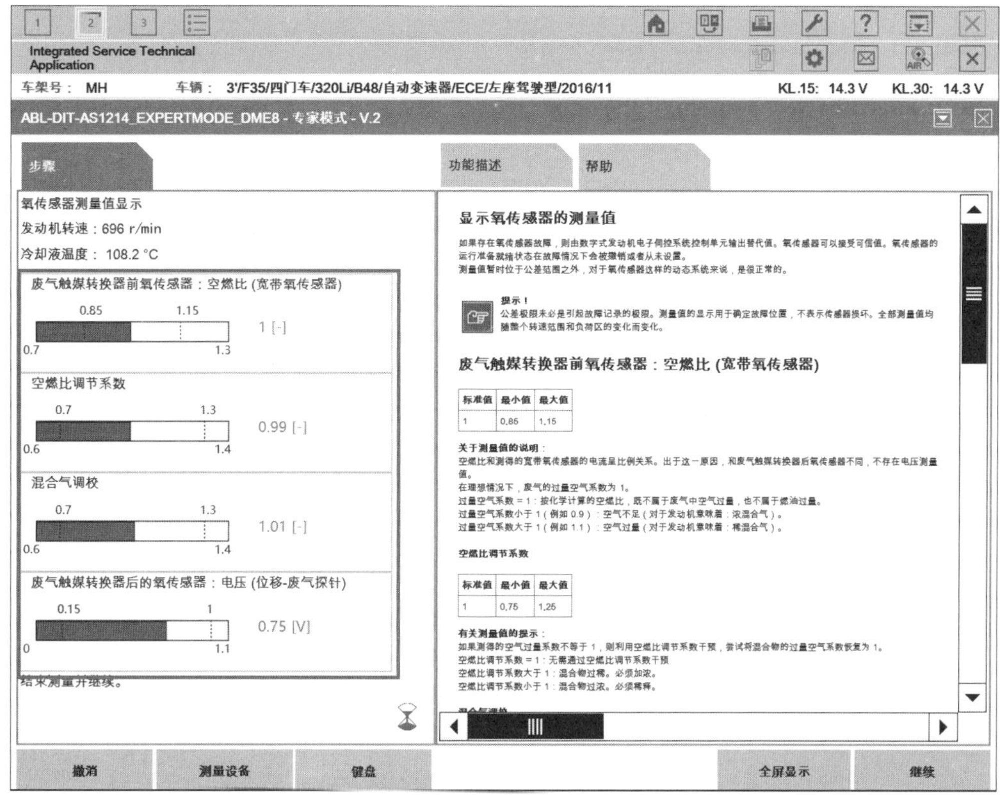

图4-4-19

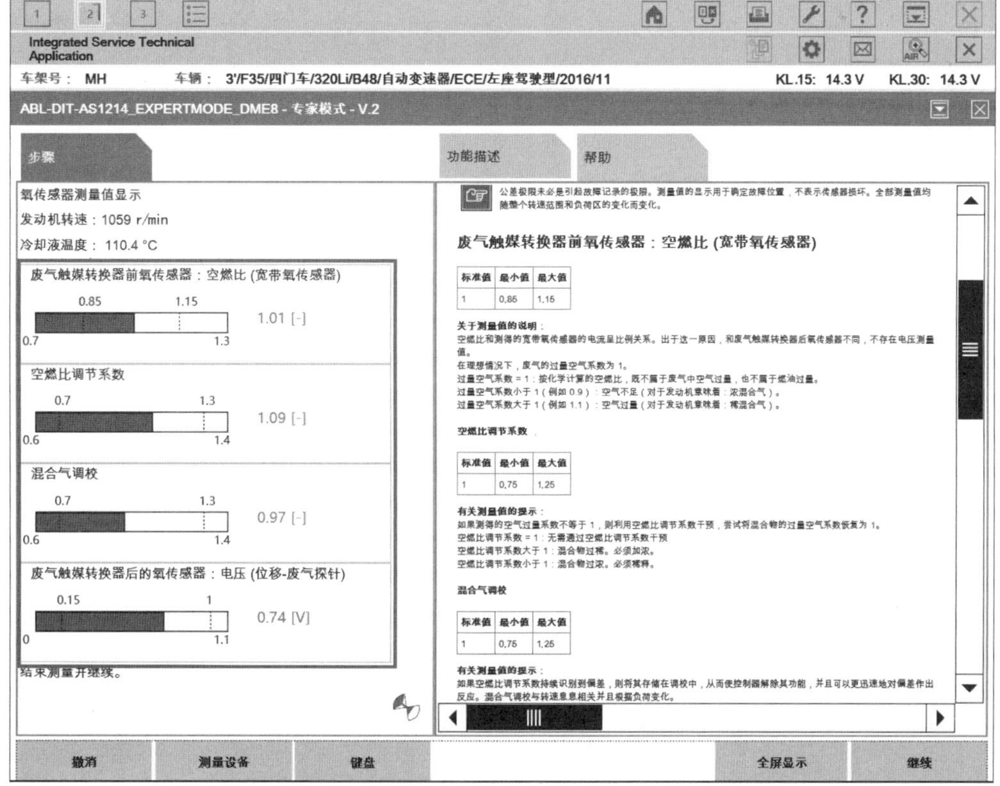

图4-4-20

发动机转速 2000r/min 时氧传感器信号电压，如图 4-4-21 所示。

发动机转速 3000r/min 时氧传感器信号电压，如图 4-4-22 所示。

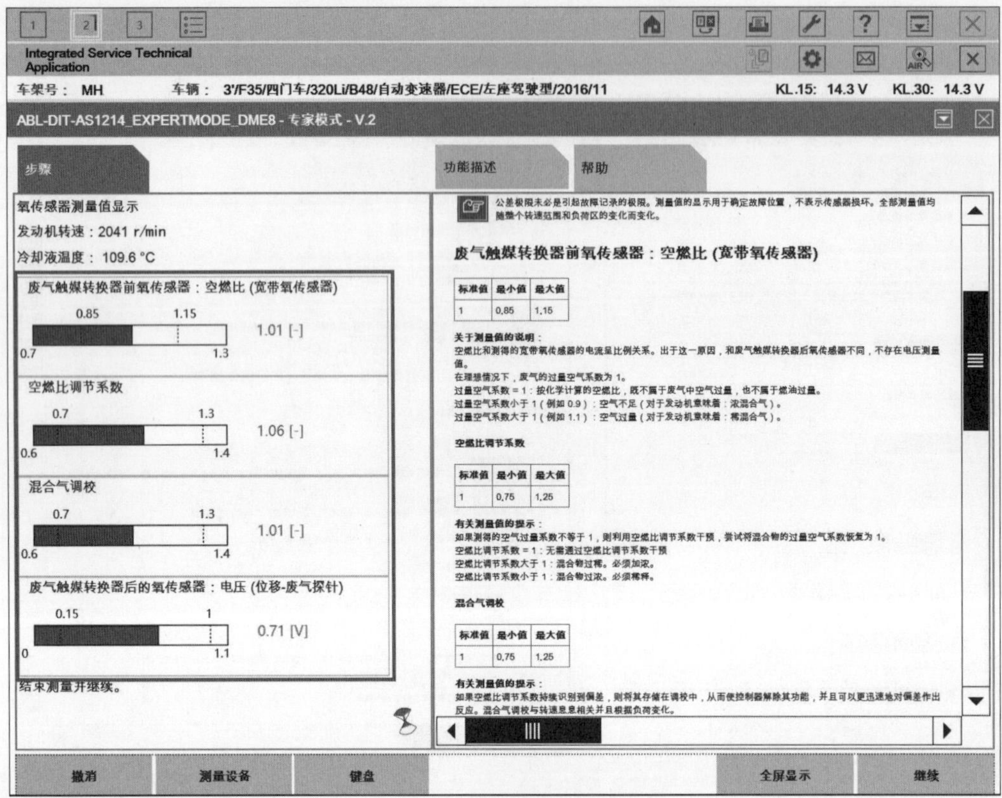

图4-4-21

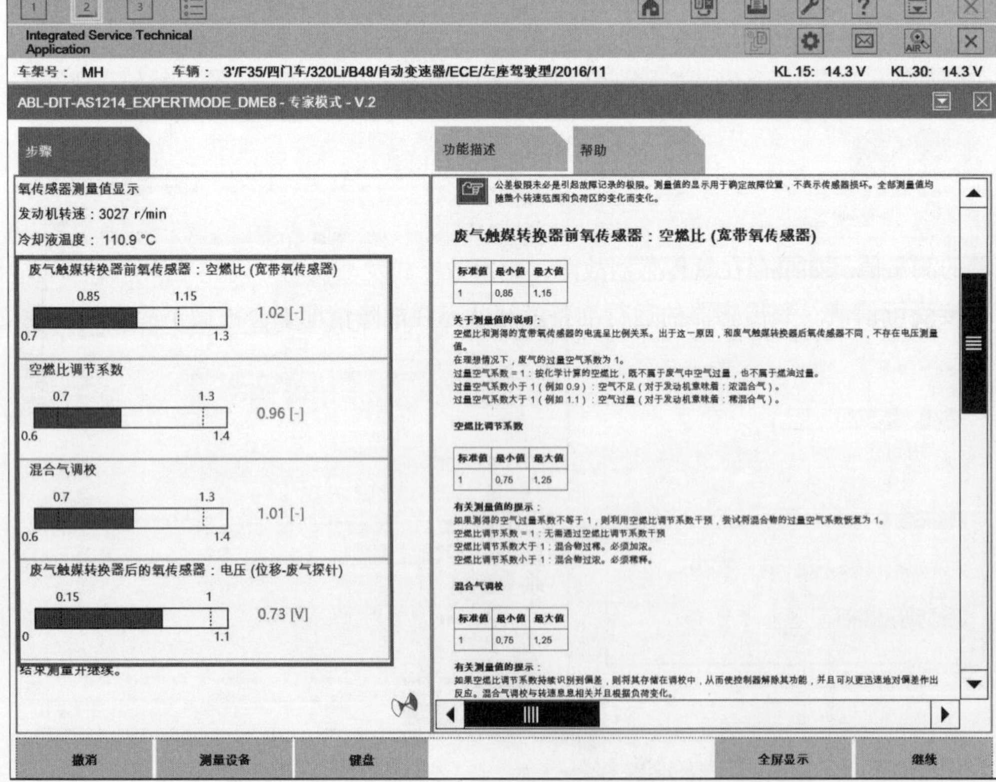

图4-4-22

怠速至发动机转速 4000r/min 时氧传感器显示值，如图 4-4-23 所示。

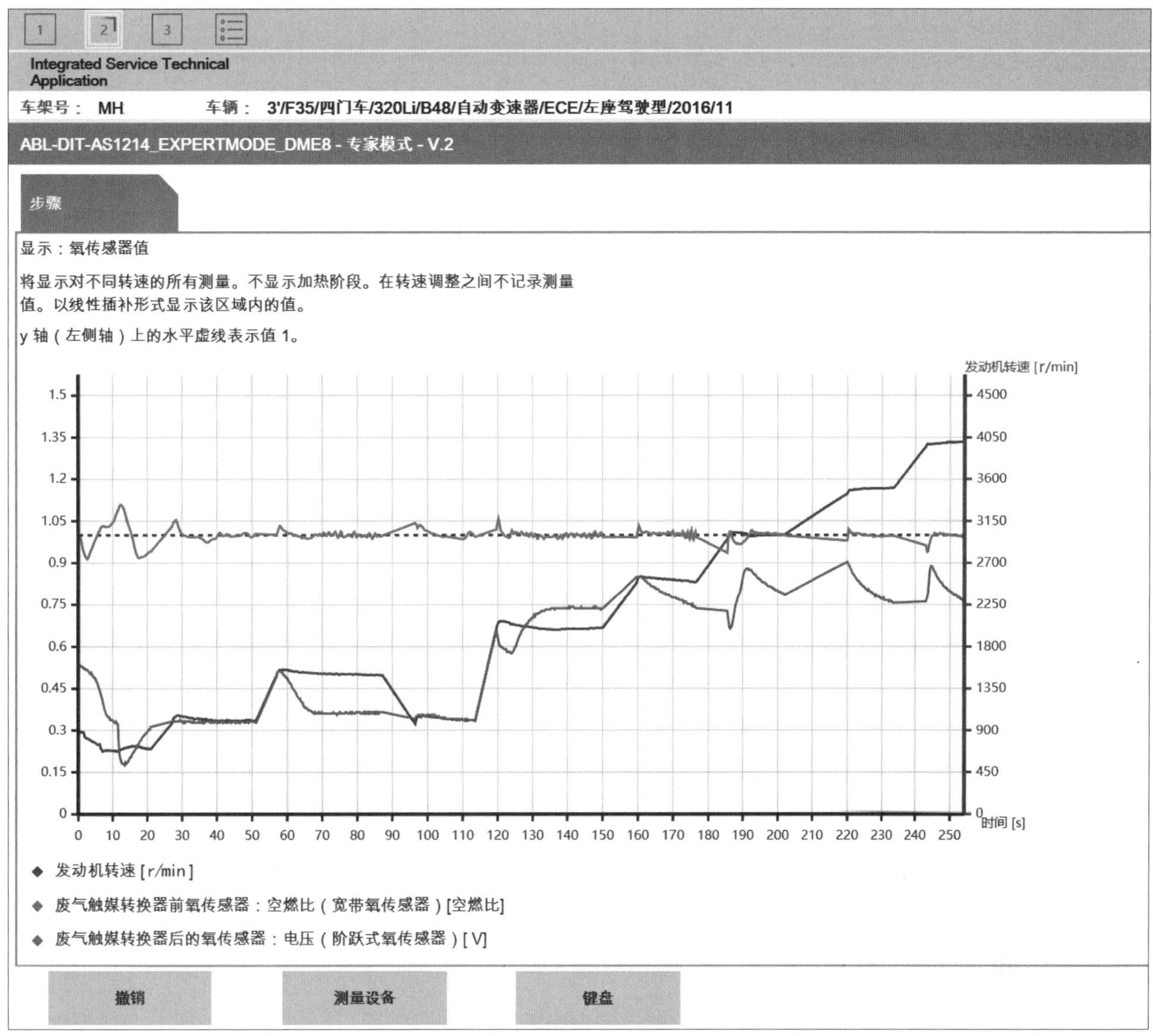

图4-4-23

氧传感器的测量值。如果存在氧传感器故障，则由数字式发动机电子伺控系统控制单元输出替代值。氧传感器可以接受可信值。氧传感器的运行准备就绪状态在故障情况下会被撤销或者从未设置。测量值暂时位于公差范围之外，对于氧传感器这样的动态系统来说，是很正常的。公差极限未必是引起故障记录的极限。测量值的显示用于确定故障位置，不表示传感器损坏。

全部测量值均随整个转速范围和负荷区的变化而变化。

废气触媒转换器前氧传感器：空燃比（宽带氧传感器），如表 4-4-3 所示。

表4-4-3

标准值	最小值	最大值
1	0.85	1.15

关于测量值的说明：空燃比和测得的宽带氧传感器的电流成比例关系。出于这一原因，和废气触媒转换器后氧传感器不同，不存在电压测量值。

在理想情况下，废气的过量空气系数为 1。

过量空气系数等于 1：按化学计算的空燃比，既不属于废气中空气过量，也不属于燃油过量。

过量空气系数小于 1（例如 0.9）：空气不足（对于发动机意味着：浓混合气）。

过量空气系数大于 1（例如 1.1）：空气过量（对于发动机意味着：稀混合气）。

空燃比调节系数，如表 4–4–4 所示。

表4–4–4

标准值	最小值	最大值
1	0.75	1.25

如果测得的空气过量系数不等于 1，则利用空燃比调节系数干预，尝试将混合物的过量空气系数恢复为 1。

空燃比调节系数等于 1：无须通过空燃比调节系数干预。空燃比调节系数大于 1：混合物过稀，必须加浓。

空燃比调节系数小于 1：混合物过浓，必须稀释。

混合气调校，如表 4–4–5 所示。

表4–4–5

标准值	最小值	最大值
1	0.75	1.25

有关测量值的提示：如果空燃比调节系数持续识别到偏差，则将其存储在调校中，从而使控制器解除其功能，并且可以更迅速地对偏差做出反应。混合气调校与转速息息相关并且根据负荷变化。

混合气调校 = 1：无须燃油修正。

混合气调校大于 1：混合物过稀，必须加浓。

混合气调校小于 1：混合物过浓，必须稀释。

废气触媒转换器后的氧传感器：电压（监控用传感器），如表 4–4–6 所示。

表4–4–6

标准值	最小值	最大值
0.8V	0.15V	1.0V

有关测量值的提示：测量值说明了一个趋势，即混合气是过浓还是过稀。由于不连续的监控用传感器的测量误差，因而不能换算成一个空燃比。因此，作为监控用传感器的测量值，只有一个电压信号。和废气触媒转换器前氧传感器不同，不存在空燃比。如果废气触媒转换器后氧传感器没有工作准备就绪，由于监控用传感器受热，可能会出现大于 1 V 的测量值。

浓混合气时的电压：约 800mV。

在废气触媒转换器中进行氧化。

稀混合气时的电压：约 150mV。

在废气触媒转换器中进行极弱的氧化。

仅凭测量值不足以诊断废气触媒转换器。这可以在行驶模式下利用车载诊断完成。废气触媒转换器后的氧传感器对混合气形成不产生影响，用于废气触媒转换器诊断。

例4：读取检查控制历史存储器。

在 ISTA 服务功能菜单下选择“ABL 读取检查控制器器历史存储器”文件，并按照 ABL 过程提示逐步执行读取检查控制历史存储器过程，如图 4–4–24~ 图 4–4–27 所示。

在服务功能里选择 ABL“读取检查控制历史存储器”文件，如图 4–4–24 所示。

读取检查控制历史存储器的目的，如图 4–4–25 所示。

图4–4–24

ID	控制单元	文本（缩写形式）	文本（完整形式）
0	组合仪表 (KOMBI)	无故障。	-
1	主动速度调节 (ACC)，纵向动态管理 (LDM)，选装配置系统 (SAS)	定速控制退出工作状态！保持距离。	主动速度调节退出工作状态。保持距离。由于系统极限导致临时限制。在需要时和合适的行驶状况下重新激活定速控制。系统描述见车主手册。
2	主动速度调节 (ACC)，纵向动态管理 (LDM)，选装配置系统 (SAS)	定速控制退出工作状态！保持距离。	主动速度调节由于传感器污染已退出工作。保持距离！擦净传感器，参见车主手册。
3	主动速度调节 (ACC)，纵向动态管理 (LDM)，选装配置系统 (SAS)	定速控制退出工作状态！保持距离。	主动速度调节失灵。保持距离！请 BMW 保养服务机构进行检查。
4	挂车模块 (AHM)，挂车连接设备 (AAG)	挂车，左驻车灯！进行检测。	-
5	挂车模块 (AHM)，挂车连接设备 (AAG)	挂车，右驻车灯！进行检测。	-
6	挂车模块 (AHM)，挂车连接设备 (AAG)	挂车，左转向信号灯！进行检测。	-
7	挂车模块 (AHM)，挂车连接设备 (AAG)	挂车，右转向信号灯！进行检测。	-
8	挂车模块 (AHM)，挂车连接设备 (AAG)	挂车，制动信号灯！检查	-
9	挂车模块 (AHM)，挂车连接设备 (AAG)	挂车，后雾灯！进行检测。	-
10	动态行驶稳定装置	动态行驶稳定装置有故	动态行驶稳定装置。

图4–4–25

读取检查控制历史存储器提示，最多可以查看 41 条检查控制信息，用于验证用户的抱怨的可信度，如图 4–4–26 所示。

读取检查控制历史存储器结果，可对应右侧检查指南里的具体信息，核实控制信息的详细说明，如图 4–4–27 所示。

图4–4–26

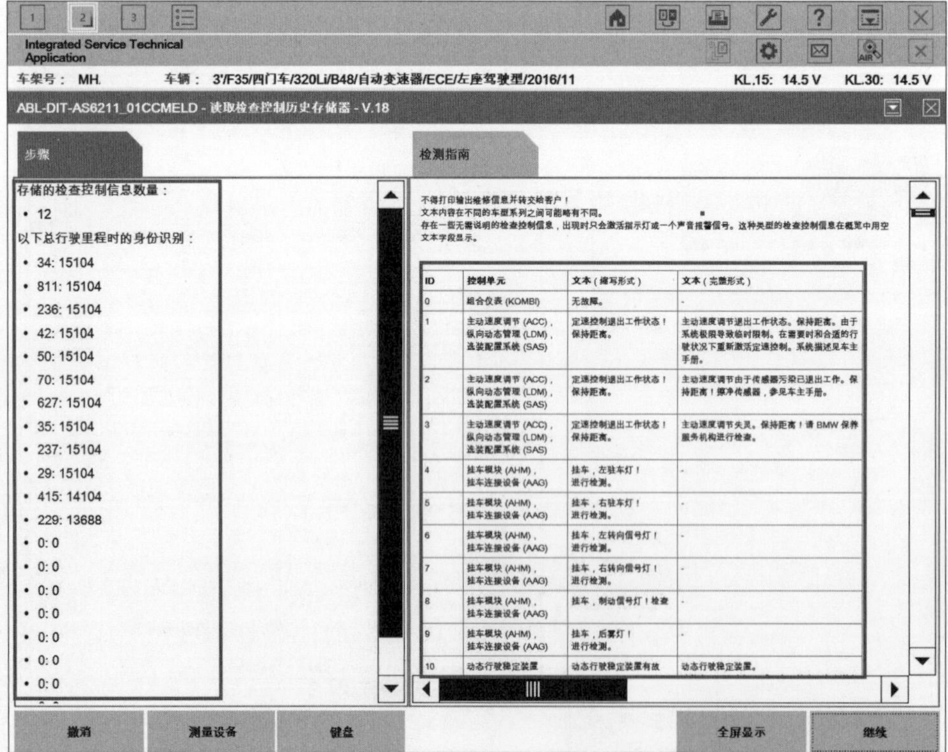

图4–4–27

第五节 为车辆维修而执行某些操作

EMF 修理厂模式；

DSC 排气程序。

接下来以实例说明各种服务功能中执行为车辆维修而执行某些操作的过程。

例1：驻车制动器修理厂模式。

在服务功能里选择“ABL 驻车制动器修理厂模式”文件，如图 4-5-1 所示。

驻车制动器修理厂模式的作用，如图 4-5-2 所示。

图4-5-1

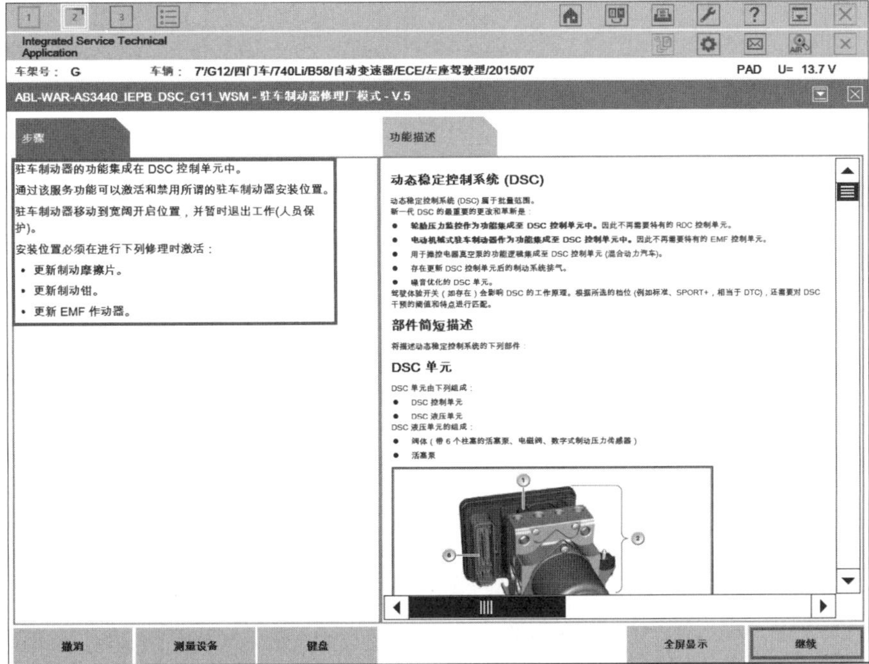

图4-5-2

选择激活修理厂模式按钮，如图 4-5-3 所示。

修理厂模式激活，如图 4-5-4 所示。

图4-5-3

图4-5-4

确认驻车制动器是否处于正确的安装位置，如图 4–5–5 所示。

驻车制动器修理厂模式激活完成，如图 4–6–6 所示。

图4–5–5

图4–5–6

关闭驻车制动器修理厂模式选择按钮，如图 4–5–7 所示。

关闭驻车修理厂模式激活，如图 4–5–8 所示。

图4–5–7

图4–5–8

关闭驻车制动器修理厂模式后进行制动系统功能检查，如图 4-5-9 所示。

关闭驻车修理厂模式结束，下一步结束服务功能，如图 4-5-10 所示。

图4-5-9

图4-5-10

例2：用诊断系统排气。

动态稳定控制系统：用诊断系统排气。

初级回路：DSC 液压单元的边缘和阀门上可能粘有气泡，这些气泡在用制动液自动加注和排气装置进行冲洗时未被清除。通过诊断系统排气时产生的振动消除气泡。

次级回路：正常情况下（DSC 不进行调节）DSC 液压单元的次级回路是封闭的，以至于内部的空气在用制动液自动加注和排气装置冲洗时不能逸出。但是正常制动 (ABS 或 DSC 不进行调节干预) 时，这些封闭在内的空气不会造成制动踏板行程延长。用诊断系统可在冲洗过程中控制回流泵、放气阀和进气门，这样也可对次级回路进行排气。

更换和修理下列部件后，必须用诊断系统排气：DSC 液压单元。

更换和修理下列部件后，用诊断系统额外排气可以改善排气效果，因此可以减小过大的制动踏板行程：制动主缸；位于液压单元与制动主缸之间的部件和连接管路。

工作步骤。工作步骤的顺序：左后、左前、右前、右后。

在测试过程中将详细说明工作步骤。

（1）冲洗制动系统。用制动液加注和排气装置和制动踏板操纵装置冲洗整个制动系统。

（2）首个泵冲洗循环。次级回路内部排气。

（3）后桥制动回路排气程序。左后车轮上后桥制动回路排气。

（4）前桥制动回路排气程序。左前车轮上前桥制动回路排气。

（5）第二个泵冲洗循环。次级回路内部排气。

（6）冲洗制动系统。用制动液加注和排气装置和制动踏板操纵装置冲洗整个制动系统。

（7）关闭点火开关，等待 10 s，重新打开点火开关。以确保结束控制程序。

第六节　部件试运行

EPS：转向系统试运行；

驻车制动器试运行。

接下来以实例说明服务功能中各种部件试运行的操作过程。

例1：EPS：转向系统试运行。

更换转向系之后，必须利用“调试”服务功能对新的转向器进行“电气”调整，使之适应于转向系的现有机械系统。

在诊断系统中提供下列服务功能：试运行。利用该服务功能可以将电动机械式助力转向系统的参数复位到制造商的设置，接着重新进行测定。如图 4–6–1~ 图 4–6–14 所示。

在服务功能里选择“ABL EPS：转向系试运行”文件，如图 4–6–1 所示。

EPS 试运行的作用，如图 4–6–2 所示。

图4-6-1

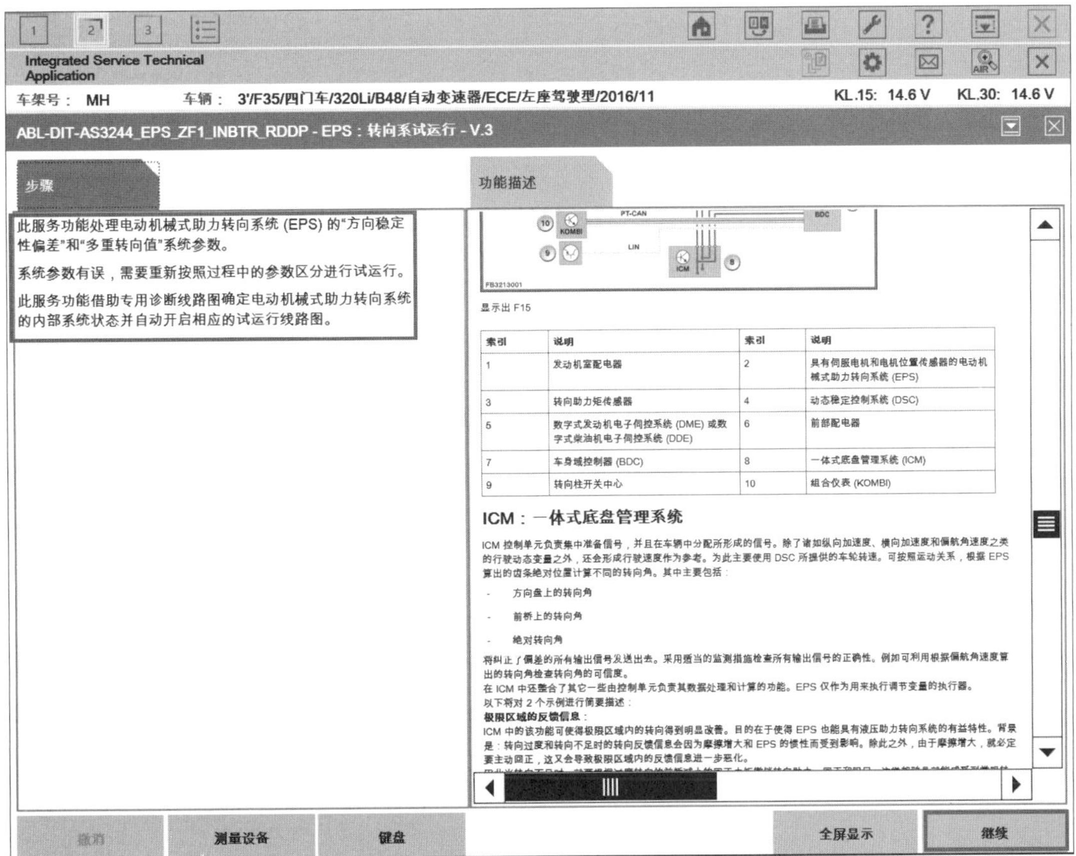

索引	说明	索引	说明
1	发动机室配电器	2	具有伺服电机和电机位置传感器的电动机械式助力转向系统 (EPS)
3	转向助力矩传感器	4	动态稳定控制系统 (DSC)
5	数字式发动机电子伺控系统 (DME) 或数字式柴油机电子伺控系统 (DDE)	6	前部配电器
7	车身域控制器 (BDC)	8	一体式底盘管理系统 (ICM)
9	转向柱开关中心	10	组合仪表 (KOMBI)

图4-6-2

EPS 试运行说明及菜单选择，如图 4-6-3 所示。

EPS 试运行完成前提条件，如图 4-6-4 所示。

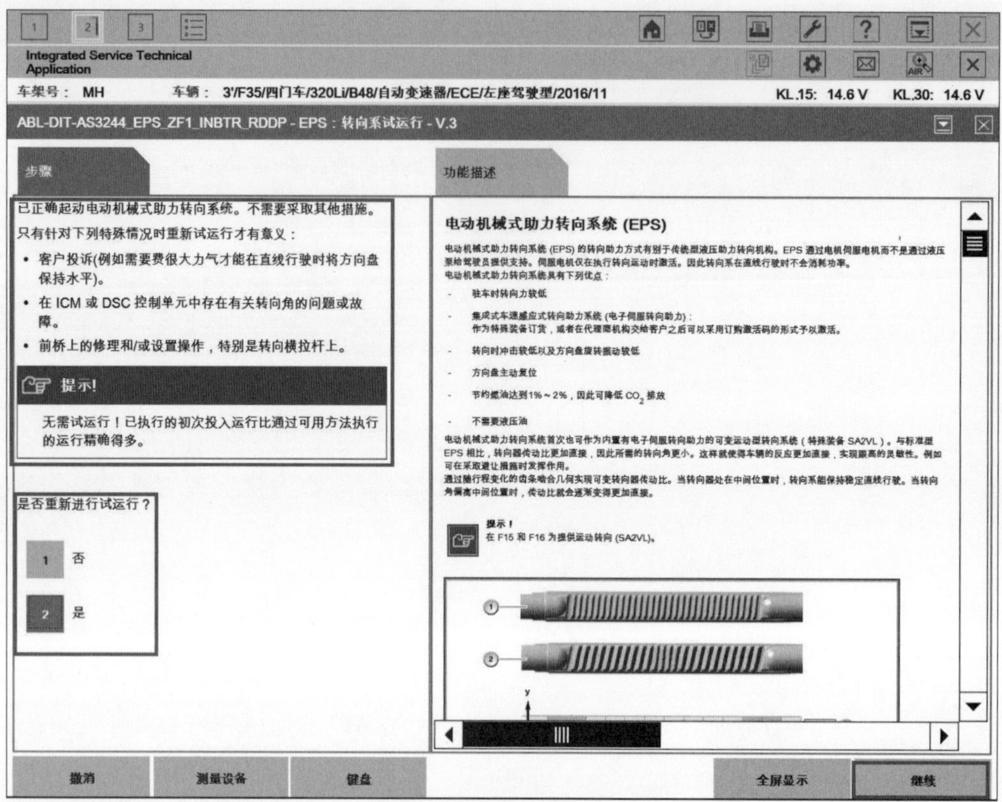

图4-6-3

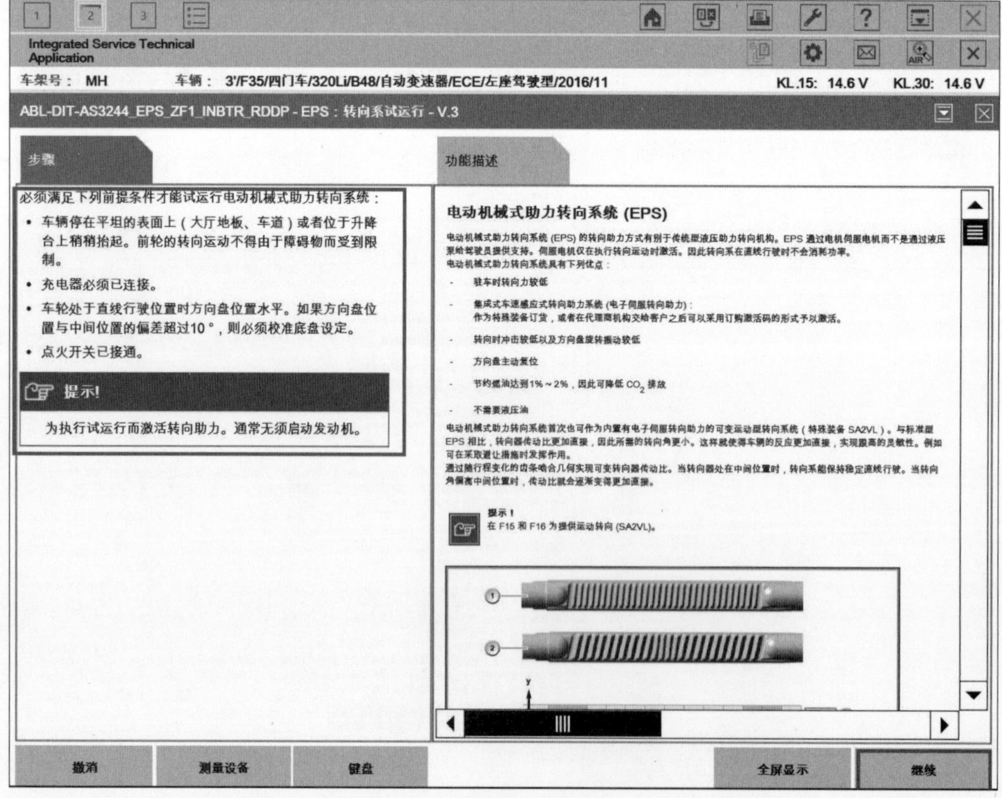

图4-6-4

EPS 试运行对制动系统的要求，如图 4–6–5 所示。

EPS 试运行说明，如图 4–6–6 所示。

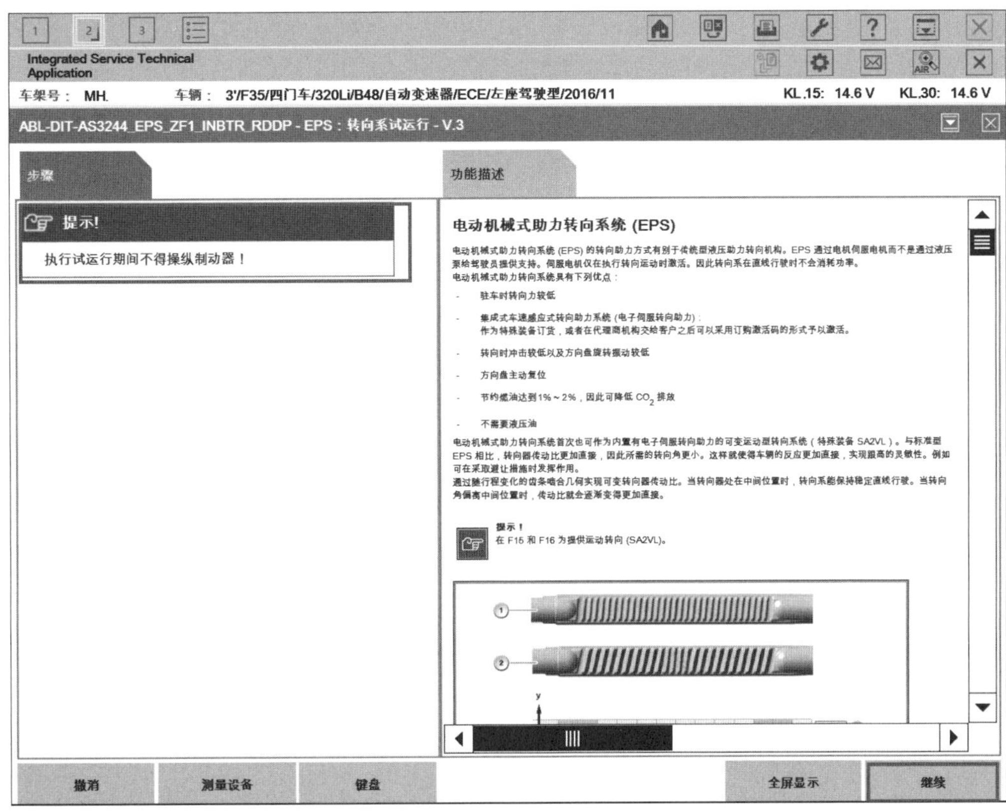

图4–6–5

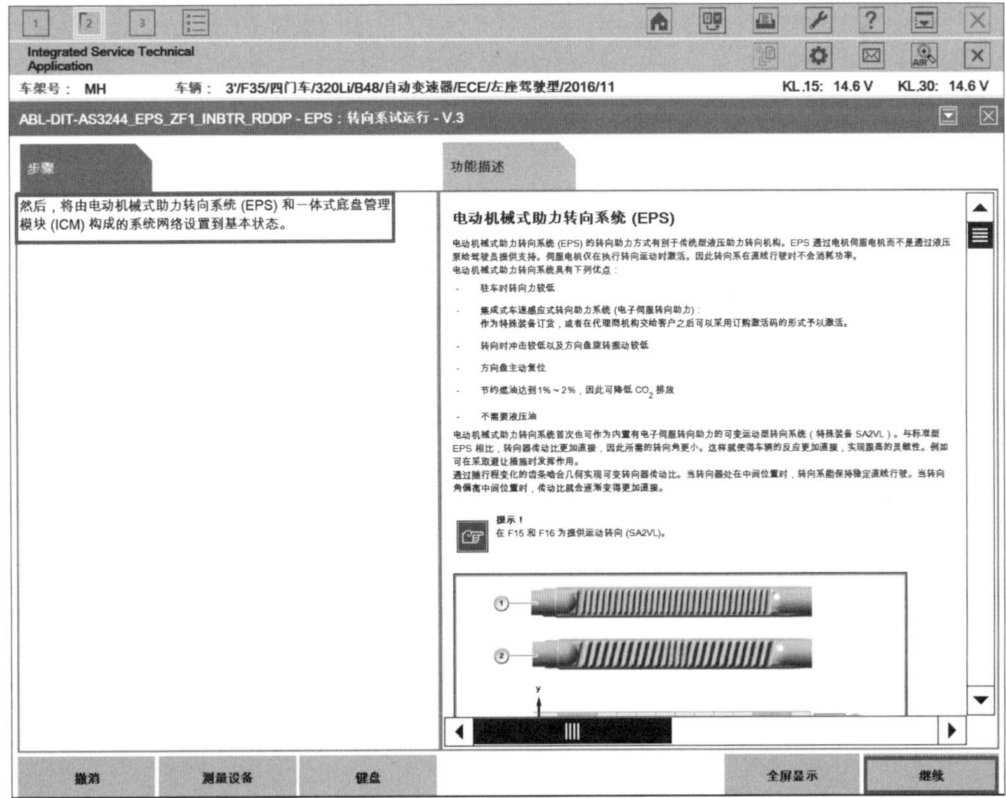

图4–6–6

EPS 试运行前完成的设置，如图 4-6-7 所示。

EPS 试运行概述文件，如图 4-6-8 所示。

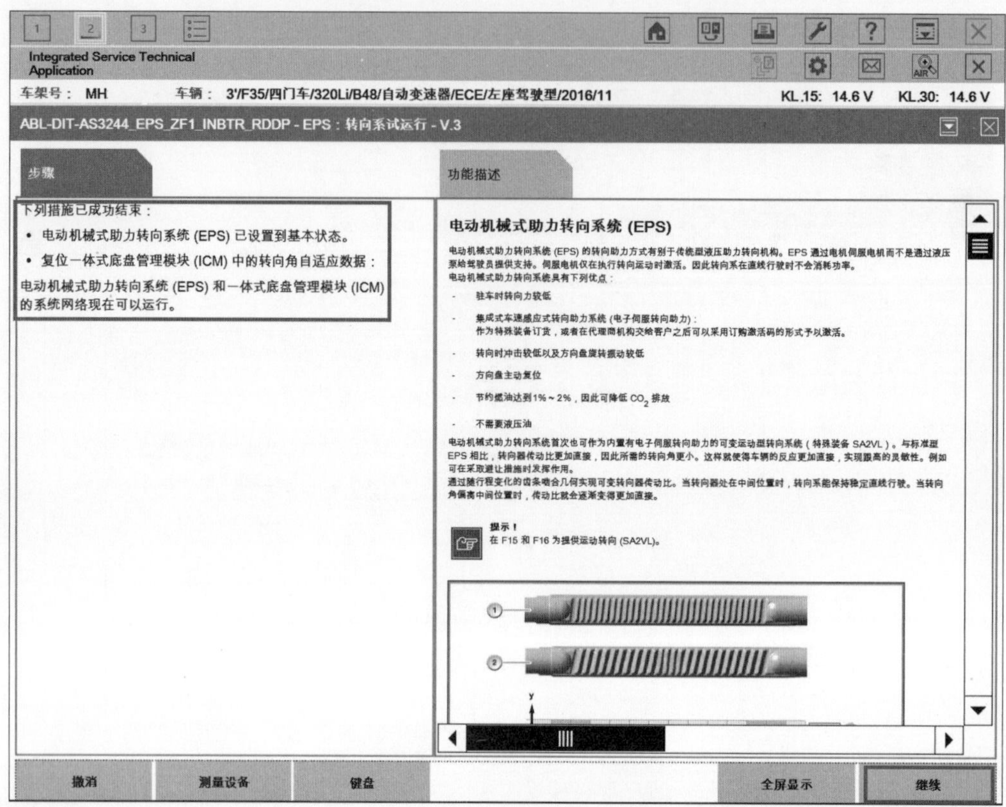

图4-6-7

图4-6-8

EPS 试运行提示后续对车辆的操作步骤，如图 4–6–9 所示。

EPS 试运行重要前提，如图 4–6–10 所示。

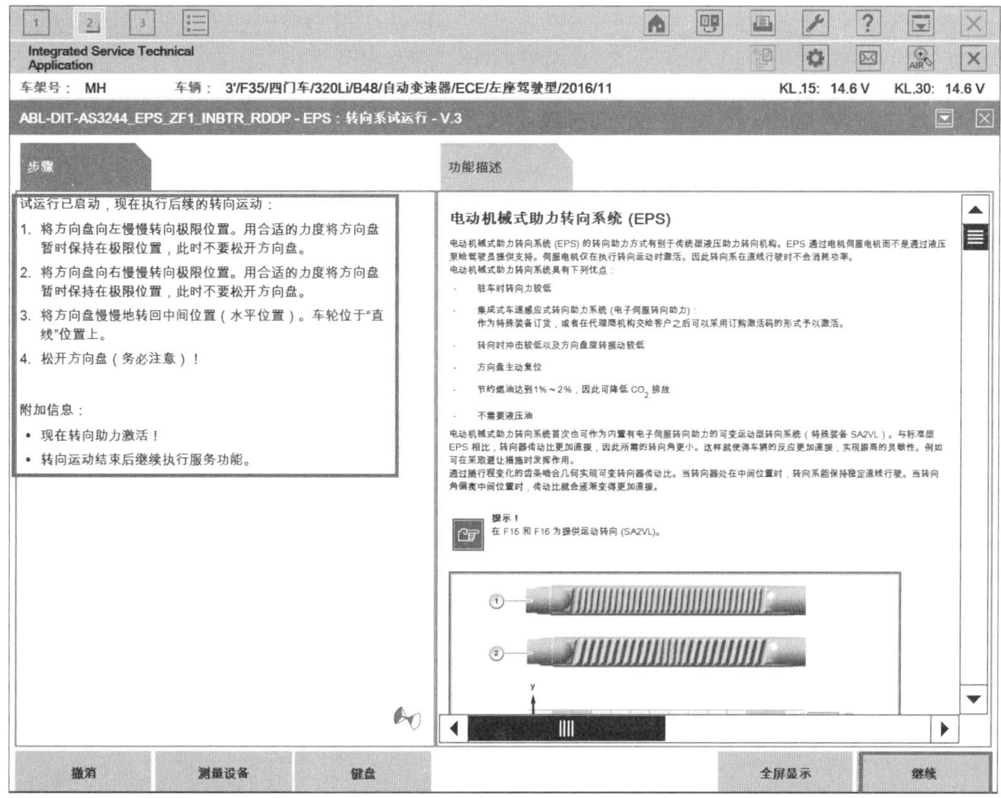

图4–6–9

图4–6–10

EPS 试运行操作过程，如图 4–6–11 所示。

EPS 试运行结束步骤，如图 4–6–12 所示。

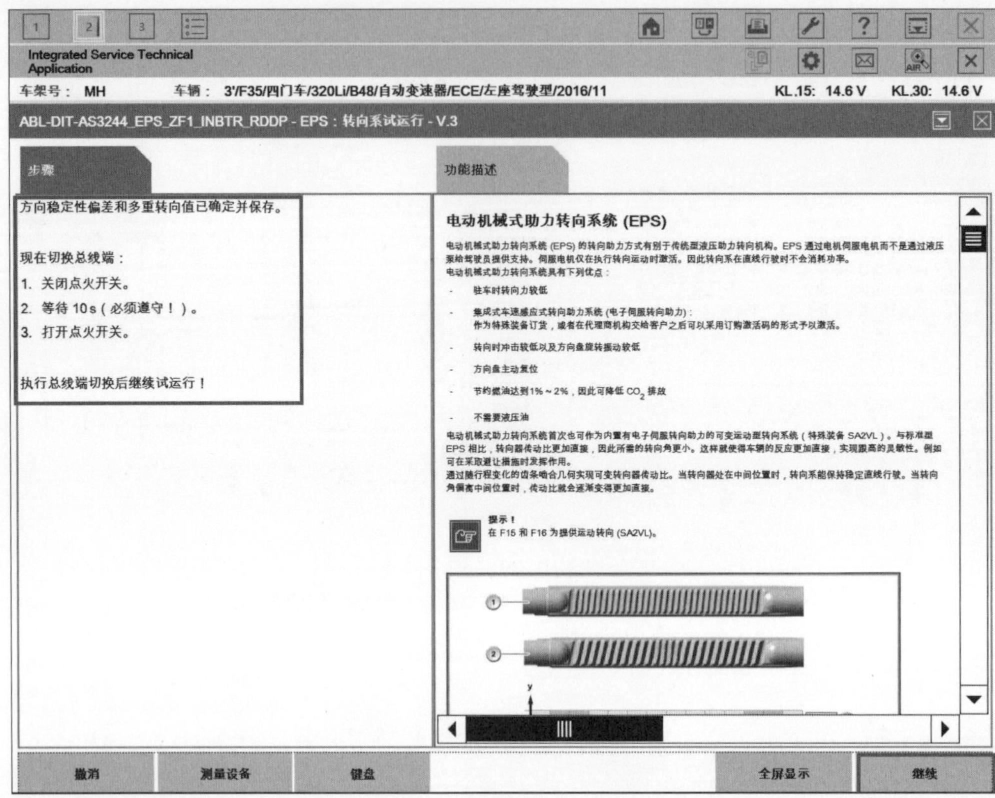

图4–6–11

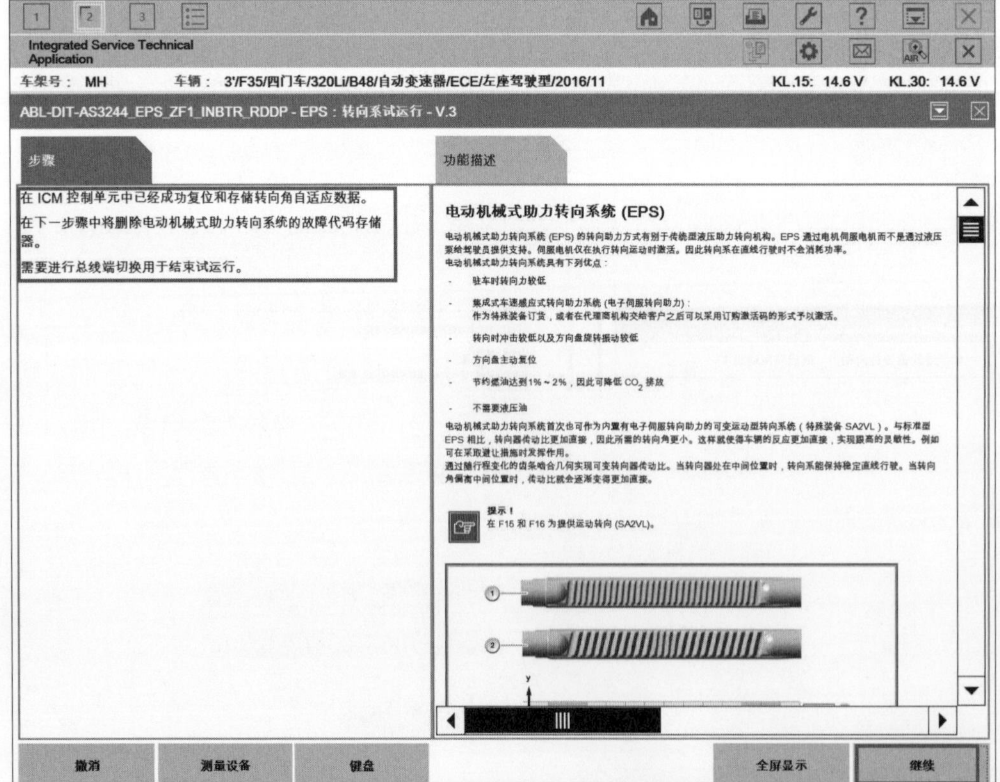

图4–6–12

EPS 试运行结束步骤，如图 4-6-13 所示。

EPS 试运行完成，如图 4-6-14 所示。

图4-6-13

图4-6-14

例2：驻车制动器试运行。

驻车制动器（电动机械式驻车制动器）作为功能集成至 DSC 中。更换 DSC 控制单元后，故障码存储器初始存储了“驻车制动器：未执行试运行”。为此提供服务功能“驻车制动器试运行”。

驻车制动器试运行过程。驻车制动器试运行包括以下过程：

靠近安装位置；

移动至正常运行位置；

组装检测；

删除故障码存储器。

从安装位置移动至正常运行位置以用于校准。此时，DSC 控制单元示教驻车制动器的整个调节行程。在组装检测时将以最大的力固定驻车制动器并重新松开。此处将检查包含调节力设置的调节工序是否成功运行。组装检测成功后，将删除 DSC 的故障码存储器。然后应进行功能检查。

在 ISTA 服务功能菜单下选择“ABL 驻车制动器试运行”文件，并按照 ABL 过程提示逐步执行驻车制动器试运行过程，如图 4–6–15~ 图 4–6–21 所示。

在服务功能里选择“ABL 驻车制动器试运行”文件，如图 4–6–15 所示。

图4–6–15

驻车制动器试运行提示 1，如图 4–6–16 所示。

驻车制动器过程提示 2，如图 4–6–17 所示。

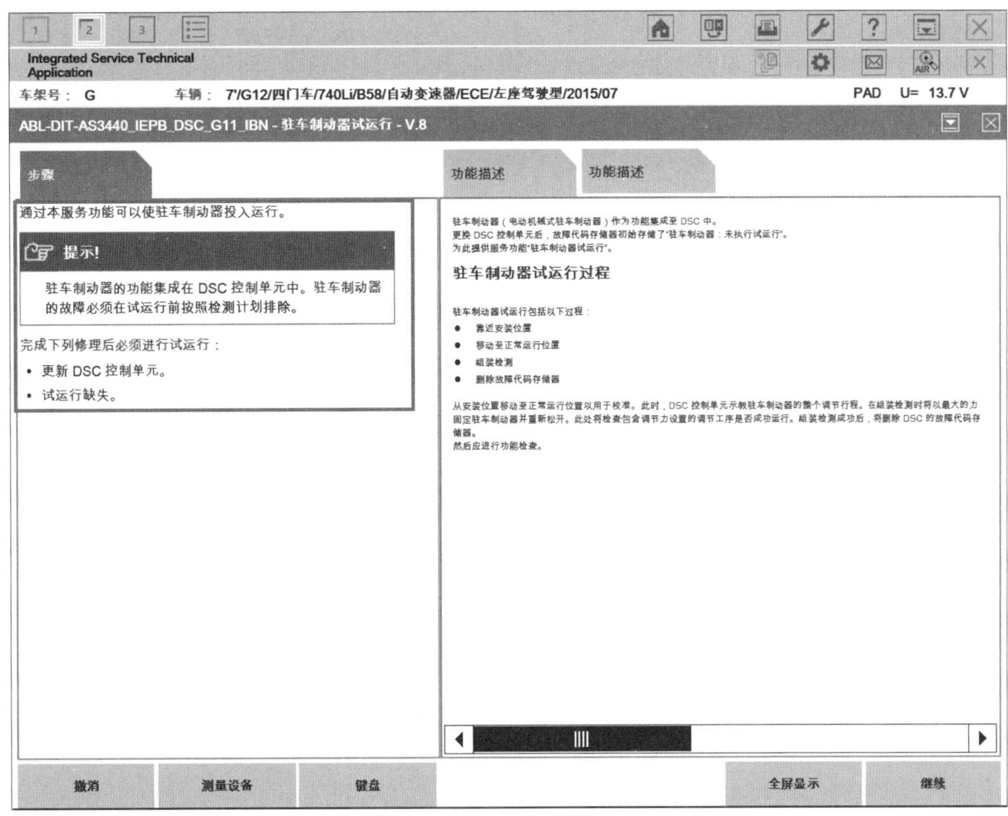

图4–6–16

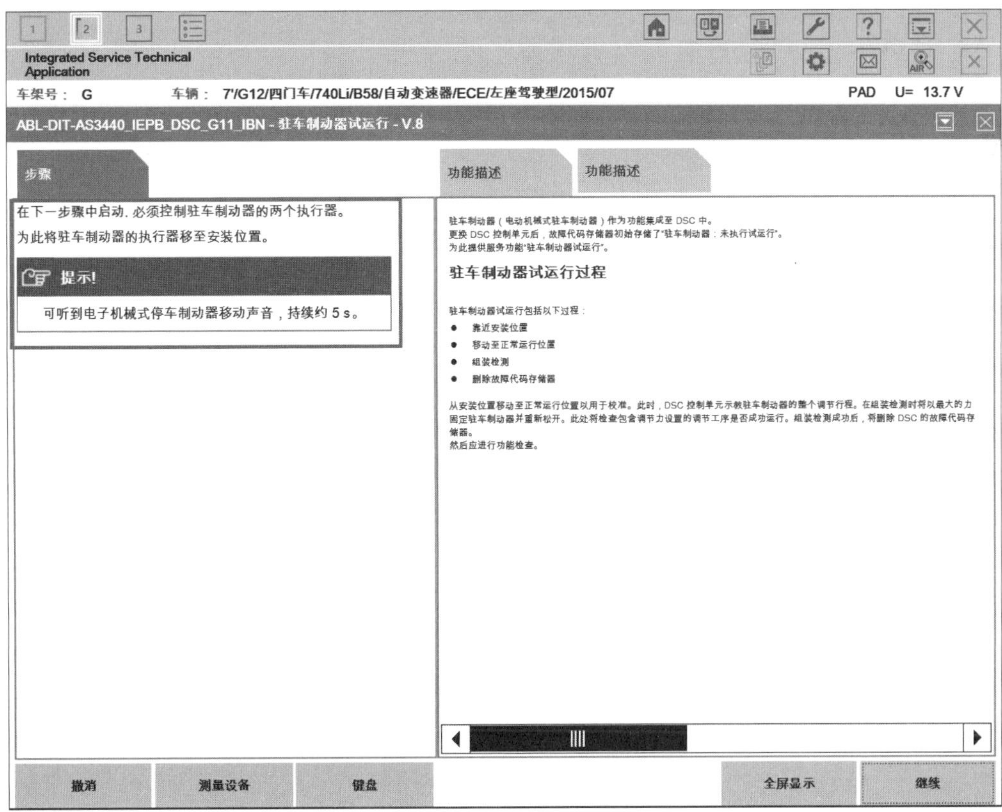

图4–6–17

驻车制动器过提示 3，如图 4–6–18 所示。

驻车制动器过程检查，如图 4–6–19 所示。

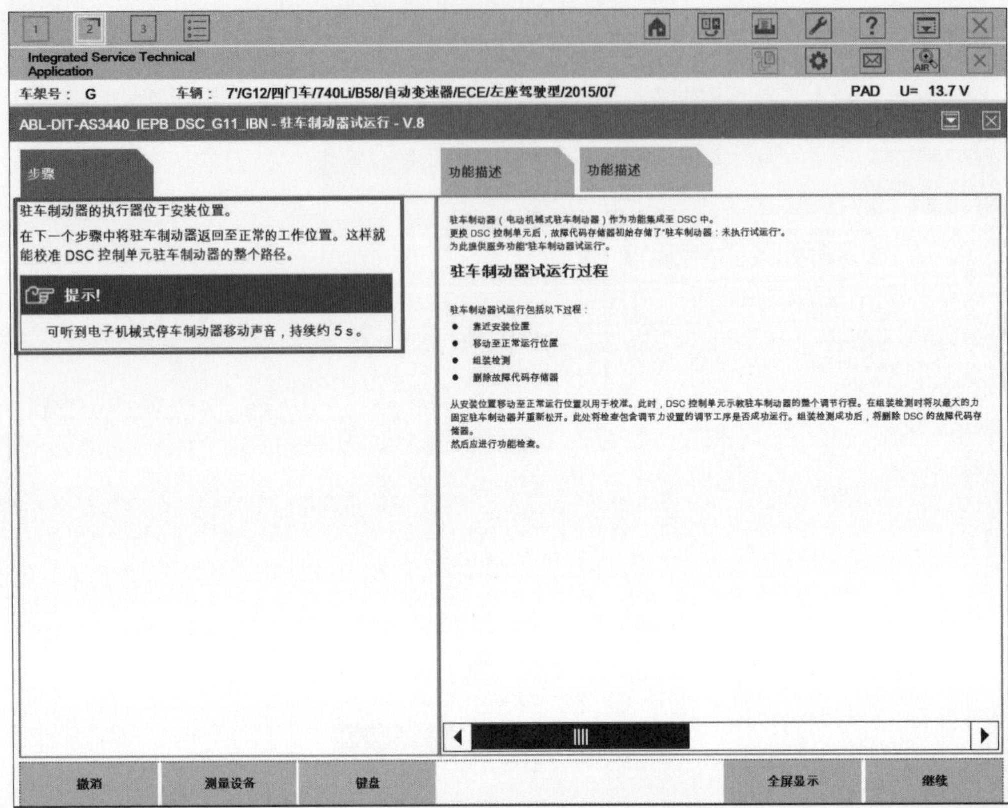

图4–6–18

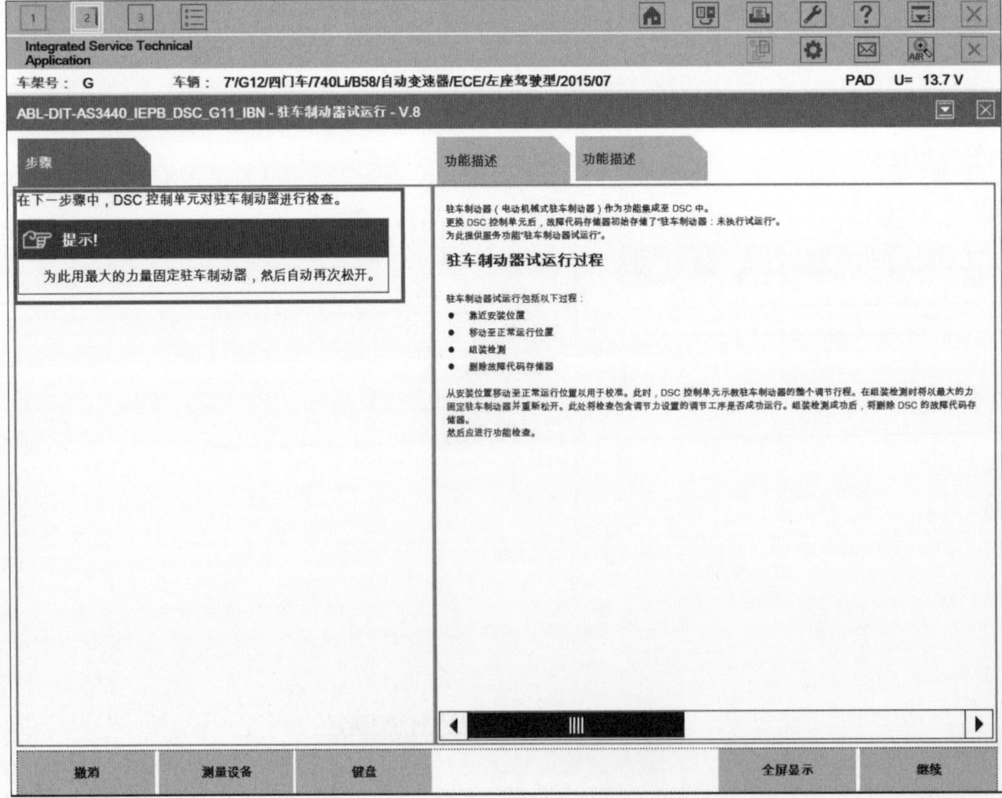

图4–6–19

驻车制动器功能检查，如图 4-6-20 所示。

驻车制动器试运行结束提示，如图 4-6-21 所示。

图4-6-20

图4-6-21

第七节　复位、删除调校值

复位发动机调校值；

删除自动变速器调校值。

接下来以实例说明服务功能中复位发动机调校值和删除自动变速器调校值的操作过程。

例1：复位发动机调校值。

调校可实现发动机控制单元软件中的参数自动匹配，发动机控制因此自动匹配部件公差或平衡系统中的值。在发动机控制单元中，通过服务功能“复位调校值”将调校值复位成初始状态。在通过总线端切换、发动机运行、部分负荷运转或满负荷运转进行调校后将重新开始调校值。

不同调校的举例。

混合气调校。在进气区域内形成的混合气需要一段时间以废气形式到达氧传感器。随着发动机负载和转速的增加，该时间会减少。基于此原因空燃比控制的反应时间是根据负荷变化并与转速有关。由氧传感器识别到的混合气浓度偏差导致调校值（自适应修正值）存储。通过调校，喷射可以非常接近预先设定的标准值。由此，可以缩短响应时间。

例如，如果在怠速状态下发动机控制单元综合特性曲线的基础喷油量过低，为保持理想的气油混合气，空燃比控制必须不断增加喷射时间。在这种情况下，系统获得一个修正值来校正基础喷油量。而空燃比控制仅进行精细调整。

可调式凸轮轴控制装置 (VANOS) 调校值。通过调校均衡与凸轮轴正确安装位置因部件公差所产生的偏差。因此，可调式凸轮轴控制装置调校具有两个基本任务。一个是检测凸轮轴的正确位置。另一个是识别超出凸轮轴位置变化并由此导致不可靠的废气排放的角度错位。

燃油系统。每个喷油器自生产起以及整个使用寿命期间显示不同的公差。通过个性化的控制持续时间可以明显减少喷射燃油量的公差。因此，可以保持小喷油量的恒定。由于喷油器老化，发动机控制可以额外调校喷油量的偏差。因此，在整个使用寿命期间可以在很大程度上保持喷油量的恒定。

Valvetronic 电子气门上的冲程调校。在 Valvetronic 电子气门上，混合气形成受气门升程影响。因部件公差或进气时的沉积物而变化的空气流量将通过调校均衡并导致混合气形成。

怠速调校。例如，怠速转速将受到挂入的行驶挡、冷暖空调需求和发动机运行影响。通过调校将确定不同需求时所需的扭矩并改善怠速控制。在复位调校后，立即在发动机运行过程中执行。

信号齿轮调校。点火缺火会引起曲轴转速不稳定。通过分区时间的变化可以感知点火缺火的存在。通过曲轴传感器可连续计算分区时间（传感器的信号齿轮转过一定齿数的时间）。在发动机运转时，分区时间总是受到检查。出现故障时故障被存储在故障码存储器中，且相应气缸的喷油中断。请同样参见点火缺火识别。

为防止错误分析，必须在更新 DME 控制单元、RDME 控制单元或曲轴传感器后执行信号齿轮调校。如果更换信号齿轮，则在更换前以及更换后都必须删除信号齿轮调校。信号齿轮调校可以确定信号齿轮的不均匀情况并在分析分区时间时加以考虑。一旦发动机在滑行状态下运行至少 10 s，就自动进行信号齿轮调校。

在 ISTA 服务功能菜单下选择“ABL 复位调校值”文件，并按照 ABL 过程提示逐步发动机复位调校过程，如图 4–7–1~ 图 4–7–13 所示。

在服务功能里选择“ABL 复位调校值”文件，如图 4–7–1 所示。

选择服务功能中复位发动机控制单元中复位的项目：复位混合气调校，如图 4–7–2 所示。

图4–7–1

图4–7–2

复位发动机混合气调校值的提示，在什么情况下需要复位发动机混合气调校值，如图 4–7–3 所示。复位发动机混合气调校值操作过程，如图 4–7–4 所示。

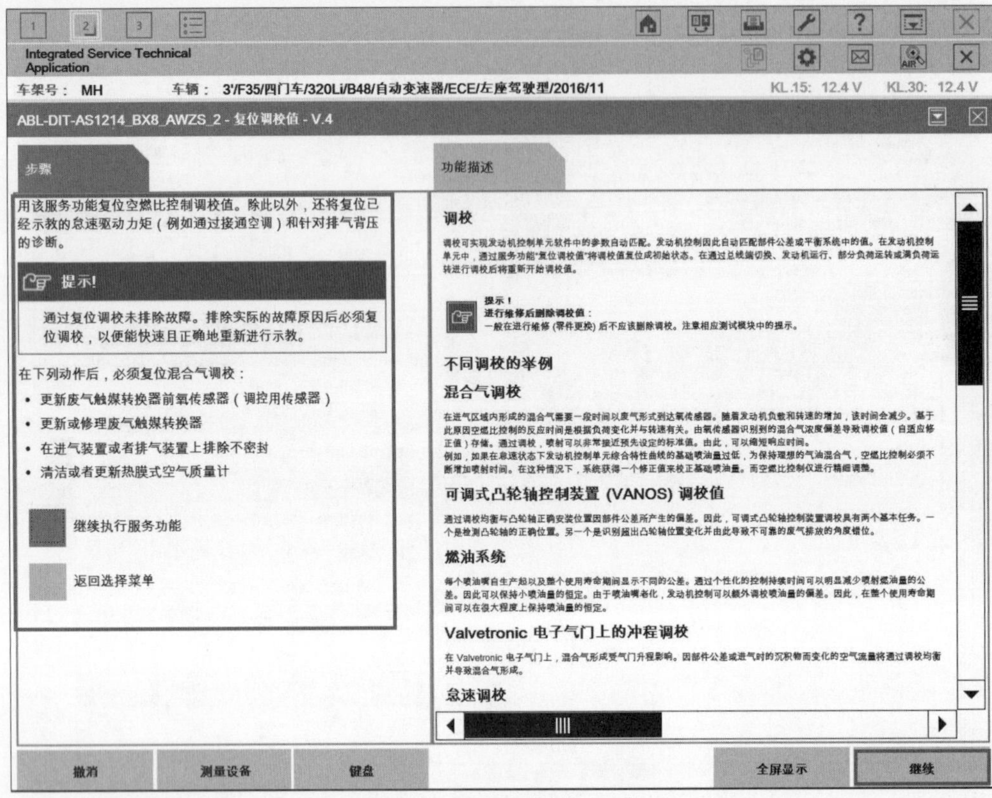

图4–7–3

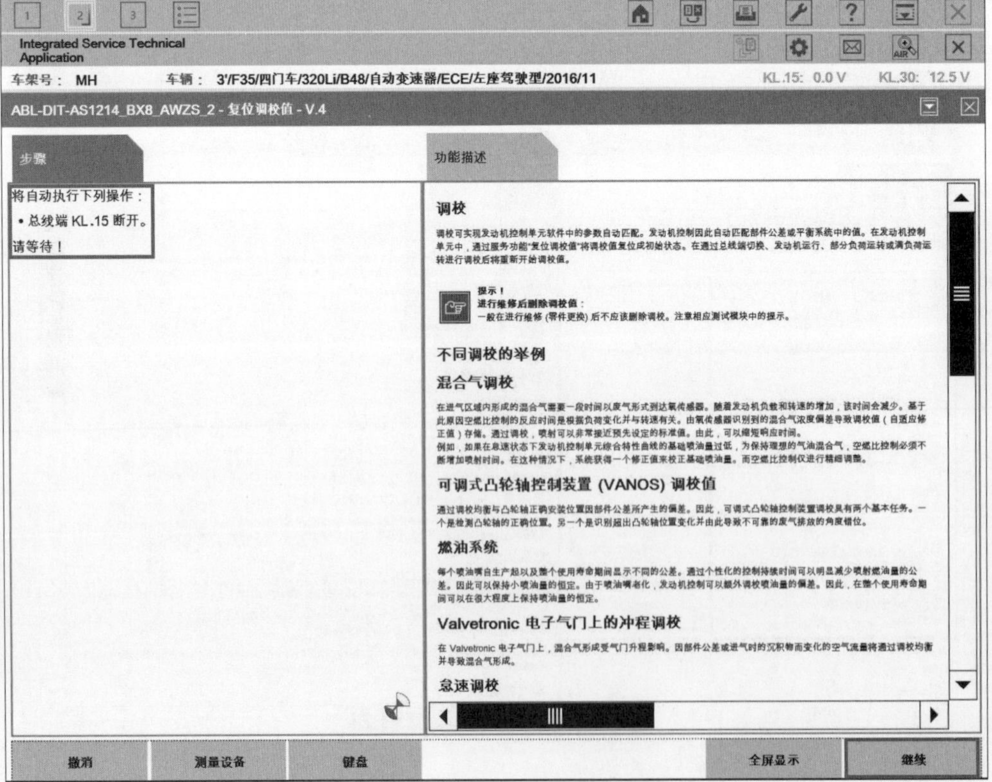

图4–7–4

复位发动机混合气调校值过程提示，如图 4-7-5 所示。

复位发动机混合气调校值完成提示，如图 4-7-6 所示。

图4-7-5

图4-7-6

复位发动机混合气调校值后续步骤，如图 4–7–7 所示。

复位发动机相关所有调校值选择确认，如图 4–7–8 所示。

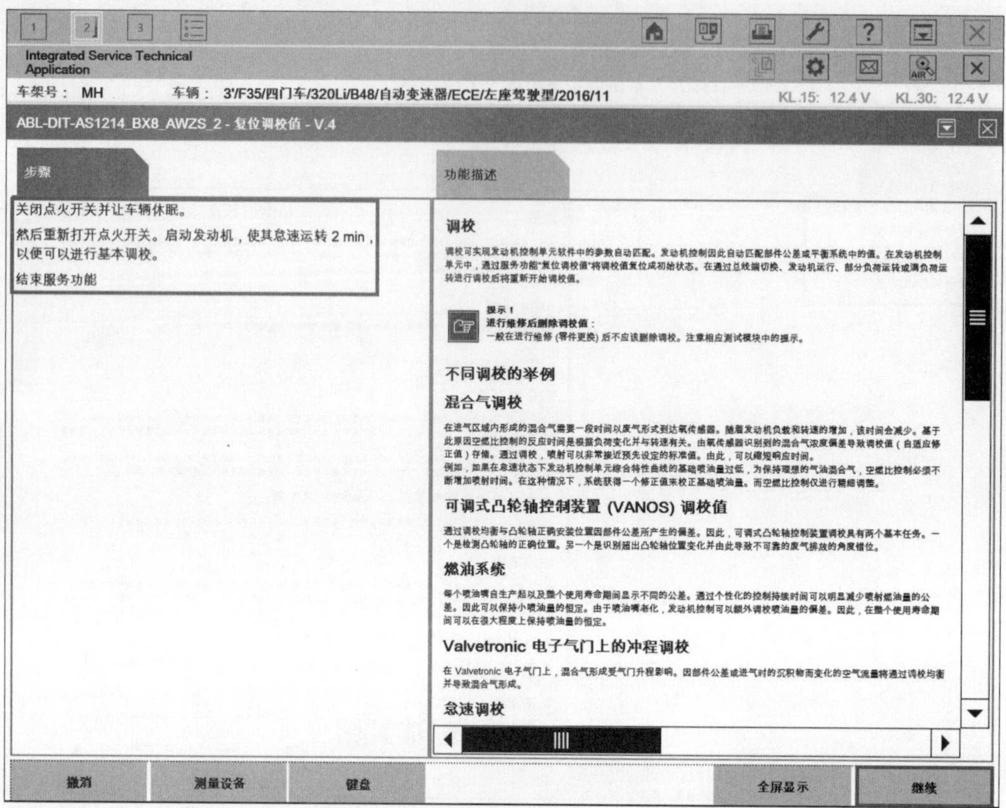

图4–7–7

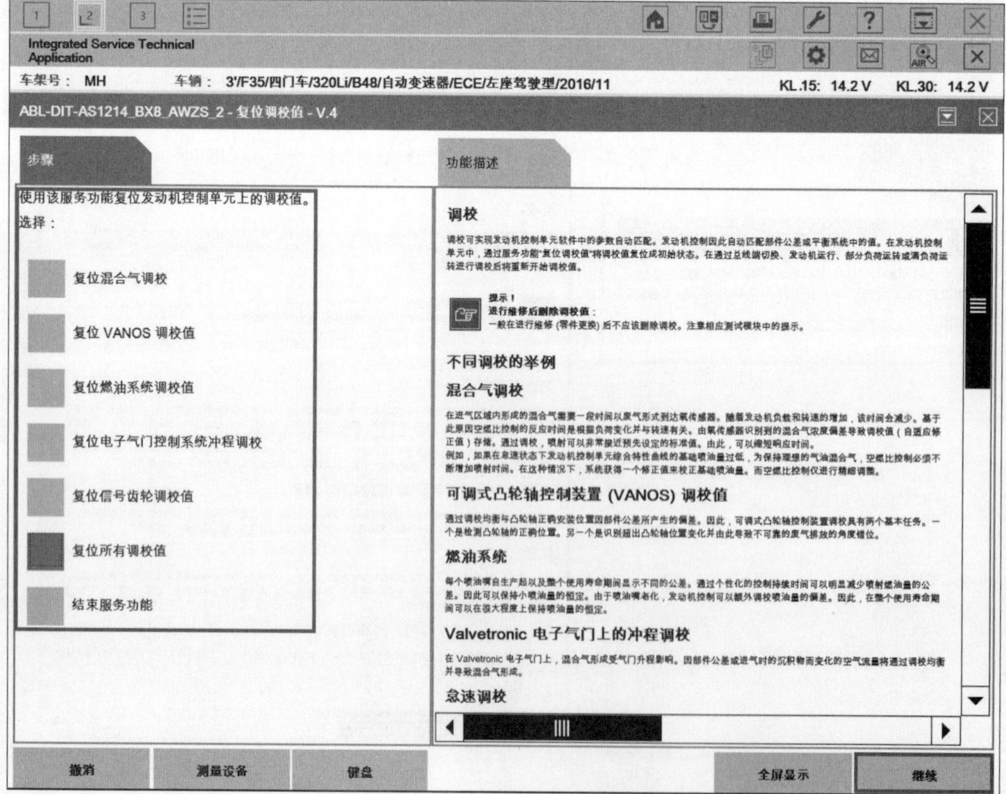

图4–7–8

复位发动机所有调校值提示：更换发动机总成后需要复位所有调校值，如图 4-7-9 所示。

复位发动机所有调校值过程操作 1，如图 4-7-10 所示。

图4-7-9

图4-7-10

复位发动机所有调校值过程提示 2，如图 4-7-11 所示。

复位发动机所有调校值完成提示，如图 4-7-12 所示。

图4-7-11

图4-7-12

复位发动机所有调校值完成后续步骤，如图 4–7–13 所示。

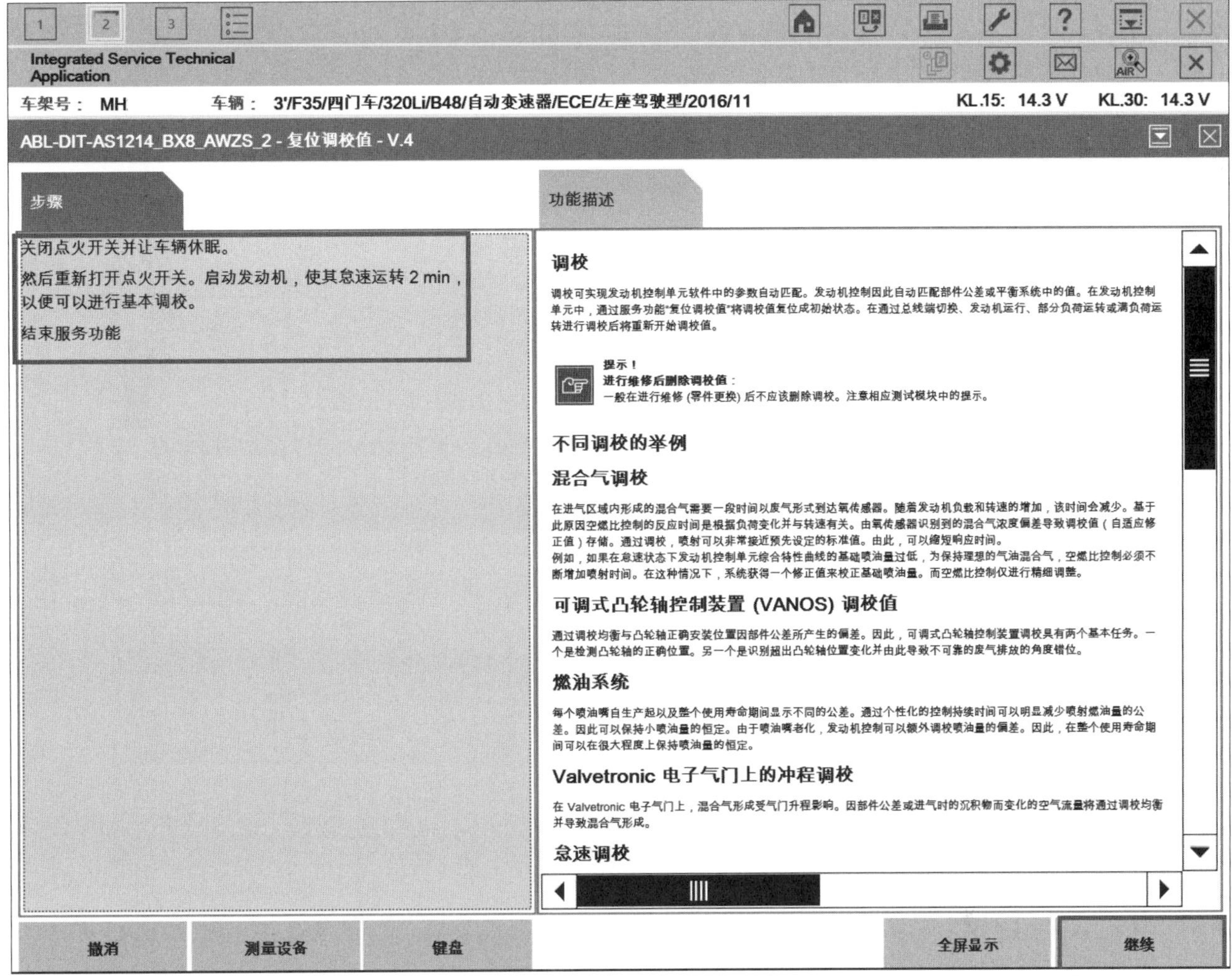

图4–7–13

例2：删除自动变速器调校值。

行车期间将自动进行调校，修理或更换了 8 挡位自动变速器之后必须通过诊断系统复位调校。然后对所有挡位进行试车。在 ISTA 服务功能菜单下选择“ABL 自动变速器控制系统：显示和复位条调校值”文件，并按照 ABL 过程提示逐步执行显示和复位调校值过程，如图 4–7–14~ 图 4–7–23 所示。

选择“ABL 变速器控制系统：显示和复位调校值”文件，如图 4–7–14 所示。

检查 ISTA 系统和自动变速器控制系统的通信，如图 4–7–15 所示。

图4-7-14

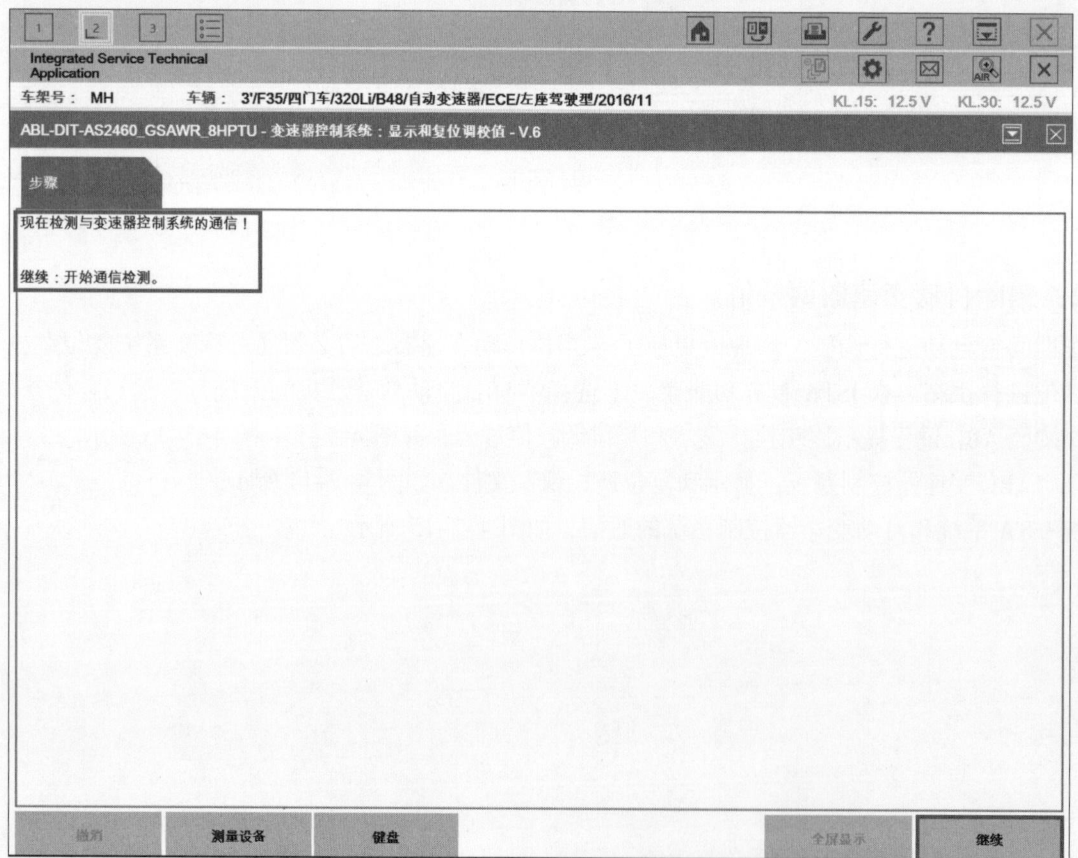

图4-7-15

选择显示调校值菜单，如图 4–7–16 所示。

系统显示的自动变速器当前调校值，如图 4–7–17 所示。

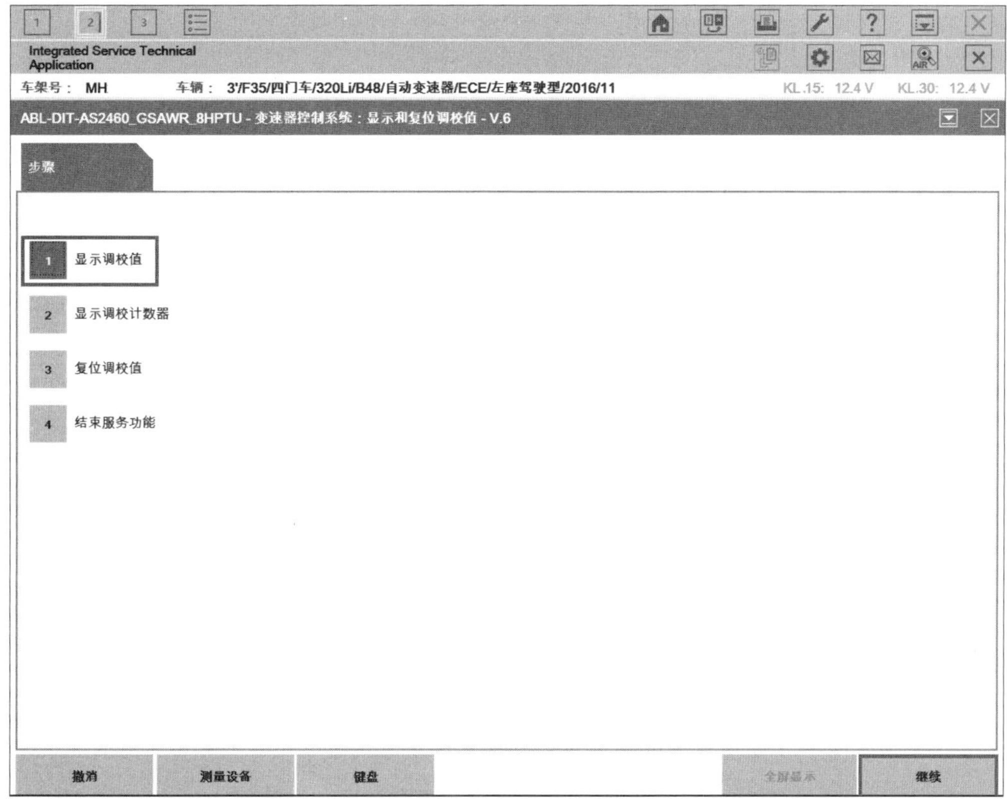

图4–7–16

图4–7–17

选择显示调校值计数器，如图 4–7–18 所示。

系统显示自动变速器当前调校计数器，如图 4–7–19 所示。

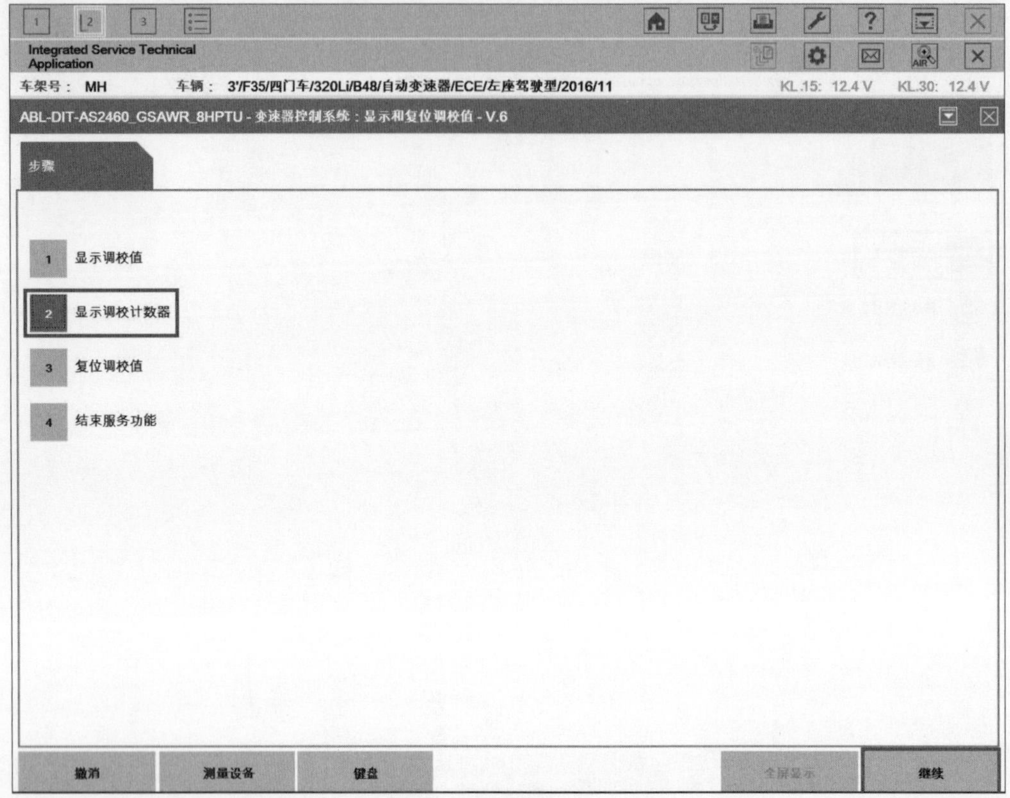

图4–7–18

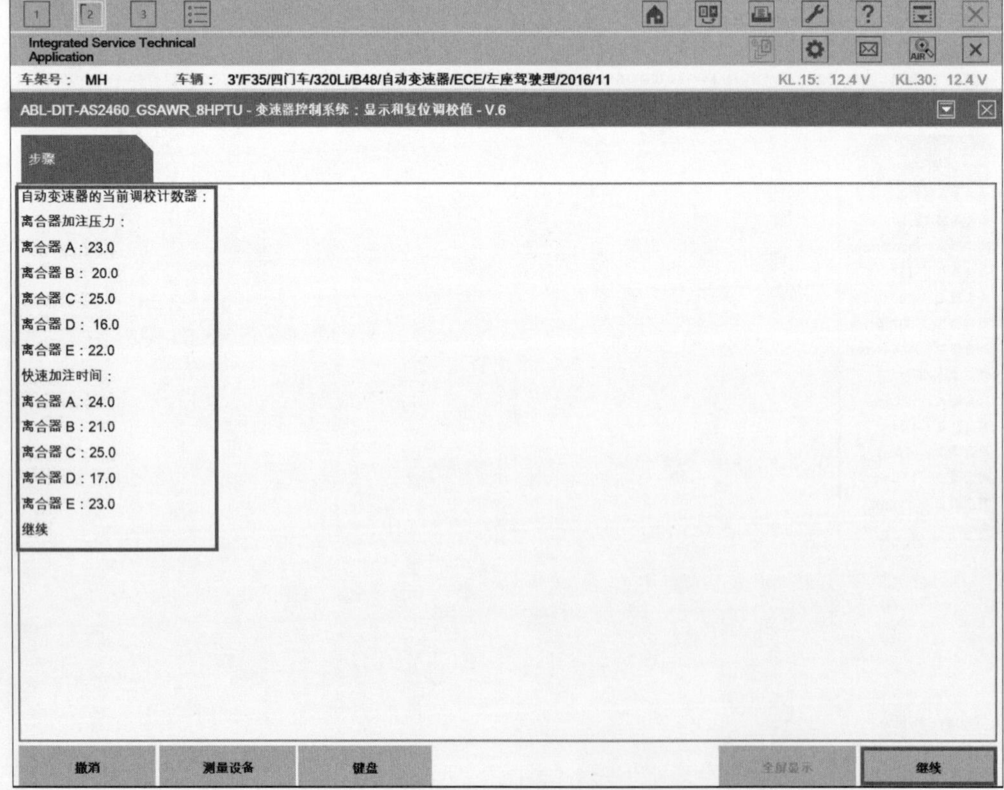

图4–7–19

选择复位调校值，如图 4–7–20 所示。

复位自动变速器调校值过程提示，如图 4–7–21 所示。

图4–7–20

图4–7–21

自动变速器调校值复位完成提示，如图 4-7-22 所示。

自动变速器调校值复位后数据显示，如图 4-7-23 所示。

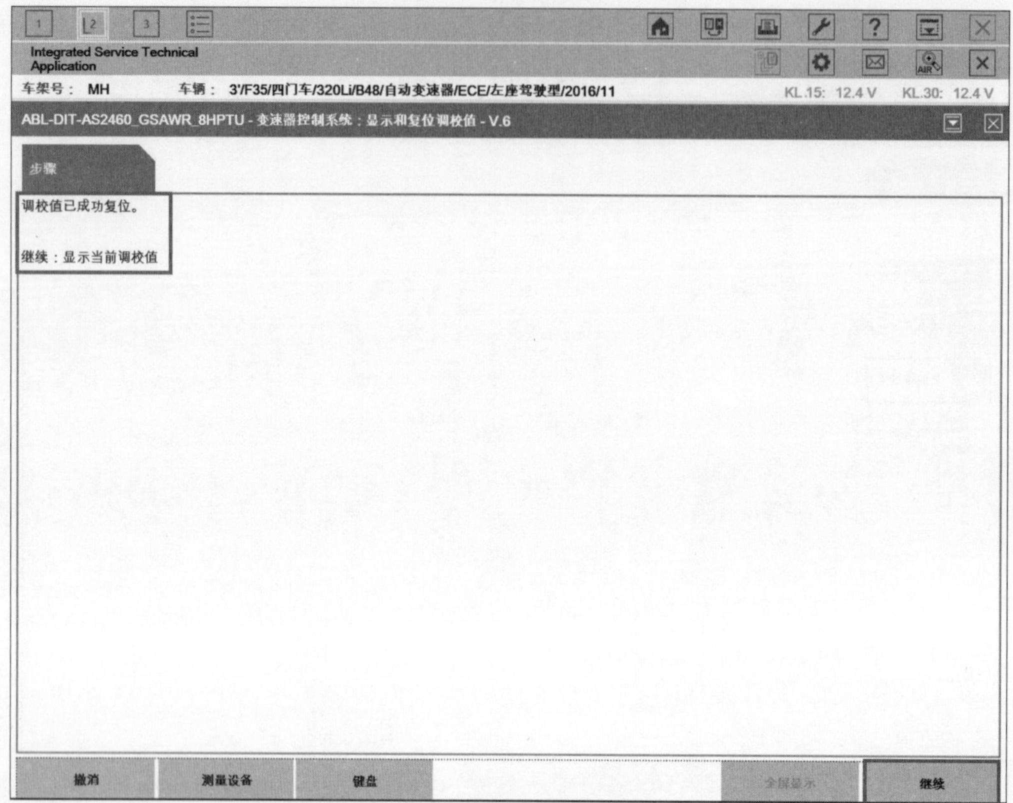

图4-7-22

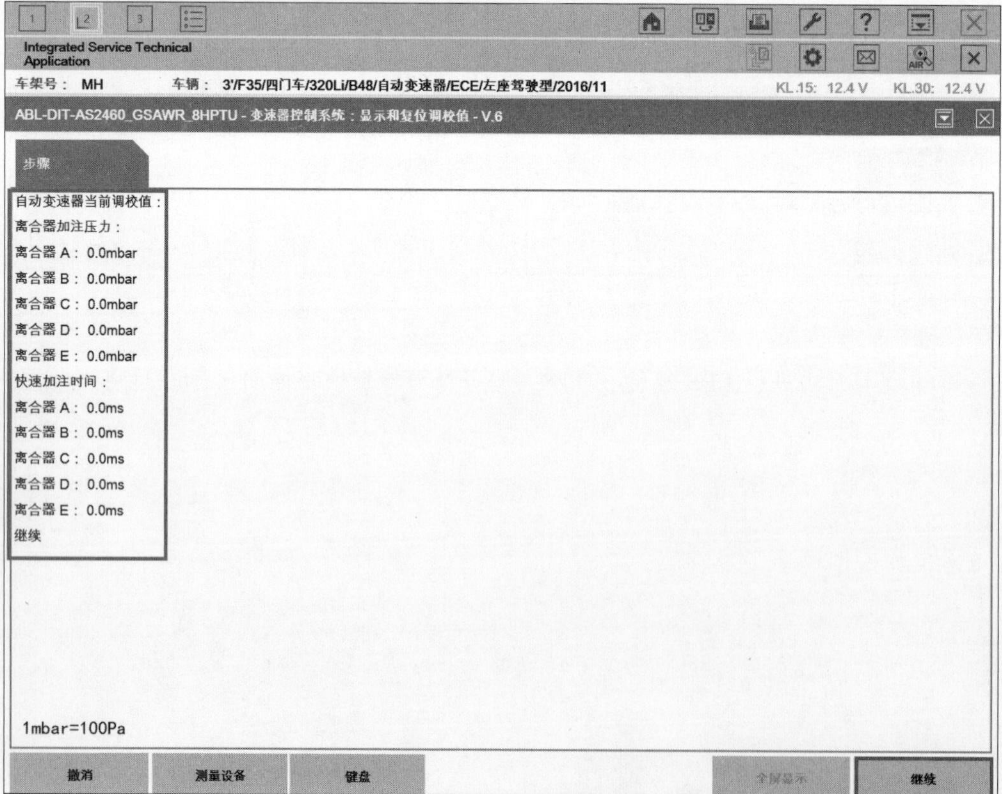

图4-7-23

第八节 执行 CBS 复位

CBS 复位概述。CBS 复位将已选的 CBS 范围设置为 100 %，复位后 CBS 范围的保养计数器提高“1”。执行测试模块时，车辆日期通过测试仪日期更新。以百分数表示的可用性是保养范围的磨损值。可用性在复位时被设置成 100 %。可用性为 0 % 时，必须执行保养措施。首次由工厂加注后制动液可用性超过 100 %。保养计数器记录易损件的更换，并在复位时增加“1”。在新车上所有保养计数器都是“1”。

一、测试模块的步骤

（1）检查测试仪日期。

（2）CBS 复位选择。

发动机油复位；

前轮制动器复位；

后轮制动器复位；

制动液复位；

车辆检查复位；

变速器油复位；

微粒过滤器复位；

法定排放检查修正；

法定车辆检查修正；

柴油添加剂复位；

磨合检查退出工作；

结束。

根据车型和车辆装备情况，在测试模块中显示的服务范围可能与此范围不同。

二、制动片磨损估算

自 2013 年起，车辆在进行制动摩擦片估算时引入不同概念。

（1）从到达制动摩擦片磨损传感器起对车辆进行磨损估算。

在车辆的 CBS 菜单中将于到达制动摩擦片磨损传感器后即显示制动器 CBS 范围。

直至到达制动摩擦片磨损传感器前，在诊断测试仪中将可用性显示为“未估算”。从到达制动摩擦片磨损传感器起计算剩余里程。

针对未估算的范围无法进行 CBS 复位。此时，服务计算器数值将增加 1 ，并且将当前里程数作为制动摩擦片的更换期限存储到 DSC 控制单元中。

（2）不带磨损估算的车辆。

在车辆的 CBS 菜单中未针对制动器 CBS 范围进行显示。

在诊断测试仪将可用性显示为“---”。

三、CBS修正数据

CBS 修正车辆数据程序用于在执行 CBS 复位出错时调整 CBS 范围，校正后的 CBS 范围的保养计数器减少“1”。

将车辆内部的日期与测试仪日期比较。以百分数表示的可用性是保养范围的磨损值。可用性在复位时被设置成 100 %。可用性为 0 % 时，必须执行保养措施。首次由工厂加注后制动液可用性超过 100 %。

预测得出基于示教的行车特点(使用新的易损件)达到的值。将示教“发动机油”“前轮制动器”和“后轮制动器”的预测诊断。在复位时，将预测的值用作新的间隔周期的起始值。保养计数器记录易损件的更换，并在复位时增加“1”。在新车上所有保养计数器都是“1”。

四、CBS修正车辆数据选择

发动机油修正；

前轮制动器修正；

后轮制动器修正；

制动液修正；

车辆检查修正；

变速器油修正；

微粒过滤器修正；

法定排放检查修正；

法定车辆检查修正；

写入电话号码；

首次注册登记修正；

年行驶里程修正；

结束。

在这个服务功能中显示的保养范围根据车辆类型和车辆装备不同可能与这个范围有偏差。

接下来以实例说明服务功能中执行CBS复位的操作过程。

例1：CBS机油保养复位：剩余里程。

故障现象：

车况保养服务（CBS）：在进行了一次CBS机油保养复位后，不显示全部行程周期作为剩余里程。剩余里程过低。出现此问题的车辆：所有配备CBS的车辆。

原因：

可达到的行程周期取决于行车特点：燃油消耗、怠速比例、工作小时。CBS机油保养复位后将依据之前的行车特点显示实际的剩余里程，而非全部行程周期(等于设计状态)。

解决方案：

处理客户投诉时可利用服务功能显示全部行程周期。对于汽油发动机，该服务功能自ISTA D 2.32.0起可用。对于柴油发动机，该服务功能自ISTA D 3.48.0起可用。使用ISTA系统的操作步骤：

① 按钮“车辆处理”；

② 按钮“服务功能”；

③ 界面1“05保养和移交检查”；

④ 界面2“CBS车辆数据修正”；

⑤ 按钮“开始查询”；

⑥ 选择服务功能“SCBS_6004－CBS修正车辆数据”。

使用诊断仪（F系列）的操作步骤：

① 按钮“车辆处理”；

② 按钮“服务功能”；

③ 界面1“05保养和移交检查”；

④ 界面 2 “CBS 车辆数据修正”；
⑤ 按钮 “开始查询”。
⑥ 选择服务功能 “AS6100_CBS_KORR－CBS 修正车辆数据”。
使用 ISTA(R 系列）的操作步骤：
① 按钮 “操作”；
② 按钮 “服务功能”；
③ 界面 1 “05 保养和移交检查”；
④ 界面 2 “CBS 车辆数据修正”；
⑤ 按钮 “开始查询”；
⑥ 选择服务功能 “SCBS_6004－CBS 修正车辆数据”。

行车特点不变时，无论 CBS 机油保养复位后显示实际剩余里程，还是通过服务功能显示全部行程周期，保养周期之间的行驶距离都不变。显示全部行程周期时，较之实际行驶情况少计算一个路段。

例2：车况保养 (CBS)：机油保养复位无法正确复位。

故障现象：

车况保养 (CBS) 在行驶里程超过约 326 000 km 的车辆上，机油保养无法正确复位。复位后，显示的剩余里程或者为 0 km，或者明显过少。而跑完显示的剩余里程后，便会亮起红色保养周期显示，不断提示驾驶员机油保养到期。

故障原因：

DME 软件的数据输入错误。

解决方案：

从 ISTA D 2.18.0 起，在测试仪中有一个服务程序，可利用它关闭 CBS 机油保养显示。

在 ISTA 系统上的工作步骤：
① 按钮 “车辆处理”；
② 按钮 “服务功能”；
③ 界面 “04 保养和移交检查”；
④ 界面 “CBS 车辆数据修正”；
⑤ 界面 3 “停用机油保养显示”；
⑥ 按钮 “开始查询”；
⑦ 执行服务程序 “SCBS_6006 停用机油保养显示”。

第九节　示教、检查或调整车辆功能

示教电子气门控制系统极限位置；
调整废气风门杆；
检查控制车身高度；
检查空气弹簧。

接下来以实例说明服务功能中示教、检查或调整车辆功能的操作过程。

例1：示教电子气门控制系统极限位置。

在 ISTA 服务功能菜单下选择 “ABL 示教电子气门控制系统极限位置” 文件，并按照 ABL 过程提示逐步执行示教电子气门控制系统极限位置过程，如图 4-9-1~ 图 4-9-5 所示。

选择“ABL 示教电子气门控制系统极限位置”文件，如图 4–9–1 所示。

示教电子气门控制系统极限位置说明，如图 4–9–2 所示。

图4–9–1

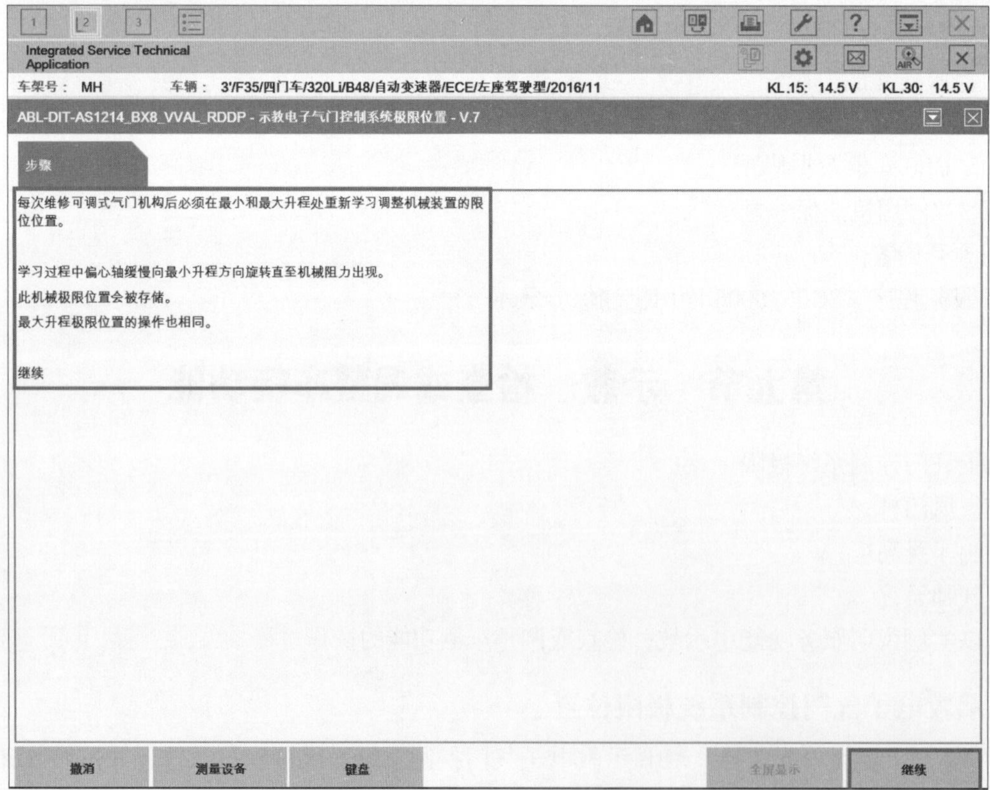

图4–9–2

示教电子气门控制系统极限位置条件，如图 4–9–3 所示。

示教电子气门控制系统极限位置过程，如图 4–9–4 所示。

图4–9–3

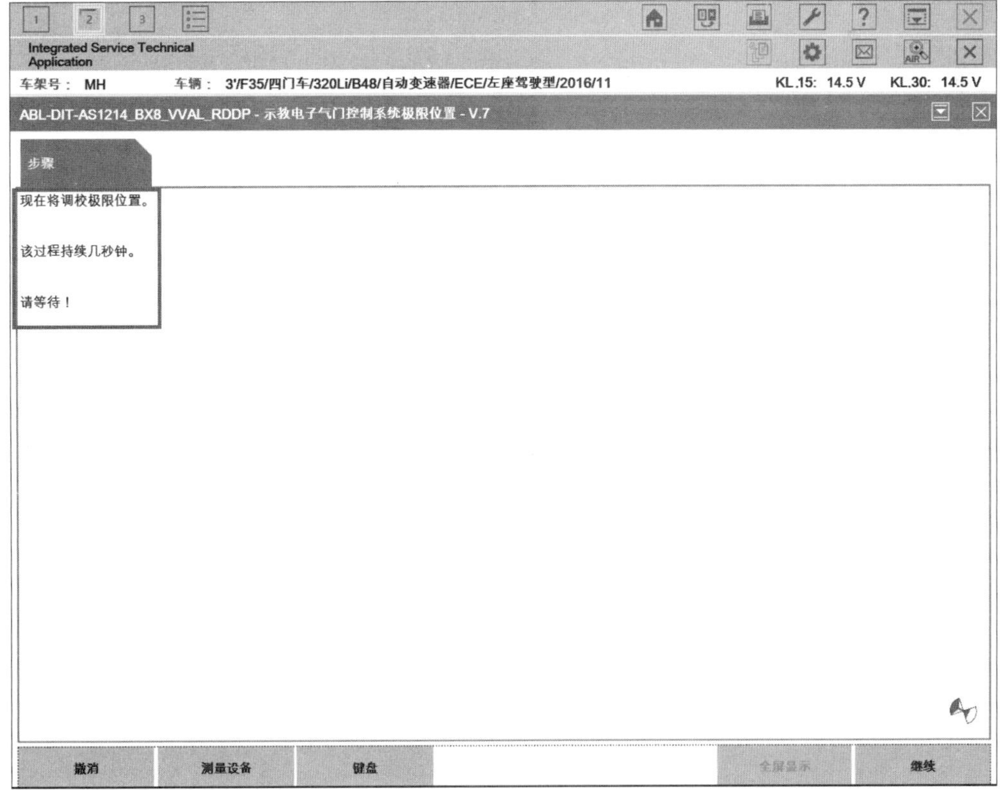

图4–9–4

示教电子气门控制系统极限位置完成提示，如图 4–9–5 所示。

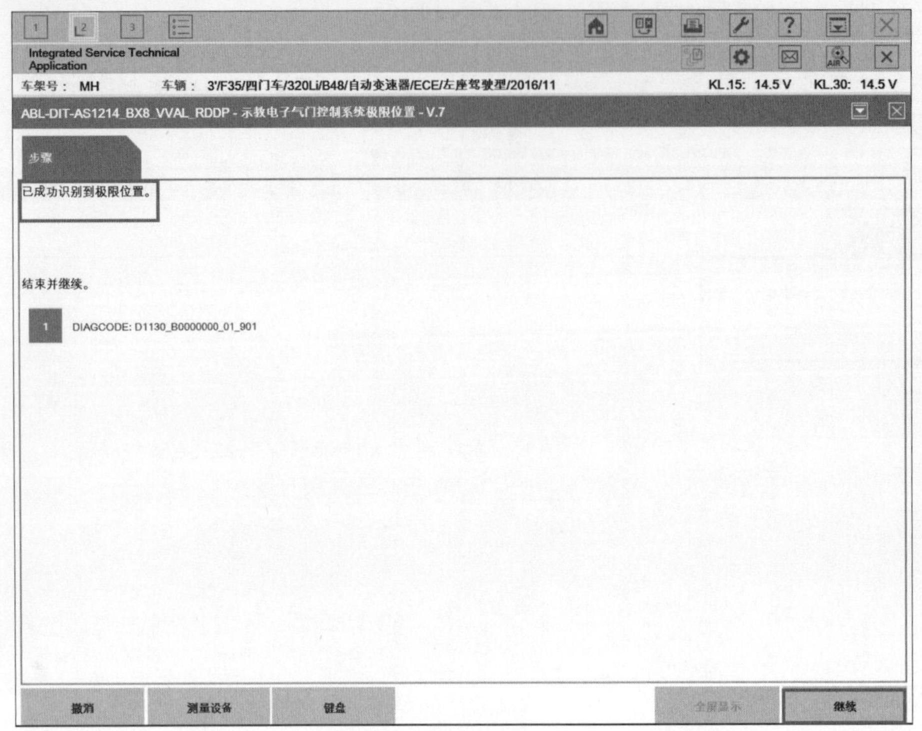

图4–9–5

例2：调整废气风门杆。

在 ISTA 服务功能菜单下选择“ABL 废气风门调节器：示教极限位置 / 调整废气风门杆”文件，并按照 ABL 过程提示逐步执行示教极限位置 / 调整废气风门杆过程，如图 4–9–6~ 图 4–9–10 所示。

选择“ABL 废气风门调节器：示教极限位置 / 调整废气风门杆”文件，如图 4–9–6 所示。

图4–9–6

示教极限位置 / 调整废气风门杆说明，如图 4–9–7 所示。

示教极限位置 / 调整废气风门杆提示，如图 4–9–8 所示。

图4–9–7

图4–9–8

示教极限位置 / 调整废气风门杆过程提示，如图 4–9–9 所示。

示教极限位置 / 调整废气风门杆结束提示，如图 4–9–10 所示。

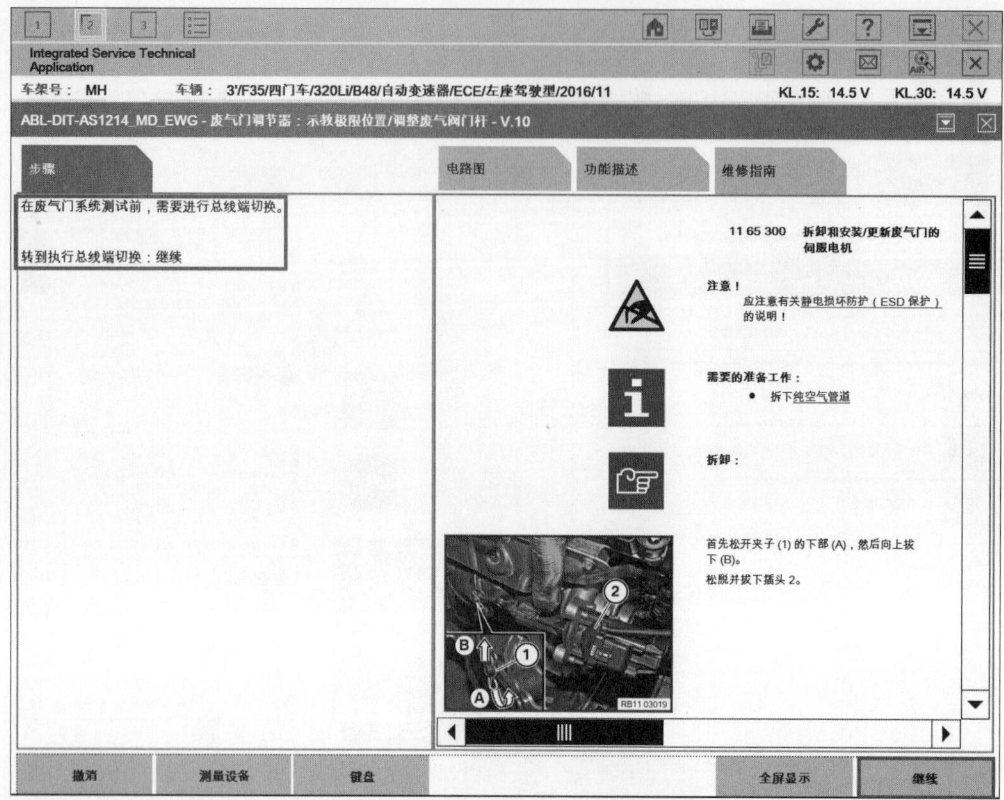

图4–9–9

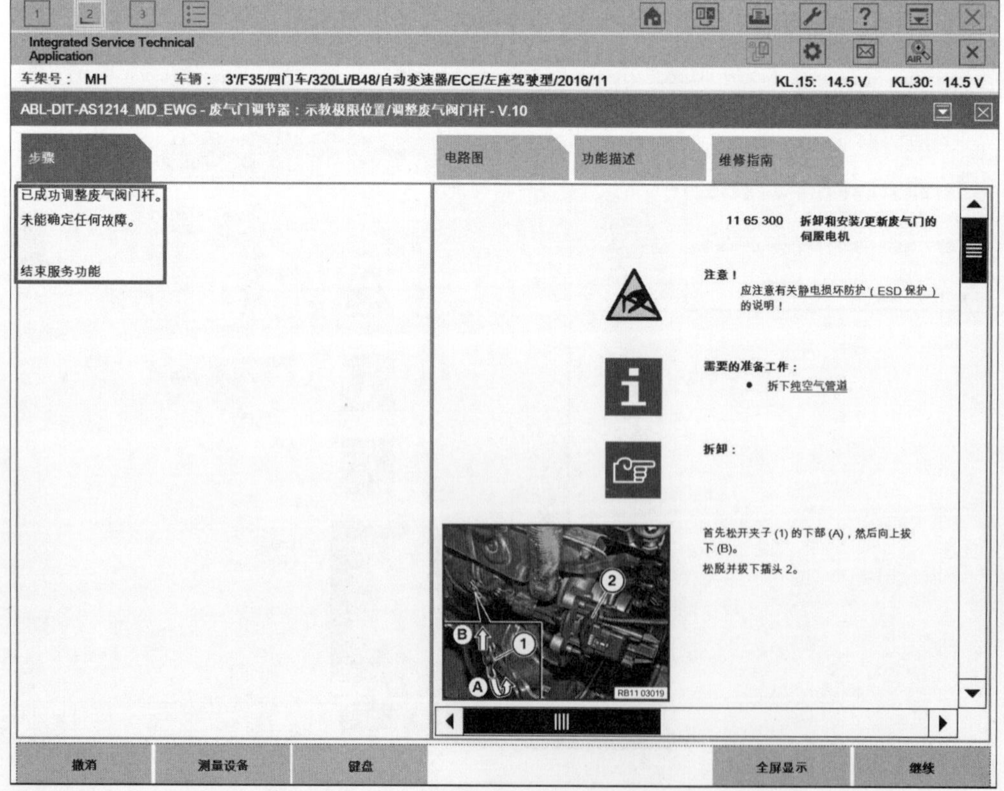

图4–9–10

例3：检查控制车身高度。

在 ISTA 服务功能菜单下选择“ABLVDP：车身高度”文件，并按照 ABL 过程提示逐步执行车身高度检查调整过程，如图 4–9–11~ 图 4–9–18 所示。

选择“ABL VDP：车身高度”文件，如图 4–9–11 所示。

VDP：车身高度的功能，如图 4–9–12 所示。

图4–9–11

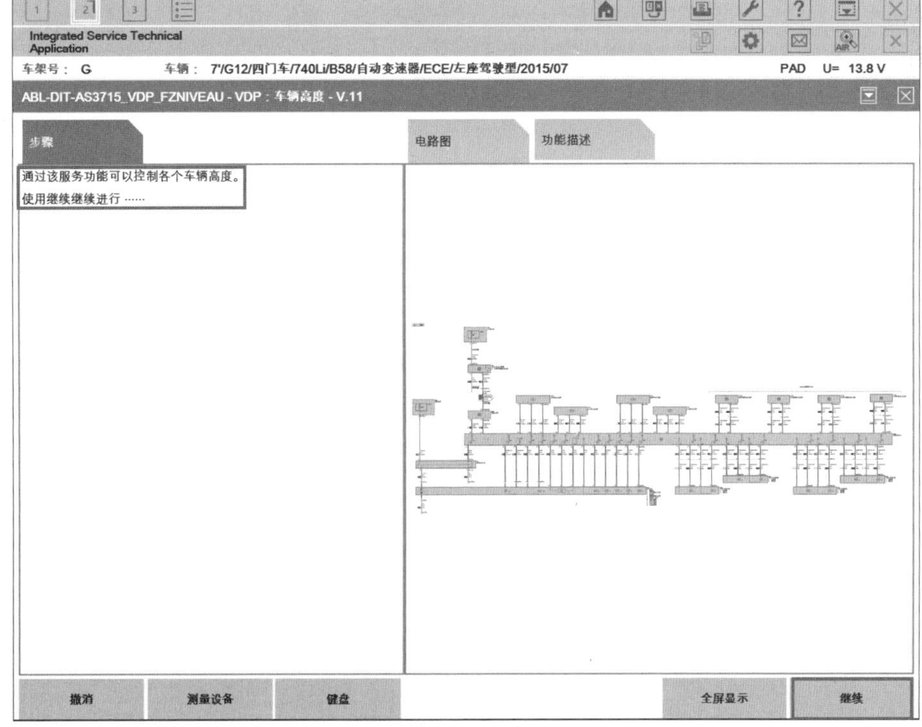

图4–9–12

VDP：车身高度提示，如图 4–9–13 所示。

选择车身高度标准，如图 4–9–14 所示。

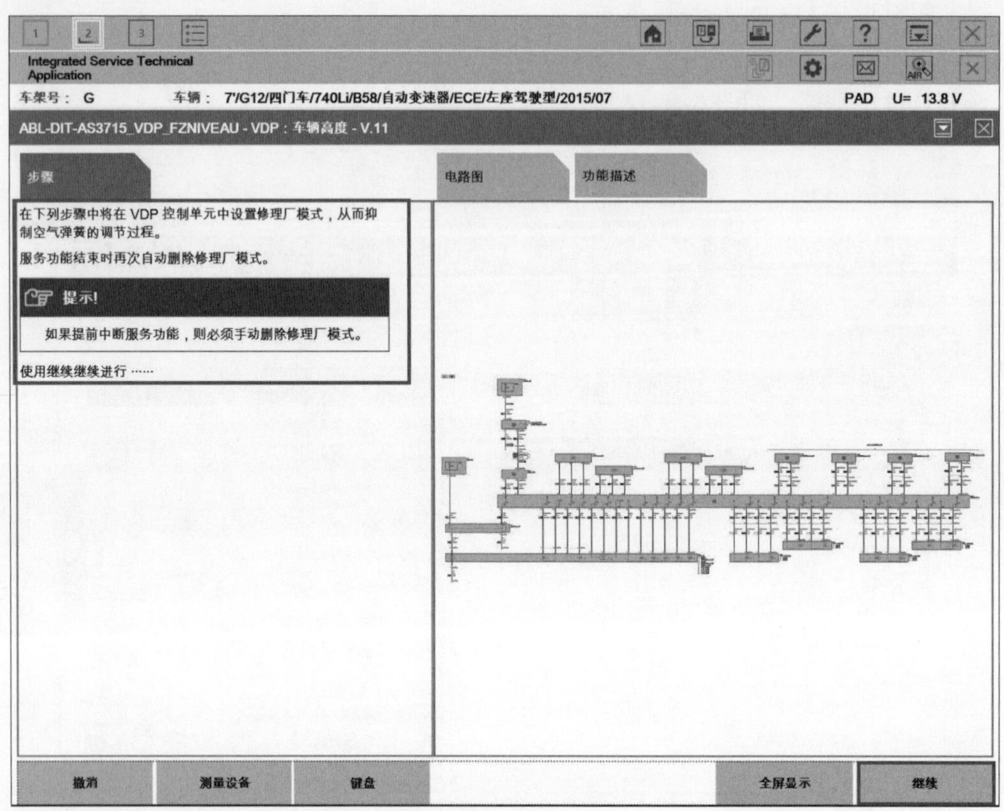

图4–9–13

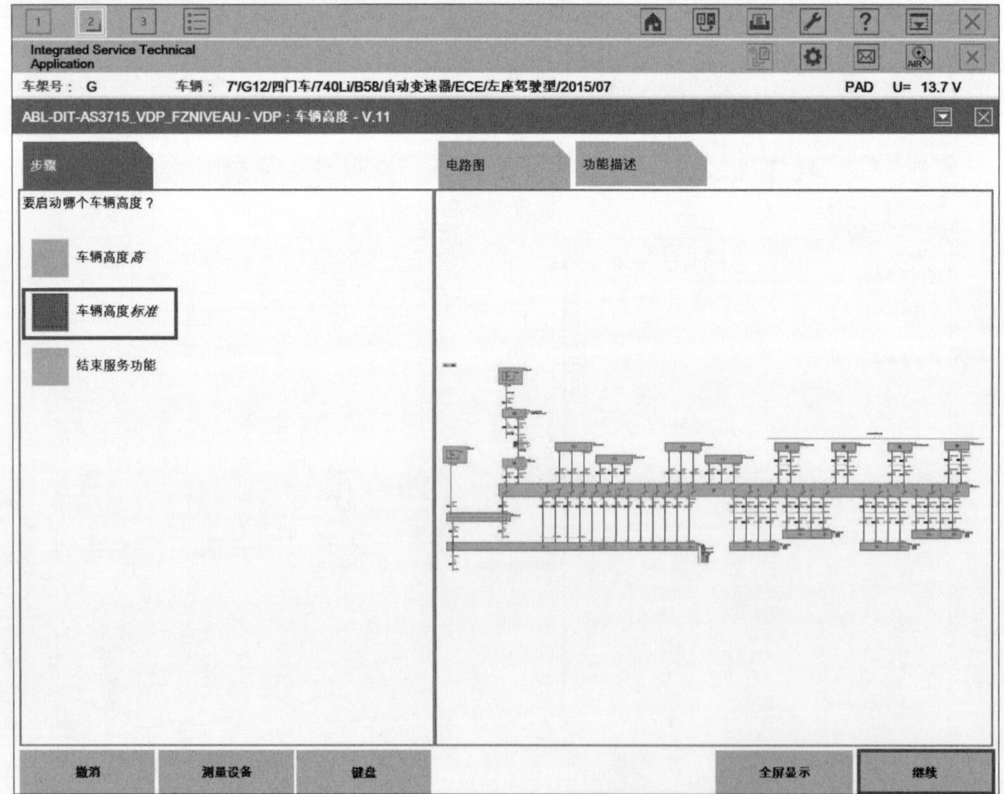

图4–9–14

车身高度已处于标准高度，需要重新选择高度，如图 4–9–15 所示。

车身高度重新选择，如图 4–9–16 所示。

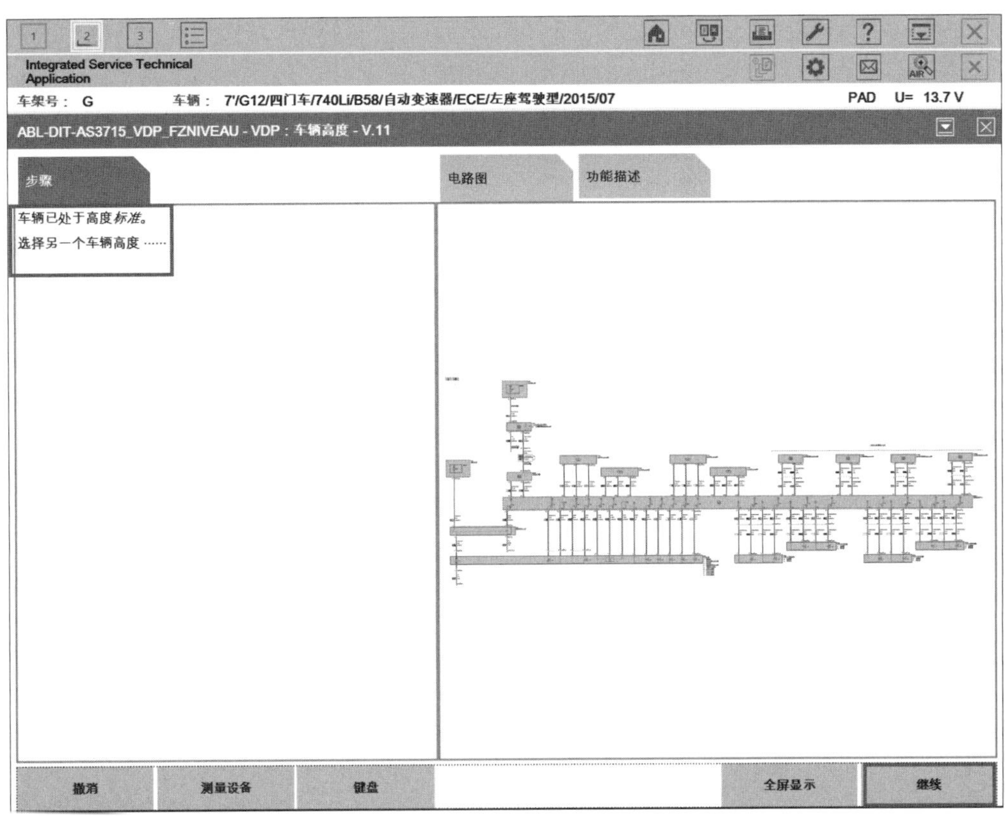

图4–9–15

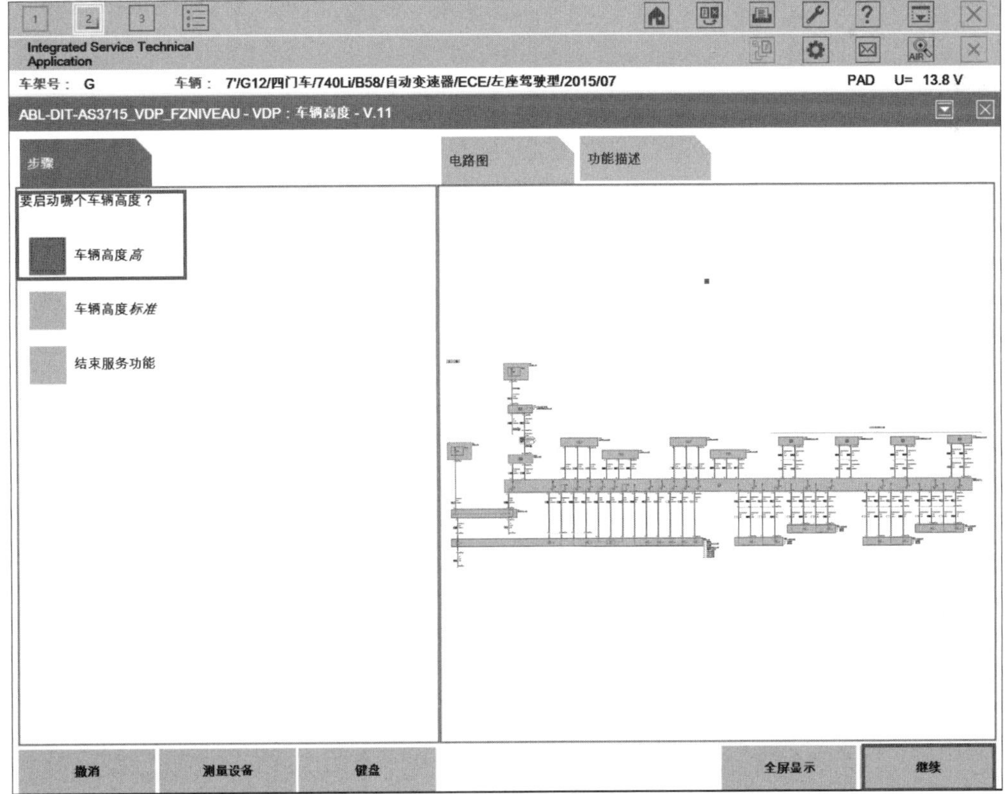

图4–9–16

车身高度调整过程，如图 4-9-17 所示。

车身高度调整结束，如图 4-9-18 所示。

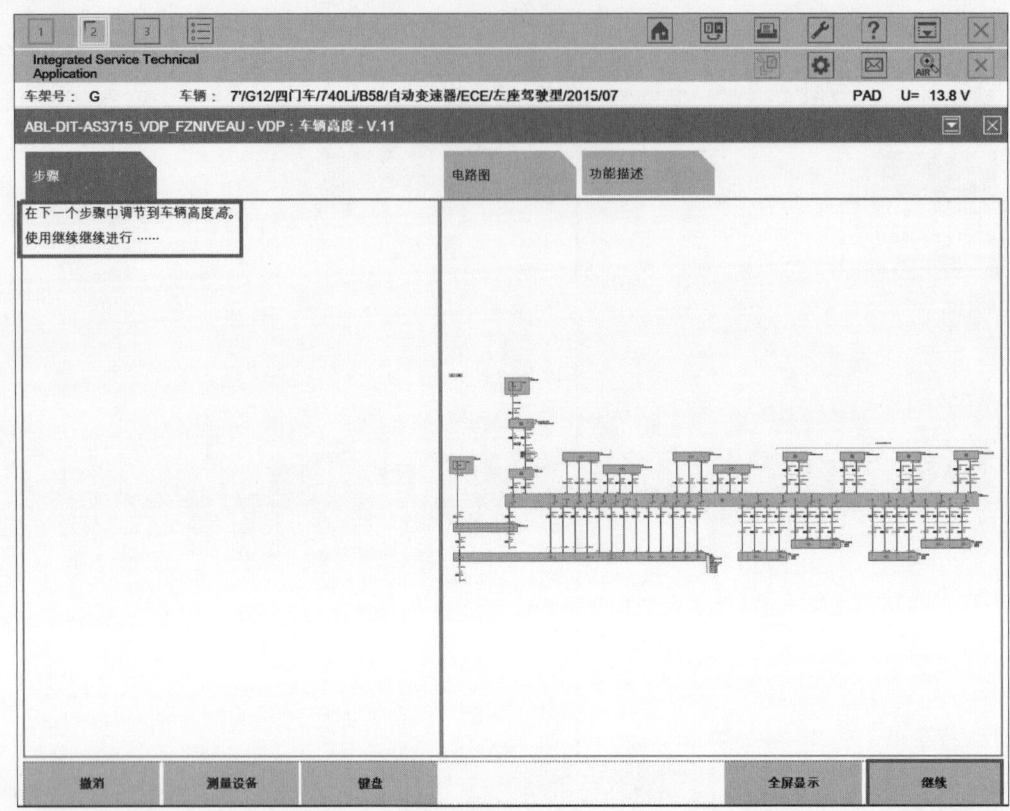

图4-9-17

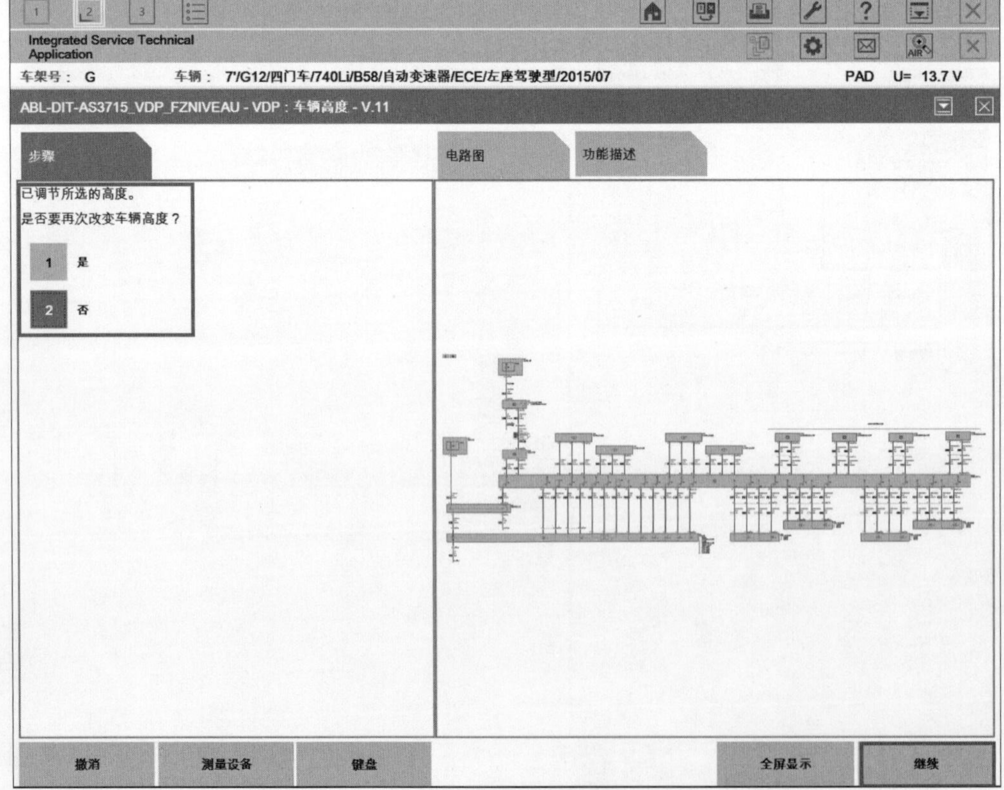

图4-9-18

例4：检查空气弹簧。

在 ISTA 服务功能菜单下选择“ABL VDP：空气弹簧”文件，并按照 ABL 过程提示逐步执行空气弹簧检查调整过程，如图 4–9–19~ 图 4–9–24 所示。

选择“ABL VDP：空气弹簧”文件，如图 4–9–19 所示。

VDP：空气弹簧功能说明，如图 4–9–20 所示。

图4–9–19

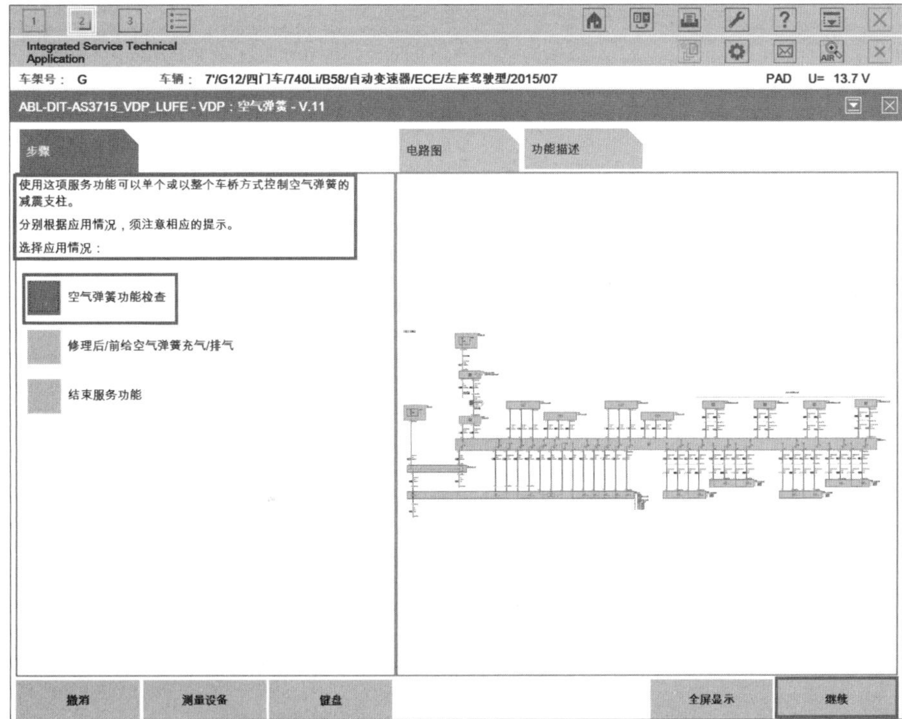

图4–9–20

VDP：空气弹簧提示，如图 4–9–21 所示。

VDP：空气弹簧完成条件，如图 4–9–22 所示。

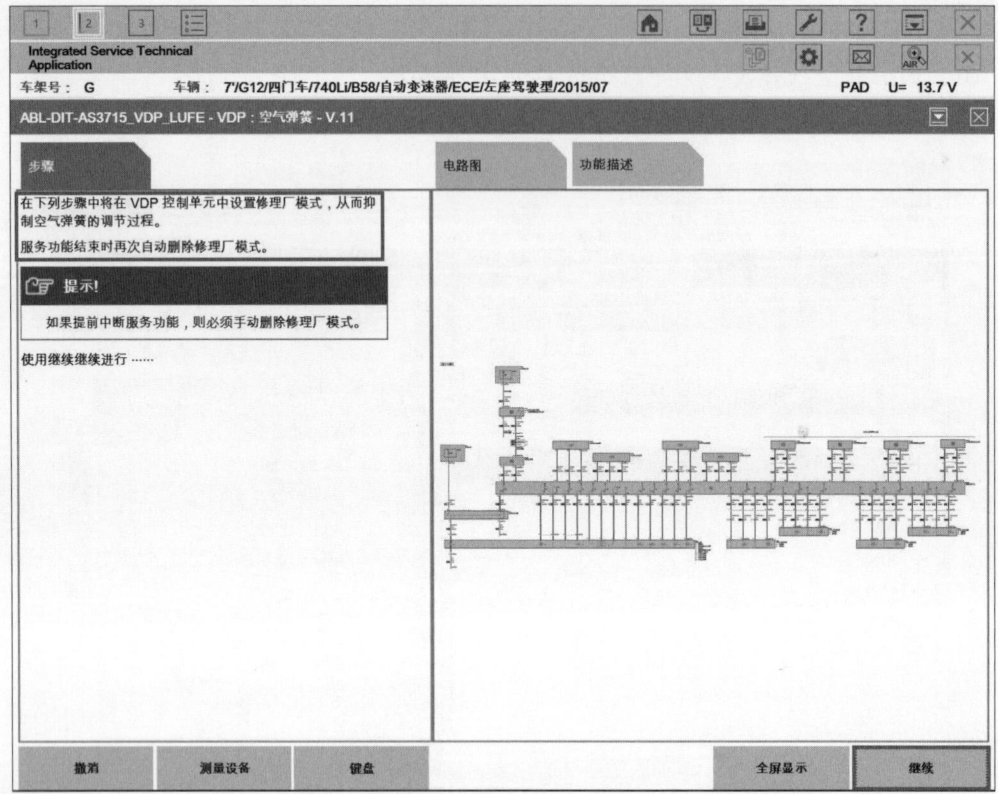

图4–9–21

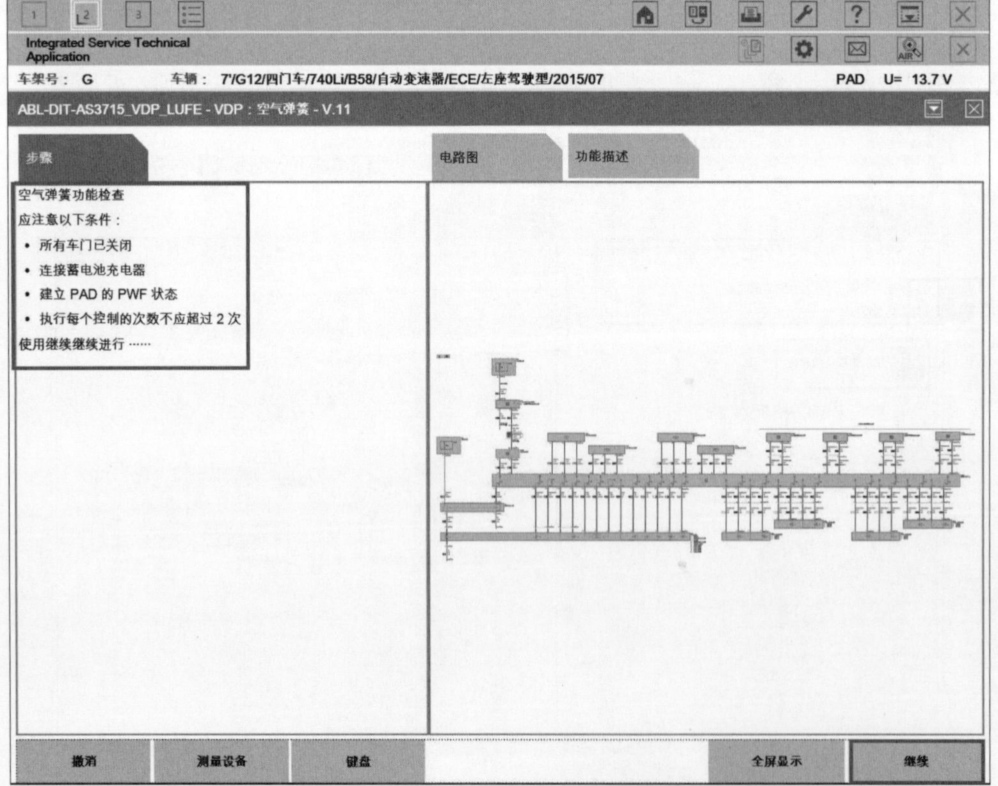

图4–9–22

VDP：空气弹簧调整对象选择，如图 4-9-23 所示。

VDP：空气弹簧调整数据确定，如图 4-9-24 所示。

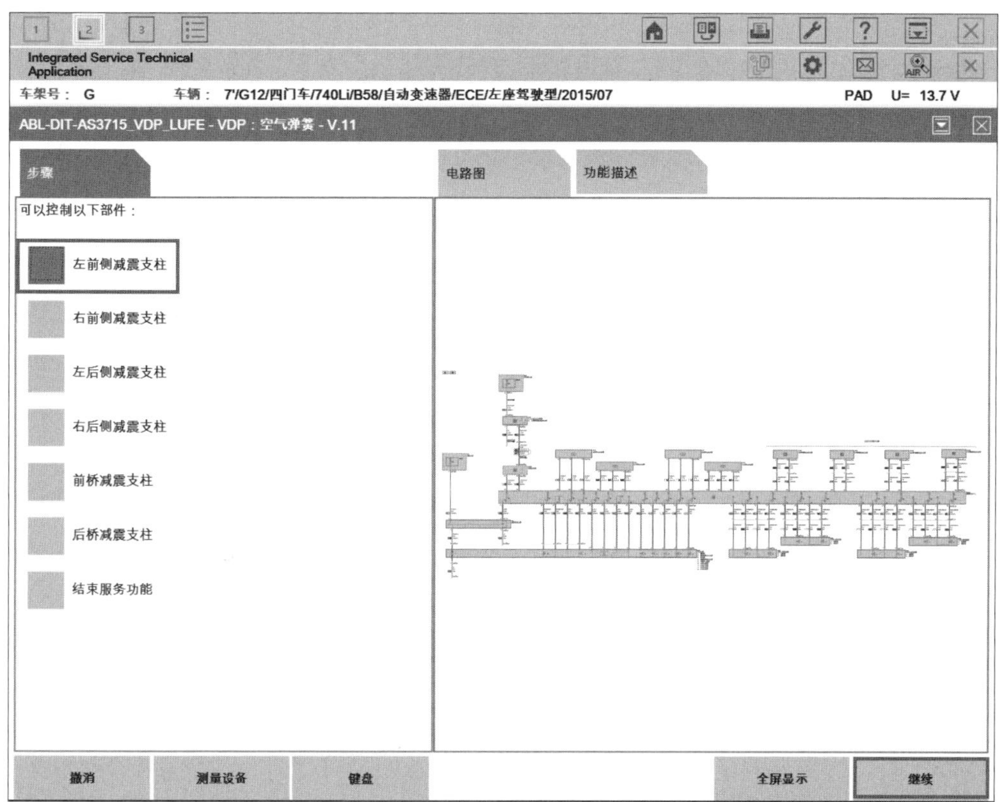

图4-9-23

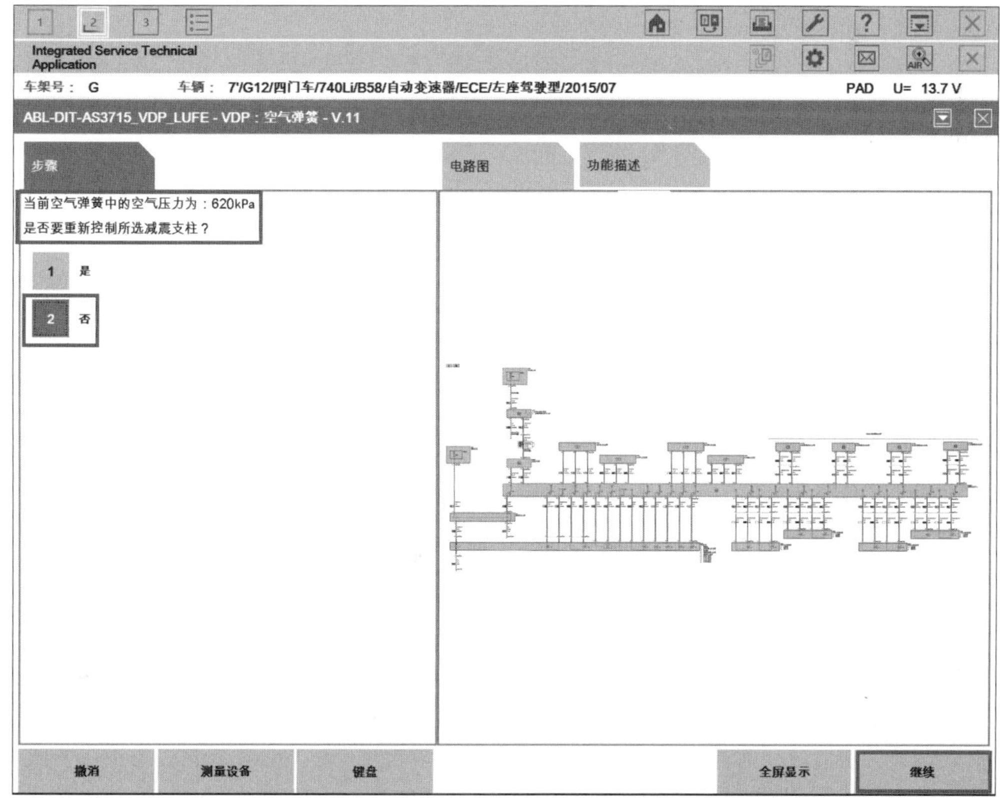

图4-9-24

第五章　ISTA 系统诊断文件的基本定义

一、下列信息类型被分配给诊断文件

方框图（SSP-SSP 标识符）：在功能结构中确定的电路图。

部件电路图（SSP-BTS 标识符）：在部件结构中确定的电路图。

安装位置（EBO-EBO 标识符）：在部件结构中确定的图像。

插头示意图（STA-STA 标识符）：在部件结构中确定的图像。

线脚布置（PIB-PIB 标识符）：在部件结构中确定的文件。

功能描述（FUB-FUB 标识符）：在功能结构中确定的文件。

部件描述（FUB-FUB 标识符）；在部件结构中确定的文件。提示：自 F01 车型系列起，提供部件简短描述。

二、适用下列特点

（1）所有有诊断功能的控制单元都有线脚布置。对于旧款车型系列，其他部件同样也有可能存在线脚布置。

（2）存在针对自 2 个插头接点起的插头的插头示意图。存在以下形式的跨组件的部件电路图（SSP-BTS）：接地概览、保险丝概览、连接器概览、部件一览、插头概览。

（3）包含所有接地点或接地连接器的接地概览，这些接地点或接地连接器未完整显示在方框图上。它们提供的信息是，哪些部件连接至车辆中的接地点或接地连接器。

包含每个保险丝的保险丝概览。提供的信息是，哪些部件连接至保险丝以及该保险丝的供电来自何处。与方框图不同，在保险丝概览上显示了从保险丝到部件的整个路径。在包含所有连接器的连接器概览，这些连接器未完整显示在方框图上。

部件一览针对有诊断功能的控制单元创建，这些控制单元未通过方框图和电源电路图完整显示。对于旧款车型系列，其他部件同样也有可能存在部件一览。部件一览给出的是各个部件的所有导线的概览。这些导线一直显示至下一个部件、连接器或插头。只有主要部件才用文本表示。所有其他部件在符号上具有一个活窗（超链接），该活窗导航至更多详细信息。

存在针对自 2 个插头接点起的插头的插头概览。这些导线一直显示至下一个部件、连接器或插头。这些部件未用文本表示。它们在符号上具有一个活窗（超链接），该活窗导航至更多详细信息。

重要：在热点已激活时，必须通过按钮文件调用所有上述概述。

（4）对于右座驾驶型车辆，不提供的对称的安装位置。例外：对于右座驾驶型车辆，安装位置并非对称，最终有所偏差。

（5）不存在针对所有电气符号的部件描述（自 F01 起），例如针对保险丝或单个点火电路的气体发生器。

三、诊断文件的联网

诊断文件在 ISTA 中互相紧密联网。从方框图可以转至提供更多详细信息的活窗（超链接）。这些信息类型通过 ISTA 中的选项卡显示。为此选择 ISTA 中相应的选项卡。

选项卡的特点：当在某个选项卡上能看到“折角”时，表示所选的符号有相同信息类型的多个对象可用。多次选择带“折角”的相应选项卡，然后会依次显示对象，如图 5-1 所示。

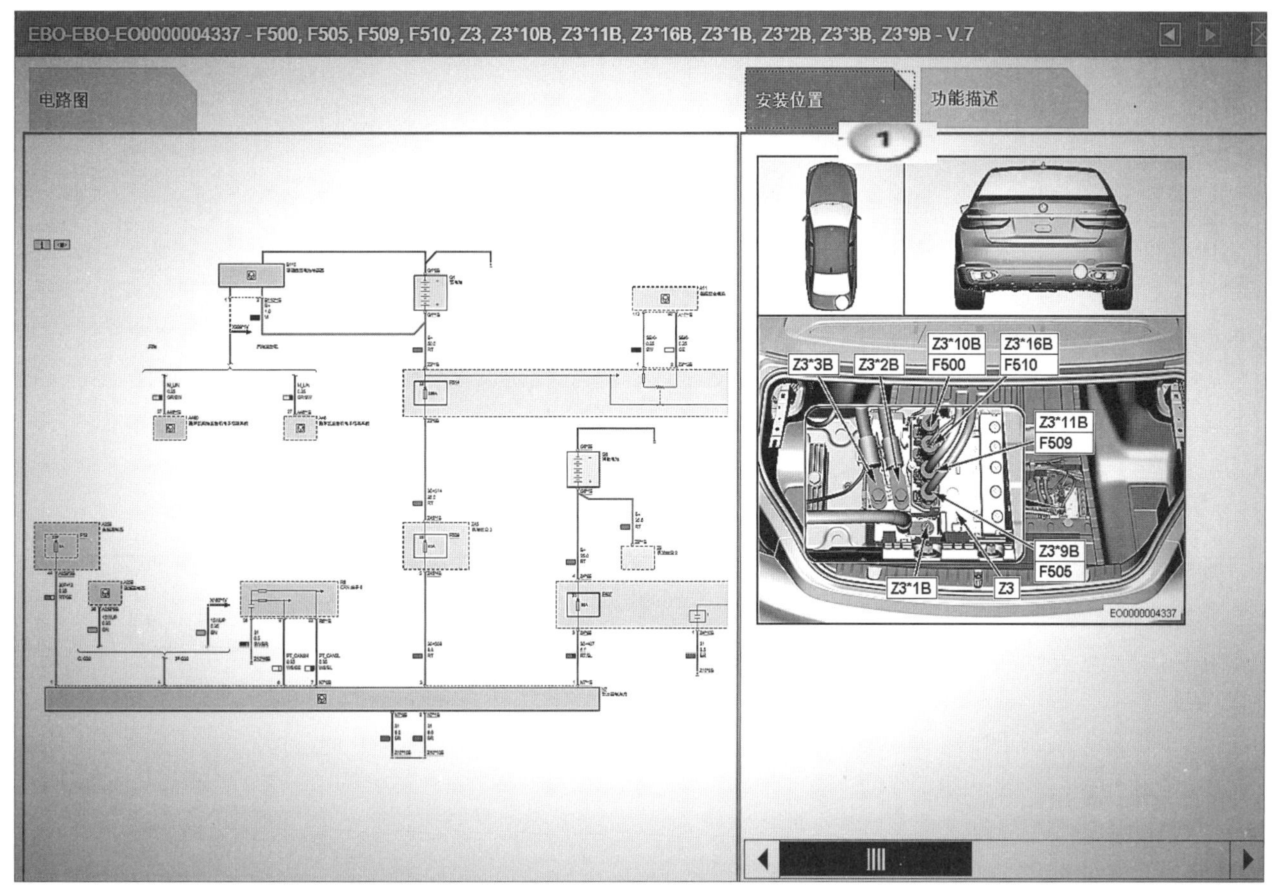

1—红色的“折角”

图 5-1

用于查询故障的更多电路图的特点：如果为了查询故障在更多电路图上查询信息，必须在左下方的 ISTA 中按下按钮文件。重要：在热点已激活时，必须通过按钮文件调用所有其他的电路图，如图 5-2 所示。

通过电路图中的左上图标（眼睛）可以从方框图导航到系统电路图。在结构节点“方框图”下自 F01 起的功能结构中可以找到系统电路图。系统电路图的特点：系统电路图显示系统的功能联网。因此，应考虑到车辆中通过总线系统实现的增加的联网。通过系统电路图可以总览技术关系，因此也便于理解。方框图不是用于故障查询的电路图。系统电路图不含部件上的插头连接数据和导线数据，例如横截面和颜色。

四、使用自由文本搜索或通过功能结构 / 部件结构来搜索信息对象

原则上可以在 ISTA 中根据诊断文件在引导性故障查询范围外搜索，即在测试模块外搜索。为此在 ISTA 菜单中存在“文本搜索”选项卡。这适用于，例如，当存在与控制单元的通信故障时。针对文本搜索添加一个新的搜索类型“按结构搜索”。

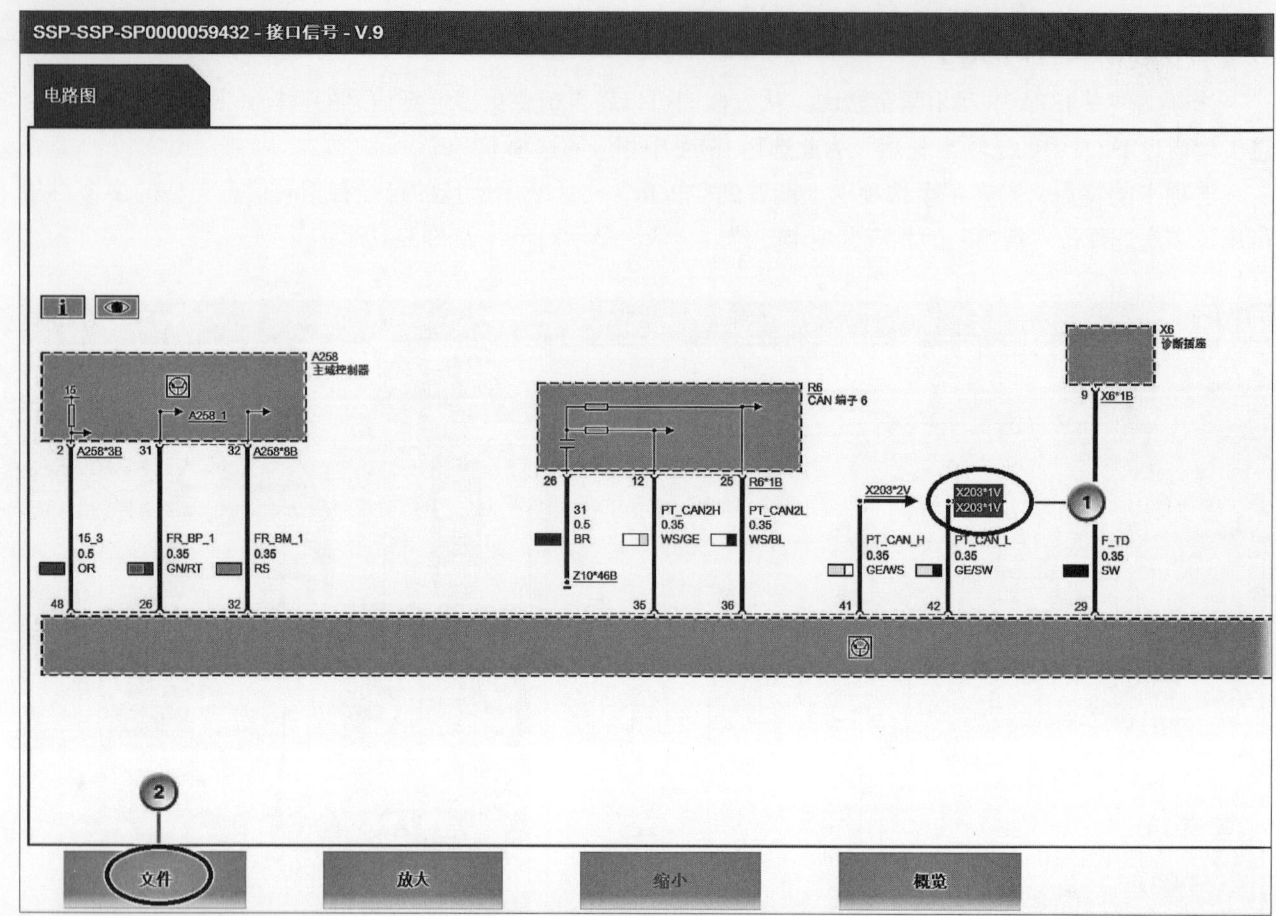

1—首先激活热点　2—然后选择按钮文件

图 5–2

（1）按以下结构进行搜索：

功能结构；

服务功能；

产品结构；

部件结构；

部件故障症状。

（2）搜索项将按下列顺序和默认选项在搜索关键词下方显示：

按结构搜索（标准的预分配）；

按文件标题搜索（标准的预分配）；

在文件中查询；

按照文件编号查询。

（3）按完整定义和部分定义进行搜索。

因为即使按部分定义进行搜索，适用项也可能包含其他超出预期数量的范围。同时可以输入更多的搜索关键词。在这种情况下仅分析包含所有关键词的结构节点。针对自由文本搜索不需要通配符设置。将准确按照所输入的字符串进行搜索。如果无法足够准确地限制搜索，则提供有在文件中查询。由此会提高结果列表中查询结果的命中概率。

请注意信息类型的筛选器设置，并未预设所有信息类型。当然也可以通过功能结构或部件结构来搜索诊断文件。部件结构此时按照电气符号进行排列。如果充分了解功能结构和部件结构，同样也可以由此进行高效的搜索。工作步骤：导航到相应的结构节点。按下“开始搜索”按钮。在此也请注意信息类型的筛选器设置。如果结果列表中没有所搜索的电路图，则在更高层上再次开始搜索。

五、电路图的内容和示意图

电路图将车辆的整个电气系统分为单个开关电路，部件在电路图上的布置为，可以从正（上）到负（下）跟踪电流走向。

（1）部件及导线的示意图并未按照比例绘制。因此，例如，一条长度超过 1m 的导线与一条长度仅为几厘米的导线在绘制上并未有所不同。

（2）在电路图上通常绘制有车辆的完整装备。无法针对每个装备系列创建自己的电路图。

（3）内容类型在电路图上以所谓的选择括号进行表示。注意选择括号，因为如果在电路图上选择不正确，将不会显示更多信息。

“Birdview”（鸟瞰图）功能：“Birdview”（鸟瞰图）给出的方位是当前显示的电路图的剖面。在电路图中将于 5s 后隐去“Birdview”（鸟瞰图）功能（右上框）。通过移动电路图可在电路图中再次显示“Birdview”（鸟瞰图）功能，如图 5-3~ 图 5-10 所示。

方框图显示的是与测试模块协调一致的各个子功能。在各个功能图中，为了更加清晰明了，放弃了完整显示所有插头、导线分支；在需要时会在总体电路图（可通过超链接找到）上显示保险丝、接地连接器和焊接连接件。部件中的部分内部接线仅以图解形式描绘。高压组件始终带有一个警告符号。接下来将说明针对电路图内容的更多详细信息，如图 5-4 所示。

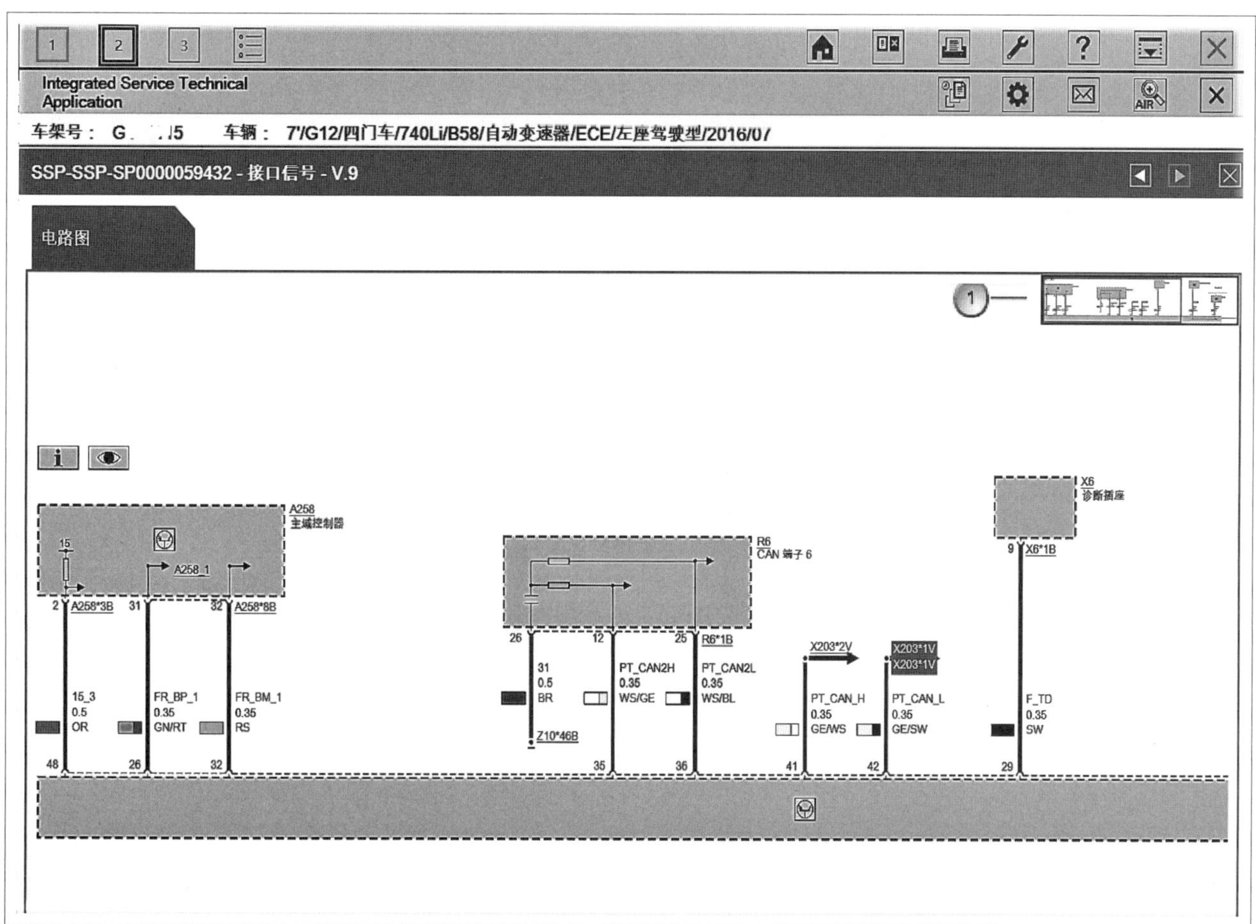

1—“Birdview”（鸟瞰图）

图 5-3

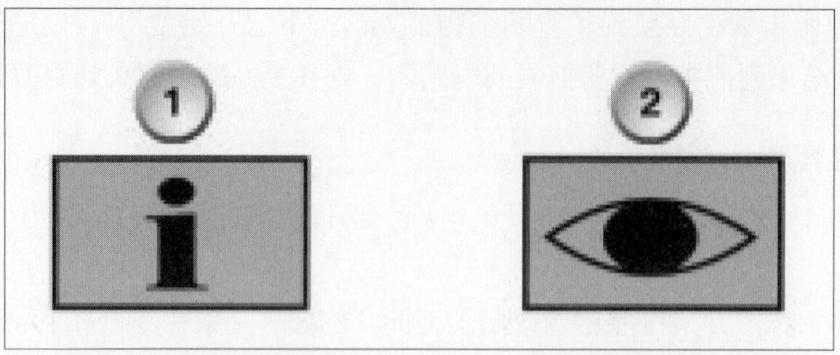

1—活窗电路图说明　2—活窗方框图

图 5–4

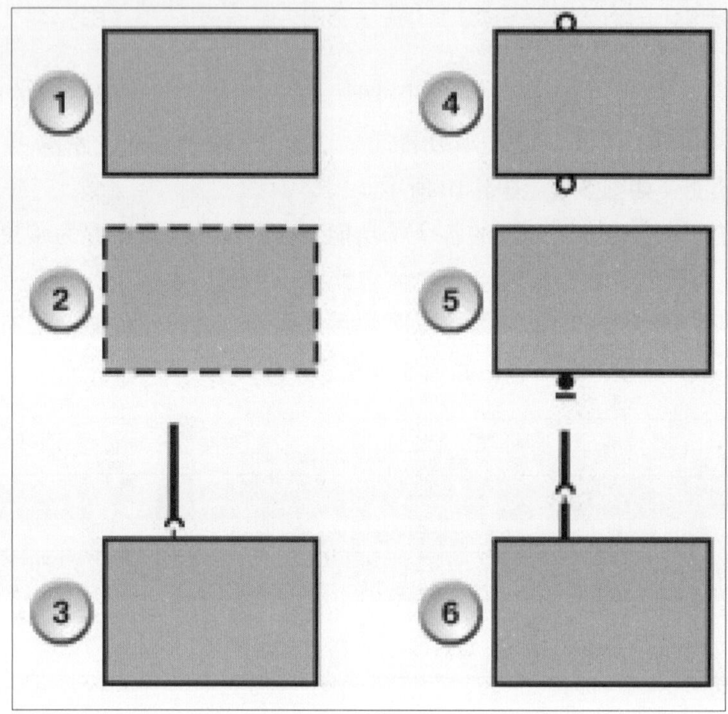

1—所有部件　2—部分部件　3—部件插头已连接　4—带螺丝端子的部件　5—部件壳体直接与车辆接地连接　6—将插头用部件连接导线连接

图 5–5

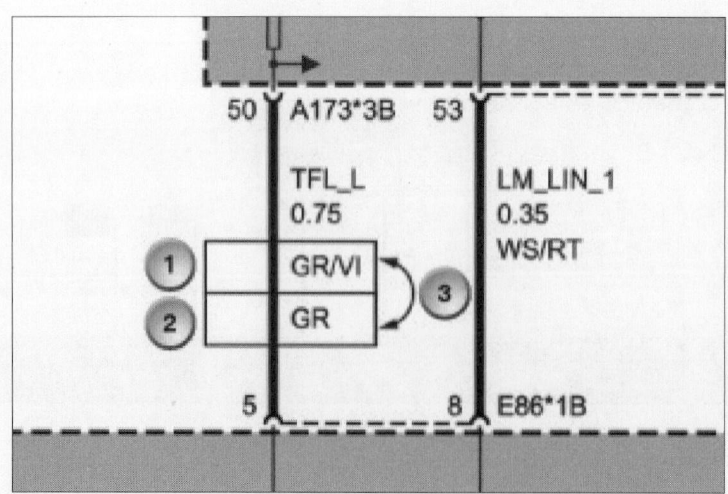

1—可能的导线颜色　2—可能的导线颜色　3—作为符号的箭头

图 5–6

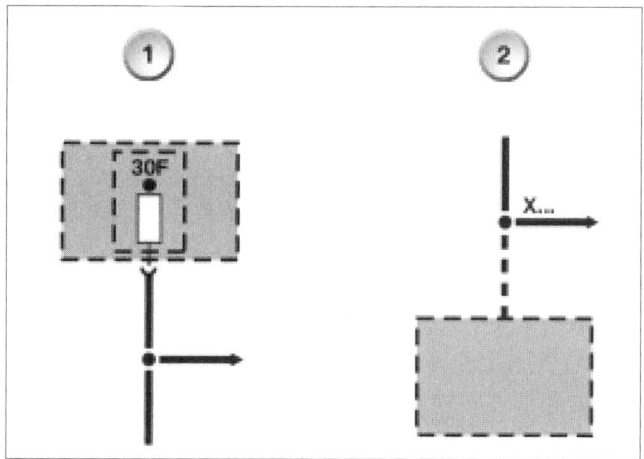

1—通过这个保险丝还为其他部件供电。提示：在向右的箭头上，没有提供任何活窗。对于导线的实际接线，可以通过活窗和进一步的文件，在用于供电的上级保险丝上查看概述　2—在这个带虚线的导线上可能还有其他电缆连接器

图 5-7

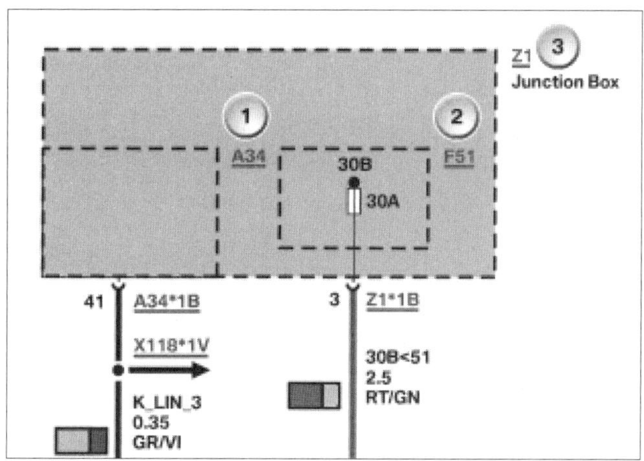

1—接线盒中的部件：接线盒电子装置（JBE）　2—接线盒中的部件：保险丝 F51　3—接线盒由配电器和接线盒电子装置（JBE）的控制单元组成

图 5-8

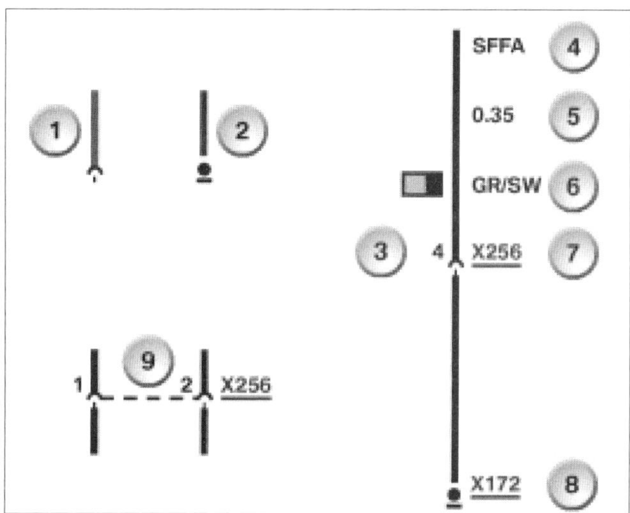

1—红色 = 供电　2—棕色 = 接地　3—线脚号码 4　4—SFFA 信号　5—导线截面 0.35mm²　6—灰色和黑色（GR/SW）导线颜色　7—插头符号 X256　8—接地符号 X172　9—同一个插头中的 2 个线脚 Pin 划线表示同一插头的连接点

图 5-9

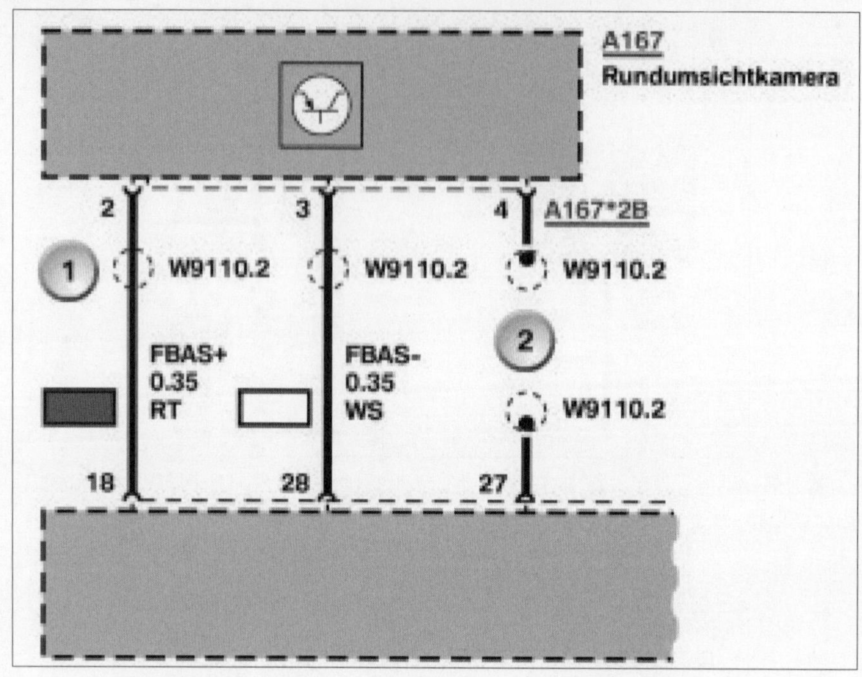

1—被屏蔽的导线　2—屏蔽。名称 W9110.2 中的 2 说明，已屏蔽 2 条导线。

图 5–10

六、保险丝布置

在功能网络中，现有用于车辆 G0x、G1x 和 G3x 的节点“保险丝布置”。在此节点下，显示了配电器的保险丝布置图像。此图像还包括单个保险丝的设计安培值。该图像还包括保险丝所负责功能的图标。另外，部件和保险丝连接在配电器上。通过选择链接，将显示更多信息，例如：安装位置。如果在选择热点时在 ISTA 左下方选择了“文档”按钮，则还会显示保险丝概述（如果使用了保险丝）。该保险丝布置未来也供其他车型系列使用。

七、插头示意图

存在针对自 2 个线脚 Pin 起的所有插头的插头示意图。插头示意图显示的是已拔下的插头。自 E6x 起的插头示意图：下部中间的图标表示，涉及的是销子罩还是套筒壳体。如果存在用于该插头的适配接口，则会在左下方记录适配器号码。如果不存在适配接口，则以一个红色的十字符号划掉该图标，如图 5–11 所示。

八、安装位置

新安装位置图像自 2013 年起已提升至一个较高的质量水平。执行下列措施：

将图像高度与流程系统上的显示相匹配；

改善图像分辨率；

详细概述的介绍，有意义（图像上部默认）；

通过一个黄点标记安装位置；

部件本身为黄色；

部件上的插头为蓝色；

正橘黄色的高压线；

高压组件配有警告标志。

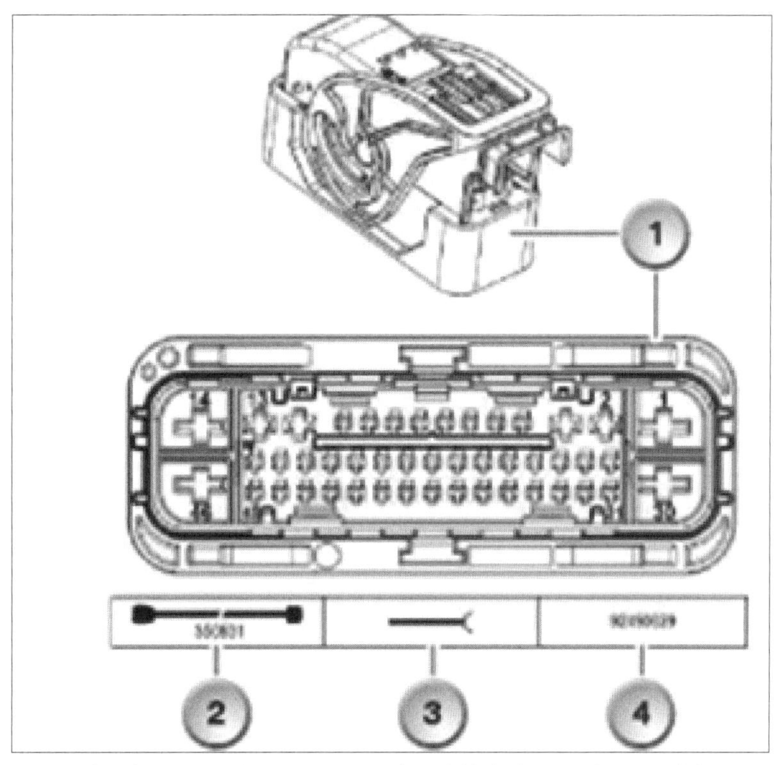

1—插头示意图　2—适配器号码　3—套筒壳体或销子罩图标　4—内部图号

图 5-11

九、线脚布置

仅为控制单元创建线脚布置。对于所有导线完整显示在方框图上的控制单元，不存在自身的线脚布置信息类型。

如存在某个部件的线脚布置，选择右侧的活窗就会显示选项卡线脚布置。

线脚布置具有一个表格式结构。此时存在一栏通过缩写说明的信号类型。

缩写含义如下：

E= 输入信号；

A= 输出信号；

E/A= 总线信号；

M= 接地。

十、电路图中的导线颜色

电路图中规定了导线颜色。或者作为文本（例如 BL/RT），或者带有采用实际导线颜色的彩色框（自 E8x 和 E9x 起，除 E83 和 E85 外）作为导电性更强的导线的高压线始终以橘黄色表示。导线颜色的重要提示：导线颜色用于辨别导线。在制造电线束时无法确保，始终可实现研发的预设值（电路图的基础）。因此，电路图上的导线颜色可能与车辆中的导线颜色有所不同但必须遵守针对故障查询的线脚布置，如图 5-12 所示。

功能节点“方框图”中的系统电路图：配电器上保险丝的彩色标记：

绿色：小型保险丝（MINI）；

红色：中型保险丝（ATO）；

黑色：大型保险丝（MAXI）。

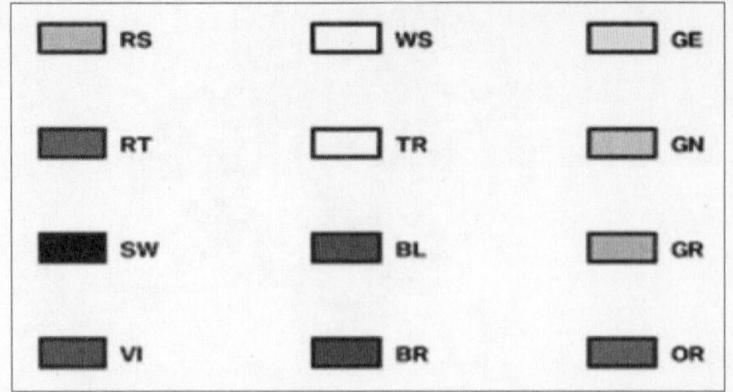

RS—粉红色　WS—白色　GE—黄色　RT—红色　TR—透明　GN—绿色　SW—黑色　BL—蓝色　GR—灰色　VI—紫色　BR—棕色　OR—橘黄色

图 5-12

十一、带有扩展的电路图导航的电路图的新功能

自版本 3.45 的 ISTA 起，电路图包含了一个新功能。ISTA3.53 的目标是，针对以下产品系列也提供这些功能：

E7x；

E8x、E9x、E83、E85、除外；

R5x。

仅当电路图全屏显示时，这些功能才可用。借助这些新功能可简化电路图中的导航并方便用户查找信息。针对扩展的电路图导航已进行了额外连续改进：使用“概述”按钮可在电路图右方打开一个显示窗口。在该显示窗口中会列出电路图（如果有）中的不同组：在导线组中，现在针对信号名也提供采用各种语言描述的长名称形式。例如：DB_VR 右前车轮转速传感器正极信号接下来将简要描述扩展的电路图导航，如图 5-13 所示。

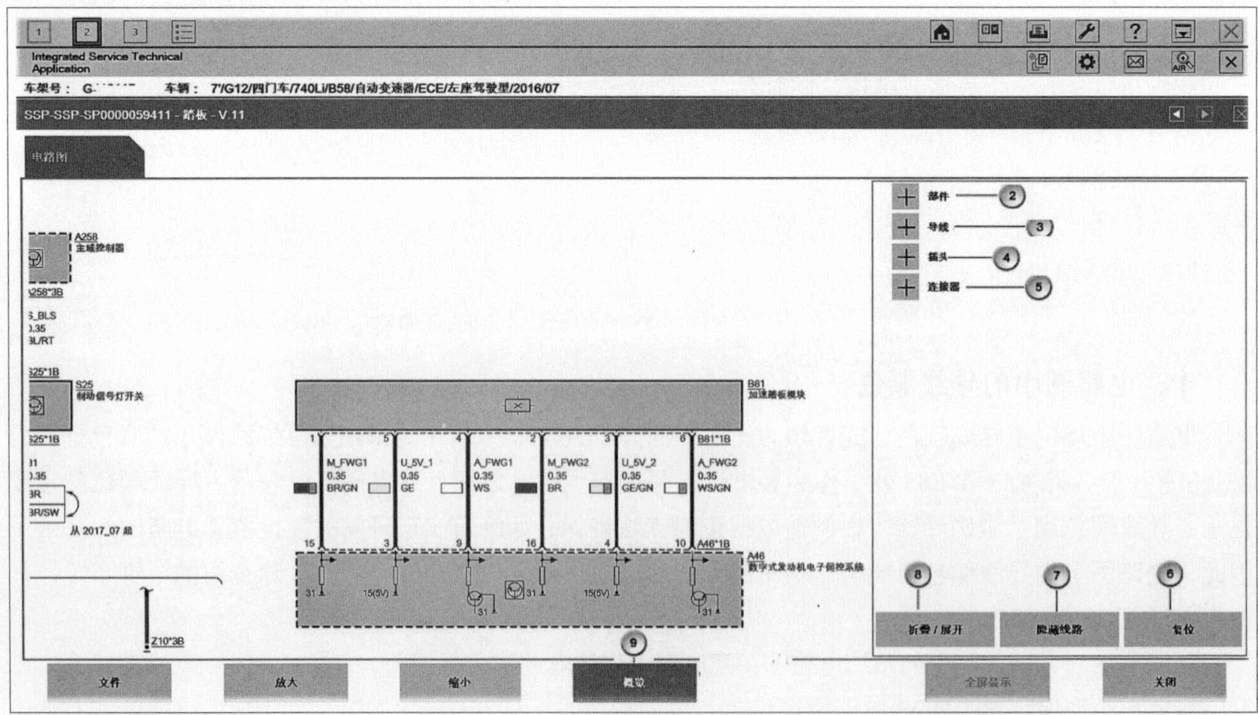

1—电路图导航屏幕截图　2—部件　3—导线　4—插头　5—保险丝　6—“复位”按钮　7—“隐藏导线”按钮　8—“折叠 / 展开”按钮　9—“概述”按钮打开和关闭电路图导航

图 5-13

（1）“概述”按钮。使用“概述”按钮可在电路图右方打开一个显示窗口。在该显示窗口中会列出电路图（如果有）中的下列组：

部件；

导线；

插头；

连接器；

保险丝。

通过按钮 + 可以展开和收起各个组，使用“收起 / 展开”按钮可同时展开和收起所有组。

（2）某组打开时的功能。有 3 栏。

第一栏包含一个放大镜。选择该放大镜可放大到电路图中的部件。“ID”栏包含符号。“描述”栏包含符号的详细形式。通过在标题行上进行选择可以按照升序和降序排列这两列。默认情况下按照符号进行升序排列。

此外，选择符号或描述可标记列表中的条目。同时会在电路图中以彩色标记所选择的符号。如果某个符号在电路图中多次出现，则会在描述栏中使用带方括号的数字标明该符号。这适用于所有组。

电路图中的导线功能。导线可以在“导线”列表项中进行标记。可以进行多选，也可以直接在电路图中标记导线。同样可以进行多选。使用“隐藏导线”按钮可隐去所有未标记的导线。再次操纵该按钮可重新显示隐去的导线。

隐藏导线会使电路图显示不完整。

“复位”按钮。使用“复位”按钮可将电路图显示复位到初始状态。

第六章　ISTA 系统标准诊断

ISTA 型车间系统的程序和文件包含用于 BMW Group 车辆中故障查询的信息。只有注意这些信息时，才能保证专业化维修车辆。

第一节　ISTA 系统标准诊断

一、步骤

存在适用于所有电器及电动机械式车辆系统的诊断程序。此外，还存在适用于所选机械系统或故障症状的诊断程序（非电气诊断）。一直需要借助 ISTA 型车间系统进行故障查询：

当电气部件的功能范围内存在故障，并且不能明确识别有缺陷的组件或故障源时；

当故障造成指示灯闪烁时；

当机械装置内存在故障，并且不能明确识别故障原因时；

当机械装置内存在故障，并且故障查询或修理成本非常高时；

当针对有缺陷的部件激活了 TeileClearing 时。

二、诊断流程

诊断开始。在车间系统上必须安装最新的软件版本，包括最新的程序及数据软件更新。含有检测计划和查询结果列表的故障查询因技术限制，故障码存储器不可能捕获所有的系统故障状态。因此，对一个系统进行完整的故障查询时，需要注意以下步骤。

1. 已存储故障的检测计划

当进行 < 快速测试 > 后估算 < 检测计划 > 时，将只显示必要的用于处理已存储故障的步骤。因此，可以通过选项 < 故障症状 > 额外选择指示功能异常的车辆总成系统。

2. 已存储故障及已知故障症状的检测计划

当在选项 < 故障症状 > 中选择了车辆总成系统时，将在 < 检测计划 > 的已存储故障步骤旁显示已知的、目前频繁出现的故障步骤。

3. 信息查询

在 < 检测计划 > 中，如使用这些步骤仍不能清楚地确认故障，则必须通过 < 信息查询 > 选择后续步骤。此外，通过 < 功能结构 > 查询步骤。

4. 功能结构

当前故障症状：选择功能界面（例如 03 车身 - 冷暖功能）后，在 < 功能结构 > 中首先选择 <［!］当

前故障症状 >。此界面包括对现有分步步骤中常见故障症状的概览。需要注意的是，所有与软件有关的范围，将依据联机车辆的整合等级来确定。列表由车辆所决定。

5. 测试模块

所有其他已知功能故障以及功能检查的总范围属于 < 功能结构 > 中分配到车辆功能的步骤范围。此步骤将实现对所有有关的子功能部件进行检测。

6. 非电气诊断 NED 的测试模块

非电气诊断 NED 的测试模块的访问在 ISTA2.28 时已简化。

从功能结构中登录，直接通过：05 非电气诊断 –NED。

然后可根据下列项目进行过滤：

01 驱动装置；

02 底盘；

03 车身；

05 故障类型；

客户感觉。

7. 查询结果列表

这些通过功能结构得到的步骤将显示在 < 查询结果列表 > 中。对步骤的处理将确保，显示当前的故障查询信息。

三、应用步骤

对于 < 检测计划 > 和 < 查询结果列表 > 中列举的步骤，必须首先检查哪些步骤与客户投诉或已确定的功能故障有关。优先调用并处理这些步骤。

已开始的步骤必须得到完全处理。只有当输出提示“完成步骤。继续检测计划”后通过按钮 < 继续 > 返回到 < 检测计划 > 或 < 查询结果列表 > 时，处理过程才结束。然后所有步骤中显示的诊断码才会被存储到诊断记录中。只有当存在下列原因之一时，才允许提前中断步骤：

①错误选择了步骤；

②程序错误要求中断。

并非所有步骤都作为引导测试流程使用。在许多步骤中，诊断用户可以自行决定应该执行哪些检测。通过请求反馈（反馈对话框）确定的检测结果将结束这些步骤。用户必须在此处选择检测结果，该结果基于现存的信息和检测结果将决定执行修理措施。

必须忽略识别到的与客户投诉、已确定功能故障或指示灯闪烁无关的步骤。

请注意，如果测试模块执行过程中偶尔出现功能故障时无法确定任何故障，则诊断用户必须自行决定执行哪些修理措施。此外必须注意下列信息：

客户故障描述；

故障码存储器和故障码存储器的细节；

故障码说明；

测试模块中显示的文件和提示；

技术支持的当前信息（维修信息、售后服务问题和措施管理 PuMA 措施等）；

来自过去故障查询和修理措施的经验。

四、处理已存储故障

在技术受限的条件下可能会发生一个控制单元存储一个故障的现象，即使未察觉到任何功能故障。此外在车辆中可能会存储其故障原因已被排除的故障。

存储与客户投诉或已确定故障症状无关的故障，特别是在具有大行驶里程的车辆中并不少见。因此，当执行诊断时，基于故障码存储器详细信息必须检查，哪些故障记录可以忽略。

下列故障码存储器在此处具有特殊含义：

当前故障状态（故障目前存在 / 目前不存在）；

故障上次出现时的里程数；

故障频率。

只当从故障码存储器详细信息中可清楚辨认，已存储故障与客户投诉或故障症状有关时，才能可以根据故障记录更新部件。

在步骤中，一般将不再从车辆中重新读取故障。将一直使用在 < 快速测试 > 中确定的故障存储范围。以此方法添加故障或进行修理，改变在 ISTA 中非自动存储的故障列表，来排除故障状态。

只有执行新的车辆检测或对一个单独的控制单元通过 <SG 功能 > 执行 <SG 测试 > 时，才重新计算 ISTA 中已存储的故障码存储器列表。

已存储故障的当前状态可以在 < 步骤 > 中或通过在 < 故障码存储器列表 > 中选择 < 更新 > 进行读取。

五、注意当前的技术信息

此外，对于诊断程序，将通过专门的出版物及系统发表关于当前技术问题的信息（例如维修信息或产品及管理售后服务措施）。在进行故障查询时也务必注意这些信息。

如果步骤中推荐的修理措施与当前信息有所偏差，则必须将其输入到保修申请或优惠条件申请的注释框中。

六、执行编程或设码措施

控制单元的编程、设码、许可及交换过程将通过编程系统 ISTA/P 执行。必须注意当前有效的用户技术文档以及关于 ISTA/P 的补充信息。更换控制单元时，请注意用户技术文档中对“需要 / 无须中断会话进行更换”操作方法的说明。在开始不再需要将步骤中显示的“GW 代码”传输给保修申请或优惠条件申请。今后将取消步骤中的“GW 代码”输出。

七、使用控制单元功能（SG 功能）

< 控制单元功能 > 提供快速访问已知诊断功能的可能性。

但是，使用控制单元功能不能替代步骤执行，因为：

①在控制功能中未包含进一步的提示及说明。

②控制单元功能中，功能和组件的诊断方案和检测方案并非全部可用。

③在控制单元功能中无标准值显示。

八、删除故障码存储器的故障记忆

在修理车辆后必须通过功能 < 删除故障码存储器 > 删除所有存储的故障。

九、诊断帮助信息概述

1. 通过基本特征手动识别车辆身份

在手动车辆身份识别的基础上，通过基本特征无法完全确定车辆数据。调用信息搜索时可能因此在目录中提供过多或过少的文件。如果车辆识别号已知，则通过车辆识别号进行车辆身份识别。

2. 检测计划和优先权

检测计划计算结果通过选项卡检测计划表示。可疑对象的重要性通过优先权栏再次给出。服务人员可以借此了解检测计划中各步骤的完成顺序。系统根据特定技术运算法则计算检测计划，然后提供特定的完成顺序。但是计算法则无法考虑 BMW 服务人员宝贵的经验或某些客户陈述。因此，车辆上的故障原因不是始终与检测计划提供的顺序（优先权）一致。例如，如果通过客户陈述进一步明确了车辆上的某一问题，则将检测计划与客户陈述进行比较。然后相应完成工作，即使该检测步骤不列在检测计划中第一位。

3. 加装或改装

用 ISTA/P 加装或改装时，随后必须在 ISTA 中学习新过程，否则会不识别这个新控制单元。

4. 诊断码显示和记录

只有屏幕页面上出现“下一步”时，屏幕上显示的诊断码和维修说明才能存储在诊断记录中。当某个测试步骤中断时，将不会进行记录。此外还应注意，即使在输出测试步骤说明后，也可以显示维修提示。因此，必须执行测试步骤直至出现“测试步骤已终止”报告。

5. 删除故障码存储器

如果在计算检测计划之前删除了故障码存储器，则该检测计划不再完整。举例：在动态稳定控制（DSC）中存有一个故障：5DA6DSC：车轮转速传感器：右前旋转方向。

损坏的车轮转速传感器造成 DSC 不能向总线发出有效的车速信号。因此，其他控制单元无法自行提供信息，其中也包括动态稳定控制（DSC）。这样一来会造成各种难以识别的连锁故障：

D357：信息（传动机构，0x186）缺失，接收器 DSC，发送器 EGS、SMG、DKG；

D356：信息（发动机，0x170）缺失，接收器 DSC，发送器 DME、DDE；

D355：信息（发动机，0x169）缺失，接收器 DSC，发送器 DME、DDE；

D354：信息（发动机，0x168）缺失，接收器 DSC，发送器 DME、DDE；

D35A：信息（CAS 0x304）缺失，DSC 接收器，CAS 发射器；

CF07：变速器控制系统：通信故障：PT-CAN；

E717 信息（发动机数据，0x1D0）有错误，接收器 IHKA，发送器 DME、DDE；

CD87 DME：PT-CAN 通信故障。

如果删除了故障码存储器的故障记忆，随后只能存储可立即重新被识别的故障，故障 5DA6 无法在静止时被识别。如果随后进行检测计划计算，检测计划内会缺少作为真正原因的故障，这样便无法找到故障原因。

6. 带过滤器功能的故障存储列表

可以通过里程轴以及通过过滤故障类别（例如低电压、过压、信息）来过滤故障存储列表。在“里程轴”界面中，故障存储器代码记录在垂直轴上，而里程数记录在水平中上。在“类别”界面中，列出所有在故障存储列表内出现的故障类别。在故障存储列表中总是首先显示所有已编辑的故障码存储器，所以已经预先默认选择了各个类别。通过取消复选框服务人员可以在故障存储列表中隐藏各个类别以及已分配的故障码存储器，但是故障码存储器会继续存在于车辆中。如果无法给在存储列表中的故障码存储器分配类别，则说明在 ISTA 型车间系统上的“类别”选项已禁用。如果已经给某个故障码存储器分配了“信息”类别，则该存储器不会涉及分配有某一故障原因的故障。准确地说，故障码存储器涉及的是一条信息，提示某一功能受限或关闭（例如由于温度过高）。有关该故障码存储器的详细信息可以通过“显示故障码”查看。如果服务人员既通过里程轴又根据类别进行过滤，则故障存储列表会减少两个过滤标准。接下来在车间系统上执行的检测计划计算除了输入的故障症状外，还涉及已过滤的故障存储列表。过滤器可以由服务人员随时取消，并重新计算检测计划。

第二节　故障案例

故障案例一　宝马 X3 F25 发动机偶尔抖动

故障现象：一辆 2012 年产宝马 X3，车型为 F25，车辆行驶了 18 万多千米。用户反映车辆停放后再次启动后发动机故障灯点亮，发动机怠速下抖动，运转一会儿抖动现象消失，发动机故障灯也自动熄灭。

检查维修过程：接车后验证用户反映的故障现象，车辆停放后启动车辆，发动机怠速状态下剧烈抖动，发动机故障灯点亮报警。直接连接 ISID 进行诊断检测，读取发动机相关的故障存储如下：

118002- 混合气调节：混合气过浓；

118402- 混合气调节：混合气太浓，偏差大。

查看故障码的说明，如表 6-2-1 所示。

接下来进行发动机系统的初步排查。目测检查空气滤清器表面，空气滤清器没有明显堵塞。使用烟雾测试仪检查进气系统密封情况，没有发现有泄漏的地方。拆卸检查各个气缸的火花塞燃烧情况，火花塞正、负表面都被积炭熏黑。通过内窥镜观察进气门背面，发现存在有积炭。综上检查的情况，于是建议车辆进行如下基础的维修：

更换空气滤清器；

更换一组火花塞；

更换了燃油滤清器并清洗燃油油路（包括节气门）；

使用核桃砂清洗进气门背面积炭。

维修完毕后没有测试出故障现象，车辆交付给客户继续使用，第二天车辆再次到店，发动机故障灯还是点亮报警，诊断结果显示仍然是发动机混合气过浓。怠速状态下读取发动机相关数据流如图 6-2-1 所示。

观察氧传感器数据流，后氧电压变化异常，一直在调整喷油量。用尾气检测仪检测尾气 HC 含量 252~1640 不等，λ 值小于 1。检测尾气确实过浓。由此判断，车辆混合气确实过浓，所以，故障点检查需要确认是喷油过浓导致还是由于进气时油气过浓引起。测量点火波形及喷油波形并和其他车型进行比较，波形图正常，如图 6-2-2 所示。

测量曲轴箱压力，如图 6-2-3 所示，压力在正常范围。断开燃油箱电磁阀插头及管路，并与同款车型对换燃油箱电磁阀、空气流量传感器、进气压力传感器、进气压差传感器、节气门，删除 DME 调教值，匹配进气机构然后试车，故障依旧存在。

表 6-2-1

118402- 混合气调节：混合气太浓，偏差大	
故障描述	诊断系统监控空燃比控制。混合气过浓并且通过空燃比控制进行稀释 故障监测前提条件：如果超过 30s 必须调稀大于 30%，则识别为故障 存储了永久 SAE 故障码时，故障消除的条件： 适用于 B38：必须在遵守以下条件的情况下运行发动机： 进气温度：低于 67℃ 冷却液温度：大于 -10℃ 让发动机怠速运行以下时间：60s 适用于 N16、N18：必须在遵守以下条件的情况下运行发动机： 冷却液温度：大于 60℃ 让发动机怠速运行以下时间：60s 适用于 N63、S63：让发动机怠速运行以下时间：60s
故障识别条件	温度条件：无 时间条件：无 其他条件：发动机运转 油箱排气装置未激活 控制单元电压：9~16V 总线端 KL.15 接通 PWF 状态：驾驶 PWF 状态：PAD 提示：总线端状态或 PWF 状态的名称分别根据车辆的车载网络适用
故障码存储记录条件	如果故障存在时间超过 30s，则会记录该故障
保养措施	如果以下组件有其他故障记录，则首先排除这些故障： 废气触媒转换器前氧传感器 热膜式空气质量计 进气压力传感器 进气温度传感器 凸轮轴传感器 燃油高压系统 燃油低压系统 电子气门控制系统调节单元 VANOS 调整装置 传感器 / 执行机构 5V 供电 检查进气系统的密封性，其中还需要检查以下组件： 曲轴箱通风装置 油箱盖 燃油箱排气系统 检查排气装置是否有泄漏 排除较差燃油等级 更新喷油器，然后复位调校
用于故障后果的提示	动力不足 发动机运行不平稳

分析推断气门室盖是否存在故障，准备和其他车辆对调测试一下。在拆卸气门室盖时需要先拆卸下高压泵。拆卸高压泵后发现高压泵的下部有许多汽油，分析高压泵存在泄漏现象。看来故障点就在这里，泄漏汽油直接混合到气门室盖中，曲轴箱通风时直接进入燃烧室，导致发动机的混合气过浓，最终引起发动机报警及抖动。

更换高压油泵，并更换机油，然后多次试车测试，故障没有再次出现，故障排除。

图 6-2-1

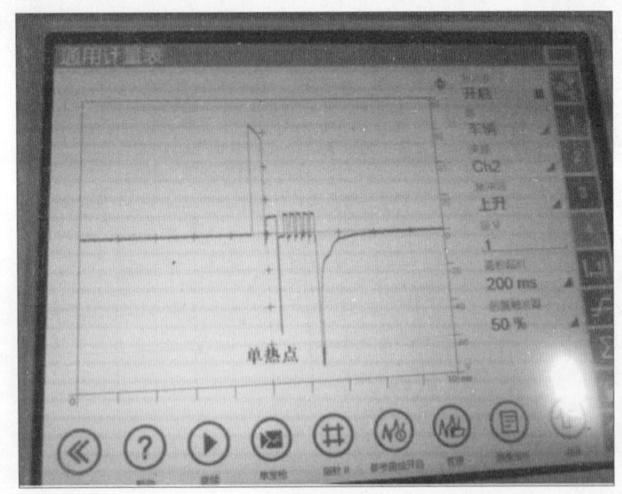

图 6-2-2

图 6-2-3

故障案例二　宝马 F18 525Li 进气管压力高故障

故障现象：一辆 2014 年产宝马 525Li，车型为 F18，车辆行驶了 5 万多千米。用户反映车辆行驶中发动机故障灯点亮报警，行驶加速无明显影响。停车后可以正常启动，怠速状态下没有感觉发动机有抖动的现象。

检查维修过程：接车后发现车辆的故障灯持续点亮报警，连接 ISID 进行诊断检测，读取故障存储器中存储的故障内容如下：

104301- 绝对压力传感器，可信度，空转：压力过高。

查询故障码的详细说明如表 6-2-2 所示。

表 6-2-2

104301- 绝对压力传感器，可信度，空转：压力过高	
故障描述	本诊断将在 DME 空转期间监控环境压力传感器、进气压力传感器和增压压力传感器测出的压力是否相同 故障监测前提条件： 如果进气管压力传感器测量的压力与压力传感器压力值（环境压力、节气门前的压力、进气管压力）的平均值偏差过大（偏差大于传感器的公差），则识别为故障
故障识别条件	温度条件：无 时间条件：发动机熄火后 5~10s 其他条件：空转 控制单元电压：9~16V 总线端 KL.30B 接通
故障码存储记录条件	立刻记录故障
保养措施	如果已保存监控传感器 / 执行机构（5V）供电的故障（电压超出有效范围），则首先将其排除 进行系统测试（减压装置阀门，废气涡轮增压器等） 检查废气涡轮增压器和进气集气箱之间的空气导管 检测下列部件之间的导线和插头连接： DME 进气压力传感器 更新进气压力传感器
用于故障后果的提示	无

从数据流观察，节气门的实际开度 4.86%，埋论标准值为 4.98%，感觉实际开度点偏大。实际目测观察节气门，发现节气门翻板接触处有非常厚的一层积炭。清洗节气门后再次观察发动机的数据流，发现节气门的开度变小。删除故障存储，多次试车测试，故障没有再次出现，故障排除。

故障案例三　宝马 525Li 无法启动着车

故障现象：一辆 2013 年产宝马 525Li，车型为 F18，车辆行驶了 8 万多千米。用户反映车辆停放后再次启动，发动机无法着车，并且显示屏一直呈黑屏状态。车辆被拖回维修店进行检查。

检查维修过程：接车后首先验证用户反映的故障现象，按压车辆的启动按钮，启动机带着发动机运转，发动机无法着车。目测观察车辆燃油油位充足。连续按压启动按钮，感觉发动机着火的迹象，又马上熄火，中央信息显示屏一直是黑屏状态。

连接 ISID 进行诊断检测，通过 ISTA 诊断树状图发现，电动燃油泵控制单元，组合仪表，主机，触控盒，控制器，后行李箱盖自动操作装置都显示为黄色状态，即控制单元不通信。诊断结束，故障存储器列表中除了无法通信控制单元相关的大量故障码之外，有 2 个故障码引起了关注，如下：

930745- 总线端 KL.30B1 输出端：对地短路；

930710- 制动信号灯开关短路或断路或未插上。

查看故障码的说明，如表 6-2-3 和表 6-2-4 所示。

便捷进入及启动系统（CAS）是总线端控制的主控制单元。便捷进入及启动系统控制单元控制例如唤醒导线（总线端 KL.15 唤醒导线）、总线端 KL.15、总线端 15N、总线端 30B 和总线端 50L。总线端 KL.30B 用于给驾驶员在场的情况下正常运行时需要供电的控制单元和组件进行供电。总线端 KL.30B 在车门触点状态变化或解锁、连锁及保险锁死车辆时激活。总线端 30B 安装在接线盒内。在通过便捷进入及

表 6-2-3

930745- 总线端 KL.30B1 输出端：对地短路	
故障描述	总线端 30B1 输出端 = 低，尽管控制激活
故障识别条件	总线端 KL.30B 接通
故障码存储记录条件	400ms 后生成故障记录
保养措施	（1）检查 CAS 与配电器，制动信号开关和离合器开关之间的插头连接与导线 （2）检查后部配电器中的继电器 （3）脱开制动信号灯开关和离合器模块并读取在 CAS 输出端上是否存在高电平 （4）如果正常，则在配电器、制动信号灯开关和离合器开关上继续故障查询
用于故障后果的提示	离合器开关、制动信号灯开关和后部配电器的功能失效

表 6-2-4

930710- 制动信号灯开关短路或断路或未插上	
故障描述	制动信号灯测试开关导线对正极短路、制动信号灯开关导线对地短路或断路、制动信号灯开关未插入。硬件信号电平 BLSH= 低，硬件信号电平 BLSL= 高
故障识别条件	总线端 KL.30B 接通
故障码存储记录条件	在 4s 后生成故障记录
保养措施	可能的故障原因： 制动信号灯开关未插入 导线损坏 制动信号灯开关损坏
用于故障后果的提示	在不操作制动器的情况下可以通过下一次按下按钮启动发动机

启动系统许用后，总线端 30B 施加到励磁线圈上。总线端 30B 继电器吸合。由此将总线端 KL.30（供电电压）施加到接线盒中的总线端 30B 配电器上。

综上所述，直接调出 EKPS 的控制电路图，如图 6-2-4 所示，检查 EKPS 的供电情况。检查后部保险丝盒上 EKPS 保险 F184 没有电压。检查 30B 继电器的供电，保险丝盒 Z3 对继电器 Z2*25B 的 Pin 有 13V 的供电，30B 继电器则无电压输出。检查便捷进入及启动系统 Z2*1B 的 Pin10 无控制电压，测量 A16*1B 的 Pin2 无电电压，测量 A16*1B 的 Pin2 对地电阻，发现只有 3Ω，对比测量其他正常工作的车辆电阻为 425Ω，说明便捷进入及启动系统 Z2*1B 的 Pin2 对地短路。所以 30B 继电器没有工作。而通过 30B 继电器供电的控制单元则也没有供电无法正常工作。

继续测量，A16*1B 的 Pin3 制动信号灯开关也没有电压，所以故障存储器中会有“930710- 制动信号灯开关短路或断路或未插上”的故障记录。测量 A16*2B 上的 Pin11 也没有电压，测量结果显示整个 CAS 上的继电器控制总线端 KL.30B 都没有电压。便捷进入及启动系统 Z2*1B 的 Pin2 对地短路，在上述测量已经证实。直接断开 CAS 插头，测量 CAS 适配器上 Pin2 还是对地短路，断开后部保险丝盒上的 Z2*1B 插头，测量结果显示电阻值为无穷大，短路现象消失。再次插上 Z2*1B 测量又短路，说明短路的故障点就在后部保险丝盒中。

直接拆下保险丝盒，解体保险丝盒，发现 Z2*1B 端子针脚 Pin10、Pin1011，Pin1012 在模块里面是连接在一起的。针脚 Pin11 是空位，连接适配器，单独拔出 Pin12 导线，测量发现 Pin12 导线对地短路。断开 Pin12 导线后，针脚 Pin10 短路现象消失。

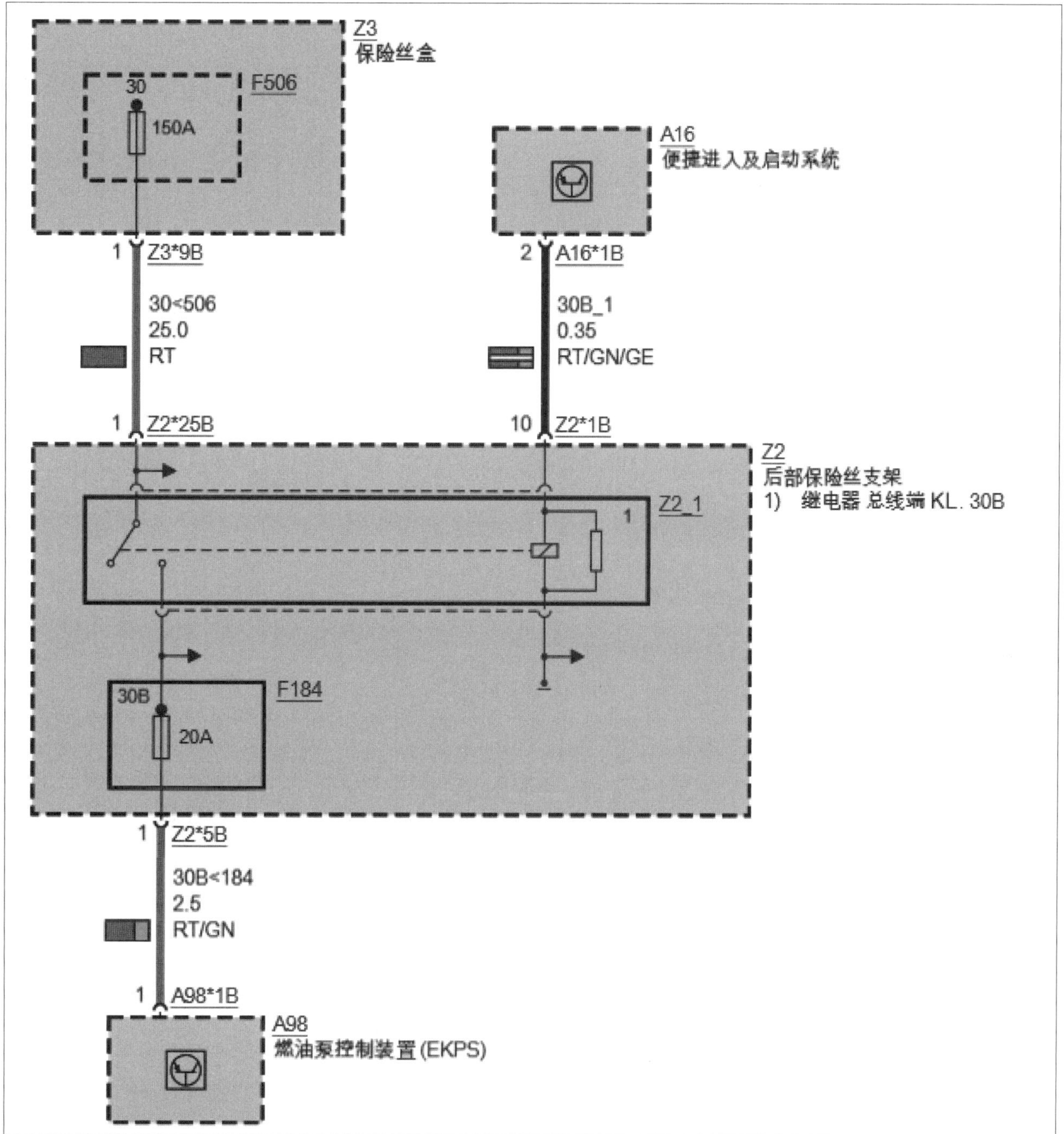

图 6-2-4

检查后部保险丝支架 Z2*1B 端子针脚 Pin12 至 DC/DC 模块 N6*1B 端子 Pin4 之间的导线，发现有一段导线已经磨破了绝缘层，直接对车身短路。修复损坏的线索，删除故障存储，试车发动机顺利启动着车，故障排除。

故障案例四 宝马 F35 320Li 无法挂挡行驶

故障现象：一辆 2015 年产宝马 320Li，车型为 F35。车辆行驶了 3 万多千米，用户反映车辆停放后再次启动车辆时，车辆启动着车非常困难，需要多次按压启动按钮，车辆才有反应。仪表中动态稳定控制系统故障灯点亮报警，中央信息显示屏提示制动信号灯损坏。车辆勉强启动着车后，无法挂挡前进。车辆被拖回维修店进行检查。

检查维修过程：接车后发现车辆的故障现象当前存在，直接连接 ISID 进行诊断检测，读取和车辆故障现象相关的故障码如下：

80409C- 制动信号灯开关：导线断路或对蓄电池电压短路。

查看故障码的详细说明，如表 6-2-5 所示。

表 6-2-5

80409C- 制动信号灯开关：导线断路或对蓄电池电压短路	
故障描述	此故障记录用于监控是否已识别到断路或对制动信号灯开关（BLS）的蓄电池电压短路 故障监控：制动信号灯开关硬件输入端 设置条件：在制动信号灯开关的硬件输入端上检测出断路 / 对蓄电池电压短路 复位条件：在制动信号灯开关的硬件输入端上未检测出断路 / 对蓄电池电压短路
故障识别条件	供电电压 9~16V 总线端 KL.30B 接通 PWF 状态：PAD PWF 状态：居住 提示：总线端状态或 PWF 状态的名称分别根据车辆的车载网络适用 激活诊断的条件：KL.30B 接通 取消诊断的条件：KL.30B 关
故障码存储记录条件	用于记录故障码的去抖动时间：在 1000ms 后生成记录 用于复位故障码的去抖动时间：在 1000ms 后生成记录
保养措施	进气凸轮轴和排气凸轮轴同时出现位置偏移时：检查中心螺栓 检查进气凸轮轴传感器齿盘 检查正时链 检查配气相位
用于故障后果的提示	执行测试模块

选择故障内容执行检测计划，分析故障原因可能存在如下几个方面：

制动灯开关不良；

相关导线有短路或断路；

插头有锈蚀或虚接情况；

接地点接触不良；

FEM 模块内部故障；

REM 模块内部故障；

车辆软件问题。

执行检测计划，断开制动灯开关 S25 检查插头和脚位未发现锈蚀或虚接现象。调出制动开关的电路图，如图 6-2-5 所示。接下来进行相关的检查测量：

测量制动灯开关 S25 的 Pin2 有 11V，Pin3 有 2Ω，确认制动灯开关 S25 供电和接地正常；

测量制动灯开关 S25 Pin2 和 FEM A173*3B Pin22 信号，在踩制动时和松制动时的波形都有相同变化，车上制动灯也能亮起，正常；

测量 FEM A173*3B Pin22 信号，在踩制动时有 14mA 和不踩制动时有 3.5mA，制动灯开关信号值在正常的范围内，这说明制动灯开关能正常输出变化给前部模块 FEM，信号也正常传递到达 FEM A173*3B Pin22；

测量 FEM A173*3B Pin22 和 Pin16 信号，在踩制动时和不踩制动时 Pin16 都没变化，一直显示 0V。继续测量 FEM A173*3B Pin16 到 REM A174*14B Pin25 导线正常，没有短路或断路情况，说明是 FEM 未输出信号给 REM。测量其他工作正常的车辆，REM A174*14B Pin25，在踩制动时和不踩制动时会显示 9V

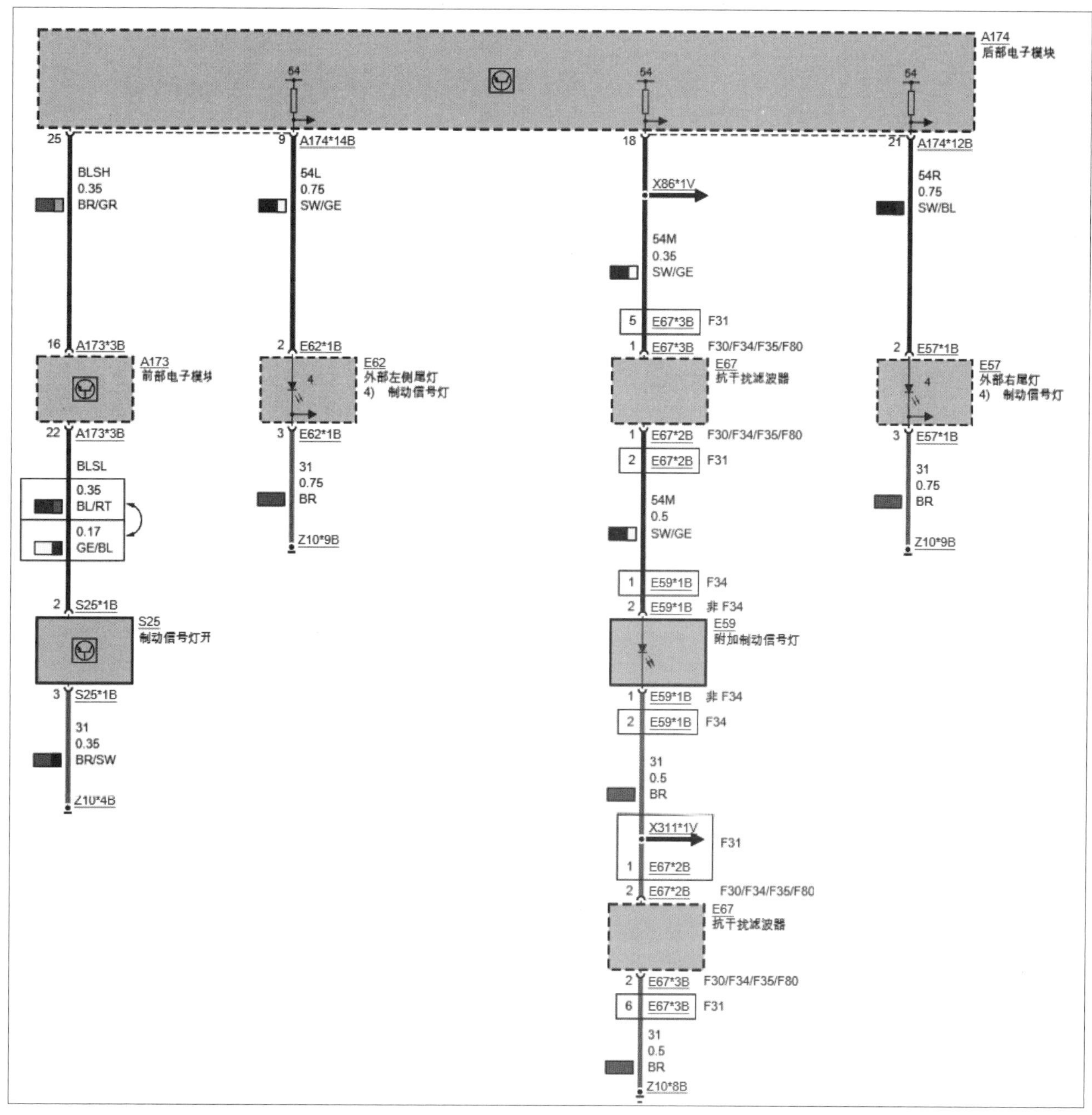

图 6-2-5

和 0V 变化。

确认是 FEM 引起的故障，更换 FEM 后，对车辆进行编程设码，试车故障排除。

故障案例五　宝马 G12 740Li 百叶窗工作不正常

故障现象：一辆 2016 年产宝马 740Li，车型为 G12，装配 B58 发动机。车辆行驶了 8000 多千米。用户反映车辆的百叶窗一直关闭不上。车辆启动着车、行驶加速正常，仪表和中央信息显示屏没有故障报警或者信息提示。

检查维修过程：接车后发现车辆中网内部的上下百叶窗一直呈开启状态。连接 ISID 进行诊断检测，读取和故障现象相关的故障码如下：

CD9203-LIN，信息；水箱百叶窗：缺少。

在前部车身中安装有一个通过上部和下部伺服电机的主动空气风门控制装置（水箱百叶窗驱动装置）。主动式空气风门控制装置仅在需要时打开水箱百叶窗，从而调节用于冷却的供气。最新一代有以下不同之处：

盘片安装在水冷却器格栅中；

通过自身的执行器控制下部水箱百叶窗驱动装置；

也可关闭制动器通风道。

发动机控制不断计算必要的制冷功率，只有确实需要提高冷却空气量时，发动机控制才打开水箱百叶窗。通过水箱的气流随着行驶速度的增大产生较高的空气阻力。在较高的速度范围内通过关闭水箱百叶窗可改善空气动力性能，从而减少行驶模式下的能量消耗。第三代空气风门控制装置分析多种温度界限，以便进行精确控制，此外包括冷却液、空调冷凝器、废气触媒转换器和增压空气的温度值。其他重要的调节参数还有行驶速度和制动盘的温度。需要冷却空气时首先打开下部风门。另外，15° ~30° 的角度位置已足够。需要最大冷却空气量时也要打开上部风门。水箱百叶窗驱动装置是一个直流电机，发动机控制系统通过 LIN 总线（局域互联网总线）与上部水箱百叶窗驱动装置连接。从那里通过 LIN 总线传送至下部水箱百叶窗驱动装置。散热器百叶窗驱动装置由发动机控制系统控制，通过前部配电器利用总线端 30B 为水箱百叶窗驱动装置供电。

查看故障码说明如下表 6-2-6 所示。

表 6-2-6

CD9203-LIN，信息；水箱百叶窗：缺少	
故障描述	诊断监控 LIN/BSD 总线通信。如果未在 90s 内接收到 LIN/BSD 信息，则识别到故障
故障识别条件	控制单元电压介于 9~16V 之间
故障码存储记录条件	立刻记录故障
保养措施	如果额外记录有 LIN/BSD 总线通信故障，则首先排除该故障 如果存储有来自总线相连的不同控制单元的多个 LIN/BSD 总线信息错误，则检查相应的电线束 / 与总线相连的控制单元 检查与总线相连的控制单元的供电 检查发动机控制单元和与总线相连的控制单元之间的电线束 更新与总线相连的控制单元
用于故障后果的提示	发动机可能根据故障原因在紧急运行模式下运行。例如可以最大限度控制电动风扇

选择故障内容执行检测计划，根据检测计划提示驱动测试时，上、下部分水箱百叶窗都没反应。调出百叶窗的控制电路，如图 6-2-6 所示，测量上水箱百叶窗端子 M81*1B 的 Pin3 供电有 12V，在正常范围之内。测量上水箱百叶窗端子 M81*1B 的 Pin1 针脚至车身接地，测量结果为 0.36Ω，在正常范围之内。测量上水箱百叶窗端子 M81*1B 的 Pin2，LIN 总线波形信号，波形信号显示正常。测量上水箱百叶窗端子 M81*1B 的 Pin4，LIN 总线波形信号，波形信号显示为一条直线，为 12V，不正常。测量结果如图 6-2-7 所示。这说明了 LIN 总线信号输入至上水箱百叶窗信号正常，而从上水箱百叶窗信号输出信号则不正常。为了验证上水箱百叶窗的故障，脱开上水箱百叶窗驱动装置的插头，在 M81*1B 端子的 Pin2 和 Pin4 用导线短接一起，不装回上水箱百叶窗驱动装置的插头，用 ISID 进行驱动测试时，下水箱百叶窗立即随即动作了，由此确定故障点为上水箱百叶窗驱动装置故障。

更换水箱百叶窗驱动装置，故障排除。

Z44
F70
30B
5A
47
30B<70
0.35
RT/BR
3 X148*1B
30B<70
0.5
GN/RT
PR_LIN
0.5
SW
30B<70
0.5
GN/RT
3 4 M81*1B
M81a
上部水箱百叶窗驱动装置
4 3 M293*1B
M293
下部水箱百叶窗驱动装置
2 1 M81*1B
1 M293*1B
5 4 X148*1B 至 2017_06
9 X148*1B 从 2017_07 起
M_LIN
0.5
GR/SW
X328*1V
31
0.5 至 2017_06
1.0 从 2017_07 起
BR
Z10*2B

图 6-2-6

Ch1
#1
传感器
U
5 V
DC
关闭
转换
关闭
上水箱百叶窗电机Pin 2的LIN总线波形正常
上水箱百叶窗电机Pin 4的LIN总线波形不正常
50 ms

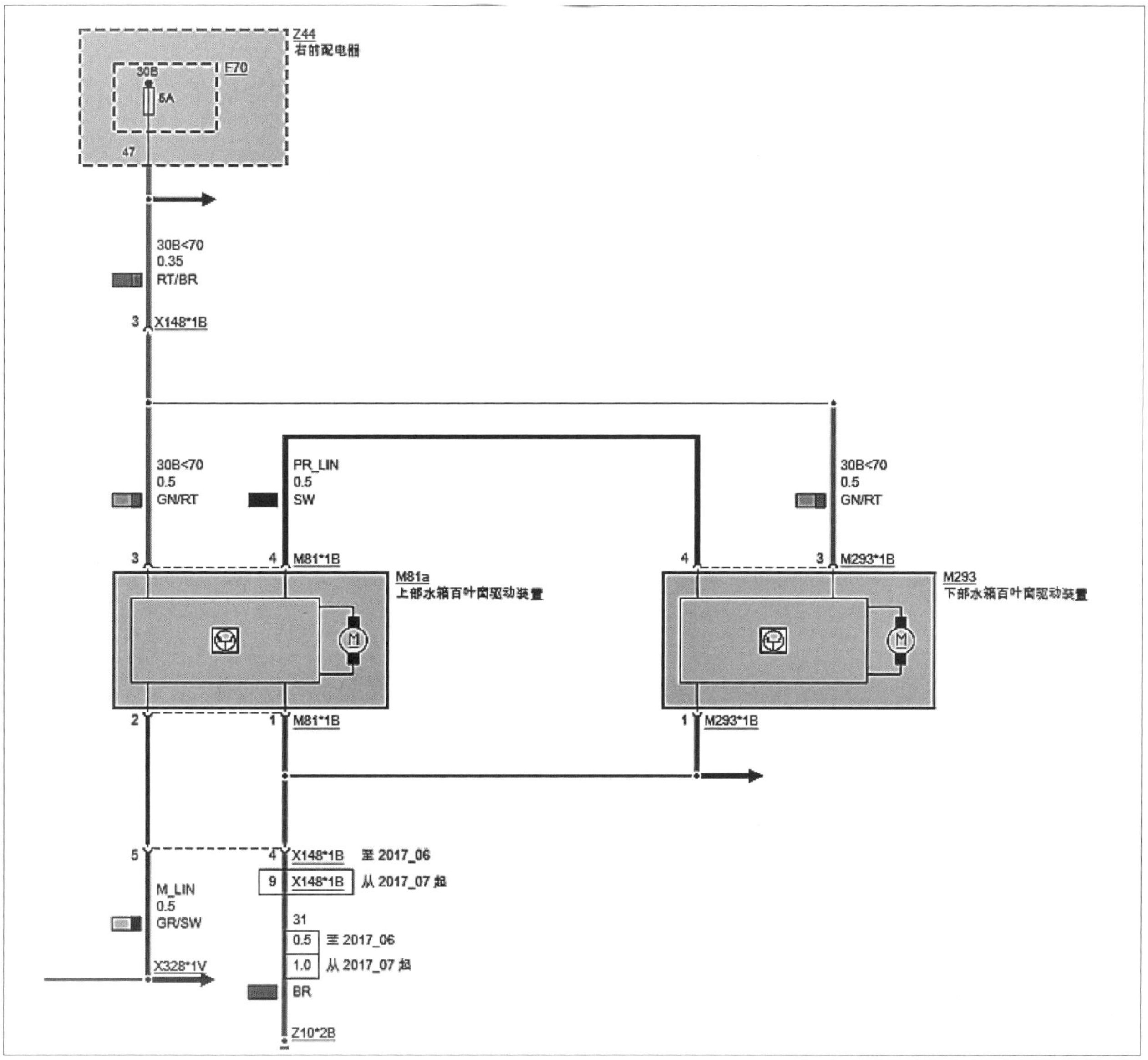

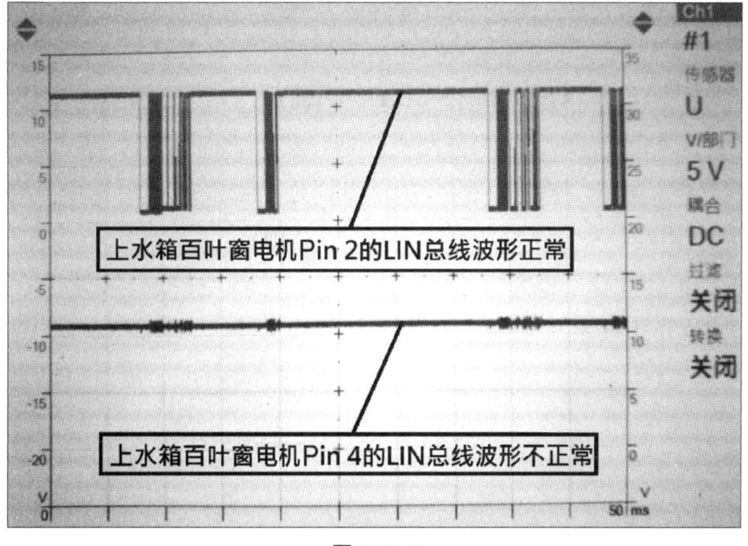

图 6-2-7

故障案例六　宝马 G12 730Li 右后减震器故障

故障现象：一辆 2016 年产宝马 730Li，车型为 G12，装配 B48 发动机。车辆行驶了 2 万多千米，用户反映车辆仪表中多个故障灯点亮报警，右后车身很低。

检查维修过程：接车后验证用户反映的故障现象，中央信息显示屏的故障信息提示的车辆故障报警内容如下：

行驶动态稳定系统故障；

底盘系统故障；

胎压报警系统（RPA）。

连接 ISID 进行诊断检测，读取车辆故障存储器存储和故障现象相关的故障码如下：

482974-VDP: 车辆水平 - 不可调节。

查看故障码的详细说明如表 6-2-7 所示。

表 6-2-7

482974-VDP: 车辆水平 - 不可调节	
故障描述	VDP：车辆悬架标高完全或部分处于极限处，或可进行标高调整 自调标高悬架控制无法自行调整
故障识别条件	控制单元电压在 9~16V 之间 PWF 状态：驾驶 PWF 状态：PAD
故障码存储记录条件	立即确认的故障记录
保养措施	（1）查询反复维修 是：继续进行检测计划中的（2） 否：进行高度匹配 （2）对空气弹簧系统进行目测 （3）检测电气元件 （4）检测机械元件 若要详细排查故障，则须执行相应测试模块
用于故障后果提示	自调标高悬架控制失灵
驾驶员信息	检查控制信息：底盘。行驶舒适性受到限制
服务提示	若要详细排查故障，则须执行相应测试模块

垂直动态平台（VDP）是行驶稳定控制系统的中央控制单元。行驶稳定控制系统可以非常不同的方式封装（取决于配置）。在 BMW7 系中例如包括一个带 EDC 的两轴自调标高悬架控制的标准装备。VDP 控制单元位于行李箱右后方。VDP 控制单元调节两轴自调标高悬架控制和 EDC。此外在 VDP 控制单元内集成了电动 ARS 逻辑。基于此原因，4 个垂直加速传感器也连接至垂直动态平台控制单元。该控制单元提供 3 种规格：高规格、中等规格、标准型。高规格说明。通过压缩机继电器，VDP 控制单元控制压缩机。VDP 控制单元连接至 FlexRay。两个 51 芯插头连接充当电线束接口。右后配电器通过总线端 Kl.30 给 VDP 控制单元供电。车身域控制器（BDC）通过总线端 30F 供电。

从故障现象结合故障码分析，怀疑以下部件有问题：

右后空气弹簧漏气；

压缩机及分配阀；

管路漏气；

高度传感器（底盘部件变形等）。

目测底盘无撞击痕迹，底盘部件无损伤，ISID 检测计划，建议更换压缩机供气装置，通过 ISTA 的功能测试在做后桥提升功能测试时，发现左后压力有变化，而右后压力没有变化。ISTA 显示当前空气弹簧中的空气压力如下：左后 500kPa，右后 270kPa。在空气压缩机分配阀处将两后管路对换，观察两侧的压力如下：左后 270kPa，右后 570kPa。

从对换后的结果来看，压缩机的分配阀问题暂时排除。那么如果管路破损或者空气弹簧漏油，压力不至于还有 270kPa。这款车空气弹簧是进一步开发的成果，空气体积已针对改进舒适性而提高。有 2 个蓄压器可用（4L 和 2L）。折叠气囊包括轴向位置以改善舒适性。这些轴向位置可以比交叉位置更易于变形。由此获得更和谐的压缩和弹出。进一步研发的供气装置利用更高的压力工作（空气弹簧 600~700kPa）。在空气弹簧内始终是 200kPa 的剩余压力（包括在新部件内）。车辆受设计限制允许在 24h 内下降 2mm，通过使用蓄压器，车辆可以在正常水平上保持较长停放时间。也可以在发动机不工作情况下选择较高的水平（居住 PWF 状态）。这两个蓄压器通过阀体内的电磁阀同时供电。为了避免空气弹簧减振支柱内压力完全降低，在气动接口内有一个剩余压力保持阀。因此，松开压缩空气管路时可保持 180~270kPa 剩余压力。

压缩机针对 1700kPa 压力设计，安装在压缩机上的空气干燥器预防结冰，5 个电磁阀内置于阀体内，4 个电磁阀用于单个空气弹簧，1 个电磁阀用于两个蓄压器。在阀体内有压力传感器。该压力传感器监控两个蓄压器内的压力。另外还可以监控所有系统压力（例如各个空气弹簧内的），放气阀控制车辆下降。压力传感器的安装位置有一个优点，可根据控制情况仅通过一个传感器读取蓄压器和空气弹簧减震支柱的充气压力。启用电磁阀从而控制空气压缩弹簧减震支柱时，压力传感器会提供相应空气弹簧减震支柱的充气压力。

推测右后空气弹簧充不进气，拆下右后弹簧的加注口，居然接口处有水珠流出。单独通过压缩空气给右后弹簧充气，发现也无法充气，弹簧高度没什么变化。空气压缩机中有空气滤芯和干燥剂，空气中水分到右后弹簧的接口处，说明空气压缩机中的空气滤芯和干燥剂已经损坏或者失效了。所以故障点最终锁定为空气压缩机和右后空气弹簧。

更换充气装置、压缩机继电器和右后弹簧，同时拆下所有管路接口并吹干，然后还原拆卸的部件，通过 ISTA 服务功能对车辆进行高度调整标定，删除故障存储，试车故障现象全部消除，故障排除。

故障案例七　宝马 F15 X5 后部车窗玻璃无法升降

故障现象：一辆 2015 年产宝马 X5，车型为 F15。车辆行驶了 5 万多千米。用户反映车辆的后部有时车窗玻璃无法升降。

检查维修过程：接车后首先验证用户反映的故障现象，测试发现两个后部车窗升降均无反应，通过驾驶员侧开关组控制两个后部车窗玻璃，两个后部车窗玻璃无法升降。单独通过后门的各自开关开启或关闭车窗玻璃，两个车窗玻璃仍然无法升降或者下降。前部两个车门车窗都可以正常工作升降，将车辆停放一会儿，后部的两个车窗玻璃有时又可以正常工作。连接 ISID 进行诊断检测，读取车辆相关的故障存储如下：

030100- 后部驾驶员侧车窗升降机：继电器断开，无输出电压；

030101- 后部驾驶员侧车窗升降机：继电器接合，无输出电压；

030107- 后部驾驶员侧车窗升降机：霍耳传感器损坏或断路；

03011E- 后部驾驶员侧车窗升降机：在继电器上缺失输入电压；

030120- 后部驾驶员侧车窗升降机：系统未进行标准化；

030180- 前乘客侧后部驾驶员侧车窗升降机：继电器断开，无输出电压；

030181- 前乘客侧后部驾驶员侧车窗升降机：继电器接合，无输出电压；

030187- 前乘客侧后部驾驶员侧车窗升降机：霍耳传感器驱动装置损坏或断路；

03019E- 前乘客侧后部驾驶员侧车窗升降机：在继电器上缺失输入电压；

0301A0- 前乘客侧后部驾驶员侧车窗升降机：系统未进行标准化。

利用车窗升降机开关可以自总线端 KL.15 接通起操作车窗升降机功能。在总线端 KL.15 断开后，在约 1min 内还可以操作车窗升降机。在每个车门中都有一个用于驱动车窗升降机的直流电机。车窗升降机被设计成拉线升降驱动装置。在每个车窗升降电机上都有 2 个霍耳传感器。由此能够确定旋转方向、速度和位置。车窗升降电机根据车窗位置和操作以不同的速度运转。便捷进入及启动系统（CAS）或前部车身电子模块（FEM）具有电动打开或关闭车窗升降机的中央控制功能。也就是说，便捷进入及启动系统或前部车身电子模块将发出电动打开和关闭的许可。接线盒电子装置（JBE）或车尾电子模块（REM）将对以下车窗升降机开关的按钮信号进行分析：

前乘客车门车窗升降机开关；

前乘客侧后部车窗升降机开关；

驾驶员侧后部车窗升降机开关。

接线盒电子装置或车尾电子模块（REM）根据要求控制所选的驾驶员侧后部车窗升降机驱动装置或前乘客侧后部车窗升降机驱动装置。调整位移由调整电机内的霍耳传感器记录，并在接线盒电子装置或车尾电子模块（REM）中进行处理。控制车窗升降机驱动装置时，需在接线盒电子装置或车尾电子模块（REM）内进行调节电流的集成测量。此测量用于故障识别（例如过电流、短路或锁止）。如果高于或低于规定的阈值，则断开相关车窗升降机驱动装置的供电。为了防止车窗升降机驱动装置内的调整电机过热，在接线盒电子装置或车尾电子模块（REM）内装有一个自带的过热保护装置。在接线盒电子装置中根据运转时数（运行时间和休眠阶段）通过一个热模型不间断地计算调整电机的升温。从特定的温度界限值起，接线盒电子装置或车尾电子模块（REM）将断开调整电机。

驾驶员侧后部车窗升降机驱动装置和前乘客侧后部车窗升降机驱动装置，可通过驾驶员侧车门开关组中的车窗升降机开关和后车门中的其他车窗升降机开关进行操作。因此，能够把后车门中的车窗升降机以电动方式朝希望的方向移动。

当驾驶员侧后部车窗升降机驱动装置或前乘客侧后部车窗升降机驱动装置失灵时，预计将出现以下情况：

接线盒电子装置（JBE）或车尾电子模块（REM）内的故障记录；

驾驶员侧后部车窗升降机驱动装置或前乘客侧后部车窗升降机驱动装置失效，这就是说后车门上的侧窗停在其当前所处的位置上。可通过诊断系统对车窗升降机驱动装置进行功能检查。

为初始化设置提供了一项服务功能：路径：服务功能 > 车身 > 关闭和锁定功能 > 车窗升降机。

调取了几个故障码的详细说明，如表 6-2-8 和表 6-2-9 所示。

根据故障码及故障码的详细说明，初步分析故障可能存在以下几个方面：

车窗电机故障；

BDC 模块故障；

线路故障；

供电故障；

软件故障。

选择故障码的内容，执行相关的检测计划，检查 BDC 供电及接地情况，BDC 模块供电接地正常。检

表 6-2-8

030100- 后部驾驶员侧车窗升降机：继电器断开，无输出电压	
故障描述	已控制继电器，但在车窗升降机驱动装置上无电压 正在控制阀继电器。但在足够的防反跳后在车窗升降机驱动装置上不存在电压
故障识别条件	车窗升降机驱动装置的电压大于 10V 总线端 KL.15 接通 总线端 KL.30 接通 PWF 状态：驾驶 PWF 状态：PAD PWF 状态：居住 提示：总线端状态或 PWF 状态的名称分别根据车辆的车载网络适用
故障码存储记录条件	必须至少连续两次存在相同的电平
保养措施	检查供电（导线、保险丝） 电机馈线对地短路 电线束导线短路 检查电机是否短路 更换控制单元
用于故障后果的提示	电动车窗升降机未移动

表 6-2-9

030107- 后部驾驶员侧车窗升降机：霍耳传感损坏或断路	
故障描述	已在车窗升降机驱动装置上存在电压。至少一个霍耳传感器不识别车窗升降机的移动。控制车窗升降机。车窗升降机驱动装置上存在电压，且卡止识别不存在 控制后霍耳传感器不接收车窗升降机的移动
故障识别条件	总线端 KL.30 电压大于 10V 总线端 KL.15 接通 PWF 状态：驾驶 PWF 状态：PAD PWF 状态：居住 提示：总线端状态或 PWF 状态的名称分别根据车辆的车载网络适用
故障码存储记录条件	车窗升降机移动时霍耳传感器脉冲缺失
保养措施	检测导线和插头连接 更换驱动单元
用于故障后果的提示	短时降低压力，导致发动机处于静止状态，然后只能受限运行

查车窗保险丝，正常。调用控制单元 BDC，查看车窗升降按钮状态，都可以正常识别。查看当前技术措施，无相关的维修措施。用服务功能对后部车窗进行初始化，可以初始化成功，操作几次，故障又再次出现。查看此车维修历史，车辆有涉水维修记录，拆装过地毯。拆下两个后门饰板，测量后部车窗电机电压，在工作时有电压输出，此时车窗可以正常升降，不工作时无电压输出，暂时可以排除车窗电机故障。调出车窗玻璃控制的电路图，如图 6-2-8 所示，检查控制线路的导通情况。

断开 A258*5B 的 Pin2 与车窗插头 M67*1B 的 Pin6 的电阻为 0.3Ω，A258*5B 的 Pin3 与 M67*1B 的 Pin5 电阻为 0.28Ω。A258*5B 的 Pin6、Pin7、Pin8 与 M67*1B 的 Pin1、Pin3、Pin4 的电阻分别为 0.57Ω。左后车窗测量数据和右后车窗测量数据相同。分别对此线路进行对地、对电源测量，无异常，线路无互短现象。

通过上述的检查，故障点锁定为 BDC 模块故障，更换 BDC 模块后测试，故障现象还是存在。

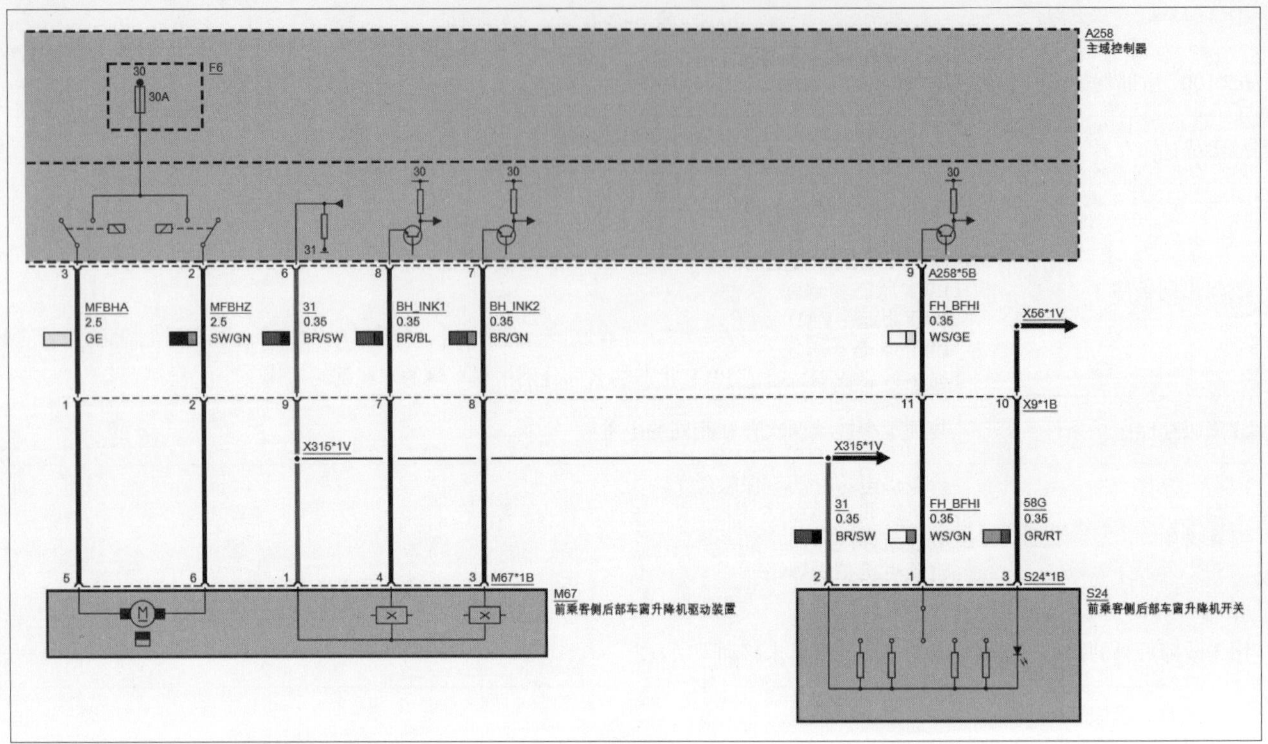

图 6-2-8

再次查看两个后部车窗玻璃控制的电路图，两个车窗玻璃升降器电机的保险 F2 和 F6 是共用蓄电池后部保险丝盒 F500 提供电源的。测量 BDC A258*4B 的 Pin6 对地电压为 12V，保持按压后部车窗升降开关时，发现此处电压为 10V 左右，不正常。由电路图可知 F500 供电线中间没有连接其他部件，也没有插头，于是将后部蓄电池上的配电盒进行分解，发现此处的接头已经严重烧蚀，存在接触不良的现象。

更新后部蓄电池上的保险丝盒，多次测试，两个后部车窗玻璃升降一直很正常，故障排除。

故障案例八　宝马 320Li 空调系统不制冷

故障现象：一辆 2016 年产宝马 320Li，车型为 F35。车辆行驶了 2 万多千米。用户反映车辆的空调系统不制冷，并且在怠速状态下发动机的噪声非常大。

检查维修过程：接车后首先验证用户反映的故障现象，怠速状态下开启空调制冷开关，空调出风口吹出的是自热风。从发动机舱观察发现，空调压缩机电磁离合器不停地吸合或断开切换，发动机的冷却风扇一直呈高速旋转，用户反映的发动机噪声过大可能是风扇高速旋转引起的。结合本车的技术特点及故障现象分析，故障原因可能是如下几个方面：

空调制冷剂不足或过多；

空调压缩机损坏；

膨胀阀损坏；

空调管路故障；

压力开关故障；

低温冷却系统故障（此车的空调系统通过冷却液进行冷却）；

调电脑故障。

连接 ISID 进行诊断检测，读取车辆故障存储器中相关的故障码如下：

20A201- 增压空气冷却附加冷却液泵：识别到干燥运行；

801224- 空调压缩机：由于制冷剂循环回路过压而关闭。

调取故障码的说明如表 6-2-10 和表 6-2-11 所示。

表 6-2-10

20A201- 增压空气冷却附加冷却液泵：识别到干燥运行	
故障描述	本诊断监控增压空气冷却装置附加冷却液泵是否干燥运行 故障监控条件：如果存在冷却液损坏，则识别到故障
故障识别条件	其他电压条件：供电电压介于 9~16V 之间 温度条件：无 时间条件：无 其他条件： 在 BSD 总线 /LIN 总线上无故障 发动机打开 总线端状态：总线端 KL.15 接通
故障码存储记录条件	如果故障存在时间超过 1min，则记录该故障
保养措施	检查冷却系统的密封性 必要时加注冷却系统并进行排气 如果对冷却系统进行了排气并且冷却系统没有泄漏，但是故障仍然出现，则更新增压空气冷却装置附加冷却液泵
用于故障后果的提示	无
驾驶员信息	无
服务提示	无

表 6-2-11

801224- 空调压缩机：由于制冷剂循环回路过压而关闭	
故障描述	该故障码存储器记录描述的不是冷暖空调控制单元中的故障情况，而是一个由于制冷剂循环回路故障而导致的不允许的制冷剂压力过高事件 制冷剂循环回路中的制冷剂压力与制冷剂加注量、发动机转速、发动机室内的环境温度和所要求的冷却功率有关。为了防止制冷剂循环回路损坏，在超过规定的车外温度、发动机转速和制冷剂压力数值时，冷却功率请求被降到 0 空调压缩机被断开： 在车外温度小于 30℃且制冷剂压力大于 3000kPa 时 或当车外温度高于 30℃、制冷剂压力大于 3000kPa 且发动机转速小于 3500r/min 时
故障识别条件	供电电压介于 9~16.5V 之间 总线端 KL.15 接通 为了能重现故障记录，必须激活空调功能
故障码存储记录条件	如果空调压缩机持续关闭至少 10s，则该故障记录到故障码存储器中
保养措施	如果制冷剂压力持续过高： 如果安装有，则检查电动风扇的功能 如果安装了主动空气风门控制装置，则进行检查 检查制冷剂循环回路中的制冷剂加注量 如果各个检查点都正常，则检查制冷剂循环回路是否污染
用于故障后果的提示	无
驾驶员信息	无
服务提示	制冷剂压力持续过高可能意味着制冷剂循环回路中有问题 压力过高可能是由于制冷剂循环回路堵塞以及制冷剂循环回路中制冷剂加注量过高而引起的 如果不能确保足够的发动机室通风，同样也会出现制冷剂压力过高现象

根据诊断的故障内容及故障码的说明，并选择故障内容执行检测计划，首先建议检查发动机的冷却液量。检查低温系统冷却液时，发现冷却液严重不足，查找维修记录，发现此车之前维修更换过低温冷却系统辅助水箱。推测低温冷却系统存在空气，检查冷却系统未见有地方泄漏。按照 ISTA 的要求重新对低温冷却系统进行排空，把冷却液液面添加到标准的位置。测试空调制冷效果，空调制冷效果正常，车辆交付给用户使用。车辆第二天再次返厂，反映车辆的空调制冷功能失效。直接检查低温冷却系统和辅助水箱，发现液面又下降到液面最低位置标识以下。直接启动车辆，怠速状态下打开低温冷却系统副水壶观察，低温冷却系统辅助水箱不断地有水泡翻出，并且在发动机熄火后观察发现过低温冷却系统副水壶中的冷却液的表面漂浮着油渍。

B48 发动机的低温冷却系统主要由以下部件构成：副水壶，空调冷却液热交换器，辅助水泵，前面的副水箱，增压空气中冷器以及水管构成，空调的散热靠冷却液热交换器进行散热，增压空气冷却也是靠冷却液散热。

检查低压冷却系统的密封性，使用冷却系统检测仪把低温冷却系统压力加压到 140kPa，等待 5min 后压力升高至 150kPa，拆检了水箱，水箱畅通性正常，没有发现明显堵塞或者泄漏的位置。检查低温冷却系统的保压情况，车辆在停放状态下观察，第二天发现低温冷却系统的压力自动上升到 180kPa 左右。分析认为低温冷却系统压力过高，副水壶盖的泄压阀打开泄压，导致冷却液泄漏不足。

车辆在静止状态下，发动机的低温冷却系统的压力怎么会自动升高呢?

在 B48（仅限中国）和 B58 发动机型号上首次使用通过冷却液冷却的空调冷凝器取代了之前冷却套件内的空调冷凝器。低温循环回路负责冷却压缩增压空气（通过一个冷却液空气热交换器）和通过空调压缩机压缩变热的制冷剂（通过一个冷却液制冷剂热交换器）。通过一个功率调节式电动冷却液泵可调节空调系统和内燃机要求的冷却功率。

鉴于这款车型空调系统散热系统改进，接下来检查空调系统的循环回路的内外密封情况。把空调系统的压力加压到 1500kPa，停放 30min 以上，压力降到 1450kPa，同时，观察发动机低温冷却系统的压力变化，压力由 150kPa 升到 180kPa，由此分析推断认为空调热交换器内部存在泄漏。

更换空调热交换器后，试车观察副水壶内的冷却液表面油渍及气泡已经消失。重新对车辆空调系统进行抽空，加注标准的冷媒，测试车辆的空调制冷功能一直正常，故障排除。

故障案例九　宝马 740Li 自动变速器跳挡故障

故障现象：一辆 2011 年产宝马 740Li，车型为 F02，车辆行驶了 9 万多千米，用户反映车辆行驶中偶尔挡位自动跳到空挡。

检查维修过程：接车后验证用户反映的故障现象，短暂路试，车辆行驶中并没有出现挡位跳挡的故障现象。连接 ISID 进行诊断检测，车辆故障存储器中存储有多个 K-CAN 总线相关的故障码。其中与自动变速器相关的故障码如下：B7F68C-KOMBI，换挡显示器、换挡点指示器，CAN 信息缺失。查询故障码的详细说明，如表 6-2-12 所示。

这个故障说明里提示会影响变速器挡位显示，而选挡杆和仪表正连接在 K-CAN 总线上。当前没有更多信息指向变速器，先解决 K-CAN 总线相关联的故障。

总线故障可能原因：

线路故障；

模块故障；

线路干扰。

根据经验分析，K-CAN 线路被干扰的可能性很小，多数是由于线路或模块进水导致接触电阻引起故

表 6-2-12

B7F68C-KOMBI，换挡显示器、换挡点指示器，CAN 信息缺失	
故障描述	组合仪表的显示卡识别到变速器控制单元或发动机控制单元的信息有错误
故障识别条件	电压：6V 或更高，总线端 KL.30 接通
故障码存储记录条件	在 1s 后生成故障记录
保养措施	执行总线系统分析的测试测试模块
用于故障后果的提示	显示器中不显示选挡杆位置或换挡点指示器
驾驶员信息	无
服务提示	此故障也可能在低电压时记录：注意环境条件

障。而 K-CAN 特性可以单线运行，某根线出问题是不会有故障现象的，这也是很难和客户反映现象连接起来的原因。总线故障排除最忌讳漫无目的地拆卸，可能因此改变故障状态。因此首先分析测量总线电压信号，找到可疑点。

故障诊断时，有 EHC 相关联的 K-CAN 总线故障，于是调出 EHC 的控制单元的供电电路图如图 6-2-9 所示。从 EHC 处测量 K-CAN 的信号波形，如图 6-2-10 所示。可以看到 CAN 高和 CAN 低波形完

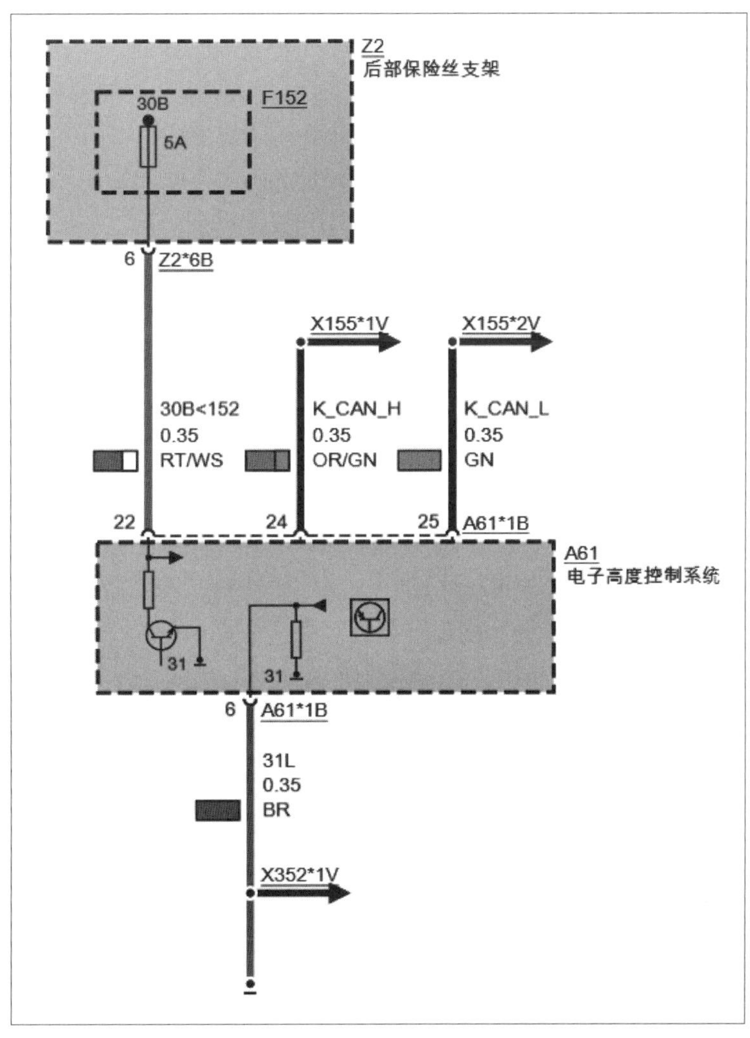

图 6-2-9

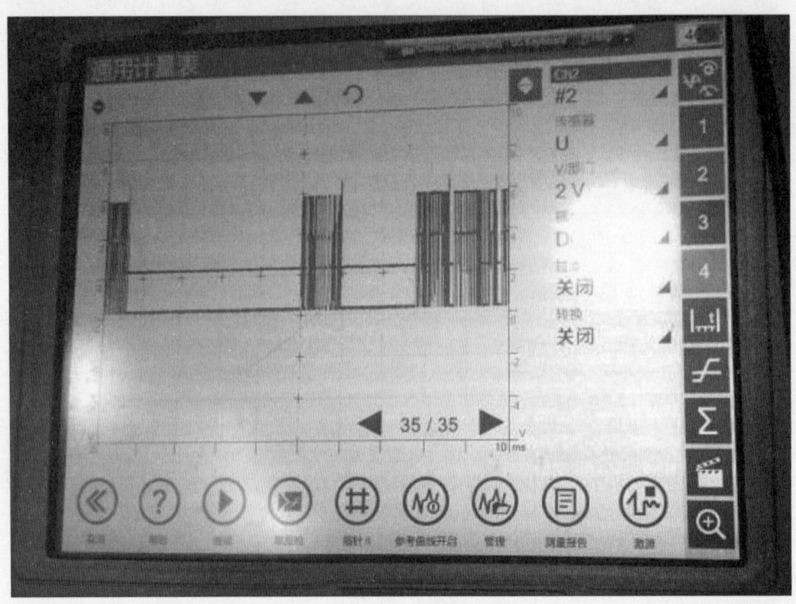

图 6-2-10

全一样，K-CAN 低变成了 K-CAN 高的波形。这说明 K-CAN 高、低线路有互短，所以 K-CAN 低变成了 K-CAN 高的波形。

K-CAN 总线故障时的几种现象：

K-CAN 是可以单线运行的；

K-CAN 低或 K-CAN 高其中一条线路对正极或负极短路均不会影响另外一条线的波形；

K-CAN 低或 K-CAN 高其中一条线路断路均不会影响另外一条线路的波形；

K-CAN 低和 K-CAN 高互短，K-CAN 低才会变成 K-CAN 高的波形。

线路互短有 3 种可能：子模块内部短路、线路短路、网关模块短路。调出 K-CAN 的总线的连接电路图，发现 K-CAN 从网关处有两个总分支，如图 6-2-11 所示。

断开中央网关模块 A51*3B 连接插头，单独测量中央网关 K-CAN 的输出波形，测量结果的信号波形和图 6-2-10 一致。再断开中央网关模块 A51*1B 的连接插头，继续测量网关输出的信号波形，如图 6-2-12 所示。

可以看到此时 CAN 高是从 0V 到 4V 上升，CAN 低是从 5V 到 1V 下降的，整体波形信号又和平时观察到的 K-CAN 波形信号不一致。因为所有从网关出去的 K-CAN 都已断开，不再有数据传输，波形会呈现得很有规律。此时波形是正常的。

排除网关，故障点剩下 K-CAN 总线上的模块和线路了。由电路图分析，现在只要分别断开这 4 根线，然后看波形是否正常就能找到故障出在哪根线上。还原之前拆卸的所有连接插头，分别单独断开中央网关输出的 4 根 K-CAN 线路，并连接适配器，实时测量 K-CAN 信号波形。当断开中央网关模块 A51*1B 端子的 Pin51 时，测量 K-CAN 波形信号立即恢复了正常，如图 6-2-13 所示。说明故障点就在中央网关模块 A51*1B 端子的 Pin51 连接的 K-CAN-L 导线上。接下来需要逐一排查中央网关模块 A51*1B 端子连接的模块和线路。检查过程中发现车辆加装行车记录仪，是把原厂后视镜拆除后改装的。车辆配置显示此车安装有自动防眩目后视镜，ISTA 诊断时控制单元树里 FLA 模块也通信正常，原车的后视镜给拆了还有正常通信，推断这里存在疑点。

拆卸车顶功能中心 FZD 后检查线路发现的，K-CAN 双绞线被压在车顶与顶棚架之间，已经互相短路，导致 K-CAN 波形重合，同时在上侧的绿色 CAN 低线偶尔与车顶接触，造成已互短的两根线同时对地短路，K-CAN 失效，并对 K-CAN 总线上的控制单元造成了严重干扰。所以车辆故障存储器中存储有多个 K-CAN 相关的故障，并引起车辆跳挡的故障现象。

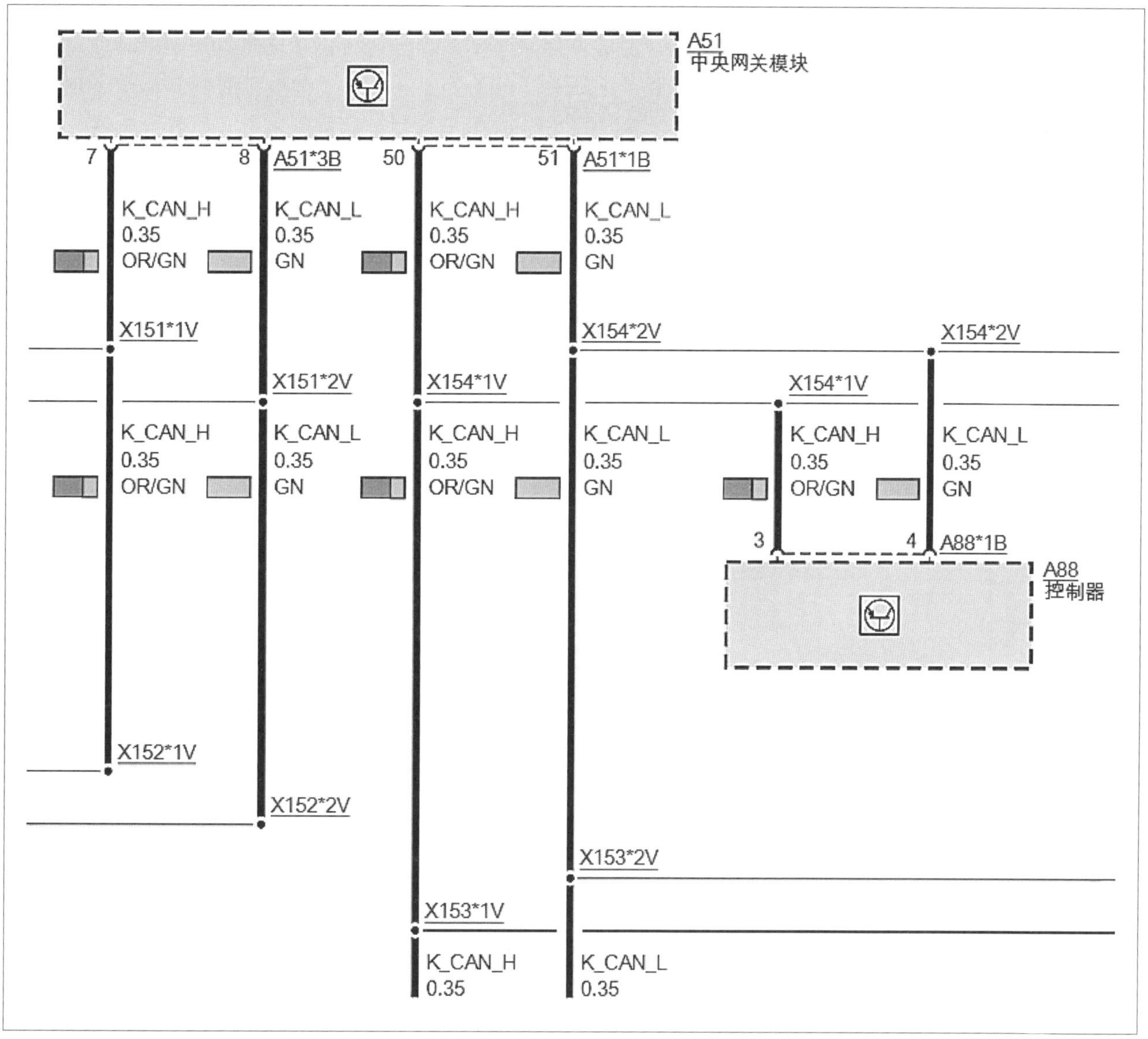

A51
中央网关模块
7
8
A51*3B
50
51
A51*1B
K_CAN_H
0.35
OR/GN
K_CAN_L
0.35
GN
K_CAN_H
0.35
OR/GN
K_CAN_L
0.35
GN
X151*1V
X154*2V
X154*2V
X151*2V
X154*1V
X154*1V
K_CAN_H
0.35
OR/GN
K_CAN_L
0.35
GN
K_CAN_H
0.35
OR/GN
K_CAN_L
0.35
GN
K_CAN_H
0.35
OR/GN
K_CAN_L
0.35
GN
3
4
A88*1B
A88
控制器
X152*1V
X152*2V
X153*2V
X153*1V
K_CAN_H
0.35
K_CAN_L
0.35

图 6-2-11

图 6-2-12

通用计量表
#2
U
2V
DC
关闭
关闭

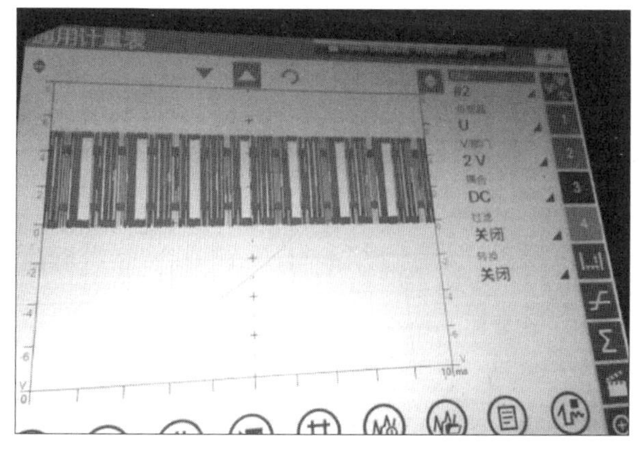

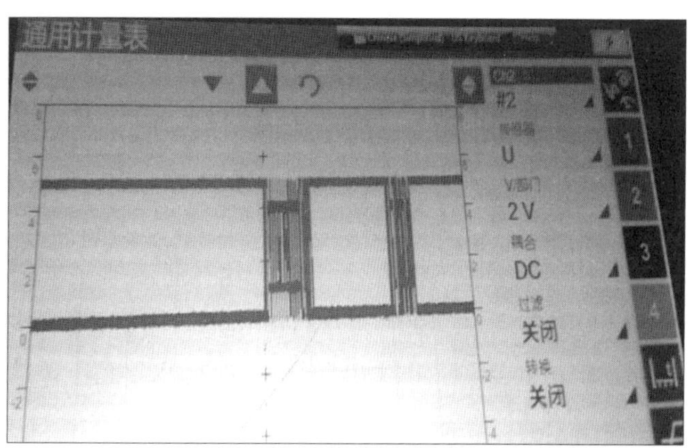

图 6-2-13

故障案例十　宝马 320Li VVT 系统故障

故障现象：一辆 2012 年产宝马 320Li，车型为 F35，装配 N20 发动机，车辆行驶了 7 万千米左右。车辆行驶中突然熄火，无法再次启动着车。

检查维修过程：车辆被拖回维修店，接车后尝试启动车辆，启动机可以带动发动机运转，发动机无法着车。通过仪表观察发现燃油量充足。打开点火开关，电子气门电机有“嗡嗡”的响声。连接 ISID 进行诊断检测，读取发动机控制系统的故障码如下：0x135808- 电子气门控制伺服电机、位置传感器、电气：功能异常。

查看故障码的说明如表 6-2-13 所示。

表 6-2-13

135808- 电子气门控制伺服电机、位置传感器、电气：功能异常	
故障描述	诊断监控 5 个位置传感器的导线 故障监控条件：如果位置传感器损坏，则识别为故障
故障识别条件	其他电压条件：供电电压介于 9~16V 之间 温度条件：无 时间条件：无 其他条件：无 总线端状态：总线端 KL.15 接通
故障码存储记录条件	如果故障存在时间超过 1min，则记录该故障
保养措施	检查电子气门控制伺服电机和 DME 之间的电线束 更新电子气门控制伺服电机。此后进入磨合阶段
用于故障后果的提示	通过节气门进行负荷调节（全驾驶性 / 全功率）

这款发动机使用的是第三代电子气门控制系统，第三代电子气门控制伺服电机也包含用于识别偏心轴位置的传感器。喷油器确保偏心轴的蜗轮蜗杆传动机构得到润滑。电动气门控制伺服马达最大限制为 40A。最大 20A 可支配超过 200ms 的时间段。按脉冲宽度调制控制电子气门控制伺服电机。脉冲负载参数在 5%~98% 之间。带集成位置传感器的无刷直流电机将作为电子气门控制伺服电机投入使用。此直流电机通过免接触的能量转换无须维修且功能十分强劲（更高的效率）。通过集成的电子单元内嵌件可以十分精确地控制电子气门控制伺服电机。传感器由电压为 5V 的 DME 提供电源。通过 5 个霍耳传感器（角度传感器），DME 获取信号并进行分析。5 个霍耳传感器用于 3 次粗略的分割和 2 个细微部分。伺服电机的转角小于 7.5°。通过蜗轮蜗杆传动机构的传动比可以实现阀门精确、快速的冲程调整。DME 对电子气门控制系统的电路图如图 6-2-14 所示。

选择故障内容，执行检测计划，检查电子气门电机线路正常，插头连接良好，根据检测计划的指导更换电子气门控制系统伺服电机、电子气门控制系统偏心轴、电子气门控制系统喷油器。

分析电子气门电机应该卡在最小极限位置。拆下气门室盖，偏心轴啮合齿面，电机螺旋齿无损伤，用 4 号内六方旋转电机，无卡滞，执行激活电子气门测试模块，电机不旋转，测量电机三相绕组线圈电阻 0.2Ω，正常，标准值为 0.2Ω，推断 DME 程序问题。为 DME 编程后，依然无法激活气门电机，将另一正常电机测试，依旧无法激活，倒换 DME 到电机线束，故障依旧，分析故障点在 DME 控制部分。

接下来进行电子气门控制系统的基础检查。打开总线端 KL.15 时，DME 为 VVT 电机提供 6V 的正常测试电压，但时间较长 120ms，正常为 100ms，如图 6-2-15 所示。由于 A46*4B 的 Pin6 针脚无法进

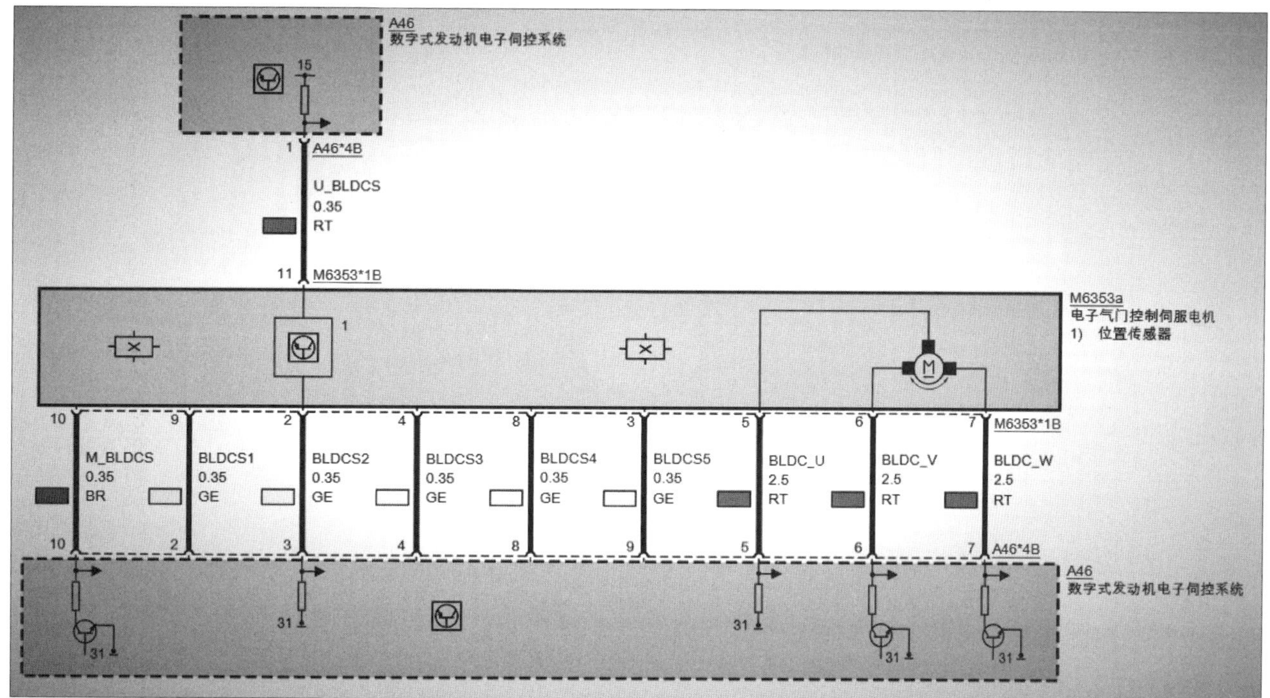

图 6-2-14

行正常的方波调制，导致 Pin5、Pin7 二相控制失准，Pin6 针脚电流小幅度尝试调节，但无法驱动电机旋转，于是 VVT 电机发出"嗡嗡"的线圈绕组工作响声。对比测量正常工作的车辆电子气门控制系统的信号波形，如图 6-2-16 所示。打开 KL.15 后，DME 为 VVT 电机提供 6V 的正常测试电压，时间 100ms 后进行三相方波控制。各控制项的电流随之大幅度调节，确定初始位置后，三相电压为 12V，三相电流为 0A。

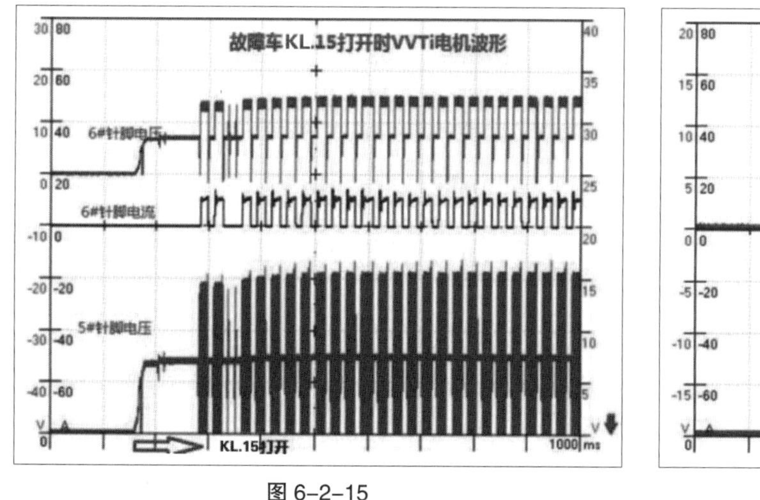

图 6-2-15

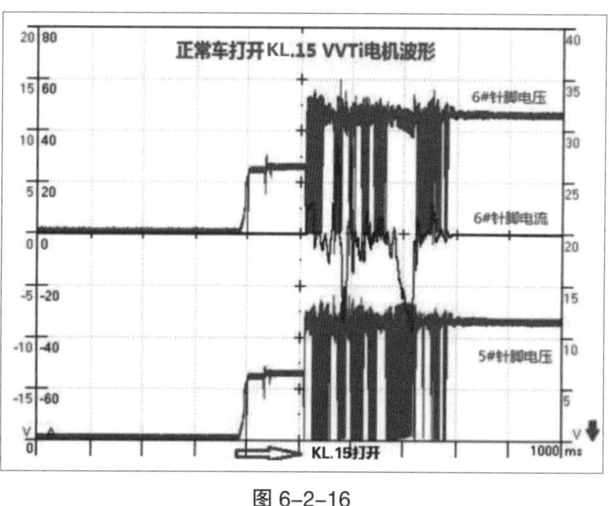

图 6-2-16

打开总线端 KL.15 后，VVT 电机 Pin6 针脚电压及电流方波变化，频率较慢。Pin5、Pin7 针脚电压方波变化较快，如图 6-2-17 所示。此时电机在不停地调节，但由于 DME 内 Pin6 针脚功率管故障，无法输出正常的直流方波电压，导致 DME 内 Pin5、Pin7 针脚调节失准。对比正常工作的车辆，总线端 KL.15 打开后，VVT 电机的 Pin5、Pin6、Pin7 针脚电压维持 12V 不变，对应的电流为 0A，如图 6-2-18 所示。说明此时电机处于静止状态，发动机启动后再以三相直流方波调节。

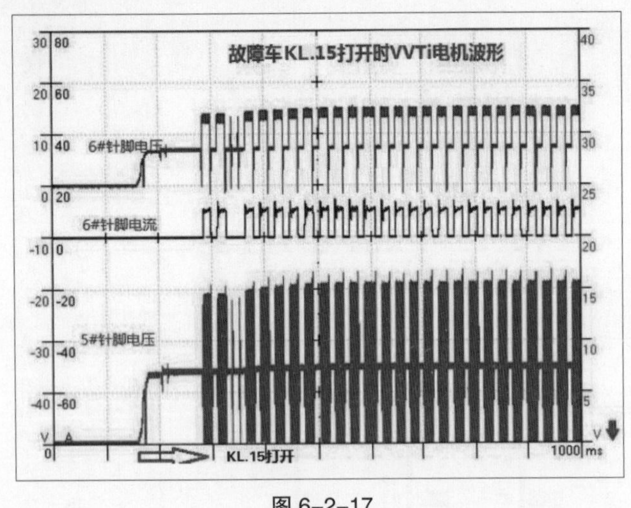

图 6-2-17

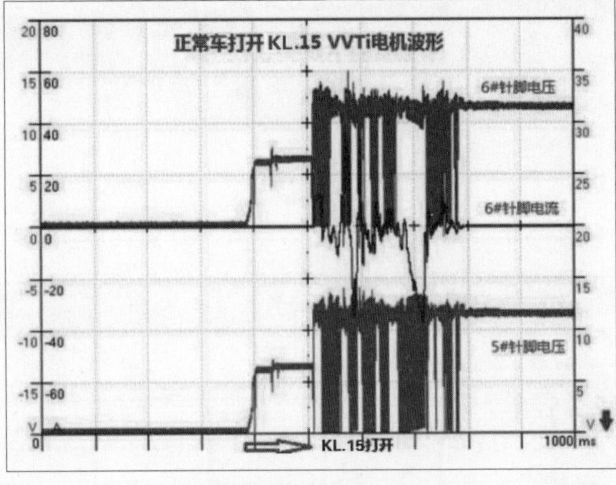

图 6-2-18

关闭总线端 KL.15 后，VVT 电机电压变成 6V，大约 260ms 后，逐渐降低为 0V，如图 6-2-19 所示。对比正常工作的车辆，关闭 KL.15 后，VVT 电机电压维持在 12V，大约 1.3s 后，逐渐降低为 0V，如图 6-2-20 所示。

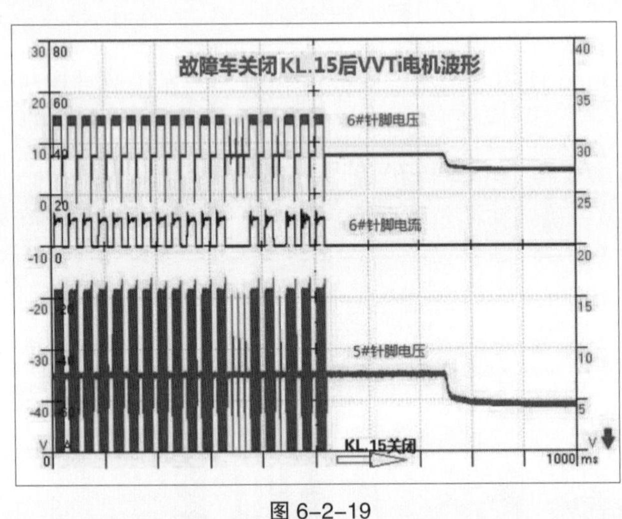

图 6-2-19

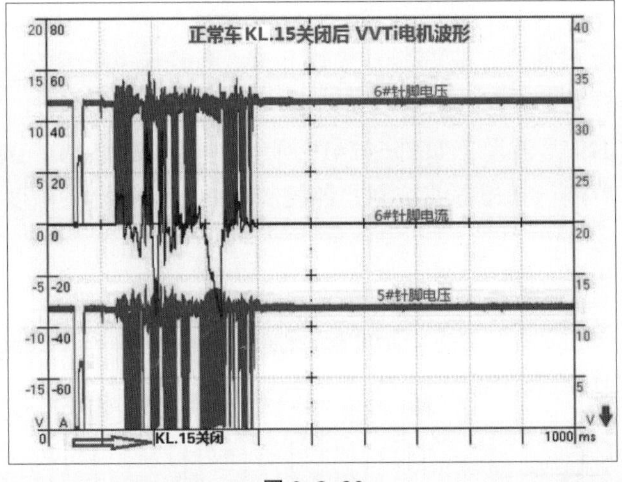

图 6-2-20

由此证明了 DME 内部 Pin6 功率晶体管控制故障。该车故障是由于电子气门电机蜗杆与偏心轴啮合齿瞬间卡滞，导致电机电流瞬间提高，将 DME 内功率输出级损坏，单独更换 DME 不能完全排除隐患故障，需要同时更换电子气门控制电机、电子气门控制系统偏心轴、电子气门控制系统喷油器。

更换电子气门控制电机、电子气门控制系统偏心轴、电子气门控制系统喷油器和 DME 控制单元，对车辆进行编程设码，试车发动机顺利启动着车，故障排除。

故障案例十一　宝马 218i 换挡杆故障一例

故障现象：一辆 2014 年产宝马 218i，车型为 F45，车辆装配 B38 发动机。车辆行驶了 3.5 万多千米。用户反映每次使用车辆时，按压点火开关，仪表中提示“请防止车辆滑动”，中央信息显示屏中提示“停车时应施加驻车制动，请至售后服务检查”。车辆启动正常，着车后挂挡正常，行驶加速也没有异常现象。

检查维修过程：接车后首先验证用户反映的故障现象，检查结果和用户描述的一致。连接 ISID 进行诊断检测，读取车辆故障存储器中的故障码如下：

420106- 换挡自锁电磁线圈：选挡杆有故障，未锁止在 P。

查看故障码的详细说明如表 6-2-14 所示。

表 6-2-14

420106- 换挡自锁电磁线圈：选挡杆有故障，未锁止在 P	
故障描述	如果选挡杆在位置 P 时未挂入换挡杆锁止件且未踩下制动器，则记录该故障
故障识别条件	供电电压介于 9~16V 之间 总线端 KL.15 关闭 总线端 KL.30B 接通
故障码存储记录条件	在 0.1s 后生成故障记录
保养措施	对下列部件进行故障查询： 换挡杆锁定装置 选挡杆 导线和插头连接
用于故障的后果提示	无

选择故障内容，执行检测计划，根据检测计划，调出选挡杆的电路图，如图 6-2-21 所示。

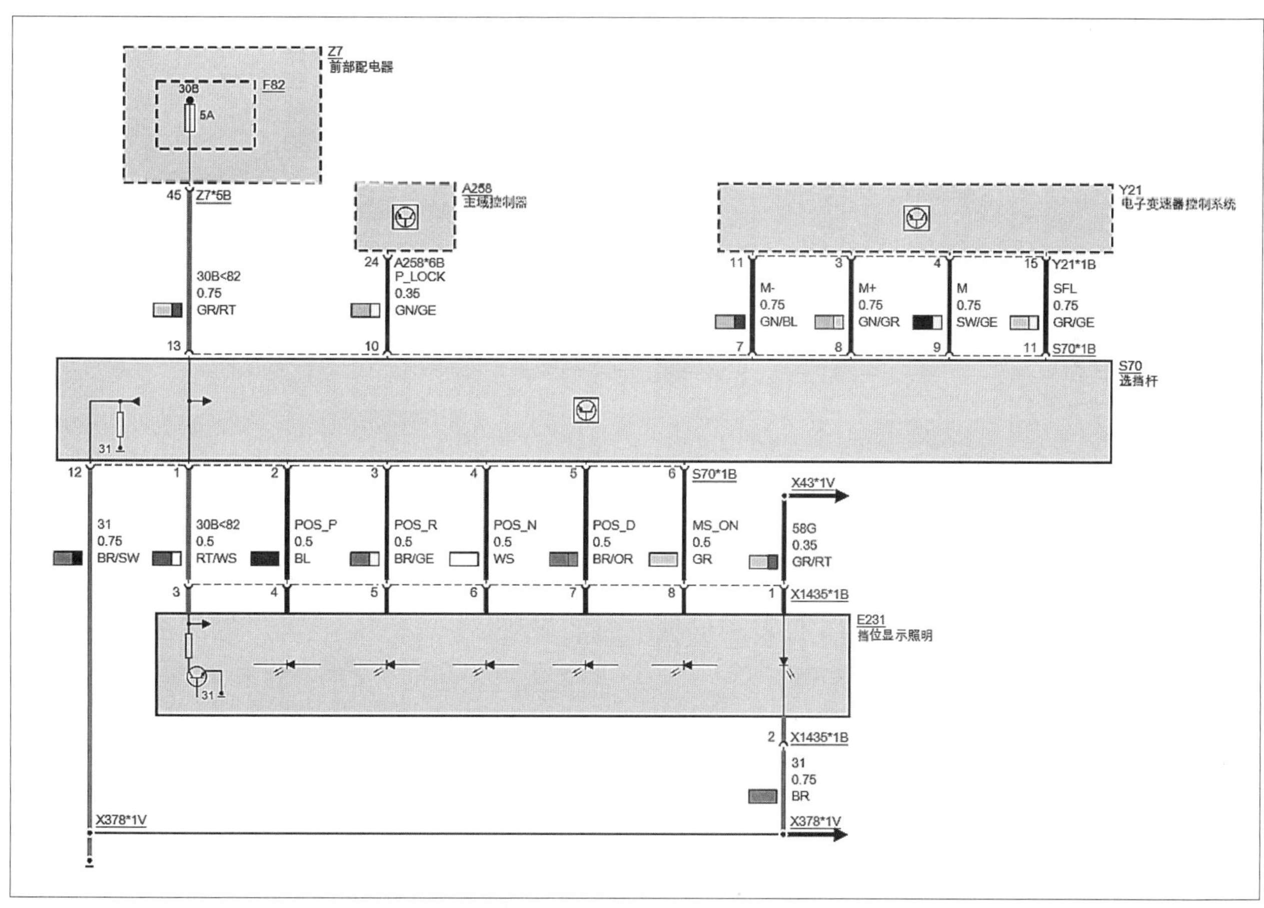

图 6-2-21

根据提示检测选挡杆，并测量主域控制器 A258*6B 端子的 Pin24 针脚的电压，没有踩制动踏板电压为 0.77V，踩制动踏板电压为也为 0.77V。对比同配置的车型，没踩制动踏板电压为 12.35V，踩制动踏板电压为 0.77V。检测计划最终提示需要更换选挡杆，再次和正常工作的车型对调选挡杆，试车故障依然存在。再次测量电压和之前一致，没有变化，测量电子变速器控制系统端子 Y21*1B 与选挡杆端子 S70*1B 之间的线索导通情况，均为 1.2Ω，正常范围之内。检查发现选挡杆的拉线与拆下来的选挡杆拉线的位置有差别，如图 6-2-22 所示。

图 6-2-22

然后松开螺丝，测量主域控制器 A258*6B 端子的 Pin24 针脚的电压，在没有踩制动踏板时电压为 12.35V，踩制动踏板时电压为 0.77V，恢复正常状态。再次还原拆卸的部件，打开点火开关，车辆报警的故障现象消失，故障排除。

故障案例十二　宝马 X5 F15 仪表黑屏偶尔无法启动

故障现象：一辆 2015 年产宝马 X5，车型为 F15，装配 N20 发动机。车辆行驶了 3 万多千米。用户反映车辆有时无法启动，仪表黑屏，挡位指示灯不亮。有时停放一段时间后故障消失。有时能启动着车，但是挡位指示灯不亮，无法挂挡，仪表黑屏且按压点火开关时发动机运转反应迟钝。有时打着火后出现各种报警，发动机灯常亮，启动后行驶无异常。

检查维修过程：接车后首先验证用户反映的故障现象，确认故障现象和用户反映的一致。连接 ISID 进行诊断检测，诊断故障树状图显示 PT-CAN 和 PT-CAN2 总线上几个控制单元为黄色，即无法通信。诊断结果显示的故障码如下：

80408B- 驱动程序 KL.15WUP：对地短路；

8040B1-IBS 智能蓄电池传感器唤醒导线：对正极短路或断路；

D50420-EPS，FlexRay：通信故障；

及其他众多关于接收器 BDC 模块信息缺失故障。

查看故障码说明，如表 6-2-15 和表 6-2-16 所示。

表 6-2-15

8040B1-IBS 智能蓄电池传感器唤醒导线：对正极短路或断路	
故障描述	故障记录用于监控硬件输出端 KL.15WUP 是否对接地短路 故障监控：硬件输出端 KL.15WUP 故障设置条件：KL.15WUP 输出端 = 低，尽管控制激活 复位条件：KL.15WUP 输出端 = 高，控制激活时
故障识别条件	控制单元电压：8.7~16.5V；无低电压 总线端 KL.15 关闭 激活诊断的条件：无。取消诊断的条件：启动和关闭系统时以及 KL.15 接通时
故障码存储记录条件	用于记录故障码存储器的确认故障：4000ms 用于复位故障码存储器的确认故障：400 ms
保养措施	（1）检查导线和插头 （2）如果正常，则拔出 KL.15WUP 的相应插脚，并测量或通过诊断命令读取控制单元侧是否有高电平。如果不正常，则更换控制单元 （3）如果正常，则在其他控制单元和电线束上进行故障查询
用于故障后果的提示	KL.15WUP 通过控制单元关闭，并周期性重复激活

表 6-2-16

8040B1-IBS 智能蓄电池传感器唤醒导线：对正极短路或断路	
故障描述	此故障记录用于监控是否断路或对唤醒导线（LIN）的蓄电池电压短路 设置条件：唤醒导线上识别到 10s 以上的高电平 复位条件： 唤醒导线上未识别到 1s 的高电平
故障识别条件	控制单元电压：9.0~16.0V 总线端 KL.15 接通 PWF 状态：驾驶 PWF 状态：PAD 提示：总线端状态或 PWF 状态的名称分别根据车辆的车载网络适用
故障码存储记录条件	无
保养措施	（1）检查导线和插接式保险丝。必要时进行修理 （2）若不正常，则从 LIN 上拔下所有与总线相连的控制单元 ①假如故障仍然存在，则更换控制单元 ②假如故障不再出现，则插上与总线相连的控制单元。如果故障再次出现，则继续其他与总线相连的控制单元的故障查询
用于故障后果的提示	空车辆电池

根据故障现象及故障码的内容，初步推断，故障原因可能存在以下几个方面：

KL.15WUP 线路故障；

程序故障；

模块内部故障。

分析来看，由于检查线路相对复杂，直接检查 KL.15WUP 线路故障，可能需要花费大量时间。程序故障则直接可以对车辆进行集成等级的升级。而车辆故障现象都当前存在，所以无法直接对车辆进行编程。选择故障内容执行检测计划，检修计划过程显示 KL.15WUP 无电压显示，如图 6-2-23 所示。

检测 BDC 相关线路，线路检测正常，检测结果显示为 BDC 模块故障。

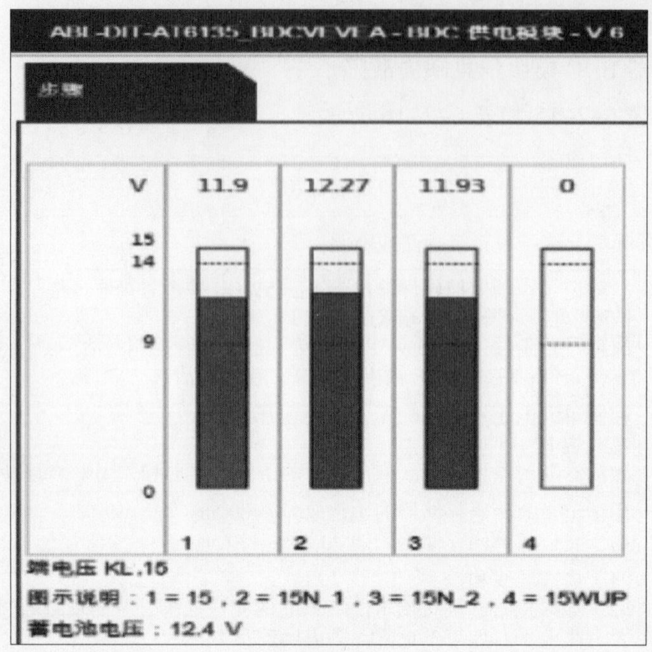

图 6-2-23

更换 BDC 模块后故障现象并没有消除，检测结果显示，故障码和之前一样。直接通过 ISTA 调出和车辆 KL.15WUP 相关的电路图，发现 KL.15WUP 上连接有许多控制单元。依次断开 KL.15WUP 总线连接的控制单元 DME、DSC、EMF、EKPS，当拔掉 EKPS 时故障现象消失，重新插上 EKPS 时故障也没有重现。EKPS 控制的电路图如图 6-2-24 所示。

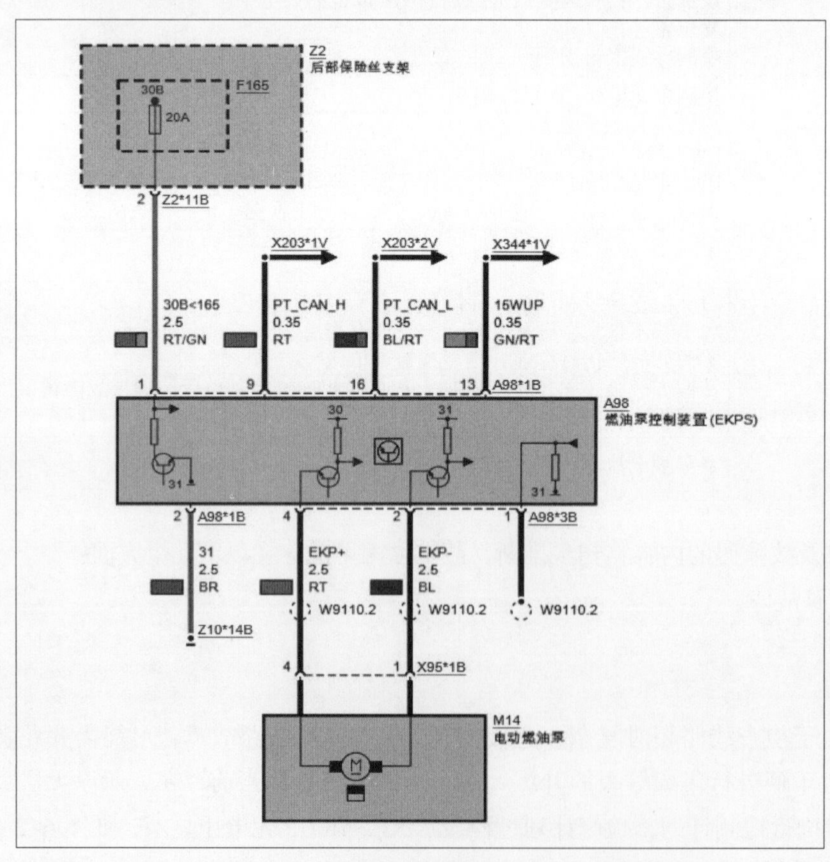

图 6-2-24

推断可能是 EKPS 故障，决定在故障再次出现时先拔下 EKPS 测试。车辆在停放状态下观察测试，经过多次测试试验，故障现象再次出现，使用遥控器解锁时，两个近光灯闪了一下，然后解锁的转向指示灯闪了两次。打开点火开关，仪表黑屏，车辆能够启动，着车后无法挂挡，挡位指示灯不亮，按压点火开关车辆无反应。测量 KL.15 依然无电压。诊断测试显示，多个模块无通信，拔下 EKPS 故障依旧存在。振动车辆，并扯动车辆的地毯，当扯动后座椅中部下面的地毯时，KL.15 上的电压发生了变化。掀开此处的地毯，检查此处的线束。通过检查发现后座海绵下方 EKPS 唤醒线由于被车身毛刺划破，导致线束外露，造成搭铁，进而导致故障。EKPS 破损导线位置如图 6-2-25 所示。

图 6-2-25

维修导线并打磨毛刺后试车故障排除。此故障现象不再重现，表现的症状可能还会有变化，维修此类故障还是要从故障码的说明进行详细分析及检查。比如此案例已经明确说明了 KL.15WUP 对地短路，起初就应该先从线路查起，确认线路无故障后再进行后续检查。对于线路短路故障可以通过电压或电阻测量，通过分区域晃动线束的方法观察数值是否有变化来逐步缩小故障范围。

故障案例十三　宝马 525Li 发动机抖动故障

故障现象：一辆 2014 年产宝马 525Li，车型为 F18，车辆行驶了 6 万多千米。用户反映车辆行驶中发动机故障灯点亮，车辆加速无力，怠速状态下发动机抖动。

检查维修过程：接车后首先验证用户反映的故障现象，车辆的故障报警当前存在，怠速状态下观察，发动机抖动明显。连接 ISID 进行诊断检测，读取发动机控制系统故障存储如下：

140001- 熄火，多个气缸：喷射装置被关闭；

140010- 熄火，多个气缸：已识别；

140010- 熄火，多个气缸：已识别；

140101- 熄火，气缸 1：喷射装置被关闭；

140110- 熄火，气缸 1：已识别；

140201- 熄火，气缸 2：喷射装置被关闭；

140210- 熄火，气缸 2：已识别；

150102- 点火开关，气缸 1：火花持续时间过短；

150202- 点火开关，气缸 2：火花持续时间过短。

查看车辆的故障码说明，如表 6-2-17 和表 6-2-18 所示。

表 6-2-17

140101- 熄火，气缸 1：喷射装置被关闭	
故障描述	此诊断监控做功冲程的持续时间并通过分析转速信号将此持续时间与其他气缸相比较 故障监测前提条件： 如果曲轴在相应气缸的做功冲程期间相对于其他气缸延时，则识别到故障
故障识别条件	温度条件：无 时间条件：无 其他条件：发动机运转，控制单元电压：9~16V，总线端 KL.15 接通
故障码存储记录条件	如果在曲轴旋转 200 圈时识别到一个根据特性线的熄火数量，则记录该故障
保养措施	排除可能会造成熄火的可能存在的故障 检查燃油系统 检查点火装置 检查进气系统 检测气缸压力 检查曲轴箱通风 检查进气管道
用于故障后果的提示	无
驾驶员信息	排放警示灯和检查控制信息
服务提示	无

表 6-2-18

140110- 熄火，气缸 1：已识别	
故障描述	此诊断监控做功冲程的持续时间并通过分析转速信号将此持续时间与其他气缸相比较（分段时间） 故障监控条件： 如果曲轴在相应气缸的做功冲程期间相对于其他气缸延时，则识别到故障
故障识别条件	其他电压条件：供电电压介于 9~16V 之间 温度条件：冷却液温度高于 -7.5℃ 时间条件：无 其他条件：发动机打开 总线端状态：总线端 KL.15 接通
故障码存储记录条件	如果该故障存在时间超过 200 圈曲轴转动时间 或者：如果该故障存在时间超过 4000 圈曲轴转动时间并在第一个 1000 圈曲轴转动结束后仍存在 或者：如果在发动机启动后曲轴转动 1000 圈之后故障仍然存在，则将被记录
保养措施	连锁故障：排除下列部件或功能故障 燃油供应 点火开关 供气 发动机冷却 发动机机械机构 检查曲轴箱通风 检查进气管道
用于故障后果的提示	无 发动机处于紧急程序
驾驶员信息	排放警示灯
服务提示	无

由表 6–2–17 和表 6–2–18 的故障说明可知，车辆虽然存在多个关于喷射装置的故障存储，但不一定是喷油器的问题。车辆处于安全设计考虑，发动机如果监测到失火会自动断开燃油喷射，需要删除故障码后再测量喷油器的波形，测量结果如图 6–2–26 所示。删除故障码后，喷油波形无异常。

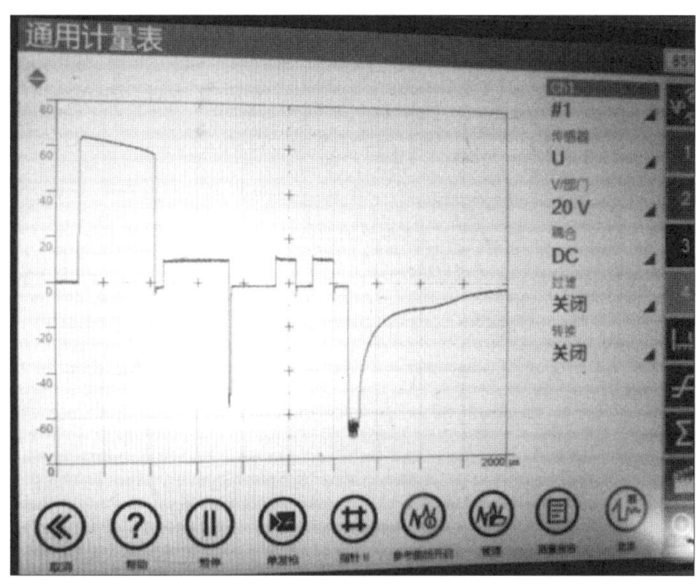

图 6–2–26

再次调出其他的故障码说明，如表 6–2–19 所示。

表 6–2–19

150102- 点火开关，气缸 1：火花持续时间过短	
故障描述	该诊断监控火花持续时间 故障监控条件：如果火花持续时间小于 0.5ms，则识别到该故障
故障识别条件	其他电压条件：供电电压介于 9~16V 之间 温度条件：无 时间条件：无 其他条件：发动机打开 总线端状态：总线端 KL.15 接通
故障码存储记录条件	该故障将在 10min 内记录
保养措施	检测下列部件之间的导线和插头连接： DME 点火线圈 检测火花塞 检查点火线圈 检查进气管道
用于故障后果的提示	发动机运行不平稳 点火缺火 不理想的启动状态 如果该故障只涉及一个气缸，则能够继续行驶。点火缺火识别功能识别到相应的气缸，并关闭燃油喷射，以保护废气触媒转换器
驾驶员信息	无
服务提示	无

接下来调出车辆的点火线圈的电路图，如图 6–2–27 所示。

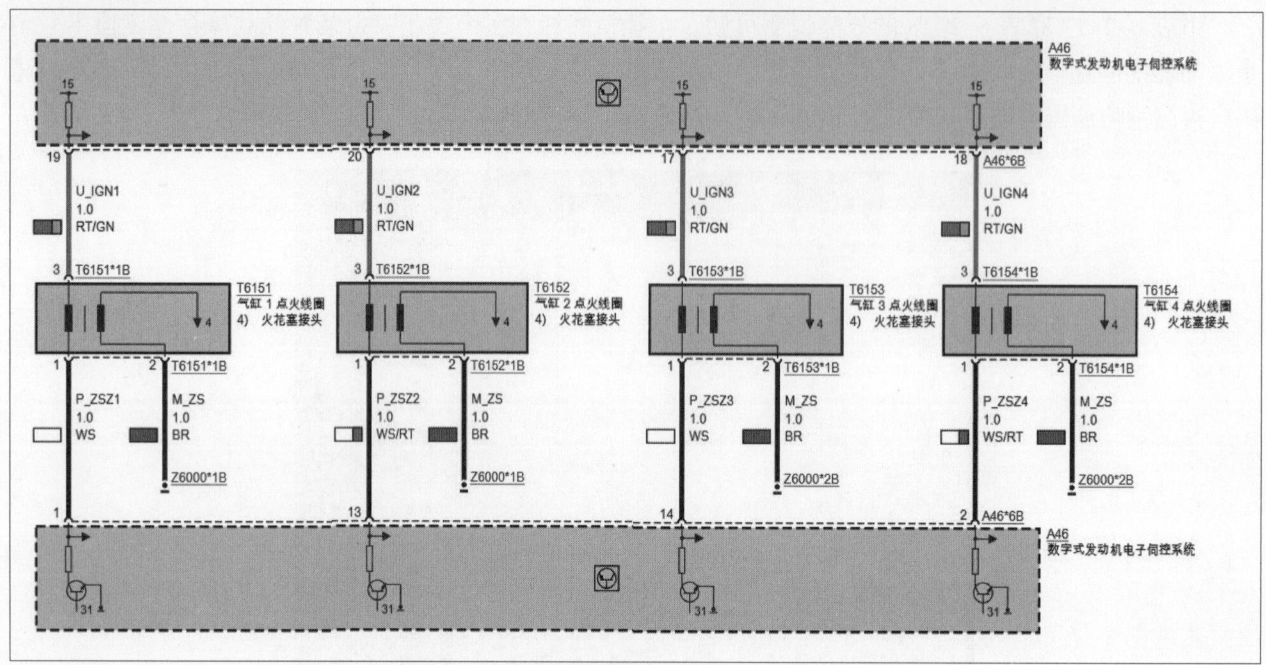

图 6-2-27

直接测量点火线线圈的次级点火波形，如图 6-2-28 所示，而正常应该如图 6-2-29 所示。

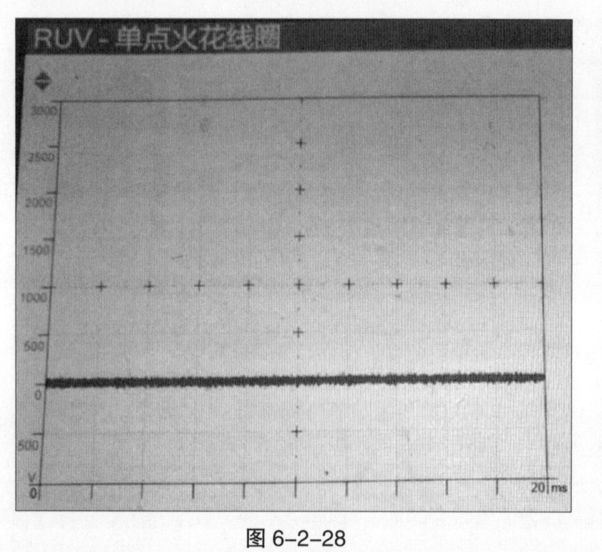

图 6-2-28

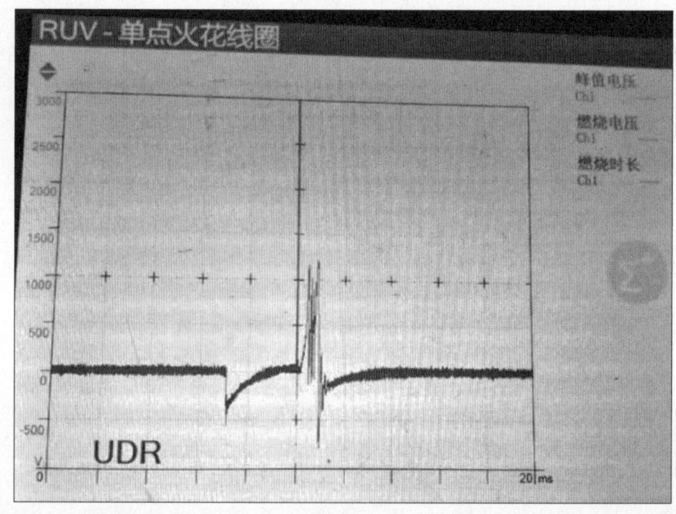

图 6-2-29

发动机具有一个带静态点火分电系统的感应式点火装置。每个气缸都有一个单独的点火线圈，此点火线圈直接插在气缸盖罩中。这个线圈点火系统的点火电路由下列部分组成：

带初级和次级线圈的点火线圈；

发动机控制单元中的点火终极；

火花塞，与次极线圈相连。

每个火花塞都由一个单独的点火线圈（杆状点火线圈）以及发动机控制单元中一个单独的点火终极用高压控制。每个火花塞都由一个单独的点火线圈（杆状点火线圈）以及数字式发动机电子伺控系统（DME）中一个单独的点火终极用高压控制。

再次测量初级点火线圈的控制波形，如图 6-2-30 所示，正常的波形如图 6-2-31 所示。

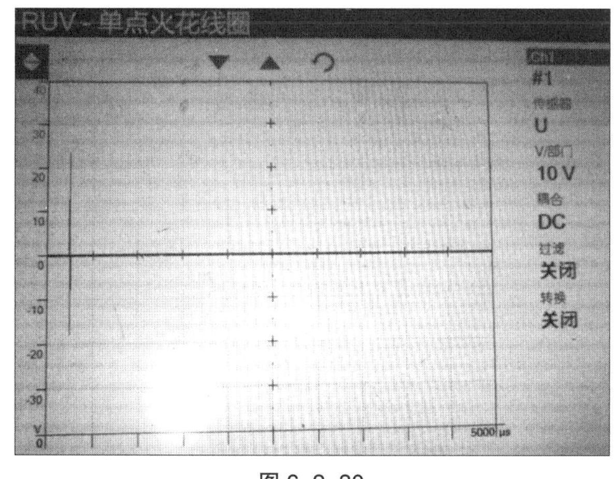

图 6-2-30

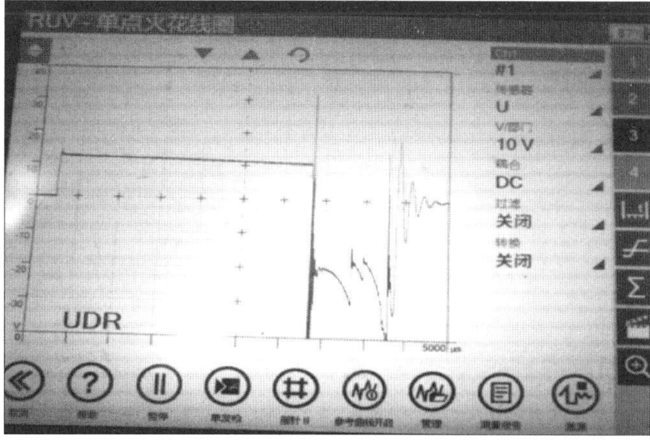

图 6-2-31

测量 1、2 缸点火线圈到 DME 之间的线束连接情况，导通正常，DME 插头针脚也没有搭铁情况。由此判断为 DME 内部故障。而对于 DME 的损坏，一定要进一步检查引起损坏的原因。分别测量了所有点火线圈的初级绕组，检查发现第 2 缸点火线圈初级绕组短路，而初级的点火线圈则由 DME 直接控制。所以 DME 的损坏是由第 2 缸点火线圈损坏引起。

更换第 2 缸点火线圈和 DME，删除故障存储，对车辆进行编程设码，故障灯熄灭，发动机运转平稳，故障排除。

故障案例十四　宝马 X1 雨刮器故障一例

故障现象：一辆 2013 年产宝马 X1，车型为 E84。车辆行驶了 8 万多千米，用户反映车辆的雨刮器工作异常，雨刮器不受雨刮开启的控制。

检查维修过程：接车后首先验证用户反映的故障现象，发现用户反映的故障现象当前存在。拨开雨刮器开关，发现雨刮器不受控制，往下拨动雨刮开关一次，雨刮器一直工作，直到雨刮器进入系统保护。雨刮器停止的位置不定，有时候会停在前挡风玻璃正中。测试雨刮器的其他挡位，雨刮器的速度频率状态一样。

刮水器、挡风玻璃清洗泵和大灯清洗装置的泵由接线盒电子装置（JBE）控制单元控制。刮水器开关与转向柱开关中心（SZL）连接。开关状态通过 F - CAN 发送至 DSC 控制单元，然后由 DSC 控制单元通过 PT - CAN 发送至 JBE 控制单元。在自动运行模式下，雨天 / 行车灯传感器（RLS）记录降雨强度。它将数据通过 LIN 总线发送至车顶功能中心（FZD）。然后 FZD 将降雨强度通过 K - CAN 发送至 JBE。为了防止清洗装置喷嘴冻住，装有一个喷嘴加热装置。JBE 根据车外温度控制该加热装置。JBE 通过 K–CAN 从组合仪表得到车外温度信息。喷嘴加热装置与外后视镜加热装置共同受控。

连接 ISID 进行诊断检测，读取和雨刮系统相关的故障存储如下：

00A6C9-JBE：挡风玻璃刮水器故障。

选择故障内容，执行检测计划，提示要求检查刮水器电机的线束及插头是否损坏磨损。调取雨刮器的控制电路图，如图 6–2–32 所示。

在进行雨刮器的检查测量之前，先对雨刮器的 X333 端子 Pin 脚进行说明，具体如下：

Pin1– 刮水器静止位置复位触头；

Pin2– 刮水器电机接地；

Pin3– 雨刮器 2 挡供电；

Pin4– 雨刮器 1 挡供电。

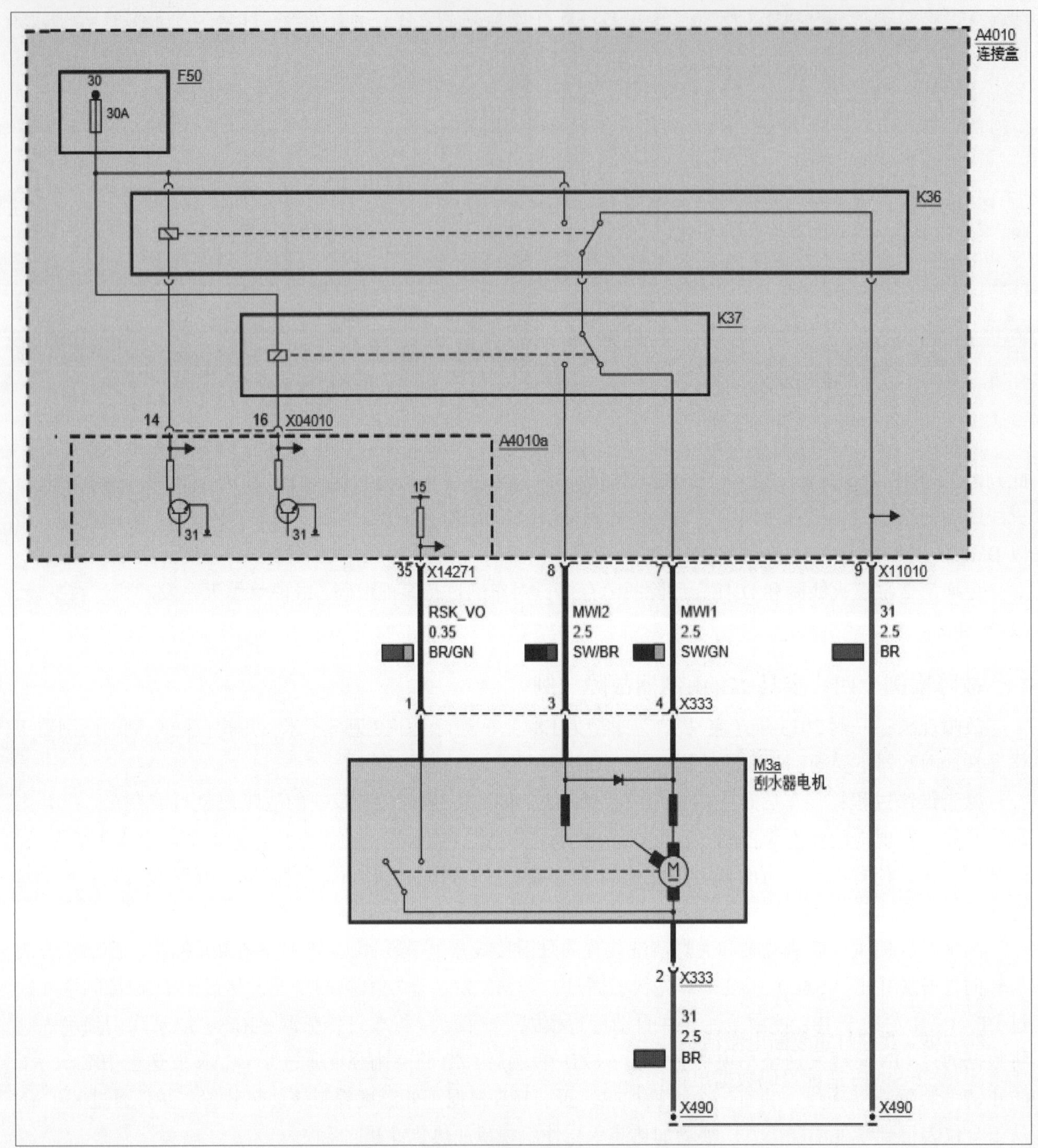

图 6-2-32

测量 Pin4 的电压 12V，测量 Pin3 的电压为 9.8V，测量 Pin1 的电压为 9.8V。对比其他雨刮器可以正常工作的车辆，测量结果如下：

测量 Pin4 的电压为 12V；

测量 Pin3 的电压为 10V；

测量 Pin1 ：当雨刮器回归到初始位置时为 0V，当雨刮器不在初始位置时为 12V。

结合电路图进行分析，Pin1 号脚是用来给 JBE 提供刮水器电机初始位置信号的，当刮水器电机到初始位置后，1 号脚上的开关就会被闭合，Pin1 号角电压为 0V，这样 JBE 就知道了雨刮器工作的状态。在这款车型中，刮水器电机内部回归到零位时，内部传感器识别到后就会闭合此开关。开关闭合后，原本 12V 的 Pin1 与地搭铁，给 JBE 反馈一个 0V 电压。

由于 Pin1 上持续输出一个 12V 的电压，推断电机内部的复位触头无法复位。于是导致了 JBE 不知道电机的位置，导致电机一直工作，最后 JBE 将雨刮器电机保护了，所以会停止到某一位置上。由于无法确定 JBE 是否工作正常，模拟对 Pin1 进行搭铁。强制给 Pin1 一个 0V 信号，此时工作中的雨刮器停止。断开接地，雨刮器又开始工作。再次确认，当雨刮器电机回到零位时，雨刮器电机的 Pin1 和 Pin2 应该被复位触头接通，于是对雨刮器电机的 Pin1、Pin2 进行了测量，测量结果为断路，电阻无穷大。接下来人为用力压雨刮臂，观察电机是否可以识别到初始位置。往下压雨刮臂后，再次测量电机内部 Pin1 和 Pin2 的电阻，测量结果接近 0Ω，雨刮器内部的复位触头导通。

通过以上测量，已经排除了 JBE 控制单元故障以及相关线路的故障。检查了雨刮臂、雨刮器的连杆，都没有变形，最终确认为雨刮器电机内部的复位触头无法通过自身复位导通故障，也就是电机内部故障。

更换雨刮器电机，故障排除。

故障案例十五 宝马 X4 蓄电池故障报警

故障现象：一辆 2014 年产宝马 X4，车型为 F26。车辆行驶了 5 万多千米，用户反映车辆停放后再次启动着车时，仪表中蓄电池故障报警灯点亮报警，中央信息显示屏提示“蓄电池放电量增加”。车辆启动、行驶正常，车辆每天都在使用，没有连续停放。

检查维修过程：接车后故障现象没有当前存在，仪表中和中央信息显示屏的故障提示均已经消失。连接 ISID 进行诊断检测，诊断仪检测存储有车辆电源管理相关故障码，执行 ABL 电源诊断，有 2 次休眠电流超过 80mA 的记录，频率较低。当场用 IMIB R2 测量休眠电流，休眠都是低于 80mA，目测检查车内无其他非原车加装件。初步怀疑是客户用车行为引起的蓄电池充电不足或者放电量过大，比如，短距离行驶过多，在没有启动着车的情况下，使用车辆上的用电器等。最后删除故障存储，使用外部充电器给蓄电池充足电量后，把车辆交付给用户，建议车辆多使用观察。

车辆没有使用几天再次因为相同的故障现象到店，并且还反映中央信息显示屏还出现过几次黑屏的故障现象。接车后观察仪表和中央信息显示屏中蓄电池的报警信息仍然没有当前存在，熄火后直接测量蓄电池的电量，测量电压 13.8V，看来车辆的充电正常。连接 ISID 进行诊断检测，故障存储器中存储的故障码如下：

213601- 动力管理：休眠电流故障；

800F92- 欢迎灯重复断电激活；

801A52-SINE: 适配设码数据出错；

801C10- 由于不合理的唤醒请求复位总线端 KL.30F（信息）；

801C11- 由于不合理的唤醒请求关闭总线端 KL.30F（信息）；

801C12- 由于休眠受阻发送断电命令（信息）；

801C13- 由于休眠受阻请求复位总线端 KL.30F（信息）。

查看 3 个非信息类的故障码和一个信息类的故障码细节描述如表 6-2-20~ 表 6-2-23 所示。

根据上述的故障码细节描述中的保养措施建议，选择故障码生成检测计划，执行电源诊断，提示 FZD 车顶功能中心休眠受阻，唤醒原因是防盗报警系统。而车辆在店检测期间也出现过防盗喇叭乱报警现象，并且故障存储器中也存储有“801A52-SINE: 适配设码数据出错”的内容。故障码中的“SINE”即车辆防盗报警系统。分析防盗报警系统出现异常引起蓄电池放电量过大。

带集成倾斜报警传感器的报警器通过串行单线总线（LIN 总线）与车顶功能中心（FZD）连接。防盗

表 6-2-20

213601- 动力管理：休眠电流故障	
故障描述	该诊断监控休眠电流。如果休眠电流超出阈值 80 mA，则识别到故障 可能的故障原因： 一个附加加装的用电器（例如免提电话、导航装置、行车时打开 TV 功能的装置、冰箱、防盗装置等）连接在总线端 KL.30、总线端 KL.30F 上或直接连接在蓄电池上 一个组件或控制单元导致静止状态时的电流过大（腐蚀的插头、短路或内部损坏）
故障识别条件	供电电压介于 9~16V 之间
故障码存储记录条件	如果放电因为休眠电流过高而大于 1A・h，则会记录故障
保养措施	执行以下步骤（ABL）：电源诊断 借助电流测量夹和示波器进行外部休眠电流测量
用于故障后果的提示	可能的影响：可能抛锚
驾驶员信息	检查控制信息（220）：蓄电池放电电流升高

表 6-2-21

800F92- 欢迎灯重复断电激活	
故障描述	因为连续打开迎宾灯过于频繁，它已退出工作状态。可设码的重复循环数为 0~15，标准为 3
故障识别条件	供电电压超过 10V，总线端 KL.30 接通
故障码存储记录条件	在 0.14s 后生成故障记录
保养措施	当车外温度超出 50 ℃时小心该功能退出工作状态 必须使用点火钥匙进行总线端切换。关闭点火开关，然后再次打开
服务提示	如果总线端 KL.15 打开，则会复位故障

表 6-2-22

801A52-SINE: 适配设码数据出错	
故障描述	该启动时在 FZD 和 SINE 之间进行的设码数据匹配不工作 FZD 报告：SINE coding write error
故障识别条件	供电电压在 8.0~16.0V 之间 PWF 状态：驾驶 PWF 状态：PAD PWF 状态：驻车 PWF 状态：停止
故障码存储记录条件	如果故障连续出现 1 次，则确认故障码
保养措施	检查 FZD 的供电以及 FZD 和 SINE 之间的局域互联网总线导线，需要时进行修理 如果供电和局域互联网总线导线都正常： 对 FZD 重新编程和设码 如果编程和设码后故障仍然未排除，则必须更新 FZD 如果更新 FZD 后故障仍然未排除，则必须更新 SINE
用于故障后果的提示	无法通过 SINE 声音报警
驾驶员信息	报警灯：无 CC 信息：无

表 6-2-23

801C10- 由于不合理的唤醒请求复位总线端 KL.30F	
故障描述	动力管理系统在车辆休眠或唤醒时识别到一个故障
故障识别条件	供电电压 9~16V 总线端 30F 接通 PWF 状态：驻车 提示：总线端状态或 PWF 状态的名称分别根据车辆的车载网络适用
故障码存储记录条件	在无确认故障的情况下故障被记录到故障码存储器中
保养措施	检进行电源诊断
用于故障后果的提示	可能蓄电池放电过高
驾驶员信息	CCM“蓄电池放电过高”（根据不同国家的具体情况）

报警系统（DWA）的软件已集成到 FZD 控制单元中。FZD 控制单元因此控制防盗报警系统。防盗报警系统由带有超声波车内防盗监控传感器的超声波车内保护系统和带有倾斜报警传感器的报警器组成。倾斜报警传感器将监控车辆的倾斜度。倾斜报警传感器识别车辆的抬起或牵引。DWA 报警以听觉和视觉方式进行。在 DWA 报警被触发时，FZD 控制单元通过 LIN 总线激活报警器的扬声器。同时 FZD 控制单元发送一个报警信号作为信息到 K CAN 上。就车型系列，相应的控制单元通过照明设备激活光报警。通过一个自带的微处理器控制报警器和倾斜报警传感器的功能。报警器具有一个自带的供电装置（电池）并监控车辆蓄电池的供电情况。这样，在报警器的供电导线受到破坏时，也会发出声音报警。此外，报警器还监控局域互联网总线（LIN-Bus）。如果局域互联网总线被割断，报警器也将触发警报。为了使报警器能够独立于车辆蓄电池执行其功能，其本身配有电池（应急电源报警器）。电池不可再次充电（使用寿命至少为 10 年左右或者 300 次自身触发报警）。报警器配有一个频率范围在 1900~2800Hz 的扬声器。如果电池持续放电，并且在放电过程中车载网络电压以 0.5V/h 的速度下降到 3V（例如长时间停放车辆时），报警器将无法发出警报。如果报警器退出戒备状态并且没有外部供电，内部电池将设置为最低耗电水平。此时的耗电为最大 25mA。如果车辆蓄电池被重新接上，报警器将恢复正常耗电水平。

接下来调出车辆防盗系统控制电路图，如图 6-2-33 所示。

根据电路图的提示，断开防盗报警器的插头 H1*1B，测量 H1*1B 端子 Pin1 和针脚 Pin3 的电压，测量结果为 12.86V，防盗报警的供电没有问题。测量 Pin2 的 LIN 线波形，测量结果如图 6-2-34 所示，显示为 12V 左右的供电电压，没有波形信号，怀疑线路对电源短路。接下来沿着线路的走向检查，在左前叶子板内发现防盗报警的线束都出现了破损，如图 6-2-35 所示。

修复破损的线路后，通过中控锁连锁车辆，等待车辆进入防盗的警戒状态，再次测量 LIN 线波形，测量结果如图 6-2-36 所示。防盗报警器的警戒状态波形正常。

最后再次使用 IMIB R2 测量休眠电流，车辆休眠后观察，休眠电流一直在 20mA 左右，在正常范围内。停放车辆没有再次出现蓄电池报警的故障现象，防盗喇叭也没有出现乱报警，故障排除。此故障并不是车辆的休眠电流过大，而是休眠的过程被用电器异常唤醒，引起放电过大，导致蓄电池电量不足报警。

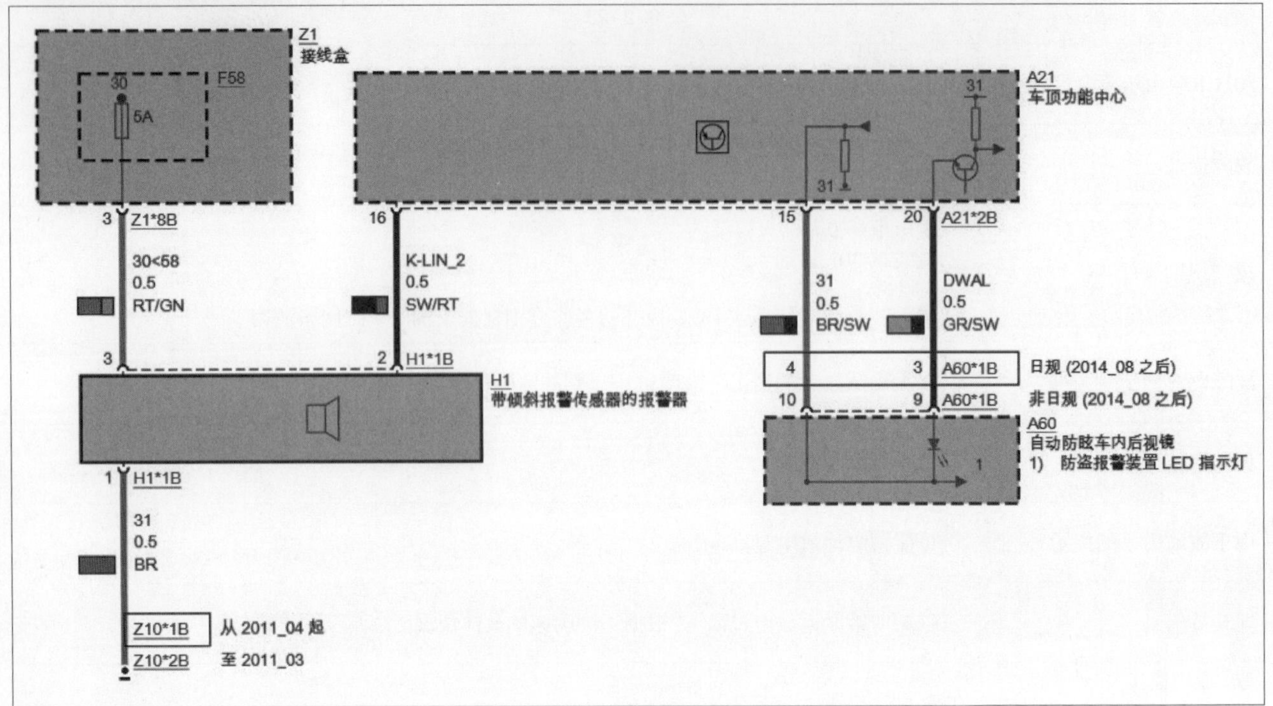

图 6-2-33

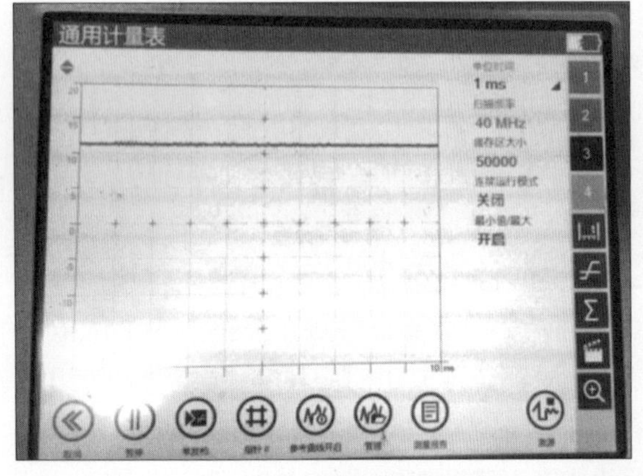

图 6-2-34

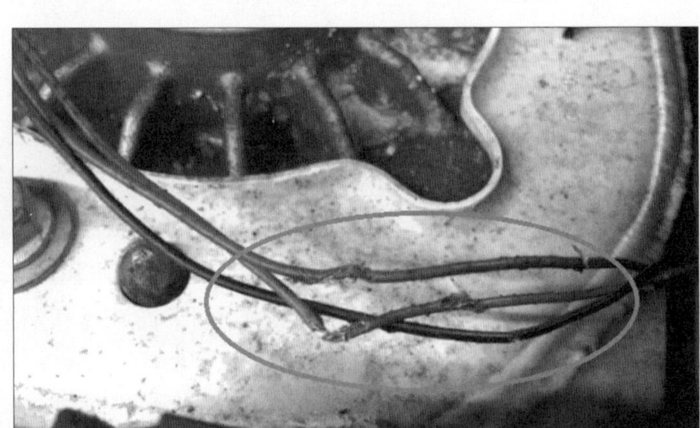

图 6-2-35

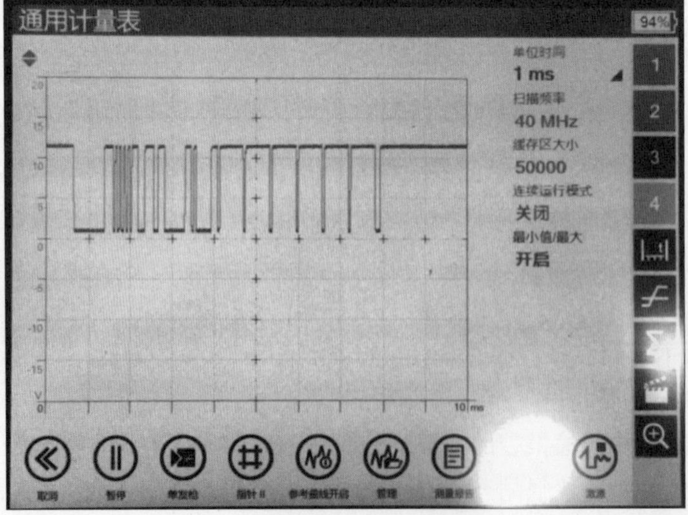

图 6-2-36

故障案例十六　宝马 730Li 启动后自动熄火，仪表黑屏

故障现象：一辆 2010 年产宝马 730Li，车型为 F02。车辆行驶了 8 万多千米。用户反映车辆偶尔启动着车后自动熄火，仪表黑屏，车辆没有故障报警现象。

检查维修过程：接车后首先验证用户反映的故障现象，经过多次测试，前几次启动发动机，车辆能正常启动没有出现用户反映的故障现象。后来试了几次之后终于能试到客户反映的现象出现，启动后发动机自动熄火，仪表关闭。观察到故障发生的时候，仪表不像普通发动机自身故障引起的熄火，而是感觉像发动机运行过程瞬间突然没电了一样。连接 ISID 进行诊断检测，读取故障码如下。

930732- 启动机运行时有发动机启动故障：继电器搭接片。

查询故障码的细节说明如表 6-2-24 所示。

表 6-2-24

930732- 启动机运行时有发动机启动故障：继电器搭接片	
故障描述	通过回读导线进行测量：回读电平 > 阈值高 一旦总线端控制关闭总线端 KL.15，则记录该故障
故障识别条件	总线端 KL.15 接通
故障码存储记录条件	在 3s 后生成故障记录
保养措施	（1）检查启动继电器的功能。如有必要，更新继电器或 CAS （2）如果继电器正常，则检查启动机供电电压，必要时进行更新 （3）如果启动机供电电压正常，则单独检查启动机功能，必要时进行更新
用于故障后果的提示	启动机转动，尽管缺少控制（车辆可能蹿跳）点火开关仍熄灭，即，总线端 KL.15 自动断开 车辆启动之后，通过按压按钮，启动机暂时继续转动，发动机熄火
驾驶员信息	检查控制信息（21）：点火开关有故障

选择故障内容，执行检测计划，系统建议如下：

检查启动继电器的功能，如有必要，更新继电器或 CAS；

如果继电器正常，则检查启动机供电电压，必要时更新；

如果启动机供电电压正常，则单独检查启动机功能，必要时进行更新。

调出车辆启动机的控制电路图，如图 6-2-37 所示。

启动机通过连接直接连接到总线端 KL.30。

启动机通过连接直接连接到总线端 KL.50L，CAS 控制单元或 FEM 控制单元或 BDC 控制单元通过总线端 KL.50L 控制启动继电器。该启动继电器是继电器和电磁铁的组合件。启动继电器具有下列任务：

启动机小齿轮向前移动直到啮合到飞轮的齿圈中；

在启动机中，从蓄电池到直流电机的电路关闭。

启动继电器具有 2 个线圈：移入线圈、吸持线圈。

为了啮合启动机小齿轮将控制 2 个线圈。如果电磁开关关闭，将通过总线端 KL.30 为直流电机提供电压。同时，由于关闭电磁开关，移入线圈将短路。仅能通过吸持线圈保持电磁开关。如果发动机已启动，吸持线圈将不通电换挡。因此，打开电磁开关，蓄电池和直流电机之间的电路已中断。

启动机上面连接蓄电池出来的 X7512E 为 B+ 正极线，总线端 KL.30 和蓄电池正极直接相连，测量为蓄电池供电电压，分析供电没问题。另一个连接端子 X9135 的 Pin1 为 CAS 的控制线，当 CAS 识别到符合启动的条件时，便会向这个 KL.50 启动控制信号线发出一个高电位信号。实车测量 KL.50L，正常时，

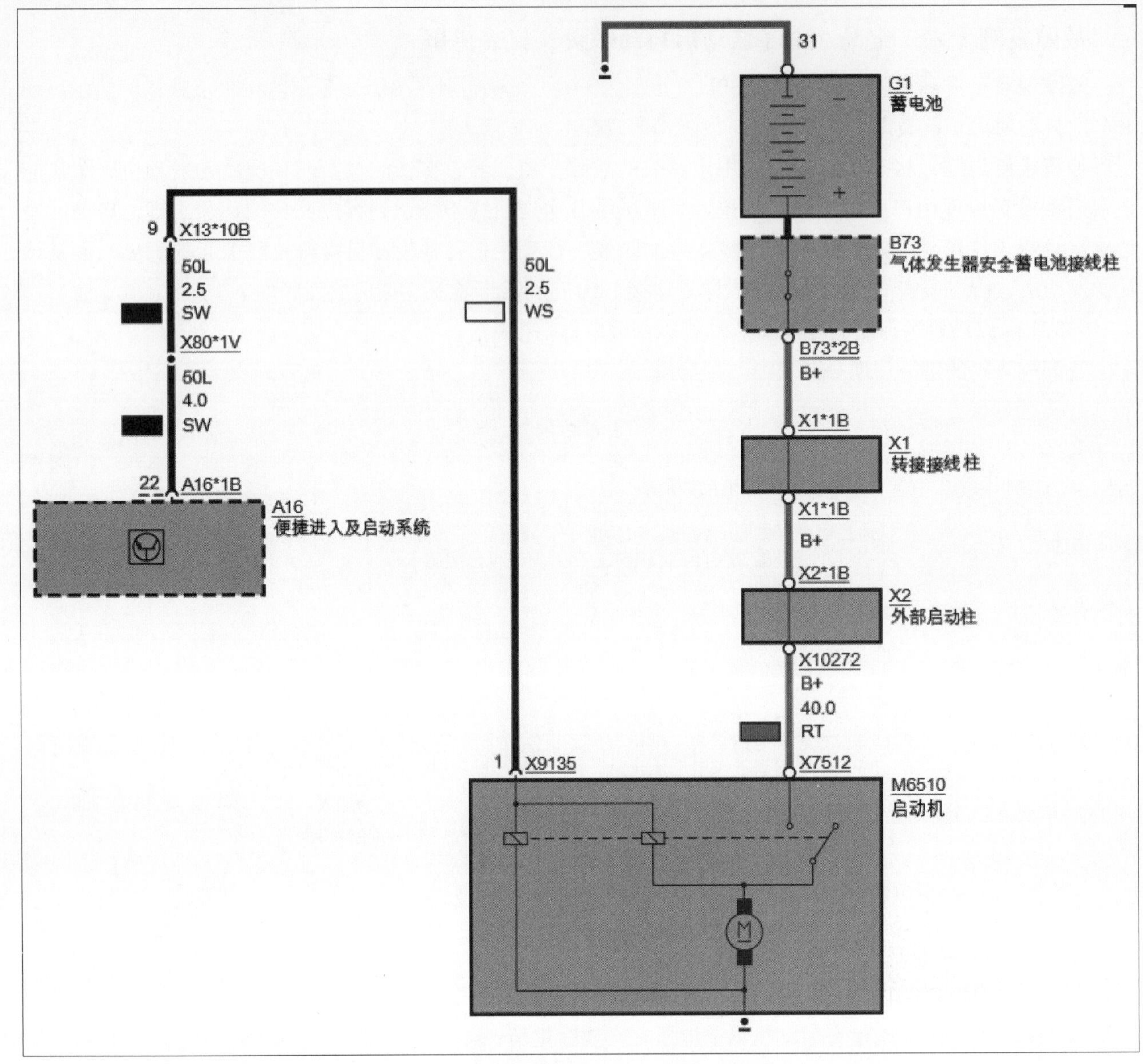

图 6-2-37

发动机启动时 12V，成功启动后电压变为 0V。故障出现自动熄火及仪表熄灭时，发动机启动时 12V，成功启动后变为 8~9V，然后熄火。

在上述的故障码说明中，在故障详细说明中，故障描述“通过回读导线进行测量：回读电平、阈值高”。

根据前面启动机工作原理分析，CAS 通过 KL.50 控制启动机启动和关闭。当发动机启动后，CAS 通过总线信息已经知道发动机成功启动并正常工作，所以会断开 KL.50 控制，结束电机工作。如果 CAS 断开 KL.50 的控制，那么这根线是不该有电的，如果这个时候这条线仍然有电，则会记录故障信息。

测量线路对地、对正极、导通均正常，可排除线路故障。故障属于偶发性故障，故障不出现的时候，正常启动的时候 CAS 都能正确输出控制信号，CAS 坏的概率较低。故障码指向比较明确，分析电机吸合接触片如果不回位，则能解释通此故障现象。判断为启动机继电器的搭接片机械故障，导致无法回位，CAS 识别到 KL.50 有反馈电压，将电源都断掉起保护作用，更换了启动机，多次试车，故障现象没有再次出现，故障排除。

故障案例十七　宝马 218i 无法启动着车

故障现象：一辆 2016 年产宝马 218i，车型为 F45，装配 B38 发动机，车辆行驶了 5000 多千米。客户反映车辆停放后再次启动车辆，发现车辆无法启动着车，仪表中发动机故障报警灯点亮，中央信息显示屏提示“传动系统故障”。

检查维修过程：接车后首先进行发动机的基础检查，车辆的蓄电池电量充足，燃油指示在二分之一之上。直接测量燃油压力，燃油压力在发动机运转时可以达到 500kPa，燃油供应没有问题。连接 ISID 进行诊断检测，读取发动机控制系统的故障存储如下：

113026- 点火开关和燃油喷射装置继电器，电源：对地短路；

1F0514- 电子气门控制系统，电源：对地短路。

查看故障码的说明如表 6-2-25 和表 6-2-26 所示。

选择故障内容执行检测计划，系统提示根据 DME 控制单元的控制电路图，检测相关控制部件的供电。电路图如图 6-2-38 所示。

在点火开关打开的状态下，检查测量 Z11 集成供电模块的供电 Z11*2B 的 Pin2 针脚供电为 13.02V，Z11*1B 的 Pin1 针脚供电为 13.8V，正常，Z11*2B 的 Pin3 针脚接地正常。

测量 DME 的 A46*5B 的 Pin10 针脚电压为 0V，Pin1 针脚电压为 3.02V，Pin7 针脚电压为 13.02V，Pin11 针脚电压为 0V，Pin12 针脚 13.02V。对比正常工作的车辆测量 DME 的 A46*5B 的 Pin10 针脚电压为 12.40V，Pin1 针脚电压为 12.40V，Pin7 针脚电压为 0.8V，Pin11 针脚电压为 12.3V，Pin12 针脚 0.8V。说明了 DME 的 A46*5B 的 7 号针脚和 Pin12 针脚内部对电源短路。由此证明 DME 已经损坏。

更换 DME，对车辆进行编程设码，试车，车辆可以顺利启动着车，故障排除。

表 6-2-25

113026- 点火开关和燃油喷射装置继电器，电源：对地短路	
故障描述	本诊断监控喷油器点火开关和燃油喷射过载保护继电器单点火线圈的供电导线是否对地短路 故障监控条件： 如果继电器被控制，但是在 DME 输入端上仍然没有电压，则识别为故障
故障识别条件	其他电压条件：供电电压介于 9~16V 之间 温度条件：无 时间条件：无 其他条件：继电器未被控制（直接在唤醒控制单元后或在切换至空转时） 总线端状态：总线端 KL.15 接通
故障码存储记录条件	立刻记录故障
保养措施	（1）检查点火开关和燃油喷射的过载保护继电器供电 （2）检查 DME 与点火开关和燃油喷射过载保护继电器之间的电线束 （3）安装的组件（点火线圈）或相关电线束错误连接 （4）如果上述检查均合格：更新点火开关和燃油喷射过载保护继电器或配电器
用于故障后果的提示	无 该功能故障可能造成抛锚
驾驶员信息	无
服务提示	无

表 6-2-26

1F0514- 电子气门控制系统，电源：对地短路	
故障描述	该诊断监控电子气门控制系统继电器 / 集成供电模块到 DME 的导线 故障监测前提条件：如果存在对地短路，则识别为故障
故障识别条件	其他电压条件：供电电压介于 9~16V 之间 温度条件：无 时间条件：无 其他条件：继电器未被控制（直接在唤醒控制单元后或在切换至空转时） 总线端状态：总线端 KL.15 接通
故障码存储记录条件	立刻记录故障
保养措施	检测下列部件之间的导线和插头连接： DME 和电子气门控制系统继电器 / 集成供电模块 更新电子气门控制系统继电器 / 集成供电模块
用于故障后果的提示	该功能故障可能造成抛锚
驾驶员信息	排放警示灯
服务提示	无

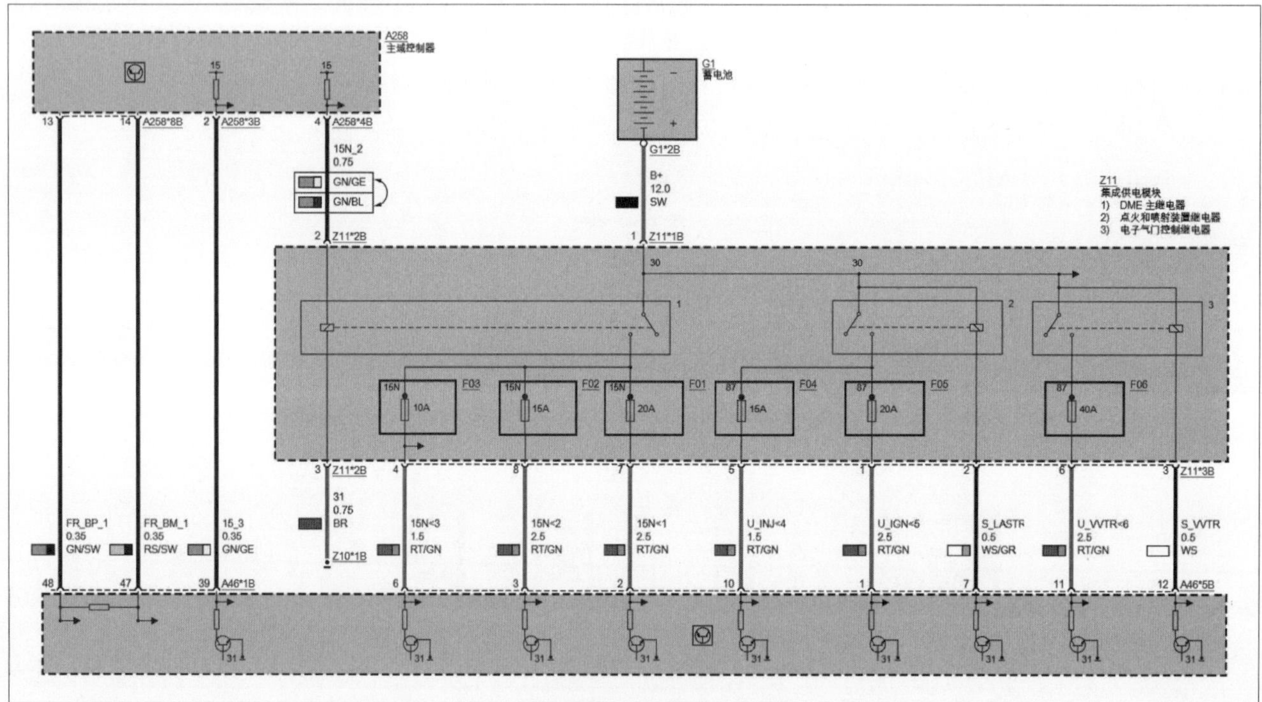

图 6-2-38

故障案例十八　宝马 5 系 GT 自动巡航故障一例

故障现象：一辆 2011 年产宝马 535i，车型为 F07。车辆行驶了 6 万多千米，用户反映车辆行驶中巡航系统故障报警灯点亮报警，中央信息显示屏提示“自动巡航系统失效！碰撞功能失效！”。

检查维修过程：接车后发现车辆的自动巡航系统故障报警故障现象当前存在。连接 ISID 进行诊断检测，读取车辆故障存储器中故障内容如下：

48003B–ICMACC 传感器报告故障；

482136-ACC 传感器失调；

482130-ACC 传感器试运行。

自适应巡航控制系统（Active Cruise Control）简称 ACC。新型 ACC 传感器取代了迄今已知的远距离传感器和两个近距离传感器。ACC 传感器和 ACC 控制单元是一个部件，这个部件位于前挡板一个可拆卸的格栅后面。作为已知自适应定速控制的补充，该系统具有 Stop&Go 功能：

通过发动机或制动干预进行距离控制和定速控制，直至进入静止状态；

在短暂的停车时间（1~3s）后从静止状态中自动启动；

自适应制动辅助系统。

设置速度时，可在 30~180km/h 范围内选择：在舒适模式下以 10 为步进值或在精细模式下以 1 为步进值。设置速度显示在组合仪表上（可选择平视显示系统）。此外能够在 4 种距离之间进行选择。ACC 传感器集成在 ACC 控制单元内。ACC 传感器是一个雷达传感器，测定车前的远处区域（至 200m）和近处区域（至 60m）。ICM 控制单元为带有停停走走功能的自适应巡航控制系统承担下列任务：

汇总雷达传感器传送的目标数据；

分析目标并选择与定距控制相关的目标；

分析操作信号并生成显示信号；

调节速度和距离；

生成标准值并通过 FlexRay 输出到驱动装置和制动器的执行器；

监控所有输入信号、控制单元（硬件）以及车辆状态是否有故障或不可信的状态。

ACC 控制单元通过一体式底盘管理系统（ICM）与 S-CAN（传感器 CAN）连接。传感器 CAN 以 500kB/s 的传输速度工作。传感器 CAN 具有两个均为 120Ω 的终端电阻。其中一个位于一体式底盘管理系统（ICM）中，另一个集成在 ACC 控制单元中，前部配电器通过总线端 KL.15N 为 ACC 控制单元供电，控制电路图如图 6-2-39 所示。

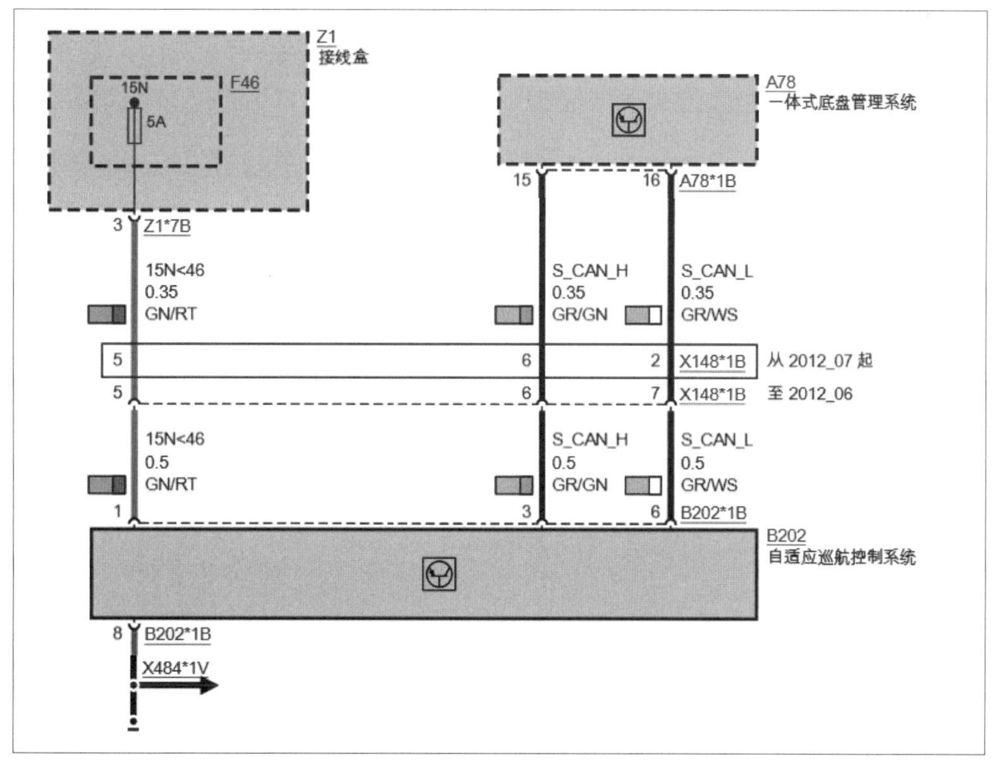

图 6-2-39

选择故障内容执行检测计划，系统分析，故障应该由于ACC传感器故障，或ACC传感器试运行数据丢失，和ACC传感器至ICM之间S-CAN总线故障，引起所有以定速巡航为基础的驾驶辅助功能失效。根据提示，首先对ACC传感器进行试运行，所有步骤严格按照要求执行，问题是多次尝试试运行均在最后步骤进行匹配失败，反复对车辆进行检查，对匹配工具进行检查，均未发现问题。怀疑ACC传感器线路或者ACC传感器损坏。检查ACC传感器线束，ACC传感器供电不用考虑，模块通信正常，检查测量S-CAN总线，因为怀疑总线如果存在电阻，或者不明显的故障时，是否会影响试运行结果，于是测量总线电压，H为3V，L为2V，测量ACC传感器至ICM之间线路连接情况，无短路、断路、接触电阻等故障，确认线路上不存在问题。于是分析认为ACC传感器本身存在故障。

更换ACC传感器后，编程进行ACC试运行，试运行结果失败。

在以下情况下需要调试前部雷达传感器：

故障码存储器中存储有一个校准故障；

拆卸并重新安装了前部雷达传感器；

安装了新的前部雷达传感器；

引导性故障查询提示试运行。

前部雷达传感器的功能很大程度上取决于传感器的精调。因此，必须根据说明在测试模块中极其谨慎地进行调试，在成功调试时必须注意以下事项：

车辆在前部雷达传感器的部位不能有损伤；

前部雷达传感器的支架不允许变形；

前部雷达传感器必须正确安装在支架中；

不允许通过牌照遮盖前部雷达传感器；

一定要遵守在测试模块中规定的后视镜和前部雷达传感器之间的距离；

车辆在导轨前成直角；

检查轮胎充气压力，如有必要进行校正；

拉紧驻车制动器；

注意，不要对车辆不均加载；

去掉轮辋锁圈的盖帽；

在安装快速卡具时注意，所有电磁元件必须正确地平放在车轮螺栓上；

后视镜禁止损坏；

后视镜必须干净；

借助水平仪和相应的调整螺栓将后视镜正确放到导轨上；

后视镜必须正确位于导轨上，通过水平仪对齐；

注意测试模块中有关调节后视镜的提示；

调节过程中绝对不要支撑到车辆上；

在调试时在前部雷达传感器和后视镜之间不允许有人或物体；

在调试时在后视镜后部区域内不允许有人或物体。

目测检查ACC雷达传感器的支架并没有明显的变形，进一步拆卸前杠检查，发现车辆的前面的确出过大事故，保险杠、保险杠内衬等部件都更换过，有理由相信ACC雷达传感器的支架存在变形的可能。

最后一边人为调整ACC雷达传感器的支架，一边测量，直到将水平和垂直度调整到0°。调整后再次对ACC进行试运行，结果运行成功。故障排除。

故障案例十九 宝马 X5 增压压力过低故障

故障现象：一辆 2013 年产宝马 X5，车型为 E70。车辆行驶了 8 万多千米。用户反映车辆行驶中缓慢加速时仪表发动机故障灯点亮报警，中央信息显示屏提示“发动机传动系统故障”。急加速行驶，车辆则行驶比较正常。车辆启动着车正常。

检查维修过程：接车后发现车辆的故障报警并没有当前存在。经过路试测试发现故障每次出现在缓慢加速的过程中，且出现传动系统故障后再进行加速时不影响车辆提速。高速上路试车并急加速到 120km/h 以上都不会出现故障报警的现象。连接 ISID 进行诊断检测，读取车辆故障存储器中存储关于发动机的故障码如下：

2C57- 增压压力调节，可信度：压力过低。

查看故障码的说明如表 6-2-27 所示。

表 6-2-27

2C57- 增压压力调节，可信度：压力过低	
故障描述	本诊断将对增压压力传感器测出的压力进行监控 故障监测条件：如果测得的压力小于额定压力，则识别为该故障
故障识别条件	电压条件：车载网络电压在 9~16V 之间 温度条件：无 时间条件：无 其他条件： 发动机转速大于 1900r/min 发动机负荷 涡轮增压在控制范围内 总线端状态：总线端 KL.15
故障码存储记录条件	如果故障存在时间超过 1min，则记录该故障
保养措施	检查 DME 和增压压力传感器之间的电线束 更新增压压力传感器 检查减压装置阀门是否由于卡住而敞开 检查减压装置阀门的压力变化器 检查真空管路和真空度
用于故障后果的提示	发动机处于紧急程序下并且功率受限
驾驶员信息	发动机警告灯
驾驶员信息	无

选择故障内容执行“ABL_DIT_B1214_TVD_46_LDR- 增压压力调节装置”的检测步骤，并根据步骤提示进行测试。

废气风门动作测试功能正常；

涡轮增压器废气旁通阀在着车电脑控制的情况下真空阀杆的测试功能正常；

执行循环空气减压阀动作测试也能听到工作的声音；

利用烟雾测试仪对进气系统进行密封测试也未发现有泄漏；

检查三元催化也未没有发现堵塞的情况；

执行废气涡轮增压器的测试，测试结果也未出现增压压力低的故障；

执行完此 ABL 步骤后提示用 ISTA-P3.58.0 以上版本进行编程，使用最新的 ISTA/P 版本（版本级别远远高于 ISTA-P3.58.0）对整车进行编程设码，然后试车测试故障现象还是出现。再次通过常见的故障原因来分析，可能影响增压压力过低的因素除了上述因素以外还有：

真空软管的真空度；

曲轴箱压力；

节气门前增压压力传感器 / 节气门后增压压力传感器；

EPDW 阀；

DME 控制；

涡轮增压器。

接下来继续执行故障点排查。测量曲轴箱的压力，测量结果为 94kPa，排除曲轴箱压力的影响。测量真空软管的真空度，压力为 15kPa，排除真空泄漏的影响。更换并测量 EPDW 阀的控制波形，测量结果如图 6-2-40 所示，EPDW 占空比信号波形正常，可以排除 DME 控制方面的因素。

对调同款车的节气门前增压压力传感器、节气门后增压压力传感器后试车测试，故障还是存在。最后拆卸涡轮增压器，目测检查涡轮增压器的涡轮、泵轮及废气旁通阀的阀门，均没有发现异常。再拆卸循环空气减压阀，发现此阀的膜片已经裂。

循环空气减压阀是一个电动阀，由 DME 直接控制，如图 6-2-41 所示。为了避免在节气门关闭时（例如在换挡过程时）出现剧烈的泵轮震动，循环空气减压阀打开。于是产生一个绕过双涡流废气涡轮增压器的回路。其控制原理如图 6-2-42 所示。通过循环空气减压阀可实现下列目标：

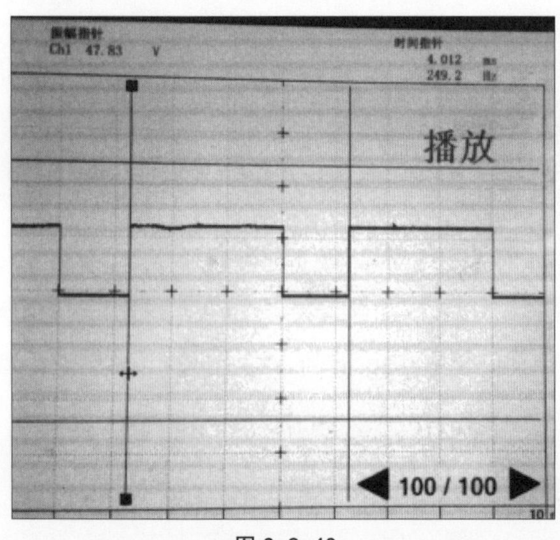

图 6-2-40

图 6-2-41

改善发动机声响；

保护双涡流废气涡轮增压器。

附加效应：当节气门重新打开时，双涡流废气涡轮增压器迅速启动，要是没有循环空气减压阀，双涡流废气涡轮增压器就必须克服关闭的节气门的背压工作并变慢，在节气门打开时，双涡流废气涡轮增压器会延迟响应。

循环空气阀关闭时，如图 6-2-42 中 1 的状态所示，阀门通过膜片内部的弹簧弹力把阀门往外顶，此时阀门执行旁通阀的关闭过程。正常增压时泵轮后的压力远大于泵轮前的压力，为了防止阀门被增压后的压力顶开因此在阀门顶部设计了 4 个小孔，如图 6-2-43 所示。正常增压时增压后的空气从 4 个小孔进入到膜片内，此时膜片内的压力作用在阀门内侧加上弹簧的弹力大于阀门外侧增压后的压力，因此，阀

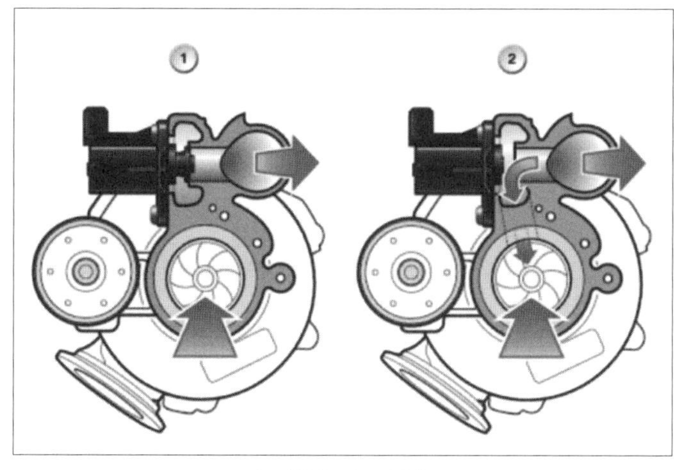

1—状态 2—状态

图 6-2-42

图 6-2-43

门能够隔断旁通阀。循环空气阀打开时，如图 6-2-42 中 2 的状态，阀的膜片在通电的情况下阀门往内走，此时经过泵轮增压后的空气从旁通阀回到泵轮前部，从而执行泄压程序。

推断来看，缓慢加速时循环空气阀处于关闭状态，增压后的压力通过循环空气减压阀的阀门顶部的 4 个小洞进入到膜片内部，由于膜片破损，导致增压压力泄漏，因此数据流显示约 15kPa 的压力损失，如图 6-2-44 所示。急加速时由于涡轮转速变化较快，循环空气阀处于打开状态，此时的增压压力损失不影响进气增压，所以此车在缓慢加速时报增压压力低的故障，而急加速时却正常。

更换循环空气减压阀后，试车测试，故障排除。

功能和状态显示

- 增压

功能:	增压空气温度
状态:	43.50 °C
功能:	节气门前的进气管真空
状态:	1390.55 hPa
功能:	节气门前的进气管真空（增压压力 - 标准值）
状态:	1536.48 hPa
功能:	节气门后的进气管压力
状态:	1384.61 hPa

图 6-2-44

故障案例二十 宝马 525Li 显示器黑屏无法启动着车

故障现象：一辆 2014 年产宝马 525Li，车型为 F18。车辆行驶了 8 万多千米。用户反映车辆的中央信息显示屏频繁重启。有时打不着车，仪表中多个发动机故障灯点亮报警，车辆无法挂挡前进，偶尔勉强启动着车也无法挂挡，故障已经连续出现过多次。

检查维修过程：车辆由于此故障三次拖车进店检查维修，其中一次拖车到店后故障现象自动消失，也有试过断电后故障消失。车辆最后一次被拖回维修店进行检查维修，首先连接 ISID 进行诊断测试，诊断树桩图显示 PT-CAN 总线上的多个控制单元为黄色，即无通信，如图 6-2-45 所示。

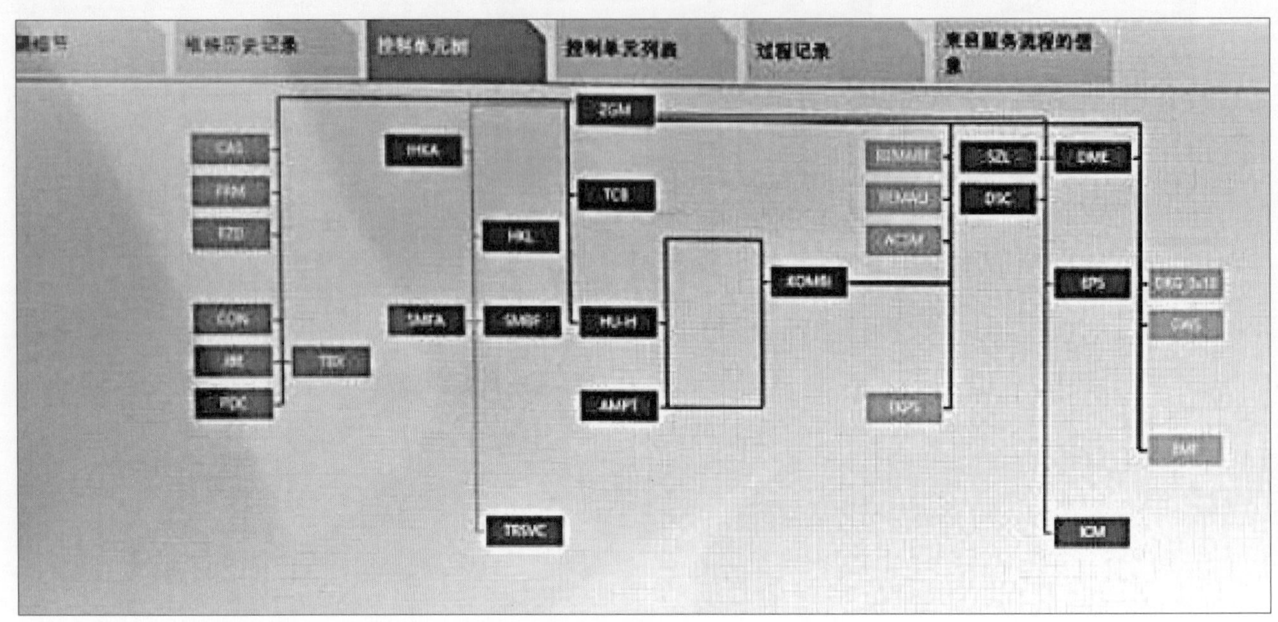

图 6-2-45

读取车辆故障存储器中记录有大量信息缺失的故障码和多个 PT-CAN 通信故障。诊断出的故障码如下：

CD840A-DME，PT-CAN：通信故障；

1F2104-DME，错误的数据语句：CAN 超时；

C9440A-ACSM，PT-CAN：通信故障；

E1040A-KOMBI，PT-CAN：通信故障（总线关闭）；

DC440A-REMALL，PT-CAN: 通信故障；

D38440A-EMF：PT-CAN 通信故障；

CF0403-EGS：PT-CAN 通信故障；

CD040A-ZGM，PT-CAN：通信故障。

检查时发现只要打开点火开关，低压燃油泵就一直工作，导致 EKPS 模块控制单元表面温度很高。在 EKPS 模块总线节点处测量总线电压与波形，发现有异常。在点火开关开启的状态下，测量 PT-CAN 总线信号波形如下图 6-2-46 所示，信号波形明显受到干扰。关闭点火开关时，反而有正常的 PT-CAN 信号波形，如图 6-2-47 所示。

当 K-CAN 或 PT-CAN 数据总线失效时，在 CAN-Low 或 CAN-High 导线上可能存在短路或断路，或者某个控制单元已损坏。

为了查找故障原因，建议进行下列工作步骤：

将总线用户从 CAN 总线上依次拔下，直至找到故障原因（= 控制单元 X）。

检查通往控制单元 X 的导线是否短路或断路。

如有可能，检测控制单元 X。

如果某个控制单元至 CAN 总线的分支线短路，仅执行该工作步骤就成功了。如果 CAN 总线中的一条导线自身短路，则必须检查电线束。

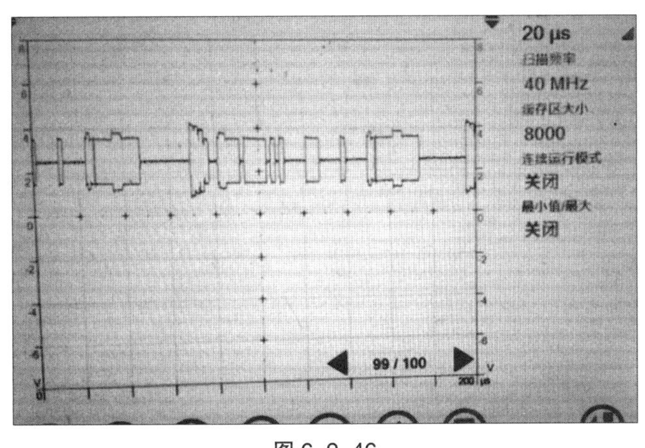

图 6-2-46

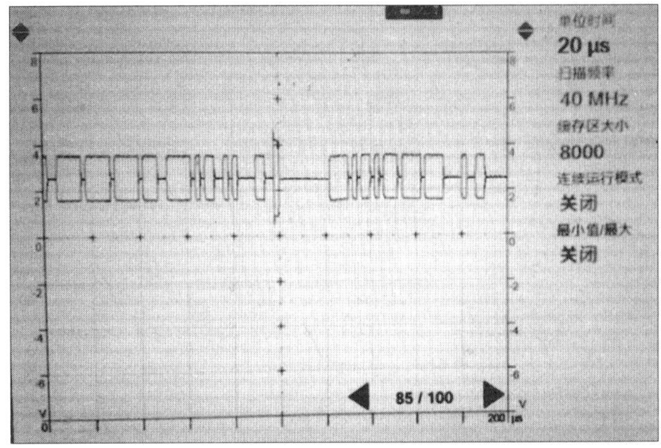

图 6-2-47

在点火开关打开状态下，依下面顺序拔掉保险丝测试：REMARE（2 个）、REMALI（2 个）、ACSM（无保险，不断开插头）、EKPS（1 个）、EGS（1 个）、GWS（1 个）、EMF（3 个）、KOMBI（2 个）。当拔掉 KOMBI 保险丝 F26 后，PT_CAN 波形正常，拔掉 KOMBI 另一个保险丝 F10 信号波形一样受干扰，如图 6-2-48 所示。

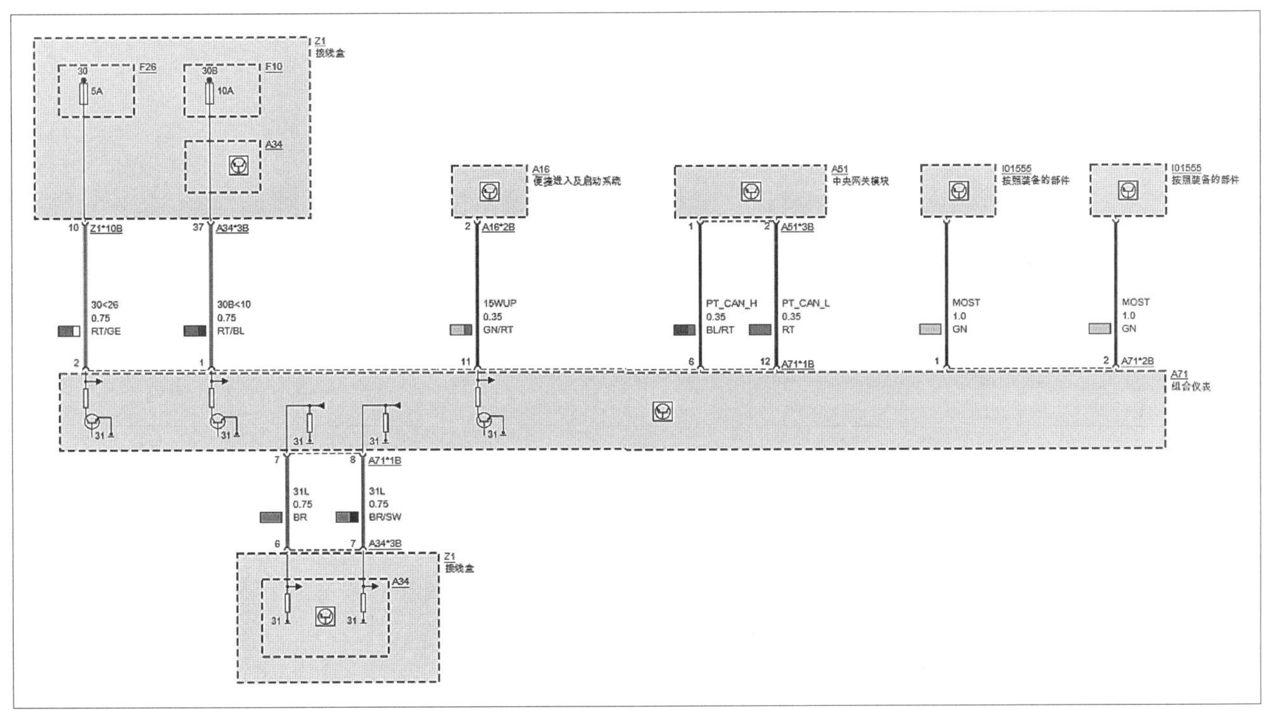

图 6-2-48

保持仪表保险丝 F26 为断开状态，逐个插回其他保险丝，波形还是正常。当插回仪表保险丝 F26 后，仪表亮起，波形还是正常，车辆可以正常启动，且无故障报警。进行车辆测试，所有模块通信正常，故障码可以删除，删除后多次测试，无法重现故障现象，再次进行车辆测试，无故障码记录。说明车辆的仪表 KOMBI 控制单元存在故障。

更换 KOMBI，对控制单元进行编程，测试所有功能正常，故障排除。

第七章　ISTA 系统调用控制单元功能

一、ISTA 中的控制单元功能

控制单元功能提供快速访问已知诊断功能的可能性。在屏幕控制单元树或控制单元列表中调用控制单元功能。

选定一个控制单元后，用按钮“调用控制单元功能”调出所选控制单元的功能，如图 7–1 所示。

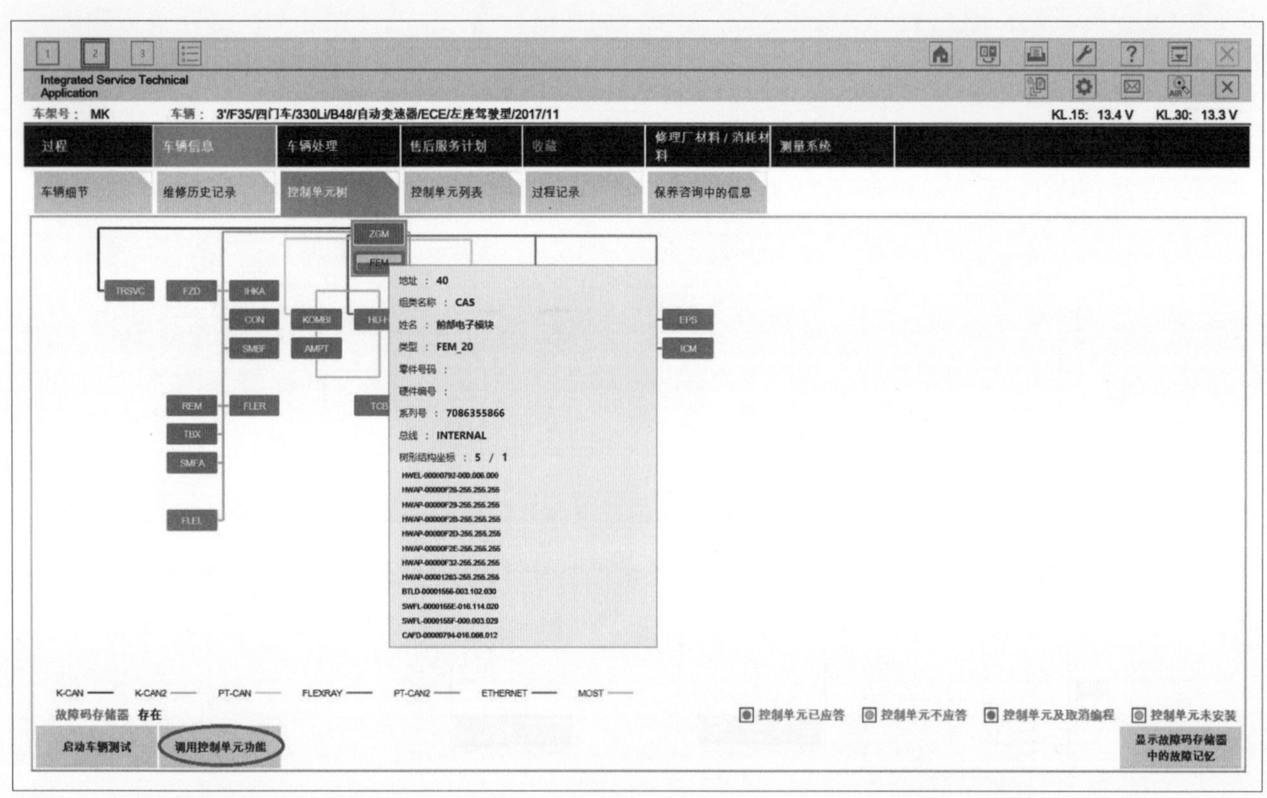

图 7–1

控制单元功能分列在以下 3 个选项卡中，如图 7–2 所示。

1. 识别

显示控制单元名称和控制单元识别数据。选中按钮“控制单元测试”，即可重新读取控制单元的识别数据和故障码存储记录（单项控制单元测试）。提示：在故障码列表中以及通常在测试模块中，只会分析在“车辆测试”或“控制单元测试”时读取的那些故障码。不会连续进行故障码存储记录的更新。如果要在诊断对话中重新读取一个控制单元的故障码记录，则务必进行“控制单元测试”。执行控制单元测试后，菜单“引导型故障查询”中的“故障码列表”会自动更新，如图 7–3 所示。

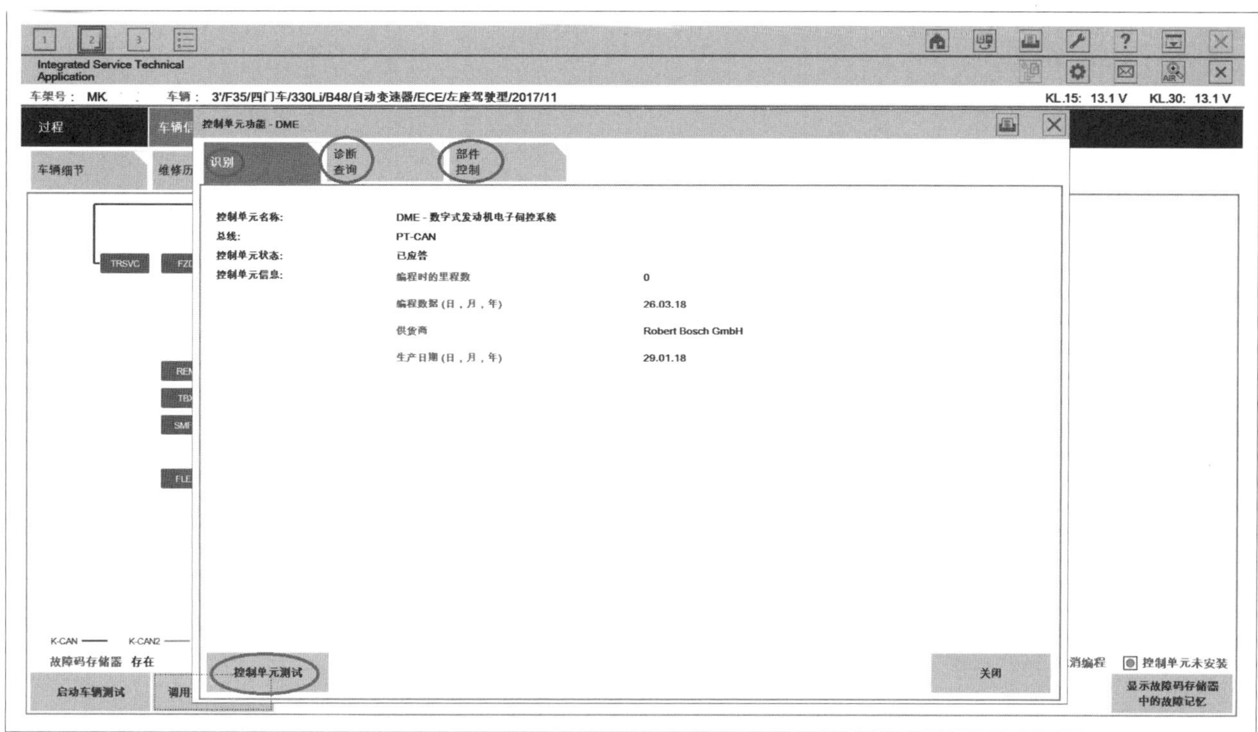

图 7–2

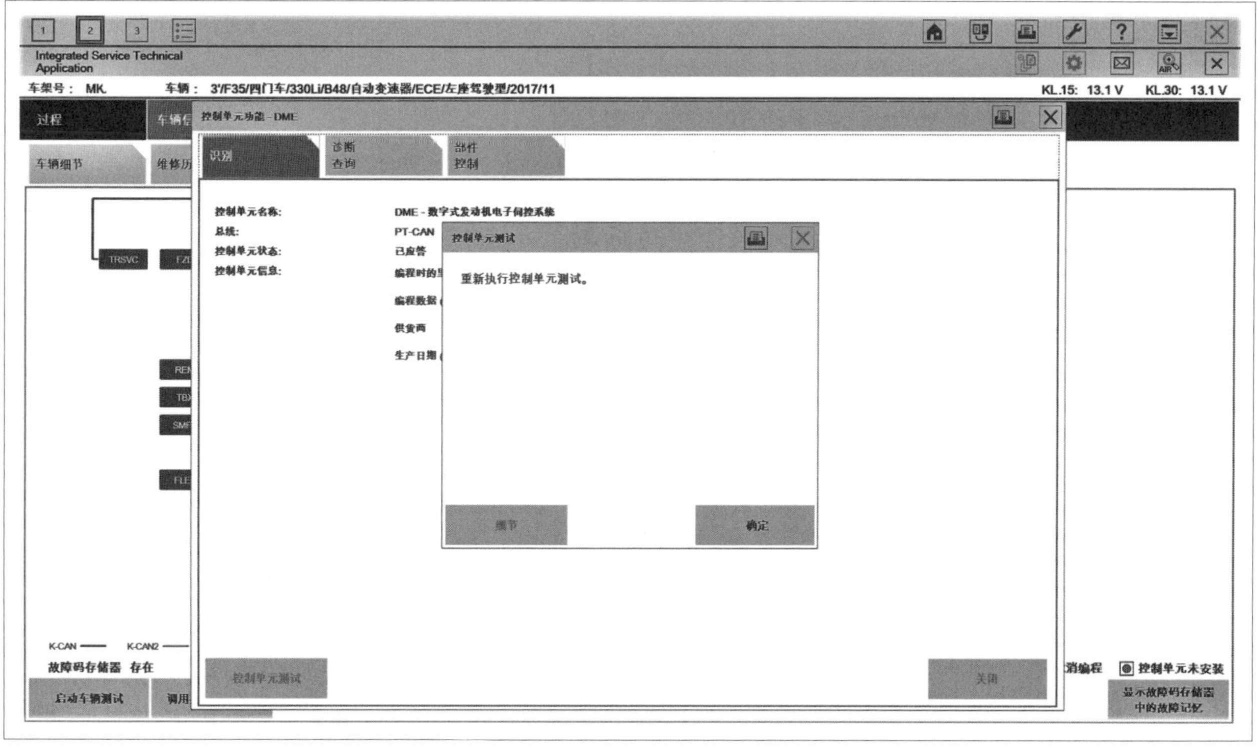

图 7–3

2. 诊断查询

显示一个控制单元的当前状态（状态显示）。状态显示（控制单元功能）分为多个功能组。在一个功能组内可以选择多个控制单元功能。选定按钮“状态查询”后，选择的控制单元功能被传输到屏幕右半页上，并从车辆上读出当前值。显示不断更新。重新按压按钮“状态查询”，可退出查询，如图 7–4 所示。

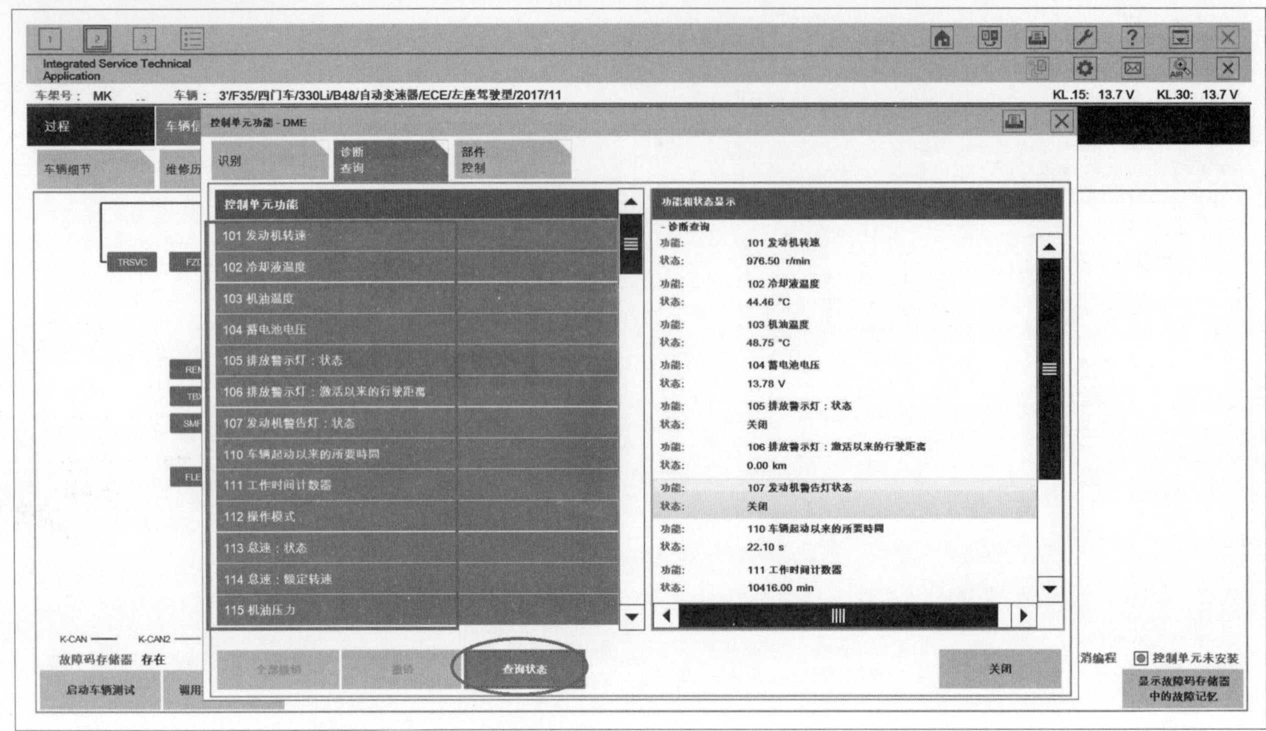

图 7–4

3. 部件控制

控制单元输出端和控制单元输入端。控制（控制单元功能）分为多个功能组。在一个功能组中总是只能选择一个控制单元功能。选定按钮“部件控制”后，执行控制。在“状态”行中显示控制细节（持续时间或控制方式）。根据控制的方式和持续时间，可以用按钮“部件控制”退出当前控制（控制期间按钮显示为已按压）或重新进行控制，如图 7–5 和图 7–6 所示。

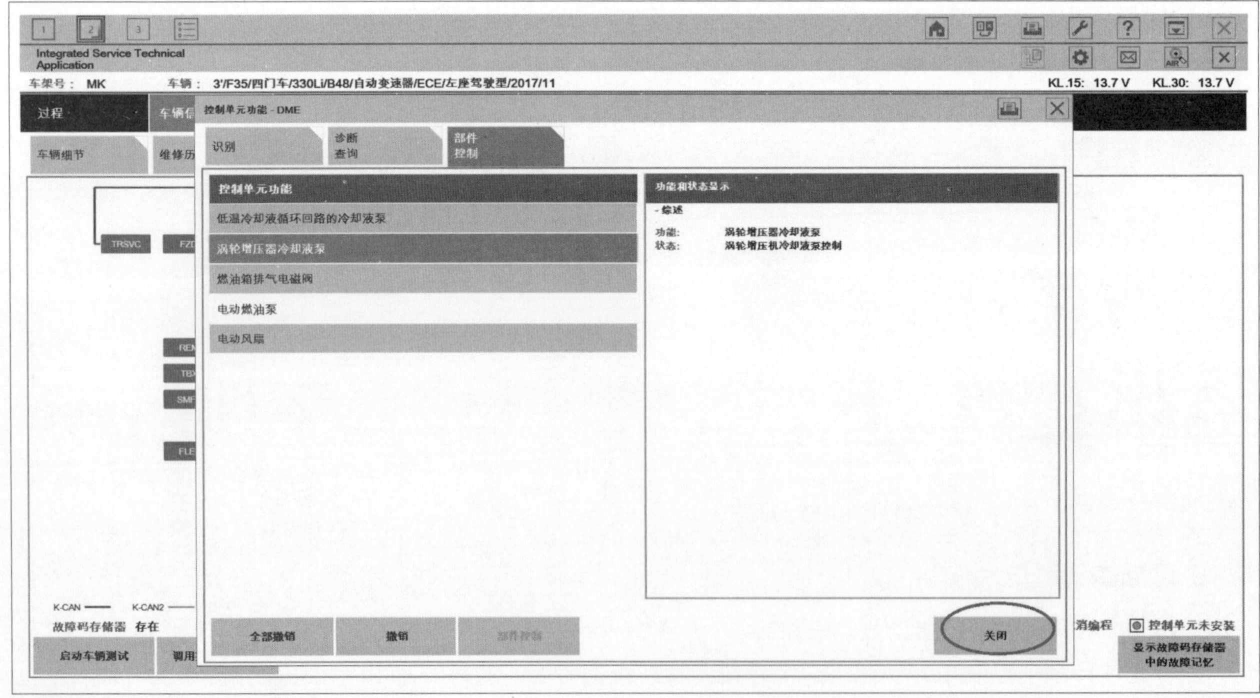

图 7–5

图 7-6

部件控制还包括控制单元功能“删除故障码存储器的故障记忆”。利用该控制单元功能可以删除所选控制单元的故障码存储记录。有些控制单元因有关车载诊断系统的法律规定而禁用了控制单元功能“删除故障码存储器的故障记忆”。删除故障码存储记录后，必须在选项卡“识别”中执行“控制单元测试”功能。之后才能重新读取控制单元的故障码存储记录并更新菜单“引导型故障查询”中的故障码列表，如图 7-7 所示。

图 7-7

二、限制

控制单元功能不包含标准值或补充的文本说明。此外，控制单元功能也不包含功能和组件的所有诊断和检查方法。因此，必须主要依靠测试模块在车辆上进行。

第八章 BMW 常见发动机数据流

一、N20

发动机数据流状态信息读取如表 8-1 所示。

表 8-1

	发动机静止状态				发动机热车怠速				发动机热车 2000~3000r/min			
	VIN No.	VIN No.	VIN No.	Average	VIN No.	VIN No.	VIN No.	Average	VIN No.	VIN No.	VIN No.	Average
	MDxxxxx	0Vxxxxx	MCxxxxx		MDxxxxx	0Vxxxxx	MCxxxxx		0Vxxxxx	MCxxxxx	MCxxxxx	
接口												
1. 开关空调（空调压缩机继电器）	不可读	不可读	不可读	不可读	不可读	不可读	不可读	不可读	不可读	不可读	不可读	不可读
供气												
2.HFM 空气流量（kg/h）	0	0	0	0	11.5	13.9	11.9	12.4	24.9	23	29	25.63
3. 节气门角度标准值（%）	24.51	24.51	24.51	24.51	4.98	4.79	4.76	4.84	7.79	8.18	8.54	8.17
4. 环境压力（kPa）	102.2	102.9	102.949		102.227	103.031	102.965	102.741	102.2	103.031	102.965	102.732
5. 节气门角度实际值（%）	5.91	5.4	5.57	5.62	4.96	4.69	4.74	4.79	7.76	8.15	8.57	8.16
6. 进气压力（hPa）	不可读	不可读	不可读	不可读	不可读	不可读	不可读	不可读	不可读	不可读	不可读	不可读
7. 空气流量（kg/h）	0	0	0	0	不可读	不可读	不可读	不可读	不可读	不可读	不可读	不可读
供电												
8. 蓄电池电压（V）	12.3	12.15	11.96	12.13	13.5	14.88	14.98	14.45	13.7	14.79	14.7	14.39
9. 线脚 15	不可读	不可读	不可读	不可读	不可读	不可读	不可读	不可读	不可读	不可读	不可读	不可读
点火开关												
10. 点火时刻（°曲轴转角）	不可读	不可读	不可读	不可读	不可读	不可读	不可读	不可读	不可读	不可读	不可读	不可读
爆震控制系统												
11. 气缸 3 爆震信号（V）	19.97	19.97	19.97	19.97	3.57	1.66	1.65	2.29	5.34	4.46	4.19	4.66
12. 气缸 1 爆震信号（V）	19.97	19.97	19.97	19.97	3.31	3.58	3.55	3.48	5.32	5.22	6.89	5.81
13. 气缸 2 爆震信号（V）	19.97	19.97	19.97	19.97	1.74	3.04	2.3	2.36	5.43	6.53	7.77	6.57

续表

	发动机静止状态				发动机热车怠速				发动机热车 2000~3000r/min			
	VIN No.	VIN No.	VIN No.	Average	VIN No.	VIN No.	VIN No.	Average	VIN No.	VIN No.	VIN No.	Average
	MDxxxxx	0Vxxxxx	MCxxxxx		MDxxxxx	0Vxxxxx	MCxxxxx		0Vxxxxx	MCxxxxx	MCxxxxx	
14. 气缸 4 爆震信号（V）	19.97	19.97	19.97	19.97	2.06	2.18	1.7	1.98	5.29	4.08	4.31	4.56
燃油箱												
15. 油箱通气	0	0	0	0	16.03	13.18	16.3	15.17	100	99.68	100	99.90
气门机构												
16. 进气凸轮轴位置（曲轴转角）	不可读	不可读	不可读	不可读	-38.2	不可读	不可读	不可读	-47.27	0	不可读	-47.27
17. 排气 VANOS 的位置（°）	0	0	0	0	0	5.03	7.31	6.17	0	20.67	29.2	24.93
18.VANOS 排气扩张标准值（°）	不可读	不可读	不可读	不可读	不可读	不可读	不可读	不可读	不可读	不可读	不可读	不可读
19. 进气 VANOS 的位置（°）	0	0	0	0	0	-21.78	-36.59	-29.18	0	-53.13	-53.29	-53.21
20.VANOS 进气扩张标准值（°）	不可读	不可读	不可读	不可读	不可读	不可读	不可读	不可读	不可读	不可读	不可读	不可读
21. 进气凸轮轴调校值（°）	不可读	不可读	不可读	不可读	不可读	不可读	不可读	不可读	不可读	不可读	不可读	不可读
22. 排气凸轮轴调校值（°）	不可读	不可读	不可读	不可读	不可读	不可读	不可读	不可读	不可读	不可读	不可读	不可读
23. 排气凸轮轴位置（曲轴转角）	0	0	0	0	8.5	0	0	0	29.09	0	0	29.09
24.Valvetronic 继电器状态	不可读	不可读	不可读	不可读	不可读	不可读	不可读	不可读	不可读	不可读	不可读	不可读
25. 偏心轴实际值（°）	254	0	0	0	98	0	0	98	119	0	0	119
26. 偏心轴标准值（°）	254	0	0	0	100	0	0	100	120	0	0	120
燃油低压系统												
27. 气缸 1 喷射时间（ms）	0	0	0	0	0	0	0	0	0	0	0	0
28. 气缸 4 喷射时间（ms）	0	0	0	0	0	0	0	0	0	0	0	0
29. 气缸 3 喷射时间（ms）	0	0	0	0	0	0	0	0	0	0	0	0
30. 气缸 2 喷射时间（ms）	0	0	0	0	0	0	0	0	0	0	0	0
转速测量												
31. 怠速转速标准值（r/min）	0	0	0	0	700	800	700	733	2005	1300	1200	1501
32. 发动机转速实际值（r/min）	0	0	0	0	719	805	699	741	2000	2550	2504	2351
33. 发动机怠速进入工作状态	不可读	不可读	不可读	不可读	不可读	不可读	不可读	不可读	不可读	不可读	不可读	不可读
空燃比调节												
34. 混合气乘积调校（高负荷）	不可读	不可读	不可读	不可读	1	0.73	0.98	0.90	0.98	1	0.94	0.97

续表

	发动机静止状态				发动机热车怠速				发动机热车 2000~3000r/min			
	VIN No.	VIN No.	VIN No.	Average	VIN No.	VIN No.	VIN No.	Average	VIN No.	VIN No.	VIN No.	Average
	MDxxxxx	0Vxxxxx	MCxxxxx		MDxxxxx	0Vxxxxx	MCxxxxx		0Vxxxxx	MCxxxxx	MCxxxxx	
35. 混合气乘积调校（低负荷）	不可读	不可读	不可读	不可读	不可读	不可读	不可读	不可读	不可读	不可读	不可读	不可读
36. 信号氧传感器气缸 1 废气触媒转换器后（V）	0	0.45	0.45	不可读	0.75	0.71	0.7	0.72	0.75	0.64	0.74	0.71
37. 信号氧传感器气缸 1 废气触媒转换器前（V）	0	1.5	1.5	1.5	1.47	1.48	1.48	1.47	1.48	1.47	1.48	1.47
38. 废气触媒转换器前的燃油比例	0	不可读	不可读	不可读	不可读	不可读	不可读	不可读	不可读	不可读	不可读	不可读
39. 空燃比控制	1	0	0	1	不可读	不可读	不可读	不可读	不可读	不可读	不可读	不可读
40. 废气触媒转换器后氧传感器在准备状态	不可读	不可读	不可读	不可读	不可读	不可读	不可读	不可读	不可读	不可读	不可读	不可读
41. 混合气加法调校	1	1	1	1	不可读	不可读	不可读	不可读	不可读	不可读	不可读	不可读
运转平稳性数值												
42. 气缸 1 运行平稳性（kg/h）	0	0	0	0	1.2	0.7	–0.06	0.61	–1.46	–0.08	–0.98	–0.84
43. 气缸 4 运行平稳性（kg/h）	0	0	0	0	–1.3	0.09	0.08	–1.13	–1.03	–0.52	–1.09	–0.88
44. 气缸 3 运行平稳性（kg/h）	0	0	0	0	–1.8	–0.01	0.02	–0.59	0.11	0.78	–0.04	0.28
45. 气缸 2 运行平稳性（kg/h）	0	0	0	0	–1	–0.06	0.04	–0.34	–0.16	1.02	3.31	1.39
踏板												
46. 加速踏板位置（%）	不可读	不可读	不可读	不可读	不可读	不可读	不可读	不可读	不可读	不可读	不可读	不可读
47. 踏板位置传感器电压 2（V）	不可读	不可读	不可读	不可读	0.37	0.37	0.37	0.37	0.6	0.59	0.64	0.61
48. 离合器开关	不可读	不可读	不可读	不可读	不可读	不可读	不可读	不可读	不可读	不可读	不可读	不可读
49. 制动信号灯开关	不可读	不可读	不可读	不可读	不可读	不可读	不可读	不可读	不可读	不可读	不可读	不可读
50. 制动信号灯测试开关	不可读	不可读	不可读	不可读	不可读	不可读	不可读	不可读	不可读	不可读	不可读	不可读
51. 踏板位置传感器电位计 1 电压（V）	不可读	不可读	不可读	不可读	0.73	0.73	0.73	0.73	1.18	1.17	1.27	1.2
温度值												
52.DME 控制单元内部温度（℃）	不可读	不可读	不可读	不可读	不可读	不可读	不可读	不可读	不可读	不可读	不可读	不可读
53. 环境温度（℃）	17.46	6.75	6.75	不确定	19.5	7.5	6.75	不确定	19.5	7.5	6.75	11.25
54. 进气温度（℃）	21	25.5	11.25	不确定	28.5	24	22.5	不确定	27	23.25	21.75	24
55. 发动机温度（℃）	24.76	33	14.25	不确定	87	74.25	81	不确定	102	75.75	82.5	86.75
56. 机油温度（℃）	22.5	33	13.5	不确定	81	66.75	70.5	不确定	106	69	73.5	82.83

二、N55

发动机数据流状态信息读取如表 8-2 所示。

表 8-2

	发动机静止状态				发动机热车怠速				发动机热车 2000~3000r/min			
	VIN No.	VIN No.	VIN No.	Average	VIN No.	VIN No.	VIN No.	Average	VIN No.	VIN No.	VIN No.	Average
	Dxxxxx	0Jxxxxx	Lxxxxx		Dxxxxx	0Jxxxxx	Lxxxxx		Dxxxxx	0J23858	L804544	
接口												
1. 开关空调（空调压缩机继电器）	不可读	不可读	不可读	不可读	不可读	不可读	不可读	不可读	不可读	不可读	不可读	不可读
供气												
2.HFM 空气流量（kg/h）	0	0	1.4	1.4	15	15.8	15.3	15.36	29.1	39.8	44.1	37.6
3. 节气门角度标准值（%）	23.84	24.9	不可用	24.9	4.39	4.59	不可读	4.49	6.93	9.47	不可用	8.2
4. 环境压力（kPa）	不可读	不可读	不可读	不可读	不可读	不可读	不可读	不可读	不可读	不可读	不可读	不可读
5. 节气门角度实际值（%）	8.28	8.47	8.33	8.36	4.39	4.59	4.93	4.63	6.93	8.01	9.79	8.24
6. 进气压力（hPa）	不可读	不可读	不可读	不可读	不可读	不可读	不可读	不可读	不可读	不可读	不可读	不可读
7. 空气流量（kg/h）	不可读	不可读	不可读	不可读	不可读	不可读	不可读	不可读	不可读	不可读	不可读	不可读
供电												
8. 蓄电池电压（V）	12.2	11.7	11.8	11.9	13.8	14.8	14.8	14.46	14.22	14.9	14.6	14.57
9. 线脚 15	不可读	不可读	不可读	不可读	不可读	不可读	不可读	不可读	不可读	不可读	不可读	不可读
点火开关												
10. 点火时刻（°曲轴转角）	不可读	不可读	不可读	不可读	不可读	不可读	不可读	不可读	不可读	不可读	不可读	不可读
爆震控制系统												
11. 气缸 3 爆震信号（V）	19.97	19.97	0	19.97	1.64	1.51	0	1.57	2.47	6.55	0	4.51
12. 气缸 1 爆震信号（V）	19.97	19.97	0	19.97	1.52	1.8	0	1.66	2.43	5.12	0	3.75
13. 气缸 2 爆震信号（V）	19.97	19.97	0	19.97	1.32	1.58	0	1.45	2.41	5.47	0	3.94
14. 气缸 4 爆震信号（V）	19.97	19.97	0	19.97	1.06	0.93	0	0.99	1.26	4.83	0	3.04
燃油箱												
15. 油箱通气	不可读	不可读	不可读	不可读	不可读	不可读	不可读	不可读	不可读	不可读	不可读	不可读
气门机构												
16. 进气凸轮轴位置（曲轴转角）	不可读	不可读	不可读	不可读	不可读	不可读	不可读	不可读	不可读	不可读	不可读	不可读

续表

	发动机静止状态				发动机热车怠速				发动机热车 2000~3000r/min			
	VIN No.	VIN No.	VIN No.	Average	VIN No.	VIN No.	VIN No.	Average	VIN No.	VIN No.	VIN No.	Average
	Dxxxxx	0Jxxxxx	Lxxxxx		Dxxxxx	0Jxxxxx	Lxxxxx		Dxxxxx	0J23858	L804544	
17. 排气 VANOS 的位置（°）	0	0	0	0	2.9	4.7	0	3.8	8.61	0.06	0	不确定
18.VANOS 排气扩张标准值（°）	不可读	不可读	不可读	不可读	不可读	不可读	不可读	不可读	不可读	不可读	不可读	不可读
19. 进气 VANOS 的位置（°）	0	0	0	0	−16.68	−18.46	0	−17.57	−19.58	−36.74	0	−28.16
20.VANOS 进气扩张标准值（°）	不可读	不可读	不可读	不可读	不可读	不可读	不可读	不可读	不可读	不可读	不可读	不可读
21. 进气凸轮轴调校值（°）	不可读	不可读	不可读	不可读	不可读	不可读	不可读	不可读	不可读	不可读	不可读	不可读
22. 排气凸轮轴调校值（°）	不可读	不可读	不可读	不可读	不可读	不可读	不可读	不可读	不可读	不可读	不可读	不可读
23. 排气凸轮轴位置（曲轴转角）	不可读	不可读	不可读	不可读	不可读	不可读	不可读	不可读	不可读	不可读	不可读	不可读
24.Valvetronic 继电器状态	不可读	不可读	不可读	不可读	不可读	不可读	不可读	不可读	不可读	不可读	不可读	不可读
25. 偏心轴实际值（°）	190.96	190.2	190.2	190.3	24.6	25.9	27.2	25.9	35.4	45.3	47.2	42.63
26. 偏心轴标准值（°）	189.90	189.9	189.9	189.9	24.7	25.8	26.1	25.53	35.7	45.1	47.4	42.7
燃油低压系统												
27. 气缸 1 喷射时间（ms）	0	0	0	0	不可读	不可读	不可读	不可读	不可读	不可读	不可读	不可读
28. 气缸 4 喷射时间（ms）	0	0	0	0	不可读	不可读	不可读	不可读	不可读	不可读	不可读	不可读
29. 气缸 3 喷射时间（ms）	0	0	0	0	不可读	不可读	不可读	不可读	不可读	不可读	不可读	不可读
30. 气缸 2 喷射时间（ms）	0	0	0	0	不可读	不可读	不可读	不可读	不可读	不可读	不可读	不可读
转速测量												
31. 怠速转速标准值（r/min）	0	0	0	0	不可读	不可读	不可读	不可读	不可读	不可读	不可读	不可读
32. 发动机转速实际值（r/min）	0	0	0	0	656	648.5	658.5	654.3	2000	2474	2624.5	656
33. 发动机怠速进入工作状态	不可读	不可读	不可读	不可读	不可读	不可读	不可读	不可读	不可读	不可读	不可读	不可读
空燃比调节												
34. 混合气乘积调校（高负荷）	不可读	不可读	不可读	不可读	不可读	不可读	不可读	不可读	不可读	不可读	不可读	不可读
35. 混合气乘积调校（低负荷）	1	1	1	1	1.04	0.93	1.02	0.99	1	1.03	1.05	1.04
36. 信号氧传感器气缸 1 废气触媒转换器后（V）	0.47	1.61	0.46	1.03	0.67	0.81	0.69	0.72	0.65	0.73	0.69	0.67
37. 信号氧传感器气缸 1 废气触媒转换器前（V）	1.5	1.5	1.5	1.5	1.47	1.49	1.44	1.46	1.48	1.47	1.46	1.47
38. 废气触媒转换器前的燃油比例	不可读	不可读	不可读	不可读	不可读	不可读	不可读	不可读	不可读	不可读	不可读	不可读
39. 空燃比控制	不可读	不可读	不可读	不可读	不可读	不可读	不可读	不可读	不可读	不可读	不可读	不可读
40. 废气触媒转换器后氧传感器在准备状态	不可读	不可读	不可读	不可读	不可读	不可读	不可读	不可读	不可读	不可读	不可读	不可读

续表

	发动机静止状态				发动机热车怠速				发动机热车 2000~3000r/min			
	VIN No.	VIN No.	VIN No.	Average	VIN No.	VIN No.	VIN No.	Average	VIN No.	VIN No.	VIN No.	Average
	Dxxxxx	0Jxxxxx	Lxxxxx		Dxxxxx	0Jxxxxx	Lxxxxx		Dxxxxx	0J23858	L804544	
41. 混合气加法调校	不可读	不可读	不可读	不可读	不可读	不可读	不可读	不可读	不可读	不可读	不可读	不可读
运转平稳性数值												
42. 气缸 1 运行平稳性（kg/h）	0	0	0	0	0	−0.11	−1.24	−0.45	0.02	−0.13	0.87	0.25
43. 气缸 4 运行平稳性（kg/h）	0	0	0	0	0.15	−0.21	1.08	0.34	0.03	1.63	−0.5	0.15
44. 气缸 3 运行平稳性（kg/h）	0	0	0	0	0.23	−0.8	−0.25	−0.27	0.02	0.03	−0.66	0.23
45. 气缸 2 运行平稳性（kg/h）	0	0	0	0	−0.8	0.02	0.17	−0.2	0.03	−0.77	−1.04	−0.8
踏板												
46. 加速踏板位置（%）	不可读	不可读	不可读	不可读	不可读	不可读	不可读	不可读	不可读	不可读	不可读	不可读
47. 踏板位置传感器电压 2（V）	0.35	0.37	不可读	0.36	0.36	0.37	不可读	0.365	0.61	0.67	不可读	0.36
48. 离合器开关	不可读	不可读	不可读	不可读	不可读	不可读	不可读	不可读	不可读	不可读	不可读	不可读
49. 制动信号灯开关	不可读	不可读	不可读	不可读	不可读	不可读	不可读	不可读	不可读	不可读	不可读	不可读
50. 制动信号灯测试开关	不可读	不可读	不可读	不可读	不可读	不可读	不可读	不可读	不可读	不可读	不可读	不可读
51. 踏板位置传感器电位计 1 电压（V）	0.71	0.73	不可读	0.72	0.71	0.73	不可读	0.72	1.21	1.34	不可读	0.71
温度值												
52.DME 控制单元内部温度（℃）	不可读	不可读	不可读	不可读	不可读	不可读	不可读		不可读	不可读	不可读	不可读
53. 环境温度（℃）	20.2	1.5	5.25	不确定	17.25	1.5	5.25	不确定	18	1.5	5.25	不确定
54. 进气温度（℃）	23	3.75	25.5	不确定	34	12.75	29.25	不确定	35	14.25	31.5	不确定
55. 发动机温度（℃）	58	10.5	35.25	不确定	90	60.75	97.5	不确定	105	62.25	99.75	不确定
56. 机油温度（℃）	54	12.75	36.3	不确定	89	59.25	93.1	不确定	106	60.75	96.8	不确定

三、B38

发动机数据流状态信息读取如表 8–3 所示。

表 8–3

	发动机静止状态				发动机热车怠速				发动机热车 2000~3000r/min			
	VIN No.	VIN No.	VIN No.	Average	VIN No.	VIN No.	VIN No.	Average	VIN No.	VIN No.	VIN No.	Average
	MLxxxxx	MGxxxxx	MJxxxxx		MLxxxxx	MGxxxxx	MJxxxxx		MLxxxxx	MGxxxxx	MJxxxxx	
接口												
1. 开关空调（空调压缩机继电器）	不可读	不可读	不可读	不可读	不可读	不可读	不可读	不可读	不可读	不可读	不可读	不可读
供气												
2.HFM 空气流量（kg/h）	0	0	0	0	15.1	8.7	9.8	11.2	20.5	20.5	21.6	20.86
3. 节气门角度标准值（%）	24.44	37.5	27.69		6.57	6.13	6.93	6.54	9.35	10.96	11.55	10.62
4. 环境压力（kPa）	不可读	不可读	不可读	不可读	不可读	不可读	不可读	不可读	不可读	不可读	不可读	不可读
5. 节气门角度实际值（%）	24.44	37.48	27.61	29.84	6.57	6.08	6.96	6.53	9.25	11.55	11.5	10.76
6. 进气压力（hPa）	不可读	不可读	不可读	不可读	不可读	不可读	不可读	不可读	不可读	不可读	不可读	不可读
7. 空气流量（kg/h）	不可读	不可读	不可读	不可读	不可读	不可读	不可读	不可读	不可读	不可读	不可读	不可读
供电												
8. 蓄电池电压（V）	11.49	12	11.68	11.72	13.8	14.9	14.88	14.52	13.9	14.8	14.79	14.49
9. 线脚 15	不可读	不可读	不可读	不可读	不可读	不可读	不可读	不可读	不可读	不可读	不可读	不可读
点火开关												
10. 点火时刻（°曲轴转角）	不可读	不可读	不可读	不可读	不可读	不可读	不可读	不可读	不可读	不可读	不可读	不可读
爆震控制系统												
11. 气缸 3 爆震信号（V）	19.97	19.97	19.97	19.97	1.51	2.01	0.06	1.19	2.07	3.28	3.51	2.95
12. 气缸 1 爆震信号（V）	19.97	19.97	19.97	19.97	1.66	1.87	1.89	1.8	2.85	3.13	3.1	3.02
13. 气缸 2 爆震信号（V）	19.97	19.97	19.97	19.97	1.33	2.09	0.07	1.16	2.13	4.01	3.74	3.29
14. 气缸 4 爆震信号（V）	不可读	不可读	不可读	19.97	不可读	不可读	不可读	不可读	不可读	不可读	不可读	不可读
燃油箱												
15. 油箱通气	0	0	0	0	0	16.05	30.88	23.46	8.12	68.48	100	不确定
气门机构												
16. 进气凸轮轴位置（曲轴转角）	不可读	不可读	不可读	不可读	不可读	不可读	不可读	不可读	不可读	不可读	不可读	不可读

续表

	发动机静止状态				发动机热车怠速				发动机热车 2000~3000r/min			
	VIN No. MLxxxxx	VIN No. MGxxxxx	VIN No. MJxxxxx	Average	VIN No. MLxxxxx	VIN No. MGxxxxx	VIN No. MJxxxxx	Average	VIN No. MLxxxxx	VIN No. MGxxxxx	VIN No. MJxxxxx	Average
17. 排气 VANOS 的位置（°）	0	0	0	0	0.52	0.2	−0.29	0.14	0.02	−7.76	8.15	0.13
18.VANOS 排气扩张标准值（°）	不可读	不可读	不可读	不可读	不可读	不可读	不可读	不可读	不可读	不可读	不可读	不可读
19. 进气 VANOS 的位置（°）	0	0	0	0	0.06	0.17	−0.55	−0.1	−3.08	7.01	−12	−2.69
20.VANOS 进气扩张标准值（°）	不可读	不可读	不可读	不可读	不可读	不可读	不可读	不可读	不可读	不可读	不可读	不可读
21. 进气凸轮轴调校值（°）	不可读	不可读	不可读	不可读	不可读	不可读	不可读	不可读	不可读	不可读	不可读	不可读
22. 排气凸轮轴调校值（°）	不可读	不可读	不可读	不可读	不可读	不可读	不可读	不可读	不可读	不可读	不可读	不可读
23. 排气凸轮轴位置（曲轴转角）	不可读	不可读	不可读	不可读	不可读	不可读	不可读	不可读	不可读	不可读	不可读	不可读
24.Valvetronic 继电器状态	不可读	不可读	不可读	不可读	不可读	不可读	不可读	不可读	不可读	不可读	不可读	不可读
25. 偏心轴实际值（°）	254.60	254.6	254.6	254.60	33.1	26.4	31	30.16	43	46.9	49	254.6
26. 偏心轴标准值（°）	254	254	254	254	33.8	26.4	30.8	30.33	43	45.4	48.5	254
燃油低压系统												
27. 气缸 1 喷射时间（ms）	不可读	不可读	不可读	不可读	不可读	不可读	不可读	不可读	不可读	不可读	不可读	不可读
28. 气缸 4 喷射时间（ms）	不可读	不可读	不可读	不可读	不可读	不可读	不可读	不可读	不可读	不可读	不可读	不可读
29. 气缸 3 喷射时间（ms）	不可读	不可读	不可读	不可读	不可读	不可读	不可读	不可读	不可读	不可读	不可读	不可读
30. 气缸 2 喷射时间（ms）	不可读	不可读	不可读	不可读	不可读	不可读	不可读	不可读	不可读	不可读	不可读	不可读
转速测量												
31. 怠速转速标准值（r/min）	不可读	不可读	不可读	不可读	不可读	不可读	不可读	不可读	不可读	不可读	不可读	不可读
32. 发动机转速实际值（r/min）	不可读	不可读	不可读	不可读	不可读	不可读	不可读	不可读	不可读	不可读	不可读	不可读
33. 发动机怠速进入工作状态	不可读	不可读	不可读	不可读	不可读	不可读	不可读	不可读	不可读	不可读	不可读	不可读
空燃比调节												
34. 混合气乘积调校（高负荷）	1	1	1	1	0.98	0.92	1	0.96	0.98	1.02	1.01	1
35. 混合气乘积调校（低负荷）	不可读	不可读	不可读	不可读	不可读	不可读	不可读	不可读	不可读	不可读	不可读	不可读
36. 信号氧传感器气缸 1 废气触媒转换器后（V）	1.61	1.62	1.61	1.61	1.61	0.76	0.84	1.07	1.61	0.77	1.59	1.61
37. 信号氧传感器气缸 1 废气触媒转换器前（V）	不可读	不可读	不可读	不可读	不可读	不可读	不可读	不可读	不可读	不可读	不可读	不可读
38. 废气触媒转换器前的燃油比例	不可读	不可读	不可读	不可读	不可读	不可读	不可读	不可读	不可读	不可读	不可读	不可读
39. 空燃比控制	不可读	不可读	不可读	不可读	不可读	不可读	不可读	不可读	不可读	不可读	不可读	不可读

续表

	发动机静止状态				发动机热车怠速				发动机热车 2000~3000r/min			
	VIN No.	VIN No.	VIN No.	Average	VIN No.	VIN No.	VIN No.	Average	VIN No.	VIN No.	VIN No.	Average
	MLxxxxx	MGxxxxx	MJxxxxx		MLxxxxx	MGxxxxx	MJxxxxx		MLxxxxx	MGxxxxx	MJxxxxx	
40. 废气触媒转换器后氧传感器在准备状态	不可读	不可读	不可读	不可读	不可读	不可读	不可读	不可读	不可读	不可读	不可读	不可读
41. 混合气加法调校	不可读	不可读	不可读	不可读	不可读	不可读	不可读	不可读	不可读	不可读	不可读	不可读
运转平稳性数值												
42. 气缸 1 运行平稳性（kg/h）	0	0	0	0	–0.14	0.05	–0.1	–0.06	0.21	–0.04	–0.22	0
43. 气缸 4 运行平稳性（kg/h）	0	0	0	0	–0.23	0	0	–0.23	–0.25	0	0	0
44. 气缸 3 运行平稳性（kg/h）	0	0	0	0	–0.05	0.14	0.06	0.05	–0.42	0.15	–0.05	0
45. 气缸 2 运行平稳性（kg/h）	0	0	0	0	0	–0.01	0.07	0.02	0	–0.2	0.24	0
踏板												
46. 加速踏板位置（%）	不可读	不可读	不可读	不可读	不可读	不可读	不可读	不可读	不可读	不可读	不可读	不可读
47. 踏板位置传感器电压 2（V）	0.36	0.37	0.37	0.36	0.36	0.37	0.37	0.36	0.68	0.75	0.76	0.73
48. 离合器开关	不可读	不可读	不可读	不可读	不可读	不可读	不可读	不可读	不可读	不可读	不可读	不可读
49. 制动信号灯开关	不可读	不可读	不可读	不可读	不可读	不可读	不可读	不可读	不可读	不可读	不可读	不可读
50. 制动信号灯测试开关	不可读	不可读	不可读	不可读	不可读	不可读	不可读	不可读	不可读	不可读	不可读	不可读
51. 踏板位置传感器电位计 1 电压（V）	0.71	0.72	0.72	0.71	0.71	0.72	0.72	0.71	1.35	1.51	1.52	1.46
温度值												
52.DME 控制单元内部温度（℃）	不可读	不可读	不可读	不可读	不可读	不可读	不可读	不可读	不可读	不可读	不可读	不可读
53. 环境温度（℃）	18	3.75	6	不确定	19	5.25	6	不确定	21	6	6	不确定
54. 进气温度（℃）	21.75	5.25	11.25	不确定	22	31.5	18	不确定	22	25.5	18.75	不确定
55. 发动机温度（℃）	26.25	3.75	17.25	不确定	27	102.75	82.5	不确定	88	81	85.5	不确定
56. 机油温度（℃）	24	3	13	不确定	24	99	66	不确定	87	68	69	不确定

四、B48

发动机数据流状态信息读取如表 8-4 所示。

表 8-4

	发动机静止状态				发动机热车怠速				发动机热车 2000~3000r/min			
	VIN No.	VIN No.	VIN No.	Average	VIN No.	VIN No.	VIN No.	Average	VIN No.	VIN No.	VIN No.	Average
	xxxxxxx	SGxxxxx	SPxxxxx		xxxxxxx	SGxxxxx	SPxxxxx		xxxxxxx	SGxxxxx	SPxxxxx	
接口												
1. 开关空调（空调压缩机继电器）	不可读	不可读	不可读	不可读	不可读	不可读	不可读	不可读	不可读	不可读	不可读	不可读
供气												
2.HFM 空气流量（kg/h）	1.9	2	2	1.96	11.2	13.9	11.1	12.06	23.7	35.8	31.4	30.3
3. 节气门角度标准值（%）	28.66	28.49	25.85	27.66	4.28	5.05	3.78	4.37	6.71	8.1	5.93	6.91
4. 环境压力（kPa）	不可读	不可读	不可读	不可读	不可读	不可读	不可读	不可读	不可读	不可读	不可读	不可读
5. 节气门角度实际值（%）	28.65	28.48	25.85	27.66	4.22	5.03	3.81	4.35	6.74	8.54	5.05	6.77
6. 进气压力（hPa）	不可读	不可读	不可读	不可读	不可读	不可读	不可读	不可读	不可读	不可读	不可读	不可读
7. 空气流量（kg/h）	不可读	不可读	不可读	不可读	不可读	不可读	不可读	不可读	不可读	不可读	不可读	不可读
供电												
8. 蓄电池电压（V）	12.8	11.8	12.2	12.2	13.8	14.9	14.5	14.4	13.9	14.94	14.5	14.44
9. 线脚 15	不可读	不可读	不可读	不可读	不可读	不可读	不可读	不可读	不可读	不可读	不可读	不可读
点火开关												
10. 点火时刻（°曲轴转角）	不可读	不可读	不可读	不可读	不可读	不可读	不可读	不可读	不可读	不可读	不可读	不可读
爆震控制系统												
11. 气缸 3 爆震信号（V）	0.25	0.25	0.25	0.25	0.03	0.02	0.03	0.02	0.06	0.06	0.08	0.06
12. 气缸 1 爆震信号（V）	0.25	0.25	0.25	0.25	0.02	0.02	0.03	0.02	0.06	0.07	0.07	0.06
13. 气缸 2 爆震信号（V）	0.25	0.25	0.25	0.25	0.02	0.02	0.03	0.02	0.07	0.08	0.07	0.06
14. 气缸 4 爆震信号（V）	0.25	0.25	0.25	0.25	0.02	0.01	0.03	0.02	0.06	0.06	0.08	0.06
燃油箱												
15. 油箱通气	0	0	0	0	0	43.54	38.76	41.15	0	90.76	73.22	81.99
气门机构												
16. 进气凸轮轴位置（曲轴转角）	不可读	不可读	不可读	不可读	不可读	不可读	不可读	不可读	不可读	不可读	不可读	不可读

续表

	发动机静止状态				发动机热车怠速				发动机热车 2000~3000r/min			
	VIN No.	VIN No.	VIN No.	Average	VIN No.	VIN No.	VIN No.	Average	VIN No.	VIN No.	VIN No.	Average
	xxxxxxx	SGxxxxx	SPxxxxx		xxxxxxx	SGxxxxx	SPxxxxx		xxxxxxx	SGxxxxx	SPxxxxx	
17. 排气 VANOS 的位置（°）	0	0	0	0	0	11.95	9.31	10.63	0	20.5	15.66	18.08
18.VANOS 排气扩张标准值（°）	不可读	不可读	不可读	不可读	不可读	不可读	不可读	不可读	不可读	不可读	不可读	不可读
19. 进气 VANOS 的位置（°）	0	0	0	0	−21.5	−25.03	−22.59	−23.04	15.02	−54.22	−45.41	−28.2
20.VANOS 进气扩张标准值（°）	不可读	不可读	不可读	不可读	不可读	不可读	不可读	不可读	不可读	不可读	不可读	不可读
21. 进气凸轮轴调校值（°）	不可读	不可读	不可读	不可读	不可读	不可读	不可读	不可读	不可读	不可读	不可读	不可读
22. 排气凸轮轴调校值（°）	不可读	不可读	不可读	不可读	不可读	不可读	不可读	不可读	不可读	不可读	不可读	不可读
23. 排气凸轮轴位置（曲轴转角）	不可读	不可读	不可读	不可读	不可读	不可读	不可读	不可读	不可读	不可读	不可读	不可读
24.Valvetronic 继电器状态	不可读	不可读	不可读	不可读	不可读	不可读	不可读	不可读	不可读	不可读	不可读	不可读
25. 偏心轴实际值（°）	254	254.7	2	254	27.4	29.9	25	27.4	43.5	54.7	46.6	48.26
26. 偏心轴标准值（°）	254	254	254	254	27.3	29.8	24.8	27.3	43.7	54.8	46.1	48.2
燃油低压系统												
27. 气缸 1 喷射时间（ms）	0	0	0	0	0	0	0	0	0	0	0	0
28. 气缸 4 喷射时间（ms）	0	0	0	0	0	0	0	0	0	0	0	0
29. 气缸 3 喷射时间（ms）	0	0	0	0	0	0	0	0	0	0	0	0
30. 气缸 2 喷射时间（ms）	0	0	0	0	0	0	0	0	0	0	0	0
转速测量												
31. 怠速转速标准值（r/min）	0	0	0	0	700	700	700	700	700	700	700	700
32. 发动机转速实际值（r/min）	0	0	0	0	692	713.5	697.5	701	2100	2421	2634	2385
33. 发动机怠速进入工作状态	不可读	不可读	不可读	不可读	不可读	不可读	不可读	不可读	不可读	不可读	不可读	不可读
空燃比调节												
34. 混合气乘积调校（高负荷）	不可读	不可读	不可读	不可读	不可读	不可读	不可读	不可读	不可读	不可读	不可读	不可读
35. 混合气乘积调校（低负荷）	1	1	1	1	1	1	1	1	1	0.93	1	1
36. 信号氧传感器气缸 1 废气触媒转换器后（V）	1.6	1.61	1.61	1.61	0.71	0.83	0.74	0.76	0.79	0.79	0.75	0.77
37. 信号氧传感器气缸 1 废气触媒转换器前（V）	不可读	不可读	不可读	不可读	不可读	不可读	不可读	不可读	不可读	不可读	不可读	不可读
38. 废气触媒转换器前的燃油比例	不可读	不可读	不可读	不可读	不可读	不可读	不可读	不可读	不可读	不可读	不可读	不可读
39. 空燃比控制	不可读	不可读	不可读	不可读	不可读	0.99	1	0.99	不可读	不可读	0.99	0.99

续表

	发动机静止状态				发动机热车怠速				发动机热车 2000~3000r/min			
	VIN No.	VIN No.	VIN No.	Average	VIN No.	VIN No.	VIN No.	Average	VIN No.	VIN No.	VIN No.	Average
	xxxxxxx	SGxxxxx	SPxxxxx		xxxxxxx	SGxxxxx	SPxxxxx		xxxxxxx	SGxxxxx	SPxxxxx	
40. 废气触媒转换器后氧传感器在准备状态	不可读	不可读	不可读	不可读	不可读	不可读	不可读	不可读	不可读	不可读	不可读	
41. 混合气加法调校	1	1	1	1	1	1.05	1	1.01	1	1.03	1	1.01
运转平稳性数值												
42. 气缸 1 运行平稳性（kg/h）	0.06	–0.06	–0.06	–0.06	–0.31	–2.56	0	–1.4	–0.12	–0.94	1.81	0.25
43. 气缸 4 运行平稳性（kg/h）	0.06	–0.06	–0.06	–0.06	–1.81	–2.06	–0.31	–1.39	–0.35	1.63	0.63	0.63
44. 气缸 3 运行平稳性（kg/h）	0.06	–0.06	–0.06	–0.06	–0.06	–1.94	–1	–1	–0.75	1.31	–1.69	–0.37
45. 气缸 2 运行平稳性（kg/h）	0.06	–0.06	–0.06	–0.06	–0.38	0.06	0.5	–0.06	–0.25	0	–0.06	–0.15
踏板												
46. 加速踏板位置（%）	不可读	不可读	不可读	不可读	不可读	不可读	不可读	不可读	不可读	不可读	不可读	不可读
47. 踏板位置传感器电压 2（V）	361.20	366.2	361.2	362.8	361.2	366.2	361.2	362.8	761.6	805.6	805.6	790.9
48. 离合器开关	不可读	不可读	不可读	不可读	不可读	不可读	不可读	不可读	不可读	不可读	不可读	不可读
49. 制动信号灯开关	不可读	不可读	不可读	不可读	不可读	不可读	不可读	不可读	不可读	不可读	不可读	不可读
50. 制动信号灯测试开关	不可读	不可读	不可读	不可读	不可读	不可读	不可读	不可读	不可读	不可读	不可读	不可读
51. 踏板位置传感器电位计 1 电压（mV）	722.60	742	722.6	729	722.6	737.2	722.6	727.4	1523	1630.8	1596.6	1583.4
温度值												
52.DME 控制单元内部温度（℃）	不可读	不可读	不可读	不可读	不可读	不可读	不可读	不可读	不可读	不可读	不可读	不可读
53. 环境温度（℃）	17.46	5.96	5.96	不确定	17.96	5.96	5.96	不确定	17.96	5.96	5.96	不确定
54. 进气温度（℃）	18	15	54	不确定	27	14.25	39.75	不确定	29.25	14.25	39	不确定
55. 发动机温度（℃）	25	17.16	64.76	不确定	89	70.96	102.66	不确定	99	73.56	107.36	不确定
56. 机油温度（℃）	24.6	12	70.5	不确定	88	60.75	97.5	不确定	99	63.75	97.5	不确定

五、B58

发动机数据流状态信息读取如表 8-5 所示。

表 8-5

	发动机静止状态			发动机热车怠速			发动机热车 2000~3000r/min		
	VIN No.	VIN No.	Average	VIN No.	VIN No.	Average	VIN No.	VIN No.	Average
	Gxxxxx	Vxxxxx		Gxxxxx	VA52938		Gxxxxx	Vaxxxxx	
接口									
1. 开关空调（空调压缩机继电器）	不可读	不可读	不可读	不可读	不可读	不可读	不可读	不可读	不可读
供气									
2.HFM 空气流量（kg/h）	4.4	2.2	3.3	14.3	12.6	13.45	35	39	37
3. 节气门角度标准值（%）	22.92	22.07	22.49	5.43	5.66	5.545	9.34	11.16	10.25
5. 节气门角度实际值（%）	22.87	22.06	22.46	5.42	6.52	5.97	9.35	12.89	11.12
7. 空气流量（kg/h）	不可读	不可读	不可读	不可读	不可读	不可读	不可读	不可读	不可读
供电									
8. 蓄电池电压（V）	12	14.5	13.25	14.58	14.7	14.64	14.45	14.7	14.57
9. 线脚 15	不可读	不可读	不可读	不可读	不可读	不可读	不可读	不可读	不可读
点火开关									
10. 点火时刻（°曲轴转角）	不可读	不可读	不可读	不可读	不可读	不可读	不可读	不可读	不可读
爆震控制系统									
11. 气缸 3 爆震信号（V）	0.25	0.25	0.25	0	0.01	0.005	0.02	0.03	0.02
12. 气缸 1 爆震信号（V）	0.25	0.25	0.25	0	0.01	0.005	0.02	0.02	0.02
13. 气缸 2 爆震信号（V）	0.25	0.25	0.25	0	0.01	0.005	0.02	0.03	0.02
14. 气缸 4 爆震信号（V）	0.25	0.25	0.25	0	0.01	0.005	0.02	0.03	0.02
燃油箱									
15. 油箱通气	0	0	0	36.91	33.19	35.05	87.56	0	87.56
气门机构									
16. 进气凸轮轴位置（曲轴转角）	不可读	不可读	不可读	不可读	不可读	不可读	不可读	不可读	不可读
17. 排气 VANOS 的位置（°）	0	0	0	7.91	7.86	7.885	18.84	17.11	17.97
19. 进气 VANOS 的位置（°）	0	0	0	−17.13	−19.56	−18.345	−34.23	−32.8	−33.5

续表

	发动机静止状态			发动机热车怠速			发动机热车 2000~3000r/min		
	VIN No.	VIN No.	Average	VIN No.	VIN No.	Average	VIN No.	VIN No.	Average
	Gxxxxx	Vxxxxx		Gxxxxx	VA52938		Gxxxxx	Vaxxxxx	
25. 偏心轴实际值（°）	254.6	254.2	254.4	20	19.3	19.65	40.1	43.8	41.95
26. 偏心轴标准值（°）	255	255	255	20.07	19.8	19.935	40.2	43.5	41.85
燃油低压系统									
27. 气缸 1 喷射时间（ms）	不可读	不可读	不可读	不可读	不可读	不可读	不可读	不可读	不可读
28. 气缸 4 喷射时间（ms）	不可读	不可读	不可读	不可读	不可读	不可读	不可读	不可读	不可读
29. 气缸 3 喷射时间（ms）	不可读	不可读	不可读	不可读	不可读	不可读	不可读	不可读	不可读
30. 气缸 2 喷射时间（ms）	不可读	不可读	不可读	不可读	不可读	不可读	不可读	不可读	不可读
转速测量									
31. 怠速转速标准值（r/min）	0	1200	1200	852	660	756	660	660	660
32. 发动机转速实际值（r/min）	0	0	0	0	651.5	650	2400	2416.5	2400
33. 发动机怠速进入工作状态	不可读	不可读	不可读	不可读	不可读	不可读	不可读	不可读	不可读
空燃比调节									
34. 混合气乘积调校（高负荷）	1	1	1	1.02	1	1.01	1	1	1
35. 混合气乘积调校（低负荷）	不可读	不可读	不可读	不可读	不可读	不可读	不可读	不可读	不可读
36. 信号氧传感器气缸 1 废气触媒转换器后（V）	1.61	1.61	1.61	0.72	0.67	0.695	0.77	1	0.88
37. 信号氧传感器气缸 1 废气触媒转换器前（V）	不可读	不可读	不可读	不可读	不可读	不可读	不可读	不可读	不可读
38. 废气触媒转换器前的燃油比例	不可读	不可读	不可读	不可读	不可读	不可读	不可读	不可读	不可读
39. 空燃比控制	不可读	不可读	不可读	不可读	不可读	不可读	不可读	不可读	不可读
40. 废气触媒转换器后氧传感器在准备状态	不可读	不可读	不可读	不可读	不可读	不可读	不可读	不可读	不可读
41. 混合气加法调校	不可读	不可读	不可读	不可读	不可读	不可读	不可读	不可读	不可读
运转平稳性数值									
42. 气缸 1 运行平稳性（kg/h）	0.06	–0.06	0	–0.31	2.69	1.19	7.81	–9.13	0.66
43. 气缸 4 运行平稳性（kg/h）	0.06	–0.06	0	–0.38	–0.75	–0.565	–5.54	1.75	–1.8
44. 气缸 3 运行平稳性（kg/h）	0.06	–0.06	0	0.81	4	2.405	6.38	–6.25	0.06
45. 气缸 2 运行平稳性（kg/h）	0.06	–0.06	0	–2.38	1.31	–0.535	0	1.75	1.75

续表

	发动机静止状态			发动机热车怠速			发动机热车 2000~3000r/min		
	VIN No.	VIN No.	Average	VIN No.	VIN No.	Average	VIN No.	VIN No.	Average
	Gxxxxx	Vxxxxx		Gxxxxx	VA52938		Gxxxxx	Vaxxxxx	
踏板									
46. 加速踏板位置（%）	不可读	不可读	不可读	不可读	不可读	不可读	不可读	不可读	不可读
47. 踏板位置传感器电压 2（V）	0.712	0.361	0.71	0.712	0.361	0.71	1.4	0.781	1.09
51. 踏板位置传感器电位计 1 电压（V）	0.351	0.727	0.35	0.351	0.727	0.35	0.6	0.1547	0.37
温度值									
53. 环境温度（℃）	13.46	4.46	不确定	16.46	4.46	不确定	20	4.46	不确定
54. 进气温度（℃）	20.25	45.75	不确定	24	29.25	不确定	27	26.25	不确定
55. 发动机温度（℃）	26	45.96	不确定	90	77.76	不确定	108	79.16	不确定
56. 机油温度（℃）	33	42	不确定	94	75.75	不确定	109	78.75	不确定

第九章　BMW 总线信号及故障模拟

第一节　K-CAN

一、测量准备

总线类型：K-CAN 总线；

车型：F18；

测量点：如图 9-1-1 所示，A95*2B，Pin3 与 Pin4。

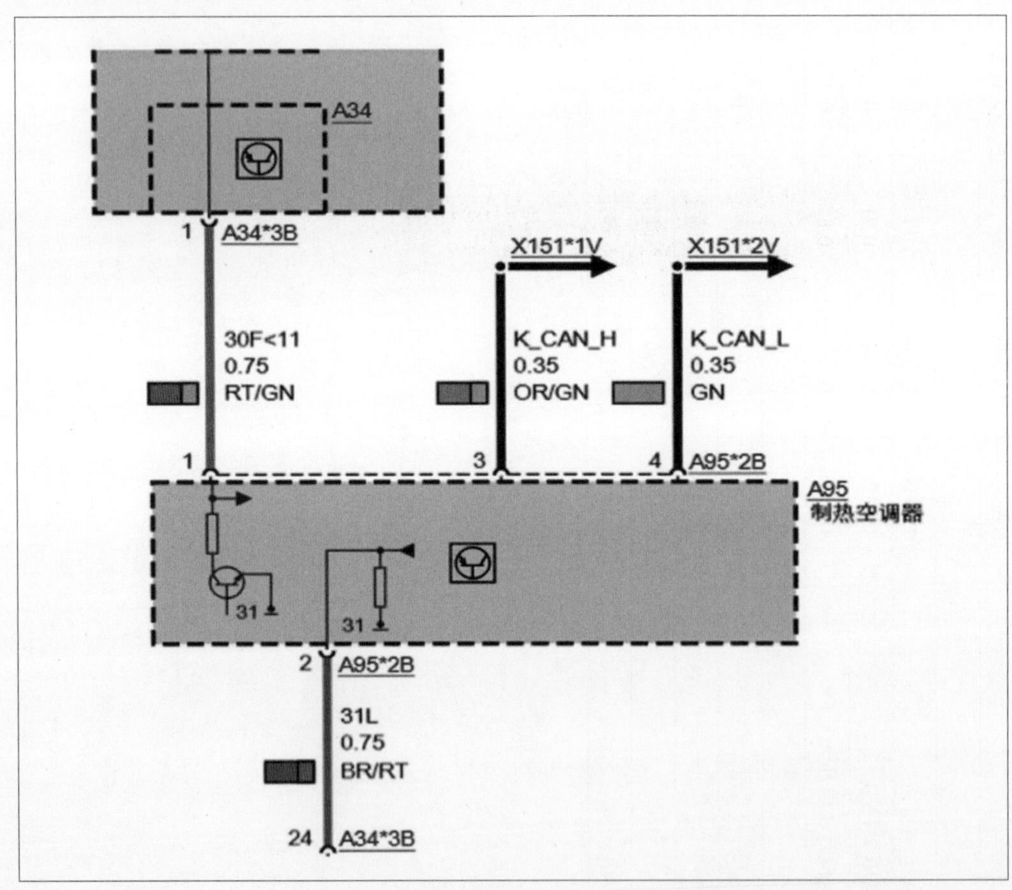

图 9-1-1

二、K-CAN

使用万用表电压挡测量，CAN-H 对地电压：0.4V 左右；CAN-L 对地电压：4.6V 左右。正常工作状态下的测量波信号，如图 9-1-2 所示。

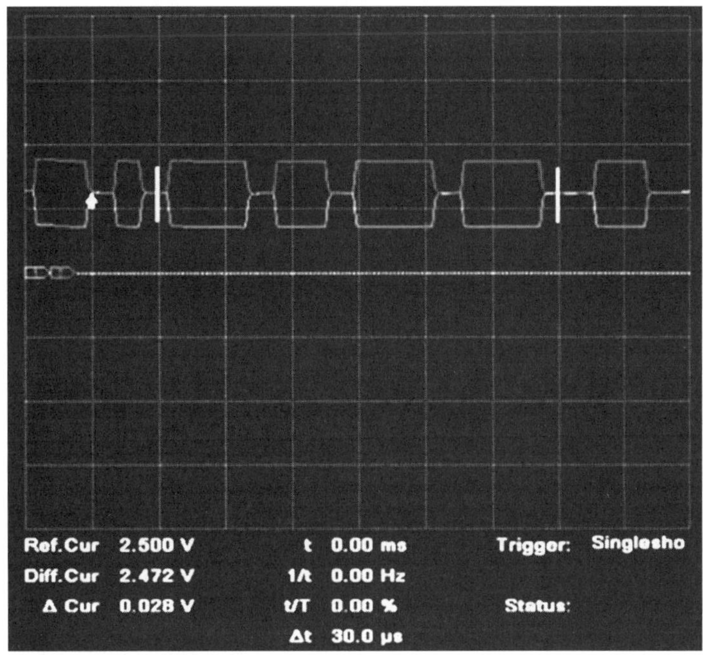

图 9–1–2

三、K–CAN 休眠状态下波形信号

K–CAN 休眠状态下波形信号，如图 9–1–3 所示。

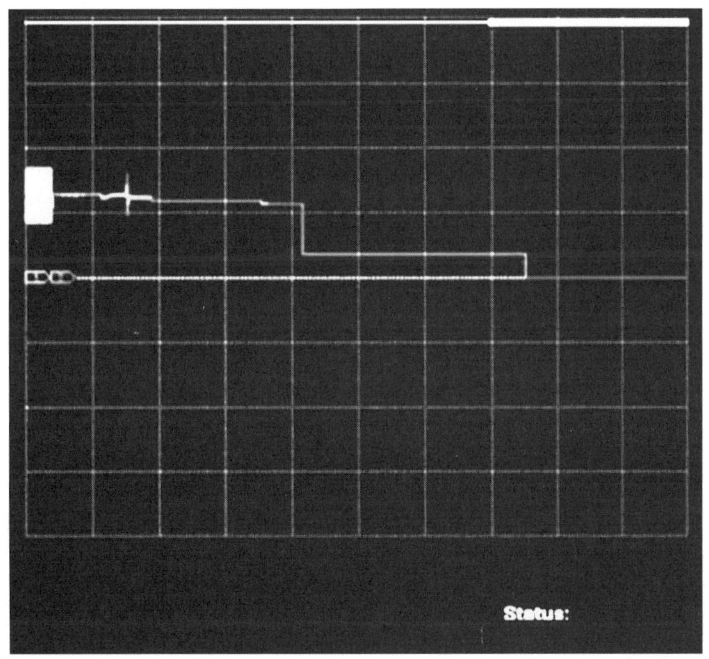

图 9–1–3

四、K–CAN 故障模拟

1.K–CAN 故障模拟 1

K–CAN–H 和 K–CAN–L 相互短路，实车检查未发现明显的故障现象。诊断的故障存储，如图 9–1–4 所示。

车架号： SK67336　　车辆： 5'/F18/四门车/520Li/N20/自动变速器/ECE/左座驾驶型/2015/03

过程	车辆信息	车辆处理	售后服务计划	收藏	修
修理 / 保养	故障查询	服务功能	软件更新	更换控制单元	车
故障码存储器	部件故障症状	功能故障症状	功能结构	部件结构	文

代码	说明	里程数
S 0398	动力管理，蓄电池状态：蓄电池损坏或老化	90510
CD040B	ZGM，K-CAN：线路故障	90510
E4440B	驾驶员座椅模块，CAN-Bus： 线路故障/电气故障	90510
E4840B	前乘客侧座椅模块，CAN-Bus： 线路故障/电气故障	90510
E7040B	IHKA，K-CAN：线路故障 / 电气故障	90510
CF2501	信息（挂车状态，0x 2E4）缺失：EGS 接收器，AHM 发射器	90510

图 9-1-4

2.K-CAN 故障模拟 2

K-CAN-H 和 K-CAN-L 相互短路波形信号，K-CAN-H 基本保持在 0V 左右，K-CAN-L 最低电压在 0V 左，右最高在 4V 左右，如图 9-1-5 所示。

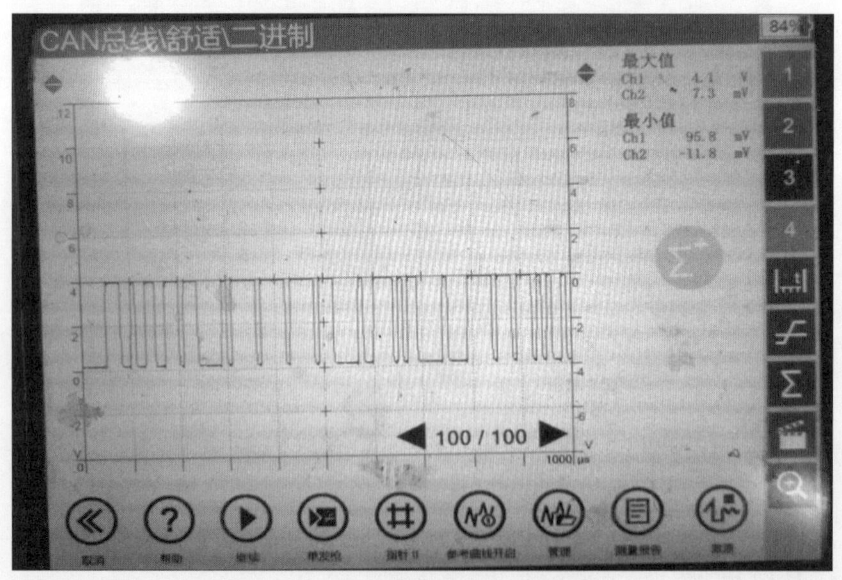

图 9-1-5

3.K-CAN 故障模拟 3

K-CAN-H 对地短路，实车检查未发现明显的故障现象。诊断的故障存储，如图 9-1-6 所示。

车架号：SK67336　车辆：5'/F18/四门车/520Li/N20/自动变速器/ECE/左座驾驶型/2015/03

过程	车辆信息	车辆处理	售后服务计划	收藏
修理 / 保养	故障查询	服务功能	软件更新	更换控制单元
故障码存储器	部件故障症状	功能故障症状	功能结构	部件结构

代码	说明	里程数
B7F8C3	主机与 CID 的连接：无通信	90510
E4440B	驾驶员座椅模块，CAN-Bus：线路故障/电气故障	90510
E4840B	前乘客侧座椅模块，CAN-Bus：线路故障/电气故障	90510
E7040B	IHKA，K-CAN：线路故障 / 电气故障	90510
CF2501	信息（挂车状态，0x 2E4）缺失：EGS 接收器，AHM 发射器	90510

图 9–1–6

4.K–CAN 故障模拟 4

K–CAN–H 对地短路波形信号，K–CAN–H 的电压基本等于 0V，K–CAN–L 的电压最高 5.4V，最低 –1.5V，如图 9–1–7 所示。

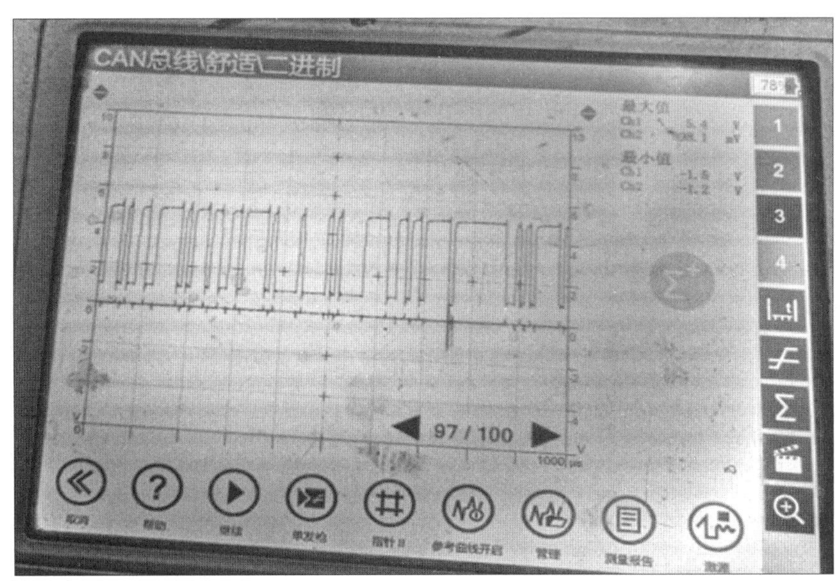

图 9–1–7

5.K–CAN 故障模拟 5

K–CAN–L 对地短路，实车检查未发现明显的故障现象。诊断的故障存储，如图 9–1–8 所示。

代码	说明
S 0398	动力管理，蓄电池状态：蓄电池损坏或老化
CD040B	ZGM，K-CAN：线路故障
E4440B	驾驶员座椅模块，CAN-Bus： 线路故障/电气故障
E4840B	前乘客侧座椅模块，CAN-Bus： 线路故障/电气故障
E7040B	IHKA，K-CAN：线路故障 / 电气故障
CF2501	信息（挂车状态，0x 2E4）缺失：EGS 接收器，AHM 发射器

图 9–1–8

6.K–CAN 故障模拟 6

K–CAN–H 对地短路波形信号，K–CAN–H 电压最高 4.4V，最低接近 0V。K–CAN–L 的电压基本为 0V，如图 9–1–9 所示。

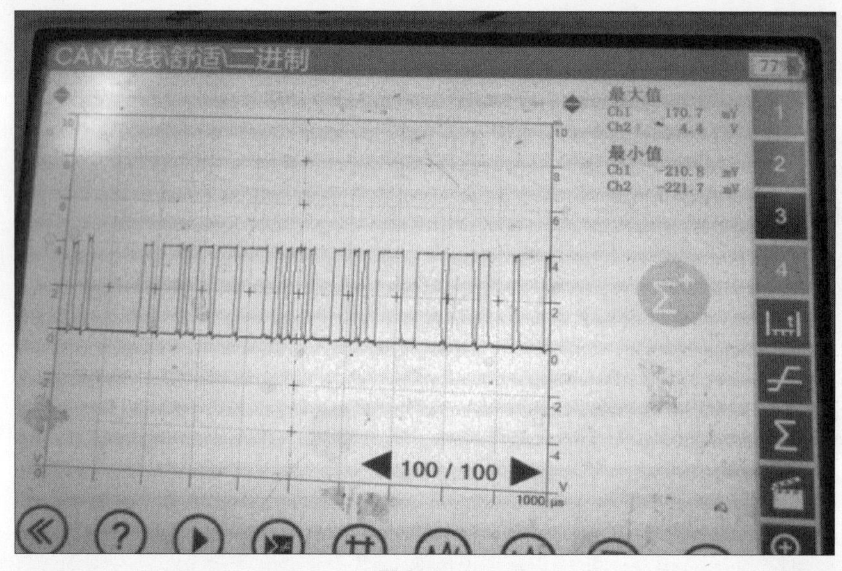

图 9–1–9

7.K–CAN 故障模拟 7

K–CAN–L 对正极短路，实车检查未发现明显的故障现象。诊断的故障存储，如图 9–1–10 所示。

代码	说明
B7F8C3	主机与 CID 的连接：无通信
E4440B	驾驶员座椅模块，CAN-Bus： 线路故障/电气故障
E4840B	前乘客侧座椅模块，CAN-Bus： 线路故障/电气故障
E7040B	IHKA，K-CAN：线路故障 / 电气故障
CF2501	信息（挂车状态，0x 2E4）缺失：EGS 接收器，AHM 发射器

图 9–1–10

8.K-CAN 故障模拟 8

K-CAN-L 对正极短路波形信号，K-CAN-H 电压高 4V 左右，低 0V 左右。K-CAN-L 电压基本保持车身电压 4.8V 不变，如图 9-1-11 所示。

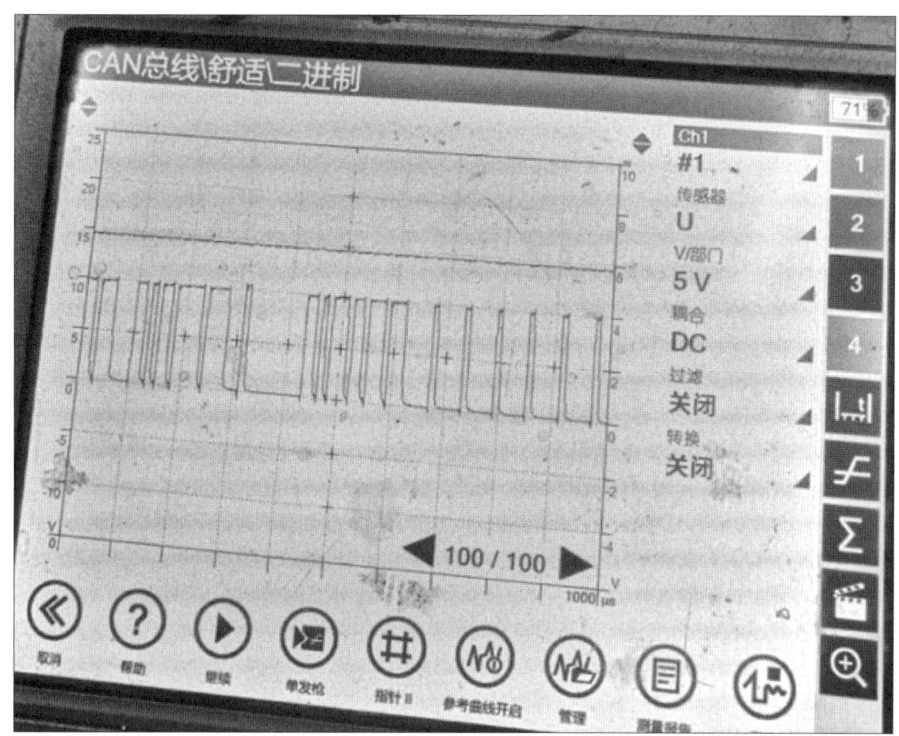

图 9-1-11

9.K-CAN 故障模拟 9

K-CAN-H 对正极短路，实车检查未发现明显的故障现象。诊断的故障存储，如图 9-1-12 所示。

代码	说明
B7F8C3	主机与 CID 的连接：无通信
E4440B	驾驶员座椅模块，CAN-Bus：线路故障/电气故障
E4840B	前乘客侧座椅模块，CAN-Bus：线路故障/电气故障
E7040B	IHKA，K-CAN：线路故障 / 电气故障
CF2501	信息（挂车状态，0x 2E4）缺失：EGS 接收器，AHM 发射器

图 9-1-12

10.K-CAN 故障模拟 10

K-CAN-H 对正极短路波形信号，K-CAN-H 的电压为车载电压 14.8V 左右。K-CAN-L 的电压最高 5.2V 左右，最低 1.2V 左右，如图 9-1-13 所示。

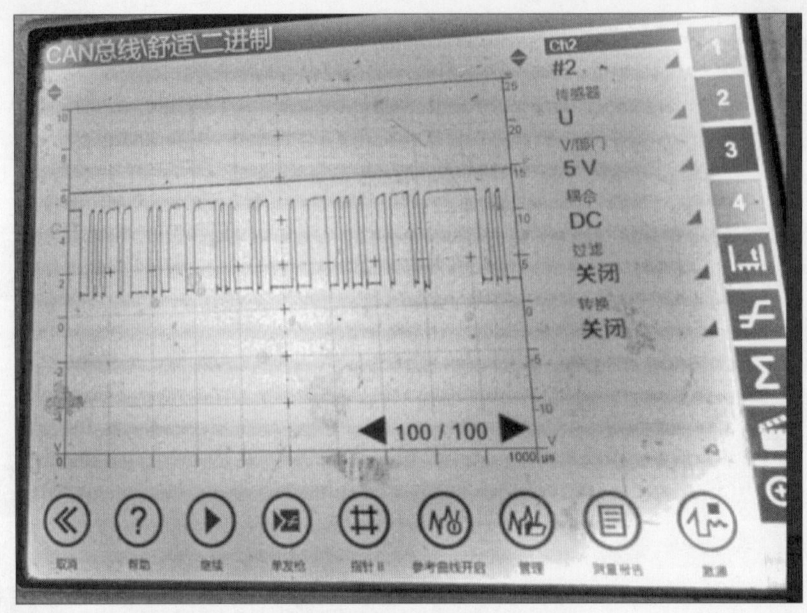

图 9-1-13

第二节　PT-CAN

一、测量准备

总线类型：PT-CAN 总线；

车型：F18；

测量点：DME 控制单元端子 A223.1B，Pin13 与 Pin28，如图 9-2-1 所示。

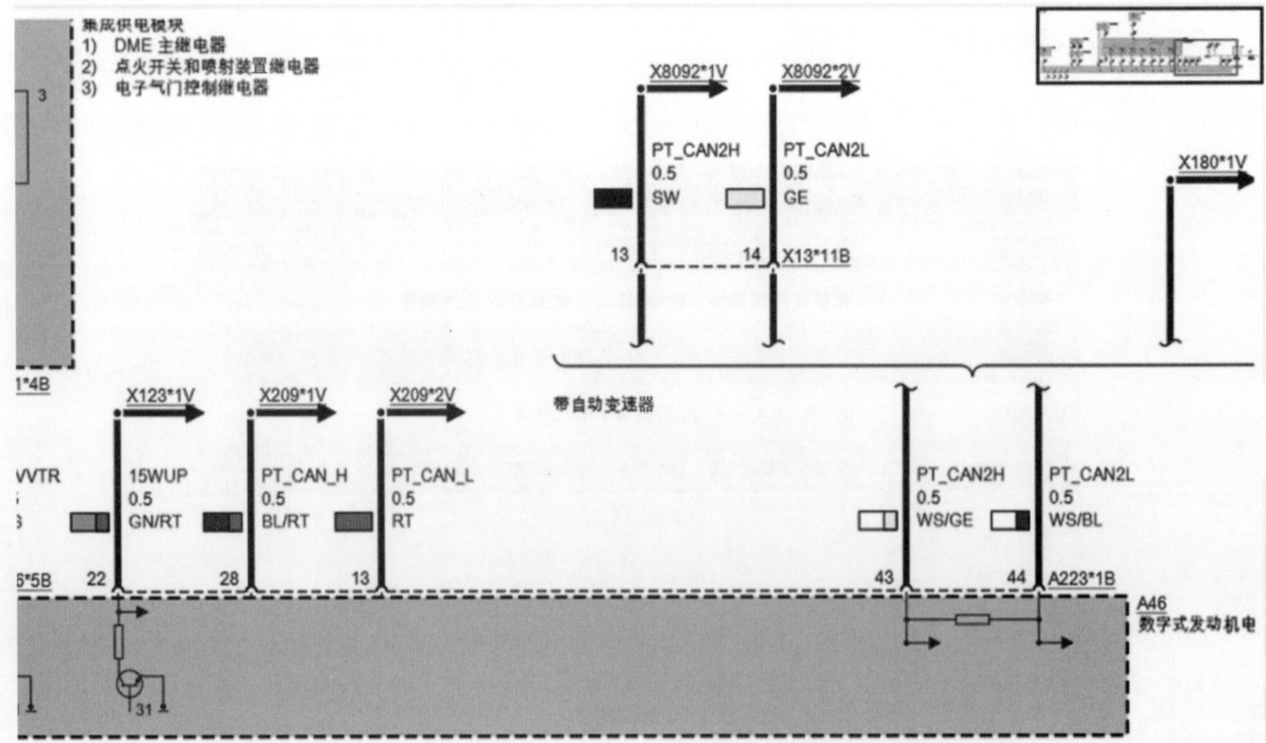

图 9-2-1

二、PT-CAN 正常工作状态下的信号

PT-CAN 总线使用万用表电压挡测量 PT-CAN-H 对地电压：2.38V；PT-CAN-L 对地电压：2.66V。正常工作状态下的信号波形如图 9-2-2 所示。

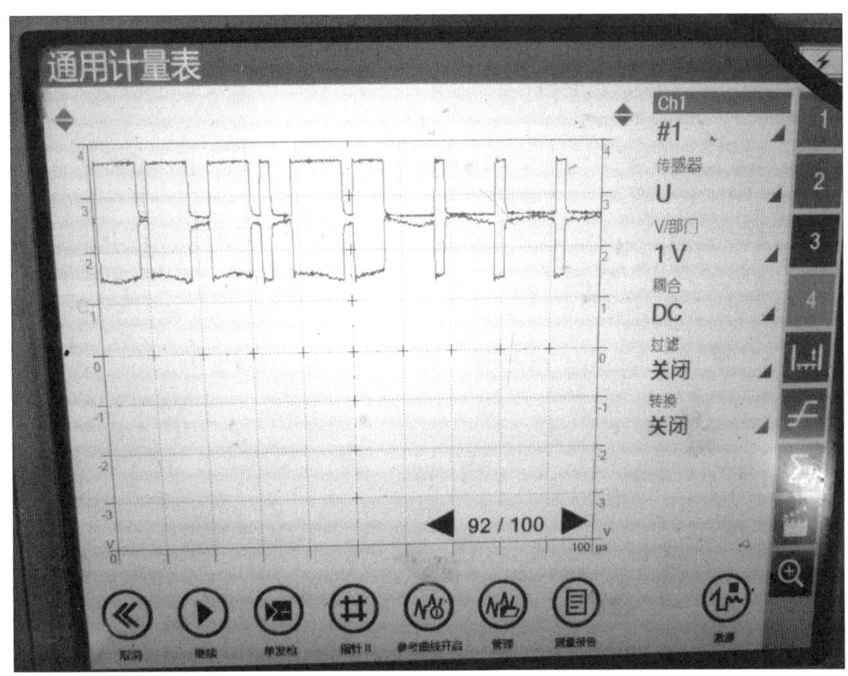

图 9-2-2

三、PT-CAN 休眠状态下的信号

PT-CAN 总线休眠状态下的信号波形如图 9-2-3 所示。

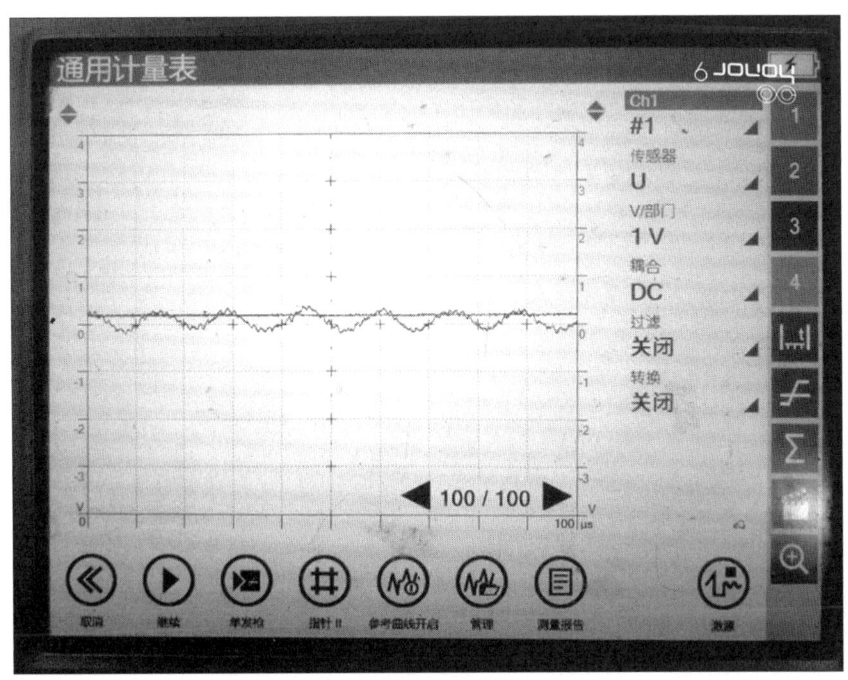

图 9-2-3

四、PT-CAN 故障模拟

1.PT-CAN 故障模拟 1

PT-CAN-H 和 PT-CAN-L 相互短路。

故障现象：组合仪表黑屏，驻车制动器失效，车辆无法启动。

诊断显示多个故障存储，主要为控制单元无通信，具体故障内容如图 9-2-4 和图 9-2-5 所示。

S 0235	无法与下列装置通信：电子变速器控制系统
S 0237	无法与下列装置通信：电动燃油泵控制单元
S 0238	无法与下列装置通信：左侧电动卷轴
S 0239	无法与下列装置通信：右侧电动卷轴
S 0367	无法与下列装置通信： 驻车制动器
S 0379	无法与下列装置通信：选挡按钮
S 0380	无法与下列装置通信：碰撞安全性模块
S 0398	动力管理，蓄电池状态：蓄电池损坏或老化
1F2104	DME，错误的数据语句：CAN 超时
CD040A	ZGM，PT-CAN：通信故障
CD840A	DME，PT-CAN：通信故障
E1040A	KOMBI，PT-CAN：通信故障 (总线关闭)

图 9-2-4

E58510	信息(驱动系 2 数据，0x3F9)缺失，接收器 FRM，发射器 DME/DDE
E58511	信息(动力管理，0x3B3)缺失，接收器 FRM，发射器 DME/DDE
10B104	车外温度传感器，信号：CAN 信息有错误
B7F67B	KOMBI：唤醒导线状态有故障，硬件导线
C91422	信息 (碰撞预防主控单元状态，0x97) 缺失，接收器 JBE，发射器 REMALI
CDA322	信息 (单位 BN2020，252.0.4) 缺失，接收器 DME，发射器 KOMBI
D01428	信息（车外温度，252.1.4）缺失，接收器 ICM，发射器 KOMBI
D0142C	KOMBI 接口（车外温度，252.1.4）： 信号无效
D014F2	信息（里程数 / 作用距离，276.4.8）缺失，接收器 ICM，发射器 KOMBI
D014F6	KOMBI 接口（里程数/作用距离，276.4.8）： 信号无效
D0158C	信息（相对时间，276.2.8）缺失，接收器 ICM，发射器 KOMBI
D016DC	信息（动态行驶显示状态，97.1.2）缺失，接收器 ICM，发射器 KOMBI

图 9-2-5

2.PT-CAN 故障模拟 2

PT-CAN-H 和 PT-CAN-L 相互短路，PT-CAN-H 和 PT-CAN-L 电压基本一致，最高 2.6V，最低 2.4V。电压变化较小，信号波形如图 9-2-6 所示。

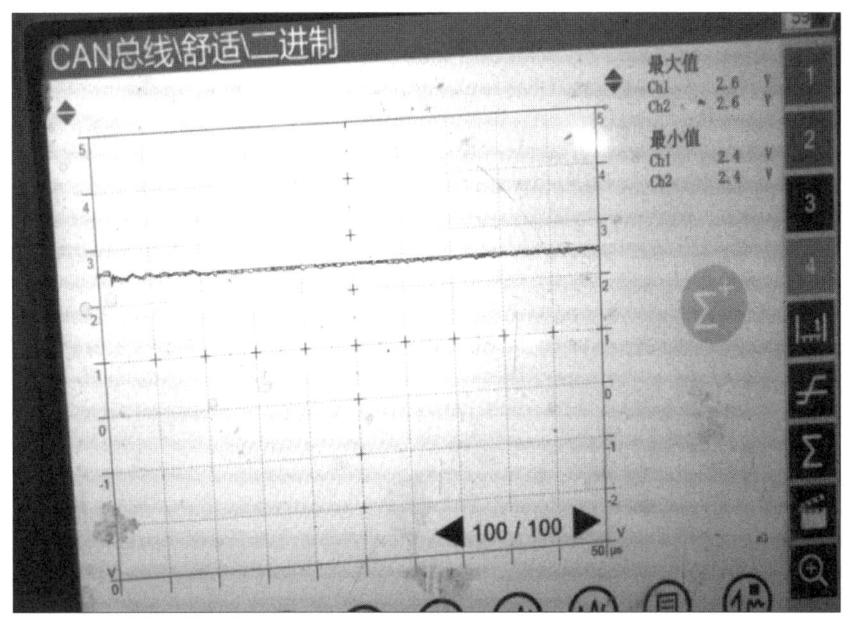

图 9-2-6

3.PT-CAN 故障模拟 3

PT-CAN-H 对地短路。

故障现象：车辆可以正常启动，制动系统转向系统，防滑系统均存在报警，报警在很短时间内就消失。存在多个模块 PT-CAN 通信故障，具体故障内容如图 9-2-7 和图 9-2-8 所示。

S 0398	动力管理，蓄电池状态：蓄电池损坏或老化
1F2104	DME，错误的数据语句：CAN 超时
CD040A	ZGM，PT-CAN：通信故障
CD840A	DME，PT-CAN：通信故障
CEC40A	EKPS，PT-CAN：通信故障
CF040A	EGS：PT-CAN：线路故障 / 电子故障
DC440A	REMALI，PT-CAN：通信故障
E0840A	选挡按钮（GWS），动力传动系统控制器区域网络（PT CAN）：通信故障
E1040A	KOMBI，PT-CAN：通信故障 (总线关闭)
E58510	信息(驱动系 2 数据，0x3F9)缺失，接收器 FRM，发射器 DME/DDE
4809C1	DSC：EMF，无法机械确定制动器
CDA322	信息 (单位 BN2020，252.0.4) 缺失，接收器 DME，发射器 KOMBI

图 9-2-7

CDA514	信息 (座位占用安全带锁扣触头状态，0x297) 缺失，接收器 DME，发射器 ACSM
CF16D1	信息（分组故障 3 - 行驶模式下的结果：无）缺失：EGS 接收器，DSC 发射器
CF2501	信息（挂车状态，0x 2E4）缺失：EGS 接收器，AHM 发射器
D01428	信息（车外温度，252.1.4）缺失，接收器 ICM，发射器 KOMBI
D0142C	KOMBI 接口（车外温度，252.1.4）：信号无效
D0158C	信息（相对时间，276.2.8）缺失，接收器 ICM，发射器 KOMBI
D016DC	信息（动态行驶显示状态，97.1.2）缺失，接收器 ICM，发射器 KOMBI
D018B5	信息（组合仪表显示状态，97.0.2）缺失，接收器 ICM，发射器 KOMBI
D01B00	信息（液压功能要求，100.1.2）缺失，接收器 ICM，发射器 EMF
D35428	信息（车外温度，252.1.4）缺失，接收器 DSC，发射器 KOMBI
D3558C	信息 (BN2020 相对时间，276.2.8) 缺失，接收器 DSC，发送器 KOMBI
D355F2	信息 (碰撞控制，105.0.1) 缺少，接收器 DSC，发送器 ACSM

图 9-2-8

4.PT-CAN 故障模拟 4

PT-CAN-H 对地短路，PT-CAN-H 和 PT-CAN-L 的电压相差不大，基本接近 0V。信号波形如图 9-2-9 所示。

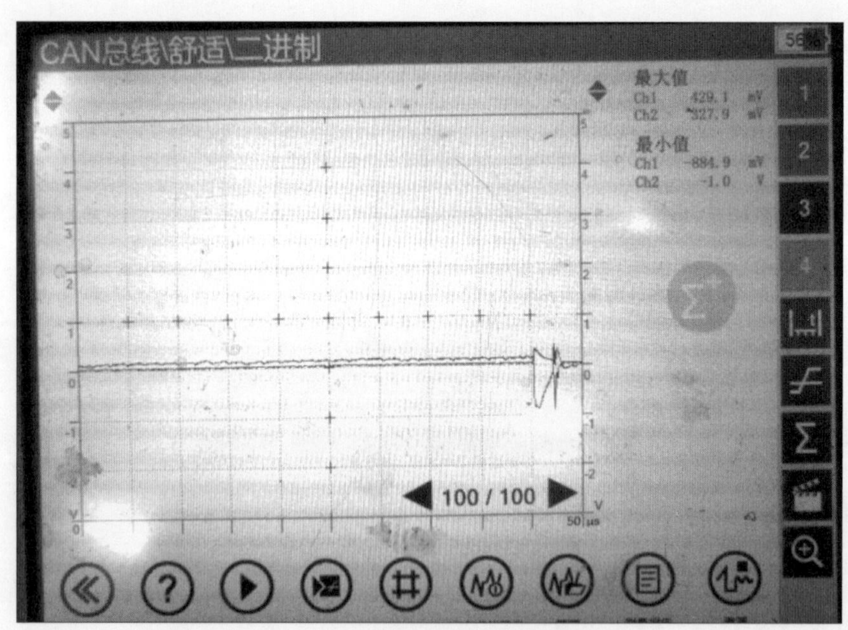

图 9-2-9

5.PT-CAN 故障模拟 5

PT-CAN-L 对地短路。

故障现象：组合仪表黑屏，自动变速器控制系统报警，显示系统异常异常，车辆无法启动，具体故障内容如图 9-2-10 和图 9-2-11 所示。

S 0235	无法与下列装置通信：电子变速器控制系统
S 0237	无法与下列装置通信：电动燃油泵控制单元
S 0238	无法与下列装置通信：左侧电动卷轴
S 0239	无法与下列装置通信：右侧电动卷轴
S 0367	无法与下列装置通信： 驻车制动器
S 0379	无法与下列装置通信：选挡按钮
S 0380	无法与下列装置通信：碰撞安全性模块
S 0398	动力管理，蓄电池状态：蓄电池损坏或老化
1F2104	DME，错误的数据语句：CAN 超时
CD840A	DME，PT-CAN：通信故障
E58510	信息(驱动系 2 数据，0x3F9)缺失，接收器 FRM，发射器 DME/DDE
E58511	信息(动力管理，0x3B3)缺失，接收器 FRM，发射器 DME/DDE

图 9–2–10

10B104	车外温度传感器，信号：CAN 信息有错误
4809C1	DSC：EMF，无法机械确定制动器
801222	空调压缩机：由于缺失 DME/DDE - 许用而关闭
B7F67B	KOMBI：唤醒导线状态有故障，硬件导线
C91422	信息 (碰撞预防主控单元状态，0x97) 缺失，接收器 JBE，发射器 REMALI
CDA322	信息 (单位 BN2020，252.0.4) 缺失，接收器 DME，发射器 KOMBI
D01428	信息（车外温度，252.1.4）缺失，接收器 ICM，发射器 KOMBI
D0142C	KOMBI 接口（车外温度，252.1.4）：信号无效
D014F2	信息（里程数 / 作用距离，276.4.8）缺失，接收器 ICM，发射器 KOMBI
D014F6	KOMBI 接口（里程数/作用距离，276.4.8）：信号无效
D0158C	信息（相对时间，276.2.8）缺失，接收器 ICM，发射器 KOMBI
D016DC	信息（动态行驶显示状态，97.1.2）缺失，接收器 ICM，发射器 KOMBI

图 9–2–11

6.PT–CAN 故障模拟 6

PT–CAN–L 对地短路，PT–CAN–H 的电压变化较大，最低接近为 0.15V，最高可达到 4.1V。PT–CAN–L 的电压基本保持在 0V 左右，变化不够明显。信号波形如图 9–2–12 所示。

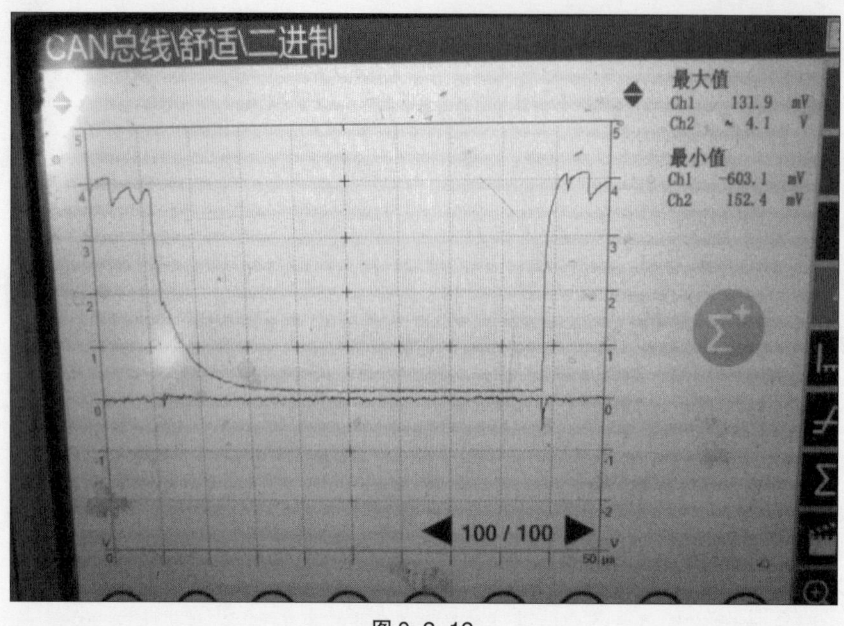

图 9-2-12

7.PT-CAN 故障模拟 7

PT-CAN-L 对正极短路。

故障现象：仪表黑屏，车辆无法启动，显示屏无任何报警信息提示。诊断结果显示多个控制单元无法通信，多个相关信息故障码，如图 9-2-13 和图 9-2-14 所示。

S 0235	无法与下列装置通信：电子变速器控制系统
S 0237	无法与下列装置通信：电动燃油泵控制单元
S 0238	无法与下列装置通信：左侧电动卷轴
S 0239	无法与下列装置通信：右侧电动卷轴
S 0367	无法与下列装置通信： 驻车制动器
S 0379	无法与下列装置通信：选挡按钮
S 0380	无法与下列装置通信：碰撞安全性模块
S 0398	动力管理，蓄电池状态：蓄电池损坏或老化
1F2104	DME，错误的数据语句：CAN 超时
CD040A	ZGM，PT-CAN：通信故障
CD840A	DME，PT-CAN：通信故障
E1040A	KOMBI，PT-CAN：通信故障 (总线关闭)

图 9-2-13

E58510	信息(驱动系 2 数据，0x3F9)缺失，接收器 FRM，发射器 DME/DDE
E58511	信息(动力管理，0x3B3)缺失，接收器 FRM，发射器 DME/DDE
10B104	车外温度传感器，信号：CAN 信息有错误
4809C1	DSC：EMF，无法机械确定制动器
B7F67B	KOMBI：唤醒导线状态有故障，硬件导线
C91422	信息 (碰撞预防主控单元状态，0x97) 缺失，接收器 JBE，发射器 REMALI
CD1410	信息（系统时间，0x328）错误，接收器 ZGM，发射器 KOMBI
CDA322	信息 (单位 BN2020，252.0.4) 缺失，接收器 DME，发射器 KOMBI
D01428	信息（车外温度，252.1.4）缺失，接收器 ICM，发射器 KOMBI
D014F2	信息（里程数 / 作用距离，276.4.8）缺失，接收器 ICM，发射器 KOMBI
D0158C	信息（相对时间，276.2.8）缺失，接收器 ICM，发射器 KOMBI
D016DC	信息（动态行驶显示状态，97.1.2）缺失，接收器 ICM，发射器 KOMBI

图 9-2-14

8.PT-CAN 故障模拟 8

PT-CAN-L 对正极短路，PT-CAN-H 的电压基本在 14V 左右，变化不大。PT-CAN-L 的电压基本保持车身电压 14.8V 左右。信号波形如图 9-2-15 所示。

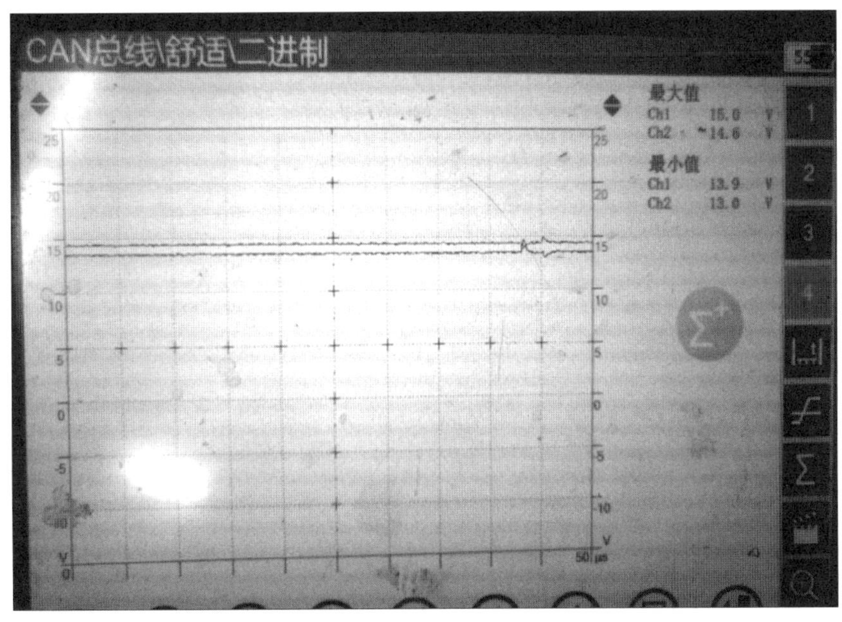

图 9-2-15

9.PT-CAN 故障模拟 9

PT-CAN-H 对正极短路。

故障现象：仪表黑屏，显示屏报警变速器异常，车辆无法启动，汽油泵高速运转，多个相关信息故障码，如图 9-2-16 和图 9-2-17 所示。

代码	说明
S 0235	无法与下列装置通信：电子变速器控制系统
S 0237	无法与下列装置通信：电动燃油泵控制单元
S 0238	无法与下列装置通信：左侧电动卷轴
S 0239	无法与下列装置通信：右侧电动卷轴
S 0367	无法与下列装置通信： 驻车制动器
S 0379	无法与下列装置通信：选挡按钮
S 0380	无法与下列装置通信：碰撞安全性模块
S 0398	动力管理，蓄电池状态：蓄电池损坏或老化
1F2104	DME，错误的数据语句：CAN 超时
CD840A	DME，PT-CAN：通信故障
E58510	信息(驱动系 2 数据，0x3F9)缺失，接收器 FRM，发射器 DME/DDE
E58511	信息(动力管理，0x3B3)缺失，接收器 FRM，发射器 DME/DDE

图 9-2-16

代码	说明
10B104	车外温度传感器，信号：CAN 信息有错误
4809C1	DSC：EMF，无法机械确定制动器
801222	空调压缩机：由于缺失 DME/DDE - 许用而关闭
B7F67B	KOMBI：唤醒导线状态有故障，硬件导线
C91422	信息 (碰撞预防主控单元状态，0x97) 缺失，接收器 JBE，发射器 REMALI
CDA322	信息 (单位 BN2020，252.0.4) 缺失，接收器 DME，发射器 KOMBI
D01428	信息（车外温度，252.1.4）缺失，接收器 ICM，发射器 KOMBI
D014F2	信息（里程数 / 作用距离，276.4.8）缺失，接收器 ICM，发射器 KOMBI
D0158C	信息（相对时间，276.2.8）缺失，接收器 ICM，发射器 KOMBI
D016DC	信息（动态行驶显示状态，97.1.2）缺失，接收器 ICM，发射器 KOMBI
D018B5	信息（组合仪表显示状态，97.0.2）缺失，接收器 ICM，发射器 KOMBI
D01932	信息（时间 / 日期，276.6.8）缺失，接收器 ICM，发射器 KOMBI

图 9-2-17

10.PT-CAN 故障模拟 10

PT-CAN-H 对正极短路，PT-CAN-H 的电压基本为车身电压 14.8V 左右，变化不大。PT-CAN-L 的电压保持车身电压 14.0V 左右，无明显变化，信号波形如图 9-2-18 所示。

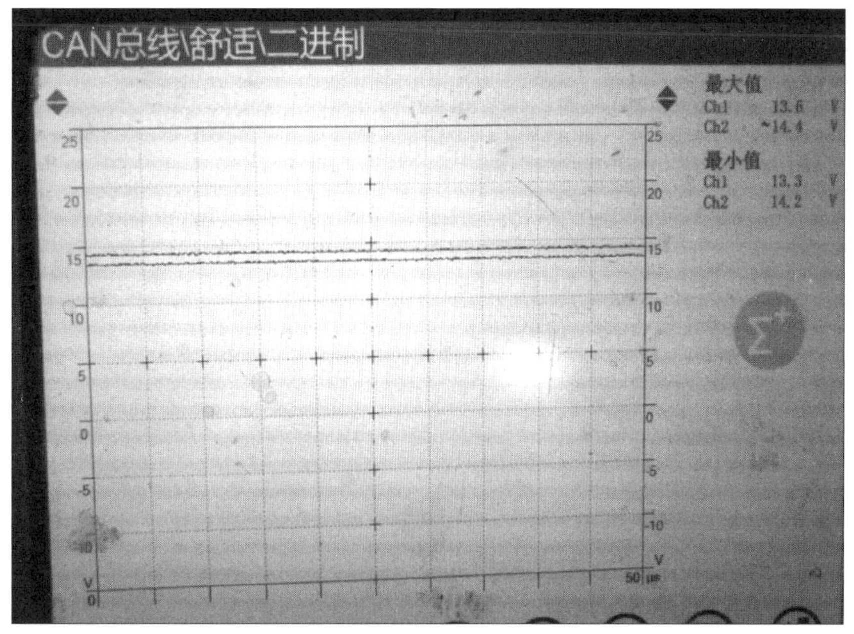

图 9-2-18

第三节　K-CAN2

一、测量准备

总线类型：K-CAN2 总线；

车型：F18；

测量点：CON 控制单元端子 A88*2B，Pin3 与 Pin4，如图 9-3-1 所示。

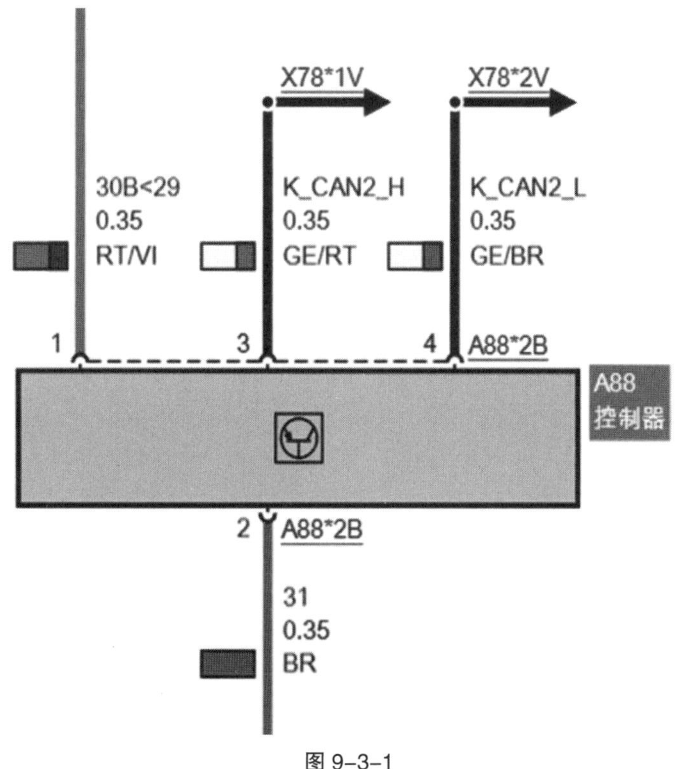

图 9-3-1

二、K-CAN2 正常工作状态下的信号

K-CAN2 总线使用万用表电压挡测量，K-CAN2-H 对地电压：2.62V，K-CAN2-L 对地电压：2.39V。正常工作状态下的信号波形如图 9-3-2 所示。

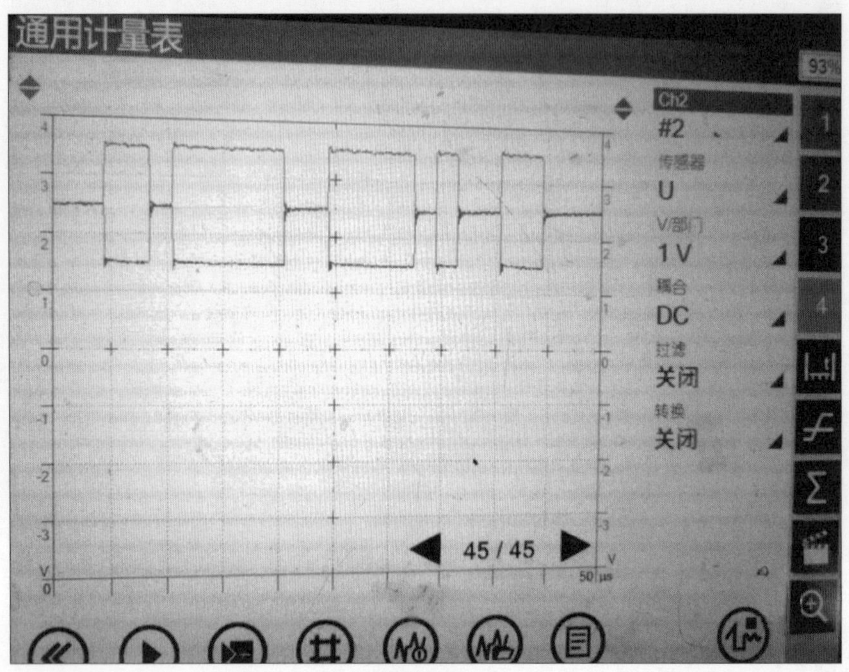

图 9-3-2

三、K-CAN2 休眠状态下的信号

K-CAN2 总线休眠状态下的信号波形如图 9-3-3 所示。

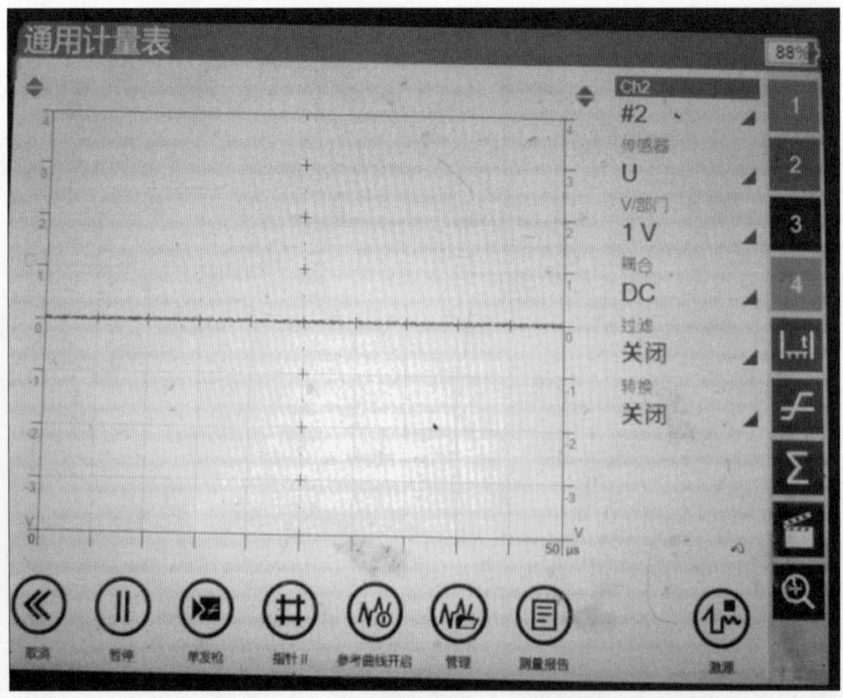

图 9-3-3

四、K-CAN2 故障模拟

1.K-CAN2 故障模拟 1

K-CAN2-H 和 K-CAN2-L 相互短路。

故障现象：仪表报警 DSC 失效，雨刮器失效不停地刮，车辆无法启动，仪表和 CID 显示屏均黑屏，钥匙无法打开。诊断显示多个故障存储，主要为控制单元无通信，具体故障内容如图 9-3-4 和图 9-3-5 所示。

代码	说明	里程数
S 0260	无法与下列装置通信：接线盒电子装置	65727
S 0398	动力管理，蓄电池状态：蓄电池损坏或老化	65727
800EA0	FRM：总线端 KL. 15 缺失	65727
B7F67B	KOMBI：唤醒导线状态有故障，硬件导线	65727
B7F8C3	主机与 CID 的连接：无通信	65727
CD0468	ZGM，K-CAN2：通信故障	65727
CD1400	信息 (车辆状态，0x3A0) 错误，接收器 ZGM，发射器 FEM-ZGM / JBE / CAS / DM	65727
CDA422	FlexRay，信息（车门传感器保险装置状态，256.3.4）缺失，接收器 DME，发射器	65727
CDA524	信息（燃油泵状态，0x335）缺失，DME 接收器，EKP 发射器	65727
CDAF04	信息 (中控锁和风门状态，0x2FC) 缺失，接收器 DME，发射器 CAS、FEM	65727
CDB404	信息 (车辆状态，0x3A0) 缺失，接收器 DME，发射器 JBE	65727
CDB604	信息 (总线端，0x12F) 缺失，接收器 DME，发射器 CAS、FEM	65727

图 9-3-4

代码	说明	里程数
CF20C1	信息（分组故障 3 - 行驶模式下的结果：无）缺失：EGS 接收器，CAS/FEM/JBE/F	65727
D014F8	信息 (总线端，116.0.2) 缺失，接收器 ICM，发射器 CAS/FEM /BDC-ZGM	65727
D014FA	信息 (总线端，116.0.2) 不是最新的，接收器 ICM，发射器 CAS/FEM/BDC-ZGM	65727
D35418	信息（被保护的车门传感器状态，256.3.4）缺失，接收器 DSC，发射器 FRM/FEM	65727
D354F8	信息（总线端，116.0.2）缺失，接收器 DSC，发射器 CAS/FEM/BDC	65727
D90468	CAS，K-CAN2：通信故障	65727
D91410	信息（驱动系数据 2，230.0.2）有错误，接收器 CAS，发射器 DME / DDE	65727
DE8468	FZD，K-CAN2：通信故障	65727
DE9415	信息(总线端，0x12F)缺失，接收器 FZD，发射器 CAS	65727
E09408	信息 (总线端，0x12F) 缺失，接收器 GWS，发射器 CAS / FEM	65727
E09422	信息 (车辆状态，0x3A0) 缺失，接收器 GWS，发射器 JBE / FEM	65727
E11450	信息 (总线端，0x12F) 缺失，接收器 KOMBI，发射器 CAS / BDC	65727

图 9-3-5

2.K-CAN2 故障模拟 2

K-CAN2-H 和 K-CAN2-L 相互短路。

K-CAN2-H 的电压基本保持在 1.2V 左右，变化幅度较小。K-CAN2-L 的电压基本保持在 2.4V 左右，变化幅度较小，如图 9-3-6 所示。

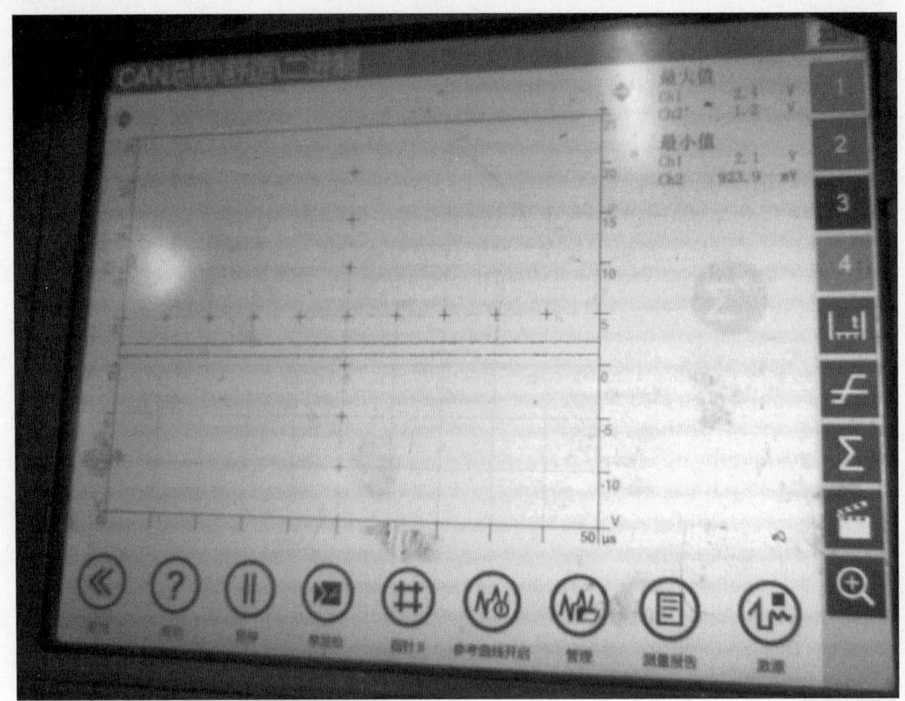

图 9–3–6

3.K–CAN2 故障模拟 3

K–CAN2–H 对地短路。

故障现象：RPA 失效，车辆无法启动，雨刮器失效不停地刮，仪表和 CID 显示屏均黑屏。诊断显示多个故障存储，主要为控制单元无通信，具体故障内容如图 9–3–7 和图 9–3–8 所示。

代码	说明	里程数
S 0398	动力管理，蓄电池状态：蓄电池损坏或老化	65727
B7F8C3	主机与 CID 的连接：无通信	65727
CD0468	ZGM，K-CAN2：通信故障	65727
DE8468	FZD，K-CAN2：通信故障	65727
E20468	PDC，K-CAN2：通信故障	65727
E5845F	FRM、K-CAN2： 线路故障	65727
E58468	FRM、K-CAN2： 通信故障	65727
8021D3	总线端 KL.30F：由于不可信总线端 KL.30B 未复位或断开	65727
8021D4	总线端 KL.30F：由于缺少信息或无效信号未复位或断开 (请求总线端 KL.30F，0x3	65727
B7F67B	KOMBI：唤醒导线状态有故障，硬件导线	65727
C90468	JBE、K-CAN2：通信故障	65727
C9140D	信息（总线端，0x12F）缺失，接收器 JBE，发射器 CAS	65727

图 9–3–7

代码	说明	里程数
C91422	信息 (碰撞预防主控单元状态，0x97) 缺失，接收器 JBE，发射器 REMALI	65727
CD1400	信息 (车辆状态，0x3A0) 错误，接收器 ZGM，发射器 FEM-ZGM / JBE / CAS / DM	65727
CDA422	FlexRay，信息（车门传感器保险装置状态，256.3.4）缺失，接收器 DME，发射器	65727
CDA524	信息（燃油泵状态，0x335）缺失，DME 接收器，EKP 发射器	65727
CDB604	信息 (总线端，0x12F) 缺失，接收器 DME，发射器 CAS、FEM	65727
CF20C1	信息（分组故障 3 - 行驶模式下的结果：无）缺失：EGS 接收器，CAS/FEM/JBE/F	65727
D014F8	信息 (总线端，116.0.2) 缺失，接收器 ICM，发射器 CAS/FEM /BDC-ZGM	65727
D014FA	信息 (总线端，116.0.2) 不是最新的，接收器 ICM，发射器 CAS/FEM/BDC-ZGM	65727
D35418	信息（被保护的车门传感器状态，256.3.4）缺失，接收器 DSC，发射器 FRM/FEM	65727
D354F8	信息（总线端，116.0.2）缺失，接收器 DSC，发射器 CAS/FEM/BDC	65727
D90468	CAS，K-CAN2：通信故障	65727
D91410	信息（驱动系数据 2，230.0.2）有错误，接收器 CAS，发射器 DME / DDE	65727

图 9–3–8

4.K–CAN2 故障模拟 4

K–CAN2–H 对地短路。

K–CAN2–H 和 K–CAN2–L 的电压变化幅度较小，基本保持在 0V 左右，如图 9–3–9 所示。

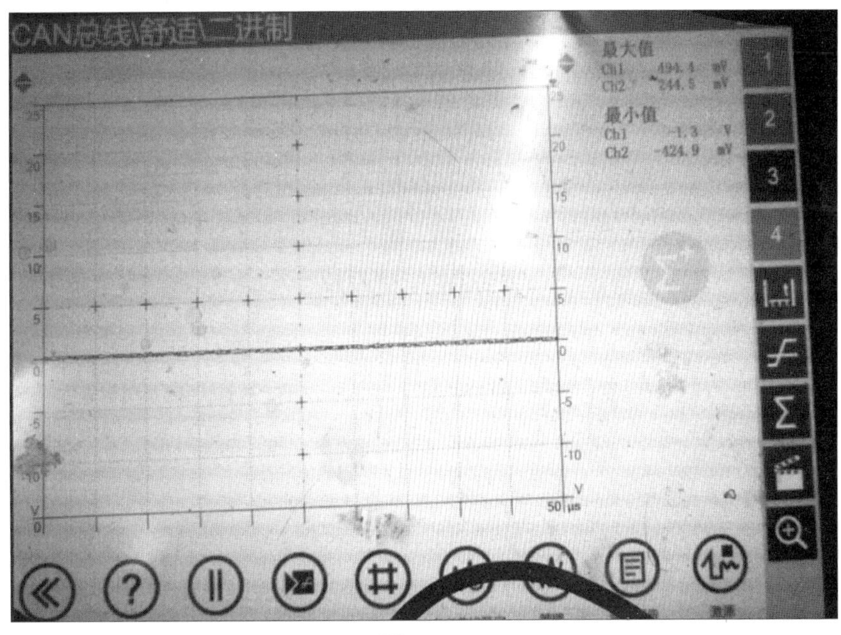

图 9–3–9

5.K–CAN2 故障模拟 5

K–CAN2–L 对地短路。

故障现象：仪表报警 DSC 失效，雨刮器失效不停地刮，车辆无法启动，仪表和 CID 显示屏均黑屏，钥匙无法打开。诊断显示多个故障存储，主要为控制单元无通信，具体故障内容如图 9–3–10 和图 9–3–11 所示。

代码	说明
S 0398	动力管理，蓄电池状态：蓄电池损坏或老化
B7F8C3	主机与 CID 的连接：无通信
CD0468	ZGM，K-CAN2：通信故障
DE8468	FZD，K-CAN2：通信故障
E5845F	FRM、K-CAN2： 线路故障
E58468	FRM、K-CAN2： 通信故障
8021D3	总线端 KL.30F：由于不可信总线端 KL.30B 未复位或断开
8021D4	总线端 KL.30F：由于缺少信息或无效信号未复位或断开 (请求总线端 KL.30F，
B7F67B	KOMBI：唤醒导线状态有故障，硬件导线
C9140D	信息（总线端，0x12F）缺失，接收器 JBE，发射器 CAS
C91416	信息（FH/SHD 便捷功能，0x26E）缺失，接收器 JBE，发射器 CAS
C91422	信息 (碰撞预防主控单元状态，0x97) 缺失，接收器 JBE，发射器 REMALI

图 9-3-10

代码	说明
CD1400	信息 (车辆状态，0x3A0) 错误，接收器 ZGM，发射器 FEM-ZGM / JBE / CAS / DM
CDA422	FlexRay，信息（车门传感器保险装置状态，256.3.4）缺失，接收器 DME，发射器
CDA524	信息（燃油泵状态，0x335）缺失，DME 接收器，EKP 发射器
CDB604	信息 (总线端，0x12F) 缺失，接收器 DME，发射器 CAS、FEM
CF20C1	信息（分组故障 3 - 行驶模式下的结果：无）缺失：EGS 接收器，CAS/FEM/JBE/F
D014F8	信息 (总线端，116.0.2) 缺失，接收器 ICM，发射器 CAS/FEM /BDC-ZGM
D014FA	信息 (总线端，116.0.2) 不是最新的，接收器 ICM，发射器 CAS/FEM/BDC-ZGM
D35418	信息（被保护的车门传感器状态，256.3.4）缺失，接收器 DSC，发射器 FRM/FEM
D354F8	信息（总线端，116.0.2）缺失，接收器 DSC，发射器 CAS/FEM/BDC
D90468	CAS，K-CAN2：通信故障
D91410	信息（驱动系数据 2，230.0.2）有错误，接收器 CAS，发射器 DME / DDE
DE9415	信息(总线端，0x12F)缺失，接收器 FZD，发射器 CAS

图 9-3-11

6.K-CAN2 故障模拟 6

K-CAN2-L 对地短路。

K-CAN2-H 的电压最低在 0V 左右，最高在 3.6V 左右。K-CAN2-L 的电压基本保持在 0V 左右，如图 9-3-12 所示。

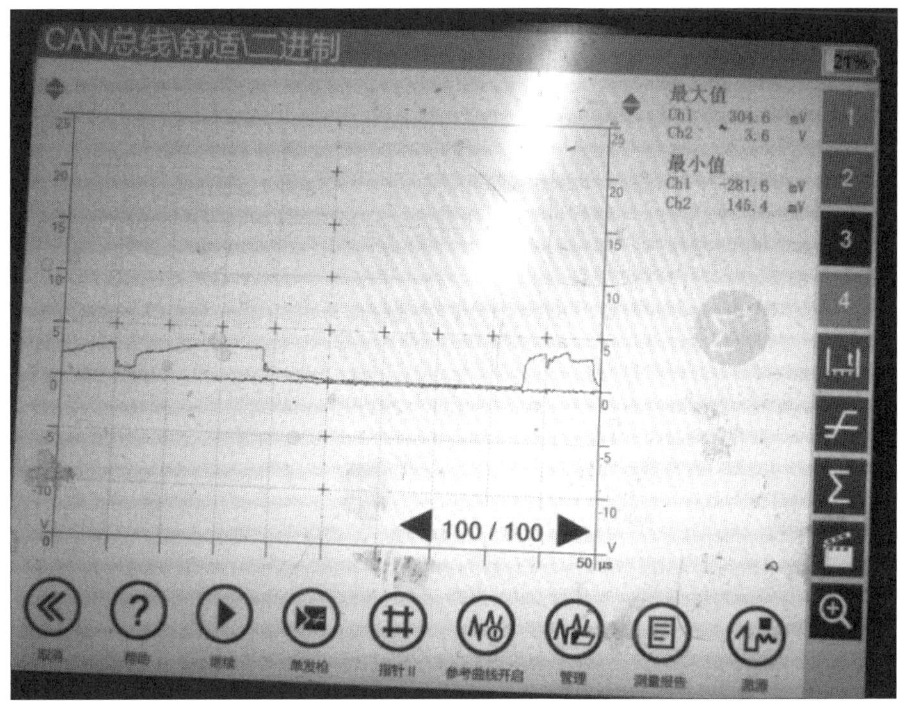

图 9-3-12

7.K-CAN2 故障模拟 7

K-CAN2-H 正极短路。

故障现象：仪仪表报警 DSC 失效，雨刮器失效不停地刮，车辆无法启动，仪表和 CID 显示屏均黑屏，钥匙无法打开。诊断显示多个故障存储，主要为控制单元无通信，具体故障内容如图 9-3-13 和图 9-3-14 所示。

代码	说明	里程数
S 0398	动力管理，蓄电池状态：蓄电池损坏或老化	65727
B7F8C3	主机与 CID 的连接：无通信	65727
E5845F	FRM、K-CAN2：线路故障	65727
E58468	FRM、K-CAN2：通信故障	65727
8021D3	总线端 KL.30F：由于不可信总线端 KL.30B 未复位或断开	65727
8021D4	总线端 KL.30F：由于缺少信息或无效信号未复位或断开 (请求总线端 KL.30F，0x3	65727
B7F67B	KOMBI：唤醒导线状态有故障，硬件导线	65727
C9140D	信息（总线端，0x12F）缺失，接收器 JBE，发射器 CAS	65727
C91422	信息 (碰撞预防主控单元状态，0x97) 缺失，接收器 JBE，发射器 REMALI	65727
CD1400	信息 (车辆状态，0x3A0) 错误，接收器 ZGM，发射器 FEM-ZGM / JBE / CAS / DM	65727
CDA422	FlexRay，信息（车门传感器保险装置状态，256.3.4）缺失，接收器 DME，发射器	65727
CDA524	信息（燃油泵状态，0x335）缺失，DME 接收器，EKP 发射器	65727

图 9-3-13

代码	说明	里程数
CDB604	信息 (总线端，0x12F) 缺失，接收器 DME，发射器 CAS、FEM	65727
CF20C1	信息（分组故障 3 - 行驶模式下的结果：无）缺失：EGS 接收器，CAS/FEM/JBE/F	65727
D014F8	信息 (总线端，116.0.2) 缺失，接收器 ICM，发射器 CAS/FEM /BDC-ZGM	65727
D014FA	信息 (总线端，116.0.2) 不是最新的，接收器 ICM，发射器 CAS/FEM/BDC-ZGM	65727
D354F8	信息（总线端，116.0.2）缺失，接收器 DSC，发射器 CAS/FEM/BDC	65727
D91410	信息（驱动系数据 2，230.0.2）有错误，接收器 CAS，发射器 DME / DDE	65727
DE9415	信息(总线端，0x12F)缺失，接收器 FZD，发射器 CAS	65727
E09408	信息 (总线端，0x12F) 缺失，接收器 GWS，发射器 CAS / FEM	65727
E09422	信息 (车辆状态，0x3A0) 缺失，接收器 GWS，发射器 JBE / FEM	65727
E11450	信息 (总线端，0x12F) 缺失，接收器 KOMBI，发射器 CAS / BDC	65727
E11454	信息 (燃油箱油位原始数据，0x349) 缺失，接收器 KOMBI，发射器 JBE / BDC	65727
E114A6	信息 (环境亮度状态，0x2A5) 缺失，接收器 KOMBI，发射器 JBE / BDC	65727

图 9–3–14

8.K–CAN2 故障模拟 8

K–CAN2–H 正极短路。

K–CAN2–H 对正的电压保持车身电压 14.8V，K–CAN2–L 的电压最低为 0V，最高 8V。信号波形如图 9–3–15 所示。

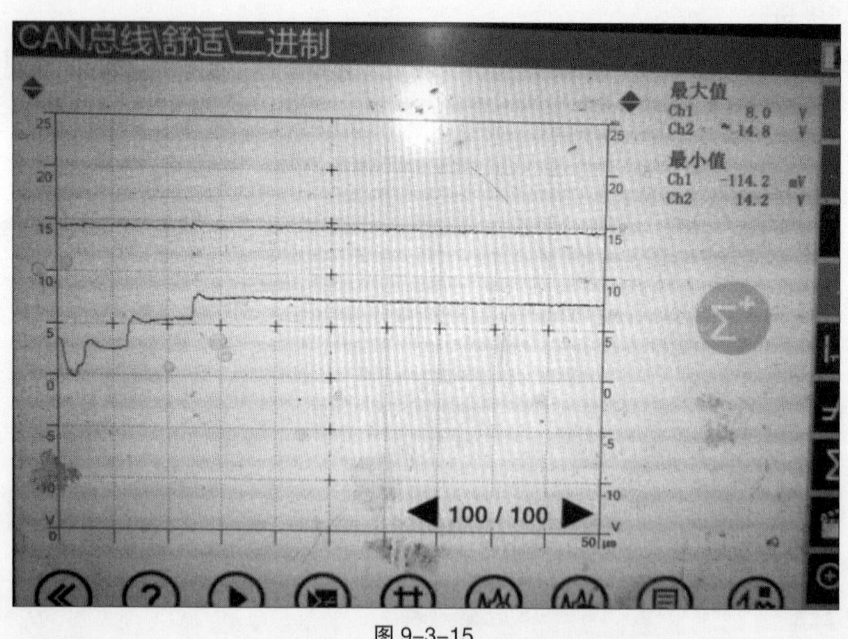

图 9–3–15

9.K–CAN2 故障模拟 9

K–CAN2–L 正极短路。

故障现象：仪仪表报警 DSC 失效，雨刮器失效不停地刮，车辆无法启动，仪表和 CID 显示屏均黑屏，钥匙无法打开。诊断显示多个故障存储，主要为控制单元无通信，具体故障内容如图 9–3–16 和图 9–3–17 所示。

代码	说明	里程数
S 0398	动力管理，蓄电池状态：蓄电池损坏或老化	65727
B7F8C3	主机与 CID 的连接：无通信	65727
E5845F	FRM、K-CAN2： 线路故障	65727
E58468	FRM、K-CAN2： 通信故障	65727
8021D3	总线端 KL.30F：由于不可信总线端 KL.30B 未复位或断开	65727
8021D4	总线端 KL.30F：由于缺少信息或无效信号未复位或断开 (请求总线端 KL.30F，0x3	65727
B7F67B	KOMBI：唤醒导线状态有故障，硬件导线	65727
C9140D	信息（总线端，0x12F）缺失，接收器 JBE，发射器 CAS	65727
C91422	信息 (碰撞预防主控单元状态，0x97) 缺失，接收器 JBE，发射器 REMALI	65727
CD1400	信息 (车辆状态，0x3A0) 错误，接收器 ZGM，发射器 FEM-ZGM / JBE / CAS / DM	65727
CDA422	FlexRay，信息（车门传感器保险装置状态，256.3.4）缺失，接收器 DME，发射器	65727
CDA524	信息（燃油泵状态，0x335）缺失，DME 接收器，EKP 发射器	65727

图 9-3-16

代码	说明	里程数
CDB604	信息 (总线端，0x12F) 缺失，接收器 DME，发射器 CAS、FEM	65727
CF20C1	信息（分组故障 3 - 行驶模式下的结果：无）缺失：EGS 接收器，CAS/FEM/JBE/F	65727
D014F8	信息 (总线端，116.0.2) 缺失，接收器 ICM，发射器 CAS/FEM /BDC-ZGM	65727
D014FA	信息 (总线端，116.0.2) 不是最新的，接收器 ICM，发射器 CAS/FEM/BDC-ZGM	65727
D354F8	信息（总线端，116.0.2）缺失，接收器 DSC，发射器 CAS/FEM/BDC	65727
D91410	信息（驱动系数据 2，230.0.2）有错误，接收器 CAS，发射器 DME / DDE	65727
DE9415	信息(总线端，0x12F)缺失，接收器 FZD，发射器 CAS	65727
E09408	信息 (总线端，0x12F) 缺失，接收器 GWS，发射器 CAS / FEM	65727
E09422	信息 (车辆状态，0x3A0) 缺失，接收器 GWS，发射器 JBE / FEM	65727
E11450	信息 (总线端，0x12F) 缺失，接收器 KOMBI，发射器 CAS / BDC	65727
E11454	信息 (燃油箱油位原始数据，0x349) 缺失，接收器 KOMBI，发射器 JBE / BDC	65727
E114A6	信息 (环境亮度状态，0x2A5) 缺失，接收器 KOMBI，发射器 JBE / BDC	65727

图 9-3-17

10.K-CAN2 故障模拟 10

K-CAN2-H 正极短路。

K-CAN2-H 对正的电压保持车身电压 14V，K-CAN2-L 的电压基本保持 14.6V 左右，即为车身电压。信号波形如图 9-3-18 所示。

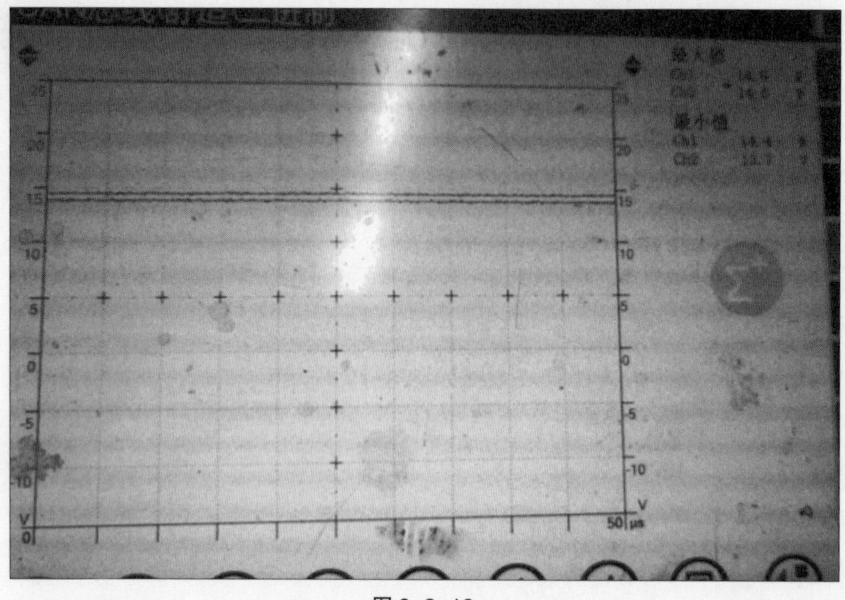

图 9-3-18

第四节 LIN 总线

一、测量准备

总线类型：LIN 总线；

车型：F18；

测量点：灯光控制单元端子 A14*1B Pin2，如图 9-4-1 所示。

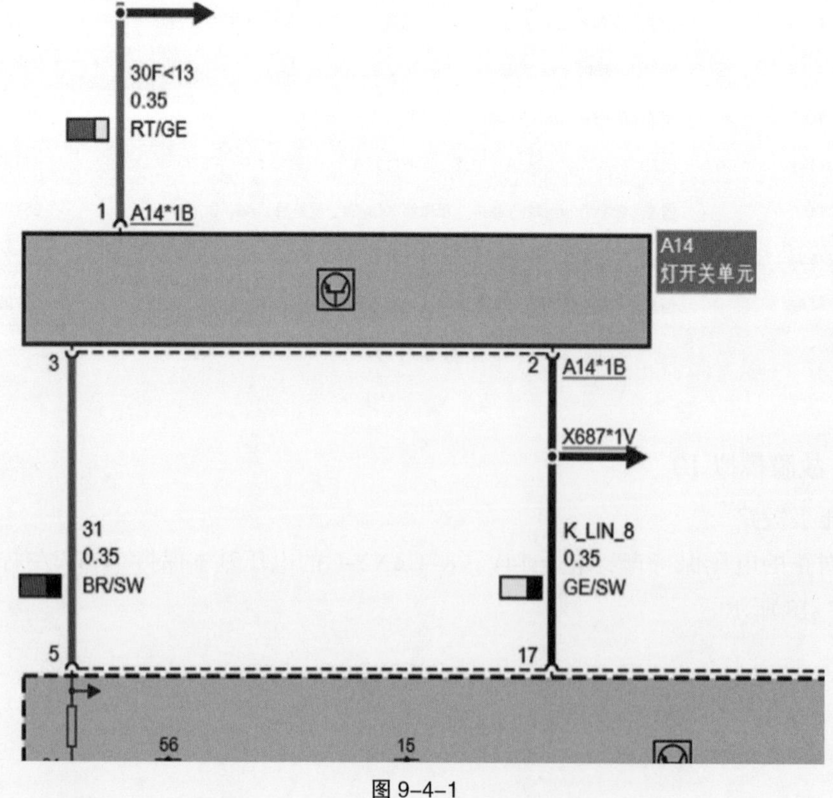

图 9-4-1

二、LIN 总线正常状态下的信号波形

使用万用表电压挡测量，对地电压 10V 左右。正常工作状态下的信号波形如图 9–4–2 所示。

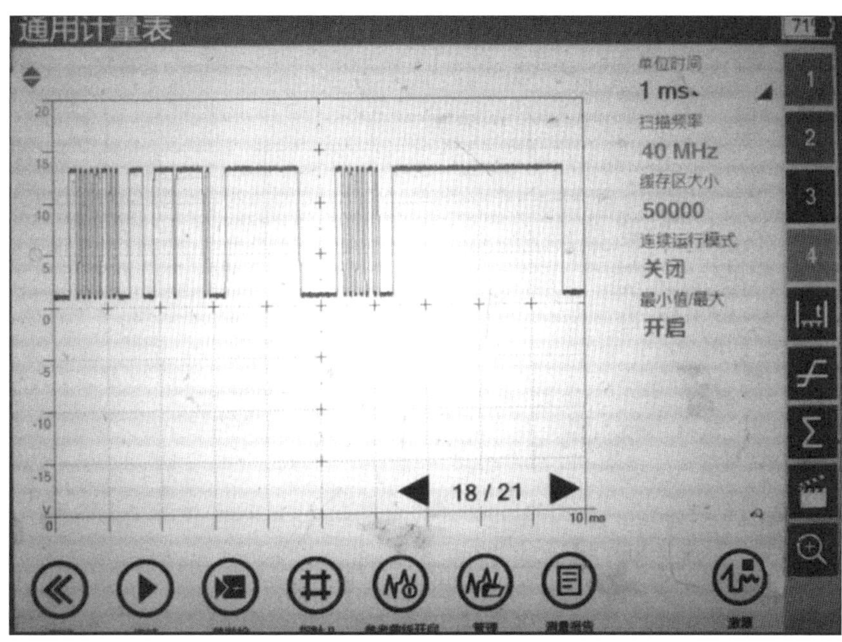

图 9–4–2

三、LIN 总线在休眠状态下的信号波形

使用万用表电压挡测量，对地电压 0V 左右。正常工作状态下的信号波形如图 9–4–3 所示。

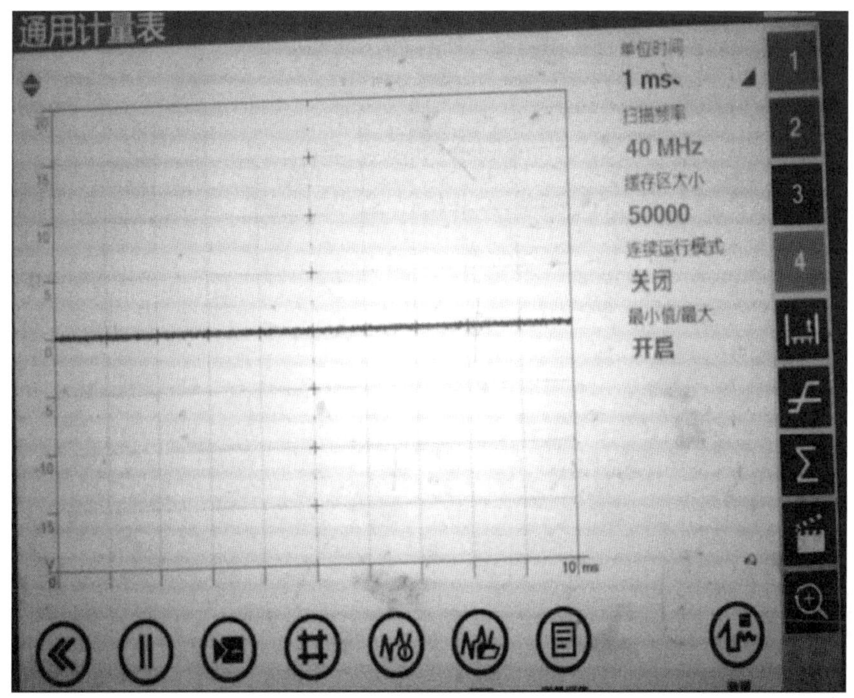

图 9–4–3

四、LIN 总线故障模拟

1.LIN 总线故障模拟 1

LIN 总线对地短路。

故障现象：钥匙关闭后，小灯常亮。打开后，大灯常亮且无法调节。诊断显示 LIN 总线故障，如图 9–4–4 所示。

车架号： SL56704　车辆： 5'/F18/四门车/520Li/N20/自动变速器/ECE/左座驾驶型/2015/11

过程	车辆信息	车辆处理	售后服务计划	收藏
修理 / 保养	故障查询	服务功能	软件更新	更换控制单元
故障码存储器	部件故障症状	功能故障症状	功能结构	部件结构

代码	说明	里程数
S 0398	动力管理，蓄电池状态：蓄电池损坏或老化	65727
B7F8C3	主机与 CID 的连接：无通信	65727
E58D5E	灯开关：LIN 总线，通信故障	65727

图 9–4–4

2.LIN 总线故障模拟 2

LIN 总线对地短路。

LIN 总线对地短路后，总线电压基本保持在 0V 左右。波形信号如图 9–4–5 所示。

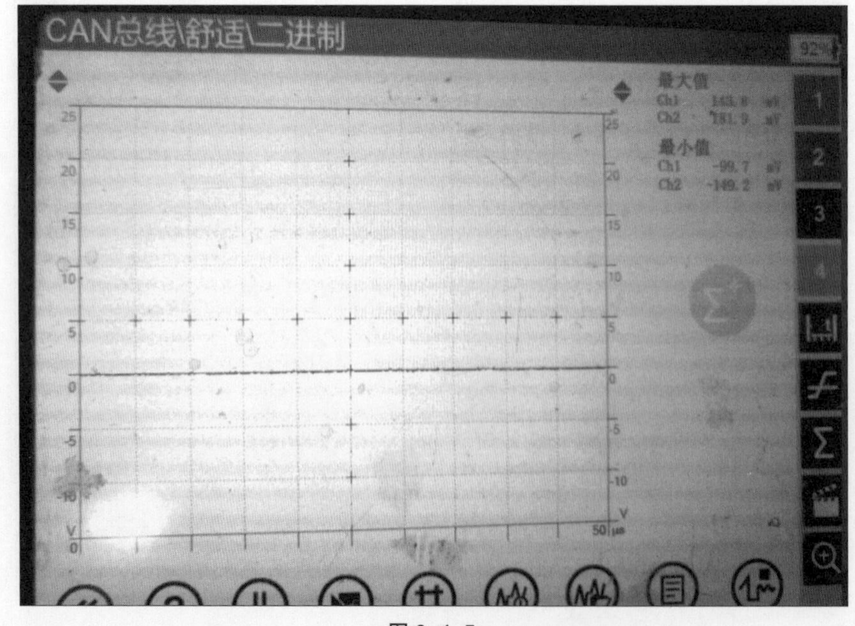

图 9–4–5

3.LIN 总线故障模拟 3

LIN 总线对正极短路。

故障现象：钥匙关闭后，小灯常亮。打开后，大灯常亮且无法调节。诊断显示 LIN 总线故障，如图 9-4-6 所示。

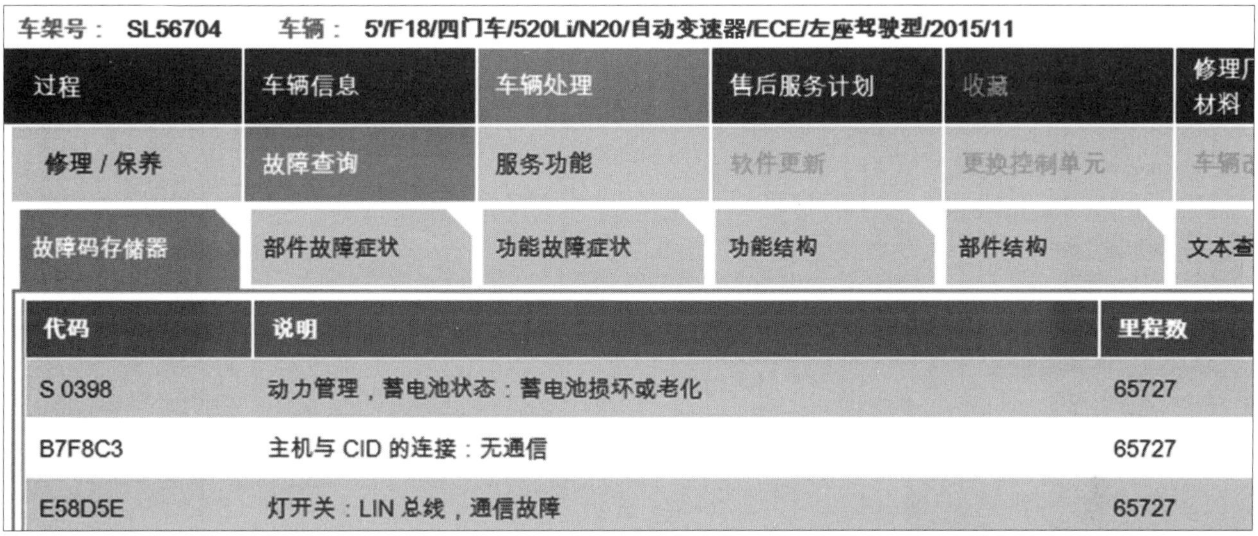

车架号： SL56704 车辆： 5'/F18/四门车/520Li/N20/自动变速器/ECE/左座驾驶型/2015/11

过程	车辆信息	车辆处理	售后服务计划	收藏	修理厂材料
修理 / 保养	故障查询	服务功能	软件更新	更换控制单元	车辆č
故障码存储器	部件故障症状	功能故障症状	功能结构	部件结构	文本查

代码	说明	里程数
S 0398	动力管理，蓄电池状态：蓄电池损坏或老化	65727
B7F8C3	主机与 CID 的连接：无通信	65727
E58D5E	灯开关：LIN 总线，通信故障	65727

图 9-4-6

4.LIN 总线故障模拟 4

LIN 总线对正极短路。

LIN 总线对正极短路后，总线电压基本为车身电压 13V 左右，波形信号如图 9-4-7 所示。

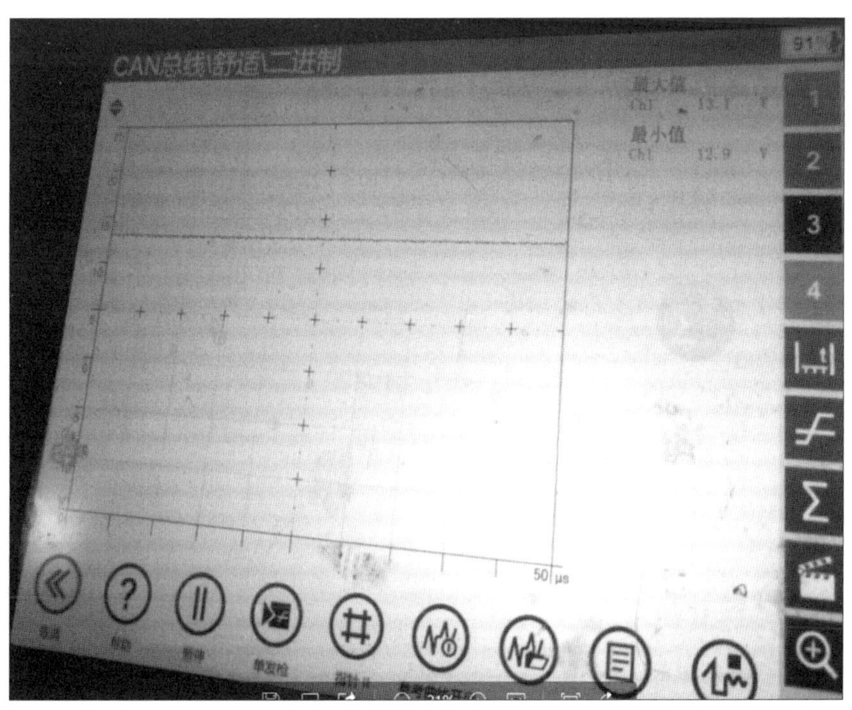

图 9-4-7

第五节　BSD 总线

一、测量准备

总线类型： BSD 总线；

车型： F18；

测量点： DME 控制单元端子 A46*2B Pin32，如图 9-5-1 所示。

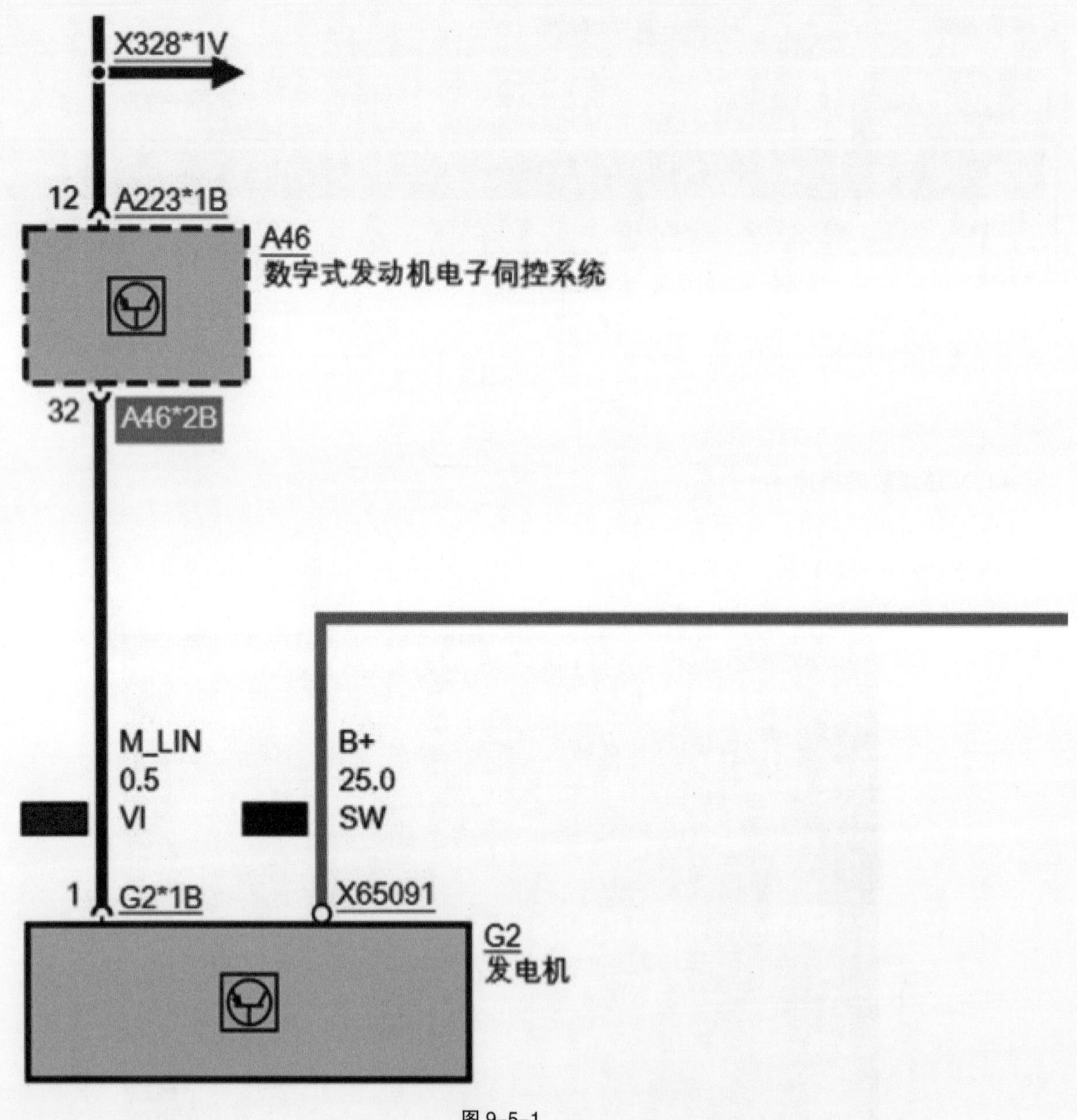

图 9-5-1

二、BSD 总线正常工作状态下的信号波形

使用万用表电压挡测量对地电压 10.1V 左右，正常工作状态下的信号波形如图 9-5-2 所示。

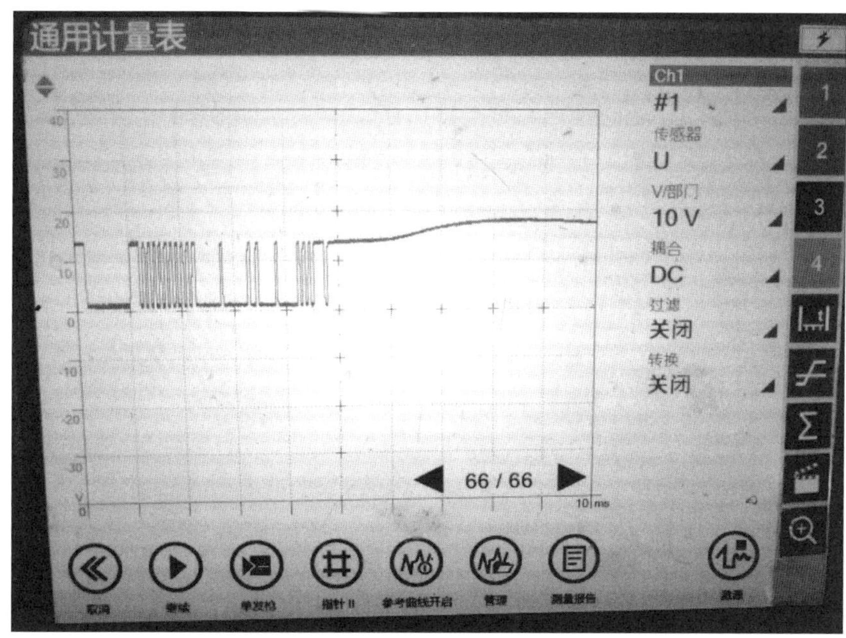

图 9–5–2

三、BSD 总线休眠状态下的信号波形

BSD 总线在休眠状态下的信号波形如图 9–5–3 所示。

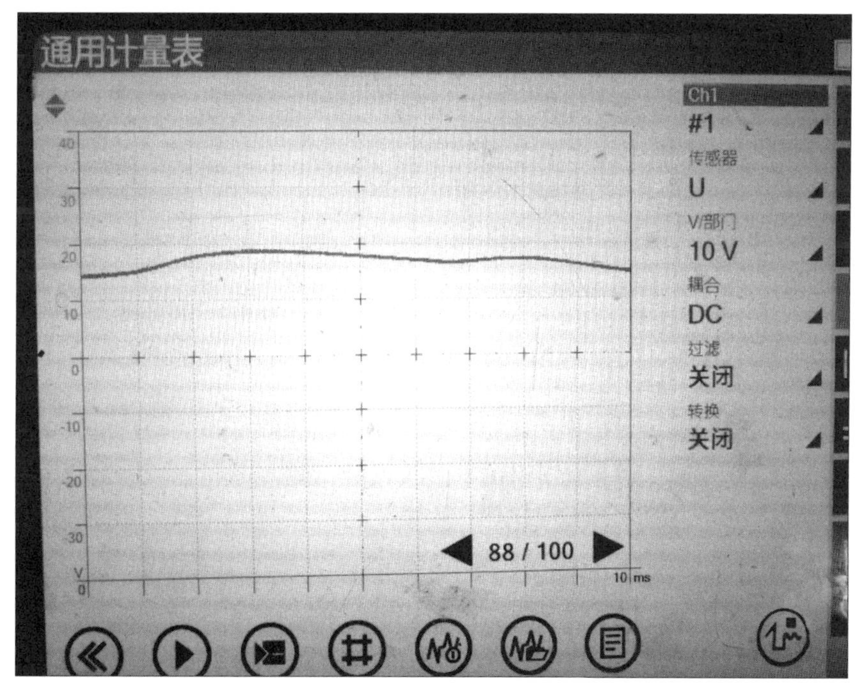

图 9–5–3

四、BSD 总线故障模拟

1.BSD 总线故障模拟 1

BSD 总线对地短路。

故障现象：车辆无法启动，传动系统故障（红色报警），水泵高速运转。诊断显示多个发动机传感器故障。诊断故障码如图 9-5-4 和图 9-5-5 所示。

代码	说明
102A01	空气质量计，信号：电气故障
113027	点火开关和喷射装置继电器，燃油喷射供电电压：断路
120408	增压压力调节：作为后续反应关闭
122002	循环空气减压阀，控制：对地短路
123516	电动减压装置，控制：断路
12B102	废气触媒转换器前氧传感器加热装置，控制：对地短路
12B302	废气触媒转换器后氧传感器加热装置，控制：对地短路
130002	VANOS 进气电磁阀，控制：对地短路
130202	VANOS 排气电磁阀，控制：对地短路
133011	电子气门控制系统(VTC)，供电电压：功能异常，供电后续反应
133102	电子气门控制系统继电器，控制：对地短路
152007	点火开关和喷射装置继电器，点火开关供电电压：对地短路

图 9-5-4

1B5202	电源，总线端 KL.15N_1：对地短路
1B5302	电源，总线端 KL.15N_2：对地短路
1B5402	电源，总线端 KL.15N_3：对地短路
1C0202	发动机油压调节阀，控制：对地短路
1D2404	电子节温器，控制：断路
1F0515	电子气门控制系统，供电电压：断路
1F4A02	点火开关和喷射装置继电器，控制：对地短路
CD8E10	局域互联网总线：通信故障
CF2501	信息（挂车状态，0x 2E4）缺失：EGS 接收器，AHM 发射器

图 9-5-5

2.BSD 总线故障模拟 2

BSD 总线对地短路。

BSD 总线对地短路后，总线电压基本保持在 0V 左右。信号波形如图 9-5-6 所示。

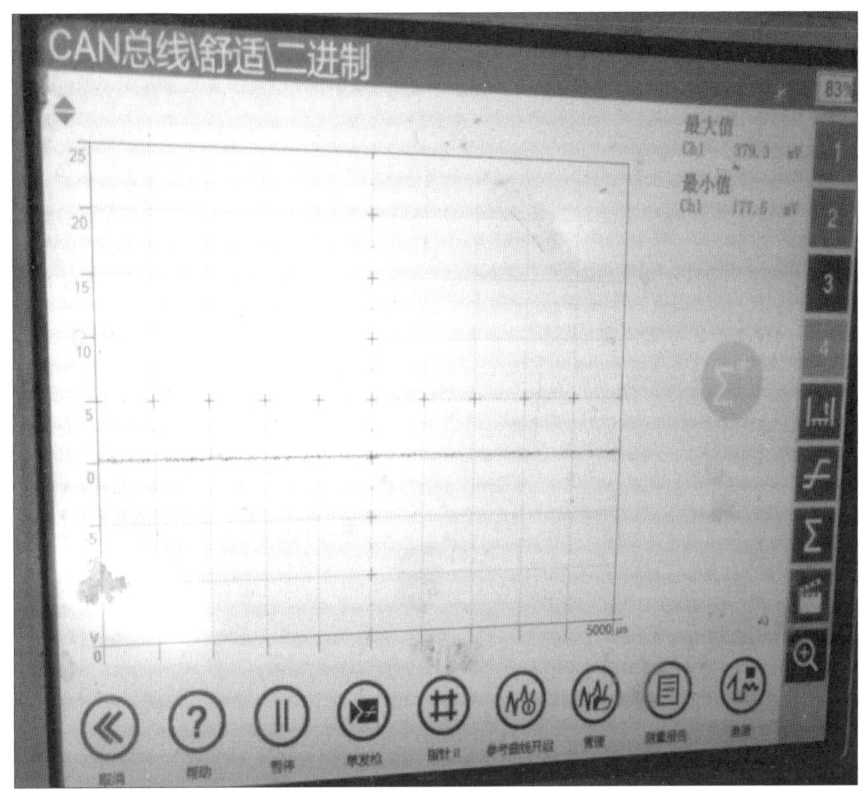

图 9–5–6

3.BSD 总线故障模拟 3

BSD 总线正极短路。

故障现象：未发现明显的故障现象。诊断结果，如图 9–5–7 所示。

车架号： SK67336　　车辆： 5'/F18/四门车/520Li/N20/自动变速器/ECE/左座驾驶型/2015/03　　KL.15: 14

过程	车辆信息	车辆处理	售后服务计划	收藏	修理厂材料 / 消耗材料
修理 / 保养	故障查询	服务功能	软件更新	更换控制单元	车辆改装
故障码存储器	部件故障症状	功能故障症状	功能结构	部件结构	文本查询

代码	说明	里程数	类别 ▲
CD8F01	LIN，信息；智能型蓄电池传感器 (IBS)：缺少	90510	
CD8E10	局域互联网总线：通信故障	90510	信息
CF2501	信息（挂车状态，0x 2E4）缺失：EGS 接收器，AHM 发射器	90510	信息

图 9–5–7

4.BSD 总线故障模拟 4

BSD 总线对正极短路后，总线电压基本保持车身电压 14.7V 左右，信号波形如图 9–5–8 所示。

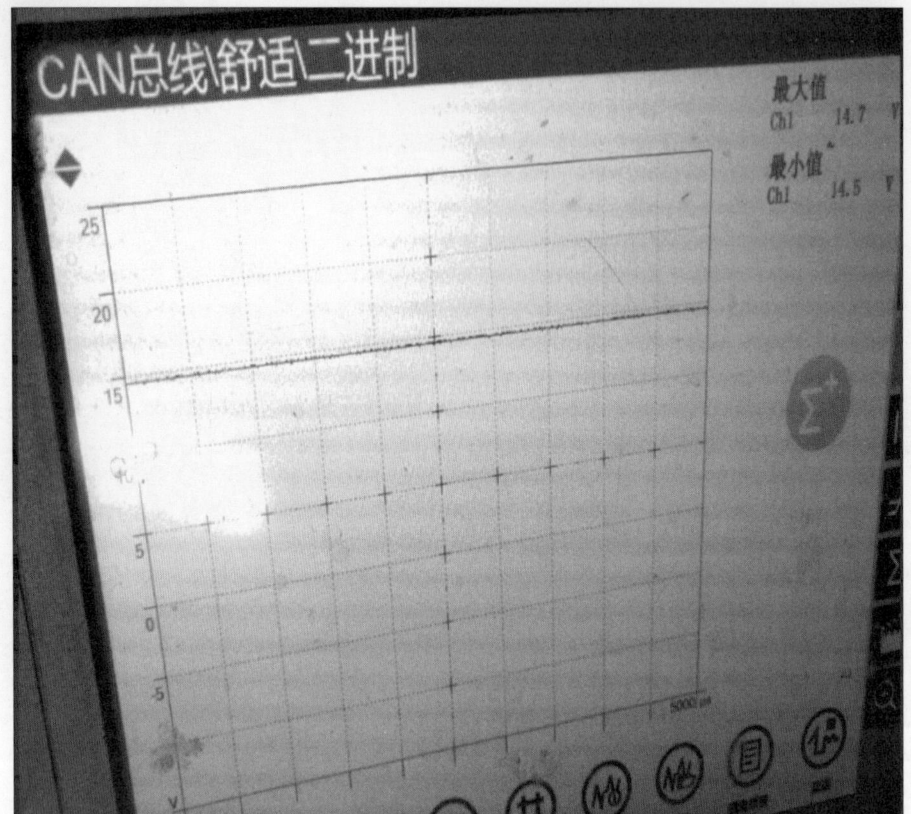

图 9-5-8

第十章　ISTA 系统故障码存储器列表信息说明

一、ISTA 内的故障码存储器列表

在屏幕“故障码存储器”中显示车辆测试时或“控制单元测试”（单个控制单元测试）时从车辆中读取的故障码存储器。此外还显示所谓的售后服务故障码（例如 S0001 无法与组合仪表通信），车辆测试时生成售后服务故障码（例如无法与某个控制单元通信时），但是不存储在车辆内，如图 10–1 所示。

图 10–1

二、故障码存储器列表结构

故障码存储器列表如图 10–2 所示。

图 10-2

1. 代码

显示控制单元内部的故障码。

2. 说明

故障简短描述。

3. 里程数

车辆上次出现故障的里程数。从车型系列 E65 起所有控制单元才都记录里程数。如果因故障而不显示里程数，则该故障出现时控制单元不能记录有效的里程数。

4. 类别

从车型系列 F01 起可以将故障归类到某个特别的故障类别。目前可以进行下列故障类别归类：

蓄电池电压 <9V：发生故障时蓄电池电压低于 9V。

蓄电池电压 >16V：发生故障时蓄电池电压高于 16V。

信息：控制单元识别到功能限制，该功能限制源于操作错误、受功能所限安全关断（温度过高、重复断电机构等）或另一个控制单元有故障。

故障码存储器列表可以通过点击栏标题（例如里程数）以不同方式排序。故障码存储器列表排序不影响检测计划的计算。

三、显示故障码

对于所选故障码存储记录（在列表中选择故障码存储器）来说，可以通过快捷图标“显示故障码”显示有关故障码存储器的其他信息，如图 10-3 所示。

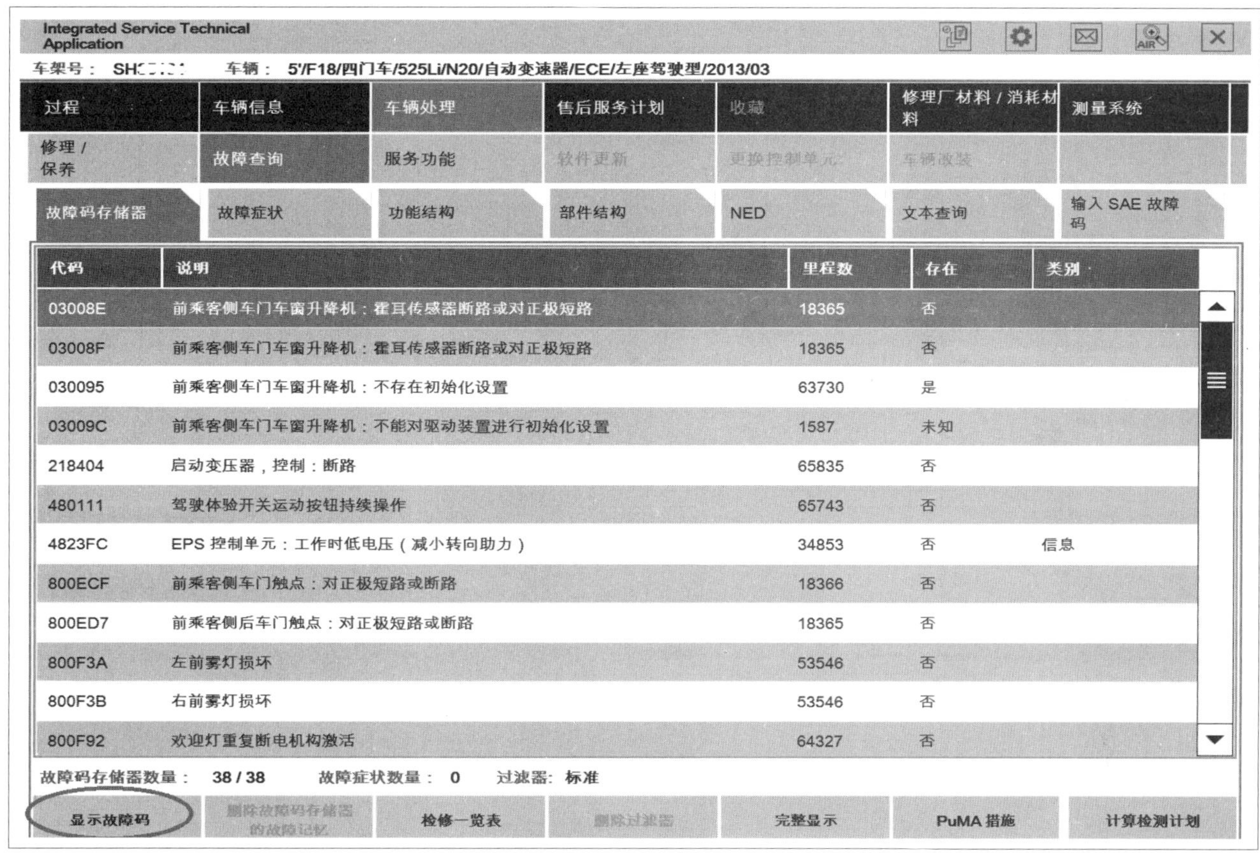

图 10–3

1. 说明

存储的故障的故障码描述。此文件包含控制单元何时识别到故障以及哪些故障原因导致故障码存储记录的基本信息。从车型系列 F01 起为所有故障码存储器提供故障码描述，如图 10–4 所示。

图 10–4

2. 细节

显示控制单元中为某个故障码存储器存储的故障细节。通过选择快捷图标“更新”可重新从控制单元中读取故障细节，如图 10–5 所示。

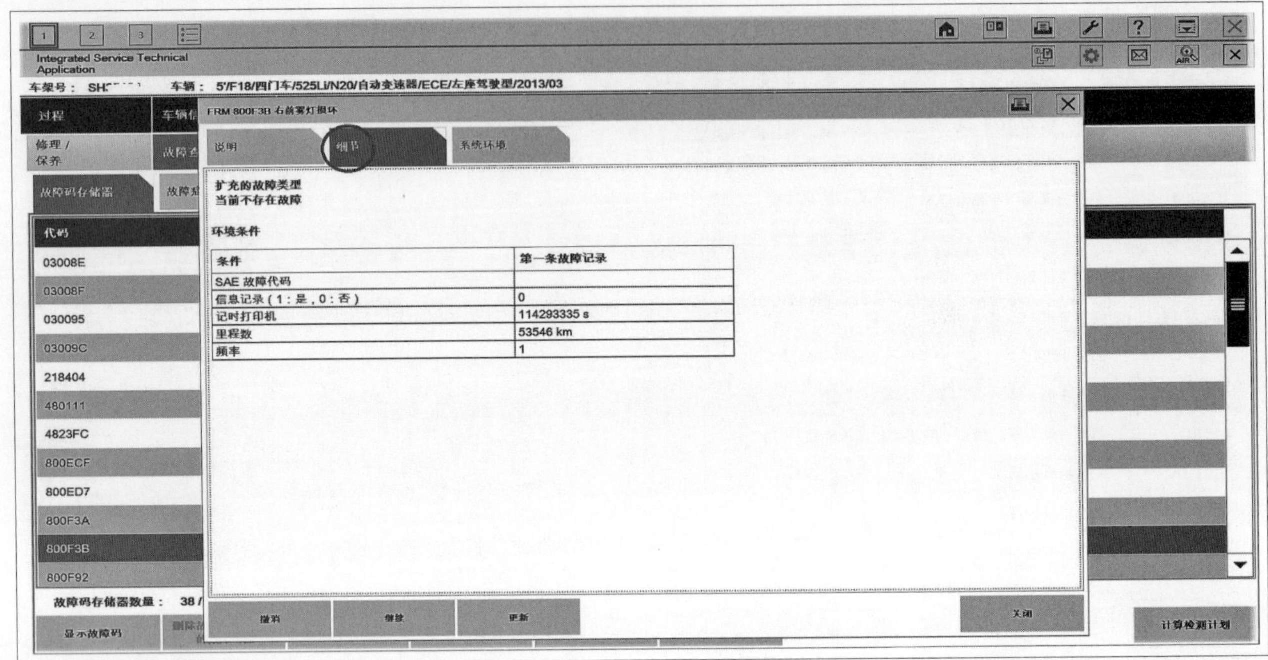

图 10–5

3. 系统环境

在 F 车型系列（从 F01 起）的车辆上，出现故障时会在一个中央故障码存储器（诊断主控单元）内存储附加车辆信息（环境条件）。与故障细节相反，在用于所有故障码存储器的系统记录相同的环境条件。借此可以识别故障关联性，例如出现连锁故障，如图 10–6 所示。

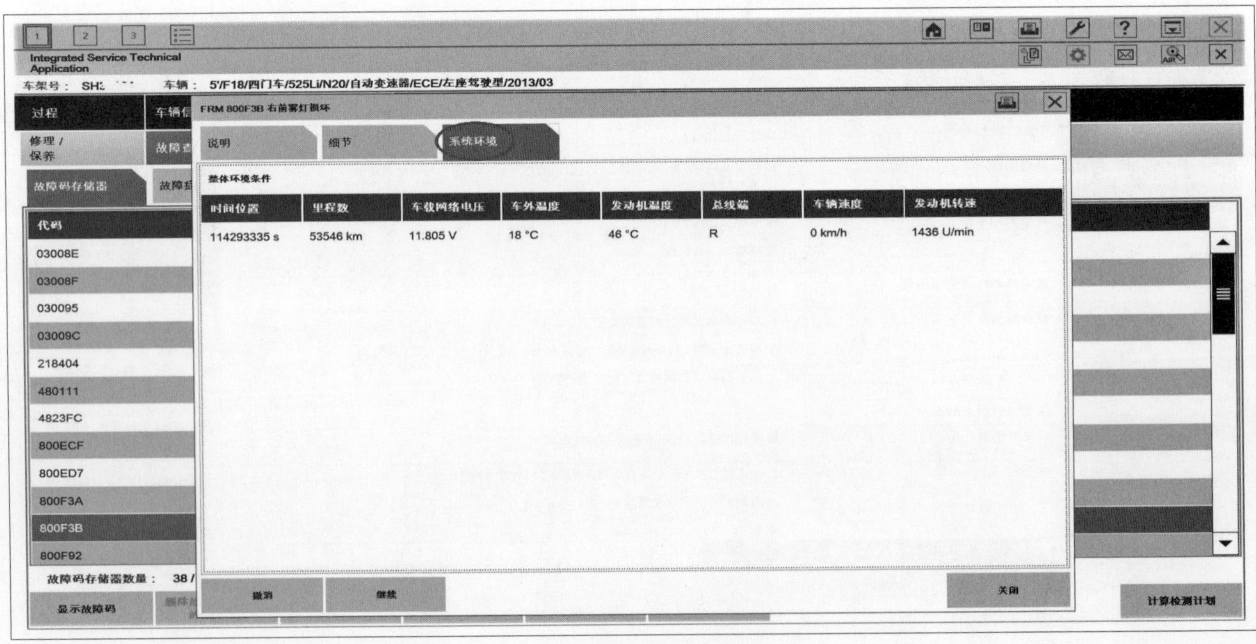

图 10–6

四、过滤故障码存储器记录

借助过滤功能可以缩短显示故障的列表，而不删除控制单元内的故障记录。计算检测计划时，只考虑符合过滤标准且可在故障码存储器列表中列出的故障。故障码存储器列表过滤只能通过 KM 轴和通过故障类别过滤实现，如图 10–7 所示，选择“检修一览表”。

图 10–7

1.KM 轴

在该屏内显示故障码（垂直轴）和相应的里程数（水平轴）。通过选择快捷图标“光标”可激活可以限定里程范围的“方向键”。在 F 车型系列车辆中显示来自诊断主控单元的里程数。对于偶尔发生的故障来说，只有故障从“目前不存在”切换为“目前存在”时，才存在一个里程数。在从 E65 起的所有车型系列中，对于偶尔发生的故障显示第一个和最后一个故障的里程数，如图 10–8 所示。

2. 类别

在该屏中列出所有在故障存储列表内出现的故障类别。通过取消选定选择栏可以从故障码存储器列表中隐去某个故障类别的故障（例如信息）。

如果未将故障码存储器列表中的故障码存储器归于某个类别，则选项卡“类别”不可用。在车辆上进行故障查询时，建议首次计算检测计划时只使用未归类的故障码存储器。通过选择快捷图标“接受”可激活这两屏的过滤器设置，如图 10–9 所示。

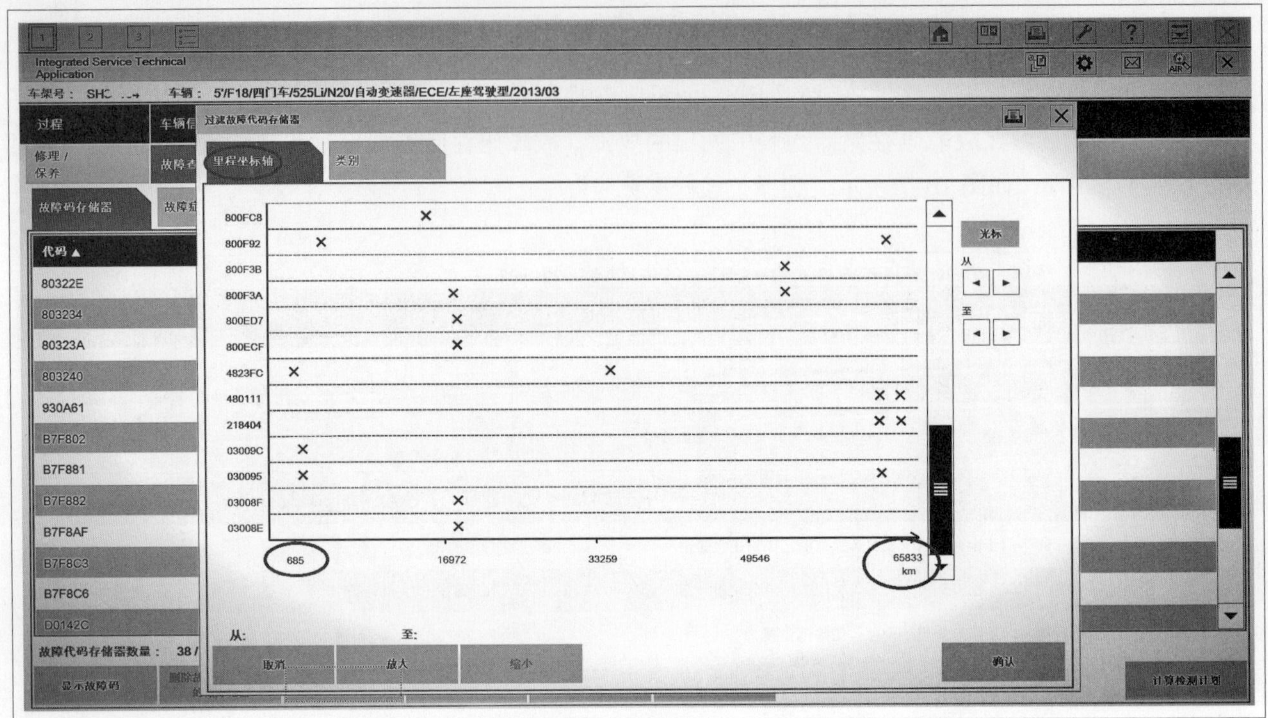

图 10–8

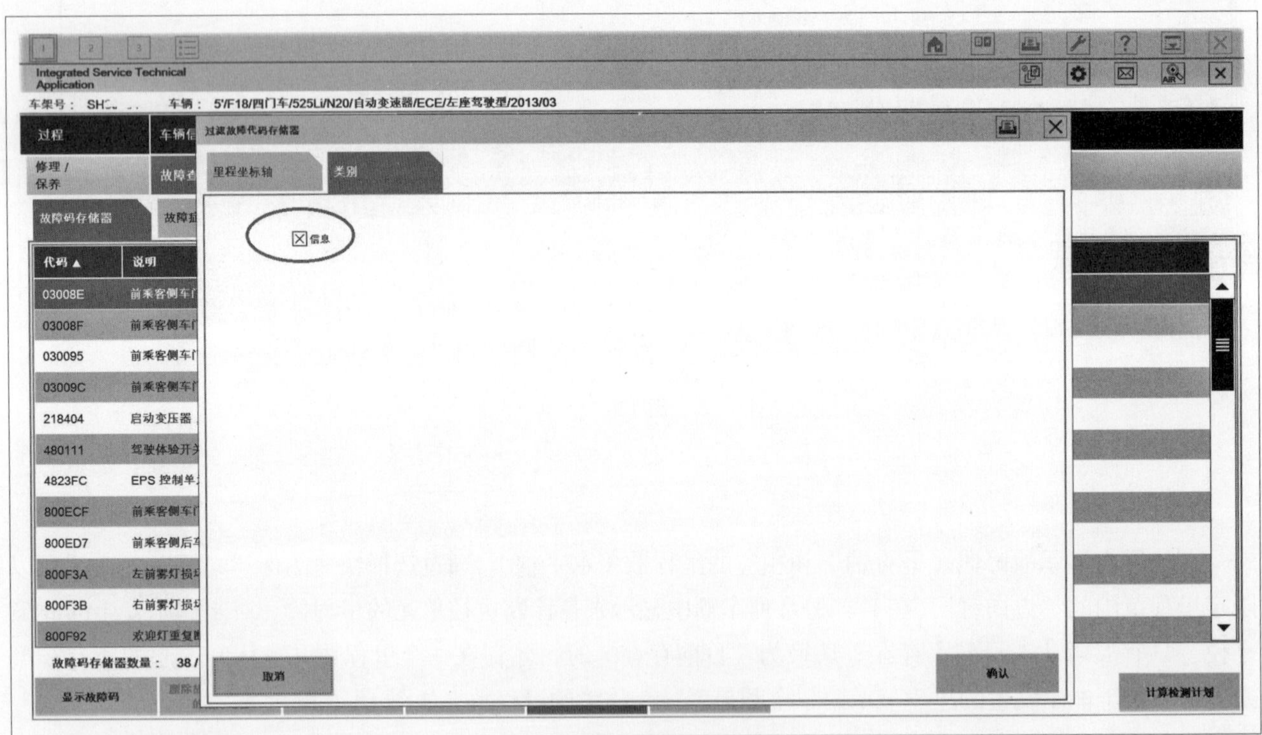

图 10–9

五、计算检测计划

通过选择快捷图标“计算检测计划”可计算一个检测计划并调出“检测计划”屏。检测计划只包括故障码存储器列表中显示的故障码存储器，如图 10–10 所示。

图 10–10

根据故障存储器中的内容生产的检测计划，生成的检测计划包括哪些故障码及故障内容，如图 10–11 所示。

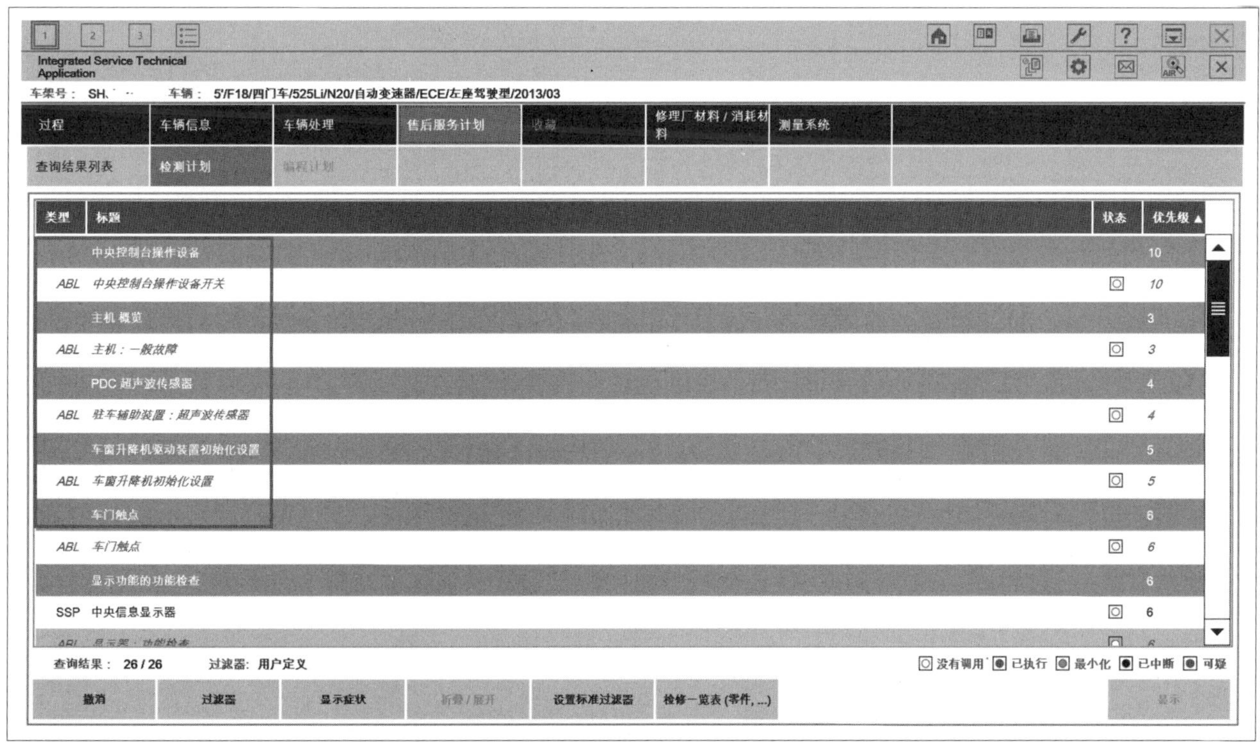

图 10–11

第十一章　ISTA 系统故障码计数方式、频率计数器和复原计数器

一、显示故障码详细信息时出现不同值

类型；

恢复次数；

频率计数器；

信息条目；

里程数；

时间戳；

环境条件。

如果车载诊断系统在一个试验周期（Operation Cycle）识别并保存了一个故障，频率计数器便会加 1，复原计数器便会被初始化。频率计数器用于记录一个故障出现的次数。

有 2 种不同的计数方式：

如果在一个试验周期结束后识别出一个故障，计数器数字便会增加。这就意味着，如果是长期存在的故障，便会在每个试验周期都识别出该故障。这时，频率计数器的数字便会增加。

只有当故障在“未识别”后重新被识别，计数器的数字才会增加。这就意味着，如果是长期存在的故障，频率计数器便不会改变，即使是经过多个试验周期也是如此。

与频率计数器相反的是复原计数器。复原计数器用于记录一个故障被识别或保存后不再出现的情况次数。当“不再出现”达到特定的数字后，便能够假定该故障已不复存在。即所谓该故障已恢复。根据控制单元型号，复原计数器有 2 种计数方向：

倒数，从 40 至 0，或从 80 至 0；

正数，从 0 至 40，或从 0 至 80。

如果一个故障再次被识别，且频率计数器增加 1，复原计数器便会重新被设为初始值。

如果某个控制单元型号的计数方法和起始值未知，便难以对复原计数器进行理解。而对于某些控制单元型号而言，其计数方式始终相同。在关于故障码存储器的详细信息中，可以见到哪个控制单元保存了该故障。

例如：频率计数器停在 3 的位置。复原计数器停在 5 的位置。该故障出现了 3 次。在最后一次出现后，已经有 35 次或 75 次或 5 次没有再出现了。

二、针对先于 G11/G12 之前研发的车辆

复原计数器从起始值 40 或 80 开始倒数，如表 11-1 所示。

表 11–1

条件	频率计数器	恢复次数
初次进行故障记录时	1	40
如果一次识别到故障已复原	1	39
如果三次识别到故障已复原	1	37
如果重新识别到故障	2	40
如果重新识别到故障已复原	2	39
如果 38 次重新识别到故障已复原	2	1
如果 40 次识别到故障已复原	–（故障已删除）	–（故障已删除）

三、自 G11/G12 起和所有在 G11/G12 车辆之后研发的车辆

复原计数器从起始值 0 开始计数，如表 11–2 所示。

表 11–2

条件	频率计数器	恢复次数
初次进行故障记录时	1	0
如果一次识别到故障已复原	1	1
如果三次识别到故障已复原	1	3
如果重新识别到故障	2	0
如果重新识别到故障已复原	2	1
如果 38 次重新识别到故障已复原	2	39
如果 40 次识别到故障已复原	–（故障已删除）	–（故障已删除）

第十二章　ISTA 系统编辑

第一节　ISTA 系统编程基础

由于车辆使用内功能的复杂性不断增长以及功能的不断后续开发，因此，不得不相应调整控制单元内的软件。

原则上只有在以下情况下才允许为车辆编程：

某一诊断系统测试模块要求进行编程时；

在技术改进活动的范围内；

改装和加装时；

BMW 集团技术支持明确指出（例如通过 PuMA）需进行车辆编程时。

避免编程出现错误的一项重要因素是针对车辆做好准备工作并遵守编程期间的操作说明。针对具体车辆应遵守相关的特殊规定，为此必须查找 ISTA 用户文件中的编程信息。下面将介绍适用于所有车辆的准备工作。每次编程前必须首先对车辆进行诊断并确保车辆无任何故障。只有排除车辆电气系统内的故障后，才允许开始编程。

ISTA 编程系统可确保以编程和设码功能为基础更新所有车辆的数据状态。因此，提供最新软件和为车辆编程将成为所有 BMW 维修车间的核心流程。今天，对当前 BMW 车型系列的电子组件进行加装和改装以及保养和维修后可以通过为车辆编程或设码进行调整。

在此分为 3 种不同方式。每种方式都表示对软件和功能进行更改或调整。但采取不同的处理程序。共有 3 种处理方法：编程、设码、个性化设置。

编程。编程时（也称为擦写编程）将新程序存入控制单元内。控制单元之间存在下列区别：

程序状态与程序和数据状态。

控制单元的程序状态相当于操作系统，负责控制控制单元内的计算机程序。数据状态包括相关车辆、发动机和变速器的特性曲线族和特性曲线。为具体控制单元编程时，ISTA/P 编程程序自动考虑上述因素。为控制单元编程后自动执行所需设码程序。

设码。设码时根据具体车辆调整控制单元。这意味着系统根据车辆订单开通或启用功能和特性曲线。

个性化配置。在带有个性化配置的车辆上，客户可以直接进行个性化设置。在这些车辆上车辆菜单中取消了个性化设置按钮。

软件调整的优点。软件调整有以下优点：

可以简便快捷地进行加装和改装，无须更换控制单元；

改进现有功能；

引入新功能；

减少硬件类型；

对各市场的法规要求做出快速反应；

灵活调整以保证质量；

快速支持技术改进活动；

通过开通密码销售附加功能，例如扩展型语音处理功能或提高最高车速功能。

编程前用户必须检查最新信息以确定车辆编程期间是否可能出现错误 / 编程中断。这样可以避免因向 BMW 咨询而造成不必要的延迟。从而可以避免由于软件错误而导致车辆滞留在维修车间以及通知客户车辆维修可能会延期。这样也可以避免提供代用车。

编程 / 设码控制单元（在车辆测试后）。

一般信息。核心任务。

编程 / 设码控制单元。

前提。

更换控制单元。

技术信息。

为了避免编程 / 设码错误，使用最新软件版本。

蓄电池电压在编程期间不得低于 13.0V。

只使用 BMW 推荐的低压车载网络充电器。

对于电动车或混合动力汽车，在编程 / 设码时无须关闭高压系统。

高压系统由编程系统自动关闭。

例外：

BMW I01 ：遵循 PuMA 措施 55176388。

将蓄电池充电器连接到车辆上。

将编程系统与车辆连接。

确定措施计划。

接受措施计划，完整处理。

取决于返工列表，必要时将维修车间系统与车辆连接。

进行车辆测试。

删除故障码存储器。

注意有关车间系统中编程的信息和用户文档中的相应提示。

等候完整编程 / 设码。

将编程系统从车辆上脱开。

将蓄电池充电器从车辆上脱开。

ISTA 包含了针对配有 BN2020 的 F、G 和 I 车型系列及摩托车车型的全部所需编程功能。之前需要进行的系统切换操作现已取消，由此也可以避免多次重复执行某些功能，例如重新识别所安装的控制单元。

如果安装了服务数据，则表明具备编程功能。这可以在“Version”选项卡或 ISTA Launcher 中的“Administration”（扳手图标）下查看到。如果未安装服务数据，则编程选项卡处于非激活状态。服务数据是服务数据包（SDP）的组成部分。

ISTA 编程中涉及软件更新，更换控制单元，车辆改装等。

软件更新。舒适模式、扩展、附加软件。

更换控制单元。未更换、已更换。

车辆改装。加装、改装、设码转换、恢复性改装、恢复性改装仅设码、直接措施。

第二节 ISTA 系统编程实战

ISTA 集成 FGI 系列诊断编程系统如图 12–2–1 所示，ISTA–PE 系列编程系统如图 12–2–2 所示。由于 E 系列车辆已经退出市场了，在此不做介绍。

图 12–2–1

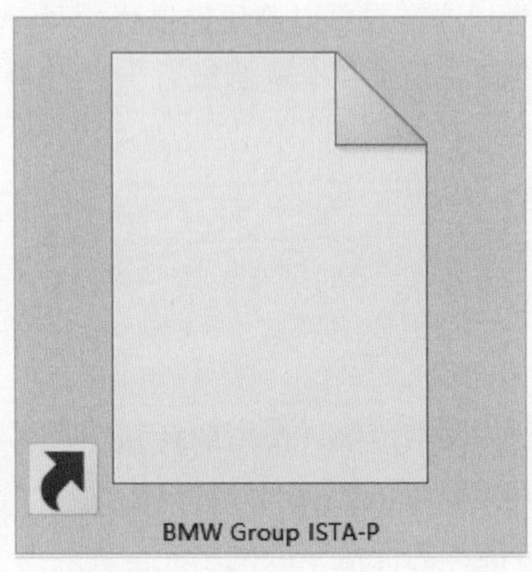

图 12–2–2

点击 ISTA 图标启动 ISTA，如图 12–2–3 所示。

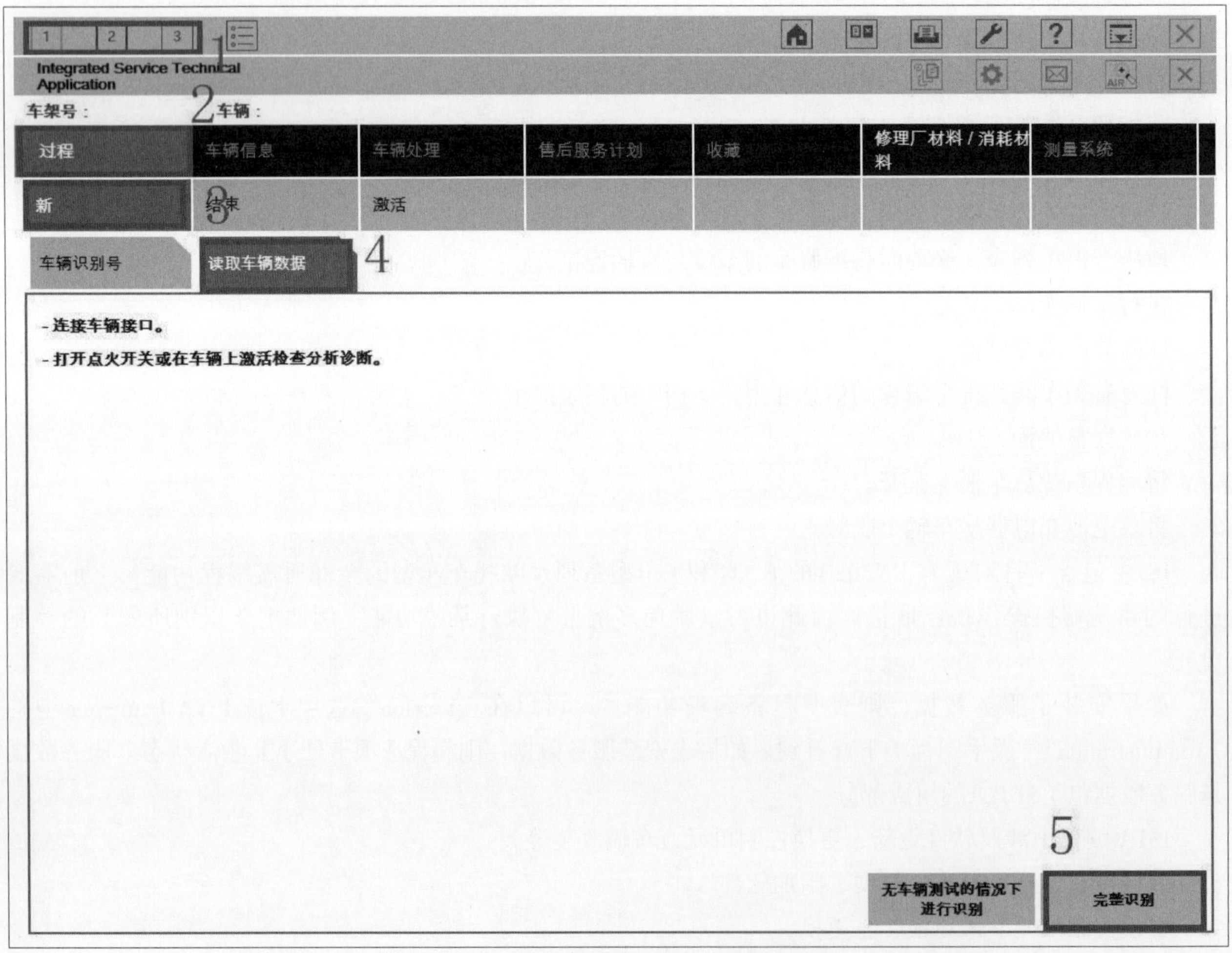

图 12–2–3

根据图 12-2-3 顺序进行选择。

（1）在 123 3 个进程中选择一个空闲的进程。

（2）选择过程。

（3）新的过程。

（4）读取车辆数据。

（5）完整识别。

（6）选择完整识别后会进入到连接管理器界面。

（7）选择需要编程的车辆如图 12-2-4 中 1 所示。

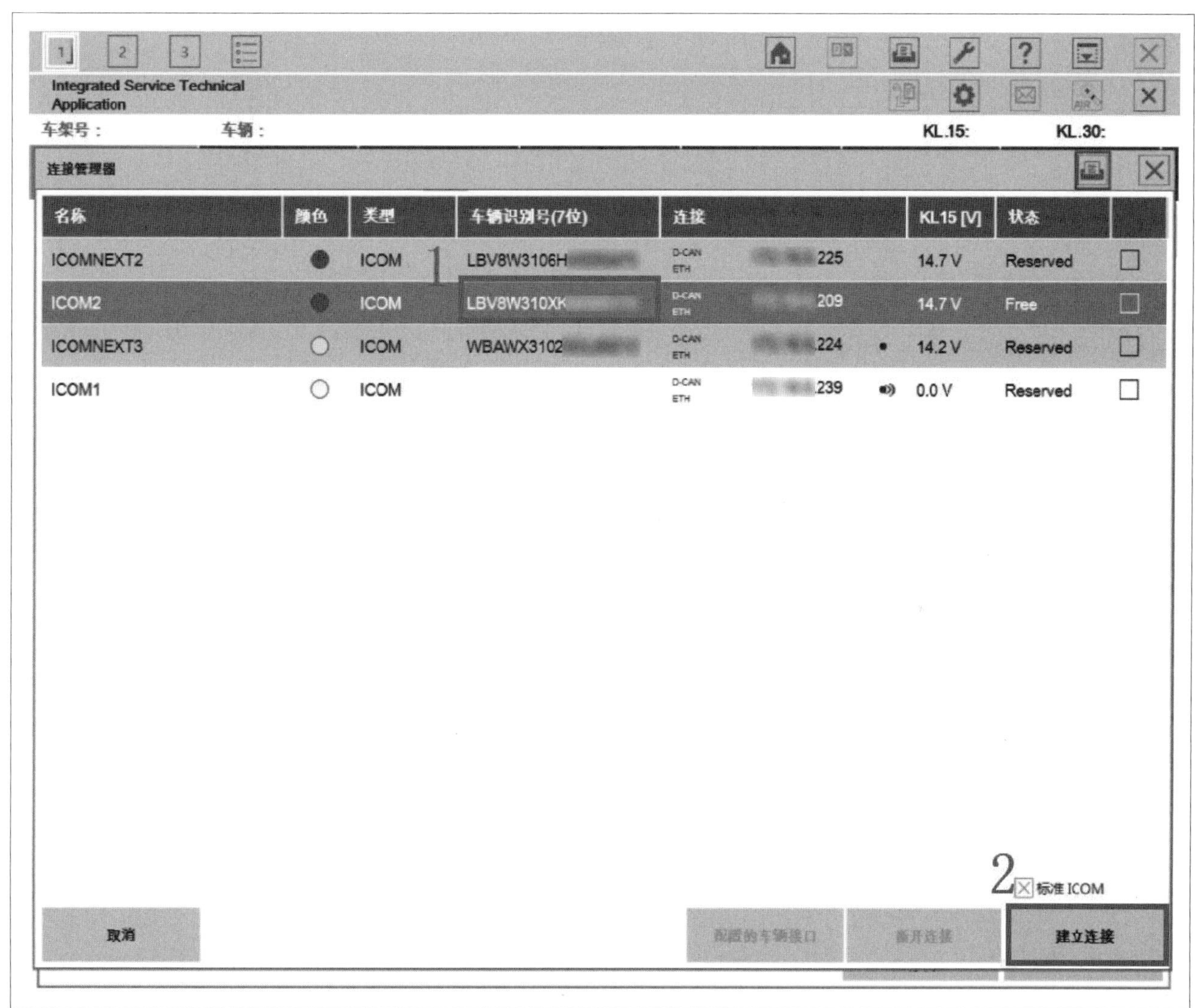

图 12-2-4

（8）建立连接。

①连接管理器界面会显示当前连接了诊断接口的所有车辆，上面会显示名称、颜色、类型、车辆识别号、连接 IP、KL.15 及状态等。

②如图 12-2-5 中 1 对应的方框处会显示是车辆诊断接口是用有线还是无线连接的及无线信号强度。由于我们需要对车辆进行编程，因此，必须保证车辆是有线连接。图中前两辆车的就是有线连接的。

（9）车辆识别，如图 12-2-6~ 图 12-6-8 所示。

Integrated Service Technical Application
车架号：
车辆：
KL.15:
KL.30:
连接管理器
1
2
3
名称
颜色
类型
车辆识别号(7位)
连接
KL15 [V
状态
ICOMNEXT2
ICOM
LBV8W3106
225
14.7 V
Reserved
ICOM2
ICOM
LBV8W310X
209
0.0 V
Free
ICOMNEXT3
ICOM
WBAWX310
224
14.2 V
Reserved
ICOM1
ICOM
239
0.0 V
Reserved
标准 ICOM
取消

图 12-2-5

Integrated Service Technical Application
车架号： MN
车辆： 3'/F35/四门车/320Li/B48/自动变速器/ECE/左座驾驶型/2018/07
KL.15: 14.7 V
KL.30: 14.7 V
过程
车辆信息
车辆处理
售后服务计划
收藏
修理厂材料 / 消耗材料
测量系统
车辆细节
维修历史记录
控制单元树
控制单元列表
过程记录
保养咨询中的信息
车辆识别号
LBV8W310XK
车型系列
3'
开发序列代号:
F35
商品名称:
320Li
里程数:
1199
发动机
B48
电机
-
变速箱
自动变速箱
驱动方式
后轮驱动
发动机类型
B48B20M0
电机类型
-
生产日期
2018/7/1
制造日期:
2018
集成等级 (当前):
F020-19-03-522
执行后台进程
车辆身份识别
车身
四门车
最后编程：
编程数据 –
首次登记注册
车型批准号码:
基本选型
ECE
坐垫代码
KCMY
油漆代码
0A96
Road-Map/Abo
-
技术措施:
状态
特殊故障代码
标题
缺错情况:
是
否
改造
可选装备
01AK
外置燃油滤清器
显示措施计划
编写保养历史
启动车辆测试
信息查找

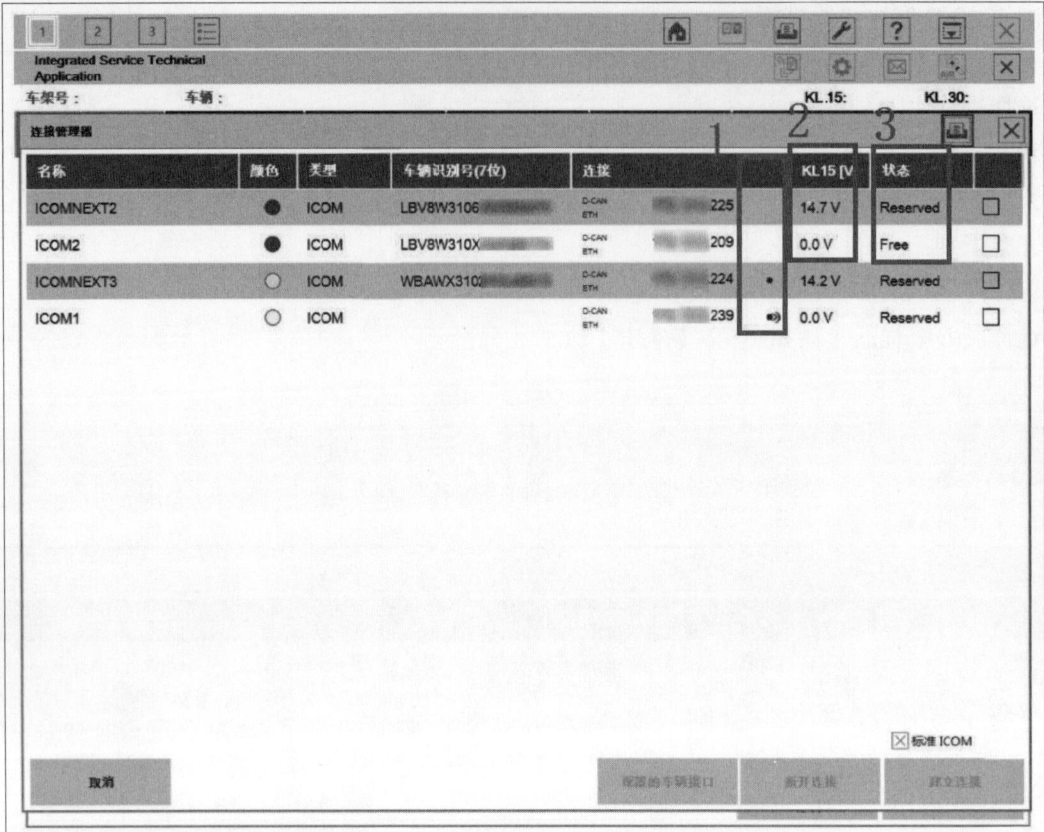

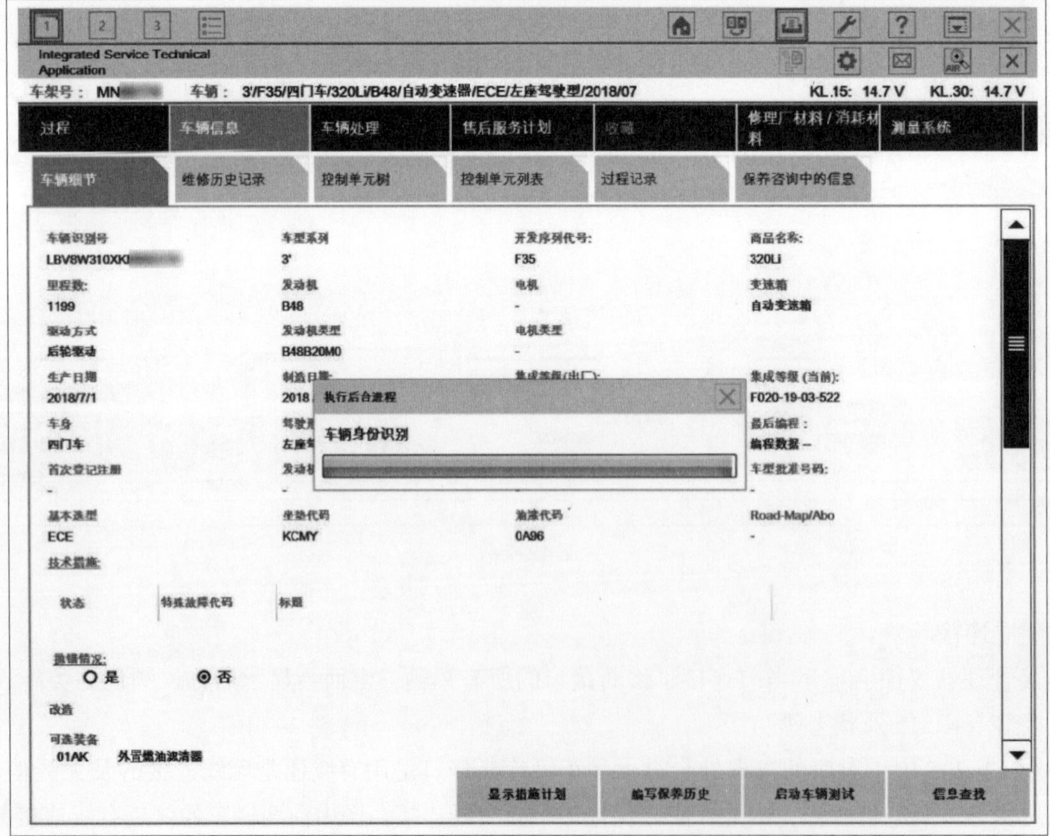

图 12-2-6

Integrated Service Technical Application
车架号： DZ
车辆： 7'/F02/四门车/730Li/N52/自动变速器/ECE/左座驾驶型/2012/11
KL.15: 14.3 V
KL.30: 14.3 V
过程
车辆信息
车辆处理
售后服务计划
收藏
修理厂材料 / 消耗材料
测量系统
车辆细节
维修历史记录
控制单元树
控制单元列表
过程记录
保养咨询中的信息
执行后台进程
车辆测试 (读取故障码存储器)
K-CAN2
MOST
K-CAN
FLEXRAY
PT-CAN
PT-CAN2
故障码存储器 未知
控制单元已应答
控制单元不应答
控制单元及取消编程
控制单元未安装

图 12–2–7

Integrated Service Technical Application
车架号： MN
读取车辆数据 (DME8FF__R)
KL.15: 14.7 V
KL.30: 14.7 V
过程
车辆信息
车辆处理
售后服务计划
收藏
修理厂材料 / 消耗材料
测量系统
车辆细节
维修历史记录
控制单元树
控制单元列表
过程记录
保养咨询中的信息
K-CAN2
PT-CAN
FLEXRAY
PT-CAN2
ETHERNET
MOST
故障码存储器 存在
控制单元已应答
控制单元不应答
控制单元及取消编程
控制单元未安装
显示故障码存储器中的故障记忆

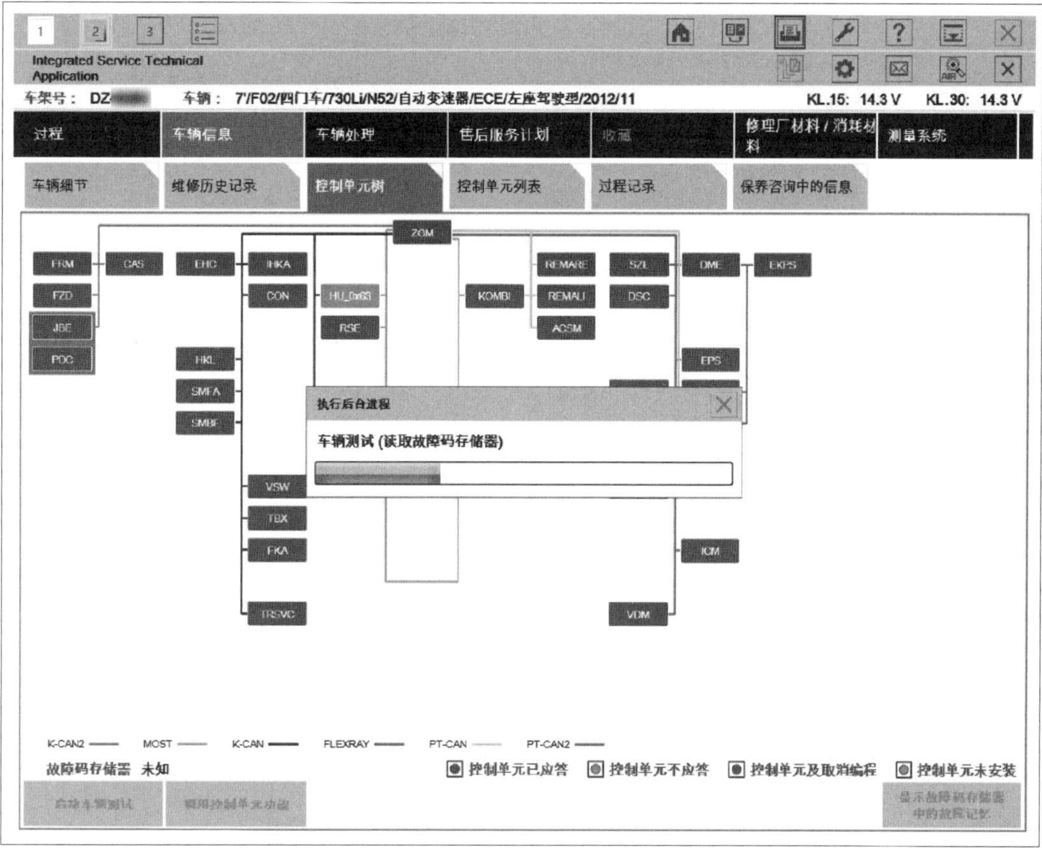

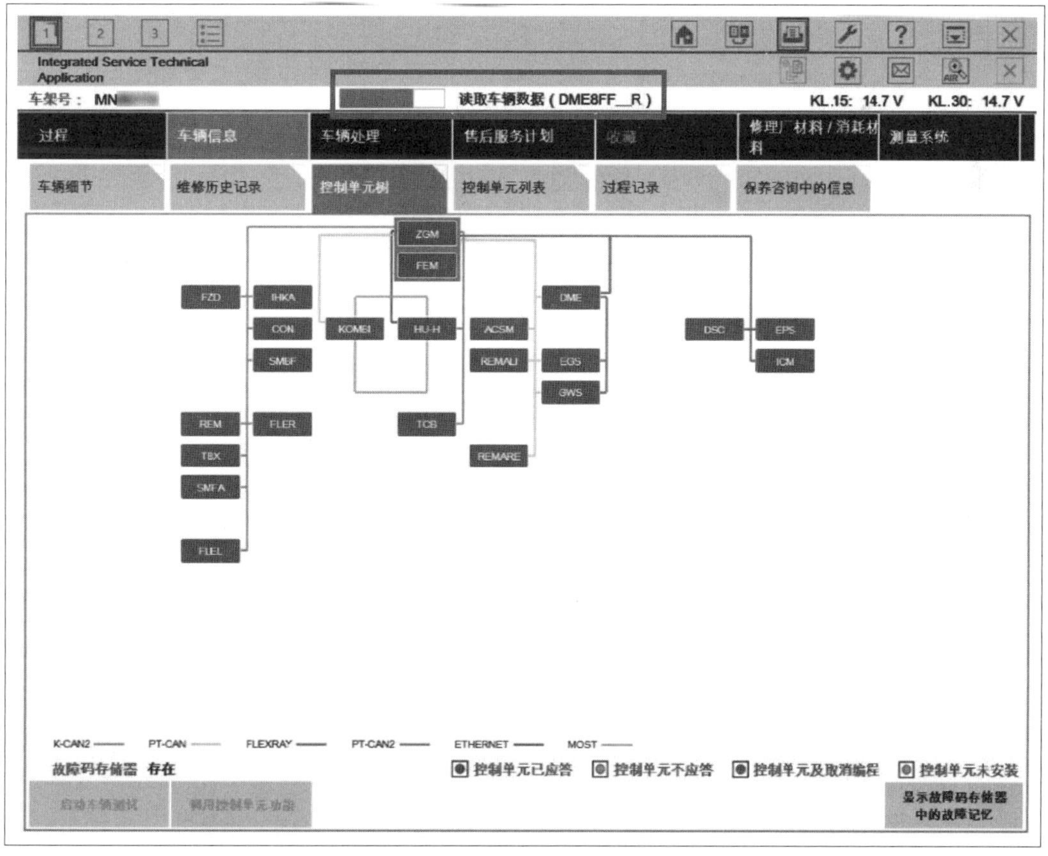

图 12–2–8

车辆识别后会显示车辆控制单元树，不同的控制单元状态会用不同的颜色表示。由于该颜色和 ISTA 软件版本有关，不同的软件版本会显示不同的颜色。

如图 12–2–9 所示，在屏幕中的框内：

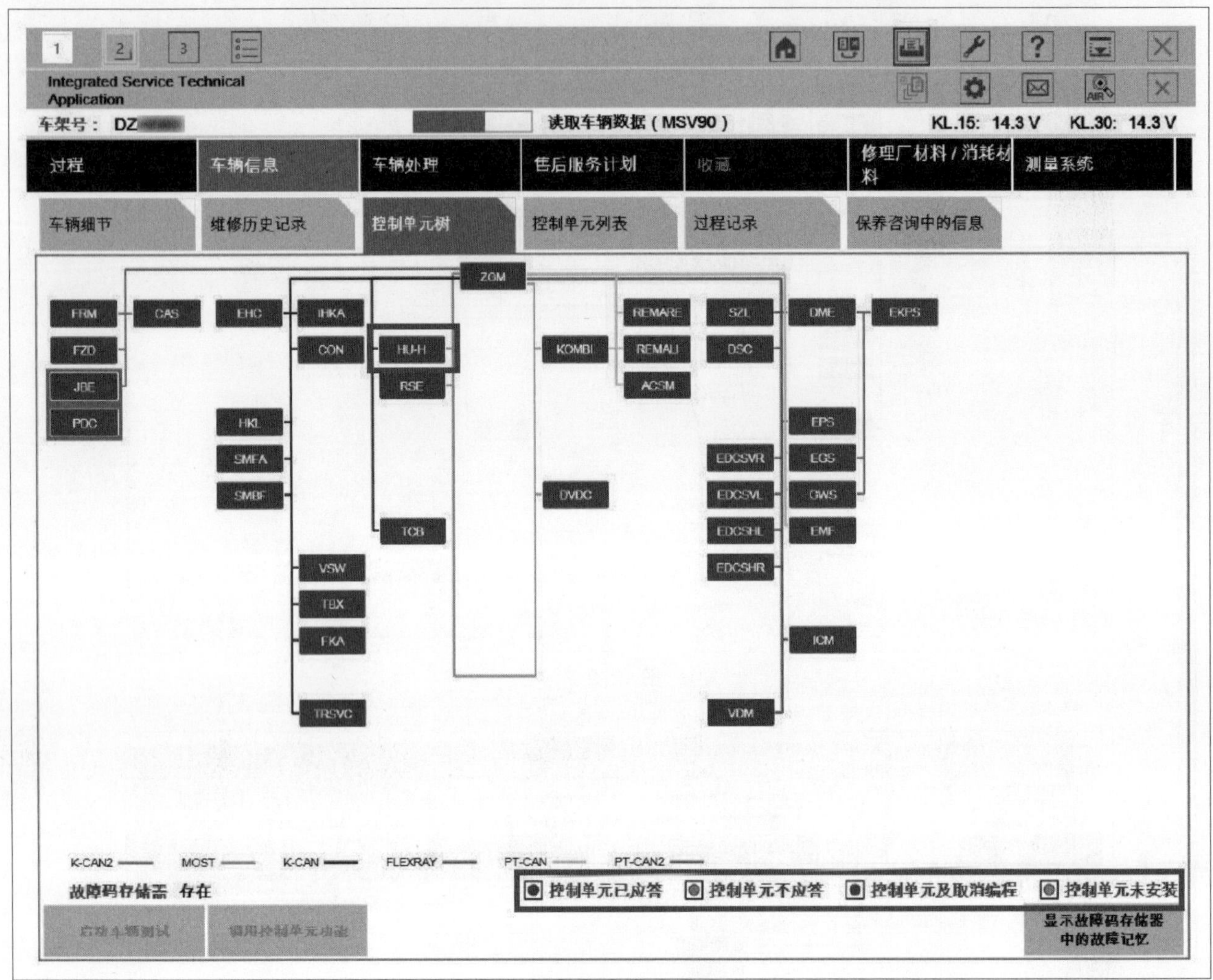

图 12–2–9

绿色控制单元应答；

黄色控制单元不应答；

蓝色控制单元及取消编程；

灰色控制单元未安装。

（10）按照图 12–2–10 中 1~5 顺序选择舒适模式。

图中 6 部位显示后台正在进行中，正在处理，对比需要进行编程的单元。只要该处处理完后图中 5 所示部位会由灰色的不可选择状态变成黑色的可以选择。

图中 7 处显示车辆当前的软件版本。目前编程系统的版本。

图中 4 显示措施计划并打印。

措施计划步骤如图 12–2–11 所示。

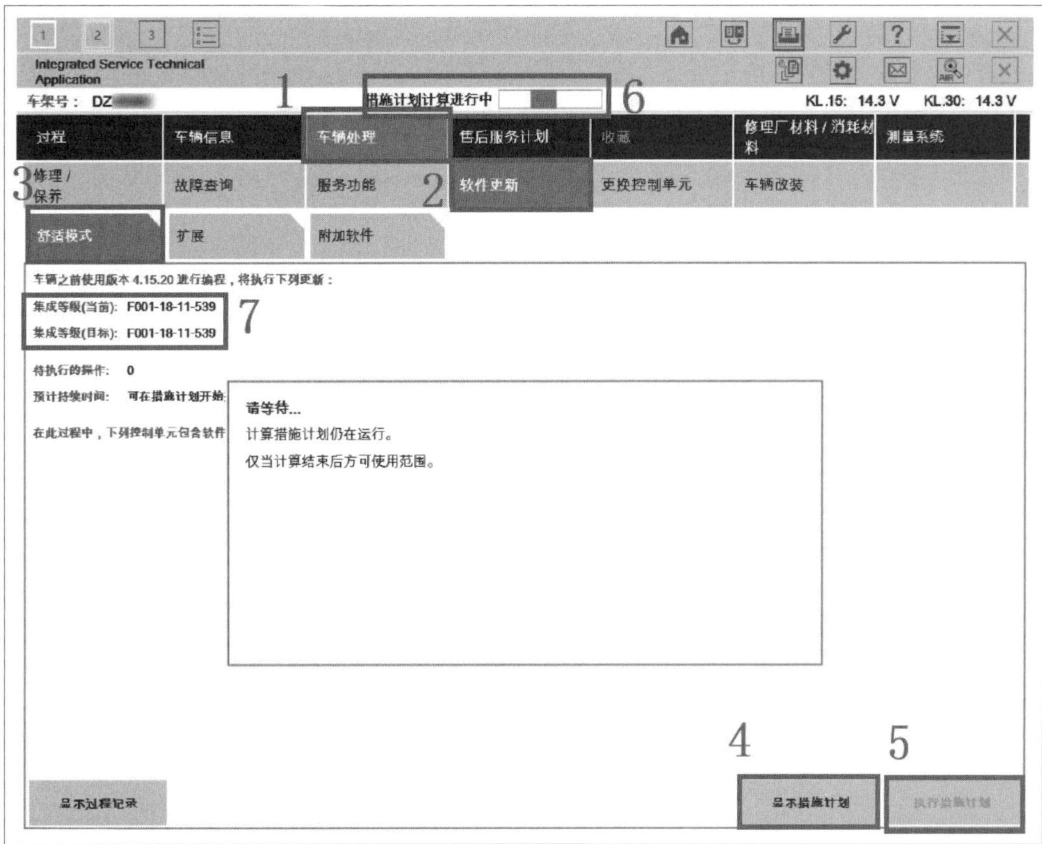

图 12–2–10

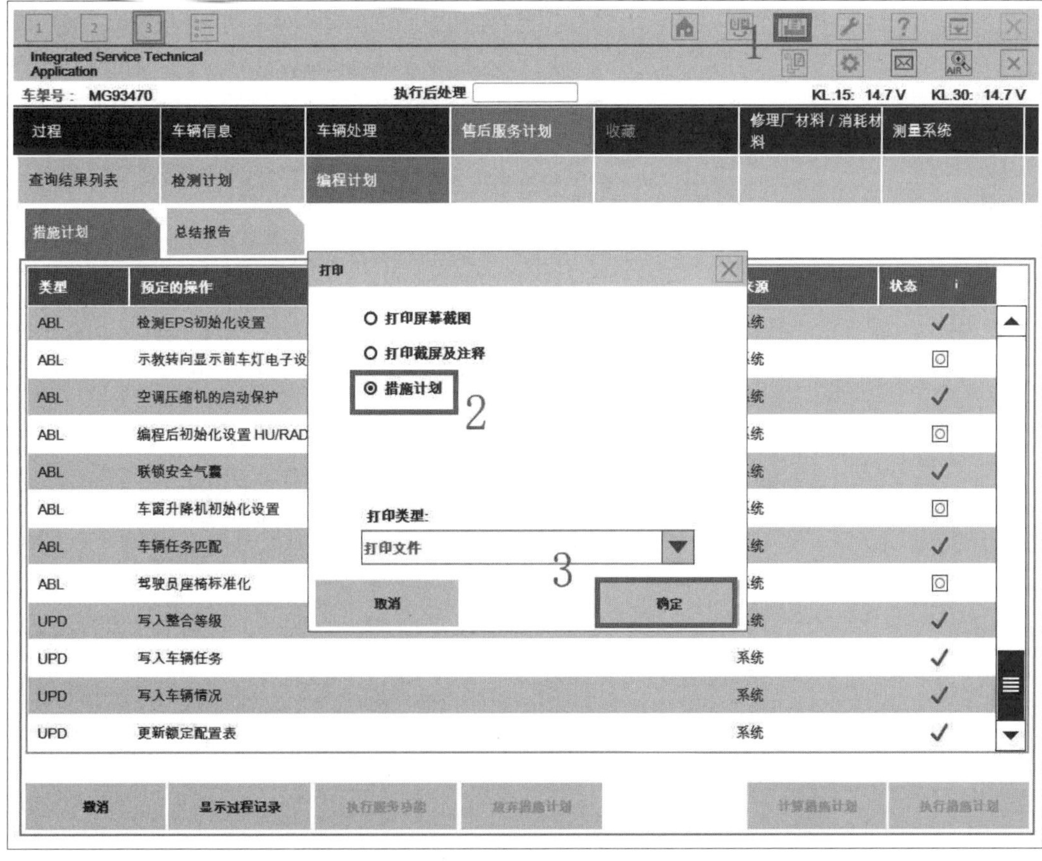

图 12–2–11

图 12-2-12 是打印好的措施计划。

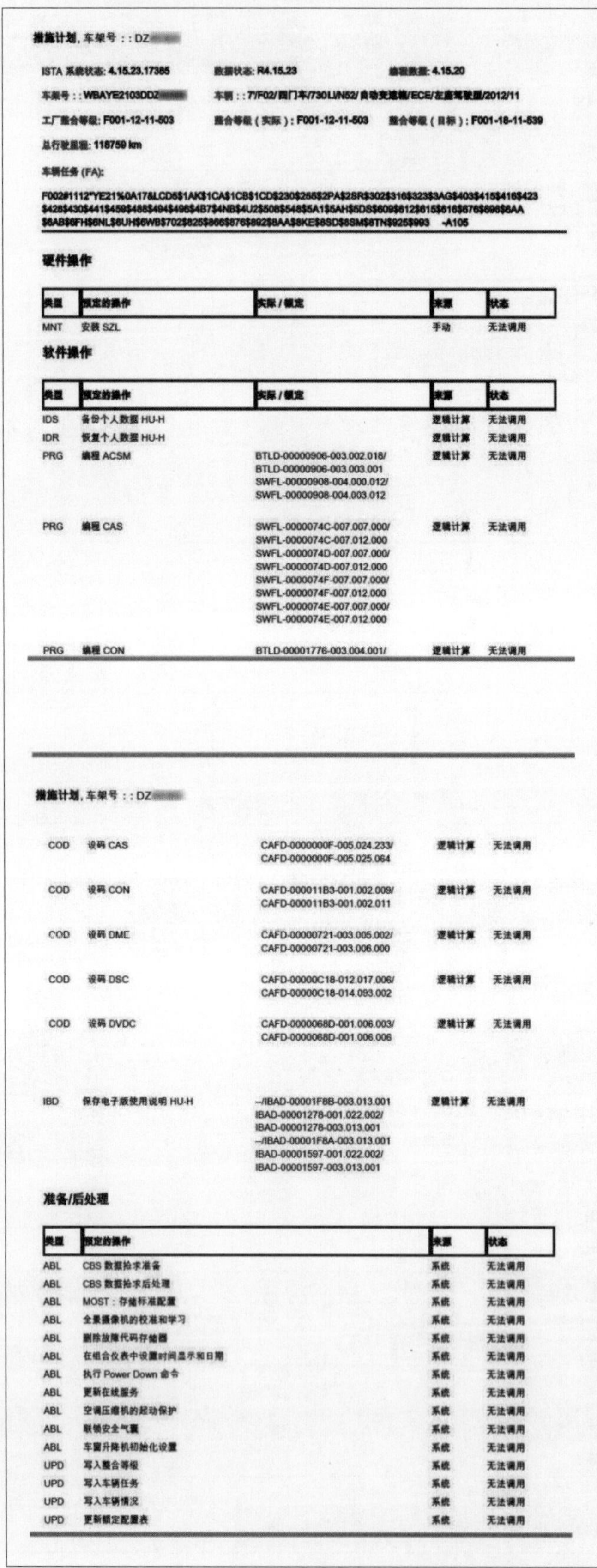

措施计划, 车架号：：DZ

ISTA 系统状态: 4.15.23.17385　　数据状态: R4.15.23　　编程数据: 4.15.20

车架号：：WBAYE2103DDZ　　车辆：：7/F02/四门车/730LI/N52/自动变速箱/ECE/左座驾驶型/2012/11

工厂整合等级: F001-12-11-503　　整合等级（实际）: F001-12-11-503　　整合等级（目标）: F001-18-11-539

总行驶里程: 118759 km

车辆任务 (FA):

F002#1112*YE21%0A17&LCD5$1AK$1CA$1CB$1CD$230$255$2PA$2SR$302$316$323$3AG$403$415$416$423
$428$430$441$459$488$494$496$4B7$4NB$4U2$508$548$5A1$5AH$5DS$609$612$615$616$676$698$6AA
$6AB$6FH$6NL$6UH$6WB$702$825$866$876$892$8AA$8KE$8SD$8SM$8TN$925$993　-A105

硬件操作

类型	预定的操作	实际 / 额定	来源	状态
MNT	安装 SZL		手动	无法调用

软件操作

类型	预定的操作	实际 / 额定	来源	状态
IDS	备份个人数据 HU-H		逻辑计算	无法调用
IDR	恢复个人数据 HU-H		逻辑计算	无法调用
PRG	编程 ACSM	BTLD-00000906-003.002.018/ BTLD-00000906-003.003.001 SWFL-00000908-004.000.012/ SWFL-00000908-004.003.012	逻辑计算	无法调用
PRG	编程 CAS	SWFL-0000074C-007.007.000/ SWFL-0000074C-007.012.000 SWFL-0000074D-007.007.000/ SWFL-0000074D-007.012.000 SWFL-0000074F-007.007.000/ SWFL-0000074F-007.012.000 SWFL-0000074E-007.007.000/ SWFL-0000074E-007.012.000	逻辑计算	无法调用
PRG	编程 CON	BTLD-00001776-003.004.001/	逻辑计算	无法调用

措施计划, 车架号：：DZ

类型	预定的操作	实际 / 额定	来源	状态
COD	设码 CAS	CAFD-0000000F-005.024.233/ CAFD-0000000F-005.025.064	逻辑计算	无法调用
COD	设码 CON	CAFD-000011B3-001.002.009/ CAFD-000011B3-001.002.011	逻辑计算	无法调用
COD	设码 DME	CAFD-00000721-003.005.002/ CAFD-00000721-003.006.000	逻辑计算	无法调用
COD	设码 DSC	CAFD-00000C18-012.017.006/ CAFD-00000C18-014.093.002	逻辑计算	无法调用
COD	设码 DVDC	CAFD-0000068D-001.006.003/ CAFD-0000068D-001.006.006	逻辑计算	无法调用
IBD	保存电子版使用说明 HU-H	--/IBAD-00001F8B-003.013.001 IBAD-00001278-001.022.002/ IBAD-00001278-003.013.001 --/IBAD-00001F8A-003.013.001 IBAD-00001597-001.022.002/ IBAD-00001597-003.013.001	逻辑计算	无法调用

准备/后处理

类型	预定的操作	来源	状态
ABL	CBS 数据恢复准备	系统	无法调用
ABL	CBS 数据恢复后处理	系统	无法调用
ABL	MOST：存储标准配置	系统	无法调用
ABL	全景摄像机的校准和学习	系统	无法调用
ABL	删除故障代码存储器	系统	无法调用
ABL	在组合仪表中设置时间显示和日期	系统	无法调用
ABL	执行 Power Down 命令	系统	无法调用
ABL	更新在线服务	系统	无法调用
ABL	空调压缩机的起动保护	系统	无法调用
ABL	联锁安全气囊	系统	无法调用
ABL	车窗升降机初始化设置	系统	无法调用
UPD	写入整合等级	系统	无法调用
UPD	写入车辆任务	系统	无法调用
UPD	写入车辆情况	系统	无法调用
UPD	更新额定配置表	系统	无法调用

图 12-2-12

如图 12-2-13 中的 6、7 所示，车辆版本和 ISTA 版本一样的，因此，无须编程，车辆已为最新状态。在当前状态图中 5 执行措施计划会一直显示灰色。

扩展模式，针对每个控制单元选择编程或者设码，如图 12-2-14 所示。

图 12-2-13

图 12-2-14

（11）选择执行措施计划后会弹出编程注意事项，只要条件都满足后就可以点击继续，如图 12-2-15 所示。

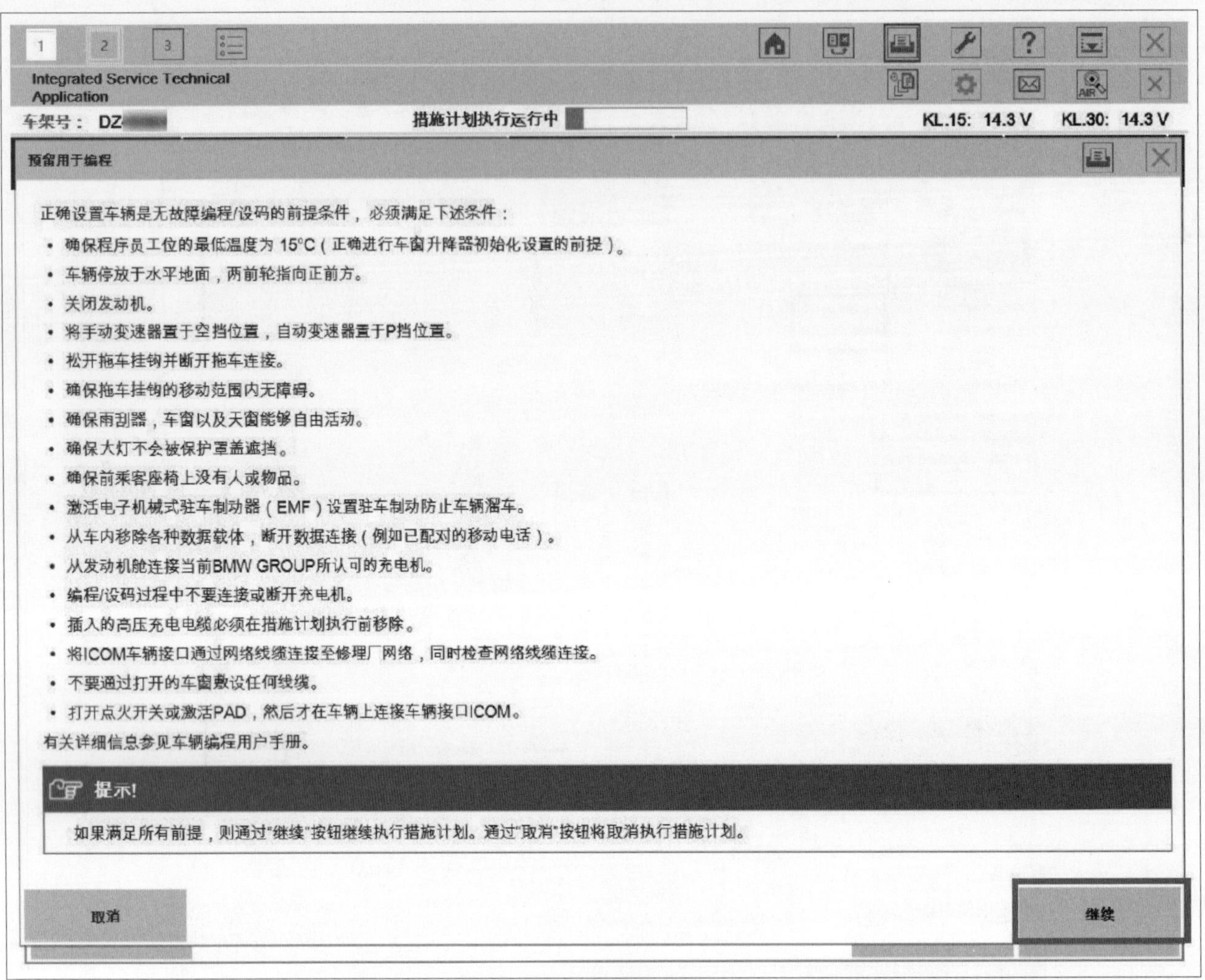

图 12-2-15

正确设置车辆是无故障编程 / 设码的前提条件，必须满足下述条件：

确保程序员工位的最低温度为 15℃（正确进行车窗升降器初始化设置的前提）；

车辆停放于水平地面，两前轮指向正前方；

关闭发动机；

将手动变速器置于空挡位置，自动变速器置于 P 挡位置；

松开拖车挂钩并断开拖车连接；

确保拖车挂钩的移动范围内无障碍；

确保雨刮器，车窗以及天窗能够自由活动；

确保大灯不会被保护罩盖遮挡；

确保前乘客座椅上没有人或物品；

激活电子机械式驻车制动器（EMF）设置驻车制动防止车辆溜车；

从车内移除各种数据载体，断开数据连接（例如已配对的移动电话）；

将当前 BMW Group 所认可的充电机连接在车辆蓄电池或蓄电池正极支点上并接地；

编程 / 设码过程中不要连接或断开充电机；

插入的高压充电电缆必须在措施计划执行前移除；

将 ICOM 车辆接口通过网络线缆连接至修理厂网络，同时检查网络线缆连接；

不要通过打开的车窗敷设任何线缆；

打开点火开关或激活 PAD，然后才在车辆上连接车辆接口 ICOM。

有关详细信息参见车辆编程用户手册。

编程中，有提示按照提示进行操作即可，如图 12-2-16~ 图 12-2-18 所示。

提示！

如果满足所有前提，则通过“继续”按钮继续执行措施计划。通过“取消”按钮将取消执行措施计划。

图 12-2-16

图 12-2-17

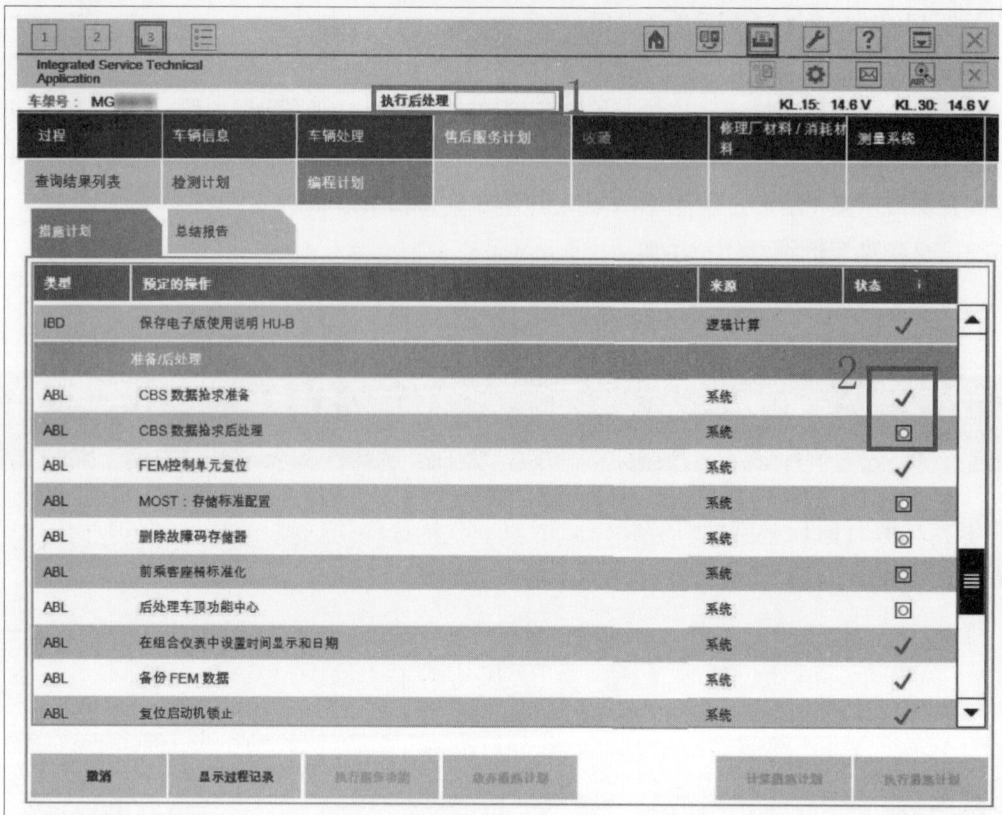

图 12-2-18

如图 12-2-19 所示，编程中状态显示意义如下：

图 12-2-19

1. 状态指示位置；
2. 失败；
3. 需要切换 ISTA 进行诊断；
4. 未执行；
5. 正常完成的；
6. 由于 2 的失败导致的失败。

编程继续，如图 12–2–20~ 图 12–2–22 所示。

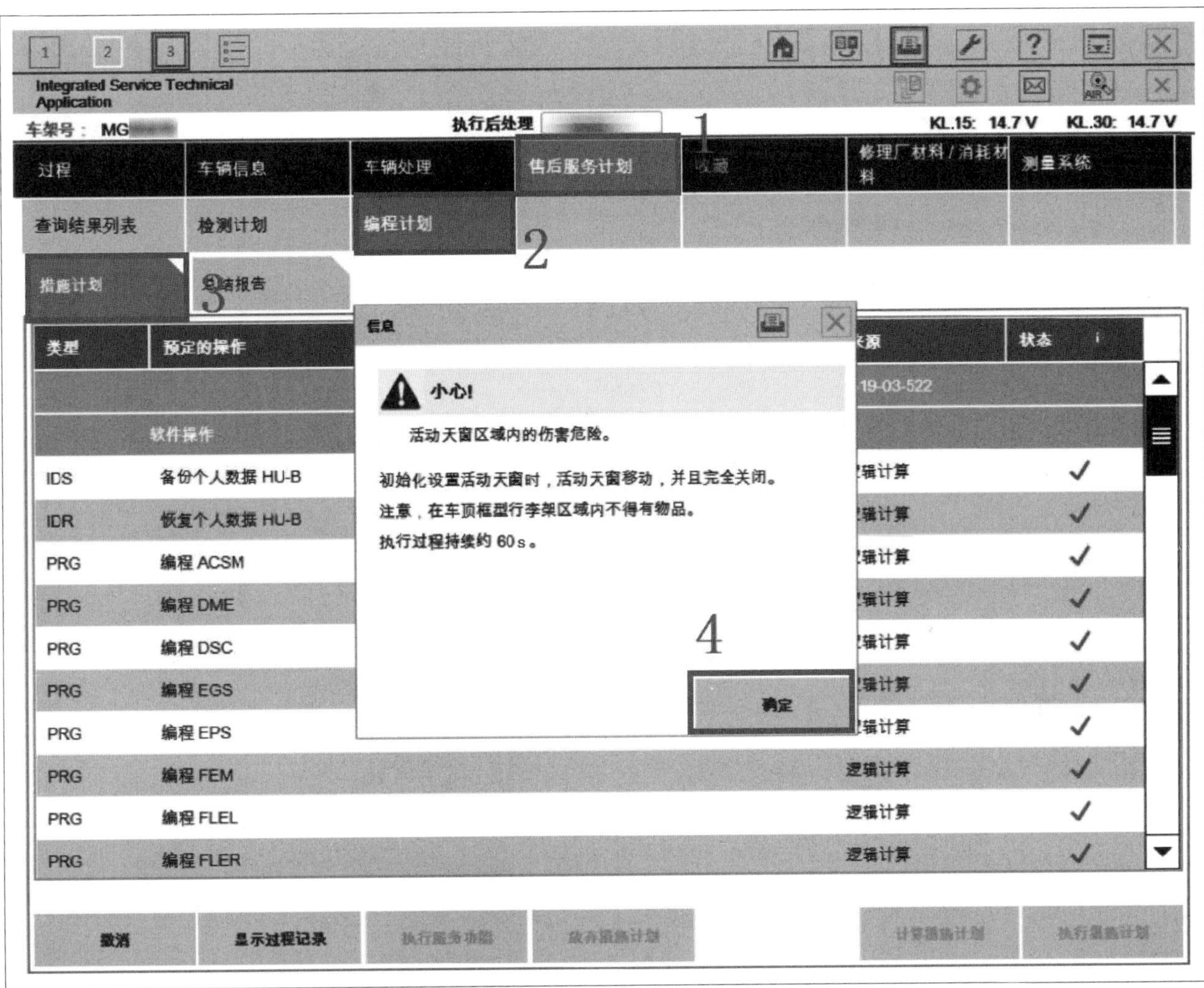

图 12–2–20

图 12-2-21

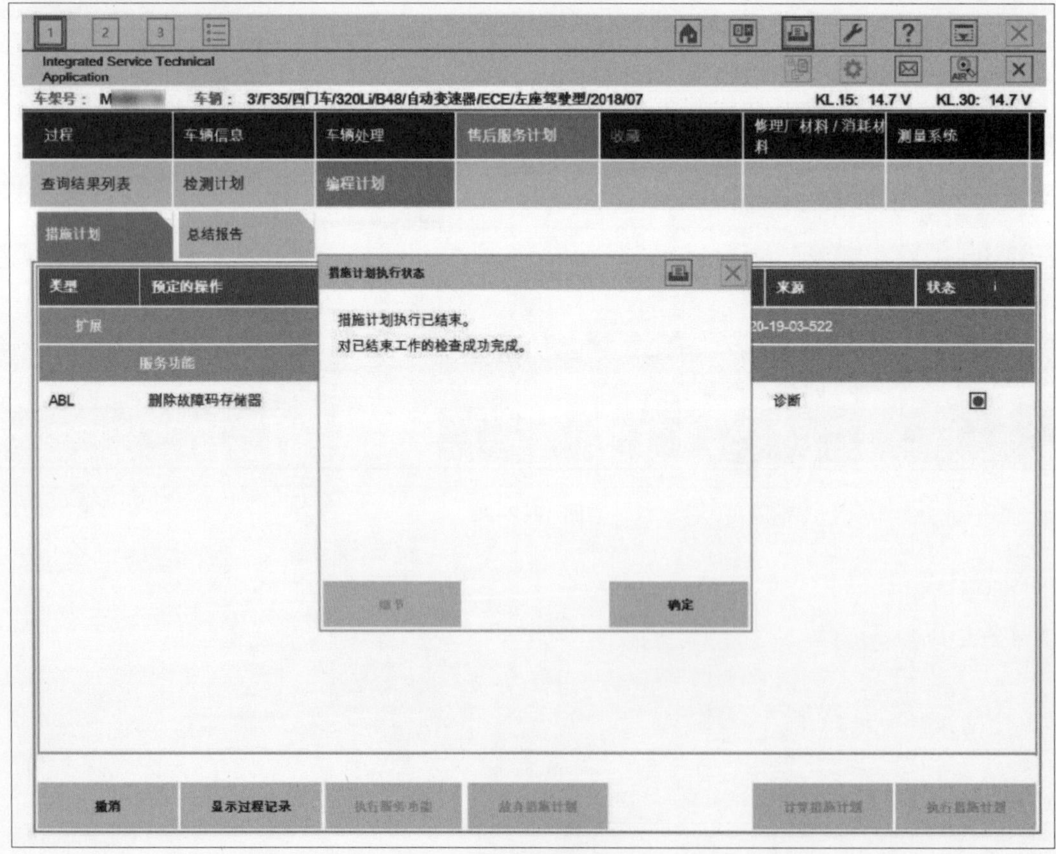

图 12-2-22

（12）编程结束，打印结束报告，切换到 ISTA 系统进行诊断，删除故障码。

结束报告首页显示集成等级已经更新，如图 12-2-23 所示。其他步骤如图 12-2-24 和图 12-2-25 所示。

总结报告，车架号：：M

总结报告

1. 总结报告 上部

治疗计划 Id	1
计划类型	status report (native)
诊断过程	
基础系统版本	4.16.22.17713
数据提供版本（测试模块）	R4.16.22
数据提供版本（编程）	4.16.22
车辆识别号：	LBV8W3106HM
车辆	3'/F35/LIM/320LI/B48/AUT/ECE/LL/2016-11-30
集成等级设备:	F020-16-07-506
整合等级 (实际)：	F020-16-07-506
标准集成等级	F020-19-03-522
总行驶里程：	40488 km / 25158 mls
客户端 ID	ISSS1
维修任务：	

F035#0716*8W31%0A96&KCSW$1AK$1CA$1CB$205$216$255$25B$423$430$431$4LU$534$548$5A2$6AC$6AE$6NH$702$825$866$892$8AA$8KM$8SD$8SM$8TN$993$9AA-A080-KLED

图 12-2-23

总结报告，车架号：：M

1.1. 软件操作 上部

操作	文本	来源	结果
Flash	编程 ACSM	logistic	SUCCESS
Code	设码 ACSM	logistic	SUCCESS
Flash	编程 ZGM	logistic	SUCCESS
Flash	编程 DME	logistic	SUCCESS
Code	设码 DME	logistic	SUCCESS
Flash	编程 EGS	logistic	SUCCESS
Code	设码 EGS	logistic	SUCCESS
Flash	编程 ICM	logistic	SUCCESS
Code	设码 ICM	logistic	SUCCESS
Flash	编程 DSC	logistic	SUCCESS
Code	设码 DSC	logistic	SUCCESS
Flash	编程 EPS	logistic	SUCCESS
Code	设码 EPS	logistic	SUCCESS
Flash	编程 FEM	logistic	SUCCESS
Code	设码 FEM	logistic	SUCCESS
Flash	编程 FLEL	logistic	SUCCESS
Code	设码 FLEL	logistic	SUCCESS
Flash	编程 FLER	logistic	SUCCESS
Code	设码 FLER	logistic	SUCCESS
Flash	编程 FZD	logistic	SUCCESS

图 12-2-24

总结报告，车架号：：M

1.4. 执行措施计划前的许可代码 上部

说明	应用编号	升级索引	状态
MEVD1726 开发 FSC 2	0x00C3	0x0001	NotAvailable
unknown	1 0x009D	0x0001	2 NotAvailable
伺服转向助力系统	0x0083	0x0001	Accepted
北美道路图 Route 2014-2A	0x00B3	0x0001	NotAvailable
欧洲道路图 Route 2014	0x00B4	0x0001	NotAvailable
Professional 导航系统	0x00C9	0x0001	NotAvailable
Business 导航系统	0x00DF	0x0001	NotAvailable
卫星调谐器	0x006F	0x0001	NotAvailable
语音处理系统	0x00C7	0x0001	NotAvailable
具有播报功能的语音处理系统	0x00C8	0x0001	NotAvailable
BMW Apps	0x009C	0x0001	NotAvailable
中国（香港澳门）道路图 Route 2014-2	0x00B2	0x0001	NotAvailable
澳大利亚/新西兰道路图 Route 2014	0x00B5	0x0001	NotAvailable
中东地区道路图 Route 2014	0x00B6	0x0001	NotAvailable
北非道路图 Route 2014	0x00B7	0x0001	NotAvailable
南非道路图 Route 2014	0x00B8	0x0001	NotAvailable
东南亚道路图 Route 2014	0x00B9	0x0001	NotAvailable
南美道路图 Route 2014	0x00BA	0x0001	NotAvailable
印度道路图 Route 2014	0x00BB	0x0001	NotAvailable

图 12-2-25

结束报告后面显示详细的处理步骤，包括需要进行哪些操作，车辆证书是否接受等，如图 12-2-26 所示。

总结报告，车架号：：M

1.2. 后处理 上部

操作	文本	来源	结果
ABL	删除故障码存储器	system	WARNING
ABL	MOST：存储标准配置	system	SUCCESS
ABL	联锁安全气囊	system	SUCCESS
ABL	执行 Power Down 命令	system	SUCCESS
ABL	CBS 数据抢求准备	system	SUCCESS
ABL	CBS 数据抢求后处理	system	WARNING
ABL	检测EPS初始化设置	system	SUCCESS
ABL	备份 FEM 数据	system	SUCCESS
ABL	恢复 FEM 数据	system	SUCCESS
ABL	车窗升降机初始化设置	system	SUCCESS
ABL	FEM控制单元复位	system	SUCCESS
ABL	复位启动机锁止	system	SUCCESS
ABL	示教转向显示前车灯电子设备	system	SUCCESS
ABL	后处理车顶功能中心	system	SUCCESS
ABL	在组合仪表中设置时间显示和日期	system	SUCCESS
ABL	更新在线服务	system	SUCCESS
ABL	编程后初始化设置 HU/RAD	system	SUCCESS
ABL	驾驶员座椅标准化	system	SUCCESS
ABL	前乘客座椅标准化	system	SUCCESS
ABL	车辆任务匹配	system	SUCCESS
ABL	空调压缩机的启动保护	system	SUCCESS

图 12-2-26

图 12-2-27 显示一个主机设码失败的结束报告。

总结报告，车架号：: DZ

ISTA 系统状态: 4.15.23.17385　　数据状态: R4.15.23　　编程数据: 4.15.20

车架号：: WBAYE2103DDZ　　车辆：: 7'/F02/四门车/730 LI/N52/自动变速器/ECE/左座驾驶型/2012/11

工厂整合等级: F001-12-11-503　　整合等级（实际）: F001-18-11-539　　整合等级（目标）: F001-18-11-539

总行驶里程: 118759 km

车辆任务 (FA):

F002#1112*YE21%0A17&LCD5$1AK$1CA$1CB$1CD$230$255$2PA$2SR$302$316$323$3AG$403$415$416$423$428$430$441$459$488$494$496$4B7$4NB$4U2$508$548$5A1$5AH$5DS$609$612$615$616$676$696$6AA$6AB$6FH$6NL$6UH$6WB$702$825$866$876$892$8AA$8KE$8SD$8SM$8TN$925$993　-A105

软件操作

类型	预定的操作	实际 / 额定	来源	状态
IDR	恢复个人数据 HU-H		逻辑计算	警告
COD	设码 HU-H	--/CAFD-00000DED-003.015.033	逻辑计算	失败

准备/后处理

类型	预定的操作	来源	状态
ABL	MOST：存储标准配置	系统	警告
ABL	删除故障码存储器	系统	警告
ABL	执行 Power Down 命令	系统	成功
ABL	更新在线服务	系统	警告
UPD	写入整合等级	系统	成功
UPD	写入车辆任务	系统	无法执行
UPD	写入车辆情况	系统	无法执行
UPD	更新额定配置表	系统	无法执行

执行措施计划之前的许用密码

说明	应用号码	软件更新索引	状态
NAV 应用程序 Professional Asien	A1	1	Accepted
Professional 导航系统	DE	1	Accepted
具有播报功能的语音处理系统	9F	1	Accepted
中国道路图（香港澳门）Next 2013-1	A4	3	Accepted

图 12-2-27

到此编程就已经结束了。如果失败了就需要进行检查，必要时对车辆断电 1h 以上，之后再重新连接车辆删除运输模式，再重新进行编程。

下面显示一下车辆改装的选项，操作和上述一样。

加装如图 12-2-28 所示。

包含加装 GPS 时钟修正。

加装仅后部驻车距离报警。

加装倒车摄像机。

加装带制动功能的定速巡航控制。

加装挂车钩的准备。

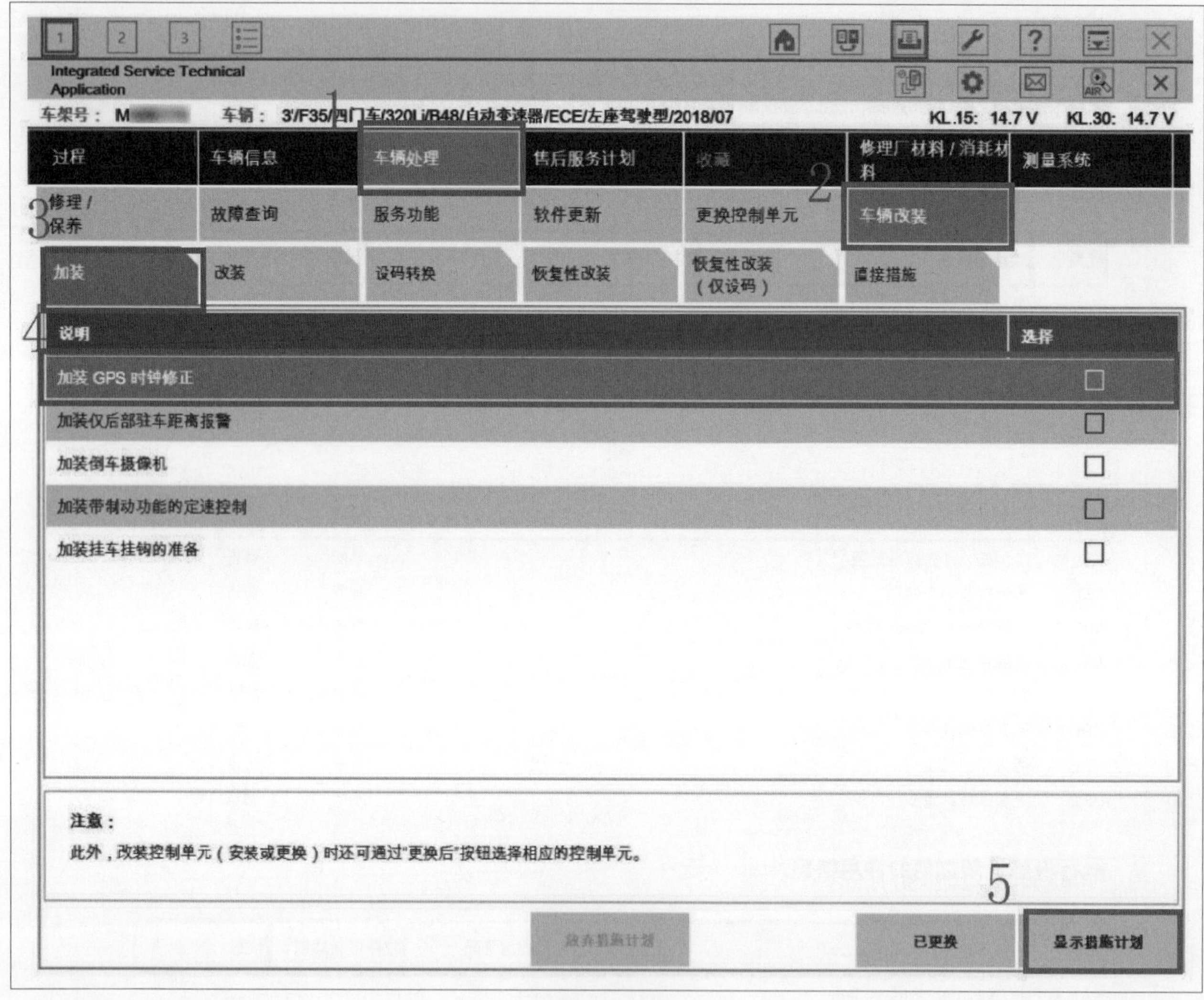

图 12-2-28

改装如图 12-2-29 所示。

改装机油保养周期 12 个月 /8000km。

改装机油保养周期 24 个月 /12000km。

改装禁用乘客侧去除安全带游隙。

改装禁用前乘客安全带危险拉紧装置。

改装禁用驾驶员侧去除安全带游隙。

改装禁用驾驶员侧安全带危险拉紧装置。

图 12-2-29

改装只有在解除连锁后才能打开后行李箱盖。

改装自动行车灯控制调整为不灵敏状态。

改装自动行车灯控制调整为灵敏状态。

设码转换如图 12-2-30 所示。

加装 iPhone 站点。

加装 M 运动型底盘。

加装停车预热装置。

加装高保真系统 Alpine。

改装 CBS 修正制动摩擦片。

改装 TKPS 运动转向系。

改装冷暖两用空调自动程序激活记忆功能。

改装制动器在特别潮湿条件下的反应特性。

改装制动器在轻微潮湿条件下的反应特性。

改装总线端切换未激活时激活通风。

改装持续运行后窗玻璃加热装置。

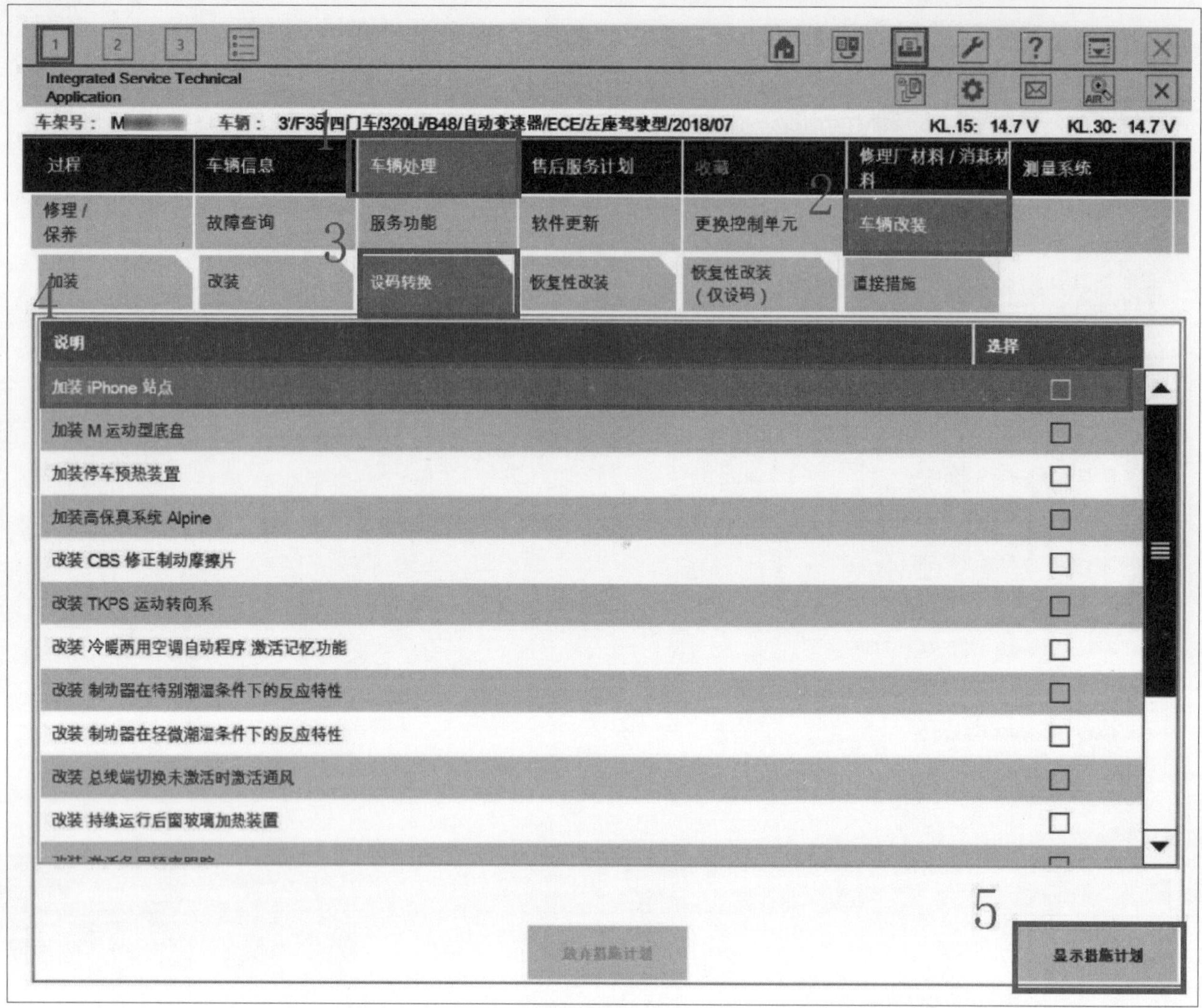

图 12-2-30

恢复性改装（仅设码）如图 12-2-31 所示。

关闭便捷开启的改装。

改装停用自动车内空气循环控制系统。

改装禁用边界上车。

改装在免提通话模式期间禁用风扇转速降低。

改装抑制前排乘客安全带报警功能。

改装抑制驾驶员安全带报警功能。

改装禁用 Connected shift。

改装禁用远程信息处理。

直接措施如图 12-2-32 所示。

导入车辆任务。

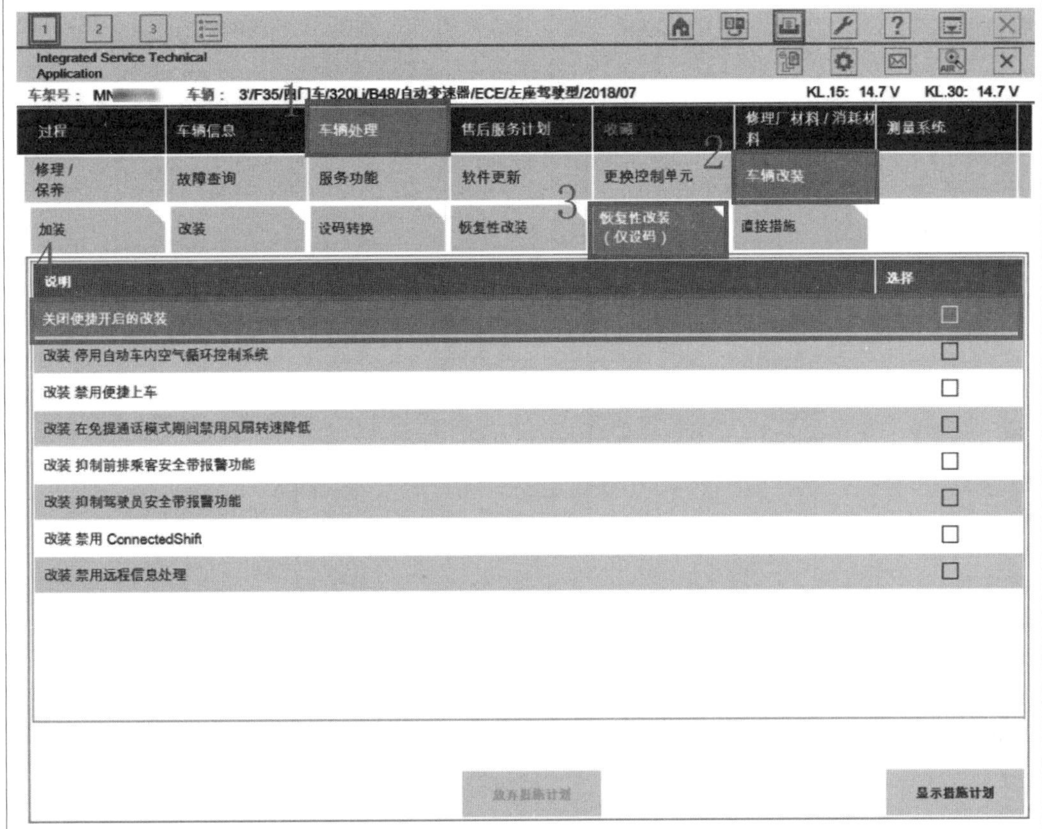

图 12-2-31

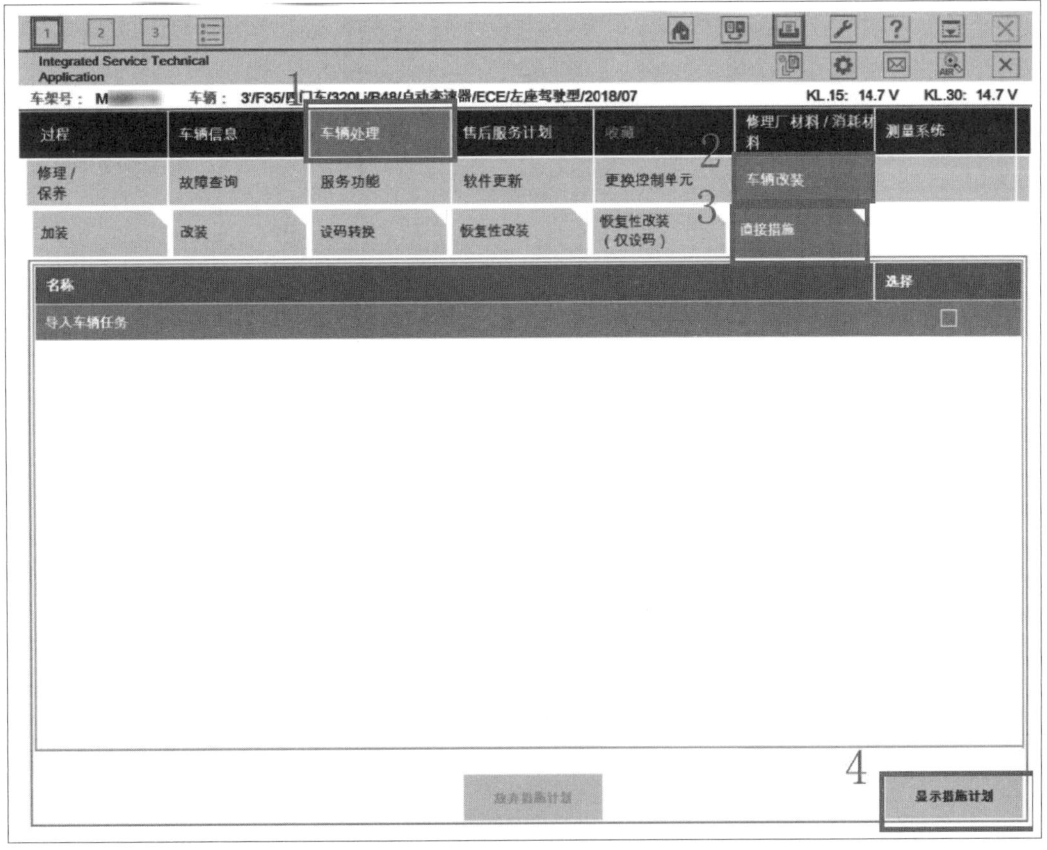

图 12-2-32